KB200886

Theology of Tangent Point where Vertical Doctrine and Horizontal History meet

THE GREAT CHRONICLES

| 대장정 | 에덴에서 백두까지

I

김용주 지음

김용주 목사

목사, 시인, 소설가, 신학자

현 기드온 선교회 회장

현 백천문화사 대표

1950년 12월 15일 충청남도 천안시 서북구 성거읍 송남리 1구에서 태어나 성거초등학교, 천안계광중학교, 천안농업고등학교, 감리교신학대학을 졸업하고, 연세대학교 연합신학대학원에서 조직신학을 전공했고, 미국 트리니티신학대학원, 리전트신학대학원에서 목회학 석사 및 박사과정을 공부하였다.

천안예루살렘교회를 개척담임하였고, 육군 군목 36기로 근무하다 제대, 신풍교회, 충주서부교회 부목사, 울진중앙교회, 서울 성원교회를 담임하였다. 1993년 3월에 안양 지구촌교회를 개척 담임하다가 2010년 1월 부터 육군 7570부대 대명교회에서 장병들을 섬기었고, 2017년 4월 경기연회에서 은퇴하였다.

현재는 기드온 선교회를 설립하여 해외선교사와 군선교사들을 후원하고 있으며, 백천문화사를 설립하여 다양한 학술 및 선교사업을 준비하고 있다.

저서: 시집/ 〈가을 강에 물든 사랑〉, 〈다시 부르는 노래〉, 〈성지〉

소설/ 천산으로 떠난 사제, 신학사상서/ 〈대장정- 에덴에서 백두까지 1,2권〉

Theology of Tangent Point where Vertical
Doctrine and Horizontal History meet

THE GREAT CHRONICLES

| **대장정** | 에덴에서 백두까지

I

김용주 지음

백천문화사

헌시(獻詩) 하나님께 바치는 詩

당신은 언제나 늘 푸른 눈을 뜨고
하늘에서 지켜보시는 사랑

사람이 묻힌 묘지에서
가시나무새 피울음 잦아드는 날
가엾은 세상을 비추는 한 줄기 별빛

영원한 행복의 파랑새를 찾아
사막을 건너는 나그네가
그 기갈한 목으로 넘기는
한 모금 샘물

아, 무엇보다 당신은
어둠이 빛이 되고 빛이 어둠이 되는
무궁순환의 사슬을 쥐고
하늘 너머에서 다가오시는
우리들의 새벽.

오, 하나님, 나의 하나님, 이 책을 쓰게 해주셔서 감사합니다.
오늘 저는 이 책을 주님께 바칩니다.

Preface | 서문

이 책은 지식정보화 사회를 살아가는 현대의 크리스천지식인들이 통합적 신학사상을 갖는데 도움을 주고자 필자가 장장 13년 동안 준비한 끝에 내 놓는 책이다. 이 책은 전문적 신학 사상서와 읽기 쉬운 신학적 에세이의 중간지점에 위치한다. 그래서 필자는 본서에 서술된 12가지 주제에 모두 파트별로 '00이야기'라는 제목을 붙였다.

이 책의 이름을 대장정(大長程, The Great Chronicles)라고 정한 이유는 맨 처음 본서를 집필한 의도가 하나님의 모든 창조와 섭리의 역사, 즉 우주창조와 지구질서 창조, 지구생태계 창조, 한민족고대사를 포함한 인류역사의 전 과정을 서술하는 것이었기 때문이다. 그래서 '위대하고 긴 역사의 연대기'라는 의미에서 대장정이라는 이름을 붙인 것이다.

제I권에는 성서와 하나님에 대한 이야기에 이어 우주창조와 지구질서 및 생태계 창조의 역사와 인류창조의 과정을 서술하였고, 5부 에덴동산이야기에서는 기독교의 중요한 교리 22가지를 필자 나름 수정보완하여 서술하였다. 제II권에서는 에덴동산을 나온 이후 아담과 그의 후손들이 살아간 고대 인류역사의 전 과정을 한민족고대사에 이르기까지 상세하게 서술하였다. 물론 이 모든 역사이야기는 성서 신학적 관점에서 기술하였다.

지금까지 나온 대부분의 신학서적들은 모두 작은 주제를 크게 확대하는 식의 내용으로 되어있다. 그러나 본서는 현대 한국 크리스천 지식인들이 알아야 할 신학사상 전체를 다루었다. 이는 필자가 이 책을 통하여 크리스천 지식인들이 세상의 이론을 파하는 통합적 사상체계를 갖는 데 도움을 주고 싶었기 때문이다. 그런 점에서 이 책은 나무하나를 세세하게 설명하는 책이 아니라, 숲 전체를 조망하도록 도와주는 책이라고 생각한다. 하여 본서를 읽는 분들은 이 책을 읽는 순간 기독교 사상이라는 숲 전체가 눈에 들어오고, 신학적 시야가 확 트이는 놀라운 경험을 하게 될 것이다.

처음 이 책을 구상할 때는 하나님이 창조하고 섭리하신 역사의 전 과정을 성서의 흐름을 따라 기술하는 것이 목적이었다. 그런데 어느 날 부터 갑자기 하나님의 이 모든 역사이야기는 기독교의 수직적 교리와 조화를 이루어야 된다는 생각을 하게 되었다. 그래서 5부 에덴동산이야기에서 기독교의 중요 교리 22가지를 필자 나름대로 수정 보완하여 기술했다. 그로 말미암아 이 책은 수직적 교리와 수평적 역사가 만나는 접점의 신학사상서가 될 수 있었다.

이 책은 창세기 1-11장의 성서본문에 근거하여 기술한 책이다. 창세기 1-11장은 기독교의 중요교리나 교의가 도출되는 아주 중요한 부분임에도 불구하고 합리적이고 사실적인 주석과 주해를 하는 것이 심히 어려운 부분이다. 그 이유는 성서의 이 부분에는 이성적으로 이해하기 어려운 상징, 은유, 비사, 신화적 표현들이 많이 나타나고 있기 때문이다. 그래서 호크마 주석처럼 방대한 주석서조차도 이 부분에 대한 주석이나 주해는 수십 페이지를 넘지 못하고 있다. 그리고 그 마저도 성서가 증언하는 역사적 사실에 대한 주석은 슬쩍 건너뛰고, 영적 의미만을 해석하는 식의 내용으로 전개되고 있다. 그래서 필자는 이 창세기 1-11장의 기록을 과학과 문화인류학, 역사학 등 이성의 학문과 소통시킴으로서 성서가 증언하는 역사적 팩트를 구체적으로 도출하는 작업을 착수하게 되었다. 성서는 어떠한 사안에 대해 하나님의 권위로 선포한 연역적 진리이고, 과학이나 역사학은 동일한 사안에 대해 이성적 연구를 통해 얻어진 결과를 가지고 명증하는 귀납적 진리인데, 필자는 이 두 가지 모두 인류가 진리를 포착하는데 유효한 길이라고 생각한다. 따라서 창세기 1-11장의 기사에서 역사적 사실을 도출하기 위해서는 성서와 과학, 성서와 역사학의 만남이 필연적이다.

제1권은 비록 우주 및 지구의 창조와 지구생태계 창조에 대한 역사가 기술되었지만, 그럼에도 불구하고 교리편이라고 볼 수 있다. 왜냐하면, 성서이야기, 하나님이야기, 창조이야기, 그리고 기타 22개의 중요한 테마 모두가 교리에 속하는 것이기 때문이다. 제1권 1부에는 크리스천들에게 균형적이고 올바른 성서관을 정립해 줄 목적으로 성서이야기(성서론)를, 2부에서는 모든 일을 주관하고 섭리하시는 하나님이 누구인가를 논하는 하나님이야기(신론)을 서술했다. 3부에서는 과학적 창조론의 성서적 이성적 당위성에 대해 기술했고, 4부에서는 창세기 1,2장을 한 구절 한 구절 주석하면서 하나님의 창조 전 과정에 대해 서술했다. 그리고 5부 에덴동산 이야기에서는 기독교 중요 교리 22개를 필자의 시각에서 수정 보완하여 서술했다.

제II권은 역사편으로서 인류가 에덴동산을 나와 파란만장하게 살아가며 문명을 발전시킨 역사의 전 과정을 인류 5대 문명사를 넘어서 한민족고대사까지 성서 신학적 관점에서 세세하게 기술하였다. 그래서 이 책의 부제를 '에덴에서 백두까지(From Eden TO Baekdu)'라고 정한 것이다. 마지막 7부에서는 한국교회의 선교와 성장과정을 기술하였고, 이어 '미시오 데이(Missio Dei)' 선교론에 입각하여 세계 교회의 선교역사를 기술하였다. 그리고 이어서 한국교회의 세계선교에 대한 사명과 비전을, 그리고 한국교회의 위기와 부흥의 길에 대해 필자의 견해를 서술하였다.

필자는 본서에서 창세기 1-11장의 역사적 사실을 추론하기 위해서 몇 가지 신학적 역사적 가설을 제시했다. 왜냐하면 기존의 어떤 신학자나 주석서도 이에 대해 명쾌한 대답을 하지 못하기 때문이다. 그 책들을 보면 하나같이 곤란한 것을 회피하고 애매하게 얼버무리는 식으로 서술하고 있다. 그래서 필자는 성서에 기록되어 있으면서도 끊어진 이 역사의 다리를 잇기 위해서 몇 가지 신학적 가설을 세우지 않을 수 없었다. 그렇다고 무대포로 소설 쓰듯이 세운 것이 아니라, 어디까지나 성서의 기록이나 성서 신학적 함의에 의거하여 세워 나갔다. 필자가 이럴 수 있었던 것은 성서의 기록과 성서 신학적 함의는 세상의 어떤 이론보다 우위에 있다고 보기 때문이다. 성서 신학적 함의가 있는 가설이라면 목회자들이 얼마든지 강단에서 선포할 수 있지 않은가? 온전한 크리스천들에게 있어 성서가 무엇이라고 말씀하고 있느냐 하는 것은 세상의 어떤 이론을 말하는 것보다 중요한 것이다. 물론 필자는 이런 가설을 세울 때 가능한 과학적 문화인류학적 문명사적 근거를 제시하려고 노력했다. 그러나 필자의 지식이 짧아 이성적 학문의 뒷받침을 충분히 하지 못한 점은 참으로 아쉬운 대목이라 아니할 수 없다. 그래서 이 책이 나온 이후 필자보다 학문적 능력이 뛰어난 학자들이 이 책의 내용을 수정 보완 발전시켜 준다면 필자에게 큰 기쁨이 될 것이다.

본서에서는 대홍수 이후 인류의 고대역사와 문명의 발흥하고 확장하는 과정에서 창세기 9장에 기록된 노아의 축복과 저주라는 예언의 역학이 줄기차게 작용하고 있다는 점을 분명히 하고 있다. 이런 입장을 필자는 성서 신학적 역사이해라고 보고 있다. 필자는 이 영적 역학을 1세기 이후 세계역사와 한민족 고대사를 기술하는데 까지도 적용했다. 물론 현대의 문명사를 이해하고 전망하는 데도 적용했다.

필자는 성서연구에 있어 가장 중요한 점은 성서의 권위를 보전하는 것이라고 생각한다. 그러나 성서의 권위는 일부 보수 신학자들처럼 무조건 성서의 무오류를 외치고 합리화하는 것으로 세워지는 것이 아니다. 그런 분별없는 태도는 학문하는 자의 자세도 아니고, 하나님도 역시 그렇게 우상숭배 하듯 무조건 성서무오류를 주장하는 것을 원치 않으신다고 본다. 오히려 성서의 권위는 성서에 나타나는 몇 군데 과학적, 역사적 오류를 인정하고, 그렇게 될 수밖에 없는 불가피한 역사적 문화적 개연성, 즉 성서는 하늘의 역학(성령의 계시와 감동)과 땅의 역학(인간과 문화)가 만나는 지점에서 형성된 책이기 때문에 그럴 수 있다는 사실을 합리적으로 설명하여 납득시킴으로서 세워질 수 있다고 본다. 그 때 오히려 성서의 권위와 성서의 진실, 성서의 영광은 명백하게 보전될 것이다.

부디, 이 책의 출간으로 인해 한국교회가 보다 탄탄한 교리체계를 갖추고, 모든 크리스천 지식인들이 성서와 성서가 증언하는 우리 하나님이 주관하는 위대한 창조와 섭리의 역사를 찬양할 수 있기를 기원한다.

끝으로 이 책이 나오기 까지 꼭 필요한 도움을 주신 분들이 있다. 이 지면을 빌어 그 분들께 심심한 사의를 표하는 바이다.

Rev. **Kim, Yong Joo**

김용주 목사

Table of Contents | 목차

제2장 하나님에 대한 형이상학적 이해

제3장 하나님은 실재하는가

제4장 기독교와 타종교의 궁극자론 비교

Part 3. The story of The creation(1)

2부 창조이야기 (1)

Part 4. The story of The creation(2)

4부 창조이야기(2)

제4장 지구생태계의 창조

제5장 인간창조

Part 5. The story of Eden

5부 에덴동산 이야기

제4장 마귀의 기원과 운명

제5장 역사. 이스라엘

제6장 천국과 지옥

제7장 만인구원론의 우주적 타당성

제8장 예정. 선택. 구원의 질서

제9장 교회. 성례전

제10장 성서적 종말론(Biblical Eschatology)

제11장 크리스마스의 예고와 동산의 폐쇄

Part 1
The story of Bible

| 제 1 부 | 성서 이야기

렘브란트의 마태와 천사

사해 사본

마조라텍스트 ▷
라틴어 성경 ▷▷

최초로 인쇄된 성경

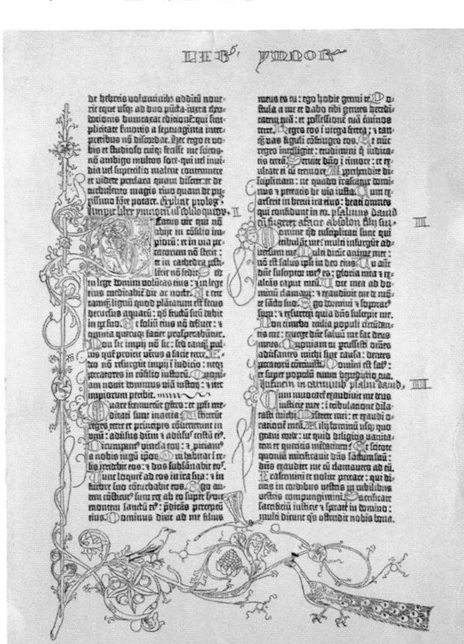

킹 제임스 성경

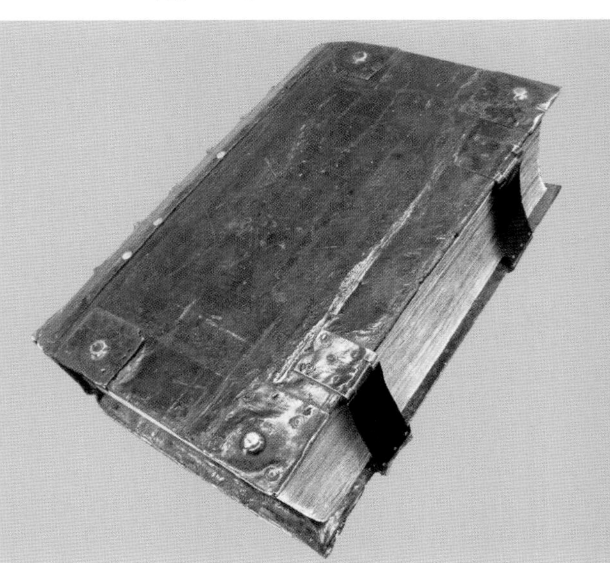

최초의 한글 성경

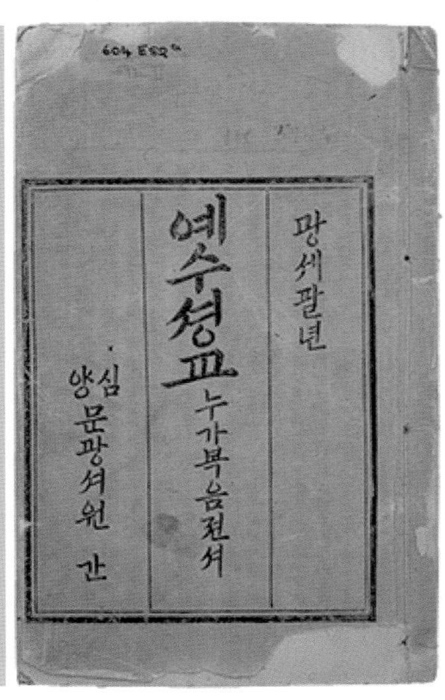

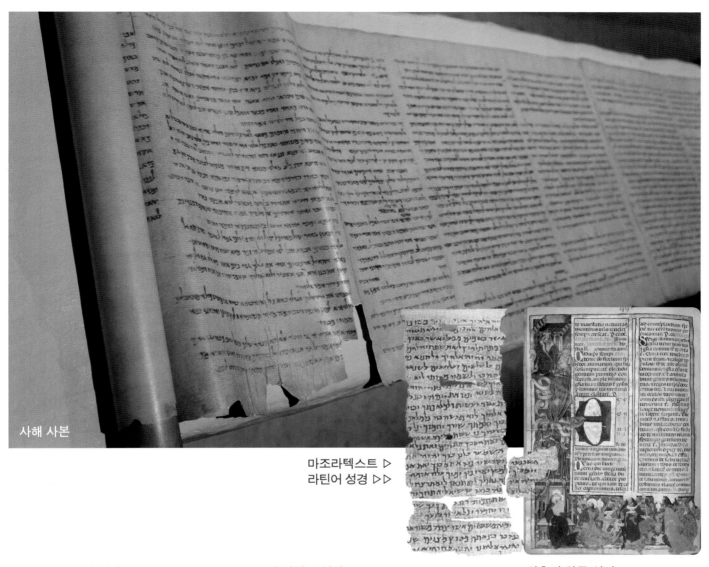

Overview

기독교 사상의 근거와 기준은 성서다. 그러므로 성서관이 제대로 정립되지 않으면 올바른 설교도, 올바른 신학사상을 전개하는 것도 불가능하다. 그러면 당신의 성서관은 무엇인가? 성서는 하나님의 말씀인가? 아니면 역사 문화적 산물인가? 분명히 사람이 기록했는데 성서가 하나님의 말씀이라는 것은 무슨 뜻인가? 성서가 하나님의 영감으로 기록되었다는 것은 또 무엇인가? 성서는 하나님이 불러준 대로 쓴 것인가? 그러면 성서는 절대 무오한가? 무오하다는 것은 또 무엇을 의미하는가? 성서는 과학적으로도 역사적으로도 오류가 하나도 없는가? 그러면 여러 군데서 발견되는 명백한 오류는 어떻게 설명해야 하는가? 창세기 1:14-19절은 명백한 과학적 오류요, 마태복음 1:8절은 명백한 역사적 오류다.

그러면 이런 오류가 있어도 성서는 하나님 말씀인가? 성서는 문자하나까지 해석하지 말고 무조건 모두 믿어야 하는 진리인가? 당신은 문자주의적 해석을 따르는가 아니면 거부하는가? 따른다면 인류 역사는 정말 6000년인가? 태양과 달과 별의 나이는 6000년 5일인가? 지구의 나이는 6000년 7일인가? 이런 성서과학자들의 주장을 그대로 받아들여야 하는가? 당신은 그동안 강단에서 무엇이라고 설교했는가? 목회자들을 포함하여 한국 교회 크리스천 지식인들의 성서관은 거의 모두 애매한 상태이다. 성서를 문화적 산물로 보는 자유주의적 성서관부터 절대무오의 하나님의 말씀으로 보는 근본주의적 성서관까지 스펙트럼이 다양하다.

성서는 하늘의 역학과 땅의 역학, 즉 성령의 역학과 문화적 역학이 만나 이루어진 책이다. 마치 수억만 년 동안 하늘과 땅의 역학이 만나 형성된 집채만 한 노다지 덩어리, 그것도 중심에 복음이라는 수박만 한 최고급 물방울 다이아가 박힌 노다지 덩어리와 같다. 비록 노다지에는 약간의 불순물이 들어 있지만 노다지의 신비로운 권위는 줄어들지 않는다. 하나님이 성서를 사람에게 전달하고 기록할 것을 결정하셨을 때, 이미 미완의 문화적 요소가 개입될 개연성을 수용셨다. 그래서 약간의 과학적 역사적 오류가 나타나게 된 것이다. 그럼에도 불구하고 성서 전반을 관통하는 성령 계시의 통일된 흐름은 인류에게 복음의 진리를 전달하는 데 전혀 지장이 없었다. 성령의 영감은 호수의 파문처럼 일어나 복음이라는 중심 계시에는 강력하게 작용했고, 그 복음을 수용하고 있는 과학적 역사적 기록에는 차등적으로 약하게 작용했다. 이를 유기적 차등(파문)영감론이라고 한다. 성서를 성스런 진리의 서책이라 함은 성서에 기록된 모든 내용이 과학적 역사적으로 완전해서가 아니다. 그런 오류가 존재함에도 불구하고 인류를 향한 하나님의 무한한 사랑과 영원한 구속의 결정이 담긴 유일무이한 문서이기 때문이다.

창세기의 계시는 아담으로부터 후손들에게 전승되었다. 처음에는 그림과 구두 전승의 방식으로, 수메르 쐐기문자로, 에블라 왕국에서 북서셈어(가나안어)로, 족장시대에 남가나안어로, 모세 때 고대히브리어로 기록되었다. 창조와 홍수에 관한 바벨론 설화는 수메르에 거주한 셈족이 전승받은 성서적 계시가 수메르의 판테온 종교에 흘러들어가 왜곡되어 형성된 설화이다. 그러므로 창세기에 기록된 창조 이야기와 대홍수 이야기가 바벨론 신화의 영향을 받아 쓰여졌다는 자유주의 신학자들의 주장은 황당무괴한 거짓말이다. 온전한 신학적 사유는 가능한 성서의 권위를 우선적으로 생각하는 가운데 전개되어야 한다.

그러므로 이제 묻는다. 10년 이상 신학을 공부한 그대에게 묻는다. 성서에 대해 전문가라고 하는 당신에게 묻는다. 과연 그대의 성서관은 무엇인가? 균형 잡힌 성서관이 제대로 정립되어 있기는 한가? 만일 성서관이 제대로 정립되지 않았다면, 그리고 성서의 영적 권위에 대해 확고한 신념이 없다면 당신은 아무것도 아니다. 당신은 아는 것이 전혀 없다. 감히 신성한 강단에서 할 말이 없는 사람이다. 그러므로 올바른 성서관을 갖자. 그래야 비로소 그다음 발자국을 내디딜 수 있다.

Chapter 1 제 1 장

성서는 하나님의 말씀이다

로댕의 조각품 <생각하는 사람>을 보면 무엇인가 알고 싶은데 알 수 없어 고뇌하는 인간의 모습을 보여준다. 이는 마치 "나는 생각한다. 고로 존재한다"고 한 데카르트의 철학적 명제를 작품화한 것처럼 보인다. 그렇다. 인간은 그가 살고 있는 우주의 근원에 대해, 그리고 역사의 본질과 목적, 인류가 당면한 수많은 난제의 원인과 해법에 대해 알기를 원한다. 그래서 이 세상에는 수억만 명의 사람이 쓴 수억만 권의 책이 존재하는 것이다. 그러나 유감스럽게도 그런 책들이 우리에게 알려주는 지식은 우주만상과 역사의 궁극적 원인과 근원적 질서에 대한 것이 아니라, 단지 지엽적 문제에 대한 것뿐이거나, 그 마저도 상대적 지식, 불완전한 지식에 지나지 않은 것뿐이었다. 그래서 인류는 더욱 간절하게 참 진리를 찾기를 소원하고, 궁극적 진리에 목말라 하고 있는 것이다.

정말로 성서가 하나님의 말씀을 기록한 책이라면 우리 인류는 비로소 소망이 생긴다. 진정한 진리를 얻을 수 있는 가능성이 생기기 때문이다.

그런데 여기 한 권의 놀라운 책이 있다. 이 책은 성서(Bible)라는 책이다. 이 책은 어떤 사람이 그의 인간적 지혜와 지식으로 쓴 것이 아니라, 우주만물을 창조하고 역사를 섭리하고 주관하는 하나님이 그가 계시한 말씀을 40여명의 성서기자들을 통하여 성령의 영감으로 기록한 책이라고 한다. 정말로 성서가 하나님의 말씀을 기록한 책이라면 우리 인류는 비로소 소망이 생긴다. 진정한 진리를 얻을 수 있는 가능성이 생기기 때문이다. 그런데 문제는 성서가 정말 하나님의 말씀이냐 하는 것이다.

I 성서가 하나님의 말씀이라는 증거

성서가 아무리 놀라운 내용이 기록된 책이라 할지라도 한낱 머리 좋은 사람이 써낸 것에 불과하다면, 성서 역시 저술한 사람이 가지고 있는 문화적 실존적 한계를 넘어서지 못할 것이다. 그리고 성서는 결국 세상에 나와 있는 수백억 권의 책 중 하나에 불과할 것이다. 그러나 너무도 다행스러운 것은 이 책이 일반 서적과는 달리 전지전능하고 무소부재하고 영원무한하신 하나님께서 자신의 계시를 친히, 또는 그의 사자들을 통하여 사람들에게 알려주시고, 성령의 감동에 사로잡힌 이들을 통하여 기록하게 하셨다는 것이다. 이는 인류를 위해 너무나 놀라운 일이고, 인류 모두에게 경이로운 축복이 아닐 수 없다.

성서가 하나님의 말씀이라는 증거는 외적 증거와 내적 증거로 나눈다. 외적 증거는 성서가 가진 문화적 역사적 특수성과 성서가 인류 역사와 사회에 끼친 영향, 인류사회가 이 책을 수용하는 상황을 객관적으로 평가한 결과를 의미한다. 반면 내적 증거는 성서 자체의 주관적 증거를 의미한다.

1 ◦ 외적 증거

외적 증거란 성서가 하나님의 말씀이라는 것에 대한 객관적 문화적 증거를 의미한다. 물론 여기서 제시하는 외적 증거는 명증된 과학이나 실증된 역사처럼 완전한 객관성이 확보된 것이 아니다. 어쩌면 외적 증거도 기독교인들의 주관적 생각일지도 모른다. 그러나 성서가 하나님의 말씀이라는 증거는 외적 증거를 통해서 어느 정도 대략적으로 추정할 수 있다. 나그네가 길을 잃지 않기 위해서는 나무 하나하나보다 가능한 숲 전체를 보라는 말이 있다. 외적 증거는 나무 하나하나를 자세히 관찰하여 분석하기보다 숲 전체의 윤곽을 전체적으로 조망하는 것과 같은 것이다. 비록 이 외적 증거가 완전한 증거는 아니라 할지라도 성서를 만난 개인이나 역사에 경이적인 변화가 나타났고, 다른 문화권의 종교 문서에 비해 증언하는 진리의 범위와 내용이 탁월하다면, 성서에 대한 객관적 데이터는 성서가 하나님의 말씀이라는 확신을 갖는 데 큰 도움이 될 수 있다. 성서가 하나님의 말씀이라는 외적 증거는 대략 9가지로 이야기할 수 있다.

1) 최고의 진리성

성서가 담고 있는 진리, 즉 성서가 가르치는 진리는 놀랍게도 인류의 지성들이 끊임없이 알고 싶어 하고 해결하고 싶어 했던 궁극적인 문제, 즉 인생과 역사의 근원적인 문제와 원인을 해명하고 그 문제에 대한 해결책을 제시하고 있다. 인류의 지성들은 유사 이래 지금까지 우리가 살고 있는 우주의 기원과 인류 역사의 본질, 그리고 인생이 안고 있는 죄와 사망, 정죄의 불안 등, 모든 궁극적인 문제에 대해 심각한 질문을 해왔다. 그리고 각 종교들은 이에 대해 나름의 대답을 주고 있다. 특별히 하등 종교들보다 고등 종교들이 형이상학적 주제와 근원적 문제에 대해 보다 적극적으로 파헤치고 대답하려는 경향이 있다. 그러나 그들 고등 종교들조차도 대부분은 그런 궁극적인 문제에 대해 통합적 사유를 하지 못하고 부분적 사유를 할 뿐이다. 그마저도 미완의 대답을 할 뿐 그 문제들에 대해 결정적 해결책을 제시하지 못하고 있다. 네가 스스로 완전해지면 구원에 이를 수 있다고 하면서 말이다. 그런 말은 누군들 못 하겠는가?

문제는 어떻게 완전에 이를 수 있느냐 하는 것이다. 그러나 그들이 제시하는 방법은 기껏해야 명상과 고행을 하라거나 아니면 인샬라, 즉 무조건 신의 뜻에 맡기라고 하는 것뿐이다. 그러나 성서는 동양적 우주철학*의 절정이라고 하는 도가의 도(道), 불교의 공(空), 도가 유가의 태극(太極), 성리학의 기(氣)와 이(理), 힌두교의 브라만과 아트만 사상이 제기하는 문제를 신학적으로 포괄하면서도, 우주만물의 기원과 역사의 본질과 운명, 그리고 인간 실존의 근원성과 그 운명에 대해 계시적 권위로서 명확하게 진술하고 있다. 또한 그 모든 문제에 대해 명확한 해답을 제시하고 있다. 특별히 모든 인류의 문제의 근원을 죄로 보고, 그 죄로부터 해방될 수 있는 궁극적 소망을 분명히 제시한다.

*
道와 空, 太極과 理氣, 그리고 브라만과 브라흐만은 모두 고대 동양종교의 위대한 우주철학 사상으로 사실상 모두 우주의 근원적 질서를 설명하는 궁극적 개념이다. 특히 태극 사상은 도가와 유가가 함께 관여되어 있고, 理와 氣에 대한 사상은 유교의 중흥기에 나타난 성리학의 고유 사상이다. 성서는 이 모든 동양적 사유 세계의 심오함을 함축하고 있을 뿐 아니라 유일신교의 일원론적 우주관을 제시하고 있다.

이런 점에서 이 세상에는 성서에 비견할 만한 책이 없는 것이다.

2] 최고[最古]의 역사성

창세기가 기록된 연대는 대략 3200년전경으로 보고 있다. 구약성서의 처음 5경을 기록하고 편집한 사람이 모세라고 추정되기 때문이다. 즉 오경은 모세가 지휘하는 특별한 학자 그룹이 편집하고 기록한 것이다. 우리는 성서가 최초로 기록된 연대에 대해 명확한 고고학적, 역사학적 증거가 없는 상황에서, 성서적 함의에 따라 유추한 전통적 입장을 굳이 바꿀 필요는 없다. 그렇다면 창세기의 기록 연대는 적어도 3200년 전으로 보는 것이 타당할 것이다.

물론 신학계 일각, 특히 자유주의적 성서비평가들은 성서 기록자에 대한 의혹을 제기하고, 성서의 기록 연대를 낮추려는 시도를 계속하고 있다. 이러한 주장을 대표하는 것은 독일 자유주의 신학의 종교사학파 신학자인 헤르만 궁켈*의 문서설**이라고 볼 수 있다.

필자는 신학교에서 문서설을 배우면서 그들이 주장하는 성서 기록의 연대에 대해 매우 회의적이었다. 왜냐하면 그들의 주장을 뒷받침하는 증거가 너무나 자의적이거나 단편적이기 때문이었다. 오히려 그들의 주장과 정반대로 모세가 창세기를 기록 편집하기 이전에 이미 여러 개의 성문서가 이미 존재하고 있었다고 생각한다. 실제로 시리아의 에블라왕국 유적지에서는 필자의 이런 생각을 뒷받침하는 수많은 증거들이 나왔다.

필자는 성서가 최초로 기록된 연대는 모세보다 훨씬 오래전으로 소급될 여지가 있다고 본다. 그러나 그런 가능성을 계산에 넣지 않고 다만 모세 때 기록된 것으로만 생각한다 할지라도 모세오경의 기록 연대는 BC 1200년 전후가 되는 것이다. 그렇다면 현존하는 종교 경전 중에 창세기의 기록 연대보다 더 오래인 경전이 있을까? 노자의 ≪도덕경≫이나 공자의 사서삼경, 석가모니의 설법도 기껏해야 BC 500년경을 넘지 못한다. 굳이 든다면 힌두교의 리그베다 정도인데, 그것은 창세기와 같이 역사를 기록한 것이 아니라 애매한 상징으로 점철되어 있는 시가문학 같은 것이다. 그나마 리그베다의 성립 연대 자체도 BC 1000년경을 넘지 못한다. 그 무렵부터 서서히 한 편 두 편 형성되기 시작한 것에 불과하다. 이처럼 창세기는 이 세상 모든 경전 중 가장 오래된 성문서이다. 그러므로 성서의 역사는 다른 모든 경전들 중 최고(最古)의 자리를 차지한다.

3] 최고의 문학성

창세기를 포함한 모세오경은 3200년 전 쓰여진 서책임에도 불구하고, 이후에 쓰여진 어떤 종교 문서나 신화보다 우리 모두가 감탄할 만한 문학적 우수성을 지니고 있다. 문학적 우수성이란 기록된 내용의 진리성, 전체적 일치성과 균형성, 그리고 표현의 미학 등 총체적인 것을 의미한다.

창세기 1장에는 우주 창조의 기원과 과정을 모두 담고 있으면서도 글의 내용이 균형감 있고 아름답게 전개된다. 전혀 군더더기 없이 그 광범위한 이야기를 질서정연하고 일목요연하게 아름다운 문장으로 기술하고 있다. 인류문화사적으로 최고(最古)의 기록물 중 하나라고 부르는 수메르와 바

*
헤르만 궁켈(Johann Friedrich Hermann Gunkel, 1862-1932)은 독일의 신학자로서 양식비평 방법을 처음으로 개발한 학자이다. 괴팅겐 대학에서 공부하고 괴팅겐대학, 할레대학, 베를린대학, 기센대학에서 가르쳤다. 종교사학파의 거두로서 전설, 특히 창세기, 시편, 예언서에 나타난 전설들을 비교 연구하여 구약의 문학적 가치를 강조했다. 그의 저서로는 ≪이스라엘문학(Die Israelitische Literatur)≫, ≪태고사와 족장들(Die Urgeschichte und Die Patriarchen)≫ 등이 있다.

**
문서설의 요체는 구약성서, 특히 5경은 모세가 한 권의 책으로 저술한 것이 아니라, BC 950년경 쓰여진 J문서, BC 900-750년경 쓰여진 E문서, 그리고 BC 5세기경에 쓰여진 P문서를 자료로 하여 누군가 편집한 것이라는 주장을 했다. 그러나 그들의 주장을 뒷받침할 만한 고고학적 증거가 확실히 있는 것도 아니다. 아주 작은 단편적 증거 아닌 증거를 가지고 확대 해석한 것일 뿐이다.
성서적 함의와 문화인류학적 함의에 입각하여 필자는 창조 이야기와 에덴동산 이야기는 이미 아담 때부터 그림계 시로 존재했고, 대홍수 이야기도 노아를 통해 그림 계시로 존재했을 것이라고 추정하고 있다. 그리고 수메르에서 세계 최초로 쐐기문자가 나타났을 때, 당연히 그림과 구두로 전승되던 계시는 문자로 번역되었을 것이라고 보고 있다. 실제로 에블라왕국에서는 수메르 문자로 된 많은 문서들을 북서셈어로 번역한 증거가 발굴된 토판을 통하여 입증되고 있다. 따라서 필자는 히브리의 신앙적 전통을 중요시했던 에블라왕국에서는 수메르 문자로 된 성문서들을 가나안어라고 불리는 북서셈어로 번역하여 보관했을 것이라고 추정한다. 이 문서들은 장자권의 계보를 이은 이주민 야곱의 가문에서 간직하고 있다가 모세의 주도로 창세기로 편집 기록된 것이라고 보고 있다.

빌론의 창조 설화나 홍수설화를 성서와 비교해보라. 창조 이야기와 홍수 이야기가 조금 나타나 있기는 하지만 전체 스토리는 수많은 신들 사이의 질투와 비도덕적 사생활, 그리고 신들 사이의 이전투구하는 전쟁 이야기로 도배되어 있다. 한마디로 황당 무괴한 이야기만 나열되어 있을 뿐이다. 그 기록물들은 현대의 과학적 역사적 문학적 시각에서 볼 때 말도 안 되는 유치함과 부조화와 불일치를 보이고 있다. 반면 성서는 현대의 세련된 문학적 기준을 적용해봐도 외경심을 일으킬 만큼 미학적 아름다움과 문체의 정교함, 그리고 고도의 문학성을 지니고 있다.

4) 최고의 과학성

창세기는 3200년 전에 쓰여진 책이라고는 믿기 어려울 만큼 고도의 과학성을 지니고 있다. 성서는 그 당시 세계에서 문명이 가장 발달한 중근동의 사람들이 가진 우주관과 세계관을 뛰어넘어 21세기 현대과학과도 거의 일치하는 과학성을 보여주고 있다. 물론 성서, 특히 창세기 1-2장의 기록이 100% 현대과학이 증명한 과학적 데이터와 일치한다는 뜻은 아니다. 예를 들어 창세기 1장의 경우 넷째 날* 해와 달과 별을 만들어 하늘에 두었다는 기사는 분명히 해석학적 난제로 남아 있다. 그러나 이마저도 그림 계시가 문자 계시로 전환되는 과정에서 일어난 오류 아닌 오류라고 볼 수 있다. 다시 말해 그림 계시를 문자로 전환하는 과정에서 사람들의 오해로 비롯된 오류라는 것이다.

그러나 그것 외에 창세기 1장의 기록은 현대의 천체물리학과 지구학, 심지어는 생물학과 고인류학까지 거의 모두를 담을 수 있는 틀을 제공하고 있다. 이 얼마나 놀라운 일인가? 이 지구상에 적어도 3200년 전에 기록된 저작물로서 우주 만물의 근원과 형성 과정에 대해 성서와 같은 과학성을 보여주는 책은 단 한권도 없다. 인류 역사에 3000년 전은 고사하고 2500년 전까지도 그런 저작물이 있었느냐 하는 것이다. 기껏해야 ≪일리아드≫와 ≪오딧세이≫에 나오는 그리스 신화, 또는 공자나 노자의 저작물이나 중국 전국시대의 저작인 ≪산해경≫, 힌두교의 우파니샤드 정도인데, 그 책들은 2400년 전의 기록물일 뿐 아니라 성서처럼 21세기 과학이론을 담을 수 있을 정도의 과학적 함축성을 지닌 것도 아니다. 그러므로 현대 과학자들도 인정할 만한 과학성을 담고 있는 고대의 경전은 오직 성서가 유일하다 할 것이다.

*넷째 날 하나님께서 해와 달과 별을 만드셨다는 기록은 창세기 1장을 해석하는 데 결정적 장애물이다. 그러나 이날의 창조를 해와 달과 별의 창조가 아니라 지구의 자전축과 공존전궤도가 안정됨으로 인해 징조와 계절과 날과 해의 질서가 안정되었다고 해석하면 창세기 1장은 현대과학이 밝혀낸 천체물리학이나 지구학, 그리고 생물학, 고인류학 등과 거의 일치된다는 사실을 알 수 있다.

성서는 그 당시 세계에서 문명이 가장 발달한 중근동의 사람들이 가진 우주관과 세계관을 뛰어넘어 21세기 현대과학과도 거의 일치하는 과학성을 보여주고 있다.

5) 최고의 일치성

성서는 1400여 년간에 걸쳐 약 40명의 저자들이 기록한 책이다. 그럼에도 불구하고 66권의 성서 전체는 내용과 의미에 있어 놀라운 통일성을 보여주고 있다. 모든 성서의 중심 테마는 그리스도인데, 성서는 그리스도의 구원이 필요한 인류의 궁극적 문제를 죄와 사망으로 보고 있다. 즉 성서 66권을 관통하는 메시지는 그리스도이며, 이 메시지는 죄, 심판, 은혜라는 3박자 리듬을 타고 창세기에서 요한계시록까지 일관성 있게 흐르고 있다. 그래서 어느 신학자는 성서의 어느 부분을 바늘로 찌르더라도 그리스도의 피가 흘러나온다고 주장하고 있다. 이러한 사실은 성서가 비록 사람이 기록하였지만, 저자들의 배후에는 성서를 만든 진짜 저자가 있다는 사실을 반증한다. 즉 성서의 진정한 저자는 바로 하나님, 즉 성령 하나님이라는 것이다. 그렇기 때문에 1400년에 걸쳐 40여 명의 저자들이 각자 다른 의도와 목적으로 기록하였음에도 불구하고, 성서는 의미의 통일성, 진리의 통일성을 유지할 수 있는 것이다. 그러므로 성서가 가진 통일성은 성서가 바로 하나님의 말씀이라는 외적 증거이다.

6) 최고의 보존성

성서는 신구약을 막론하고 저자가 직접 쓴 원문 성서가 하나도 현존하지 않는다. 구약의 경우에는 주전 2세기경 쿰란 사원의 사제들에 의해 쓰여진 것으로 알려진 사해사본, 주전 100년경 작성된 나쉬 파피루스 사본, 그리고 비슷한 시기에 만들어진 마조라 텍스트 사본이 가장 오래된 것이다. 그 외에도 유사 사본들이 많이 존재하는데 이들은 정경에 들어오지 못하고 외경이나 위경으로 취급되고 있다. 그런데 놀라운 사실은 정경으로 인정받는 사본들의 경우 토씨나 부호 등 몇 군데 외에는 내용상으로 완전히 일치한다는 점이다.

신약성서 역시 원문은 없으며 성서 전체가 기록된 최고(最古)의 사본은 주후 4세기경의 시내사본과 바티칸 사본(B)뿐이고, 단편 가운데는 2세기까지 소급해 올라갈 수 있다. 물론 신약은 구약에 비해 원문과 사본 사이의 기간이 짧은 것이 사실이다. 그렇다 하더라도 필사의 과정에서 오류나 누락의 가능성은 얼마든지 있을 수 있었다. 그럼에도 불구하고 정경에 들어온 대부분의 사본들은 그 내용이 거의 일치한다. 이는 신구약을 막론하고 성서가 정경화되기까지의 과정을 일관성 있게 지도하고 섭리한 초월적 존재가 있었다는 증거이다. 그러므로 성서가 갖고 있는 이 놀라운 보존성은 성서가 하나님의 말씀이라는 또 다른 외적 증거이다.

7) 최고의 판매량

헤르만 헤세는 명저 ≪유리알 유희(Das Grasperlenspier)≫* 서문에서 "역사는 언제나 자신에게 의미를 주는 이데올로기를 선택한다"라고 말했다.

지구 생태계를 보면 모든 생물들은 그가 필요한 영양소를 스스로 찾아내어 섭취하는 것을 볼 수 있다. 마찬가지로 인류도 수많은 문화들 중에서 필요한 것을 찾아내어 섭취한다. 그런데 성서는 어떤 책에 비할 수 없이 압도적으로 인류사회에 보급되고 있다. ≪해리 포터≫** 시리즈처럼 공전의 히트를 기록한 작품도 몇 년간 수천만 권이 팔린 것에 지나지 않는다. 그나마 십수 년이 지나고 나니 오늘날은 거의 팔리지 않고 있다.

그러나 성서의 경우는 다르다. 라틴어 성서가 독일어로 번역된 1534년 이래 성서는 출판 역사상 세계 최고의 베스트셀러 자리를 단 한 번도 놓친 적이 없다. 성서는 지금까지 100억 부 이상 출판 보급되었고, 오늘날에도 매년 5억 부 이상 출간되어 팔리거나 공급되는, 한마디로 지구촌의 영원한 베스트셀러이다. 왜 이처럼 인류는 성서를 원하고 있는가? 그 이유는 여러 가지 있겠지만, 분명한 사실은 수많은 역사적 실존적 문제를 안고 살아가는 인류에게 성서는 다른 책으로는 대체할 수 없

*
≪유리알 유희≫는 독일의 문호 헤르만 헤세의 생애 마지막 소설로 그의 최대 걸작으로 평가받는 작품이다. 1931년부터 쓰기 시작하여 1943년 스위스에서 처음 출판되었다. 이 작품으로 1946년 노벨문학상을 받았다. 부제는 '유리알 유희의 명인 요제프 크네히트의 회상'이다.

**
성서 다음으로 많이 팔린 책이라고 하는 ≪해리 포터(Harry Potter)≫ 시리즈는 1997년부터 2007년까지 출간된 영국의 작가 J. K. 롤링의 판타지 소설이다. 이모네 집 계단 밑 벽장에서 생활하던 11세 소년 해리 포터가 호그와트 마법학교에 들어가면서 겪게 되는 이야기를 그리고 있다. 1997년 첫 번째 책인 ≪해리 포터와 마법사의 돌≫이 출판되었으며, 2007년 7월 마지막 책인 ≪해리 포터와 죽음의 성물≫이 출판되었다. 책이 큰 인기를 얻음에 따라 영화, 비디오게임 및 다양한 상품들이 제작되었다.

는 궁극적 의미와 희망, 그리고 위로와 삶의 지혜를 주기 때문이다. 성서가 어느 나라의 역사에 들어가면 그 나라의 역사가 바뀌고, 성서의 말씀이 개인의 마음에 들어가면 그의 심령이 바뀐다. 그러기에 인류는 스스로 성서를 사모하고 성서를 읽는 것이다. 성서가 인류의 영원한 베스트셀러라는 사실은 성서가 하나님의 말씀이라는 객관적 증거이다.

8] 최고의 초월성

프랑스의 저명한 문화철학자 클로드 레비스트로스*는 구조주의 문화론으로 유명한 학자이다.

그의 주장에 의하면 모든 문화는 홀로 독자적으로 발전하는 것이 아니라, 다른 문화와의 교류를 통해 서로 영향을 주고받으며 변화하고 성장한다고 한다. 이는 어떤 문화도 주변 문화의 영향을 받지 않고 독자적으로 성장할 수는 없다는 뜻이다. 그러나 성서가 증언하는 십자가 구속의 복음은 그의 문화구조주의 이론으로서는 도저히 설명할 수 없는 영역이다. 물론 신약성서가 선포하는 십자가 복음은 구약성서에 나타난 수많은 상징들, 즉 양과 양의 제사, 할례, 방주, 성막과 성전, 제사제도, 제사장, 모세나 선지자 등에 함축되어 있다. 그러나 이스라엘 랍비들이 이것을 전혀 깨닫지 못했다는 것도 사실이다.

그런데 구약성서를 보며 이러한 영적 의미를 깨달은 분이 바로 예수그리스도시고, 그의 가르침을 받은 사도들이고, 특별히 다메섹 도상에서 예수님을 만난 바울이 그러했다. 그런데 이런 상징들이 구약성경에 기록된 것 자체가 문화적 미스터리가 아닐 수 없다. 당시 중근동의 어떤 종교 문서에도 창세기 4장 아벨의 제사에서 드러나듯이 그리스도의 십자가 제사를 암시하는 속죄제사 이야기가 나오지 않는다. 오직 3200년 전에 기록된 모세오경에만 나타난다. 그러므로 그리스도의 구원이 함축된 속죄의 복음은 중근동 지역 문화의 영향을 받아 형성된 것이 아니라, 하늘에서 내려온 계시라는 점이 명백하다. 성서는 하나님이 특정한 사람에게 내린 구원의 계시를 담고 있으며, 그 계시를 성령의 영감으로 기록한 하나님의 말씀이기 때문이다. 성서의 핵심인 십자가의 진리는 문화적 진화의 소산이 아니라 하늘로부터 내려온 성령의 계시임이 분명하다. 그러므로 이 또한 성서가 하나님 말씀이라는 외적 증거 중 하나라고 볼 수 있다.

* 클로드 레비스트로스(1908-2009)는 프랑스의 인류학자로서 인간의 사회와 문화를 이해하는 방법으로서 구조주의를 개척하고 문화 상대주의를 발전시킨 사람으로 유명하다. 그는 인간의 삶을 특정한 방식으로 규정하는 보편적 규칙을 찾는 데 노력했다. 문화는 나라마다 다르긴 해도 더 우월하거나 열등하거나 야만적인 문화는 없다고 단언함으로써 서구중심주의, 인종주의, 그리고 서구의 오만과 편견을 깨는 데 크게 기여했다.

9] 최고의 변화력

성서는 이기적 개인주의나 배타적 민족주의가 아니라 서로 사랑하고 존중하는 인도주의, 박애주의, 사해동포주의, 민주주의 등 우리 식으로 말하자면 홍익인간주의를 지향하고 있다. 그리고 개인적으로는 죄를 이기는 경건한 삶을 지향한다.

그런데 성서의 더욱 놀라운 점은 성서를 읽은 특정한 사람과 특정한 민족이 실제로 놀랍게 변화된다는 사실이다. 이 성서의 놀라운 변화력은 역사가 증명하고 있다. 성서가 들어가기만 하면, 그것이 나라든 민족이든 개인이든 엄청난 변화가 일어난다. 법과 군사력과 섹스와 환락으로 상징되던 로마제국은 기독교의 전래와 더불어 복음적 신앙과 순결한 정신을 사모하는 영적 나라로 변화되었다. 또한 야만적 삶을 살았던 앵글로색슨족은 성서가 들어가면서 신앙과 정의를 존중하는 신사의 나라가 되었다. 거칠고 포악스런 게르만민족은 기독교의 하나님을 숭상하는 독일 경건주의가 일어난 나라가 되었다. 또한 해적질이나 일삼는 바이킹족이 주름잡던 북유럽이나 스칸디나비아 지역은 민주주의와 복지가 실현된 네덜란드, 덴마크, 스웨덴, 노르웨이 핀란드가 되었다.

우리 대한민국을 생각해보라. 망국의 설움 속에서 다른 민족에게 온갖 수모와 탄압을 받던 우리 민족은 선교사들이 가르친 성서의 능력으로 변화되어 나라의 독립과 경제적 번영, 그리고 민주주의가 실현된 나라가 되었다. 인류 역사상 기독교만큼 개인과 공동체를 기적처럼 변화시킨 종교는 없었다. 이것은 모두 성서가 가진 놀라운 변화력, 성서 자체가 가진 생명력 때문이다.

무위자연을 주장하는 도가의 사상은 인간을 역사의 현실에서 도피하게 만들었고, 오히려 도교라는 형태로 세속적 부귀영화와 불로장생을 추구하는 기복종교로 바뀌었다. 또한 심오하다고 하는 유교의 사서삼경은 중국을 얼마나 변화시켰는가? 공자가 왕도정치와 도덕정치, 그리고 군자의 삶을 지향했다고 하지만 그의 사상이 춘추전국시대에 큰 영향을 주지 못했음은 주지의 사실이다. 주자의 성리학도 마찬가지이다. 이(理)와 기(氣)의 사상으로 세계와 우주와 역사와 인간의 본질을 파악하고 성리학적 삶을 가르치고 지향했으나, 조선조에서 보듯이 성리학은 사람의 탐욕을 다스리지도 못하고, 오히려 그 이론을 빙자하여 학파를 형성하고, 그것은 다시 정치적 당파 조직으로 변하여, 기회만 있으면 이전투구함으로써 조선은 병들었고 끝내는 망하고야 말았다. 실로 조선조의 사색당쟁은 바로 우리나라에 들어온 성리학이 만든 작품이었다.

인도의 힌두교는 어떠한가? 힌두교 경전 리그베다와 우파니샤드를 읽고 사는 인도는 오히려 온 백성을 미신적 신앙에 빠지게 만들었고, 숙명적 카스트제도로 말미암아 기층민의 억울한 고통과 탄식만 가득한 세상으로 만들었다. 이슬람교는 또 어떠한가? 코란이냐 칼(죽음)이냐 양자택일을 강요하며 교세를 확장한 이슬람교는 그들만이 지배하는 세계를 꿈꾸며 무수한 전쟁을 일삼았고, 오늘날은 지구촌 최대의 테러 집단이 되었다. 그리고 이슬람 신앙의 계율을 강요하여 백성들의 삶의 자유를 지나치게 억압하고, 이슬람 계율에 저촉된 사람은 공개처형하거나 사회적 공동체적 집단 테러를 당하고 있다.

오늘날 세계를 자유와 인권을 존중하는 민주주의적 세계로 변화시킨 것은 기독교의 경전인 성서라고 해도 과언이 아니다. 성서의 하나님은 가난한 자, 눌린 자, 눈 먼 자, 포로 된 자의 인권을 존중하고 그들의 편에, 특히 죄인의 편에 서셨다. 그리스도인들은 그리스도의 가르침을 따라 그들이 사는 사회를 개인의 인권이 존중되는 민주사회와 복지사회로 만들어나갔다. 성서를 통해 나타나는 이와 같은 변화력은 성서가 살아 계신 하나님의 말씀이기 때문에 가능한 것이다. 역사와 개인의 삶을 변화시키는 성서의 능력, 이 또한 성서가 하나님 말씀이라는 명백한 외적 증거이다.

2 ◦ 내적 증거

성서가 살아 계신 하나님의 말씀이라는 내적 증거도 있다. 성서의 내적 증거란 성서 자체의 증거를 의미하며 주관적 증거, 신학적 증거라고도 한다. 필자는 여기서 계시, 영감, 조명, 정경 등 4가지 측면의 내적 증거를 서술하겠다.

성서의 내적 증거란 성서 자체의 증거를 의미하며 주관적 증거, 신학적 증거라고도 한다.

1) 계시(Revelation)

성서의 첫 번째 내적 증거는 계시이다. 계시는 '펼쳐 보이다'라는 뜻을 가진 헬라어 '아포칼륩시스(ἀποκάλυψις)'에서 유해한 신학 용어로서, 라틴어로는 '레벨라치오(Revelatio)'이다. 하나님은 자신의 생각과 뜻, 그리고 그가 행하였거나 행할 일을 사람에게 계시하셨다. 그리고 성서는 하나님께서 계시하신 내용을 성서 기자가 문자로 기록한 책이다. 그래서 성서는 기본적으로 "하나님께서 말씀하시기를"이라는 형식으로 기록되었다. 즉 성서는 스스로 하나님의 말씀임을 자증하는 책이다. 구약성서만 해도 "주께서 말씀하시기를", "하나님께서 말씀 하시기를", "주께서 이르시기를", "하나님의 말씀이 임하여 이르시되" 등의 어구가 무려 3,808번이 나오며, 신약성서에는 525번 나온다. 이는 성서가 일반 인문서적은 물론 다른 종교 경전과도 확연히 구별되는 점이다.

교의학에서 계시는 일반계시(General Revelation)와 특별계시(Special Revelation)로 나눈다. 일반계시는 자연계시(Natural Revelation), 또는 원계시(Ur-Revelation)라고도 한다. 우주만물과 인간의 마음에는 하나님의 창조 질서와 하나님의 신성이 반영되어 있어서, 인간은 원래 이 자연계시를 통찰하고 인식할 능력이 있었다(로마서1:19-20).

그러나 인간의 본성이 타락하여 이 자연계시를 통찰할 능력을 많이 상실하였으므로(로마서1:21-23), 하나님은 불가피하게 초자연적 자연적 역사적 방법으로 특별계시를 내려주었다. 즉 하나님은 특정한 사람들에게, 특히 선지자들에게 꿈과 환상과 음성과 사건을 통하여 특별계시를 내려주셨다. 성령께서 직접 말씀하기도 하고, 천사를 통해, 우주만상의 변화를 통해, 역사적 사건을 통해 사람에게 전달해주셨다. 성서는 하나님이 인간에게 내리신 특별계시가 기록된 책이기 때문에 성서를 통해 우리는 인류 역사와 개인의 삶에 대한 하나님의 뜻을 파악할 수 있다. 그런 점에서 성서는 하나님의 특별계시가 모인 바다, 또는 호수와 같다고 볼 수 있다. 특히 성서에 기록된 것은 예수그리스도를 통한 유일회적 구속이라는 특별계시이기 때문에, 성서는 모든 특별계시의 정당성에 대한 판단 기준이 된다.

오늘날에도 하나님의 특별계시는 때때로 사람에게 주어질 수 있다. 그러나 그 경험은 반드시 성서적 검증을 받아야 한다. 왜냐하면 성서와 일치되지 아니하는 체험은 하나님이 주신 계시가 아니라, 인간의 단순한 정신활동이거나 마귀의 장난에 불과할 수 있기 때문이다. 성서에 나타난 특별계시는 우주 만물의 기원과 질서, 즉 창조 질서에 관한 것이 있고, 특별히 그리스도와 죄 심판 은혜라는 구원의 메커니즘과 관계된 계시가 있다.

하나님께서 성서에 창조 질서에 대한 계시를 기록하신 목적은 사람으로 하여금 죄를 깨닫게 하기 위해서이다. 사람이 얼마나 창조 질서에 어긋나게 살고 있는가(죄)를 깨닫고, 그리스도를 통한 하나님의 사랑과 구원을 요청하도록 하기 위해서이다. 그러므로 성서에 기록된 모든 특별계시 중에서 그리스도를 통한 구원의 계시는 가장 중요한 핵심이다. 성서에 기록된 모든 계시의 중심은 예수그리스도의 십자가를 향하고 있다.

타 종교의 경전이나 다른 문화권의 서책에도 자연계시에 대한 일부 통찰(자연세계의 아름다움과 유유한 흐름의 질서, 인간 실존의 한계성과 도덕성)이 포함될 수는 있으나, 예수그리스도의 사건처럼 역사 속에 나타난 초역사적 계시에 대한 부분이 전무하고, 또한 문서의 권위를 뒷받침하는 영감적 요소가 전혀 없기 때문에 사실상 사람이 그와 같은 책을 통해서는 유의미한 하나님의 계시를 파악할 가능성이 거의 없다.

2] 영감(Inspiration)

성서가 하나님의 말씀이라는 두 번째 내적 증거는 바로 성서가 하나님의 영감으로 기록되었다는 점이다.

*
영감론에 대해 로버트 리(Robert Lee)는 "영감이라는 것은 신약과 구약이 만들어지는 과정에서 하나님의 통제를 받는 것을 의미한다"고 말했고, 윌리암 에반스(William Evans)는 "영감이란 진리를 말할 수 있는 자격을 인간에게 주는 하나님의 강렬한 의식적인 입김이다"라고 말했다. 이 성령의 영감이야말로 신구약 66권의 성경이 1,600년 동안 40명가량의 저자에 의해 기록되었으면서도 그 내용이 일치될 수 있었던 이유이다.

**
동력적 영감설은 19세기 자유주의 신학자인 슐라이에르마허에 의해 제기되었다. 그는 성서기자의 영적 직관이나 영적 통찰력이 하나님의 성령에 의한 것임을 부인하고, 그것은 오직 성서기자들의 인간적 우수성일 뿐이며, 따라서 성서는 하나님의 직접적 말씀이라기보다 제자들처럼 영적으로 우수한 사람들이 하나님에 대해 기록해놓은 책이라는 것이다.

성서가 하나님의 말씀이라는 두 번째 내적 증거는 바로 성서가 하나님의 영감으로 기록되었다는 것이다. 하나님께서 특정한 사람에게 내려준 계시는 외부에 선포되거나 기록되었다. 이 단계에서 성령께서는 선포자나 기록자에게 영감, 즉 영적 감동을 불어넣어 그들이 선포하거나 기록할 때 전달받은 계시에 오류가 생기거나 변질되거나 왜곡되지 않도록, 또는 잊혀 지지 않도록 기록자나 선포자의 마음을 지도하셨다. 이것을 성령의 영감이라고 한다. 디모데후서 3:16에서 바울은 "모든 성서는 하나님의 감동으로 된 것으로"라고 말했다. 이 구절에서 중요한 단어는 '그라페(성서)'와 '데오프뉴스토스(하나님의 감동)'이다. 이 구절에서 바울이 주장하는 바는 "모든 성서는 하나님의 감동(God breathed)"으로 기록되었다는 것이다. 또 베드로후서 1:21에서 베드로사도는 "예언은 언제든지 사람의 뜻으로 난 것이 아니요 오직 성령의 감동하심을 입은 사람들이 하나님께 받아 말한 것임이니라"라고 말했다. 여기서도 감동이라는 말은 '데오프뉴토스'로서 "하나님의 입김을 불어넣음"이라는 의미를 가지고 있다. 이 '하나님의 감동'을 교의학자들은 '하나님의 영감*'이라고 부르고 있다.

성서 영감(the Inspiration of Scripture)의 성격과 범위에 대한 규정은 다음과 같이 다양하다.

| 1 | 영감의 성격에 따른 구분

영감의 성격에 대해서는 대략 3가지 견해가 있다.

첫째, 기계적 영감설(機械的 靈感說, mechanical inspiration theory)이다. 이는 하나님께서 성서기자들이 그대로 기록할 수 있도록 계시의 내용을 구술하셨으며, 성서기자들은 단순한 기록자에 불과하며, 성령의 말씀이 흘러나오는 통로에 지나지 않는다는 입장이다.

둘째, 동력적 영감설(動力的 靈感說, dynamical inspiration theory)**이다. 이는 성령께서 성서를 기록하는 데 직접적으로 작용하였다는 것을 부인하고, 성서는 성서기자의 개인적 영감에 의해 기록되었다는 입장이다. 그런데 여기서 성서기자의 영감은 초자연적인 것이 아니라 성서기자의 우수한 영적 감수성과 예민성, 그리고 도덕적 거룩성을 의미한다.

셋째, 유기적 영감설(有機的 靈感說, organic inspiration theory)로서 칼빈주의적 개혁교회와 많은 복음주의적 교회에서 일반적으로 받아들여지고 있다. 여기서 유기적이라는 말은 하나님께서 성서기자를 기계적으로 사용하지 아니하고, 그들 자신의 내적 존재의 법칙이나 특징과 잘 조화시켜 조직적으로 사용하셨다는 의미다. 하나님께서 성서기자의 성품, 기질, 은사, 재능, 교육, 교양, 용어, 어법, 문체 등의 모든 것들을 있는 그대로 사용하셨다는 것이다.

| 2 | 영감의 범위에 따른 구분

영감의 범위에 대해서도 여러 가지 견해가 있다.

첫째, 자연영감설(自然靈感說, natural inspiration theory)이다. 성서 기록자들을 셰익스피어, 밀턴, 공자처럼 일종의 천재성을 가진 이들로 보는 것이다. 그러나 이것은 성서가 한낱 천재성을 가진 사람들이 저술한 인문서적에 불과한 것이 되기 때문에 쉽게 동의할 수 없는 주장이다.

둘째, 보편영감설(普遍靈感說, univasal inspiration theory)이다. 이는 오늘날 모든 크리스천들이 하나님의 영감을 받아 시도 쓰고 수필도 쓰고 연구논문도 쓰듯이 성서의 영감도 그런 것이라는 입장이다. 그러나 성서의 영감을 보편화하면 오늘날 모든 크리스천들의 저작물들도 "하나님이 말씀하시기를"이라고 할 수 있는 개연성을 열어주기 때문에 더욱 수용할 수 없는 이론이다.

셋째, 사상영감설(思想靈感說, conceptual inspiration theory)* 이다. 이 설은 하나님께서 성서기자들에게 사상의 영감을 주었으며, 성서기자들은 자기들의 언어를 사용하여 하나님의 생각, 즉 계시를 기록했다는 것이다. 그러나 이 이론은 성서를 한낱 사상서로 보는 문제가 있고, 또한 성령의 영감을 단지 사상적으로 감동된 생각으로 규정함으로써, 성서를 기록하는 데 있어 성령의 의지적 측면을 간과한 문제가 있다.

* 사상영감설과 축자영감설은 성령께서 기록자의 생각에 영감을 부여한다는 점에서는 동일하다. 그러나 축자영감설이 기록자의 문체와 언어까지도 마음속에 구술하는 수준의 영감을 주었다고 하는 반면 사상영감설은 성령의 영감을 받은 기록자가 자신이 사용하는 언어의 단어와 어휘를 선택하여 표현했다고 하는 입장이다. 사상영감설은 이외에도 기록자가 성서를 기록하기 위해 자료를 수집하고 편집한다는 것을 인정한다.

넷째, 부분영감설(部分靈感說, partial inspiration theory)이다. 이것은 성서의 기록 모두가 하나님의 말씀이 아니라 부분적으로 포함하고 있는 것이라는 주장이다. 성령의 영감이 성서의 기록 일부에만 작용했다고 주장하는 것이다. 그러나 이 영감설은 "모든 성서는 하나님의 감동으로 된 것으로……(딤후3:16)라는 말씀에 배치될 뿐 아니라, 영감받은 말씀과 영감받지 못한 말씀의 경계가 모호하게 된다. 따라서 영감의 유무를 사람이 자의적으로 판단할 것이기 때문에 합당한 주장이라고 볼 수 없다.

다섯째, 축자영감설(逐字靈感說, Verbal dictation Theory)이다. 이것은 전통적 유대교에서 주장하는 설로서, 근대자유주의 신학계의 성서 비평학이 본격적으로 대두되기 전까지는 전 세계 교회, 특히 복음주의 교회에서 가장 보편적으로 지지받는 이론이었다. 물론 축자영감설도 여러 가지 종류가 있다. 극단적인 축자영감설은 성서기자 자신들이 이해하지 못하는 것까지 성령에 사로잡혀 성령이 불러주는 대로 몽롱한 무의식 상태에서 기록했다는 근본주의자들의 주장이다. 그것을 기계적 축자영감설이라고 부른다. 그들은 성서의 글자 하나하나 토씨 하나하나까지 모두 성령의 영감을 받았기 때문에 성서는 절대 오류가 있을 수 없다고 주장한다. 이런 입장을 지지하는 신학자로서는 칼로브(Calov)가 대표적인데, 그는 디모데후서 3:16절에 관하여 다음과 같이 말했다. "그는(바울) 성령이 불러주시는 대로 이것을 썼다. 성령은 교리적 문제뿐 아니라 역사적 문제들에도 사도들에게 영감을 주었고, 그리고 그것들이 어떻게 씌어질 것인가를 그들에게 보여주었다." "모든 성서는 영감으로 기록되었다. 성서는 한마디 한 점이라도 하나님의 영감에 의하지 않는 것이 없다."

이보다는 완화된 축자영감설로서는 칼빈의 영감설이 대표적이다. 그는 "모든 성서는 하나님의 영감으로 되었다"는 바울의 말에 근거하여 전체영감설(全體靈感說, verbal-plenary inspiration theory)을 지지하고 있다. 그는 디모데후서 3:16절에 대한 주석에서 "성서는 성령의 구술을 받아쓰기 하는 형식으로 기록되었고, 성서기자들은 성령의 무오한 비서(amanuenses)였다. 따라서 성서의 기록은 하나님의 '신탁'으로 보아야 한다"고 주장했다. 그러나 그의 영감설을 기계적 축자적 영감설이라고 보지 않는 이유는 칼빈은 성서기자들이 성령의 영감을 받을 때, 이성을 잃은 무의식 상태나 황홀지경에 있었던 것은 아니라고 주장하고 있기 때문이다. 칼빈의 축자적 영감설* 은 기계적 축자영감설과 유기적 축자영감설 사이에 있는 절충적 영감설이라고 볼 수 있다.

* 칼빈은 베드로후서 1:2절에 대한 주석에서 "이는 예언자들이 그들의 의식을 잃어버렸다는 것이 아니라 성령의 움직임을 받았다는 것, 즉 자기들의 어떤 것을 말한 것이 아니라 성령이 인도하시는 대로 복종했다"는 점을 분명히 지적했다. 그래서 이후 많은 칼빈 연구가들은 칼빈이 디모데후서 3:16절의 주석에서 '받아쓰기'라는 용어를 사용했는데, 이는 베드로후서 1:21절의 주석에 나타난 대로 "성령이 인도하시는 대로 복종했다"는 의미로 말한 것이라고 해석하고 있다.

여섯째, 차등적 영감설(差等的 靈感說, graduational inspiration theory)이다. 필자는 이를 다른 말로 파문영감설(波紋靈感說, water ring inspiration theory)이라고 부른다. 호수에 돌을 던지면 파문이 일어나는데 돌이 던져진 중심의 파문이 가장 크고 강력하게 일어나고 그 주변으로 갈수록 파문이 약해진다. 필자는 성서기자가 성서를 기록할 때 성령의 영감이 부여되는 상황이 이와 비슷하다고 본다. 이 영감설은 성서의 핵심 진리인 복음적 부분은 성령의 영감이 강력하게 작용하였고, 과학적 역사적 부분에는 차등적으로 작용했다는 것이다. 성서의 핵심 및 중심 진리는 두말할 필요 없이 죄와 사망을 이기는 십자가 복음이다. 즉 그리스도의 십자가와 부활이 의미하는 일련의 구속의 복음이다. 죄와 심판과 사망, 십자가의 구속과 성령의 구원, 천국과 지옥, 역사의 종말과 재림과 부활, 천년왕국과 영원천국으로 이어지는 일련의 영적 진리가 성서의 핵심 진리를 형성한다. 성령께서는 바로 이 복음이 성서에 정확하고 완전하게 기록되도록 성서기자에게 영감을 가득 불어넣으시고 성서기자의 마음을 적극적으로 지도하셨다. 따라서 성서에 나타난 복음의 내용은 100% 정확하게 기록되었고 오류는 전혀 없다.

그러나 복음과 연관이 있거나 복음을 담고 있는 과학적 역사적 사실에 대한 기록에는 성령의 영감이 차등적으로 작용했다고 본다. 하나님께서 성서의 기록을 천사가 아니라 사람을 통해서 기록하기로 결정했을 때, 하나님은 성서를 기록하는 사람의 사상과 세계관과 의도와 의지가 복음 진리의 전달에 큰 지장을 초래하지 않는 한 구태여 그 부분까지 강제력을 행사하시지는 않으셨다. 물론 성령께서는 계시의 전승 과정이나 기록되는 과정에서 오류가 발생하는 것을 원하지는 않으셨다. 그럼에도 불구하고 성서가 기록될 때, 복음 자체와 그 복음을 품고 있는 역사적 과학적 부분에 성령의 영감이 부여되는 정도가 차이 나게 된 것은 전적으로 하나님의 결정이고 하나님의 의지이다.

필자의 영감설은 이 차등영감설의 입장에 서 있다. 필자는 영감의 성격은 유기적 영감설을 따르고, 영감의 범위에서는 차등영감설을 따른다. 혹자는 차등영감설을 부분영감설로 오해하는데 2가지가 다르다. 부분영감설은 성서의 특정 부분에만 영감적 지도가 있었다고 보는 반면, 차등영감설은 성서 전체에 성령의 영감적 지도가 있었다고 보는 것이다. 다만 영적 복음의 부분과 그 복음을 담고 있는 그릇에 해당하는 역사적 과학적 부분에 대해서는 성령의 영감이 차등적으로 작용했다고 보는 것이다. 그래서 필자의 영감설은 유기적 차등영감설(有機的 差等靈感說, organic graduation inspiration theory)** 이라고 한다.

** 필자는 이 유기적 차등영감설이야말로, 성서에 나타난 과학적 역사적 오류의 개연성을 인정하면서도 복음의 완전성과 성서의 권위를 지켜 나갈 수 있는 유일한 성서 영감론이라고 생각한다. 이 유기적 차등영감론은 근본주의자들이나 자유주의자들의 극단적 성서 영감론을 극복하고 과학이나 역사학과 소통할 수 있는 21세기 교회의 영감론이라고 생각한다.

하나님의 계시가 성령의 영감으로 기록되는 정황이나 방식은 다양하다. 말하자면 성령의 영서를 쓰는 정황처럼 성령에 사로잡힌 상태, 즉 성령의 새 술에 취한 것 같은 상태에서 계시가 전달되거나 기록될 수도 있고, 바울이 서신을 기록할 때처럼 순수한 영적 감동 속에서 성도들에게 편지를 적었을 수도 있다. 또는 여러 가지 문서나 자료를 취사선택, 편집 또는 기술하는 식의 정황도 있을 수 있다. 그러나 어떤 방식으로 성서가 기록되었다 할지라도 그 과정에서 기록자나 편집자에게 성령의 영감이 작용했다는 사실에는 변함이 없다.

그러나 근본주의자들은 후자의 방식, 즉 편지나 학술논문을 기술하는 방식으로 성서가 기록될 수도 있다는 사실을 부정하고 싶을 것이고, 자유주의 신학자들은 전자와 같은 신비주의적 방식으로 기록될 수도 있다는 사실을 부정하고 싶을 것이다. 성령의 영감이 역사하는 방식은 다양하기 때문에 특정한 방식으로만 성서가 기록되었다고 규정한다면 사람이 성령의 자유를 제한하는 것이다. 분명한 사실은 그 계시의 전달과 기록의 방식이 어떠하든지 간에 이 모든 과정에는 성령 하나님의 의도된 지도가 있었다는 사실이다. 문제는 이렇게 성령의 지도가 있는데 왜 성서에서 과학적, 역사적 오류가 발견되느냐 하는 것이다. 이 문제가 바로 필자가 차등영감설을 주장하게 된 가장 큰 이유이다.

● 성서의 오류

성서에는 도저히 합리화할 수 없는 명백한 오류가 두 군데 있다. 하나는 창세기 1장 14-19절에 기록된 넷째 날 창조에 대한 과학적 오류이고, 다른 하나는 마태복음 1:8절에 나타난 역사적 오류이다. 그 외에 다른 것들은 해석하기에 따라서는 이해할 만한 것들이거나(방주에 들어간 생물들이 암수 둘씩이냐 일곱이냐 하는 것), 아니면 곤충의 다리 수에 관한 것처럼 아주 사소한 것들에 불과하다. 또한 조상들의 나이 문제는 오류라기보다 신화적 표현을 불가피하게 사용한 것이라고 보고 싶다. 그러나 상기한 바 그 2가지의 기록들은 정통주의 신학자나 근본주의 신학자들이 아무리 부정하고 싶어도 부정할 수 없고, 합리화하고 싶어도 합리화할 수 없는 명백한 오류이다.

창세기 1:14-19의 오류 창세기 1:14-19절의 오류는 과학적 오류이다. 성서에 태양이 지구 주위를 돌고 있다고 기록되어 있다면 그것은 명백한 과학적 오류일 것이다. 그런 점에서 창세기 1:14-19절의 기록은 명백한 과학적 오류라고 볼 수 있다. 물론 창세기 1장이 창조의 과정을 일어난 순서대로 기록한 것이라는 전제하에서이다. 지금까지 전통적 성서신학자들은 대부분 창세기 1장을 창조의 순서대로 기록한 것이라고 말하고 있다. 창세기 1장이 하나님의 창조에 대해 첫째 날, 둘째 날, 셋째 날, 넷째 날, 다섯째 날, 여섯째 날의 순서로 기록하고 있기 때문이다.

창세기 1:14-19절이 명백한 과학적 오류라고 규정하기 위해서 우선 본문의 기록을 분석적으로 살펴보아야 한다.

"하나님이 이르시되 하늘의 궁창에 광명체들이 있어 낮과 밤을 나뉘게 하고 그것들로 징조와 계절과 날과 해를 이루게 하라 또 광명체들이 하늘의 궁창에 있어 땅을 비추라 하시니 그대로 되니라 하나님이 두 큰 광명체를 만드사 큰 광명체로 낮을 주관하게 하시고 작은 광명체로 밤을 주관하게 하시며 또 별들을 만드시고 하나님이 그것들을 하늘 궁창에 두어 땅을 비추게 하시며 낮과 밤을 주관하게 하시고 빛과 어둠을 나뉘게 하시니 하나님이 보시기에 좋았더라 아침이 되고 저녁이 되니 이는 넷째 날이니라."(창1:14-19)

이 내용은 하나님이 넷째 날에 해와 달과 별들을 만드시고, 그것을 하늘에 두어 낮과 밤, 계절과 일자와 연한을 이루게 하셨다는 것이다. 그런데 이 구절은 명백한 과학적 오류이다. 넷째 날에 해와 달과 별이 만들어졌다는 기록은 셋째 날의 식물 창조 기록과 맞물려들면서 더욱 심각한 해석학적 난관에 봉착하게 된다. 셋째 날에 식물이 창조되었고 넷째 날에 태양이 창조되었다면 당시 지구상의 식물은 아직 해와 달과 별이 없는 지구에서 탄생하여 생존하고 번성했다는 이야기가 된다. 지구를 비추는 햇빛이 없다면 지구의 식물들은 영하 100도 이하의 기후와 얼어붙은 땅에서 생존해야 하고, 캄캄한 어둠 속에서 광합성을 하지 못하는 가운데 생존하고 번성해야 한다. 그러므로 식물이 창조되고 나서야 해와 달과 별이 창조되었다는 것은 명백히 과학적 오류인 것이다.

그뿐만 아니다. 오늘날 천체물리학계에서 밝혀낸 바에 의하면 지구는 태양과 거의 동시에 형성되었고, 태양계가 생기기 전에도 이미 수많은 별들이 존재했다. 즉, 태양계의 나이는 기껏해야 46억 년에 불과하지만 우주의 나이는 138억 년이나 되었으며, 태양계가 생기기 전에 이미 하늘에는 수많은 별들이 존재했다는 것은 100% 입증된 과학적 정설이다. 그러므로 성서의 이 구절은 명백한 과학적 오류이다.

마태복음 1:8절의 오류 또 다른 명백한 오류는 마태복음 1:8절, "아사는 여호사밧을 낳고 여호사밧은 요람을 낳고 요람은 웃시야를 낳고"라는 구절이다. 이것은 사실 창세기 1장의 과학적 오류보다 더욱 심각한 오류이다. 성서 상호간에 불일치하는 오류이기 때문이다. 마치 바둑을 둘 때 꽃놀이패에 걸린 사람처럼 성서의 어느 한쪽을 포기하지 않으면 안 되는 오류의 구조를 갖고 있다. 마태복음 1:8절과 역대기하 21-26장 사이의 기록을 대조해보면 이 구절의 오류는 분명히 드러난다. 우선 여호사밧이 요람을 낳았다고 되어 있는데, 역대기하에는 여호사밧이 여호람을 낳은 것으로 기록되어 있다(역대기하21:1). 그러나 이것은 사본이 만들어지는 과정에서 일어날 수 있는 경미한 실수라고 이해하고 넘어갈 수도 있을 것이다.

정작 심각한 오류의 부분은 마태복음 1:8절에서 요람이 웃시야를 낳은 것으로 기록한 것이다. 그러나 역대기하를 보면, "여호람은 아하시야를 낳고(22:1)... 아하시야는 요아스를 낳고(22:11)... 요아스는 아마샤를 낳고(25:1)... 아마샤가 웃시야를 낳은 것(26:1)으로 되어 있다. 다시 말해 마태복음 1:8 절에 기록된 유대왕의 계보에서는 아하시야, 요아스, 아마샤 등 3명의 왕이 누락되었다는 것이다. 이러한 오류가 발생하게 된 원인은 분명하지 않으나, 짐작컨대 마태의 단순 실수라기보다 예수님의 족보에 14대-14대-14대라는 신비주의적 금칠을 하기 위해 의도적으로 왜곡했을 가능성이 크다. 어려서부터 성서를 배운 마태가 이스라엘 사람이라면 누구나 알고 있는 유대왕의 계보를 착각하여 그렇게 기록하지는 않았을 것이라고 생각된다.

이에 대해 성서의 무오설과 축자영감설을 주장하는 근본주의자들은 성서의 오류가 아니라 3명의 왕이 악한 왕이기 때문에 마태가 일부러 누락시켰을 것이라고 주장한다. 그러나 이런 변명은 설득력이 없다. 왜냐하면 요아스나 아마샤는 유다의 역대 왕들 중 상대적으로 훌륭한 치적이 많았던 왕들이었기 때문이다. 또 저자가 설령 그런 의도를 가지고 기록했다 하더라도 왜곡은 왜곡이고 오류는 오류이다. 성서가 그렇게 기록자 마음대로 역사적 팩트를 왜곡한 것이라면, 성서의 기록이 문자 그대로 정확한 역사적 사실이라고 주장하는 근본주의적 문자주의자들의 주장은 어디서 정당성을 찾을 수 있을 것인가? 필자는 이런 부분을 신학계에서 솔직하게 오류라고 인정하는 전제하에서만 이성의 학문과 소통과 대화가 가능할 것이라고 생각한다. 이런 명백한 오류조차도 오류가 아니라고 견강부회하는 신학자들이 다른 이성의 학문과 무슨 의미 있는 소통이나 이성적 대화를 할 수 있겠는가?

그러나 성서에서 이처럼 한두 군데 오류가 나타난다는 사실이 결코 성서가 하나님의 말씀이 아니라는 증거가 될 수 없다. 또 그것이 성서의 영광을 가리는 것도 아니다. 오히려 그 반대로 수천 년 전에 기록된 성서에 그 정도 오류밖에 나타나지 않는다는 것은 오히려 성서가 하나님의 말씀이라는 증거이며, 그러한 사실은 오히려 성서의 영광이라고 볼 수 있다. 성서가 하나님의 계시요 성령의 주관 하에 기록되고 보전된 하나님의 말씀임을 입증하는 것이다.

오류의 원인 그럼에도 불구하고 성서에 이런 오류가 존재한다는 것은 분명히 쉽게 납득하기 어려운 의문을 제기하고 있으며 우리는 이에 대해 해명해야 한다. 그러면 전지전능한 성령 하나님께서 성서를 기록하는 데 개입했음에도 불구하고 이런 오류가 나타나게 된 이유는 무엇인가? 그것은 하나님의 능력이 부족해서가 아니라 성서가 기록될 때 그렇게 될 수도 있는 오류의 개연성*을 하나님께서 이미 아시면서도 인정하고 결정하고 수용했기 때문이다.

하나님은 성서의 기록을 천사에게 맡기지 아니하고 사람을 통해 하시기로 결정했다. 이는 시대적 문화의 한계 속에서 생각하고 말하는 성서기자로 말미암아 생길 수 있는 오류의 개연성과 가능성을 알면서도 내린 결정이다. 하나님께서 이러한 오류의 가능성이 나타날 수 있는 전승과 기록의 방식을 택하신 이유는 금이라는 소재를 가지고 설명할 수 있다. 성서의 말씀을 금으로 비유하면, 하나님은 성서라는 금덩어리를 만들 때 금광석을 제련소의 용광로에서 녹여 불순물 하나 없는 네모난 24K 금괴로 만드는 방식을 택하지 않은 것이다. 하나님은 오히려 불순물이 조금 들어갈 개연성은 있어도 수천만 년 동안 하늘과 땅, 불과 물의 조화 속에서 거대한 노다지** 금맥이 형성되는 방식을 택하신 것이다.

노다지는 100% 정금이 아니다. 단 0.1%라도 이물질이 섞여 있는 거대한 금맥을 의미한다. 하나님은 제련소에서 금광석을 제련하여 유리 진열장 속에 네모반듯한 금괴를 전시해놓는 방식보다는 수천만 년 동안 지하 깊은 곳에서 불과 물, 땅의 융기와 침강을 거듭하며 생기는 거대한 노다지 덩어리, 그것도 그 중앙에 수박만 한 푸른 다이아, 즉 영적 복음 진리라는 최고급 물방울 다이아몬드가 박힌 노다지 덩어리를 형성하는 방식으로 성서를 조성한 것이다.

하나님은 전지전능한 능력으로 사람의 영혼을 강제로 사로잡아 기록자의 사상이나 세계관을 무시하고 하나님의 생각을 100% 전달하여 100% 그대로 기록하게 할 수도 있었다. 그렇게 했다면 성서에는 그런 오류가 나타나지 않았을 것이다. 그러나 하나님은 그런 강제적 방법을 선택하지 않으

*
창세기 1:14절 이하의 오류는 계시의 오류라기보다는 전승과 기록 단계에서 발생한 오류이다. 즉 필자의 그림전승론에 의하면 아담은 그가 알고 있는 천지창조와 에덴동산 이야기를 후손들에게 전승하기 위하여, 그가 알고 있는 내용을 그림으로 그리고, 구도로 그 그림이 의미하는 바를 후손들에게 설명해 주는 형식을 취했다고 본다. 이러한 전승 방식은 이후 셈족이 수메르에 들어와 인류 최고의 문자인 쐐기문자로 번역되기까지 조상 대대로 7,000년간 지속되었다. 이것이 성서적 함의와 문화인류학적 함의에 입각하여 추리한 필자의 그림전승론이다.

**
필자는 성서의 형성에 대해 노다지론 말고 석청론을 주장하기도 한다. 성서는 양봉업자가 소초에 설탕물을 부어놓고 꿀벌이 흡입해 토해낸 것을 유리 항아리에 담아놓은 가짜 꿀이 아니라, 깊은 산속에 사는 꿀벌들 스스로 산꽃과 들꽃에 고여 있는 꿀을 흡입하여 수백 년 된 나뭇가지에 만들어놓은 벌집에 저장한 거대한 석청 덩어리와 같다는 것이다.

셨다. 하나님은 그보다는 계시를 전달받고 전승하여 기록하는 인간의 영적 정신적 문화적 불완전성을 그대로 수용하는 가운데, 사람이 성령의 감동 속에서 성서를 기록하도록 지도하셨다. 하나님이 그런 선택을 하셨다는 것은 성서의 과학적 역사적 내용에서 오류가 나타날 수 있는 개연성을 수용했다는 것이다.

천사를 통하여 성서를 기록하는 완전성보다 사람을 통해 기록함으로써 나타나는 불완전성을 하나님이 택하신 것이다. 이렇게 하신 의도는 오직 하나님만이 알고 계실 것이다. 그러나 필자가 추측하기로는 이런 방식으로 기록하는 것은 하나님이 역사를 섭리하는 기본 원칙에 부합되며, 기록된 성서는 문화적 자연스러움을 갖게 되고, 사람을 통하여 사람에게 전달하는 가치를 확보할 수 있기 때문이라고 볼 수 있다. 이것은 하나님 고유의 결정이다. 바울은 인간이 이해할 수 없든 있든 하나님의 결정에 따라 우주 만물과 역사의 진행이 모두 하나님에게서 나와 하나님에게 돌아간다고 고백했다(로마서 11:36). 우리는 바울의 이러한 태도를 본받아야 한다. 성서에 오류가 나타날 수 있는 개연성이 있음에도 불구하고 하나님이 그런 방식을 선택한 이유를 우리가 완전히 이해할 수 없다 하더라도, 또한 인정하고 싶지 않더라도 우리는 성급한 부정적 판단을 버리고 바울처럼 하나님의 깊은 뜻과 결정을 믿고 받아들여야 한다.

혹자는 성령의 영감으로 기록된 성서가 어떻게 오류가 나타날 수 있느냐고 질문할지 모른다. 그러나 필자는 성령이 역사하면 모두 완전하고 완전해야 한다고 주장하는 사람들에게 묻고 싶다. 성령으로 거듭난 사람인 당신은 왜 어찌하여 여전히 죄를 짓고 사느냐고 말이다. 성령의 불로 연단되었다는 사람이 왜 여전히 죄를 짓고 흠결이 많으냐고 말이다. 그렇다면 인격적으로 불완전한 사람은 성령이 임재하지 않은 사람이란 말인가? 아니다. 그럼에도 불구하고 그리스도인은 모두 거룩한 무리, 즉 성도이다. 그러면 왜 성령이 역사하여 새로 난 사람인데 여전히 죄를 짓고 산단 말인가? 그것은 사람을 단계적으로 완성하기 위한 하나님의 근원적 계획 때문이다.

하나님의 인간 창조는 대략 5단계로 이루어진다. 5단계에 이르러서야 사람의 창조가 완성된다. 1단계 창조는 생물학적 완성의 단계, 2단계 창조는 영이 있는 사람의 창조, 3단계 창조는 죄의 본성을 지닌 인간의 형성, 4단계 창조는 성령이 내주하는 그리스도인 창조이다. 그리스도인은 아직 4단계의 인간이기 때문에 5단계의 부활인이 되기까지 사람은 아직 완전할 수 없다. 하나님은 왜 4단계에서 인간을 완전하게 만들지 않았는가? 그것은 하나님이 조성하고자 하는 역사의 성격 때문이다. 하나님은 이 세상에서 선과 악이 공존하는 역사를 조성하기를 원하시었다. 그러한 역사의 상황이 그리스도인이 형성되는 데 최적의 조건이 되기 때문이다.

아무리 사람이 성령의 역사로 그리스도인이 되었다 할지라도, 신자는 거듭난 즉시 완전해 지는 것이 아니라, 중생 이후에도 전진과 후퇴, 성공과 실패, 성화와 타락을 거듭하지 않으면 안 된다. 그런 가운데 역사에서 하나님이 목표한 그리스도인이 다 차면 이후 파로우시아의 날에 그리스도인은 썩지 아니 할 새 몸을 입고 부활하는 것이다. 그때서야 죄를 짓지 않을 수 있는 인간의 창조가 완성된다. 그리고 우리 그리스도인은 광대한 우주에 실현될 천년왕국에서 왕 같은 제사장으로 영광을 누리게 될 것이다. 그래서 바울은 로마서 8:18-21절*에서 우리가 영광의 그날을 기다리며 살고 있다고 말한 것이다.

*
바울은 로마서 8장에서 이렇게 말한다. "피조물이 고대하는 바는 하나님의 아들들이 나타나는 것이니(19절)……그 바라는 것은 피조물도 썩어짐의 종 노릇한 데서 해방되어 하나님의 자녀들의 영광의 자유에 이르는 것이니라(21절)

이런 사실을 알고 있기에 우리는 성령으로 거듭난 중생자의 성품이 불완전하다고 해서 하나님께 항의하지 않는다. 창조의 단계나 구원의 단계로 볼 때, 신자는 중생한 즉시 천사처럼 도덕적으로 완전한 존재가 되는 것이 아니라, 불완전한 상태에서 보다 온전한 상태로 나아가는 것이고, 종말의 날에 부활의 영체를 가짐으로써 완전해지는 것이다. 이는 하나님의 궁극적 결정이다. 그래서 우리는 하나님의 결정을 겸손하게 받아들이고, 성령이 임재한 우리 몸이 완전하지 않은 것에 대해 수긍하고 인정하는 것이다.

성서에 대해서도 우리는 이런 태도를 취해야 한다. 성령의 감동으로 된 성서에 왜 이런 오류가 나타나느냐고 자꾸만 힐문해서는 안 된다. 그리고 또한 명백한 오류를 오류가 아니라고 억지주장을 해서도 안 된다. 하나님은 그런 무조건적 아부를 원하지 않으신다. 오히려 우리는 복음의 진리를 인류에게 전달하는 데 지장이 없는 한 과학적 역사적 내용에서 오류가 생길 수 있는 개연성을 수용하신 하나님의 결정과 선택을 존중하고 인정해야 한다. 이런 방식을 선택하신 것도 모종의 숨은 뜻이 있어서 행하신 하나님의 주권적 결정이고 하나님의 주권적 선택이며, 하나님이 역사하시는 방법 중 하나이다.

성서는 성령의 영감으로 기록된 것이므로 티끌만큼도 오류가 없어야 마땅하지 않느냐고 주장하는 것은 사람들의 일방적인 편견일 뿐이다. 물론 하나님이 성서의 형성 과정에서 하신 섭리는 개인의 마음이나 교회사를 섭리하는 것과는 차원이 다른 것이 사실이다. 그럼에도 불구하고 하나님은 성서를 기록할 때 사람의 생각과 사상과 문체와 의도, 우주관 등을 강제로 무시하지 않으시고 인간적 역학이 개입될 가능성이 있는 방식을 선택하셨다는 것도 분명한 사실이다. 그리하여 성서는 계시의 전승 과정에서, 또는 기록하는 과정에서, 또 사본에서 사본으로 필사되는 과정에서 극히 일부이기는 하지만 여러 가지 이유로 약간의 오류가 발생하게 된 것이다.

성서의 영광 그러나 또한 수천 년 전부터 수십 명의 성서기자들이 기록한 성서가 수많은 역사적 우여곡절을 겪으면서도 몇 군데의 오류밖에 나타나지 않는다는 것은 성서의 수치가 아니라 성서의 영광이라 할 것이다. 이러한 문화적 오류의 개연성이 있는 방식으로 성서가 기록되었음에도 불구하고 성서가 고대의 타 종교 경전들과는 다르게 과학적 역사적인 면에서 거의 완전에 가깝다는 것은 사실상 기적 같은 일이다. 고대에 기록된 이방의 종교 경전에 나오는 설화들은 과학적 역사적 사실을 단 1%도 갖추지 못한 데 반해 성서는 99% 이상 사실로 기록되어 있다. 따라서 성서야말로 유일무이하게 경이롭고 신비한 성문서라고 볼 수 있다. 이는 마치 고대의 다른 종교나 문화권에서 형성된 경전이나 책이 함유량 1% 미만의 평범한 금돌, 즉 금광석에 지나지 않다면, 성경은 99% 금 함유량을 가진 거대한 노다지 금맥과 같다. 그것도 중심에 복음이라는 수백만 캐럿의 최고급 푸른 다이아가 박힌 금 노다지 덩어리라고 해야 할 것이다.

수천 년 전부터 수십 명의 성서기자들이 기록한 성서가 수많은 역사적 우여곡절을 겪으면서도 몇 군데의 오류밖에 나타나지 않는다는 것은 성서의 수치가 아니라 성서의 영광이라 할 것이다.

그런데도 자유주의 신학자들은 이런 기적 같은 성서를 한낱 천재적 영감을 가진 사람들이 쓴 인문서적 정도로 여기고 시가문학이니 묵시문학이니 하며 성서에 오류가 나타나는 것은 당연하다는 식으로 말한다. 그리고 그들은 수백 군데의 오류를 찾아냈다고 하며 당연하다는 듯이 으쓱거린다.

그들은 성서 기록에서 성령의 영감을 부인하고 성서를 단순히 비과학적 인문학적 서책으로 보기 때문에 성서에 대해 과학적 정확성과 역사적 정확성을 논하는 것 자체를 우스꽝스럽게 여긴다. 반면 근본주의자들은 성서가 하나님의 말씀이라면 역사적이든 과학적이든 단 0.1%라도 오류가 없어야 하고, 오류가 있다면 그것은 하나님 말씀일 수 없다는 이상한 주장을 늘어놓으며 성서는 일점의 오류도 없다고 주장한다. 그들은 로마 가톨릭교회에서 교황무오설, 교회무오류설을 주장하듯 성서무오설을 주장한다.

그러나 도대체 성서에는 분명히 과학적 역사적 오류가 있는데도 오류가 아니라고 주장하는 것은 무엇이며, 최고 수천 년의 역사를 가진 성서에서 단 한 군데라도 과학적 역사적으로 틀린 부분이 있으면 그것은 성서도 아니고 하나님의 말씀도 아니라고 주장하는 저의는 또 무엇인가? 그들은 성서의 몇 구절을 예*로 들어, 성서는 성령의 영감으로 기록된 책이기 때문에 일점일획도 오류가 없다고 주장한다. 성서가 스스로를 오류가 없다고 증언하고 있기 때문에 무조건 오류가 없다고 믿어야 한다는 것이다.

그러나 그들의 주장과 규정은 성서의 권위를 나타내는 것이 아니라 오히려 성서의 권위를 막다른 길로 몰아넣는 것이다. 그들의 협소하고 완고한 태도는 이성의 시대, 과학의 시대에 기독교를 비이성적 집단으로 인식하게 만든다. 이들은 실로 지극히 어리석고 우매한 사람들이다. 성서에 대한 맹목적인 충성심은 성서의 영광을 나타내는 것이 아니라 오히려 성서를 우상화하는 것이다. 어쩌면 하나님은 이 점을 우려하여 성서가 형성되는 과정에서 약간의 오류를 한두 군데 허용하셨는지도 모른다. 그렇게 하지 않았다면 근본주의자들은 오늘날 성서를 제단 위에 올려놓고 하루 세 번씩 절하고 있을지도 모른다. 성서의 초월적 가치는 유일무이한 구원의 복음을 품고 있기 때문이지 결코 역사적 과학적으로 완전해서가 아니다. 블레즈 파스칼(Blaiss Pascal)**은 ≪팡세≫에서 말했다. "하나님은 성서의 작은 오류를 통하여 진정한 그리스도인과 무늬만 그리스도인인 자들을 구별하고 계신다. 가짜들은 성서에 오류가 나타나기 때문에 성서를 하나님의 말씀씀이라고 믿을 수 없다고 하며, 진실한 그리스도인은 그럼에도 불구하고 성서는 하나님의 말씀이라고 믿는다."

성서는 성령의 역사라는 하늘의 역학과 계시를 전승받고 기록하는 사람의 역학이 만나 이루어진 성문서이다. 성서는 기계적 축자영감론자들이 주장하듯 문화적 요인을 무시하고, 성령이 일방통행식으로 기록한 것이 아니다. 성서는 하늘의 역학과 땅의 역학, 즉 성령의 역학과 인간의 역학, 계시의 역학과 문화의 역학, 두 역학의 만남 속에서 형성된 것이다. 이러한 하나님의 결정과 섭리에 대해 사람이 함부로 감 놔라 대추 놔라 간섭하고 비평하는 것은 하나님의 절대 주권적 자유를 무시하는 것이고, 그들이 오히려 하나님의 자리에 오르려는 것과 진배없다.

우리는 성서에서 발견되는 작은 오류, 그 오류가 일어날 수도 있는 방식으로 성서를 기록하도록 결정하신 하나님의 결정을 존중하고 이를 긍정적으로 수용해야 한다. 우리는 하나님의 이런 주권적 결정과 주권적 허용에 대해 전폭적인 지지와 신뢰를 보내야 한다. 그러므로 필자의 유기적 차등적 영감론이야말로 성서의 영광을 나타내면서도 이성의 학문인 과학, 문화인류학, 역사학과 소통할 수 있는 신학적 공간을 제공하는 가장 바람직한 영감론이라고 확신한다.

*
성서 무오류를 주장하는 이들이 금과옥조처럼 내세우는 성서 구절은 다음과 같다. "여호와의 말씀은 순결함이여 흙 도가니에 일곱 번 단련한 금과 같도다(시편12:6)"……"여호와의 율법은 완전하여 영혼을 소성시키며 여호와의 증거는 확실하여 우둔한 자를 지혜롭게 하며(시편19:7)"……"여호와여 주의 말씀은 하늘에 굳게 섰사오며(시편119:89)"……"진실로 너희에게 이르노니 천지가 없어지기 전에는 율법의 일점일획도 결코 없어지지 아니하고 다 이루리라(마태복음5:18)"……"성경은 폐하지 못하나니 하나님의 말씀을 받은 사람들을 신이라 하셨거든(요한복음 10:35)." 그러나 이 구절들은 율법이 완전하고 없어지지 아니 한다는 말이지 성서가 과학적 역사적 부분까지 한 점 오류 없이 완전하다는 의미는 아니다.

**
블레즈 파스칼(Blaise Pascal, 1623-1662)은 프랑스의 저명한 철학자, 심리학자, 신학자, 작가, 발명가, 수학자, 과학자이다. 명저 ≪팡세(수상록)≫에서 하나님은 성서에 약간의 오류를 허용하심으로써 하나님의 자녀와 불신자를 가름하신다고 주장했다. 거짓된 신자는 성서의 이런 오류를 빙자하여 살아 계신 하나님과 성서가 하나님의 말씀임을 부정하고, 진정한 신자는 그러한 오류에도 불구하고 변함없이 하나님을 인정하고 신앙한다고 주장했다.

3] 조명(illumination)

성서가 하나님의 말씀이라는 것에 대한 내적 증거 중 세 번째 요소는 조명이다. 조명이 필요한 이유는 성서는 하나님의 계시이므로 성령께서 그 말씀을 비춰주시기 전에는 그 깊은 영적 의미를 이해할 수 없기 때문이다. 요한복음 3:12절을 보면 예수님이 니고데모에게 물과 성령으로 거듭난다는 영적 질서에 대해 가르치실 때 이를 이해하지 못하고 엉뚱한 질문을 하는 그에게 "내가 땅의 일을 말하여도 너희가 믿지 아니하거든 하물며 하늘의 일을 말하면 어떻게 믿겠느냐"고 말씀하셨다. 십자가 복음은 하늘의 계시이며 하나님 나라의 가장 중요한 핵심 원리이자 진리다. 그런데 이 복음은 인간의 이성적 이해 능력을 초월하는 영역에 있다. 성서가 증언하는 복음은 오직 성령이 가르쳐주시고 그 빛을 비춰줄 때 사람이 깨달을 수 있는 것이다.

성서는 하나님의 계시이므로 성령께서 그 말씀을 비춰주시기 전에는 그 깊은 영적 의미를 이해할 수 없기 때문이다.

제자들은 3년 동안 주님으로부터 직접 복음을 배웠지만 성령이 오시기 전까지는 그 깨달음이 모호한 상태였다. 그래서 예수님은 "내가 아버지께 구하겠으니 그가 또 다른 보혜사를 너희에게 주사 영원토록 너희와 함께 있게 하리니 그는 진리의 영이라 세상은 능히 그를 받지 못하나니 이는 그를 보지도 못하고 알지도 못함이라. 그러나 너희는 그를 아나니 그는 너희와 함께 거하심이요 또 너희 속에 계시겠음이라(요한복음14:16-17)"고 말씀하셨고, 또 "보혜사 곧 아버지께서 내 이름으로 보내실 성령 그가 너희에게 모든 것을 가르치시고 내가 너희에게 말한 모든 것을 생각나게 하시리라(요한복음 14:26)"고 말씀하신 것이다. 그리고 또 "내가 아버지께로부터 너희에게 보낼 보혜사 곧 아버지께로부터 나오시는 진리의 성령이 오실 때에 그가 나를 증거하시리라(요한복음 15:26)"라고 말씀하셨으며, "내가 너희에게 이를 것이 많으나 지금은 너희가 감당하지 못하리라. 그러나 진리의 성령이 오시면 그가 너희를 모든 진리 가운데로 인도하시리니 그가 스스로 말하지 않고 오직 들은 것을 말하며 장래 일을 너희에게 알리시리라(요한복음 16:12-13)"고 말씀하셨다. 진리의 성령인 또 다른 보혜사가 바로 오순절 마가의 다락방에 임한 성령이었다. 이때로부터 이 땅에는 성서의 복음을 깨닫고 믿는 그리스도인의 무리가 요원의 불길처럼 일어나 퍼져나갔다.

남북전쟁 당시의 유명한 장군이요 문인이었던 류 웨일리스*라는 사람은 회심하기 전까지는 바울 사도처럼 엄청난 안티 크리스천이었다. 그는 기독교 신앙에 대한 반감을 가지고 반기독교적 소설을 쓰기 위해 성서를 읽기 시작했다. 그가 성서를 읽은 목적은 기독교인들이 변명할 수 없는 허점을 찾기 위해서였다. 그러나 성서를 읽으면 읽을수록 성서에 가득한 하나님의 사랑과 구원의 진리에 압도되었다. 어느 날 그는 성서를 펴놓은 상태에서 하나님 앞에 무릎 꿇고 회개함으로써 항복을 선언했다. 그는 성서를 읽는 과정에서 성령의 조명을 받아 성서가 증거하는 하나님의 무한한 사랑과 무한한 속죄의 공효에 대한 진리를 깨닫게 되었다. 그리고 그는 곧 바로 소설 한 권을 썼다. 그것이 바로 예수그리스도에 대한 신앙이 절절하게 표현된 ≪벤허≫다. 원래 그는 기독교를 반대하는 소설을 쓰고자 했으나 막상 그가 써놓은 소설은 기독교의 진리를 확신하는 내용이었다. 기독교를 반대하기 위해 성서를 읽던 그가 오히려 기독교를 증언하는 소설을 쓰게 되었으니 이를 가능하게 한 것이 바로 성령의 조명이었다.

*

*류 웰레이스(Lew Wallace)는 미국 일리노이 주지사의 아들로 태어나 멕시코와 남북전쟁에 참전한 해군 제독으로서, 예편 후 뉴멕시코 주지사와 터키 대사를 역임한 거부이자 문학적 천재였다. 그는 어느 날 친구인 잉게르솔(Ingersoll)에게 "기독교와 기독교인을 증오하는 소설을 쓰겠다"고 약속했다. 그 후 류 웰레이스는 유럽과 미국의 유명 도서관과 유적지를 찾아다니며 반기독교적 소설을 쓰기 위한 자료를 수집하였고, 드디어 소설을 쓰기 시작했다. 그러나 그는 제1장 서문을 쓰고 나서 제2장을 쓰고자 했으나, 어찌된 일인지 더 이상 진도가 나가지 않았다. 괴로움에 몸부림치던 어느 날 그는 홀연 무릎 꿇고 "오, 나의 주, 나의 하나님이시여!"라는 신앙 고백을 했다. 그러고 나서 쓴 것이 그 유명한 소설 ≪벤허≫(1880)이다.

4) 정경(Canon)

성경은 하나님의 특별계시가 성령의 영감으로 기록된 신적 권위가 있는 책이다. 그러나 성서는 약 1500년에 걸쳐 40여 명의 저자에 의해 기록되었다. 이 과정에서 수많은 외경(Apocrypha)*과 위경(Pseudepigrapha)**이 나타났다.

또한 수많은 사본(寫本)들도 나타났다.

그래서 교회는 이 수많은 책들 가운데 하나님의 계시가 가장 정확하게 반영된 책들을 가려 정경으로 결정하는 역사적 과정이 있었다.

구약 39권은 오경(Torah, BC 400년경), 예언서(Nebim, BC 300-200년경), 성문서(Ketubim, BC 160-105년경) 순서로 3단계로 형성되어 AD 90년 자카이(Johanan ben Zakkai)의 주도하에 소집된 얍니아(Jamnia) 종교회의에서 정경으로 인정되었다. 그러나 그 이전부터 구약 39권(히브리인들의 계산법으로는 24권)은 정경으로 인정되어 왔기 때문에 이 책들이 정경으로 편집 완료된 것은 사실상 그 이전 시대로 보고 있다. 유대 랍비들과 기독교 교회의 전통적인 견해는 현 39권 구약 정경은 BC 4-5세기경 에스라(Ezra) 시대의 학사인 에스라와 대공회원들에 의해 편집 완료된 것으로 보고 있다.

신약 27권이 공교회에서 정경으로 인정받고 확정되기까지는 기록된 이후 약 3세기의 세월이 소요되었다. 복음서들과 대부분의 바울 서신 등은 즉각 정경으로 인정받았으나 다른 어떤 책들은 지역과 공의회에 따라 인정되기도 하고 배제되기도 했다. 그리하여 소위 논쟁의 책(Antilegomena)이라 불린 히브리서, 요한 2.3서, 베드로후서, 유다서, 야고보서, 계시록을 제외하고는 2세기 말까지 신약의 모든 책들이 정경으로 인정되었다. 그 후 나머지 책들도 계속적인 회의를 거쳐 마침내 AD 397년 칼타고(Carthago) 총회에서 오늘날 27권이 다 포함된 신역성경의 목록이 공식 발표되었다.

수많은 성문서나 책들 중 66권이 정경으로 결정되는 과정에서 성령의 어떤 개입과 섭리가 있었는가? 그 증거나 근거는 있는가? 그 부분도 바로 성서가 하나님의 말씀이라는 주관적 증거가 될 수 있다.

첫째, 하나님께서 살아 계셔서 인류의 역사와 개인의 삶에 개입하고 주관하신다는 것은 모든 신실한 그리스도인들의 체험적 고백이다. 이런 하나님이 정경을 정하는 중요한 일에 개입했을 것이라는 것은 명약관화한 일이다.

둘째, 성서적 증거가 있기 때문이다. 모세오경 중 하나인 신명기서가 정경 중 하나로 정해지는 데는 역사적 사연이 있었다. 역대기하 34장을 보면 요시아의 종교개혁에 대한 이야기가 나온다. 요시아 즉위 8년 요시아는 대대적인 성전 수리를 결정하고, 그동안 모인 헌물을 대제사장 힐기야에게 보냈다. 이에 대제사장 힐기야는 성전 수리를 위하여 감독자를 선정하고 많은 일꾼을 채용했다. 그들이 여호와 전 연보궤에서 연보한 돈을 꺼낼 때 모세가 전한 여호와의 율법책을 발견하게 되었다. 이 율법책이 바로 모세오경 중 하나인 신명기서였다. 이 사실은 즉각 요시아 왕에게 보고되었고, 왕은 그 율법책을 읽게 되었다. 이에 크게 감동한 요시아 임금은 즉위 12년부터 전 이스라엘에 대해 종교개혁을 단행했다. 이로 인해 신명기는 이스라엘 민족이 하나님 말씀으로 인정하는 책이 되었고, 이후 공교회에서 구약 정경으로 채택되었다. 우리는 이 역사적 과정을 통해 하나님의 분명

*
외경에 해당하는 헬라어 '아포크리파'는 '숨은', '감춰진'이란 뜻을 가진 '아포크리포스'에서 유래했다. 따라서 원어상 외경이란 말은 일종의 문학적 용어로 작품 안에 포함된 비의적(秘意的) 성격으로 인해 일반인들에게 공개되지 않았던 '숨겨진 책들'이란 뜻을 가지고 있었다. 이 말이 '정경 외의 책들'이라는 의미로 쓰여지게 된 것은 알렉산드리아의 교부 제롬(Jerome, AD 346?-420년)에 의해서이다.
교회 공회에서 외경으로 분류된 책은 역사서로는 에스드르상, 마카비상, 하, 묵시서로는 에스드라하, 전승서로는 토비토, 유딧, 에스더 부록, 교훈서로는 솔몬의 지혜서, 교훈서로는 집회서, 시락의 자손, 예수의 지혜서, 예언서로는 바룩 예레미야 서신, 전승서로 분류되는 다니엘 부록서(아사랴의 기도와 세 청년의 노래, 수산나, 벨과 뱀), 예언서로는 므낫세의 기도 등이 있다.

**
위경이란 BC 200년경부터 AD 200년경 사이에 쓰여진 방대한 유대 문헌들로 구약의 정경과 외경에포함되지 않은 문서들을 가리킨다. '위경'에 해당하는 헬라어 '프슈드 에피그라파'는 '가짜의(false)'라는 뜻을 가진 '프슈데스'와 '위에 쓰다'란 뜻을 가진 '에페그라포'의 합성어이다. 어원적으로는 '가짜 표제'란 뜻이지만 내용으로는 '허구적 인물의 이름으로 기록된 문헌들'이란 뜻이다. 위경은 집필 장소에 따라 팔레스타인에서 집필된 책으로 에녹서, 요벨서, 솔로몬 시편, 모세 승천가, 십이족장 유언서, 이사야 순교서, 바룩 묵시서, 아담과 이브의 생애, 예레미야 사적, 욥의 유언, 예언자들의 생애가 있고, 알렉산드리아 지역에서 집필된 책으로는 시발 신탁, 아리스테아스 서간, 마카비 3서, 마카비 4서, 에녹 2서, 바룩 3서, 아세낫의 기도 등이 있다.

한 섭리를 읽을 수 있다. 양상은 다르지만 정경*이 결정되는 과정에서도 이런 성령의 지도와 섭리가 있었던 것이다.

* 정경이란 히브리어로 '카네'인데, 이 말이 헬라어에서는 '카논'으로 번역되었고, 영어로는 '캐논(Canon)'으로 표기되었다. 본래 이 말은 '갈대(reed)', '막대기(rod)' 등을 뜻하는 말이었으나 당시 갈대로 자를 만들어 쓴 까닭에 '캐논'은 '길이를 재는 자'로 전의되었고, 마침내 어떤 가치를 재는 '척도', '표준', '기준'이란 의미로 쓰이게 되었다. 따라서 이 말이 교회에서 성경과 관련하여 쓰일 때는 '엄밀한 기준에 의하여 교회가 영감성과 권위성을 인정한 책들', 혹은 '신앙과 행위의 척도가 되는 책들'이란 의미로 사용된다.

Chapter 2 제 2 장

창세기 형성의 역사와 성서해석학

I 창세기 형성의 역사

이제 창세기 형성의 역사적 과정을 기술하고자 한다. 여기서 필자가 창세기만을 언급하는 이유는 창세기 1-11장의 해석을 통해 하나님이 행하신 역사를 도출하기 위해서이다. 그리고 창세기야말로 모세오경 중에 가장 오래된 역사를 가졌을 개연성이 있다. 출애굽기, 레위기, 민수기 신명기 등은 출애굽의 여정 속에서 받은 율법이나 제사제도 등 모세 당대에 일어난 일을 기록한 것이 분명하다. 그러나 창세기는 천지창조부터 아담과 에덴동산 이야기, 아담의 후손들과 대홍수 이야기, 노아 후손의 이주와 니므롯제국 이야기, 그리고 히브리 조상 중 셈족의 계보, 특히 아브라함, 이삭, 야곱 등 모세 이전의 족장시대 역사가 기록되었기 때문에 창세기형성의 역사를 살펴보는 것은 의미있는 일이라고 생각된다.

필자는 정통주의 신학자들과 마찬가지로 창세기의 모세오경설을 수용하는 입장이다. 그러나 모세 이전 역사의 기록인 창세기를 모세가 처음부터 끝까지 혼자 기록했다고는 볼 수 없다. 오히려 그가 전해 내려온 여러 문서들을 수집 취합 편집한 것이라고 보는 것이 타당할 것이다. 또한 창세기를 편집하거나 기록하는 작업도 모세 혼자서 한 것이 아니라 모세의 지휘하에 여러 학자들이 함께 한 것으로 보아야 할 것이다. 필자는 궁켈 등 종교사학파*들의 문서설과는 별도로 창조 이야기나 에덴동산 이야기, 홍수 이야기, 니므롯제국 이야기 등은 모세 이전에 모종의 성문서로 존재했을 개연성이 있다고 생각한다.

그런 점에서 성서의 권위와 성서 자체의 함의, 문화인류학적 근거를 바탕으로 창세기 형성의 역사적 과정을 나름대로 추론해보았다. 그 내용은 다음과 같다.

첫째, 창세기 1-3장의 계시를 들었거나 경험한 사람은 아담과 하와이다. 왜냐하면 그들이 에덴동산에 살면서 하나님이나 천사들과 대화하며 긴밀한 교제를 해왔기 때문에 아담이 천지창조의 내역과 인간 창조에 대해 하나님이나 천사들에게 들어 알고 있었으리라는 것은 능히 짐작할 수 있다.

둘째, 아담은 에덴동산에서 추방된 이후 그가 알고 있는 계시의 내용을 그림으로 그려놓고 그 의미를 후손들에게 설명해주는 식으로 전승했다고 본다. 문화인류학적 데이터에 의하면 인류는 아담의 시대 이전인 17000-15000년 전에 이미 스페인의 알타미라 동굴이나 프랑스의 라스코 동굴** 등에 사냥 이야기를 담은 정교한 벽화를 컬러로 그려놓았다. 이러한 벽화는 지금도 유럽 곳곳에서 수없이 발견되고 있다.

* 궁켈은 벨 하우젠이 포로기 때 바벨론과의 접촉이라고 주장한 신화적 개념은 훨씬 오래전부터 고대 바벨론과의 접촉에 의한 영향일 수 있다고 주장했다. 창세기 1장의 창조 설화는 후기 바벨론의 우주론적 사상의 영향만이 아니고, 원시적 혼돈을 극복하고 승리하는 창조주라는 고도로 개념화된 신관은 고대 바벨론의 마르둑(Marduk) 신과 티아마트(Tiamat) 신의 격투 등 전기 바벨론 신화를 희미하게 반영하고 있다고 주장했다. 궁켈이나 벨 하우젠이 주도한 종교사학파는 성서 자체의 함의를 따르기보다는 성서가 중근동의 종교와 문화의 영향을 받아 형성되었다고 하는 자유주의 신학의 한계를 벗어나지 못하고 있다.

** 고대 현생인류가 그린 대표적 회화는 스페인의 알타미라 동굴 벽화와 프랑스 중부의 조그만 마을 몽티냑(Montiganc) 남쪽 언덕에 자리 잡은 라스코 동굴 벽화를 꼽는다. 알타미라 동굴 벽화는 15,000년 전에, 라스코 동굴 벽화는 17,300년 전에 그려진 것으로 추정된다. 그러나 선사시대 인류는 3만 년 전 구석기 후기 시대에 들어서면서 이미 동굴벽화뿐 아니라 암각부조, 환조, 짐승의 뼈에 새긴 선각화 등을 통해 그들의 생각을 표현하기 시작했다고 문화인류학자들은 이야기한다.

그렇다면 현생인류 중에 가장 우수한 사람인 아담이, 그것도 하나님으로부터 창의성 훈련(창세기 2:19-20)까지 받은 사람이 에덴동산을 나왔을 때, 그가 알고 있는 천지창조의 이야기와 에덴동산 이야기를 그림으로 그려 보존 전승하고, 또한 후손들에게 그림의 의미를 구두로 설명해주었을 것이라는 것은 자명한 일이다.

셋째, 대홍수 이전의 이야기와 대홍수 이야기, 대홍수 이후의 이야기는 실제로 노아가 경험한 역사이므로 역시 그가 그림으로 그려놓고 구두로 설명하여 후손들에게 전승했을 것이다. 이집트 피라미드에는 그곳에 묻힌 왕의 위대한 행적이 정교한 그림으로 그려져 있다. 역시 고대 히브리인의 조상들도 그런 방식으로 그들이 전승받은 계시를 보존하고 전승했을 것이라고 본다. 그리고 이 그림에 담은 계시의 내용은 창세기 5장과 11장에 나타난 영적 장자가문에 보관되어 왔다고 추정된다.

넷째, 노아의 후손들이 이주한 후 각 지역의 거주민들과 더불어 살면서 이 계시의 내용이 일부 왜곡되어 흘러 나갔다고 보아야 한다. 특히 수메르에 정착한 셈족인 아르박삿 자손들을 통해 그렇게 되었을 개연성이 분명히 있다. 필자는 그것이 수메르 창조 신화나 홍수 신화, 바벨론 창조 신화나 홍수 신화가 나타나게 된 배경이라고 본다. 일부 자유주의 신학자들이 주장하는 것처럼 성서가 바벨론 신화의 영향을 받아 형성된 것이 아니라, 오히려 수메르 신화나 바벨론 신화가 히브리인들에게 대대로 전승된 계시에 영향을 받아 그들의 만신교 교리와 결합하여 형성된 것이라고 본다. 이 지점이 바로 필자가 종교사학파와 결정적으로 갈라지는 지점이다.

다섯째, BC 4000년에서 BC 3500년 사이 수메르에서 세계 최초로 쐐기문자가 고안되었을 때, 히브리 조상들은 그들에게 그림과 구두로 전승된 창세기 1-9장의 내용을 당연히 수메르문자로 번역하여 기록했을 것으로 추정된다. 분명히 히브리 조상들은 그들이 전승받은 소중한 계시의 말씀을 그림이나 구두로만 간직하지 않고, 문자로 번역하여 기록하고 보관했을 것이다.

여섯째, 수메르어로 기록된 창세기의 내용은 그 후 아르박삿 자손들에 의해 세워진 에블라 왕국에서 고대 가나안어, 즉 초기 히브리어라고 불리는 북서셈어로 번역되었을 것이다. 그러한 추정의 근거는 에블라 왕국에서 발견된 에블라 왕국 후기 문서 중에는 수메르어로 된 공문서를 북서셈어로 번역한 토판이 대량 발굴되었기 때문이다. 원래 에블라 왕국을 세운 사람들은 셈어 중에 서셈어군에 속하는 언어를 보존하고 있었다. 이들이 시리아 지역으로 이주하여 수백 년이 지나자 그들의 고유 언어는 북서셈어라는 형태로 변형되었고, 그들은 비로소 고유의 문자 체계까지 갖추게 되었다. 그래서 그들은 수메르어나 아카드어로 기록된 공문서를 북서셈어로 번역하고, 공문서에 새로 형성된 문자를 사용하기 시작했다. 이러한 일련의 언어와 문자의 역사가 진행되는 과정에서 수메르어로 된 계시 문서들도 분명히 북서셈어의 문자로 번역되었을 것이다. 에블라 왕국의 유적지에서 발굴된 점토판이나 벽돌에서 JA(야)라는 신의 이름과 EL(엘)이라는 신명이 등장하는 것을 볼 때, E문서와 J문서는 그 무렵에도 이미 실제로 존재했던 문서가 아닐까 추정된다.

일곱째, 이 문서는 에블라 왕국의 멸망 이후 다시 메소포타미아 남부인 우르 지역으로 돌아갈 때 역시 영적 장손 가문이 가지고 갔다고 볼 수 있고, 이 성문서는 그 후 데라와 아브라함에 의해 하란으로, 다시 아브라함에 의해 가나안으로 이송되어 왔다고 추정된다. 그 후의 이야기, 즉 아브라함, 이삭, 야곱 등 조상들의 이야기는 유다나 요셉 등에 의해 추가되었을 것이다. 그리고 이 문서들은

*
성서를 보면 영적 장자 가문의 승계는 가능한 생물학적 장자를 중시했다. 그러나 성서는 생물학적 혈통보다 신앙적 혈통을 중시했다는 사실을 적시하고 있다. 예를 들어 아담의 영적 계보는 카인보다 죽은 아벨 대신 셋, 셈의 계보는 장자 엘람이 아니라 차남 아르박삭, 이삭의 계보는 장자인 에서보다 동생 야곱이 승계했고, 야곱의 계보는 장자 르우벤이 아니라 넷째인 유다가 계보를 이었다.

그들 족장들이 살던 지역의 남가나안어로 번역되었을 개연성이 있다.

여덟째, 이 문서들은 결국 이스라엘의 민족적 정체성 확립을 위하여 창세기를 기록할 것을 작정한 모세에게 전달되었고, 그는 수집된 많은 성문서를 기반으로 고대 히브리어로 창세기를 편집 기록했을 것으로 추정된다. 이 주장을 뒷받침하는 어떤 확실한 실증적 데이터나 고고학적 증거가 있지는 않다. 단지 성서에 기록된 아담과 후손들이 역사적으로 실재했다는 전제하에 인류 역사의 노정과 문화와 문명의 개연성을 추정하여 성립한 필자의 가설일 뿐이다. 그러나 이 가설은 성서의 권위를 믿는 신학자라면 긍정적으로 받아들여도 될 만큼, 훌륭한 성서신학적 가설이 될 수 있다고 생각한다. 성서적 함의와 문화인류학적 함의, 일부 고고학적 데이터를 근거로 만들어진 가설이기 때문이다. 특히 필자는 성서적 함의를 가장 중요한 근거로 삼고 있다. 사실 보수신학에서 주장하는 모세오경설도 고고학적 근거가 있는 것이 아니라, 오경의 내용과 모세라는 인물의 프로필을 고려할 때, 오경의 저자로서 모세만큼 적절한 인물이 없다는 성서적 함의와 일치하기 때문에 보수적 성서신학의 정설이 된 것이다. 우리가 신학을 전개할 때 명백한 고고학적 근거가 있지 않은 경우에는 무엇보다 성서적 함의를 가장 중요한 신학적 근거로 삼아야 한다. 이러한 기본 스탠스에 의거하여 제안된 것이 필자의 창세기 형성에 관한 가설이다.

II 성서해석학(Bible Hermeneutics)

일반적으로 성서 해석을 위한 학문을 성서해석학이라고 한다. 필자의 성서관은 자유주의 신학자들의 입장과 달리 성서를 역사적 문화적 산물로 보지 않고 하나님이 계시하신 말씀으로 보는 것이다. 따라서 필자의 성서해석학은 성서의 신성한 권위와 성령의 계시, 계시 전승을 위한 성령의 섭리, 성서기록을 위한 성령의 영감 등을 전제로 하는 해석학이다. 그런 점에서 필자의 입장은 바르트의 성서해석학*과 같은 입장이라고 볼 수 있다.

성서적 해석학은 성서를 해석할 때 성서적 함의를 가장 중요한 기준으로 삼아야 한다. 고고학적 데이터나 언어학적 연구는 성서적 함의를 뒷받침하는 것이거나 조화를 이룰 때 의미가 있다. 필자는 가능한 이런 입장에 따라 창세기 1-11장의 주석을 실행하였다.

성서 해석을 통해 하나님의 말씀을 선포해야 하는 모든 목회자들은 필자의 태도를 적극 지지해야 한다고 생각한다. 그러나 유감스럽게도 자유주의 신학자들의 성서 해석은 하나님 말씀으로서 성서의 초월적 권위를 인정하지 않고 성서를 한낱 인문서적으로 평가절하하는 결과를 가져왔다. 그로 인해 강단에서 선포되는 설교는 영적 권위가 소멸되었고, 성서를 영적 감동 없이 교묘하게 해석한 지적 에세이로 전락시키고 말았다. 이와 같이 영적 권위와 영적 능력을 상실한 설교 아닌 설교가 서유럽 교회 강단에서 유행하자 서구의 교회는 급속하게 생명력을 잃고 몰락하게 되었다. 이러한 역사적 사실에 근거한 반성 속에서 성서해석학에 대한 필자의 입장이 성립되었다.

*
바르트는 성서의 역사적 이해를 위해 해석학을 필요로 하지만 성서의 역사적 이해를 일반적 역사 이해와 구분하였다. 바르트는 성서 해석의 표준은 성서 텍스트라고 본다. 그런 점에서 바르트에게 성서해석학은 성서 주석학이다. 이때 계시의 근본 형태는 인간의 사고와 개념의 확신을 계시의 증언에 종속하는 것이다. 그러므로 주석의 모든 원리는 텍스트가 말하기 시작할 때만 주석이 가능할 것이다.

1 올바른 성서관과 해석학

성서는 다양한 역사적 상황에서 선지자들에게 계시하신 말씀을 성령의 감동을 받은 성서기자가 성령의 지도를 받아 문자로 기록한 것이다. 그러나 정본은 유실되고 교회와 개인의 의지와 의도에 따라 많은 사본들이 형성되었다. 그 사본들 중에 가장 진리의 계시를 정확하게 담고 있다고 여겨지는 것들을 공교회가 정경으로 선택한 책이 바로 성서다.

성서는 하나님의 말씀을 성령이 계시하시고 이를 성령께서 영감을 주어 기록하게 하였지만 불가피하게 성서를 기록한 사람의 의도와 선입견과 감정 상태 및 세계관과 공동체적 개인적 희망이 어느 정도는 반영되었다. 따라서 성서의 계시는 후대에 전승되거나 문자로 기록되는 과정에서, 특별히 과학적 역사적 부분에서 약간의 오류가 발생할 가능성이 있었으며, 기록된 후에도 사본에서 사본으로 옮겨가는 과정에서 경미한 오류가 발생할 가능성도 있었다. 그러나 성령의 가호와 지도가 있었기 때문에 그 오류는 최소화될 수 있었다.

그리고 성서는 하나님의 메시지를 전달하기 위해 수사적으로 다양한 표현 방법을 사용했다. 예를 들면 어떤 부분은 역사적 사건을 보도하는 식의 표현을 사용했고(눅2:1-7), 어떤 부분은 역사적 사건을 시적으로 표현하기도 했으며(삿5:15-16), 자연의 모습을 의인화하여 표현하기도 했고(이사야55:12), 어떤 역사적 상황을 우화로서 표현하기도 했으며(삿9:8-15), 역사적 사실을 비유적으로 표현하기도 했고(시80:8-12), 특별한 메시지를 은유와 상징으로 표현하기도 했다(전도서12:1-7). 그렇기 때문에 성서 해석을 위한 성서해석학이 반드시 필요한 것이다. 특히 구약성서의 원문은 히브리어로 되어 있고, 신약성서는 희랍어로 기록된 것을 각국의 언어로 번역한 것이기 때문에 성서의 언어가 가진 본래의 의미와 번역된 각 지역 언어의 의미가 차이가 날 수 있다. 그러므로 본문에 대한 언어적 비평은 반드시 필요한 분야이다.

2 성서해석학의 역사

교회사 2000년 동안 올바른 성서해석법에 대한 많은 논의가 있었다. 특히 기독교는 역사적 예수의 구속 사건에 근거하여 일어났기 때문에, 구약성서에 기록된 수많은 구약적 전통을 기독론적으로 해석하는 것이 중요하다. 이런 경향은 이미 예수님의 말씀이나 베드로, 바울 등 사도들의 서신에 나타나 있다. 그러나 이것은 지난 시대의 신화나 설화를 재해석하는 것이 아니라, 구약성서에 나타난 분명한 역사적 전통이나 사건을 기독교도론적 관점에서 재해석하는 것으로서 그리스도를 구약성서가 증언하는 언약의 성취로 보려는 입장이다.

이는 교회사적으로 볼 때 알레고리적 해석의 유행을 낳게 했다. 오리게네스*는 성서 해석을 육적 해석과 혼적 해석과 영적 해석으로 구분했다. 그에 의하면 육적 해석은 성서의 기록을 문자적으로 이해하려는 것이고, 혼적 해석은 성서의 기록 속에서 윤리 도덕적 교훈을 보려는 입장이고, 영적 해석은 성서를 깊이 관통하고 있는 깊은 영적 진리, 즉 복음의 메시지를 읽으려는 입장이다. 특히 그

*
오리게네스(Origenes, Adamantius, 185?-254?)는 애굽의 알렉산드리아 출신 신학자이며 저술가이다. 그는 알렉산드리아 신학원에서 수학하였고, 클레멘스에게 가르침을 받았는데, 특히 플라톤주의에 대해 배웠다. 후에 이 신학원의 원장이 되었다. 그는 특히 플라톤주의에 따른 새로운 석의법을 채택하였다. 성서의 자구에 내포된 도덕적 신비적 비의를 탐구하였으며, 알레고리적 석의 방법으로 성서 본문 비판의 선구자가 되었다.

는 영적 해석을 중요하게 생각했기 때문에 성서의 많은 부분을 알레고리적으로 해석했다.

그러나 안디옥 학파*는 이에 대항하여 역사적 해석법을 중시했다. 다소의 도로테우스, 모프수에스티아의 데오도로스 등은 역사적 해석 방법의 전위였다.

중세 초기의 위대한 교부 어거스틴은 그의 저서 ≪교의학(De dectrina Chrisans)≫ 제3권에서 성서해석학에 대한 입장을 표명했는데, 그는 이 책에서 4중적 성서해석법을 제시했다. 첫째, 문자와 문장을 그대로 믿고 이해하는 입장, 둘째, 영적 해석법, 즉 알레고리적 해석법, 셋째, 개인의 삶에 적용하는 윤리적 해석법, 넷째, 종말론적 해석법 등이다. 어거스틴의 해석학적 입장은 중세기를 지배하다시피 했는데, 특히 토마스 아퀴나스와 니콜라우스가 그러한 해석법의 전통을 계승했다. 그러나 중세는 기본적으로 교황권이 지배하던 시대였기 때문에 개인이 성서의 해석을 자의적으로 하는 것을 금하였고 오직 교회만이 성서 해석의 기준을 제시할 수 있다는 입장을 강조했다.

16세기 종교개혁 시대가 되어 로마 가톨릭교회로부터 독립한 개혁교회는 보다 자유롭고 다양하고 적극적으로 성서 해석에 대한 입장을 개진했다. 특히 가톨릭교회에 의해 일방적으로 정해진 교리나 스콜라주의의 선입견을 떠나, 성서는 자체의 소리를 들음으로써 이해된다는 입장을 취했다.

루터는 어거스틴으로부터 내려온 4중의 성서해석법을 승계받았으나 성서 해석이 일방적으로 알레고리적으로 흐르면서 주제를 이탈하는 해석이 많아지는 것을 보고, 그중 윤리적 해석을 중시하게 되었다. 그는 구약성서를 그리스도에 대한 증언이라 믿고, '자기 의'를 주장한 시편의 기록들이 신약성서의 메시지와 불일치하는 것을 보고 배격했다. 그리고 그 말씀을 단순히 윤리적 정신적으로 해석하려고 했다.

존 칼빈은 성서 해석의 원리는 '성령의 내적 증거'라고 주장했다. 그는 성령께서 기록된 문자를 통해 성도에게 말씀하시고 진리성을 입증해주신다고 말했다. 그러나 존 칼빈과 그의 후예들은 '성서만으로'라는 개혁 교리를 중시한 나머지, 성서영감론을 축자영감설로 강화했고, 심지어 성서 무오류론까지 주장하게 되었다. 따라서 그들은 성서를 로마 가톨릭교회의 교황에 대비되는 '종이교황'으로 여기게 되었다.

계몽주의 시대가 되면서 성서에 기록된 기적이나 신비스러운 부분을 상대화하고, 덜 신적이고 덜 그리스도적인 것을 중시했다. 이 시기에 루터교 신학자 제믈러(Johann Semler, 1753-1791)는 성서의 역사적 해석을 중시했는데, 성서에 기록된 사건들이나 설화들은 그 성서가 쓰여진 시대의 역사적 환경을 고려하여 해석할 때 보다 잘 이해할 수 있다고 주장하였다.

자유주의 신학자 슐라이에르마허(F. D. Ernst Schlelermacher, 1768-1834)는 성서 해석의 목적을 그 시대의 정신문화의 특수성을 이해하는 것이라고 말했다. 한마디로 그는 성서를 구속사적으로 해석하는 것보다 종교 문화적으로 해석하는 것을 선호했다.

근세의 성서해석학을 완성했다고 알려진 딜타이(Wahelm Diltey, 1833-1911)의 해석학은 신학과 실존철학이 함께하는 해석방법론이었다. 그는 해석학을 근본적으로 이해의 기술학이라고 하면서, 이해란 감각적으로 주어진 기초에 의하여 그 근저에 있는 심리적인 것을 인식하는 과정이라고 정의했다.

근세에 들어서는 성서비평학이 만연하면서 문헌학적 해석, 비평학적 해석을 활발히 하였다. 그

* 안디옥 학파는 안디옥을 중심으로 희랍과 시리아 지방의 교회에 퍼진 신학적 경향으로 주창자는 장로 루키아노스와 그의 동료 도로테우스였다. 특히 루키아노스를 안디옥 학파의 주창자로 부르는 이유는 성서비평학에서 차지하는 그의 지위 때문이었다. 그는 오리게네스의 풍자적 해석, 즉 알레고리적 해석에 반대하여 문법적 역사적 해석법을 채용하였다. 이외에도 안디옥 학파에서 유명한 인물은 헤라크리아의 감독 데테오도로스, 에데사의 감독 에우세비우스, 안디옥의 유스타디오스 등이 있다.

러나 그 반동으로 주관적 성령 체험을 중시하는 경건주의자들의 해석 방법이 나타나기도 했다. 그러자 두 입장과 구속사적 이해를 연계하는 해석 방법을 요청하는 학자들도 나타나게 되었으니, 대표적인 학자는 벡크, 호프만, 기르겐존 등이다.

20세기 들어서는 변증신학이 일어났다. 이를 말씀의 신학이라고 부르기도 하고 신정통주의 신학이라고 부르기도 하는데, 대표적인 학자는 칼 바르트였다. 그는 자신의 해석학을 신학적 해석학이라고 규정했다. 신학적 해석이란 어떤 신학적 선입견을 가지고 성서를 해석한다는 뜻이 아니고, 성서의 주제가 신학적인 것일 수밖에 없기 때문에 신학적 주제를 가지고 해석해야 한다는 것이다. 그리고 역사적 비판은 이 주제를 규명하기 위한 것일 뿐 성서 해석의 목적이 될 수는 없다고 주장했다. 칼 바르트가 그의 신학적 해석에서 중요하게 생각한 것은 성서적 함의였다. 그래서 그의 신학을 말씀의 신학이라고 부른다.

딜타이와 하이데거의 철학적 해석학을 성서에 적용 발전시킨 사람은 루돌프 불트만*이다. 그의 유명한 해석학적 용어인 '비신화론화(非神話論化, Entmythologisierung)'는 성서의 진정한 내용과 성서의 형식을 구분하는 것이다. 그는 성서의 많은 부분은 고대인들이 그들의 세계관을 반영하여 신화적으로 기록했기 때문에 성서를 해석할 때는 신화적 표현 형식을 벗겨내고 그 속에 있는 진정한 말씀의 소리, 즉 케리그마를 들어야 된다고 주장했다. 그의 해석학에서 또 하나 중요한 것은 전이해(前理解, Vorverstandnis)라는 개념으로, 딜타이가 성서는 저자와 독자 사이의 '생의 연관' 속에서 해석되어야 한다는 입장에서 이끌어낸 것이다.

불트만에 의하면 모든 성서 해석은 성서에 들어 있는 중심 사실에 대한 일정한 전 이해에 의해 산출된다고 말했다. 구체적으로 설명하자면 히브리 성서의 하나님 엘은 한국에서는 기존의 하느님이라는 전 이해를 가지고, 중국에서는 상제라는 전 이해를 가지고 해석한 것을 의미한다. 또 성서에서의 지옥도 불교 문화권에서는 이미 그들이 가진 지옥이라는 개념의 전 이해를 가지고 번역하거나 해석했다는 말이다. 그래서 불트만은 본문을 해석하고 번역한 사람의 전 이해가 무엇인지를 아는 것이 중요하다고 주장했다.

근대 개신교의 성서 해석은 전통적인 알레고리적 해석에 대한 반작용으로 제기된 역사적 비판적 해석, 양식사적 해석, 신학적 해석, 실존론적 해석이 있다. 그리고 그 반동으로 제기된 역사적 실존론적 해석, 편집사적 해석 방법, 최근에는 비트겐스타인이나 카르나프 등이 일으킨 분석철학의 영향으로 제기된 언어분석학적 해석 방법 등으로 나아가고 있다.

지금까지 성서해석학의 역사를 대략적으로 고찰하면서 느낀 것은 모든 방법이 어떤 측면에서는 일리가 있다는 것이다. 다만 어떤 해석 방법은 옳고, 다른 방법은 옳지 않다고 하는 편향적 입장이 문제였다. 그들은 하나같이 다른 해석법의 장점은 말하지 않고 단점이나 문제점만을 지적했고, 자신들의 해석법에 대해 단점은 말하지 않고 장점만 이야기하며 영구적으로 가장 바람직한 해석법이라고 주장했다.

* 루돌프 불트만(Bultmann, Rudolf Karl, 1884-1976)은 독일의 저명한 루터교 신학자이다. 그는 마르부르크 대학교 신학부에서 30년 동안 교수로 재직하였으며, 하이데거와 딜타이의 실존주의 방법을 사용하여 성서의 비신화론화를 시도한 신학자로 유명하다. 그의 제자들을 중심으로 그의 이름을 따라 불트만학파라고 한다.

3 바른 성서 해석을 위한 제언

역사적으로 성서비평학을 연구한 학자들의 문제는 그들의 연구 내용보다 오히려 연구하는 자세와 태도에 있다는 사실을 발견했다.

성서를 올바로 해석하기 위해서는 방법론 이전에 먼저 해석하는 사람의 기본자세가 제대로 갖추어져야 한다. 필자는 성서해석자가 갖춰야 할 7가지 기본자세를 제시하고자 한다. 역사적으로 성서비평학을 연구한 학자들의 문제는 그들의 연구 내용보다 오히려 연구하는 자세와 태도에 있다는 사실을 발견했다. 다음 7가지 중 어느 한 가지라도 문제가 있다면 성서적 함의에 어긋날 뿐 아니라, 끝내는 인간주의 문화주의 역사주의로 경도되어 하나님 나라에 백해무익한 결과를 가져오게 될 것이다.

첫째, 성서는 살아 계신 하나님의 말씀이라는 사실을 한순간도 잊지 말아야 한다. 성서는 하나님의 성령께서 계시하고 성령의 영감적 지도 속에서 기록되었고, 이스라엘과 교회에 대한 성령의 섭리 가운데 정경으로 정하게 하시고, 듣거나 읽는 자에게 성령의 조명으로 깨닫게 하시는 살아 계신 하나님의 말씀이라는 사실을 한순간도 잊어서는 안 된다. 비록 성서가 우리 앞에 놓이기까지 수많은 역사적 우여곡절이 있었고, 또한 다수의 계시 수령자와 전승자와 기록자에게 사적인 의도와 문화적 세계관이 개입될 여지가 있었다 할지라도, 그래서 몇 군데 오류가 보인다 할지라도, 해석자는 성서가 하나님의 말씀이라는 사실을 추호의 흔들림 없이 믿어야 한다. 그리고 성서는 모든 역사적 정황과 성서기자들의 개인적 삶의 정황을 주관하고 섭리하시는 하나님의 작품임을 잊지 말아야 한다. 그런 점에서 성서를 역사적 문화적 진화의 산물로 보거나 성서를 도덕적 문화적 서적으로 바라보고 해석하는 태도는 버려야 한다. 그런 태도로 성서를 읽고 해석하면 성서의 신적 권위는 사라지고, 그 사람은 성서 해석을 통해 아무런 영적 은혜와 능력을 얻지 못하게 될 것이다.

둘째, 성서 해석자는 성서에 대한 다양한 해석법의 필요성을 인정하는 동시에, 그들이 제시한 해석법의 장단점을 파악해야 한다. 그리하여 성서가 하나님의 계시적 말씀이라는 기본을 흔드는 해석법은 배제하고, 그렇지 않은 해석법은 우호적으로 수용해야 한다. 다시 말해 자유주의 신학자들이 흔히 범하고 있는바, 확실하지 않은 성서비평학적 가설을 가지고 성서의 권위를 훼손하는 식의 성서 해석은 가급적 자제해야 한다.

셋째, 성서 자체는 다양한 역사적 과정을 통해, 다양한 역사 사건 속에서, 다양한 사람들에 의해 전승되고 기록된 책이다. 말씀이 표현된 양식도 사건을 그대로 기록하는 양식, 시적 표현한 양식, 은유적 상징적 표현 양식, 의인적 표현 양식, 우화적 표현 양식, 비유적 표현 양식 등으로 기록되어 있다. 그리고 번역 과정에서 용어 선택의 문제도 진지하게 고민해야 하므로 어느 한 가지 방법만을 적용한다는 것은 신학적으로도 실제적으로도 불합리한 일이다. 다양한 해석법이 기본적으로는 유효하다는 사실을 잊지 말고 능수능란하면서도 적절하게 성서를 해석하는 능력을 지녀야 한다.

넷째, 성서 해석자는 성서의 기록에서 영적 의미를 도출할 뿐 아니라, 내용의 역사성도 믿고 인정해야 한다. 예수님이 병을 고치는 사건의 기록을 해석할 때 신유의 기적을 믿지 않는 해석자는 그 내용의 역사성을 외면하거나 배제한 채 영적 도덕적 의미나 실존적 의미만을 도출하려고 할 것이다. 이런 사람은 분명히 모세의 기적 사건도, 엘리야와 엘리사의 기적 사건도 믿을 수 없을 것이다. 그 사람은 성서의 수많은 기적 사건의 역사성을 부정하고 성서를 해석하려 할 것이다. 이런 사람이 무로부터 우주 창조나 죽은 자의 부활은 믿을 수 있겠는가? 이들은 성서 해석자로서 자격이 없는 사람이다. 불트만의 실존론적 해석의 문제점이 바로 여기에 있는 것이다.

다섯째, 성서에 기록된 내용을 해석자의 일방적 경험이나 편견을 가지고 해석해서는 안 된다. 성서 해석자는 자신이 경험하지 못했다 하더라도 성서가 증언하는 하나님의 창조와 하나님의 기적을 믿고 인정해야 한다. 물론 하나님은 무분별하게 아무 때나 우주의 질서를 무시하고 초자연적 기적을 일으키는 분이 아니다. 그렇지만 복음적 목적을 이루기 위해 필요한 경우에는 그의 자녀들을 위해 기꺼이 초자연적 기적을 일으킨다는 사실도 잊지 말아야 한다. 초자연적 기적에 대한 균형감각을 갖는 것은 성서 해석자에게 반드시 필요한 자세이다.

여섯째, 성서 해석을 올바로 하기 위해서는 교회가 고백한 교리에 대한 신학적 토대가 튼튼해야 한다. 그렇지 않으면 그의 해석은 교리의 범주를 벗어나 중구난방이 될 것이다. 그러므로 성서 해석은 결국 신학적 해석일 수밖에 없다.

일곱째, 성서를 해석하는 사람은 성서의 지성소에 현존하여 계시는 하나님의 영을 의식하고, 하나님께 말씀을 잘 해석할 수 있게 해달라고 항상 마음을 기울여 기도해야 한다. 그러면 성서를 읽을 때 성령의 조명을 받게 되어 그에게 다가오는 하나님의 음성을 들을 수 있을 것이다.

Part 2
The story of God

| 제 2 부 | 하나님 이야기

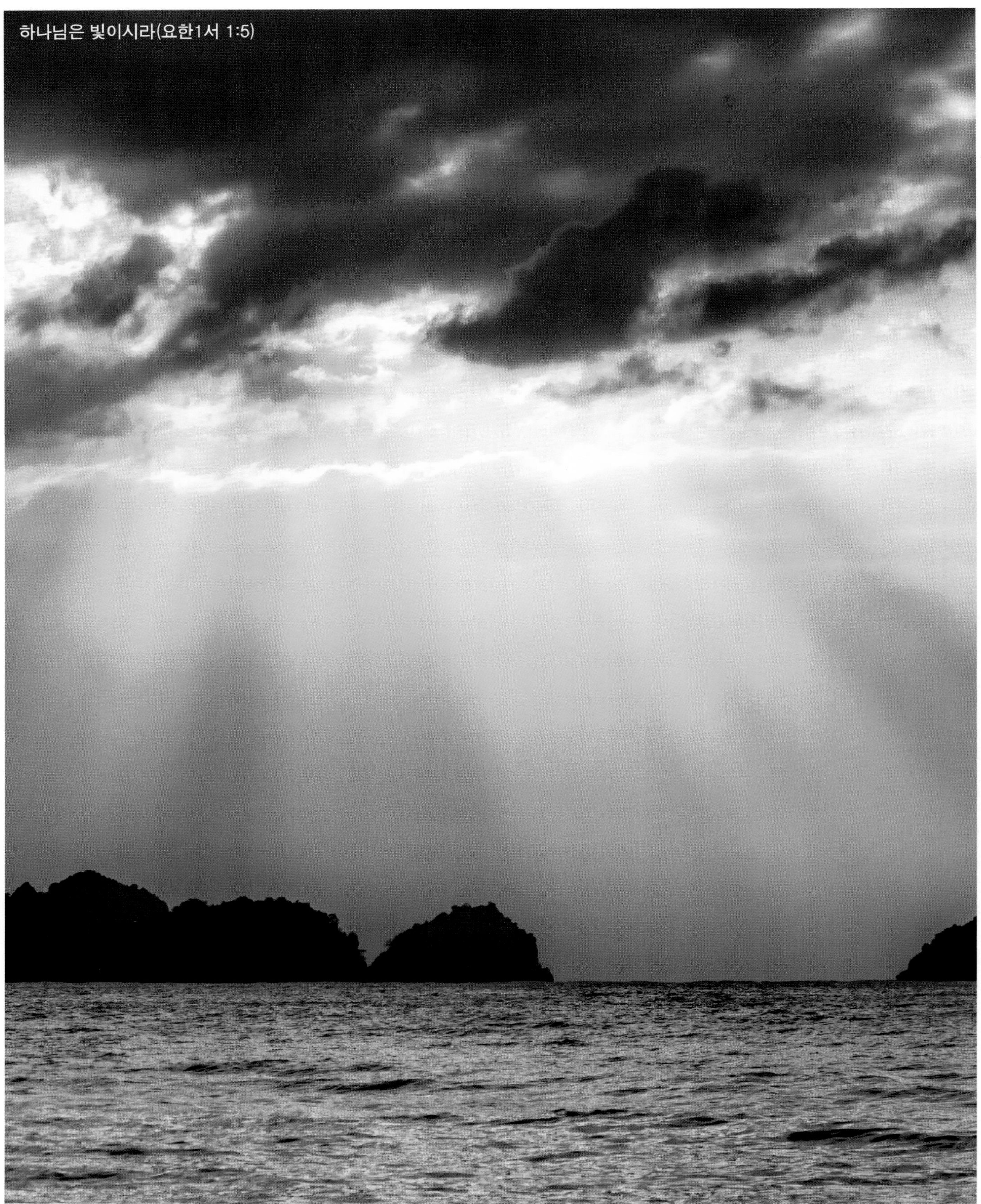
하나님은 빛이시라(요한1서 1:5)

암호프교회의 십자가의 예수

Overview

하나님을 아는 것이 지식의 근본이다. 모든 종교 신앙의 깊이는 신론이나 궁극자론에서 드러난다. 우리는 하나님에 대해 무엇을 얼마나 알고 있는가? 우리가 공유적 속성론과 비공유적 속성론을 평신도들 앞에서 몇 분 동안 나열할 수 있으면 하나님에 대하여 아는 것인가? 인간의 사유로는 이해 불가능하다는 전제하에 삼위일체론에 대해 애매하게 진술하면 하나님을 아는 것인가?

그렇다면 하나님은 누구인가? 하나님은 마음으로 존재하고 마음으로 일하시는 분이다. 그래서 하나님은 영이라고 하는 것이다. 마음으로만 존재하는 하나님은 무한공간을 포괄하실 수 있다. 또한 하나님은 무엇에 의존하여 존재하지 않기에 스스로 영원하시다(출애굽기3:14). 마음이라는 개념은 말씀의 유비(성서의 증거)와 존재의 유비(이성적 통찰)를 모두 충족할 뿐 아니라 속성론과 삼위일체론을 한 번에 관통할 수 있는 개념이다. 마음은 무한을 포괄할 수 있고, 마음으로 존재하시는 하나님은 무엇에도 제한받지 않으시며, 오직 마음만으로 존재하고 역사하기에 무한하고 전능하시다. 마음은 지와 정과 의의 기능을 가지는데, 마음으로서 하나님도 역시 그러하다.

하나님이 자기 존재를 일위일체에서 삼위일체 양식으로 변화시킨 것은 그가 꿈꾸는 피조 세계를 창조하고 섭리하기 위해서이다. 성부는 즉자의 하나님, 즉 숨어 계신 하나님이시고 삼위의 주체가 되시며, 성자 성령은 대자의 하나님으로서 성부로부터 나와 성부의 뜻을 피조 세계에 나타내고 실현하신다. 삼위의 성품적 본질에서는 동일하나 성자는 기능적 본질에서 성부는 말씀(理)과 기운(氣)의 본원이나 성자는 그중 말씀(理)만을 부여받았고, 성령은 기운(氣)만을 부여받았다. 성자는 성령과 더불어 성령은 성자와 더불어 일하는 것이 성부의 뜻이었기 때문이다. 성자는 성부로부터 나와서 자기의 영광을 나타내지 아니하고 성부의 뜻만을 성령과 더불어 시행하시며, 성령은 성부와 성자로부터 나와 자기를 드러내지 아니하고 오직 성자를 도와 성부의 뜻을 실현하는 분이시다.

삼위 하나님은 각자 완전한 인격이시며, 각 인격은 완전한 지정의(知情意)의 기능을 가지되, 성자와 성령의 사역은 성부에게 스스로 자연스럽게 100% 연동된다. 이것은 노예적 종속이 아니라 부모를 믿고 사랑하기 때문에 스스로 순종하는 관계이다. 또한 모 컴퓨터에 자 컴퓨터가 모순 없이 연동되어 작동하며, 건강한 한 사람의 두뇌에 오장육부와 손발이 스스로 자연스럽게 연동하여 움직이는 것과 같다. 모든 장기들은 각자 특별한 자기 기능과 역할이 있으나 동일 유전자를 가지고 있기 때문에 각자의 기능 행사는 모순과 저항 없이 작동하는 것과 같은 이치다. 삼위는 분명 각각 완전히 독자적 인격을 가지고 있으나 모든 의지에서 완전한 일치를 보인다. 그러므로 삼위가 각각 독자적 인격을 가지셨으니 어찌 삼위라 하지 않을 수 있으며, 세 위격이 모두 한 본질이며 모든 일에 완전한 일치를 보이는데 어찌 한 분이라 하지 않을 수 있겠는가? 그러므로 하나님은 하나이되 셋이며, 셋이되 하나인 것이다.

성서가 계시하는 하나님은 현대 이론물리학의 심오함과 철학적 사유의 한계를 넘어선다. 이 세상 고등 종교의 궁극자론은 언뜻 심오해 보이나 부분적 진리만을 담고 있을 뿐, 성서가 증언하는 우리 하나님에 비하면 하늘 아래 뫼요 바다 가운데 작은 섬에 지나지 않는다.

하나님은 유의 궁극적 현실이나, 무의 현실인 텅 빈 무한 공간, 즉 태허와 결합하여 유무를 통합하는 유일무이한 존재, 영원히 살아있 는 실재이다. 따라서 하나님은 유의 근원임과 동시에 유와 무라는 상대성을 초월하는 자리에서 홀로 존재하신다.

시간과 공간은 창조된 것이 아니다. 창조된 것은 특정한 시간과 특정한 공간이다. 살아 있는 것은 움직이는 것을 의미하고 움직인다는 것은 곧 시간성을 의미한다. 그러므로 하나님이 시간 없이 존재한다고 말하는 것은 곧 정지된 하나님, 죽은 하나님이 존재한다고 말하는 것과 같다. 또한 하나님은 영원히 살아 계신 분이라고 고백할 때, 시간성은 하나님과 더불어 영원히 존재한다고 말하는 것과 같다. 시간은 하나님의 호흡과 맥박이며, 공간은 하나님이 존재하는 자리이다. 시간과 공간은 하나님과 더불어 존재하는 불가분리적 영원한 현실인 것이다. 그대는 마음이 움직이지 않는 하나님과 일체의 공간 없이 존재하는 하나님을 상상할 수 있는가? 시간성은 움직인다는 뜻인데, 생각이 움직이지 않는 하나님을 살아 계신 하나님이라고 말할 수 있는가? 실로 하나님은 아무것도 없는 무한무변의 공간에 마음을 움직여서 특정한 공간과 시간이 흐르는 우주를 만드신 것이다.

Chapter
1
제 1 장

하나님에 대한 신학적 이해

신학의 깊이를 좌우하는 것은 신론에 있다. 신론이 유치하고 두서없으면 나머지 어떤 신학 이야기도 유치해지고 길을 잃어버릴 수밖에 없다. 더욱이 21세기 지구촌은 교통과 통신의 발달, 인터넷의 대중화로 인해 모든 종교의 정체가 낱낱이 드러나고 있으며, 온 인류의 지식인들 앞에서 각 종교의 교리는 객관적으로 비교당하고 있다. 사실상 모든 종교의 우월을 결정하는 것은 신론, 또는 궁극자론의 심오함 여부에 달려 있다. 따라서 기독교가 민족 복음화와 세계 복음화를 달성하기 위해서는 다른 종교의 신론이나 궁극자론에 비해 그 심오함과 논리 정연함이 우세해야 한다. 그럼에도 불구하고 오늘날 크리스천 지식들이 갖고 있는 하나님에 대한 지식은 단순하고 엉성하기 짝이 없다. 이는 기독교 신앙 자체가 하나님에 대한 사유보다 믿음을 우선하기 때문이기도 하지만, 신학교에서 하나님의 어마어마한 본질과 자기운용 시스템에 대해 제대로 가르치지 못하고 있기 때문이다. 이런 이유로 제2부에서 하나님 이야기를 서술하는 것은 의미 있는 일이라고 생각한다.

필자의 하나님 이야기는 2가지 주제로 전개된다. 첫째, 하나님은 어떤 존재인가, 둘째, 하나님은 존재하는가 하는 것이다. 첫 번째 테마는 하나님의 본질을 다루는 것이고, 두 번째 테마는 하나님의 실재에 대해 서술하는 것이다.

하나님이 어떤 존재인가를 논하는 것은 곧 성서가 증언하는 하나님이 어떤 존재인가를 논하는 것과 같다. 우리가 논의하고 서술하고자 하는 궁극자는 이방의 신들 또는 동양 종교나 철학의 궁극자론이 아니라 성서가 증언하는 하나님이기 때문이다. 그러므로 우리는 성서의 기록을 근거로 하나님의 존재를 논해야 한다.

하나님에 대해 증언하는 성서의 대표적인 구절을 살펴보면 다음과 같다.

첫째, "하나님은 영이시니(요한복음 4:24)"라는 구절이다. 이는 하나님의 본질에 대해 논의할 근거를 제공한다.

둘째, "하나님은 사랑이라(요한일서 4:8)"는 구절이다. 이는 하나님의 성품에 대해 논의할 근거 구절이다. 조직신학적으로는 공유적 속성에 대한 것이다.

셋째, "나는 스스로 있는 자니라(출애굽기 3:14)"라는 구절이다. 이는 하나님의 무한함과 영원함에 대해 논의할 근거 구절이다. 조직신학적으로는 비공유적 속성에 대한 근거 구절이다.

넷째, "아버지와 아들과 성령의 이름으로 세례를 베풀고(마태복음 28:19)"라는 구절이다. 이는 삼위일체론에 대해 논의할 성서적 근거를 제공한다.

I 하나님의 본질은 마음이다

과연 하나님은 누구이며 어떤 존재인가? 예수님은 선교 여행 중 수가성 우물가에서 만난 사마리아 여인에게 "하나님은 영이시니 (요한복음 4:24)"라고 말씀하셨다. 우리는 이 영(靈)이라는 용어를 어떤 육체적 기질과 구별되는 고차원의 영적 기질로 해석한다. 하나님 안에 있는 거룩한 기질로 이해한다는 말이다. 물론 영이란 어떤 특별한 기질일 수 있다. 그러나 이런 협소한 해석은 이 구절뿐 아니라 하나님의 본질에 대해 포괄적 이해를 하지 못하게 한다. 그러면 "하나님은 영이시니"란 말씀을 어떻게 해석해야 할까? 필자는 이를 "하나님은 마음이시니"라는 뜻으로 해석하는 것이 보다 적절하다고 생각한다. 하나님은 다른 어떤 것에 의존하거나 영향을 받지 아니하고, 100% 마음으로만 존재하고 마음으로만 일하실 수 있는 분이라는 뜻이다.

그러므로 "하나님은 영이시니"라는 말씀은 1차적으로 "하나님은 오직 마음으로만 존재하는 분이시니"라고 해석하는 것이 타당한 것이다. 본 구절 "하나님은 마음이니"는 하나님에 대해 보다 근본적인 존재론적 의미를 함축한다. 하나님은 모든 피조물과는 차원이 다른 존재이기 때문에 하나님께 드리는 예배는 공간적 구별이나 편가름으로 드리는 예배가 아니라 '신령과 진정으로 드리는 예배', 즉 성령의 사로잡힘 가운데 진리의 말씀을 따라 드리는 것이어야 한다.

온 우주만상과 지구 생태계에 존재하는 모든 마음은 하나님의 영, 즉 하나님이 마음에서 비롯된다. 그래서 필자는 하나님의 마음을 원 마음(Ur-Mind)이라고 부른다. 하나님을 마음으로 규정하는 것은 성서적 계시, 즉 신앙의 유비(analogia fides)에도 합당하고 하나님의 신성을 나타낸다고 하는 자연계시, 즉 존재의 유비(analogia entis)*에도 부합한다. 마음이라는 개념으로 하나님을 이해하는 것은 성서적 신앙에 부합할 뿐 아니라, 마음은 우리 존재가 항상 경험하는 것이기 때문에 하나님을 이해하는 데 가장 적절한 개념일 수 있다.

또한 하나님을 마음으로 이해하면 타 종교의 궁극자론과 대화하는 데 도움이 되는 부수적 효과도 있다. 마음이란 개념은 지구상의 모든 고등 종교가 가장 중요하게 여기는 공통적 주제이다. 힌두교의 브라만과 아트만 사상, 불교의 무(無)사상과 공(空)사상*, 도가나 도교의 무위자연 사상, 성리학의 주기론이나 주리론 등은 모두 마음에 대한 성찰을 통해 궁극적인 것에 대한 지향성을 보여준다. 비록 각 종교가 주장하는 마음의 성격이나 범주나 가능성이 조금씩 차이를 보이기는 하지만, 마음이라는 개념이 궁극적 존재와 인간을 이해하는 보편적이고 결정적 개념임은 의심의 여지가 없다. 따라서 하나님을 마음으로 이해할 때, 마음이라는 개념을 통해 종교 간의 대화 가능성이 열리고, 기독교 신학은 동양종교의 정신세계와 보다 긍정적인 소통을 하게 되어 기독교의 신학을 보다 심오하고 풍성하게 발전시킬 수 있을 것이다.

하나님은 영이시니라는 말씀을 하나님은 마음으로만 존재하고, 마음으로 창조하고, 마음으로 일하는 존재라는 뜻으로 해석한다

*
존재의 유비라는 개념이 신학 속에 처음 들어온 것은 플라톤의 이데아론이 어거스틴이 삼위일체론을 설명하면서부터이다. 그러나 이 존재의 유비가 신학 속에 본격적으로 들어온 것은 스콜라 시대 아리스토델레스의 형이상학이 공인되면서, 토마스 아퀴나스가 신존재증명을 위한 '5가지의 길'을 제시하면서부터이다. 자연신학(Natural Theology)이라는 용어는 원래 철학자들이 실재를 설명할 때 사용한 신적인 것에 관한 교리이다. 옥스퍼드 사전에는 "계시와 관계없이 인간 이성에 기초한 신학"이라고 정의했다. 19세기 들어서서 자연신학은 이성에 근거하고, 계시신학은 계시에 의존한다는 개념이 정착되었다. 에밀 부르너(Emil Burnner)는 "하나님의 창조 가운데 하나님의 진리 계시가 숨어 있다"고 주장했다. 그는 하나님을 아는 데 자연계시를 통한 '존재의 유비'의 가능성을 인정하였다. 그러나 신정통주의 신학의 대표자인 칼 바르트는 에밀 부르너의 '존재의 유비'를 거부하는 등 자연계시의 가능성에 대해 회의적이었다. 바르트는 "자신에게는 오직 신앙의 유비만이 있을 뿐"이라고 말했다. 그는 성서가 계시하는 것만 믿고 인정한다는 입장이었다. 그러나 바르트도 후에 쉥엔(Gottlieb Soehngen)과 발타자fm(Han Urs Von Balthasar)의 연구를 통하여 존재의 유비와 믿음의 유비의 상보성을 인정하게 되었다. 특히 그는 1956년 ≪하나님의 인간성(Humanity of God)≫에서 존재의 유비에 대한 자신의 독단적이고 극단적 이해의 오류를 인정했다.

1 ◦ 마음이란 무엇인가?

마음이란 지정의, 즉 인식 기능, 감정 기능, 의지 기능이라는 3가지 기본적 메커니즘을 가지고 객관세계(독서, 영상, 음악 등 각종 문화적인 것과 꿈이나 환상 등 정신적인 것을 포함)와의 관계 속에서 주체적으로 작동하는 정신 시스템을 의미한다. 정신과 육체의 인식 기능을 통해 필요한 정보를 수집하고 상황을 파악하는 지적 기능과, 어떤 상황을 떠올리거나 예기하거나 현재 직면한 상황을 경험하면서 느끼는 다양한 감정적 기능(희노애락), 그리고 이 상황에 대처하는 의지적 기능이 거의 동시에 작동하는 정신 시스템을 말한다. 이 마음은 위로는 하나님으로부터 천사, 마귀, 사람, 모든 생물들, 즉 식물이나 세균 곤충 새 짐승에 이르기까지 모두 가지고 있는 존재의 핵심이요 본질이다.

식물학자들에 의하면 식물들도 마음이 있어 자신이 처한 상황을 인식하고, 편안함과 불안, 즐거움과 고통을 느끼며, 그에 따라 자신의 내성을 기르거나 유리한 방향으로 가지를 뻗거나 뿌리를 깊게 내리거나 잎사귀를 가늘게(침엽수) 또는 넓게(활엽수) 만든다고 한다. 또 '예쁘다'거나 '사랑스럽다'는 말을 계속 들은 꽃은 더욱 아름답게 피어나고, '더럽다'거나 '볼품없다'라는 말을 계속 듣고 자란 꽃나무는 점점 시들어버린다고 한다. 또 나무는 벌목꾼이 다가오면 긴장하고, 홍당무는 토끼가 나타나면 색깔이 변한다고 한다. 이는 식물에게도 초보적이기는 하지만 모종의 지정의라는 인식 기능과 감정 기능, 의지 기능이 있다는 뜻이다. 식물들도 그들 나름대로 마음을 가지고 있다는 것이다.

또 미생물학자들에 의하면 세균들도 자기 생존과 번성을 위하여 유불리의 상황을 인식하고, 전략과 전술을 적절하게 변화시킨다고 한다. 변종 코로나바이러스가 나타나는 것도 이런 메커니즘 때문이라고 볼 수도 있다. 이처럼 식물이나 세균들까지 지정의의 기능이 작동하는 마음을 가지고 있다. 그러니 새나 곤충, 짐승, 가축, 애완동물들 역시 당연히 마음을 가지고 있지 않겠는가?

창조주 하나님의 마음과 피조물의 마음, 즉 천사나 인간, 다른 생물들의 마음은 근원성과 완전성, 능력성 면에서 근본적인 차이가 있다.

2 ◦ 하나님의 마음과 피조물 마음의 차이

창조주 하나님의 마음과 피조물의 마음, 즉 천사나 인간, 다른 생물들의 마음은 근원성과 완전성, 능력성 면에서 근본적인 차이가 있다. 모든 피조물의 마음은 일단 창조주 하나님께서 자신의 마음을 본떠서 부여한 것이다. 그로 말미암아 지정의라는 마음의 시스템은 모든 피조물이 공통적으로 가지고 있다. 그러나 그중에 하나님의 마음과 가장 유사한 마음은 천사와 인간의 마음이라고 볼 수 있다. 창세기 1:26에는 "하나님이 가라사대 우리의 형상을 따라 우리의 모양대로 우리가 사람을 만들고"라고 기록되어 있다. 여기서 형상이란 곧 하나님의 마음의 형상, 마음의 모양을 의미한다.

천사나 사람의 마음은 일반 생물의 마음에는 없는 모종의 기능, 즉 창의성, 예술성, 도덕성, 종교성이 내포된 마음이 부여되었다는 뜻이다. 그러므로 사람의 마음*은 일반 생물의 마음과는 부여된 목적, 복잡성, 완전성, 그리고 능력 면에서 엄청난 차이가 날 수밖에 없다. 더욱이 창1:7절을 보면 "여호와 하나님이 흙으로 사람을 지으시고 생기를 그 코에 불어넣으시니 사람이 생령이 된지라"라고 기록되어 있는데, 여기서 생기란 영을 의미한다. 인간은 하나님에 의해 영이 불어넣어진 생령

* 사람의 마음은 특별히 하나님의 형상대로 지음받았기 때문에, 사람에게는 일반 생물들에게는 나타나지 않는 특수한 4가지 기능이 나타난다. 그것은 창의성, 예술성, 도덕성, 종교성이 있다. 종교성과 도덕성은 하나님께서 아담에게 영을 불어넣어 주신 이후부터 본격적으로 기능하게 되었다.

이라는 것이다.

물론 여기서 사람에게 불어넣은 영은 하나님의 영과는 구별되지만 본질과 기능 면에서 공통적인 부분이 많이 있기 때문에 두 영 사이에는 상호 커뮤니케이션이 가능하다. 성서는 천사의 마음을 천사의 영이라고 기록하고 있다. 비록 성서에 천사의 창조에 대한 내역이 상세히 기록되어 있지 않아 천사의 영, 즉 천사의 마음의 메커니즘을 확실하게 이해하는 데 장애가 있는 것도 사실이다. 하지만 천사를 하나님의 아들들, 하나님의 사자라고 기록한 것을 보아 천사의 마음 또한 인간의 마음과는 또 다른 목적과 형태로 하나님이 지으신 마음임을 알 수 있다.

그러나 천사의 마음이나 사람의 마음이 아무리 하나님의 마음을 본떠서 만들었다 하더라도 마음의 본질, 마음의 완전성, 마음의 능력, 마음의 편재성 등에서 하나님의 마음의 1억 분의 1도 따르지 못한다. 피조물의 마음은 어떤 다른 기질에 연동되어 있기 때문에 존재의 한계, 능력의 한계를 갖고 있다. 따라서 하나님의 마음에 대해서는 전지전능, 영원무한, 무소부재, 영원불변이라는 서술이 가능하지만 천사나 사람의 마음은 그렇지 못하다. 이는 하나님께서 천사와 사람의 마음을 지으실 때 모든 면에서 하나님의 마음에는 이르지 못하도록 모종의 제한이 가해진 마음을 부여하셨기 때문이다. 그 제한이란 구조적 한계, 성품의 불완전성, 물리학적, 화학적, 생물학적 요소와 연계된 작동 메커니즘, 생각과 능력의 불일치 등을 상정할 수 있을 것이다. 그러므로 하나님의 마음을 피조물의 마음과 차원이 다른 마음이며, 하나님의 마음은 모든 피조물의 마음, 특히 천사나 인간의 마음의 근원이요 바탕이요 원형이 된다.

필자는 하나님의 마음을 피조물의 마음과 구별하기 위해 원 마음(ur-mind), 또는 근원적 마음(original mind)이라고 부르고 있다. 결론적으로 하나님은 마음이며, 마음으로만 존재하시며, 마음으로만 일하시고, 마음으로 못하실 일이 없고, 무엇에도 제한받지 않는 영원무한한 전지전능한 마음을 가진 존재이다.

II 하나님의 성품 / 공유적 속성론

"하나님은 사랑이심이라(요한1서 4:8)"라는 구절은 하나님 성품의 가장 중요한 부분을 가리킨다. 성품이란 지정의로 작동되는 마음속에 담겨진 기질을 의미한다. 이 성품은 하나님의 마음을 구성하는 중요한 요소로서 사람의 마음에도 담겨 있다. 그래서 이 성품을 하나님과 사람의 마음이 공유하고 있다고 해서 조직신학에서는 공유적 속성이라고 규정한다.

1 하나님의 성품에 대한 성서적 근거

하나님의 성품은 하나님이 창조한 모든 자연에 나타난다. 푸른 하늘과 바다, 나무와 꽃, 바람과 구름 등 모든 자연에는 하나님의 아름다운 성품을 반영한다.

바울사도는 갈라디아서 5:22절에서 "오직 성령의 열매는 사랑과 희락과 화평과 오래 참음과 자비와 양선과 충성과 온유와 절제니 이 같은 법을 금지할 법이 없느니라"라고 말했다. 성령 충만함을 받은 그리스도인의 마음에는 9가지 성품의 열매가 나타난다는 말씀이다. 9가지 성품의 열매란 하나님의 성품과 유사한 본질을 가진 사람의 마음에 나타나는 9가지 다양한 현상을 의미한다. 사람의 본성은 원래 이런 선한 현상이 나타나도록 창조되었다. 그러나 유감스럽게도 사람의 마음은 본성의 타락으로 말미암아 마치 돌감람나무 열매처럼 "음행과 더러움과 호색과 우상숭배와 주술과 원수 맺는 것과 분쟁과 시기와 분 냄과 당 짓는 것과 분열함과 이단과 투기와 술 취함과 방탕과 같은 것들"이 무수히 나타나고 있다. 그래서 바울 사도는 모든 그리스도인들에게 반드시 성령의 충만함과 성령의 인도하심을 받으라고 가르친 것이다(갈라디아서 18-21). 오순절 이후에 하나님은 구하는 이들에게 성령을 물 붓듯 부어 주심으로(행2:1-4) 그들의 마음속 성품에 성령의 9가지 열매가 맺히도록 역사하셨다. 이러한 은혜를 '성성의 성총(Gratia Sanctificans)'이라 부른다.

하나님의 성품에 대한 성서의 증거는 헤아릴 수 없이 많다. 이를 열거하면 다음과 같다. "하나님은 거룩하시다(출애굽기 15:11, 사무엘상 2:2, 이사야 6:3, 베드로전서1:16)"……"하나님은 의로우시다(시편 116:5, 에스라 9:15, 시편 145:17, 예레미야 12:1)"……"하나님은 자비로우시다(시편 103:8, 신명기 4:31, 시편 86:15, 로마서 9:18)"……"하나님은 사랑이시다(요한1서 4:7-16, 요한복음 3:16, 요한1서 3:16, 요한복음 16:27)"……"하나님은 신실하시다(고린도전서 1:9, 디모데후서 2:13, 신명기 7:9, 신명기 32:4)"……"하나님은 자비로우시다(열왕기상 8:23)"……"하나님은 선하시다(시편 25:8, 시편119:68)"……"하나님은 은혜로우시다(출애굽기 34:6, 시편 116:5)".

하나님의 성품은 스스로 영원 전부터 존재한 완전한 성품이다. 그에 비해 사람의 성품*은 하나님에 의해 창조되었지만 불완전하다. 비록 하나님의 형상대로 지음받아서(창세기 1:26-27) 하나님의 성품이 반영되어 있으나, 완전한 성품은 오직 하나님만이 가지셨다. 하나님의 성품은 완전하기 때문에 불변한다. 그러나 사람의 성품은 불완전하기 때문에 상황에 따라 계속 변할 수밖에 없다. 이처럼 마음론을 하나님론에 적용하면 하나님의 성품론, 즉 공유적 속성론은 큰 문제없이 이해될 수 있다.

모든 생물들에게 차별 없이 주어지는 햇빛과 바람을 보아도 하나님의 자비로운 성품을 느낄 수 있다. 모든 생태계에 나타나는 새끼를 향한 어미의 사랑에도 피조물을 향한 하나님의 사랑이 반영되어 있다. 또한 사람의 마음속에서 일어나는 도덕성은 하나님의 성품의 선함을 반영하고 있다. 그렇기 때문에 그가 어떤 종교를 믿든 모든 시인들은 자연을 바라보며 그들이 믿는 신의 아름다움과 선함을 노래할 수 있었다. 바울은 로마서 1:20에서 "창세로부터 그의 보이지 아니하는 것들 곧 그의 영원하신 능력과 신성이 그가 만드신 만물에 분명히 보여 알려졌나니"라고 말했다. 하나님의 마음은 진선미성의 성품이 완전 충만한 마음이다. 그 완전함은 눈부신 하나님의 영광의 광채로 나타나는 것이다.

* 사람의 성품에는 하나님의 성품이 반영되었다고 하는 것은 아리스토텔레스의 '형상과 질료론'과 유사하며, 사람의 성품은 불완전하고 하나님의 성품만이 완전하다는 것은 플라톤의 이데아론과 유사하다. 그래서 신학적 성향으로 볼 때 어거스틴은 플라톤적 신학이라 하고, 아퀴나스의 신학적 입장은 아리스토텔레스적 신학이라고 한다.

2 하나님의 성품과 악의 문제

그런데 이런 하나님의 성품론에 도전하는 주장이 있다. 그처럼 선한 성품의 하나님이 창조한 세상에 어찌 악이 존재하느냐 하는 것이다. 위대한 교부요 신학자인 어거스틴은 회심하기 전 선한 하나님이 창조한 세계에 왜 악이 존재하는가 하는 문제에 천착하여 오랫동안 방황한 적이 있다. 그는 이로 인해 영적 생활뿐 아니라 도덕적으로도 방탕한 생활을 했고, 로마의 회의주의 학파에 몸을 담기도 했으며, 선악이원론을 주장하는 마니교에 빠졌던 적도 있었다. 하나님의 성품에도 악이 존재하는가 하는 데 의문을 가지면서 방황했던 것이다. 그러나 어거스틴은 밀라노에서 회심 이후 큰 깨달음을 얻었다. 빛이 결여된 것이 어둠인 것처럼, 악은 존재하는 것이 아니라 선이라는 실재가 결여된 것이 악이라는 것이었다. 그는 이 깨달음을 얻음으로써 악의 존재와 하나님의 성품에 대한 의문을 해소할 수 있었다. 악은 하나님의 본질과는 무관하다는 깨달음을 얻은 것이다.

그럼에도 불구하고 이 세상에 악한 사람들이 있고 악이 반영된 역사적 상황이 존재하고 있다는 점은 의문의 여지가 없다. 그런 점에서 어거스틴식 해명으로 문제가 완전히 해결되는 것도 아니고, 완전히 설명된 것도 아니었다. 어거스틴식의 해명은 철학적 개념으로는 설명되었을지 몰라도 현실적 사실적 설명은 결여된 것이었다. 그로 인해 절대 이중예정론을 주장하게 되었고, 그의 예정론의 취약점은 칼빈*에게 그대로 승계되었다. 결국 이 문제는 악과 악한 세력이 존재하는 원인을 설명할 수 있을 때 비로소 해소된다. 그러나 유감스럽게도 아직 어느 신학자도 이 문제를 시원하게 해명하지 못하고 있는 실정이다.

그러면 하나님은 왜 악의 현상이 나타날 수 있는 세상을 창조하셨는가? 하나님은 왜 아담이 선악과를 따 먹을 가능성을 알면서 선악과 계명을 주셨는가? 결국 하나님이 아담이 선악과를 따 먹는 것을 방조한 것이 아닌가? 이로 인해 아담의 가정에는 비극적 상황이 전개되고 그의 후손들은 죄와 혼돈과 증오와 불행과 절망이 난무하는 세상을 살게되지 않았는가? 아담이 선악과를 따 먹은 것은 그가 스스로 행한 잘못이지 하나님이 책임질 일이 아니라고 주장한다면, 그것은 하나님이 전지전능한 존재가 아니라는 말과 같은 것이 아닌가? 한치 앞도 내다보지 못하는 인간의 부모라 할지라도 어린아이 앞에 신기한 장난감이나 맛있어 보이는 과자를 놓아두면, 설령 그것을 만지거나 먹으면 죽게 될 것이라고 경고했다 할지라도, 아이는 부모가 없는 사이에 분명히 그것을 만지거나 먹게 될 것이라는 사실을 안다. 설령 확실하지는 않고 단지 가능성 정도만 알고 있었다 하더라도 무서운 결과를 초래할 수 있는 장난감이나 먹을 것을 아이 앞에 놓아두고 방기한 부모의 책임을 면할 수 없다.

그러므로 선악과 사건에 대해 명확한 대답을 할 수 있어야 제대로 된 신학이라 할 수 있다. 그러나 지금까지의 신학에서는 이에 대한 명확한 대답 대신 그런 것은 알 수 없는 하나님 나라의 신비라느니, 선하신 하나님의 마음을 믿고 그냥 넘어가라는 식의 소극적 주장만을 하고 있었다. 이런 입장은 개혁주의신학이든 알미니안주의든* 오십보백보이기는 마찬가지다.

* 칼빈주의의 예정론은 인류가 죄를 짓고 멸망에 떨어진 근원적 이유를 설명하지 못하고, 알미니안주의자들은 이 모든 죄과의 책임은 자유의지를 잘못 사용한 사람에게 있다고 말한다. 신정통신학의 효시인 칼 바르트는 하나님은 창조 시에 이미 악이 나타날 가능성을 아셨지만 무시하셨는데, 그것은 하나님의 은총으로 승리할 자신이 있어서라고 말했을 뿐, 왜 하나님이 이러한 악을 허용하셨는지에 대한 근원적 이유를 설명하지 못했다.

1) 악이 나타날 수밖에 없는 이유

그러면 인류 역사에 악이 나타날 수밖에 없는 이유는 무엇인가?

첫째, 원래 피조물인 인간의 마음은 불완전하기 때문이다. 이것은 타락 이전의 문제이다. 선악을 나누는 절대 기준은 하나님의 의지와 성품이다. 선은 하나님의 뜻과 성품에 일치되는 것을 의미하고, 악은 하나님의 뜻과 성품에 일치되지 아니하는 것을 의미한다. 그런데 아무리 사람의 마음이 하나님의 형상대로 지어졌다 하더라도 사람의 마음은 오리지널한 마음(원마음), 즉 하나님의 마음 자체가 아니라 모사한 마음에 불과하기 때문에 인간의 성품은 하나님의 성품과는 달리 근본적으로 불완전한 것이다.

시간이 흐르면서 환경의 영향을 받으며 사람들의 삶에 악이 나타나는 것은 필연적이다. 그러므로 역사 속에 악이 출연할 가능성은 하나님께서 창조를 기획할 때부터 이미 존재했다고 봐야 한다. 물론 여기서 이런 반론이 가능할 것이다. 하나님은 이러한 인간의 불완전성 때문에 모든 면에서 하나님처럼 완전하라고 하지 않고, 선악과 계명처럼 특별한 사안만을 지정하여 지키라고 한 것이라고 말이다. 그러나 사람은 마음의 불완전성 때문에 한 가지 계명을 받았어도, 열 가지 계명을 받았어도 완전히 지킬 수 없는 것은 마찬가지다. 그래서 에덴의 비극이 일어난 것이다.

둘째, 하나님의 마음의 중심과 사람의 마음의 중심이 다르기 때문이다. 모든 존재의 중심은 다를 수밖에 없다. 왜냐하면 존재의 중심이 같다면 모든 존재는 하나일 수밖에 없기 때문이다. 상기한 바와 같이 온 우주에서 선악의 절대 기준은 하나님의 성품과 하나님의 뜻이다. 따라서 피조물들이 하나님의 뜻에 순종하려고 아무리 노력한다 하더라도 하나님과 존재의 중심이 다른 피조물의 삶이 하나님의 뜻에 100% 일치되기는 어려운 것이다. 그러므로 하나님이 자유의지를 가진 피조물을 세상에 지어놓았을 때 이미 악이 나타날 가능성은 존재했던 것이다. 하나님이나 피조물은 각기 자아가 중심이기 때문에 의지적 불일치가 일어날 수 있는 개연성은 불가피하다. 그런 이유로 천사의 타락도 인간의 타락도 일어나게 된 것이다. 특별히 그룹천사장이었던 루시엘은 모든 길에 완전하던 존재였으나 마음의 중심의 차이로 인해 하나님의 입장을 거부하고 자기 입장을 따르는 반역자가 되었다. 이에 대해 성서는 다음과 같이 기록하고 있다. "네가 지음받던 날로부터 네 모든 길에 완전하더니 마침내 불의가 드러났도다(에스겔 28:15)"

2) 악을 허용하신 이유

하나님과 인간의 존재론적 차이 때문에 필연적으로 악이 존재할 수밖에 없는 것이라면 하나님은 왜 이 세상을 만들었느냐 하는 질문이 나올 수 있다. 이 세상을 창조하면 악이 나타날 수밖에 없다는 사실을 알면서 왜 세상을 창조했는가 하는 것이다. 이것은 신학적으로 정당한 질문이기 때문에 신학자라면 이런 질문에 설득력 있는 대답을 할 수 있어야 한다. 과연 그 이유는 무엇인가? 악이 나타날 개연성을 아시면서 하나님은 무슨 이유로 세상을 창조하셨는가?

첫째, 어떤 세계를 어떤 과정을 거쳐 어떤 모습으로 창조하느냐 하는 것은 전적으로 하나님의 주권적 자유이다. 피조물의 성품을 하나님보다 좀 불완전하게 만든 것, 그리하여 역사가 이처럼 혼돈에 빠지는 것, 그리고 죄와 고난과 심판이라는 연단의 과정을 거치면서 인류를 완성해나가는 것은 모두 하나님의 주권적 자유이다. 하나님은 세상을 그렇게 만들 권리와 자유를 가지고 있다.

둘째, 하나님은 온 우주에 장엄한 하나님의 나라를 세우기 위해서 그 나라의 핵심적 역할을 할 사람들이 반드시 필요했다. 천년왕국 시대에는 온 우주에 산재한 억천만 개의 별들에 하나님의 나라가 세워진다. 그때 온 우주의 각 나라 사람들이 각기 자기중심적 삶을 살면서 하나님의 뜻을 외면한다면 그것은 하나님이 꿈꾸는 나라가 아닐 것이다. 그것은 통일된 우주가 아니라 사분오열된 우주이다. 하나님이 꿈꾸시고 창조하고자 하는 나라는 그리스도 안에서 하나님과 연합된(Unio Mistica) 백성들이 서로 사랑하며 하나님을 찬양하는 나라이다. 그런 나라가 온 우주에 세워지기 위해서는 뭇 백성들과 하나님 사이를 중보하면서 그들의 삶을 하나님의 뜻대로 지도할 핵심 지도자들이 반드시 필요하다. 그들이 바로 모진 연단의 과정을 거치면서 그리스도 안에서 하나님을 믿고 사랑하는 사람들이며, 마지막 날 죄를 짓지 않을 수 있는 영체를 입고 부활한 사람들이다. 이런 사람들이 각 별들을 다스릴 때만이 온 우주에 세워지는 전체 하나님의 나라는 통일성을 유지할 수 있다. 이러한 역할을 할 이들이 그리스도인들이다. 그리스도인을 조성하고 창조해내는 것이 바로 인류 역사의 의미이다. 그래서 바울은 역사의 궁극적 소망과 의미는 하나님의 아들들이 나타나는 것이라고 주장하는 것이다(로마서 8:19, 23).

그리스도인들을 만드는 최적의 환경은 바로 죄와 사망과 심판으로 혼돈과 두려움과 고통이 가득 찬 역사의 상황이기 때문이다. 마치 많은 세균이 번식하기에 최적의 조건이지만 썩은 거름 냄새가 나고 고온다습한 온실이야말로 야채가 무성하게 자랄 수 있는 환경인 것과 같은 이치이다.

그러면 그리스도인을 조성하는 것과 이 세상에 죄악이 관영하는 것이 무슨 관계가 있단 말인가? 죄와 사망이라는 영적 질서가 이 세상을 지배하는 가운데 사람은 죄책감과 정죄의 불안을 갖게 된다. 그러한 역사의 정황은 만세 전에 예정한 수의 그리스도인을 형성(로마서8:29; 11:25)하는 데 최적의 조건이다.

사람들은 이런 삶의 비극적 정황 속에서 그리스도를 만났을 때 십자가의 복음을 통해 드러난 하나님의 무한 절대 사랑과 무한한 속죄의 공효를 경험하고 진실로 하나님의 은혜에 감격하게 된다. 이렇게 탄생한 이들이 바로 그리스도 안에서 하나님과 거룩한 연합을 이룬 존재들이다. 이들의 영혼은 그날이 올 때까지 성령께서 내주하여 강하게 붙들어주신다. 이들은 바로 종말의 때에 영체를 입고 부활할 존재들이며, 천년왕국에서 왕 같은 제사장으로서 성령 안에서(In Holy Spirit), 그리스도 안에서(In Christ), 하나님 안에서(In God) 온 우주를 다스릴 존재들이다. 이에 대해 성서는 파로우시아의 날 역사의 지평선에서 그리스도 안에서 구속받은 하나님의 아들들, 뉴 빙(New Being)들이 나타날 것이고(로마서 8:19), 그들은 천년왕국 시대에 그리스도와 더불어 왕 노릇(계시록 20:6)을 할 것이라고 기록하고 있다. 그들은 천년왕국 시대에 하나님을 사랑하는 마음으로 하나님의 뜻대로 왕국을 다스릴 그리스도의 대리자들인 것이다. 결론적으로 오늘날 역사가 선과 악의 이중 구조를 갖게 된 것은 그러한 세상이야말로 왕 같은 제사장들, 거룩한 중보자들을 형성하기 위해 꼭 필요한 정황이기 때문이다. 이것이 바로 하나님께서 자신이 창조한 세상에 악이 나타나는 것을 허용한 이유이다.

셋째, 이 장엄한 하나님의 나라는 우주의 모든 인격적 존재들, 즉 사람뿐 아니라 하나님과 천사들까지 함께 고통받으며 노력함으로써 이루어진다. 이러한 방식으로 하나님의 나라를 이루는 것은 만세 전에 하나님이 계획하시고 결정한 사항이다. 이렇게 이루어지는 나라이기 때문에 완성된 하나님의 나라는 모두의 나라이며 그만큼 가치 있는 나라이다. 부모와 자녀들이 함께 힘을 합해 집안을 크게 일으켰을 때, 그 가치와 감격이 그만큼 커지는 것과 같은 이치다. 그래서 우주에 이 놀라운 하나님의 나라를 세우는 일을 하나님 단독으로 하지 않으시고 자신과 피조물이 함께 참여하여 이루도록 계획하신 것이다. 그 과정에서 만유의 지존이신 하나님은 사랑하는 피조물들의 고통을 바라보아야만 했고, 또한 그들이 죄로 말미암아 지옥에 떨어지는 비극적 상황을 바라보아야만 했으며, 급기야 인류의 구원을 위해 독생자를 희생하는 아픔을 겪어야만 했다. 위대한 예술품의 탄생을 위해서는 예술가뿐 아니라 그 가족들도 함께 고생하듯이, 이 우주에 장엄한 하나님 나라를 완성하기 위해서는 하나님과 천사, 인류 모두 고난의 시간을 보내야 한다. 이러한 방식으로 하나님 나라를 창조하는 것은 주권자이신 하나님이 생각해낸 최고 최선의 길이었다. 하나님과 사람이 더불어 고통받으며 실현하는 하나님 나라, 이것은 하나님이 선택한 최고 최선의 방식이었다.

넷째, 최종적으로는 모든 인류가 구원받고 영원한 생명과 기쁨을 향유할 것이기 때문이다. 비록 그 일이 이루어지기 위해서는 일시적으로 고통스러운 역사의 과정을 거쳐야 하겠지만, 종국적으로는 그 고통을 보상받고도 남을 만큼 만인이 즐거워하고 기뻐하는 하나님의 나라가 실현될 것이므로 하나님은 그런 구도를 기꺼이 선택하신 것이다. 종국의 날 만인이 구원의 즐거움을 누리는 것은 성서적으로도, 신학적 함의로서도 타당한 것이다. 완성된 하나님 나라는 99.9% 즐거운 나라가 아니라 100% 즐거운 나라이다. 그러므로 단 한 명이라도 구원받지 못하고 유황불에서 고통받는 자가 있다면 완성된 하나님 나라가 아니다. 자기 자식이 지옥에서 고통당하고 있는데, 어느 부모가 천국에서 희희낙락할 수 있겠는가? 또한 그의 부모보다 그들을 더욱 사랑하시는 하나님은 어떻게 편안한 안식을 누릴 수 있겠는가? 그런 나라는 완성된 하나님의 나라가 아니다. 이러한 신학적 함의에 대해 성서는 다음과 같은 말씀으로 뒷받침한다. "하나님이 그들과 함께 계시리니 그들은 하나님의 백성이 되고 하나님은 친히 그들과 함께하셔서 모든 눈물을 그들의 눈에서 닦아주시리니 다시는 사망이 없고 애통하는 것이나 곡하는 것이나 아픈 것이 다시 있지 아니하리니 처음 것들이 다 지나갔음이라(요한계시록 21:3-4)." 영원 천국에서 모든 피조물들이 하나님과 천사들과 더불어 영원히 지복의 열락을 누릴 때, 이 죄와 악이 존재하게 된 것에 대한 모든 의문은 사라지고 감사와 영광만 남게 될 것이다. 이에 대한 구체적인 설명은 아담 이야기 중 교리 편에 나오는 지옥론, 천년왕국론, 영원천국론에서 하도록 하겠다.

III 하나님의 무한하심과 영원하심 / 비공유적 속성론

하나님의 존재에 대해 다루어야 할 세 번째 주제는 하나님의 비공유적 속성론이다. 그 근거가 되는 가장 대표적인 성서 구절은 출애굽기 3:14에 나오는 "나는 스스로 있는 자니라(출애굽기 3:18)" 이다. 이 구절을 근거로 우리는 하나님의 전지전능하심과 무한 영원하심에 대해 논의할 수 있다.

1 ◦ 하나님은 영원하시다

출애굽기 3:18에서 하나님 자신에 대해 '스스로 있는 자(영원 자존자)'라고 표명한 것은 하나님은 시작도 끝도 없는 영원한 존재라는 뜻이다. 시작이 있는 존재는 영원한 존재가 아니며 끝이 있는 존재 역시 영원한 존재가 아니다. 그런 점에서 하나님은 시작도 끝도 없는 존재이기에 참으로 영원한 존재라 할 수 있다. 어떤 신이 시작이 있는 존재라면 그는 어떤 우주적 원리나 우연성에 의해 신의 모습으로 나타났다는 뜻이다. 그렇다면 그 신은 또 모종의 우주적 원리나 우연성으로 인하여 사라질 수도 있는 존재일 것이다. 이에 해당하는 것이 바로 도교의 신들*이고 힌두교의 신들이다. 그 신들은 모두 시작이 있는 신들이다.

그러나 우리 하나님은 자신을 스스로 있는 자라 선언하심으로써 시작도 끝도 없는 영원한 존재임을 표명하고 있다.

시작이 있는 존재는 영원한 존재가 아니며 끝이 있는 존재 역시 영원한 존재가 아니다. 그런 점에서 하나님은 시작도 끝도 없는 존재이기에 참으로 영원한 존재라 할 수 있다.

2 ◦ 하나님은 무한하시다

솔로몬은 성전 낙성식에서 "하나님이 참으로 땅에 거하시리이까 하늘과 하늘들의 하늘이라도 주를 용납하지 못하겠거든 하물며 내가 건축한 이 성전이오리까(열왕기상 8:27)"라고 기도했다. 이는 솔로몬이 영적 우주인 하늘의 광대함과 더불어 하나님의 광대하심과 무한하심을 고백한 기도이다. 필자는 이전에 하나님은 아무것에도 의존하거나 구애되지 않고 오직 마음으로만 존재하는 분이라고 말한 바 있다. 그런데 누가 마음의 크기를 잴 수 있겠는가? 누가 마음의 한계를 정할 수 있겠는가? 마음은 그러한 공간적 한계에 구애받지 않는다. 마음은 무한한 것이다. 그러나 피조물의 마음은 육체적 기질과 능력이라는 한계에 담겨 있기 때문에 완전하게 무한하다고 할 수 없다. 이는 천사의 마음이라도 마찬가지이다. 천사도 마음으로만 순수하게 존재하는 것이 아니다. 우리가 알 수는 없지만 천사의 마음도 어떤 기질과 능력의 제한을 받고 있다. 그러므로 하나님은 그들을 소멸시킬 수도 있다. 그런 점에서 천사나 마귀는 무한한 존재가 아니다.

이사야 14:15에는 타락한 천사인 사탄에 대해 "그러나 이제 네가 스올 곧 구덩이 맨 밑에 떨어짐을 당하리로다"라고 기록되어 있고, 다니엘서 9:21에는 "가브리엘이 빨리 날아서 저녁 제사 드릴 때즈음에 내게 이르러"라고 했으며, 요한계시록 20:1-3에는 "용을 잡으니 곧 옛 뱀이요 마귀요 사탄이라 잡아서 천 년 동안 결박하여 무저갱에 넣어 잠그고 그 위에 인봉하고"라고 되어 있다. 이처럼 성서는 천사나 마귀가 무한한 존재가 아님을 증거한다. 모종의 한계 속에서 제한받을 수 있는 존재임을 시사하고 있다. 공간의 제한을 받는 존재가 무한한 존재일 수가 있겠는가? 성서는 오직 하나님만이 무한하신 분, 그리하여 온 우주에 충만한 무소부재하신 분으로 기록하고 있다(예레미야 23:24).

* 도교의 일기화삼청론(一氣化三淸論)에 따르면 본래부터 있었던 우주의 기가 삼청(三淸, 3가지 맑음, Three Pure Ones)으로 나타났는데, 옥청(玉淸)은 창조신인 원시천존(元始天尊), 상청(上淸)은 영험의 신인 영보천존(靈寶天尊, 太上道君), 태청(太淸)은 길과 덕을 주장하는 도덕천존(道德天尊, 太上老君)이다. 또 힌두교 경전 우파니샤드에 의하면 힌두교의 주신인 브라흐마신은 태초부터 있던 깊은 물속에서 홀연히 솟아났다고 한다.

3 ◦ 하나님은 전지하시다

하나님이 전지하다는 것은 하나님은 모르는 것이 없다는 말이다. 욥기 37:16에 "그대는 겹겹이 쌓인 구름과 완전한 지식의 경이로움을 아느냐"고 기록되었는데, 이는 하나님은 모든 것에 대한 지식이 완전하다는 뜻이다. 하나님은 모르는 것이 없으시고, 그것도 어설피 알지 아니하고 명확하게 아신다는 말이다. 이사야 40:28 "주께서 수효대로 만상을 이끌어내시고 그들의 모든 이름을 부르시나니"와 시편 147:4 "그가 별들의 수효를 세시고 그것들을 다 이름대로 부르시나니" 역시 하나님은 우주만물에 대해 모르는 것이 없으시다는 뜻이다. 또 시편 기자는 139편 1-3절에서 "나의 앉고 일어섬과 나의 모든 생각과 행위를 아신다"고 고백하였고, 예수님은 "하나님은 너희 머리칼의 수라도 헤아릴 수 있느니라", "참새 다섯 마리가 두 앗사리온에 팔리는 것이 아니냐. 그러나 하나님 앞에는 그 하나도 잊어버리시는 바 되지 아니하는도다. 너희에게는 심지어 머리털까지도 다 세신바 되었나니(눅12:6-7)"라고 제자들에게 말씀하셨다. 또한 히브리서 기자는 히브리서 4:13에는 "지으신 것이 하나도 그 앞에 나타나지 않음이 없고 우리의 결산을 받으실 이의 눈앞에 만물이 벌거벗은 것같이 드러나느리라"고 기록하였다. 그리고 요한사도는 요한1서 3:20에 "하나님은 우리 마음보다 크시고 모든 것을 아시기 때문이라"라고 기록하였으며, 베드로 사도는 베드로전서 1:20에서 "그는(그리스도) 창세전부터 미리 알리신 바 되신 이나 이 말세에 너희를 위하여 나타내신 바 되었으니"라고 기록함으로써 하나님은 스스로에 대해서도 모르는 것이 없으신 분이라고 가르치고 있다. 하나님은 자신에 대해 모든 것을 알고 있을 뿐 아니라, 우주만물은 자신의 설계대로 정확하게 만들었으며, 온 세계에는 성령이 편재하시어 만물의 생성 소멸을 주관하고 섭리하고 있으니 하나님이 모르는 것이 없음은 당연한 것이다. 그러므로 하나님은 전지하신 분이시라 할 것이다.

4 ◦ 하나님은 전능하시다

하나님이 전능하시다 함은 그가 무엇이든지 원하시는 대로 다 할 수 있는(all powerful) 존재라는 뜻이다. 하나님은 마음이시며, 마음으로만 존재하시며, 마음으로만 일하시며, 하나님이 마음먹은 일은 모두 다 이루실 수 있다. 이는 아무것도 없는 가운데 하나님이 스스로 우주만물을 창조하신 것을 보아도 알 수 있다. 우주는 관찰자의 생각대로 이루어진다는 양자역학이야말로 하나님에게 완전히 적합한 말이다. 실로 하나님은 생각한 것을 말씀으로 선포함으로써 무로부터 온 우주를 창조하시었다(creatio ex nihillo). 우주 만물의 창조와 인간의 역사는 하나님이 마음먹은 대로 이루어진다. 그래서 욥은 "주께서는 못하실 일이 없사오며 무슨 계획이든지 못 이루실 것이 없는 줄 아오니(욥기 42:2)"라 고백했고, 요한계시록 19:6에서 "할렐루야 주 우리 하나님 곧 전능하신 이가 통치하시도다"라고 허다한 음성 같은 소리가 찬양했다고 요한은 기록한 것이다. 엘 샤다이! 과연 하나님은 전능하신 하나님이시다.

5 ◦ 하나님은 변함이 없으시다

하나님의 불변성 역시 비공유적 속성 중 하나이다. 피조물의 모든 것은 완전하지 못하다. 그러므로 당연히 시간이 지나고 환경이 변하면 그 자신도 변하게 되어 있다. 그러나 하나님은 마음만으로 존재하시고, 하나님의 마음은 무엇에 의존하지 않고 스스로 존재하는 마음이기 때문에 시간이 지나도 변질되지 아니한다. 그리고 하나님의 성품 또한 완전하시어 영원히 불변하신다. 영원한 새로움이고 영원한 새로움의 능력인 하나님은 자신이 변하지 않으면서 만물을 새롭게 하실 수 있다. 그래서 요한계시록 21:5에서 요한 사도는 "보좌에 앉으신 이가 이르시되 보라 내가 만물을 새롭게 하노라"고 기록한 것이다. 그러나 하나님의 불변성(Immutability)은 그의 성품과 궁극적 의지의 불변성을 말하는 것이지, 소소한 뜻과 계획이 바뀌지 않는다는 것은 아니다. 그렇다면 기도가 왜 필요하며 기도 응답이 어떤 역학에서 이루어질 수 있을 것인가? 물론 우주 창조와 인류를 통해 이루어질 영원한 하나님 나라의 큰 밑그림은 변하지 않는다. 그러나 단기적으로는 하나님의 생각이 조정될 수 있다. 그러므로 우리는 낙심하지 말고 포기하지 말고 하나님의 은총을 믿고 기도해야 한다. 야고보서 기자는 다음과 같이 말했다. "온갖 좋은 은사와 온전한 선물이 빛들의 아버지께로부터 내려오나니 그는 변함도 없으시고 회전하는 그림자도 없으시느니라(야고보서 1:170)." 우리는 하나님에 대한 믿음을 가지고 항상 기도하고 깨어 있어 기도하고 낙심하지 말고 기도하고 응답하실 것을 믿고 기도해야 한다.

하나님은 마음만으로 존재하시고, 하나님의 마음은 무엇에 의존하지 않고 스스로 존재하는 마음이기 때문에 시간이 지나도 변질되지 아니한다. 그리고 하나님의 성품 또한 완전하시어 영원히 불변하신다.

지금까지 비공유적 속성에 대한 신학적 교설은 성서의 구절을 근거로 하여 그 속성을 나열하는데 그쳤다. 성서에 그렇게 나와 있으니 그렇다는 식이다. 그러나 필자는 한걸음 더 나아가, 비공유적 속성론에 마음론을 적용해 그렇게 될 수밖에 없는 이유를 설명하고자 했다. 한마디로 비공유적 속성에 대한 근원적 설명을 시도했다는 말이다. 이것이 지금까지 전통적 조직신학에서 가르친 비공유적 속성론과 필자의 주장이 다른 점이다.

IV 삼위일체론

삼위일체신론은 "하나님은 하나이면서 셋이며 셋이면서 하나이다"라는 기독교의 가장 중요한 정통적 신론이다. 하나님은 한 분이시지만 세 위격으로 존재하신다는 의미이다. 이에 대해 필자는 첫째, 삼위일체신론의 성서적 근거를, 둘째, 삼위일체신론에 대한 교리사적 고찰, 그리고 셋째, 마음론으로 이해한 삼위일체론을 서술하도록 하겠다.

1 ◦ 삼위일체론의 성서적 근거

하나님의 존재 양식에 대한 이론인 삼위일체신론은 성서적 근거를 가지고 있다. 마태복음 3:13을 보면 예수님께서 세례받으실 때 하늘에서 "이는 내 사랑하는 아들이요 내가 기뻐하는 자라"는 소리가 들려왔다고 기록되어 있고, 세례요한은 세례받으시는 예수님 위에 성령이 비둘기같이 임하였다고 증언하고 있다. 또 마태복음 28:19을 보면 부활한 예수님이 감람산에서 승천하시기 전에 "그러므로 너희는 가서 모든 족속으로 제자를 삼아 아버지와 아들과 성령의 이름으로 세례를 주고 내가 분부한 모든 것을 가르쳐 지키게 하라"는 명령을 내리셨다고 기록하고 있다. 또한 고린도후서 13:13에는 바울 사도가 "주 예수그리스도의 은혜와 하나님의 사랑과 성령의 교통하심이 너희 무리와 함께 있을 지어다 아멘" 하며 축복한 것을 볼 수 있다.

또한 창세기 1:26에는 "하나님이 가라사대 우리의 형상을 따라 우리의 모양대로 우리가 사람을 만들고 그로 바다의 고기와 공중의 새와 육축과 온 땅과 땅에 기는 모든 것을 다스리게 하자"라고 기록하고 있다. 여기서 하나님은 히브리 원어로 '엘로힘(אלוהים)'인데, '엘' 또는 '엘로하'가 단수의 신을 나타내는 데 비해 복수의 신을 나타내는 단어이다. '우리가'라는 용어 역시 복수를 나타내므로 창세기 1:26은 삼위일체신론을 강력히 지지하는 기록으로 신학자들은 보고 있다. 그 외에도 요한복음 1:1-3 "태초에 말씀이 계시니라. 이 말씀이 하나님과 함께 계셨으니 이 말씀은 곧 하나님이시니라. 그가 태초에 하나님과 함께 계셨고 만물이 그로 말미암아 지은 바 되었으니 지은 것이 하나도 그가 없이는 된 것이 없느니라"는 구절에서도 "하나님과 함께 계신 '그'는 바로 성부와 함께 계신 성자를 의미하는 것으로 해석된다.

요한복음 17장에도 아버지와 아들의 관계에 대한 언급이 무수히 많이 나오는데, 특히 1, 2절에서 "아버지여 때가 이르렀사오니 아들을 영화롭게 하사 아들로 아버지를 영화롭게 하게 하옵소서. 아버지께서 아들에게 주신 모든 자에게 영생을 주게 하시려고 만민을 다스리는 권세를 아들에게 주셨음이로소이다"라는 구절과 요한복음 17:6 "세상 중에 내게 주신 사람들에게 내가 아버지의 이름을 나타내었나이다"는 성부와 성자의 삼위일체적 관계를 보여주고 있다. 특히 12절에 아버지의 이름을 아들에게 주셨다는 것은 아버지와 아들이 둘이 아니라 하나라는 것을 시사한다. 또 히 1:5 "하나님께서 어느 때에 천사 중 누구에게 너는 내 아들이라 오늘 내가 너를 낳았다 하셨으며 또다시 나는 그에게 아버지가 되고 그는 내게 아들이 되리라 하셨느냐"의 말씀도 성부 하나님과 아들의 관계가 삼위일체적으로 특별한 관계임을 시사하고 있다.

2 ◦ 삼위일체신론에 대한 교리사적 고찰

성부 성자 성령에 대해 '셋(trias)'이라는 용어를 처음 사용한 이는 안디옥의 데오필로스였다. 그러나 데오필로스를 포함하여 초기 변증론자들은 하나님을 삼위일체로 보기보다는 세 쌍의 개념으로 이해했다. 그리고 세 쌍의 하나님을 동등하지 않은 차등적 관계로 이해했다. 그들은 성자를 로고스로 이해했으나 로고스는 성부와 동등하지 않으며 또 성령도 로고스인 성자와 동등하지 않은 차등적 존재로 이해했다. 사실상 초기 변증론자들은 삼위일체론에 대해 적극적인 사색을 하지 않고 다만 성서에 언급된 삼위일체에 대한 소극적인 정의를 내리기에 급급했다. 위대한 교부 이레나에우스*조차 영지주의자들과의 논쟁에서 성자와 성령은 함께 하나님의 본질에 참여한다는 주장을 했을 뿐이었다.

그러다 하나님을 성부, 성자, 성령이라고 정의한 사람이 나타났으니 그가 바로 교부 터툴리아누스**였다.

그는 '트리니타스(trinitas)', 즉 삼위일체라는 용어를 라틴어로 처음 표기한 교부로서, 프락세아스의 군주신론(monarchianism)에 대항하여 삼위일체론(hypostasianism)을 옹호했다. 터툴리아누스는 "셋이 결합되어 하나의 본질을 이루는 것들을 도처에서 볼 수 있다. 삼위는 본질의 통일에 의하여 모두 일체에 속한다. 그러면서 단일체인 동시에 삼위로 구분되는 신비를 보존한다. 본질이 셋이 아니라 양식이 셋이며, 능력이 셋이 아니라 표현이 셋인 것이다"라고 말함으로써 삼위일체신론의 기초를 결정적으로 확립했다. 그러나 터툴리아누스도 종속설을 완전히 벗어나지는 못했다는 평가를 받고 있다. 그 후 오리게네스***는 로고스가 창조 때에 인격이 되었다는 변증론자들과 터툴리아누스의 견해를 버리고, 태초부터 원래 하나의 인격이었다고 주장했다. 아버지와 아들의 동등한 영원성의 근거를 제시했으나 세 인격으로서 하나님에 대한 만족스런 논리를 제공하지는 못했다.

그러다 3세기에 들어서 시벨리우스의 양태론(樣態論), 즉 한 실체(hypostasis)에 세 현현양식(prospon)이 있다는 삼위일체론이 나타나게 되었다. 이는 'una substantia, tres personae', 즉 하나의 본질, 세 인격이라는 터툴리아누스의 주장에 대응한 것이지만 한 실체에 지나치게 기울어졌다는 이유로 배척되었다. 결국 니케아 종교회의와 칼케돈 종교회의는 시벨리우스의 양태론을 거부하고 그리스도의 신성을 위태롭게 하는 아리우스의주의도 거부했다.

삼위일체 교리를 최종적으로 완성한 이는 동방교회에서는 다메섹 요한이고, 서방교회에서는 어거스틴이었다. 다메섹 요한은 저서 ≪De fide orthodoxa≫에서 하나님은 한 실체인 동시에 성부, 성자, 성령의 세 위격으로 되어 있다고 설명했다. 요한은 종속설을 거부하기는 했으나 성부를 하나님의 존재의 근원으로 보았고 성령은 로고스를 통하여 아버지로부터 나왔다고 함으로써 희랍적 종속설의 잔재를 부분적으로 드러냈다는 평가를 받고 있다.

어거스틴은 하나님의 단일성에 강조점을 두었다. 하나님은 실체, 본질, 의지, 능력에 있어 한 분이라고 주장했다. 또한 삼위일체의 각 인격은 서로 다르지 않고 완전한 신적 실체라고 강조했다. 그는 삼위일체신론에서 하나님의 단일성을 확보하기 위해 위격을 하나님 안에서의 내재적 관계 개념으로 규정하여 삼신론의 위험성을 방지했으며, 또한 하나님의 역사가 외적으로 나타날 경우에도 삼위가 분리될 수 없다는 경륜적 삼위일체론의 입장을 취했다. 그리고 성자와 성령이 비록 아버지로부터 보내심을 받았으나 이는 아버지보다 열등해서도 아니며 종속되어 있는 것도 아니라고 밝혔다.

어거스틴의 강력한 영향하에 성립된 아타나시우스 신조는 "한 분이신 하나님을 삼위(trinitas)에서, 삼위를 일체(unitas)에서 예배한다"고 고백하고 있다. 개신교의 삼위일체론과 그리스도론은 대체로 어거스틴의 입장이다. 그러나 유니테리안주의와 아르미니우스주의에서 발생한 근대주의적 사고

*
이레나에우스는 BC 140년경 소아시아 서머나에서 태어나 서머나 교회 감독이었던 폴리갑의 설교를 들으며 성장했다. 그러나 그는 프랑스 리옹에서 평생을 보내다 BC 200경 순교한 것으로 알려지고 있다. 그는 온갖 종류의 아 프리오리(a priori) 사변을 혐오하고 오직 성서에 입각한 사실만을 다루었다. 그는 계시의 구체적인 실현이 바로 그리스도라고 보았으므로 그의 신학은 역사적 예수그리스도로부터 출발하였다.

**
터툴리아누스(Tertulianus, AD 150(160)-220)는 카르타고에서 태어난 서방교회의 신학자인데, 법률, 수사학, 희랍고전의 전문가이기도 하다. 그의 그리스도론은 로고스론으로 집약될 수 있다. 로고스는 성부에 의해 시작된 시작점이 있는 존재로서 성부와 동일한 본질의 거룩한 인격적 품위를 가지고 있다. 삼위는 "삼위일체 안에서 통일(unity in trinity)"을 이루고 있으며 본질에 있어 셋이 아니라 형태에 있어 셋이라는 것을 주장하였다.

***
오리게네스(Origenes, 185?-254?)는 알렉산드리아 출신의 신학자, 저술가, 수사학자이다. 알렉산드리아 신학원에서 클레멘스에게 가르침을 받았으며 특히 플라톤주의를 배웠다. 그는 아들이 아버지로부터 나왔다고 하면서, 이것은 영원한 출생이라고 했다. 아버지로부터 나온 아들은 태초부터 인격체였고, 아버지와 같이 영원한 동질이라고 했다. 그러나 성자를 제2의 신이라고 함으로써 제1의 신인 성부와 다른 등급을 가지며 성자는 상부에 종속된다고 보았다.

방식에 의해 약간의 동요가 있었다.

슐라이에르마허는 '페르소나'이니 '후포스타시스'이니 하는 용어의 개념에 대해 새로운 질문을 하기 시작했고, 칼 바르트는 삼위일체론을 믿음, 소망, 사랑이라는 신학방법론으로 접근했으며, 파울 틸리히는 희랍적 존재론을 넘어서는 새로운 존재론의 입장에서 접근했다. 그는 그리스도론을 중심으로 성부는 존재 자체요 존재 근거로서, 그리고 성령을 생명과 사랑으로 재해석했다. 그럼에도 불구하고 개혁주의 교회와 복음주의 교회는 일반적으로 어거스틴주의와 그의 영향을 받은 아타나시우스주의의 삼위일체론을 신봉하고 있다고 보아야 할 것이다. 알렉산드리아의 교부인 아타나시우스* 는 성자는 성부보다 낮은 이질(異質)이라고 주장하는 아리우스의 이질론에 맞서서 동질론(同質論)을 주장하였다. 그의 주장은 기원후 325년 니케아 종교회의에서 유세비우스의 제안에 따라 합당한 정통 교리로 채택되었다. 이후 5세기경 발표된 니케아 신조의 내용은 다음과 같다.

"우리는 눈에 보이거나 보이지 않는 일체의 사물들의 창조주이신 전능하신 성부 한 하나님을 믿는다. 또한 우리는 주 예수그리스도를 믿으니 그는 하나님의 아들이요 성부의 본질로서 비롯된 하나님의 독생자이며 하나님 안에 하나님이시오 빛 중의 빛이시오 진정한 하나님 가운데 하나님이시니 그는 창조되지 아니하고 성부와 동일한 본질로서 잉태되셨으니 그를 통하여 천상과 지상의 만물이 창조되었다……우리는 또한 성령을 믿는다. 그러나 그가 존재하지 않을 때가 있었다고 말하는 자들, 잉태하기 이전에는 존재하지 않았다고 주장하는 자들, 무에서 그가 비롯되었다고 주장하는 자들, 혹은 그가 창조되었다거나 변화될 수 있다고 주장하는 자들을 보면 교회는 저주하는 바이다."

이상과 같이 삼위일체신론에 대한 교리사적 고찰을 해본 결과 삼위일체론을 전개하는 데 있어 신학적으로 비판받아 온 몇 가지가 있다.

첫째, 삼신론이다. 삼신론을 주장하는 종교는 힌두교이다. 힌두교의 주신은 브라흐마, 비슈누, 시바로 구성되었다. 물론 모든 만유의 생성은 브라흐마에서 나왔기 때문에 그 신들은 유권적으로 일체라고 볼 수 있다. 그러나 삼신의 기능이 각기 다르고 다른 신의 간섭 없이 독자적으로 움직인다는 점에서 힌두교의 주신들은 명백하게 삼신이다. 그런데 기독교에서도 하나님을 이와 비슷하게 이해하려는 경향이 있다. 초대 교회 일부 교부들은 하나님을 세 개의 포도알처럼 세 쌍의 신으로 이해하려고 했고, 일부 신학자들 간에는 이런 입장에 동조하는 사람들도 많았다. 그러나 이러한 신론은 삼위일체론이 형성되는 과정에서 맨 먼저 거부되었으며, 이는 개신교 내의 개혁교회와 복음주의 교회가 모두 추종하고 있는 칼케돈 종교회의의 결론과도 배치되는 생각이다.

둘째, 군주신론이다. 이것을 서방에서는 독재신론이라고도 부르는데 하나님은 전제 군주적 절대자이기 때문에 예수는 본래 의미에서 하나님의 아들이라고 볼 수 없다는 것이다. 성부 한 분만 하나님이시고 성자와 성령은 단지 하나님의 신성이나 능력의 속성 일부를 가진 존재 정도로 보거나, 단지 성부 하나님의 또 다른 현현양식으로 보는 양태론적 군주신론까지 다양한 입장이다. 이 또한 교리사적으로 초기 때 이미 거부된 바 있다.

셋째, 양태론이다. 하나님은 오직 한 분이신데 세 분의 형식으로 현현하신다는 의미이다. 한 사람이 집에서는 가장이고, 학교에 가면 교사이고, 친목회에서는 회장 역할을 하는 것과 같다. 이것은 명백하게 삼위의 실재를 부정하는 것으로 니케아 종교회의에서 일찍이 부정된 바 있다.

*
아타나시우스(Athanasius, 296(8)-373)는 4세기에 활동했던 알렉산드리아의 총대주교였다. 그는 로마 가톨릭교회, 동방정교회, 성공회로부터 성인으로 존경받고 있으며, 개신교에서도 위대한 교회의 신학자요 지도자로 인정받고 있다. 325년 니케아 공회의에서 성부와 성자의 동일 본질을 주장하였고 이것을 인정받아 정통기독교 신앙의 아버지로 불린다.

넷째, 종속설*이다. 성자는 성부에 종속되었고, 성령은 성자에게 종속되었다는 입장이다. 종속설의 대표자는 아리우스인데, 그에 의하면 성자 곧 로고스는 진정한 신이신 성부가 창조한 제1피조물로서, 성부는 이 로고스를 통해 다른 피조물을 창조했다고 주장했다.

결론적으로 올바른 삼위일체신론은 삼위 하나님의 본질적 동등성을 주장하면서도 삼위의 인격적 종속이라는 것을 해소할 수 있는 삼위일체론이라고 볼 수 있다. 그러므로 이 문제는 보다 성서적 관점에서 재조정될 필요가 있다. 성서에는 성부에게 복종하는 성자의 모습(빌립보서 2:8)을 증언하고 있지만, 이 복종은 하급자가 상급자에게 복종하는 개념이 아니라, 아버지를 목숨보다 더 사랑하고 신뢰하는 아들이 자원하여 아버지의 뜻에 기쁘게 순종하는 관계로 묘사되고 있다.

3 ◦ 필자의 삼위일체론

필자의 삼위일체론은 마음론에 기초한 것이다. 지극히 난해하기 때문에 사람이 완전히 이해할 수 없다고 하는 삼위일체론**, 즉 하나님의 존재 양식을 필자는 마음론의 관점에서 최대한 설득력 있게 설명하려고 한다. 그로 인해 독자들은 삼위일체론을 보다 선명하게 이해할 수 있게 될 것이다.

기독교의 삼위일체신론은 다른 종교의 신론에 비할 데 없이 오묘하고 탁월한 신론이다. 대부분의 고등 종교들은 일신교 아니면 삼신을 중심으로 한 다신교 형태의 구조를 가지고 있다. 유대교나 이슬람교는 일신교이고, 도교나 힌두교***는 도(道)나 브라흐만 같은 우주의 근원적 원리에서 시작되는 삼신 중심의 다신교이고, 불교는 신들의 자리에 수천만의 부처들을 대치시켜 신의 역할을 하도록 만든 다신교라고 볼 수 있다.

그러나 기독교의 경우 하나님은 하나이면서 셋인 삼위일체신으로서 성부하나님, 성자하나님, 성령하나님 삼위께서 한 분 하나님으로 존재한다는 독특한 신론을 가지고 있다. 삼위일체신론은 하나님의 존재 양식을 논하는 만큼 어렵고 이해하기도 쉽지 않다. 그래서 어떤 유능한 신학자도 하나님의 존재 양식을 완전히 이해하고 설명한다는 것은 거의 불가능한 일이었다. 실제로 전지전능하시고 무소부재하시고 무한영원하신 하나님의 존재 양식을 극히 유한한 피조물인 인간이 어떻게 완전히 이해할 수 있겠는가? 이는 개미나 벌이 사람의 존재와 삶의 양식을 완전히 이해할 수 없는 것과 마찬가지다. 그럼에도 불구하고 삼위일체론을 신학적으로 연구하고 논의하고 설명해야 하는 것은 하나님의 말씀인 성서가 이에 대해 직접적인 언급을 하고 있고, 또 하나님께서 그의 존재 양식인 삼위일체의 운용을 통하여 우주를 창조하고 섭리하고 구원하신다는 내용이 성서에 다양하고 구체적으로 기록되어 있기 때문이다. 따라서 신학자들은 포기하지 말고 이 삼위일체신론에 대한 연구를 계속해야 하며, 균형적이면서 이해하기 쉬운 최선의 삼위일체론을 확립해야 한다.

필자의 삼위일체론 신학은 첫째, 하나님께서 스스로의 존재를 삼위일체 양식으로 변형

*
종속설(Subordinationism)은 교리사적으로 볼 때 전통적으로 로고스론의 이해에 관계되었다. 특히 유스티누스, 이레나에우스, 클레멘스, 오리게네스에게서 이 종속설의 편린을 볼 수 있다. 특히 유스티누스는 그의 저서 ≪대화≫에서 아버지만이 진정한 하나님이고, 성자는 제2급에 속하는 신적 존재라고 주장했다. 그러나 오리게네스는 성자를 성부의 본질에서 나왔다고 함으로써 성부와 성자의 본질은 동질이라는 입장을 취했다. 그러나 이 종속설이 고유한 주장으로 등장한 것은 아리우스와 그의 추종자들에 의해서이다.

**
기독교 신관의 정수는 삼위일체신론이다. 이 삼위일체신론은 교회사적으로 초기 교회 때부터 그리스도론을 중심으로 치열하게 전개되었다. 그러나 니케아 종교회의와 칼케돈 종교회의에서 군주신론이나 아리우스주의자들의 로고스론이 거부되고 어거스틴의 신학적 입장을 계승한 아타나시우스의 주장이 채택됨으로써 삼위일체신론은 그리스도교의 정통적 신론으로 자리 잡게 되었다. 루터는 삼위일체론의 원리는 인정했으나 용어에는 불만이 많았고, 칼빈은 이 교리를 전적으로 동의한 바 있다.

***
힌두교는 이 우주에는 브라흐만이 있었고, 그 브라흐만에서 브라흐마라는 신이 나와 우주만물을 창조했으며, 브라흐마는 다시 섭리의 신 비슈누, 파괴의 신 시바로 현현했다고 한다. 그리고 수억의 작은 신들도 모두 브라흐만의 본질에 참여하는 신들이다. 도교의 일기화삼청론(一化三淸論)에 의하면 도, 즉 우주적 기가 삼청(三淸, Three Pure Ones)으로 나타났는데, 옥청은 원시천존이라는 창조신이고, 상청은 영험의 신인 영보천존(태상도군)이고, 태청은 길과 덕을 주관하는 도덕천존(태상노군)이라고 한다.
*불교는 공, 불성, 법성이라는 우주의 근원적 메카니즘을 완전히 깨달은 인간신인 부처(붇다)를 지향한다. 그리고 모든 신들은 깨달음의 과정에 있는 존재에 불과한 것으로 보았다. 따라서 깨달은 인간, 즉 부처를 신들보다 높은 존재로 상정함으로써 신들의 위상을 격하하고, 인간은 신의 반열에 버금가는 존재로 올려놓았다. 불교는 사실상 다신교라고 볼 수 있는데, 과거불인 석가모니불, 현재불인 아미타불, 그리고 미래불인 미륵불, 이 삼주불을 중심으로 수천수만의 부처와 보살, 그리고 신들을 온 우주에 배치하고 있다. 이는 주신을 삼신으로 보고 그 밑에 있는 하위 신들도 모두 도나 브라흐만에 참여하는 것으로 본 힌두교나 도교와도 구조적 유사성을 보이고 있다.

하신 목적과 그 시점을 논하고, 둘째, 마음을 중심으로 이해한 삼위일체론을 전개했다. 본체와 본질이 하나이고 동등한 삼위 하나님에 대하여, 그리고 한 분이면서 세 위격으로 존재하는 하나님의 존재 양식에 대하여 여러 가지 존재의 유비로써 설명하고, 마지막으로 삼위일체 하나님께서 창조, 계시, 섭리, 구속, 구원의 과정에 어떠한 역학으로 참여하고 계시는지를 구체적으로 설명하고자 했다.

필자의 삼위일체론은 어떤 신학자의 학설을 따르기보다는 철저히 성서의 기록과 성서적 함의에 입각하여 전개했다. 왜냐하면 모든 신학자들의 삼위일체론은 여러 면에서 각자 차이를 보이고 있을 뿐 아니라, 그마저도 단편적으로 부분적으로 원론적으로 서술되었다는 사실을 발견했기 때문이다. 그런 점에서는 어거스틴과 아타나시우스의 삼위일체론도 마찬가지로 완전한 것이 아니다. 독자들은 필자의 삼위일체론과 그들의 삼위일체론을 비교하면서 누구의 삼위일체론이 보다 더 성서적이면서 설득력 있는지를 판단할 수 있을 것이다.

1) 마음으로 존재하는 하나님

하나님론의 핵심 키워드는 마음이다. 마음이야말로 하나님을 이해하는 가장 훌륭한 키워드라는 말이다. 따라서 삼위일체론도 마음론으로 풀어나가는 것이 당연하다. 필자가 제기하는 하나님론은 그것이 존재론이든 속성론이든 삼위일체론이든 모두 마음론을 중심으로 풀어나가고 있다. 하나님은 실제로 마음으로 존재하시며 마음 외에는 아무것도 없는 마음 자체이시다. 마음으로만 사시고 모든 일을 마음으로 하시는 분이시다. 온 우주는 하나님께서 마음의 조화로 지으신 것이다. 그런데 하나님은 우리 인간의 마음을 자신의 마음의 형상을 따라 지으셨다. 그러므로 우리는 직접 경험하는 마음의 시스템을 통해 근원적 마음이신 하나님을 어느 정도 이해할 수 있다.

2) 마음론과 일치하는 삼위일체론

하나님은 마음으로 존재하신다. 마음은 지·정·의라는 3가지 기능이 상호작용하는 메커니즘을 가진다. 지(知)란 인식의 기능이고, 정(情)은 느낌의 기능이고, 의(意)는 지향성과 결정의 기능을 가진 것인데, 일위일체일 때의 하나님은 오직 3가지 기능이 한 마음속에서 조화롭게 작동하는 시스템을 가지셨다. 하나님은 어떤 일에 대해 지향성(의)을 갖게 되면 구체적으로 계획(지)하시고, 그 계획이 만족스러울 때(정), 그렇게 할 것을 결정하시고(의), 그것을 말씀으로 선포(지)하는 즉시, 능력의 기운(정)을 발하여 이루시는 것이다.

그러나 하나님은 창조와 섭리를 위하여 어느 순간 자신을 삼위일체적 존재 양식으로 변화시켰다. 이는 하나님께서 피조물의 창조와 섭리를 위하여 자신을 즉자적 존재와 대자적 존재로 나누신 것이다. 그리고 하나님은 삼위일체 양식으로 자신의 존재 양식을 변화시킨 후에 삼위 하나님이 모두 독자적 인격, 즉 지·정·의로 작동되는 독자적 마음을 가진 독자적 인격, 독자적 위격을 가지셨다. 그러므로 일위일체일 때나 삼위일체일 때나 하나님이 마음의 시스템을 가지고 역사하시는 것은 여전히 동일한 것이다.

3] 일위일체에서 삼위일체로

혹자는 하나님이 삼위일체의 양식으로 존재하신 것은 영원 전부터라고 말한다. 그렇기 때문에 삼위일체신으로서 하나님의 존재 양식은 영원한 것이라고 주장한다. 그러나 필자는 성서의 기록을 근거로 터툴리아누스와 마찬가지로 하나님은 영원 전부터 삼위일체 양식으로 존재했던 것은 아니라고 보고 있다. 그랬다면 성서에 "오늘날 내가 너를 낳았도다(히1:5)"라고 기록할 이유가 없다. 아버지와 아들이 영원한 동시성을 갖는다면 굳이 아버지와 아들이라고 지칭할 필요도 없고, 더욱이 "오늘날 내가 너를 낳았도다"라고 기록해서도 안 될 것이다. 그렇다면 하나님은 어떤 특정한 목적 때문에 스스로를 일위일체에서 삼위일체 양식으로 변형시켰다는 뜻이 된다.

필자가 생각하는 그 목적은 바로 하나님께서 만세 전에 미리 보신 장엄한 창조의 비전 때문이었다. 하나님은 하나님조차도 아, 좋구나! 하고 감탄할 수밖에 없는 아름답고 장엄한 세계(창1장), 이 우주를 창조하고 섭리하기 위해 스스로를 삼위일체 양식으로 변형시킨 것이다. 하나님이 계획하신 우주의 창조를 위해 가장 중요한 포인트는 스스로를 일위일체에서 삼위일체 양식으로 변형시키는 것이었기 때문이다. 이는 하나님 자신은 피조 세계를 창조하거나 섭리하는 데 있어 나타나지 않는 하나님, 즉 '숨어 계신 하나님(absconditus deus)*'이 되고, 전면에 나서서 세계를 창조하고 섭리하는 역할, 즉 '나타나신 하나님(revelatus deus)*'의 역할은 성자 하나님과 성령 하나님이 맡아 하는 구도였다.

* 숨어 계시는 하나님과 나타나시는 하나님은 나무의 구조와 유사하다. 숨어 계신 하나님은 삼위 하나님의 근거로서 땅 속에 있는 나무뿌리에 해당하고, 나타나신 하나님은 땅 위에 올라온 수관을 의미하는데, 말씀이신 성자하나님은 줄기에 해당하고, 능력이신 성령하나님은 꽃과 열매에 해당한다.

이는 곧 하나님 자신의 존재 양식을 즉자적(卽自的) 하나님과 대자적(對自的) 하나님으로 변화시킨 것이다. 즉자적 하나님은 본래의 하나님 자신을 의미하고, 대자적 하나님은 즉자 하나님의 의지에 따라 전면에 나서서 피조 세계를 창조하고 섭리하는 하나님을 의미한다. 우리 인간들도 본래의 자아가 있고 타인을 대면하는 자아가 있지 아니한가? 다만 하나님과 인간이 다른 점은 하나님에게 있어 즉자와 대자는 역할만 다를 뿐 그 본질과 행위가 100% 일치하지만, 인간의 마음은 불완전하고, 또 제한된 능력으로 어려운 삶의 정황 속에서 생존해야 하기 때문에 본의 아니게 즉자와 대자가 일치되지 않는 경우가 많다는 것이다. 쉽게 말해서 인간은 속마음과 겉마음, 즉 진짜 마음과 외부로 나타나는 마음이 다른 경우가 다반사라는 말이다.

즉자적 하나님은 본래의 하나님 자신을 의미하고, 대자적 하나님은 즉자 하나님의 의지에 따라 전면에 나서서 피조 세계를 창조하고 섭리하는 하나님을 의미한다.

즉자의 하나님을 성부라 하고, 대자의 하나님을 성자, 성령이라 하는데, 성령 또한 자기를 나타내지 아니하고 성자의 사역을 뒷받침하기 때문에, 대자 하나님의 대표성은 성자에게 있다 할 것이다. 그러나 일위일체 시에도 성자의 기능적 본질인 말씀, 곧 로고스(理)와 성령의 기능적 본질인 기운(氣), 곧 능력은 하나님 안에서 내재적으로 영원히 존재하고 있었는데, 하나님 스스로 자신의 존재 양식을 삼위일체로 변화시킬 때 독자적 인격이 부여되어 즉자적 하나님인 성부하나님과 더불어 대자적 하나님으로서 영원히 함께 존재하게 될 것이다.

그러므로 필자의 삼위일체론은 결코 니케아나 칼케돈 신조와 어긋나지 않으며, 오히려 성서를 근거로 하여 삼위일체신론을 보다 합리적으로 정립했다고 자부한다. 그럼에도 불구하고 전지전능하신 하나님이 자신의 존재 양식을 삼위일체로 변형시켜야 했느냐며 인정하지 않으려는 사람들이 있다. 그러나 하나님께서 이렇게 스스로를 삼위일체 양식으로 변형시켜 자기 자신을 운용하는 것은 전적으로 하나님의 자유요, 하나님의 주권적 결정에 속하는 문제이기 때문에 피조물인 사람이 이를 반대하거나 왈가왈부할 문제가 아니다. 또한 하나님이 자신의 존재 양식을 삼위일체로 변화시켰다고 해서 하나님의 본질이 변질되거나 전지전능하고 무한 영원하신 하나님의 속성이 취소되는 것도 아니다.

이제부터 하나님이 자기의 존재 양식을 삼위일체로 변형시킨 시기에 대해 생각해보자. 히브리서 1:5에는 "네가 내 아들이라 오늘 내가 너를 낳았다 하셨으며 또 다시 나는 그에게서 아버지가 되고 그는 내게 아들이 되리라 하셨느냐(시편 2:7, 히브리서 1:5)"라고 기록되어 있는데, 여기서 논의하고자 하는 것은 성부가 성자를 낳은 때가 언제냐 하는 것이다. 성서에는 '태초*에' 라는 말이 두 군데 나온다. 하나는 창세기 1:1이고 다른 하나는 요한복음 1:1이다. 그런데 그 '태초들'을 시간의 순서로 구분하면 요한복음 1:1의 태초가 창세기 1:1의 태초보다 더 이른 태초라고 볼 수 있다. 여기서 성부가 성자를 낳은 시기, 그러므로 하나님이 일위일체에서 삼위일체 양식으로 변형된 시기는 창세기 1:1의 태초보다는 빠르다고 볼 수 있다. 천지를 창조하기 이전이라는 말이다. 심지어 예정보다 빠르다고 볼 수 있다. 왜냐하면 로마서 8:29에는 "하나님이 미리 아신 자들을 또한 그 아들의 형상을 본받게 하기 위하여 미리 정하셨으니"라고 기록되었기 때문이다.

* 창세기 1:1 "태초에 하나님이 천지를 창조하시니라"와 요한복음 1:1 "태초에 말씀이 계시니라 이 말씀이 하나님과 같이 계셨으니 이 말씀은 곧 하나님이시니라"에 나오는 '태초에'를 비교하면 요한복음이 더 이르다고 볼 수 있다.

필자는 여기서 '미리 아신 자들'은 '하나님이 환상으로 미리 본 자들'이라고 이해하고 있으며, 따라서 미리 본 자들이 주인공이 되는 장엄한 하나님 나라를 세우기 위해 스스로의 존재 양식을 일위일체에서 삼위일체로 변형시켰으며, 그다음에 일정한 수의 사람을 하나님의 자녀로 미리 정한 것이라고 이해하고 있다.

4) 삼위이신 하나님

삼위일체신론이 온전히 설명되려면 하나님의 세 인격, 세 위격의 관계가 설명되어야 한다. 전통적 신학에서 삼위 하나님은 본질은 하나이나 인격은 셋이라는 입장을 취한다. 다시 말해서 삼위 하나님은 본질은 하나이나 각각 독자적인 인격, 독자적인 마음을 가진 존재라는 것이다. 즉 삼위 하나님은 각각의 마음을 가지고 있는 구별된 인격이라는 뜻이다. 하나님은 이 삼위일체적 자기운용의 역학을 존중하는 가운데 피조 세계에 관한 모든 사안을 다뤄나가신다. 즉 성부하나님은 일위일체일 때는 혼자 모든 것을 생각하고 판단하고 결정했지만, 스스로의 존재를 삼위일체 양식으로 변형시킨 후에는 창세기 1:26**의 기사처럼 성자와 성령과 더불어 모든 사안을 의논하고 협력하여 다뤄나가신다. 물론 최종 결정은 성부하나님이 하신다.

** 창세기 1:26-27 "하나님이 이르시되 우리의 형상을 따라 우리의 모양대로 우리가 사람을 만들고 그들로 바다의 물고기와 하늘의 새와 가축과 온 땅과 땅에 기는 모든 것을 다스리게 하자."

삼위일체 하나님 사이의 커뮤니케이션은 마치 인체 신경망의 커뮤니케이션과 유사하다. 언뜻 생각하면 인체는 머리가 일방적으로 모든 것을 좌지우지하는 것처럼 보이지만 사실은 그렇지 않다. 어떤 사안에 대한 결정을 내리기 전에 이미 인체 상호 간의 커뮤니케이션이 이루지는 것이다. 예를 들어 땅에 떨어진 물건을 집으려고 할 때, 평소 같으면 오른손으로 집을 것도, 그 오른손의 통증이 뇌신경에 전달되면 뇌는 왼손으로 집는 결정을 한다. 식사를 할 때도 위에 병이 난 경우 위와 뇌신경의 커뮤니케이션으로 뇌는 식사를 안 하거나 부드러운 음식을 먹는 결정을 한다. 삼위일체 하나님 사이의 커뮤니케이션도 이와 유사하게 이루어진다.

하나님의 삼위일체론적 자기운용 방식은 다음과 같다. 우선 성부는 어떤 사안에 대해 그가 원하는 것을 발의하고 협의하고 결정하는 주체이다. 성자는 아버지의 뜻을 헤아리며 협의의 구조에 참여하고 의견을 나눈다. 성령도 마찬가지이다. 삼위 하나님 사이의 협의는 전자가 원자핵을 도는 속도보다 빠르게 진행된다. 세계 최고의 슈퍼컴퓨터의 연산 속도보다 억만 배나 빠르다고 해야 할 것이다. 인체만 하더라도 두뇌가 명령하면 그 명령이 신경조직을 통해 전달되어 손발이 즉각적으로 움직이지 않는가? 이러한 영원한 협의를 통해 하나님은 모든 것을 결정하신다. 그리고 다시 성부는 결정된 사실대로 피조 세계에 대해 성자와 성령이 역할을 하게 하신다. 이에 따라 성자는 하나님 밖의 세계를 향해 결정된 사항을 말씀으로 계시하거나 선포한다(창세기 1:3).

삼위 하나님 사이의 협의는 전자가 원자핵을 도는 속도보다 빠르게 진행된다. 세계 최고의 슈퍼컴퓨터의 연산 속도보다 억만 배나 빠르다고 해야 할 것이다.

그리고 성령 하나님께서는 말씀이 우주에 선포되는 즉시 능력으로 역사하여 계시된 말씀이 사람에게 전달되게 하시거나, 선포된 말씀대로 실현되게 하신다. 이러한 하나님의 자기운용 시스템은 피조 세계에 대한 모든 사안에 적용된다. 창조, 섭리, 구속, 구원, 심판 등 우주에 하나님의 나라를 완성하기 위해 필요한 모든 하나님의 행위들이 이런 방식과 역학 속에서 이루어진다. 그러므로 삼위 하나님은 모든 사안에 대해 자기의 위치에서 역할을 하며 완벽한 공동협력 사역을 하시는 것이다.

5] 일체이신 하나님

이제 우리는 하나님이 삼위일체 양식으로 존재하신다고 할 때, 일체의 하나님이란 어떤 의미를 갖는가에 대해 논의할 필요가 있다. 삼위 하나님은 각각 독자적 인격을 가지고 있는데, 하나님이 어떻게 한 분이라고 할 수 있느냐는 것이다.

첫째, 하나님은 세 위격으로 존재하시나 본질은 하나이기 때문이다. 삼위 하나님의 본질은 모두 100% 일치하신다.

물을 예로 들어보자. 하나님의 본질을 100% 순수한 수분(H2O)이라 한다면, 성부는 얼음이고 성자는 그 얼음이 녹은 물이며, 성령은 얼음이나 물이 기화된 수증기라고 볼 수 있다. 또는 성부 하나님은 정수장의 물이고, 성자는 수도관을 타고 수도꼭지를 통해 나오는 물이고, 성령은 그 물을 그릇에 담은 물이라고 할 수 있다. 결국 물이 담겨진 형식이 다르다 할지라도 그 물은 동일한 물인 것이다. 삼위 하나님은 완전히 동일한 본질을 공유하고 있기 때문에 한 분 하나님으로 존재한다고 하는 것이다.

그러나 사람의 경우는 그렇지 않다. 예를 들어 부모가 있고 맏이인 아들과 둘째인 딸이 있다고 하자. 사람은 하나님과 달리 처음부터 불완전한 마음의 본성을 가지고 태어난다. 그나마 사람의 경우 부모의 유전자를 또 절반씩만 받는다. 그리하여 인간의 유전자는 어느 한쪽 부모의 유전자와 일치할 수 없다. 거기에 더하여 인간은 환경의 영향을 받으며 자라난다. 그러므로 사람은 비록 한 부모 밑에서 자란 자식들이라 할지라도 그들의 마음은 100% 일치될 수 없다.

하나님은 그 자체가 영원 전부터 완전한 존재였고, 하나님은 영원 전부터 한 분이셨기 때문에, 한 분 하나님으로부터 나온 성자와 성령은 100% 성부 하나님과 본질이 일치될 수밖에 없다. 그래서 하나님의 본질적 일치는 삼위일체로 변형되어도 창세 이전의 일위일체 그대로 유지될 수밖에 없는 것이다. 본질이 완전하신 하나님은 창세 이후에 설령 불완전한 피조 세계의 영향을 받는다 할지라도 영원히 변할 수 없는 것이다. 하나님은 본질적으로 영원히 "변함도 없으시고 회전하는 그림자가 없으신 존재(야고보서 1:17)"이시다. 그러므로 하나님은 세 위격의 하나님으로 나누어졌어도 영원히 일체이신 분, 즉 한 분 하나님일 수밖에 없다.

둘째, 세 위격의 하나님은 각각의 독자적 인격을 가진 존재임에도 불구하고 삼위 하나님의 생각과 행위는 완전히 일치된다. 성서를 보면 말씀이 육신을 입고 이 세상에 오신 성자하나님, 즉 역사적 예수그리스도는 육신적 한계와 인간관계의 한계 속에 들어오셨음에도 불구하고 겟세마네동산에서 아버지의 뜻에 복종하기 위해 영혼의 진액을 쏟으며 기도했고, 갈보리에서 십자가를 지심으로 아버지의 뜻에 완전히 복종하는 아들의 모습을 보여주었다. 빌립보서 2:5-8절*의 기사처럼.

* 빌립보서 2:5-8 "너희 안에 이 마음을 품으라 그는 근본 하나님의 본체시나 하나님과 동등됨을 취할 것으로 여기지 아니하시고 오히려 자기를 비워 종의 형체를 가지사 사람들과 같이 되었고 사람의 모양으로 나타나사 자기를 낮추시고 죽기까지 복종하셨으니 곧 십자가에 죽으심이라."

그러니 천상에서야 더 말해 무엇 하겠는가? 삼위가 각각의 인격을 가진 존재이면서도 의지와 생각과 행위가 완전 일치한다는 것은 하나님이 세 분이 아니라 세 위격의 양식으로 존재하는 한 분 하나님이라는 사실을 증명하는 것이다. 본질도 동일하고, 의지와 생각도 동일한데 이 하나님을 어찌 세 분이라 할 것인가? 하나님은 영원히 한 분이시다.

6] 삼위일체 하나님의 사역 시스템

전통적 교의학에서는 삼위 하나님이 동일 본체이시지만 중요 사역에 있어서 대표 사역이 있다고 말한다. 창조의 대표 사역자는 성부이시고, 구속의 대표 사역자는 성자이시며, 구원의 대표 사역자는 성령이라는 주장이다. 그러나 필자는 이런 주장에 동의하지 않는다. 그 이유는 다음과 같다.

성부는 피조 세계를 창조하고 섭리하기 위해 성자와 성령을 낳거나 나오게 하셨다. 삼위 하나님은 모든 사안에 대해 협의하시지만 협의의 주체는 성부하나님이시다. 따라서 무의 공간에 일어난 창조는 삼위 하나님의 협의와 성부의 결정에 따라 성자가 주체가 되어 성령의 역사로 실행한 것이다. 그래서 요한복음 1:2-3절에 "태초에 그가 하나님과 함께 계셨고 만물이 그로 말미암아 지은 바 되었으니 지은 것이 하나도 그가 없이는 된 것이 없느니라"고 증언한 것이다. 다시 말해 창세기 1장에 "빛이 있으라"고 선포한 것은, 성부가 발의한 것을 삼위가 협의하고 성부가 결정한 결과를 성자가 위임받아 하나님 밖의 세계를 향하여 선포한 것이다. 그리고 성령은 창조의 영으로서 선포된 말씀이 현실로 이루어지게 한 것이다. 즉, 우주 창조는 성부께서 발의하고 결정한 것이지만 성자가 전면에 나서서 행하신 것이고(히브리서 1:2, 요한복음 1:3), 성령은 성자의 선포된 말씀을 능력으로 뒷받침하여 그대로 이루어지게 한 것이다. 그러므로 창조는 성부의 대표 사역이라는 주장은 문제가 있는 것이다.

또한 이러한 방식은 성서에 나타난 하나님의 모든 섭리에 적용된다. 구속도 성부의 최종 결정을 따라 성자가 순종하여 친히 이 땅에 내려와(성육신), 종의 형체로 사시다가 십자가를 지심으로 이루신 것이다(빌립보서 2:6-8). 그리고 성령은 그리스도의 마음에 감동으로 역사하여 사탄의 미혹에 빠지지 아니하고 십자가를 지심으로 인류 구속을 성취하도록 하였다. 그리고 구원사역도 성부의 결정에 따라 성자가 주도한 것으로서, 성령이 자기를 드러내지 아니하고 성자 예수의 복음이 사람의 마음에 이해되도록 진리의 영으로 역사함으로 이루어지는 것이다. 그러므로 피조 세계에 숨어 계시는 성부가 창조의 대표 사역자라는 주장, 성령이 구원사역의 대표 사역자라는 주장은 삼위일체 하나님의 자기운용 시스템의 원리상 어긋나는 것이므로, 전통적인 대표 사역론은 수정되어야 마땅하다.

창조는 대자 하나님으로서 성자하나님이 전면에 나서 선포하신 것을 또 다른 대자적 하나님이신 성령하나님이 뒷받침하여 이루어진 것이고(요한복음 1:1-3), 구속사역은 물론이거니와 구원사역도 모두 성자하나님이 전면에 나서서 주관하시고 성령은 자기를 드러내지 아니한 가운데 이를 뒷받침하여 이루는 것이다. 기도원이나 병상에서 기도하던 성도들이 간증하기를 그들이 기도할 때 예수님이 나타나서 위로해주시고 환부를 손으로 어루만져주셨다고 한다. 그들이 만난 예수님은 단순한 환상이 아니라 실제로 성령을 통하여 그들에게 나타나 그들을 만나주신 성자 예수그리스도인 것이다. 그러므로 구원사역도 성자하나님이 성령의 도움을 받으며 주도하시는 것이기 때문에 구원사역의 대표는 성령이라는 주장은 잘못된 것이다.

삼위 하나님이 동등하다는 교설을 마치 모든 면에도 적용되는 이론으로 오해하는 경향이 있다. 그러나 동등하다는 것은 본체의 본질이 동등함과 동일함을 의미하는 것이지 위격이 동등하다는 뜻이 아니다

7) 삼위는 동등한가?

이제 삼위 하나님 사이의 동등성, 특별히 성부와 성자의 관계적 동등성의 문제를 짚고 넘어가고자 한다. 전통적으로 삼위일체론을 설명할 때 종속설을 피하려다 보니 삼위 하나님이 동등하다는 교설을 마치 모든 면에도 적용되는 이론으로 오해하는 경향이 있다. 그러나 동등하다는 것은 본질이 동등함을 의미하는 것이지 위격이 동등하다는 뜻이 아니다. 빌립보서 2:6을 보면 "그는 근본 하나님의 본체시나 하나님과 동등됨을 취할 것으로 여기지 아니하시고"라고 기록되어 있다. 이것은 그리스도가 성부하나님과 동일한 본체, 즉 동일한 본질이라는 말씀이다. 그럼에도 불구하고 성자 하나님 그리스도는 성부하나님과 동등됨을 취하지 않고, 동등하지 않는 자리에서 성부의 뜻을 따라 죽기까지 복종하였다(빌립보서 2:8)고 기록하고 있다. 즉 성자는 성부와 동일 본체로서 본질은 동일하지만 위격은 동등하지 않다는 것이다. 아무리 아들이 부모의 피를 이어받아 부모의 유전자가 동일하다고 해도 자식이 부모와 동등한 것은 아니지 않는가? 그렇지 않다면 왜 성자하나님은 성부하나님에게 죽기까지 복종하였겠는가? 이는 아버지와 아들의 엄연한 위격차이 때문이다. 성부가 성자에게 죽기까지 복종할 수는 없는 것이다. 그러나 그리스도가 아버지에게 복종한 것은 어쩔 수 없이 아버지의 권력과 힘에 눌려서가 아니다. 성부하나님이 자신의 근본이기 때문이고, 자신의 신분은 성부의 아들이라는 사실을 인식했기 때문이다. 성부의 인격과 성부의 사랑에 대한 성자의 무한 신뢰와 사랑이 있었기에 행해진 복종이다. 그러한 복종의 길이 그가 사랑하는 인류를 구원할 수 있는 유일한 길임을 알았기 때문에 자원하여 스스로 한 복종이다.

부모는 부모이고 자식은 자식이다. 성서 어느 곳에도 이런 입장을 부정하는 대목은 없다. 그러므로 삼위 하나님이 본질뿐 아니라 위격까지도 동등하다고 주장하는 것은 성서의 입장을 오해한 것이다. 우리가 이단사설로 기피해야 하는 종속설은 아리우스 계열의 로고스론이다. 왜냐하면 그들은

삼위 하나님이 본질에서 동등하지 않다고 주장하기 때문이다. 그렇기 때문에 삼위일체론을 논하면서 동등이라는 용어를 삼위 하나님 사이의 위격적 서열과 능력에까지 적용하려고 해서는 안 된다.

필자가 생각하기에 신학자들이 이 부분을 혼동하는 이유는 하나님은 영원 전부터 원래 삼위일체신으로 존재하고 있었다는 생각 때문이다. 하나님이 일위일체로 존재했던 때가 없었다는 생각에서였다. 그러나 이런 생각은 비성서적 사고이다(히브리서 1:5). 하나님은 본래 영원 전에는 일위일체 하나님이었다. 그러나 우주만물을 창조하고 섭리하기 위한 방편으로 스스로를 삼위일체 양식으로 변형시키는 원결정(ur-decision)을 한 것이다. 그러므로 동등이라는 용어를 과대 해석하여 삼위 하나님의 위격 사이에 서열 없이 동등하다고 주장하는 것은 분명 비성서적 견해이다.

성서는 삼위 하나님 사이에는 서열이 있다고 증언한다. 성서를 보면 "하나님을 아버지라 하고 성자를 아버지가 낳은 아들(히 1:5, 요 17:17)"이라 했으며, "아들이 아버지께 죽기까지 복종했다(빌 2:8)" 하였으며, "삼위 하나님을 성부 성자 성령의 순서로 기록하였고(마 28:19)", "내가 가면 내가 그를 너희에게로 보내리니(요 16:7)"라고 하였으며, "내가 아버지께로부터 너희에게 보낼 보혜사(요 15:26)"라고 했고, "그가 스스로 말하지 아니하고 들은 것을 말하며(요 16:13)", "그가 내 것을 가지고 너희에게 알리시리라(요 16:15)"고 기록하고 있다. 다만 삼위 하나님 사이의 서열은 군주신론자들이 주장하는 바, 군대 조직의 서열 같은 것이 아니라, 가족 간의 서열 같은 것이라는 사실이다. 그러므로 하위 서열이 상위 서열에 복종하는 것도 권력의 힘에 눌린 복종이 아니라 신뢰와 사랑 속에서 자원한 복종인 것이다.

8] 삼위의 능력은 동일한가?

여기서 또 한 가지 논의해야 할 것은 삼위 하나님의 능력도 동일하냐 하는 것이다. 결론적으로 삼위 하나님의 능력은 결코 동일하지 않다.

성부에 대해서 말하자면 일위일체 시의 하나님이나 삼위일체 시의 성부나 동일한 하나님이다. 다만 성자가 그에게서 나와 존재하기 때문에 호칭을 성부라고 부르는 것이다. 그러므로 성부가 되었어도 전지전능 무소부재 영원무한 하신 하나님의 지위와 속성과 능력은 전혀 변함이 없다. 이는 마치 임산부가 아이를 출산했다고 해서 그 여자의 오장육부 사치백체의 능력이 반으로 줄어들지 않는 것과 같은 이치이다. 그러나 성자와 성령은 다르다. 두 위격도 동일 본질의 하나님이고 지·정·의라는 마음의 기능을 다 가지고 있는 것은 사실이다. 하지만 성자는 성부로부터 그의 본질의 한 부분인 말씀(理, 로고스)의 기능만 부여받아 성부가 결정된 사항을 계시하고 선포하는 일만을 하도록 위임받았다. 성령 역시 성부의 본질 중 한 부분인 기운(氣, 힘, 에너지)을 기능으로 부여받아 성자가 계시하고 선포된 말씀이 피조 세계에 전달되거나 피조세계에 일어나도록 역사하는 역할을 위임받았다. 그렇기 때문에 성자는 성령의 능력 없이는 아무 것도 할 수 없고 성령도 성자의 말씀 없이는 아무 것도 할 수 없는 것이다.

그러므로 성부의 능력과 성자, 성령의 능력을 비교한다는 것은 어불성설이다. 성부는 말씀과 기운의 근원으로서 2가지를 모두 가지고 있지만, 성자와 성령은 일부분만 부여받았다. 이는 신학적으로 정당한 논리이다. 그렇지 않다면 성자하나님과 성령하나님이 왜 따로따로 존재한다는 말인가? 그리고 한 걸음 더 나아가 생각할 것은 성부하나님은 말씀이나 기운에 있어서 성자하나님, 성령하나님보다 비할 수 없이 크고 넓고 깊다고 해야 할 것이다. 삼위의 능력을 컴퓨터나 전기에 비유하자면, 성부는 슈퍼컴퓨터이고, 성자는 슈퍼컴퓨터에 연동된 퍼스널 컴퓨터이며, 성부가 100만 볼트 전압의 발전소 전기라면 성령은 1만 볼트 전압의 변전소 전기라고 해야 할 것이다. 성부하나님은 존재론적으로 성자와 성령의 근원이고, 능력의 면에서도 성자와 성령에 부여된 능력의 근원이다.

그렇기 때문에 성자는 성령의 능력 없이는 아무 것도 할 수 없고 성령도 성자의 말씀 없이는 아무 것도 할 수 없는 것이다.

9 종속설에 대한 정리

교리사적으로 삼위일체론에서 종속설은 군주신론*과 아리우스적 로고스론이 대표적이라고 볼 수 있다. 그러나 이 두 교설은 이미 정통교회에서는 해결된 문제이다. 2가지 교설은 정통교회에서 거부해야 할 종속설**로 낙인찍혔다.

문제는 아직도 삼위일체론에서 성부기원설, 능력차등설, 서열차등설까지 신학적으로 피해야할 종속설의 범주로 보는 학자들이 있다는 점이다. 그러나 성서적으로 볼 때(히브리서 1:5, 요한복음 17장, 빌립보서 2장) 아버지와 아들은 서열상 차등이 있으며, 성령은 아버지와 아들과 차등이 있다. 아들은 아버지로부터 나오며, 성령은 아들 다음으로 아버지로부터 나온다. 그리고 아들은 아버지의 뜻에 복종하며, 성령은 자의로 말하지 아니하고 들은 것만 말하며 아들만을 나타낸다. 아들은 아버지에게 죽기까지 복종하신다. 그러나 아들이 아버지에게 복종하는 것은 아버지의 권력이 무서워서 그 힘에 눌려 억지로 복종하는 것이 아니라, 아버지를 신뢰하고 아버지를 사랑하기 때문에 스스로 복종의 자리에 들어가는 것이다. 그러므로 이러한 아들의 복종을 가리켜 군주신론적 종속설로 매도하는 것은 성서를 크게 오해한 것이다.

아버지에 대한 아들의 복종은 계급적 종속이나 신분적 종속 때문이 아니라, 사랑이 넘치는 가족 사이에서 일어나는 순종이다. 아버지를 믿고 사랑하기 때문에 기쁨으로 자원하여 하는 순종이다. 그러므로 빌립보서 2:8에서 "자기를 낮추시고 죽기까지 복종하셨으니"라는 말씀은 성자가 성부의 뜻에 자원하여 기쁨으로 순종했다는 것이지, 성부의 뜻을 납득할 수 없는데도 성부의 권력이 무서워서 억지로 복종한 것이 아니라는 말이다.

사람의 인체로 비유하자면 머리와 손과 발, 오장육부는 하는 역할이 다 다르나 서로 간에 갈등을 일으키지 않는다. 모든 장기나 사지백체는 머리의 명령에 지체 없이 따른다. 이런 것을 가지고 오장육부, 이목구비, 사지백체가 머리의 명령에 굴욕적 복종을 한 것이라고 말하지 않는다. 마찬가지로 성부는 완전한 의이고 사랑이시며, 성자는 100% 그 성부로부터 나와 성부의 사랑을 받는 존재이며, 성자의 존재 이유 또한 성부가 이루고자 하는 창조와 섭리를 위한 목적을 이루는 것이다. 그렇기 때문에 성부의 뜻에 자원하여 기쁨으로 순종하는 것은 결코 종속적 굴종도 노예적 종속도 아니다. 삼위 사이는 전체주의적 종속관계가 아니라 사랑으로 교제하는 가운데 사랑으로 순종하는 가족적 종속 관계인 것이다.

결론적으로, 삼위일체신론은 하나님의 본질, 인격, 기능, 능력, 서열, 역할 등 다면적으로 이해해

* 군주신론(君主神論, Monarchianism)은 초기 그리스도교에서 하나님의 단일성을 극단적으로 주장한 학설이다. 동방교회에서는 단일신론, 서방교회에서는 독재신론이라고 부른다. 하나님은 전제 군주적 절대자이기 때문에 예수를 본래적 의미에서 하나님의 아들이라 부를 수 없다는 것이다. 군주신론에는 하나님의 능력을 받아 예수가 하나님의 아들이 되었다는 '동적 군주신론(Dynamistic Monarchianism)'과 그리스도를 하나님의 또 다른 현현으로 보는 '양식적 군주신론(Modalistic Monarchianism)' 두 종류가 있다.

** 종속설 논쟁은 통상 성부와 성자의 관계에서 논의되었다. 그러나 군주신론적 종속설이나 아리우스적 로고스론은 니케아와 칼케돈 종교회의를 거치면서 이단사상으로 정죄되고 거부되었다. 그러나 4세기에 들어서서, 종속설은 성령의 문제로 다시 등장하였으니, 성령은 성자의 피조물이라는 주장이었다. 그러나 이 교설도 콘스탄티노플 총회에서 정죄되었다.

야 하는 난해한 교리이다. 그러나 삼위일체신론은 하나님의 본질, 인격, 기능, 능력, 서열, 역할 등 다면적으로 이해해야하는 아주 난해한 교리이다. 그러나 교의학에서 가장 난해하다고 하는 이 삼위일체론도 마음이라는 포커스로 바라보면, 하나님의 본질문제도, 하나님이 삼위일체가 되는 신비도, 숨어계신 하나님과 나타나시는 하나님의 문제도, 성부와 성자와 성령의 서열문제도, 동등성과 동일성의 문제도, 삼위일체론의 아킬레스건인 종속설 문제도, 그리고 삼위하나님의 역할분담과 공동사역의 시스템까지 기존의 잡다한 삼위일체론보다 훨씬 선명하고 정확하게 이해할 수 있다.

삼위일체신론 도표 및 해설

1. 단일신(일위일체신)이었을 때 하나님의 자기운용 시스템

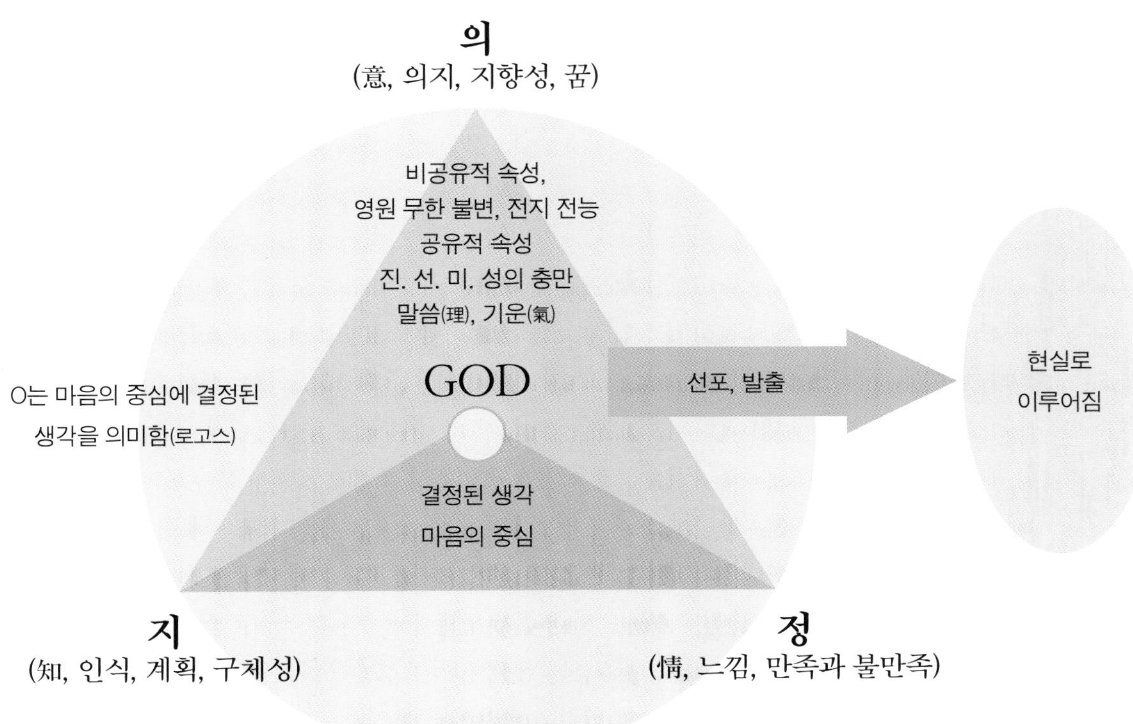

1) 하나님은 성품적 본질(진선미성)과 기능적 본질(말씀 理, 기운 氣)이 완전한 분이다.

2) 하나님은 영원, 무한, 불변, 전지전능하신 분, 영원자존자이다.

3) 하나님의 마음에 꿈(비전)이 생긴다. 이것은 곧 궁극적 의지이고 지향성이다.

4) 하나님은 그 꿈, 곧 지향성을 구체화한다. 이것이 우주 설계이다.

5) 하나님은 그 설계가 완전할 때 만족을 느낀다.

6) 그 결정된 생각은 하나님 마음의 중심에 위치한다.

7) 하나님은 그 결정된 생각을 말씀으로 발출한다. 그때 로고스가 하나님 밖에 위치한다.

8) 로고스가 하나님 밖에 떠오르는 순간 하나님의 능력(기운)이 역사하여 그대로 이루어진다. 하나님은 마음으로 일하는 전지전능한 존재이기 때문에, 하나님의 역사는 전자가 원자핵을 도는 속도보다 더 빠르게 거의 순간적으로 이루어진다.

2. 삼위일체 하나님의 존재 운용 시스템

1위격-성부(즉자의 하나님-숨어계신 하나님)
근원적 말씀과 근원적 기운
삼위 간에 발의, 협의, 결정, 지시의 주체
영원 무한 전지 전능 영원 불변하신 전 우주의 주관자

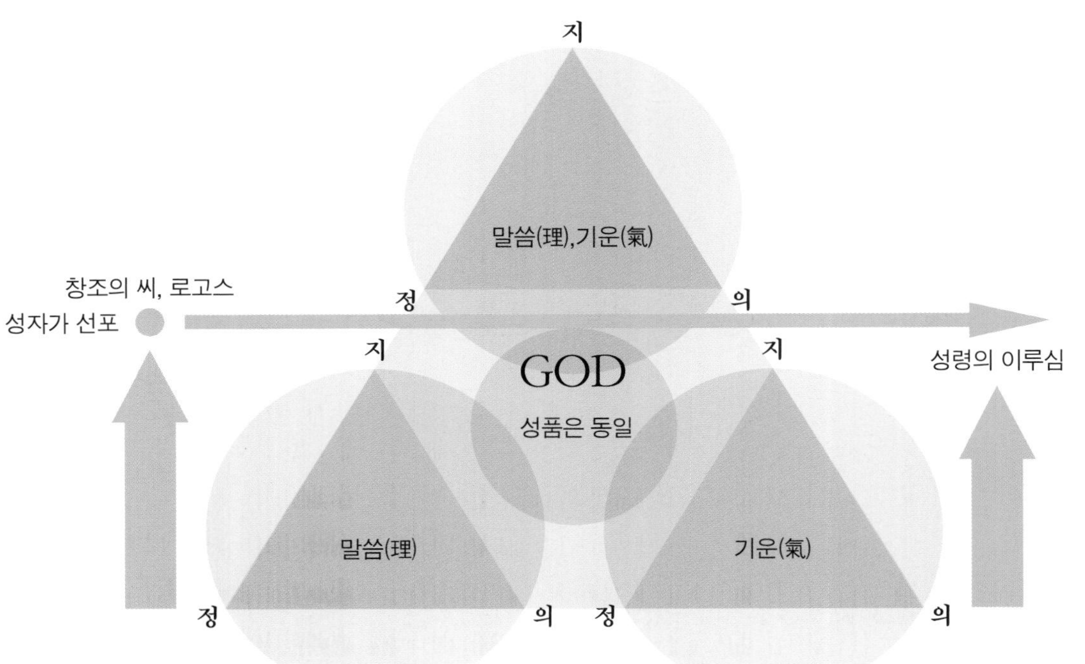

하나님 밖으로 나간 창조의 씨, 말씀의 영자(靈子), 즉 영적 소립자가 성령의 역사하심으로 빅뱅(대폭발)이 일어나 현상 세계로 나타남

2위격-성자, 대자의 하나님, 나타나는 하나님
성부의 발의에 협의자로 참여, 시행자
성부의 뜻을 따라 성령과 함께 일하심,
인격(지정의), 기능적 본질 중 말씀(理)을 받음
성부가 먼저 낳으심, 창조자, 섭리자

성부의 이름으로 성부의 영광을 나타냄

3위격-성령-대자의 하나님, 나타나는 하나님
성부의 발의에 협의자로 참여, 실행자
성부의 뜻을 따라 성자와 함께 일하심
인격(지정의), 기능적 본질 중 기운(氣)을 받음
성자 다음으로 낳으심, 창조의 영, 섭리의 영

성자의 이름으로 성부의 영광을 나타냄

1) 하나님은 성품적 본질과 기능적 본질이 모두 완전한 분이시다.

2) 하나님은 영원 무한 불변 전지전능 영원자존자이시다.

3) 하나님은 '자기의 존재 양식을 일위일체, 즉 단일신에서 삼위일체신으로 변화시키셨다. 이는 자신의 꿈을 실현하기 위한 자기 결정이었다. 이는 피조 세계를 창조하고 섭리하기 위한 목적으로 결정한 것이다.

4) 하나님은 자기 존재를 즉자(卽者)와 대자(對者)*로 나누기로 했다. 즉자의 하나님은 피조물을 직접 관계하지 않고, 대자의 하나님이 피조물을 직접 창조하고 섭리하도록 했다. 이는 즉자의 하나님은 피조 세계에 대해 '숨어 계신 하나님(Deus Absconditus)'이 되고, 대자의 하나님은 피조 세계에 대해나타나시는 하나님(Deus Revelatus)'이 되는 것이다. 따라서 즉자의 하나님은 성부하나님이고,

*
모든 존재를 즉자적(卽自的) 존재와 대자적(對自的) 존재로 나누는 것은 프랑스의 실존주의 철학자 사르트르의 사상이다. 그에 의하면 세상의 모든 존재는 즉자적 존재와 대자적 존재로 나눌 수 있다고 한다. 즉자적 존재는 의식이 없는 객체로서 무생물이 여기에 해당한다.
이런 존재는 의식이 없기 때문에 스스로 고립되어 있고, 적극적으로 행동할 수 없고, 삶의 환경에 대해 자유를 행사할 수 없다. 반면 대자적 존재는 의식이 있는 존재를 의미하

대자의 하나님은 성자하나님, 성령하나님이 된다.

5) 이를 위해 하나님은 성자하나님, 즉 아들을 낳으셨다. 그리고 연이어 성령을 낳으셨다. 사람에 비유하여 알기 쉽게 설명하자면 하나님은 부모가 되시어 먼저 아들을 낳으시고, 연이어 딸을 낳으신 것과 유사한 것이다. 전통적 삼위일체론에 의하면 하나님은 아들을 낳으셨지만, 성령은 발출(나옴 issue)했다고 한다. 왜냐하면 성서에 하나님이 아들을 낳으셨다(히브리서 1:5)고 기록하고 있지만, 성령에 대해서는 낳았다는 구절이 없고, 또한 아들은 낳았다고 하는 것이 자연스러운 표현이지만, 성령은 아들이니 딸이니 하는 구절이 없어 그의 정체성이 분명하지 않기 때문에 낳았다고 표현하는 것이 어색하다는 것이다. 그러나 성령에 대해서 성서는 분명히 인격, 위격을 가지신 하나님이라고 말씀하고 있기 때문에, 아들처럼 인격을 가진 성령 하나님을 마치 무슨 광선이나 장풍처럼 발출했다고 하는 것보다는 낳았다고 하는 것이 보다 신학적으로 올바른 표현이다. 또한 전통적 삼위일체론에 의하면 성령은 성부가 성자를 통하여 발출했다는 근거 구절로서 요한복음 14:26 "보혜사 곧 아버지께서 내 이름으로 보내실 성령 그가 너희에게 모든 것을 가르치시고 내가 너희에게 말한 모든 것을 생각나게 하시리라"를 들고 있다. 그러나 이 구절이 뜻하는 것은 만세 전에 성부가 성자를 통하여 성령을 발출하거나 낳았다는 뜻이 아니라, 오순절에 아버지께서 보혜사 성령을 아들의 이름으로 우리에게 보내셔서 그가 우리로 하여금 복음의 진리를 가르치고 예수님이 하신 말씀을 생각나게 할 것이라는 뜻이다. 그리고 성령을 예수의 영이라고 칭하기도 하고 그리스도의 영이라고도 칭하는 것은 성령은 성부의 뜻을 따라 피조 세계에 성자 하나님만을 나타내시기 때문이고, 성자 하나님은 성령의 편재 능력을 이용하여 피조물에게 나타나시기 때문이다.

6) 하나님의 이름*은 삼위 하나님이 동일하게 사용하신다. 하나님에게는 두개의 이름이 있으니 존재론적 이름은 여호와(야훼)고 구원론적 이름은 예수다. 다만 구약시대에는 여호와라는 이름을 사용했고, 신약시대에는 예수라는 이름을 사용했을 뿐이다. 그래서 예수님은 "내게 주신 아버지의 이름으로(요한복음 17:12)"라고 했고, "내 이름으로 보내실 성령(요한복음 14:26)"이라고 말씀하신 것이다. 삼위 하나님의 이름은 공통이다.

7) 삼위 하나님의 위격은 그 지위와 존재하는 순서와 발하는 순서에서 차이가 난다. 그래서 1위격은 성부하나님이고, 2위격은 성자하나님이며, 3위격은 성령이 되신다.

8) 하나님의 본질에는 성품적 본질과 기능적 본질이 있다. 성품적 본질에 있어서 삼위하나님은 완전히 일치하는 동일 본질을 가진다. 그러나 기능적 본질에서는 삼위 하나님 모두가 성부와 동일 본질이기는 하나(빌립보서 2:6) 성부는 말씀(理)과 기운(氣)를 모두 가지고 있는 반면, 성자는 성부의 말씀(理)의 본질만 부여받았고, 성령은 성부의 기운(氣)의 본질만 부여받았다.

9) 성부께서는 성자는 성령과, 성령은 성자와 연합하여 일하게 하시었다. 그래서 성자는 성부의 말씀, 즉 이(理)의 본질만 가지게 했고, 성령은 성부의 능력, 즉 기(氣)의 본질만 가지게 한 것이다. 따라서 성자는 성령(氣) 없이 일할 수 없고, 성령 또한 성자(理) 없이 일할 수 없다. 그리하여 성자와 성령은 연합하여 우주만물을 창조하고, 천군천사를 지휘하며 인류의 역사와 개인의 삶을 섭리하신다.

며, 이 존재는 스스로 자기 자신을 대할 수 있고, 삶의 객관적 환경에 대해 주관적으로 대처할 수 있다. 그에 의하면 인간은 본질이 없는 존재로서 다만 세상에 던져진 존재일 뿐이다. 인간은 원래부터 아무 이유 없이 세상에 던져진 존재이기 때문에 본질이라는 것이 없고, 따라서 인간을 구속하는 것도 없다. 따라서 인간은 스스로 선택하고 행동하고 책임짐으로써 자신의 존재 이유를 스스로 만들어나가야 한다. 그런 의미에서 인간 대자적 존재이다. 그러므로 그의 유명한 말, 즉 "실존은 존재에 앞선다"는 말은 이런 의미를 함축하고 있는 것이다.

필자는 즉자와 대자의 개념을 삼위일체신론을 설명하기 위해 차용하였다. 즉자란 그 자체라는 뜻으로서 객관 세계와 연결되지 않는 존재를 의미한다. 객관 세계와 연결되어 생각하고 행동하는 것은 대자적 존재이다. 여기서 필자는 성부하나님을 객관 세계와 직접 커뮤니케이션하는 것을 닫아버린 숨어계신 하나님(Absconditus deus)으로서 즉자적 하나님으로 보았다. 그리고 성자와 성령은 객관 세계를 창조하고 섭리하고 커뮤니케이션하는 나타나시는 하나님(Revelatus deus), 즉 대자의 하나님으로 이해한 것이다. 따라서 즉자적 하나님으로서 성부는 오직 대자적 하나님인 성자와 성령을 통해서만 만나시는 것이다. 이처럼 하나님이 스스로를 즉자적 하나님, 숨어 계신 하나님이 되고, 성자와 성령이 대자적 하나님이 되게 하신 것은 하나님의 주권적 원결정이다.

*
여호와는 영원자존자라는 뜻을 가진 존엄하고 위엄 있는 이름으로서 구약시대에 사용하게 하셨고, 예수는 여호와가 구원하신다는 뜻을 가진 사랑과 자비의 이름으로서 신약시대에 사용되었다.

10) 하나님이 역사하는 순서는 성부가 발하면 성자가 발하고 성자가 발하면 성령이 발하는 것이다. 말씀(理)과 기운(氣)을 본질로서 함께 가지신 즉자의 하나님, 즉 성부가 발하면 성부로부터 말씀(理)을 본질로 받은 대자의 하나님인 성자가 그다음에 발하고, 성자가 발하면 또 다른 대자의 하나님인 성령, 즉 성부로부터 기운(氣)을 능력의 본질로 받은 성령이 발하는 방식으로 하나님은 역사하신다.

11) 창조는 이렇게 이루어진다. 삼위 하나님 중에서 먼저 즉자의 하나님인 성부가 대자의 하나님인 성자와 성령에게 창조에 대해 발하자(창세기 1:26), 그 다음에 대자의 하나님인 성자가 발한다. 이로 인해 성자가 발한 로고스가 하나님 밖에 텅 빈 무한공간에 순간적으로 존재한다. 그러자 다른 대자의 하나님인 성령이 발하여 그 로고스가 현실로 이루어지게 한다. 처음 우주는 무(無)에서 유(有)를 창조하는 바라창조로 지어졌는데, 성자의 발함으로 말미암아 하나님 밖에 로고스가 나타나자, 성령이 발하여 그 로고스를 현실로 변환시켰다. 그 현상이 천체물리학에서 말하는 빅뱅으로 나타난 것이다. 유(有)에서 유(有)가 이루어지는 창조도 마찬가지로 성부가 발하니 성자가 발하고, 성자가 발하니 로고스가 나타나고, 성령이 발하여 그 로고스를 현실이 되도록 역사한다.

12) 즉자의 하나님과 대자의 하나님, 그리고 대자의 하나님으로서 성자와 성령의 관계를 잘 이해할 수 있게 하는 존재의 유비(Analogia Entis)로는 태양의 유비가 가장 적절하다. 태양의 본체는 성부하나님이고, 태양의 표면에서 발광하여 비추는 빛은 성자하나님이고, 그 빛에 실려 역사하는 에너지는 성령하나님이라고 볼 수 있다. 태양의 본체와 마찬가지로 성부하나님은 즉자의 하나님으로서 우리에서 숨어 계시고, 우리가 눈으로 몸으로 직접 만나고 체험하는 빛과 열은 바로 대자적 하나님으로서 성자와 성령이다. 그러나 혹자는 우리 눈으로 태양을 보고 있지 않느냐고 할지 모르나 우리가 보는 것은 태양의 본체가 아니라 태양의 광구에서 뿜어 나오는 태양의 빛과 태양의 열을 보는 것일 뿐이다(히브리서 1:3). 우리가 보고 만나는 것이 태양의 본체(성부)가 아닌 태양의 빛(성자)과 열(성령)인 것처럼, 성부는 우리 피조물에게 숨어 계시고, 오직 성자와 성령만이 대자의 하나님으로서 우리를 만나 주신다.

Chapter 2 제 2 장

하나님에 대한 형이상학적 이해

이제 그동안 철학적 신학에서 논의되는 주제인 하나님과 무와 유, 하나님과 공간, 하나님과 시간의 문제를 다루도록 하겠다. 물론 여기서도 하나님에 대한 서술은 하나님은 마음이라는 기본 전제하에서 이루어진다. 그래서 무와 유의 개념을 이해하는 것부터 시작하여 마음으로서 하나님과 무와 유의 관계성을 서술하고, 마음으로서 하나님과 시간, 하나님과 텅 빈 무한공간의 관계성을 설명한다.

I 유와 무에 대한 개념적 이해

우리의 사유체계에는 유와 무라는 두 개념이 존재한다. 그렇다면 유는 무엇이고 무는 무엇인가? 유와 무 사이에 어떤 관계성이 존재하는가? 유와 무 중에 어느 것이 더 근본인가? 유와 무 중에 어느 한쪽이 없는 것이 가능한가? 또는 유도 없고 무도 없는 것이 가능한가? 철학적 사유를 깊이 있게 해본 사람이라면 이런 질문을 스스로 해보았거나, 누군가로부터 들어본 적이 있을 것이다.

1 유와 무는 우리 사유(思惟)의 기본질서이다

우리는 유와 무라는 이분법적 사고를 하게 되어 있고, 우리의 사유는 이런 범주와 구조를 벗어날 수 없다

유는 말 그대로 무엇인가 있는 것이고, 무는 아무것도 없는 것이다. 유와 무라는 개념은 우주의 기본적 범주이자 궁극적 질서이다. 우리는 유와 무라는 이분법적 사고를 하게 되어 있고, 우리의 사유는 이런 범주와 구조를 벗어날 수 없다. 색즉시공, 공즉시색이라는 불가의 용어가 있지만, 이것은 인간의 삶을 관조하는 심리학적 용어일 뿐, 유와 무의 우주론적 개념을 부정하는 것이 아니다. 현대의 첨단 양자물리학에서조차도 유와 무의 근본적 개념은 부정되지 않는다. 유처럼 보이는 원자핵 속에는 유가 차지하는 공간보다 아무것도 없는 무의 공간이 수천만 배 넓게 존재한다는 것이다. 그러므로 유와 무의 개념은 현상세계를 논할 때는 물론이거니와, 우리의 사유체계에서도 절대적 기본 개념이다. 정반이태와 마찬가지로 유무이태는 모든 사유의 궁극적 질서이다. 그러므로 유와 무라는 기본 사유체계가 붕괴된 자리에서는 인류의 모든 문화와 문명, 심지어 종교와 철학까지 불가능하게 된다.

2 ◦ 유와 무는 독립적 개념이자 상호의존적 개념이다

개념으로서 유와 무는 분명 다른 독립적 개념이다. 다시 말해 유는 유이고 무는 무인 것이지, 무가 유일 수 없고 유가 무일 수 없다. 한편 유와 무는 영원히 동시에 존재할 수밖에 없는 상호의존적 개념이다. 유라는 개념이 없으면 상대 개념인 무라는 개념도 존재할 수 없고, 마찬가지로 무라는 개념이 없으면 유라는 개념도 존재할 수 없다. 유라는 개념이 있기에 무라는 개념이 있고, 무라는 개념이 있기에 유라는 개념이 존재할 수 있다. 그러므로 유와 무라는 개념은 독립적 의미를 가짐과 동시에 상호 의존적 개념이다. 이는 마치 남자와 여자가 각각 독립적 개념이지만, 남자라는 개념이 없으면 여자라는 개념도 존재할 수 없고, 여자라는 개념이 없으면 남자라는 개념도 존재할 수 없는 것과 마찬가지다. 오직 통합적으로 사람이라는 개념만 남을 뿐이다. 유라는 개념이 먼저 있고, 나중에 무라는 개념이 생기는 것이 아니고, 또한 무라는 개념이 먼저 있고 유라는 개념이 뒤따라 생기는 것이 아니다. 유는 무라는 개념의 존재 근거이고, 무는 유라는 개념의 존재 근거이다.

3 ◦ 유와 무는 모두 근본적 개념이다

그렇다면 유와 무는 모두 동일한 근본인가? 아니면 유가 무보다 근본인가? 무가 유보다 근본인가? 이 질문은 대단히 중요한 것이다. 왜냐하면 무가 더 근본이라고 하는 입장이 바로 무신론적 우주발생론, 즉 우주는 무에서 스스로 유를 만들어냈다고 하는 무신론적 우주발생론의 근거가 되고, 유가 더 근본적 개념이라고 하는 주장은 전통적 기독교 창조신학의 근거가 되기 때문이다. 기독교 창조신학에서는 하나님이 유의 근거로 보고 영원 전부터 영원히 존재한 것은 오직 하나님뿐이라고 주장한다. 그러나 필자는 양측의 입장 모두 틀린 주장이라고 본다. 이유는 유와 무는 개념적으로 서로에게 절대적 근본이 되는데, 유와 무 중 어느 쪽이 상대에 대해 더 근본이냐 하는 질문은 성립될 수 없기 때문이다. 다시 말해 유와 무는 동일하게 근본이라는 것이다.

4 ◦ 유만 있거나 무만 있는 것은 불가능하다

그러면 유만 존재하거나 무만 존재하는 것은 가능한 일인가? 이 질문에 대해서도 필자는 그것 역시 불가능하다고 생각한다. 개념론적으로도 불가능하지만 현실적으로도 불가능하기 때문이다. 우리는 유만 존재하는 우주를 상상할 수 없고, 반대로 무만 있는 우주를 상상할 수 없다.

과학자들은 물질의 기본 단위인 원자는 물질적 실체인 핵과 그 주위를 도는 전자로 구성되는데, 원자 내에는 핵이나 전자보다 수조 배 더 큰 무의 공간이 존재한다고 말한다. 전자현미경으로 볼 때 원자가 하나의 물체처럼 보이는 것은 그 빈 공간을 휘감고 있는 전자기 때문이지 원자에 무라는 공간이 없기 때문이 아니라는 것이다. 또한 역으로 일체의 유가 없는 절대 무의 공간도 불가능하기는 마찬가지다. 절대적 무에서는 현상세계인 유가 스스로 생길 수 없기 때문이다. 창조주 하나님을 부정하는 과학자들조차 우주의 바탕에는 모든 소립자 생성의 근본 원인이 되는 파동하는 중력이나 진동하는 초끈이 영원 전부터 영원히 존재한다고 말하고 있다.

이것은 창조론 진영도 마찬가지다. 하나님이 유의 근원이라고 상정할 때 그 하나님의 자리는 어디이며, 하나님은 어디에다 우리의 우주를 창조하셨는가 하는 의문이 따라오기 때문이다. 다시 말해 유의 근원이요 근거로서 하나님이 존재하는 자리는 아무것도 없는 무한한 무의 공간이며, 하나님은 그 텅 빈 무한무변의 공간에 지금의 우주를 말씀으로 창조해놓으셨기 때문이다. 그러므로 유만 있거나 무만 있는 것은 개념론적으로도 실제적으로도 불가능한 발상이라고 볼 수 있다.

5 ◦ 유도 없고 무도 없는 것은 사유의 정지를 의미한다

그렇다면 무나 유가 둘 다 없는 것은 가능한가? 그것 역시 불가능하다. 의식이 있는 일체의 존재가 소멸되었을 때, 그래서 이 우주에 일체의 마음이나 의식이 제로 상태일 때일 때나 가능할 것이다. 그러한 절대 무는 인간이나 천사, 악마뿐 아니라 하나님까지 존재하지 않은 경우에만 가능하이다. 또는 어떤 성격의 우주도 일체 존재하지 않을 경우일 뿐이다. 그것은 절대 무의 상황으로서 유무에 대한 사유조차 성립될 수 없는 상황이며, 이는 상상할 수 없는 불가능한 상황이다. 논리학에서 말하는 불가능한 가능, 즉 사유 자체가 불가능한 영역인 것이다. 이런 상황은 아무것도 없는 상황이 아니라 아무것도 아닌 상황이다. 그러므로 이런 생각은 망상이며, 굳이 생각할 필요조차 없는 시간 낭비일 뿐이다.

6 ◦ 결론

영원 전부터 존재하는 것은 영원히 있는 것[有]과 영원히 아무것도 없는 것[無], 2가지가 있을 뿐이다. 이러한 유와 무에 대한 기본 사유를 바탕으로 하나님과 우주, 하나님과 시간, 하나님과 공간에 대해 서술한 것이 필자의 하나님에 대한 형이상학적 서술이다.

II 유와 무의 근원적 현실에 관한 첫 번째 사유

개념으로서 무와 유를 논하는 것은 반드시 필요하지만 그것만으로는 충분하지 않다. 왜냐하면 논의가 거기에서 멈춘다면 무의미한 철학적 공론이 될 수밖에 없기 때문이다. 그래서 필자는 유와 무에 대해 보다 사실적이고 현실적인 논의를 하고자 한다. 물론 좀 전에 논했던 유와 무에 대한 개념 이해에 근거하여 전개할 것이다.

그러면 유의 근원적 현실은 무엇인가? 그것은 바로 하나님이다. 출애굽기 3:14에 "나는 스스로 있는 자니라"고 기록된 말씀 그대로 하나님은 영원 전부터 영원 후까지, 즉 영원히 스스로 있었고 있으며, 그리고 있을 존재이다. 이 하나님이야말로 유의 근원적 현실이라고 불러야 마땅한 유일한 존재이다. 이 하나님으로부터 모든 유, 즉 모든 만유와 모든 우주만물이 기원하였다.

그러면 무의 근원적 현실은 무엇인가? 그것은 아무것도 없는 텅 빈 무변무한의 공간*이다.

이 공간은 중력 등 어떤 힘도, 양자역학에서 말하는 소립자 탄생의 원인이 되는 초끈의 근원적 진동조차도 일어나지 않는 공간이다. 어떤 종류의 물질도, 스스로 일으키는 어떤 파동도, 어떤 움직임이나 흐름도, 어떤 질서도 없는 공간이다. 완벽하게 아무것도 없는 무한무변의 공간이다. 이 텅 빈 무한무변의 공간은 하나님과 함께 영원히 존재하는 비존재적 존재이다. 하나님도 존재하기 위해서는 어떤 성격의 공간이라도 있어야 한다. 혹자는 하나님이 공간이 있어야 존재한다는 말은 하나님의 공간적 초월성을 부정하는 주장이 아니냐고 반론할지 모른다. 그러나 우리는 어떤 종류의 공간조차 없는 가운데 존재하는 하나님을 상상하고 설명할 수 없다. 아무리 하나님이라 할지라도 실재적 존재라면 공간 없이는 존재할 수 없다. 유(有)는 공간을 전제하는 개념이다. 하나님이 유의 근원이고 근본이라고 한다면 하나님도 유의 범주 안에 있는 것이고, 하나님도 공간 없이는 존재할 수 없다. 다만 하나님은 특정한 공간에 매이지 않는 존재일 뿐이다.

현 우주가 창조되기 전 하나님이 거하시는 공간은 아무것도 없는 무한무변의 공간이었다. 그러나 하나님이 무한무변의 공간에 거하신다고 해서 이 공간이 하나님보다 크다는 뜻은 아니다. 이 무한 공간과 무한하신 하나님은 무엇이 더 크냐고 논할 수 없다. 그것은 하나님도 무한하고 무한무변 공간도 무한한 것이기 때문이다. 무한과 무한의 크기를 비교하는 것은 불가능한 일이다.

또한 무한한 하나님이 아무것도 없는 무한 공간에서 생겨날 수 없는 것처럼, 무한 공간도 하나님으로부터 창조된 것이 아니다. 아무리 전지전능한 하나님이라 한들 아무것도 없는 것을 어떻게 창조할 수 있단 말인가? 그러므로 두 무한의 현실은 서로 포괄하며 서로 내포한다. 하나님은 무한 공간 안에 존재하시며, 무한 공간 또한 하나님 안에 존재한다. 이는 하나님이 마음으로 존재하는 분이시기에 가능한 것이다. 마음은 공간적으로 제한할 수 없다. 더욱이 하나님의 마음은 더욱 그러하다. 무한무변의 공간조차 하나님의 마음 안에 있으며, 따라서 이 무한무변의 공간이 하나님보다 크다는 말은 성립될 수 없다. 마음만으로 존재하는 하나님은 무한 공간을 포괄하고 무한 공간이라는 현실을 그 마음속에 넉넉히 담을 수 있다. 물론 반대의 경우도 마찬가지다. 이것이 마음론에 입각한 영원한 유로서 하나님과 그 하나님이 존재하는 자리인 무한무변 공간의 관계에 대한 필자의

*
필자가 말하는 텅 빈 무변무한 공간은 장자의 태허, 태화의 개념과는 다른 것이다. 장자는 무에서 유가 나온다고 한 노자의 주장을 전면 반박하고 유에서 유가 나온다는 입장을 천명했다. 여기서 그가 주장한 개념이 태허(太虛)이다. 우주는 근원적 기가 가득 찬 무한공간이다. 그 기가 흩어지면 무형의 유가 없는 허가 되고 응집하면 유형의 유가 된다. 그러므로 장자의 태허는 오히려 근원적 유를 의미하는 것으로 보아야 한다. 이 태허론은 조선 중기 학자 화담 서경덕이 계승하여 발전시켰다. 이 태허론은 희랍 철학의 아르케론이나 불교의 무시무종 우주론과 통하고, 현대이론물리학의 중력우주론이나 양자역학의 초끈이론과도 통한다.

생각이다.

그러나 사람도 생각으로는 무한을 품고 포괄할 수는 있으나 피조물은 존재 자체가 물리학적 한계에 있기 때문에 무한하다고 볼 수 없다. 오직 하나님만이 마음으로 존재하는 분이고, 마음으로 일하시는 분이기 때문에 하나님의 마음은 무한 공간을 포괄할 수 있으며, 이는 곧 하나님 자체로 무한 공간을 가득 채울 수 있다는 뜻이다. 마음으로 존재하는 하나님이 자체로서 무한 공간을 채울 수 있다는 것은 곧 하나님의 의지를 생각(理)와 기(氣)에 실려 무한 공간에 가득 채울 수 있다는 뜻이다. 이는 하나님이 마음의 생각만으로 무한 공간에 어떤 종류의 창조라도 일으킬 수 있다는 뜻이다. 이것이 하나님의 마음과 피조물의 마음이 다른 점이다. 하나님은 그가 존재하는 자리인 무한 공간에 어떤 우주라도, 아니 그런 우주 억만 개라도 원하신다면 생각과 말씀으로 순식간에 만드실 수 있다.

그러므로 무한한 하나님과 무한무변의 공간은 상호 의존성을 가진다. 이는 무와 유의 개념이 상호 의존성의 관계에 있다고 한 것과 같은 이치다. 무한한 하나님도 무한무변의 공간이 없다면 존재할 수 없고, 무한한 무의 공간도 유의 영원한 현실인 하나님이 없다면 존재의 근거도 의미도 소멸되고 만다. 유의 현실이 없다면 무의 현실도 생각할 수 없다. 그 지점에서 모든 사유의 의미가 없어지고, 모든 사유가 정지될 수밖에 없기 때문이다. 정반이태와 유무이태는 사유의 궁극적 토대요 질서이기 때문에 유와 무 중 어느 한쪽이 없다면 사유도 존재도 불가능하다. 그리고 그 지점은 아무것도 없는 것이 아니라 아무것도 아닌 것이 되고 만다.

무한한 하나님과 무한무변의 공간은 상호 의존성을 가진다. 이는 무와 유의 개념이 상호 의존성의 관계에 있다고 한 것과 같은 이치다.

그래서 무 없이 유가 존재할 수 없고 유 없이 무가 존재할 수 없다고 한 것이다. 그러므로 하나님이 없는 경우나 무한 공간이 없는 경우는 생각할 필요가 없는 것이다. 그것은 불가능한 개념이고 불가능한 현실이다. 이런 이유로 유의 영원한 현실인 하나님과 무의 영원한 현실인 무한 공간은 영원히 함께 존재하는 것이며, 영원히 상호의존적으로 존재할 수밖에 없는 것이다. 그러므로 창조신학의 금과옥조라고 할 수 있는 'creatio ex nihillo', 즉 '무로부터 창조'는 아무것도 없는 무한 공간 속에 무한하신 하나님이 스스로 마음의 의지와 생각과 말씀과 영의 기운으로 특정한 우주를 창조하셨다는 신학적 타당성을 갖게 되는 것이다.

III 유와 무의 현실에 대한 두 번째 사유

1 하나님은 유의 근원적 현실이다

하나님은 유의 근원이요 유의 근본이며 모든 유의 근원적 현실이다. 그러나 필자가 말하는 하나님은 세상의 종교나 전설에 나오는 신들처럼 인간에 의해 불완전하게 묘사된 신, 즉 바벨론 신화, 그리스로마 신화, 인도 신화에 나오는 신이나 불교의 수많은 부처나 신들이 아니라, 우리가 상정할 수 있는 최고의 신을 의미한다. 이 신은 존재론적으로 최고의 궁극자요, 성품적으로 가장 거룩하고 아름다운 존재요, 지성과 능력 면에서도 완전한 신이다. 이 신은 바로 성서에 계시된 하나님이다.

성서는 하나님에 대해 진선미성이 완전 충만한 하나님, 영원불변한 하나님, 전지전능 무소부재 무한영원한 하나님, 그래서 시작도 없고 끝도 없이 영원히 스스로 존재하는 하나님이라고 기록하고 있다. 하나님은 출애굽기 3:14에 "나는 스스로 있는 자이다"라고 자기 존재에 대해 표명했다. 하나님은 누구에게서 나오거나 다른 어떤 역학에 의해 생겨난 존재가 아니라, 스스로 존재 근거를 가지므로 시작도 없고 끝도 없는 영원한 존재라는 의미다. 이 하나님은 모든 존재하는 것들, 즉 모든 존재자들의 근본이고 근거이며 근원이다. 그러므로 성서에 증거된 우리 하나님은 영원한 유의 근원이라는 개념을 충족하는 유일한 존재요 유의 근원적 현실이다.

2 ◦ 무의 근원적 현실은 아무것도 없는 무한공간이다

그러면 무라는 개념의 근원적 현실은 무엇일까? 그것은 '아무것도 없는 텅 빈 무변무한 공간'이다. 이는 화담 서경덕* 선생이 주장한 '태허(太虛)'라는 개념과 유사한 부분이 있으나 본질적으로 다른 것이다.

아무것도 없는 무한무변 공간은 필자가 단지 개념으로서 생각하고 상정한 것이 아니라 실제로 존재하는 공간으로서 모든 공간의 근거 공간이며, 모든 유를 담고 있는 공간이다. 이 무한무변의 텅 빈 공간은 하나님이 존재하는 자리이며, 영적 우주를 포함한 다양한 성격의 우주를 무한대로 담을 수 있는 공간이고, 지금도 빛의 속도로 팽창하고 있는 우리 우주를 넉넉히 수용하는 절대무한무변 공간을 의미한다.

통상 신학자들은 시간과 공간은 우주가 창조될 때 만들어졌다고 말한다. 그리고 과학자들도 시간과 공간은 빅뱅으로 팽창한 우주 속에서 생겨났다고 주장한다. 그러나 필자는 이 금과옥조처럼 당연한 진리처럼 피력된 신학계와 과학계의 시간과 공간 이론이 사실상 인류 지성들의 어처구니없는 사유 오류에 해당한다고 생각한다. 결국 인류의 지성들은 의도하지는 않았겠지만 오랜 시간 동안 인류 전체에게 사기를 친 꼴이 되었다. 근본적으로 시간과 공간은 만들어진 것이 아니라 원래부터 영원히 하나님과 함께 존재하는 것이다. 창조로 인해 생긴 시간과 공간, 빅뱅으로 인해 시작된 시간과 공간은 영원 전부터 존재하는 근원적 시간과 공간이 아니라, 하나님께서 텅 빈 무한 공간 속에 우주를 창조함으로써 생겨난 특별한 시간이고 특별한 공간일 뿐이다.

그러므로 시간과 공간은 근본적으로 창조된 것이 아니라 하나님과 더불어 영원히 존재하는 것이다. 아무것도 없는 텅 빈 무한무변의 공간이 어떻게 생겨날 수 있는가? 아무것도 없는 것을 누가 어떻게 만들 수 있으며, 그 아무것도 없는 것이 어떻게 스스로 생겨날 수 있는가? 아무것도 없는 것은 그저 아무것도 없는 것일 뿐이다. 여기서 무라는 순수한 사유의 개념은 아무것도 없는 무한무변 공간이라는 현실을 만나게 된다. 무는 단순히 개념으로만 존재하는 것이 아니라 현실에도 존재하는 것이다. 어쩌면 인간이 무라는 사유 개념을 갖게 된 것은 그들이 실제로 무의 현실인 무한 무변의

* 서경덕(1489-1546)은 조선 중기 성리학자로서 주기파(主氣派)의 거유이다. 본관은 당성(唐城), 자는 가구(可久), 호는 복제(復齋), 화담(花潭)이다. 독학으로 사서삼경을 공부했고, 평생 정치에 관심을 두지 않고, 여색을 멀리했으며, 오직 학문 연구와 후학 양성에만 힘을 기울였다. 그는 기가 가득 차 있는 태허를 영원한 것으로 보았다. 그가 주장하는 기를 물리학적 기로 이해하면 그의 기철학은 물리학적 우주론이라고 해석할 수 있고, 이 기를 기독교 신학적 성령의 기로 이해한다면 성리학의 주리론과 더불어 기독교적 신론과의 대화가 가능할 수도 있다.

공간을 체험하고 있기 때문인지도 모른다.

창조신학에는 '무로부터 창조(Creotio ex Nihillo)'라는 개념이 있는데, 이것은 무의 현실인 아무것도 없는 무한무변 공간에 하나님이 우주라는 유(有)의 파생적 현실을 말씀으로 창조하셨다는 것을 의미한다. 아무것도 없는 무한무변 공간은 영적 우주이든 질료적 우주이든 모든 것을 담을 수 있다. 왜냐하면 그것은 아무것도 없는 빈 공간이기 때문이다. 아무것도 없는 무한무변 공간이 있었기 때문에 하나님은 천지만물을 창조해 넣을 수 있었던 것이다. 이 무한무변 공간은 영원 무한하신 하나님이 존재하는 자리이기도 하니, 아무리 크고 광대한 우주 백만 개라도 담지 못할 리 없지 않겠는가?

무의 현실인 아무것도 없는 무한무변 공간에 하나님이 우주라는 유(有)의 파생적 현실을 말씀으로 창조하셨다는 것을 의미한다.

이 텅 빈 무한 공간의 존재는 과학적으로도 증명되고 있다. 지난 20세기 에드윈 허블을 비롯한 천체물리학자들은 우주가 계속해서 팽창하고 있다는 사실을 밝혀냈다. 138억 년 전에 빅뱅으로 시작된 우주는 현재 460억 광년 정도의 크기로 팽창되었다고 하며, 지금도 엄청난 속도로 팽창되고 있다고 한다. 이런 사실은 과학자들이 성간의 거리를 허블망원경 또는 기하학적으로 측정함으로써 분명히 파악할 수 있었다. 그리고 과학자들은 오늘날 별들 사이에 존재하는 중력을 극복하고 별들을 팽창시키는 어떤 것, 즉 척력을 가진 암흑물질과 암흑에너지의 존재까지 상정하여 그 실체를 연구하는 중이다. 이 암흑물질은 중력과 반대로 어떤 대상으로부터 멀어지게 하는 척력의 성격을 갖는다고 한다. 마치 자석들이 음극과 양극이 만나면 서로 끌어당기지만, 음극과 음극, 양극과 양극이 만나면 서로 튕겨 나가는 것과 같은 이치다.

우주의 크기는 460억 광년인데, 그것은 현재 우주를 구성하는 모든 별들, 모든 힘(중력, 척력, 약력, 전자기력)이 일어나는 공간의 크기를 의미한다. 그런데 이 우주가 지금도 빛의 속도로 계속 팽창하고 있다는 것은 우리 우주의 외곽에 무한공간이 있다는 뜻이다. 이 공간은 우주가 지금 크기의 100배, 1000배로 확장된다 하더라도 계속 여유 있게 품어줄 수 있는 근원 공간이다. 영원 전부터 하나님과 더불어 영원히 존재했던 텅 빈 무한무변 공간인 것이다.

밤하늘에 펼쳐지는 불꽃놀이를 보면 캄캄한 공중에서 폭죽이 터져 찬란한 불꽃들이 하늘로 퍼져나가는 것을 볼 수 있다. 공간이 없다면 불꽃이 어떻게 퍼져나갈 수 있겠는가? 누군가 138억 광년 전 멀리서 우주의 탄생 장면을 바라보았다면 마치 밤하늘에서 폭죽 하나가 폭발하여 계속 멀리멀리 확장되어 나가는 것을 볼 수 있었을 것이다. 마찬가지로 아무것도 없는 텅 빈 무한무변 공간이 없다면 지금도 일어나고 있는 우주의 확장과 팽창은 가능할 수 없는 것이다.

혹자는 이렇게 질문할지도 모른다. 그러면 그 아무것도 없는 텅 빈 무한무변 공간은 언제 어떻게 생겨난 것인가? 나는 이렇게 대답할 것이다. "아무것도 없는 무한무변의 공간이 어떻게 생기거나 만들어질 수 있습니까? 그 공간은 실체가 아니기 때문에 만들어지거나 생긴 것이 아니라 원래부터 있었던 것입니다." 그렇다. 아무리 전능하신 하나님이라 할지라도 아무것도 없는 것을 만들 수는 없다. 아무것도 없는 무한무변 공간은 영원 전부터 영원 후까지 하나님과 더불어 영원히 존재한다. 무가 없으면 유도 없듯이 아무것도 없는 공간이 없다면 하나님 조차도 존재할 수 없고, 마찬가지로 영원한 유로서 하나님이 없다면 영원한 무의 현실로서 무한공간 역시 존재할 수 없는 것이다. 한마디로 그런 세계는 아무것도 없는 세계가 아니라 세계 자체가 없는 것, 즉 아무것도 아닌 것이다.

3 ◦ 하나님과 무한 공간의 관계성

이제부터 모든 유의 근원이요 근본이며 근거인 하나님과 아무것도 없는 텅 빈 무한 공간, 이 둘의 관계성에 대해 좀 더 구체적으로 논의해보자.

하나님과 무한 공간의 관계는 유 속에 무가 있고 무 속에 유가 있는 것이다. 아무것도 없는 무한무변 공간에는 하나님이 존재하며, 하나님은 무한무변의 공간을 완전히 가득 채운다. 하나님은 유의 근거요 근원인 동시에 무의 영역까지 포괄하는 존재이다. 그리고 하나님도 무한하고 이 공간 또한 무한하니 무한과 무한은 영원히 함께 존재하는 것이다.

이것은 유가 무요 무가 유라고 하는 불교적 사유체계와는 다른 의미다. 불교의 사유체계에서는 하나님과 같이 아무것도 없는 무한 공간에 오직 말씀으로 우주 만물을 창조하신 전지전능 영원 무한한 존재가 없기 때문이다. 그들에게 최고의 존재는 무시무종의 우주에 태어나 수억겁을 윤회를 하며 깨달음이 진화하여 윤회의 질서를 구사일생으로 탈출한 부처라는 존재만 있을 뿐이다. 그리고 각 부처들의 법력은 전 우주에 미치는 것이 아니라 자신들이 다스리는 제한된 공간, 즉 지극히 작은 범위의 우주에만 미친다. 그 영향력도 그들의 전공과목에만 해당되는데, 약사여래는 병을 고쳐주는 법력을 발휘하고, 석가여래는 깨달음을 얻는 데 도움을 주는 법력을 가지고 있다. 따라서 불교 신자들은 각 부처의 전공과목을 잘 알고 빌어야 한다. 불교의 부처는 전 우주를 무에서 말씀으로 창조하신 영원무한하고 전지전능한 우리 하나님 같은 존재가 아니다.

그럼에도 불구하고 그들은 유와 무를 분리하여 생각하는 것은 서구의 상대주의적 사고로서 사상적 한계를 드러내는 것이라고 하며 불교의 우월성을 주장한다. 그들의 사유체계는 유무를 통합 포괄하는 보다 완전하고 심오하고 우월한 사고체계라는 것이다. 그리고 색즉시공(色卽是空)이요 공즉시색(空卽是色)*이라는 불교 경전 구절을 염불하며 공과 색을 나누는 것은 사람 마음의 현상일 뿐이며, 마음이 그것을 둘로 보기에 둘이 되는 것이지 하나로 보면 하나라고 주장한다.

그리고 그들은 또 현상세계에 대해 일체유심조(一體唯心造)**, 즉 모든 것은 마음이 지어낸 조화에 지나지 않는다는 교설을 말한다.

그러나 이런 주장은 현상세계를 인식하는 불교적 인식론에 불과할 뿐, 우주의 근원이나 궁극적 실체를 논하는 우주론적 영역까지 확장될 수는 없다고 생각한다. 사람은 머릿속으로 무엇을 생각한다고 해서, 또 무엇을 원한다고 해서 그것을 다 만들어낼 수 있는 것이 아니다. 사람이 상상으로는 어떤 어마어마한 생각이라도 못 할 것이 없다. 그러나 사람의 상상이 꼭 현실로 실현되는 것은 아니다. 생각한 대로 마음먹은 대로 우주의 실상을 만들 수 있는 분은 오직 하나님뿐이고 하나님의 마음뿐이다.

어떤 사람들은 일체유심조라는 말이 양자역학의 세계를 가르치고 있다고 말하기도 한다. 양자역학에서는 관찰자의 의지가 존재하는 것이 중요한 변수가 된다. 그러나 이것은 참으로 허무맹랑한 이론이 아닐 수 없다. 그들이 주장하는 모든 이론은 수학적 상상에 불과할 뿐 실제로 증명되는 것은 아무것도 없다. 초끈의 존재도, 그것의 불확정적 진동도, 그로 인해 만들어지는 소립자도 객관적으로 증명된 것은 없다. 우주의 근원에 대해 이러이러하다고 가정하면 수학적으로 이치적으로

*
색즉시공 공즉시색이란 말은 쿠마라지바가 산스크리트어로 된 『반야심경』을 한문으로 번역하는 과정에서 나온 용어이다. 원래는 "사리자(舍利子) 색즉시공(色卽是空) 공즉시색(空卽是色) 수상행식(受想行識) 역부여시(亦復如是)"로 번역하면 "사리자여, 물질이 빈 것과 다르지 않고 빈 것이 물질과 다르지 아니하며 물질이 곧 비었고 빈 것이 곧 물질이니 감각과 생각과 행함과 의식도 이와 같도다"이다. 많은 사람들이 이를 물리학의 양자역학을 뒷받침하는 이론으로 주장하는데 그것은 무리한 해석이다. 이 글귀는 우주론을 설한 것이 아니라 우주를 인식하는 인간의 인식세계에 대해 설한 것이다.

**
일체유심조(一體唯心造)란 화엄경의 핵심사상을 이루는 말로 "모든 것은 마음에서 지어낸다"는 뜻이다. 『화엄경』 『보살설계품』에는 "만일 어떤 사람이 삼세일체의 부처를 알고자 한다면 마땅히 법계의 본성을 관하라. 모든 것은 오로지 마음이 지어내는 것이다"라고 되어 있다.

설명이 되지 않느냐 하는 것이다. 그들은 과학자라 하면서 무한이라는 개념을 현상세계에 대입한다. 무한한 존재, 영원한 존재는 과학적으로 있을 수 없는 것이라고, 무한한 존재를 어떻게 과학적으로 입증할 수 있느냐고 하나님을 부정하던 사람들이 이제는 오히려 그들 자신이 무한이라는 개념을 그들의 이론에 도입하여 과학이라고 주장한다. 그들도 우주가 우연히 존재할 가능성이 10의 121자승 분의 1에 지나지 않는다는 사실을 잘 알고 있다. 그래서 이를 극복하기 위해 불가피하게 무한이라는 개념을 도입한 것이다. 초끈의 진동이나 중력의 파동 등이 무한하게 불확정적으로 반복되다 보면 우주 같은 질서정연한 거시적 우주, 그것도 생명체가 살아 숨 쉬는 우주가 만들어질 확률이 전혀 없는 것은 아니라고 주장한다. 10의 121자승 분의 1이 아무리 무한소에 가까운 가능성이라고는 하지만 무한에 비하여 아무것도 아니므로 수학적으로는 가능한 이론이다. 이런 사람들의 사유체계에서 탄생한 이론이 바로 무한우주론, 다중우주론, 11차원우주론, 평행우주론 등이다. 그러나 필자가 생각하기에 그들이 그렇게 무리한 주장을 하는 것은 그만큼 마음에 하나님을 두기 싫어하기 때문이다(로마서1:28).

일체유심조를 할 수 있는 것은 오직 우리 하나님뿐이다. 일체유심조는 피조세계의 역학으로 일어날 수 있는 것이 아니라, 마음으로 존재하고 마음으로 일하는 하나님에게만 일어날 수 있는 개념이다. 불교에서조차 12인연법으로 구동되는 무시무종 우주의 질서를 부처가 변경할 수 있다고 말하지 않는다. 아무리 일체유심조하는 부처라도 무시무종의 우주가 윤회하는 것을 바꿀 수 없다. 그들이 마음먹은 대로 그렇게 할 수 있다면 왜 하지 않았겠는가? 아무리 마음먹어도 그렇게 하고 싶어도 할 수 없으니 못하는 것이다. 그러므로 색즉시공 공즉시색 일체유심조라는 경구는 존재론적이나 우주론적으로 해석해서는 안 되는 경구이다. 그것은 다만 현상계, 즉 색계에 대한 인식은 마음먹기에 따라 행복과 불행이, 좋고 나쁨이 가름되는 것이니 현상세계에 일희일비하지 말고 허무한 욕심과 집착의 미망에서 깨어나라고 가르치는 것이다.

불교 경전에 언급되는 어떤 부처라 할지라도 그가 마음먹은 대로 우주를 만들고 우주의 근원적 질서를 변화시켰다고 하는 부처는 아무도 없다. 부처는 무시무종의 우주, 인연법을 따라 생성 변화하고 영원히 윤회하는 광대한 우주 가운데서 한낱 정신적으로 깨달음을 얻으며 진화한 작은 존재에 지나지 않으며, 부처라 할지라도 이 우주의 궁극적 질서만은 어떻게 할 수 없는 것이다. 그러므로 유 속에 무가 있고 무 속에 유가 있다고 하는 필자의 주장은 색즉시공 공즉시색 일체유심조라는 불교적 인식론과는 다른 것이므로 혼동해서는 안 된다.

4 ◦ 생각과 기운으로 충만한 하나님의 마음

앞서 아무것도 없는 무한 공간은 하나님이 존재하는 자리이지만 하나님의 마음으로 충만해 있으며, 또 하나님의 마음은 아무것도 없는 무한공간을 완전히 포괄하고 있다고 말했다. 그런데 마음은 생각과 기운을 포함하는 개념이요 현실이다. 생각이 없는 마음도 하나님의 마음이 아니고 기운이 일어나지 않는 마음도 하나님의 마음이 아니다. 아무리 하나님의 마음이라 할지라도 생각도 없고 기운도 없는 상태에서는, 그리고 기운 없는 생각, 생각 없는 기운만으로는 창조가 일어날 수 없다. 그러므로 하나님이 마음으로 무한 공간을 품고 있다는 것은 하나님이 마음의 생각과 기운으로 절대 무한 공간을 품고 있다는 뜻이다(창세기 1:2). 성리학에서는 이(理)와 기(氣)를 우주의 근원적 요소로 보는데, 이것은 기독교의 삼위일체론과 통한다고 할 수 있다. 성서를 통해 드러난 하나님의 마음의 기능은 바로 이(理), 즉 말씀(요한복음 1:1)과 기운(氣), 즉 신령한 힘으로 이루어져 있기 때문이다.

5 ◦ 무에서 유는 나올 수 없다

무신론적 이론물리학자들은 창조주 하나님의 존재를 부정하고, 절대 무에서 유, 즉 현 우주가 나타났다고 말한다. 그러나 절대적 무에서 유의 세계가 생겨났다면 그것은 절대 무의 공간이 아니라, 모종의 있음이 있는 우주, 즉 현 우주가 생길 수 있는 어떤 원물질, 어떤 원기운, 어떤 근원적 메커니즘이 존재하는 공간일 것이다. 예를 들면 중력이나 양자역학에서 말하는 영원히 진동하는 초끈 등이다. 이는 고대 희랍철학의 아르케론*이나 장자의 태허론에 대한 현대적 해석이라고도 볼 수 있다.

그렇다면 그런 유의 요소나 요인들이 존재하는 공간은 절대 무의 공간이 아니라 모종의 보이지 않는 원질이 있는 유의 공간이라고밖에 생각할 수 없다. 그러므로 우주는 창조주에 의해 만들어진 것이 아니라, 절대 무의 공간에서 스스로 우연히 생겨난 것이라는 무신론자들의 주장은 유와 무의 개념론으로도, 우주론적으로도, 현상학적으로도 전혀 맞지 않는 주장이다. 그러므로 그들이 주장하는 무의 공간은 절대 무의 공간이 아니라는 결론에 도달하게 된다. 차라리 장자의 말대로 태초부터 유가 있었고 유에서 다른 유가 생겨났다고 말하는 것이 솔직한 주장이라고 생각한다. 실제로 오늘날 무신론적 이론물리학자들은 옹색하게도 태초 이전부터 아무것도 없는 우주공간에 오직 중력이 있어서 그 중력의 파동으로 우주가 탄생했다고 하거나, 모든 우주만물은 우주에 보편적으로 퍼져 있는 원물질인 초끈의** 불확정적 진동에 의해 우발적으로 생겨난 것이라고 주장한다. 그러므로 그들에게는 중력과 초끈이 영원 전부터 우주 공간 속에 있어온 영원한 존재라는 것이고, 그 중력과 초끈이 우주를 창조한 창조주요 어머니라는 것이다. 아이러니하게도 우주의 근원적 메커니즘을 규명한다는 이유로 영원 무한하신 하나님의 존재를 부정했던 그들이 오늘 날에는 영원 무한한 중력, 영원 무한한 초끈의 존재를 상정하여 하나님 자리에 대치시켜 놓는 자기모순에 빠져있는 것이다. 이처럼 우주의 물리학적 근원을 설명하기 위해 또 다른 물리학적 요소를 둘러대는 것은 궁극적 답변이 되지 못할 뿐 아니라 한낱 이론이거나 수학적 가설일 뿐 어떤 과학적 증거, 실험적 증거도 없다. 이런 주장은 진실로 이성적 사고를 하는 사람들의 동의를 얻기 어렵다. 그러한 주장은 오직 하나님의 존재를 인정하기 싫은 과학자들이 대안으로 믿고 싶은 이론에 불과하다. 중력 같은 물리학적 힘, 또는 초끈 같은 우주의 원질 그 자체가 영원 전부터 존재하고 있다는 이론은 입증될 수 없는 비과학적 주장이며, 물질의 근원을 또 다른 물질로 둘러대는 식의 끝없는 인과의 사슬로 인해 그들은 결국 스스로 논리적 오리무중에 빠져있는 것이다.

*
고대 희랍철학에서 아르케론을 처음 주창한 사람은 탈레스이다. 그는 "이 세계와 만물의 원질, 즉 아르케(Arche)는 무엇인가?"라고 스스로 질문하고 스스로 답을 내놓았는데, 그것은 물이라고 했다. 그 후 아낙시만드로스는 아무런 한정성도 없는 것, 끝도 없고 어떤 특정한 성격도 지니지 아니한 아페이론(apeiron)이라고 했고, 아낙시메네스는 물적 개념이 아닌 숨결, 영혼, 공기, 생명을 의미하는 프시케(Psyche)라고 했다. 데모크리토스는 더 이상 나뉘지 않는 원자(Atom)라고 함으로서 최초의 유물론자가 되었고, 피타고라스는 우주만물의 원질보다는 수(數)의 법칙이라는 원리를 추구했다.

**
초끈이론(Superstring theory)은 자연계의 모든 입자와 기본 상호작용을 미소한 크기의 초대칭적 끈의 진동으로 설명하려는 시도이다. 이 이론은 거시적 우주에 대한 상대성이론과 미시적 세계에 대한 양자론의 충돌을 설명하기 위한 것이다. 이 충돌은 '프랑크의 길'이라는 아주 작은 영역 안에서 일어나는 것으로서 양자적 요동이라는 현상을 의미한다. 그러나 기존의 양자론은 양자적 요동을 예견하기는 했지만 기존의 거시적 우주의 상대성이론과 부합할 수 없었다. 거시적 상대성이론과 미시적 양자역학이론이 통합될 확률은 0%에 불과했다. 이런 상황에서 나온 이론이 바로 초끈이론이다. 그럼에도 불구하고 이 주장은 단순히 수학적 확률이론에 머물러 있으며, 아직 거시적 세계의 원리와 미시적 세계의 원리를 통합하는 통일장 이론까지 도달하지 못하고 있다.

6 ◦ 모든 유는 하나님으로부터 나온다

필자는 무신론적 이론물리학자들의 주장보다는 모든 물리학적 존재의 근원으로서 비물리학적이고 초자연적인 존재, 즉 창조주 하나님을 상정하는 것이 더 합리적 주장이라고 생각한다. 그래서 많은 과학자들이 이 세상 우주만물의 근원으로서 하나님을 상정하고 있는 것이다. 이것은 이성적으로도 합리적인 생각이기 때문에 사람들은 비로소 이런 세계관 속에서 논리적 조화를 발견하고 마음의 평안을 얻게 되는데, 그들이 바로 유신론적 과학자들이다.

무신론자들은 우주의 근원에 대해 어떤 궁극적인 답도 갖고 있지 못한다. 그러면서도 그들은 여전히 하나님이 없다고 주장한다. 하나님이 없다는 무신론자들의 주장은 존재론적 근거나 우주론적 근거, 과학적 증거도 없고, 또한 도덕론적 당위성도 없다. 그들은 어떤 근거가 있어서가 아니라 그저 심정적으로 하나님의 존재를 인정하고 싶지 않은 것이다. 성서는 이들에 대해 "어리석은 자는 그 마음에 이르기를 하나님이 없다 하도다(시편14:1)", "그들이 마음에 하나님을 두기 싫어하매(로마서1:28)"라고 기록하고 있다. 하나님 없이 무에서 유가 생겨났다고 하는 무신론자들의 주장은 결코 이성적 사고도, 논리적 사유도 아니다. 그들의 주장은 유에서 유가 생겨났다고 하는 것에 지나지 않는다. 그렇다면 그들이 주장하는 우주의 근원으로서 물리학적 유는 또 어떻게 존재하게 된 것인가? 결국 그들은 유의 근원이 되는 하나님을 부정하다 보니 다른 근원으로서 유를 생각하게 된 것이다. 그들의 다차원 우주론은 얼마 전까지 9차원 우주론이었다. 그러나 이제는 11차원 우주론까지 나왔다. 얼마 지나지 않아 유명세를 얻고 싶은 어떤 과학자에 의해 12차원 15차원 20차원 우주론이 나올지도 모른다. 아마 그렇게 될 것이다. 그 때는 M이론에 입각한 11차원 우주론이 너무나 불완전한 이론이었다고 평가될 것이다.

IV 하나님과 시간의 관계

1 ◦ 첫 번째 사유

빅뱅이론을 주장하는 과학자들은 빅뱅이 일어나면서 시간이 시작되었다고 말한다. 신학자들도 하나님이 태초에 천지를 창조하실 때 시간도 창조되었다고 말한다. 창세기 1:1에 "하나님이 태초에 천지를 창조하시니라"고 기록하고 있는데, 여기서 태초라는 말은 시간을 의미한다는 것이다. 하나님이 천지를 창조하시므로 시간이 공간과 더불어 존재하게 되었다는 주장이다. 그러나 필자는 이런 신학자들의 견해에 동의할 수 없다. 그 이유는 태초라는 말이 창세기 1:1절에만 기록되어 있는 것이 아니라 요한복음 1:1절에도 기록되어 있기 때문이다. 창세우주가 창조될 때 시작된 시간은 특정한 시간이 시작된 것일 뿐, 시간은 창세 전에 이미 하나님과 더불어 존재하고 있었다.

기 1:1절의 '태초에'가 시간의 창조를 의미한다면 요한복음 1:1절에 나오는 태초는 또 무엇이냐 하는 것이다. 요한복음 1:1절 "태초에 말씀이 계시니라"에 나오는 태초는 우주가 창조되기 전을 말하는 것이므로 '태초에'가 시간의 시작점이라는 말은 틀린 주장이다. 그들의 논리라면 시간은 요한복음 1:1절의 태초에 한 번 창조되고, 창세기 1:1절의 태초에 두 번째 창조되었다는 말이 되므로 엉터리 주장이라고 할 수 있다.

우주가 창조될 때 시작된 시간은 특정한 시간이 시작된 것일 뿐, 시간은 창세 전에 이미 하나님과 더불어 존재하고 있었다. 시간은 본질적으로 하나님이 만드신 것이 아니라 하나님과 더불어 영원히 존재하는 현실이다. 시간이란 움직임을 규정하는 개념이다. 사물이든 사람의 생각이든 무엇이든 움직이는 순간 시간은 그 움직임 속에 이미 존재하는 것이다. 성서를 보면 창세 이전에 이미 하나님의 마음에 시간이 존재했음을 알 수 있다. 로마서 8:29절은 "하나님이 미리 아신 자들을 또한 그 아들이 형상을 본받게 하기 위하여 미리 정하셨으니"라고 되어 있다. 그렇다면 여기서도 정하기 전과 정한 후라는 시간성이 존재하는 것이다. 히브리서 1:5절에 "하나님께서 천사 중 누구에게 너는 내 아들이라 오늘 내가 너를 낳았다 하셨으며"라고 기록되어 있는데, 여기서도 아들을 낳기 전과 낳은 후라는 시간성이 나타난다. 이처럼 하나님의 마음이나 생각의 움직임 속에 이미 시간성은 존재하는 것이다. 그러므로 시간은 세계를 창조한 이후에 존재한 것이 아니라 살아 계신 하나님과 더불어 영원히 존재하는 근원적 질서이다. 다만 사람은 사람의 시간을 살고 하나님은 하나님의 시간을 사는 것이 다를 뿐이다. 그래서 베드로 사도는 베드로 후서 3:8절에서 "사랑하는 자들아, 주께서 하루가 천년 같고 천년이 하루 같다는 이 한 가지를 잊지 말라"라고 말씀하신 것이다.

혹자는 하나님의 마음속에 일어나는 사건은 영원 속에 일어나는 것이지 시간의 연속적 흐름 속에 일어나는 것이 아니라고 말할지도 모른다. 그러나 그것은 상상으로 하는 궤변일 뿐 결코 성서적 주장이 아니다. 성서는 분명히 하나님의 모든 행위는 시간의 질서를 벗어나지 않고 있음을 증거하고 있다. 하나님이 어떤 생각을 하고 마음을 정하고 명령한다는 것은 하나님의 마음이 움직인다는 뜻이고, 그 움직임은 시간성 속에서 이루어진 것이다. 움직임이 바로 시간성이다. 하나님이 살아 계시다는 것은 생각한다는 것이고 마음이 움직인다는 것이다. 마음이 움직이지 않는다면 그는 죽은 하나님이거나 존재하지 않은 하나님이다. 데카르트도 말하지 않았는가? "나는 생각한다, 고로 존재한다"고 말이다. 하나님도 생각하시므로 존재하는 것이다.

살아 계신 하나님이라는 것은 마음과 생각이 움직이는 분이라는 뜻이다. 누군가 하나님은 시간성을 초월하여 존재한다고 주장한다면, 하나님은 생각하지 않는 분, 마음이 움직이지 않는 분이라고 주장하는 것과 같다. 그는 이런 하나님을 성서적으로 증명해야 할 것이다. 마음이나 생각이 움직이지 않는 하나님은 없는 것과 마찬가지인 죽은 하나님이며, 적어도 성서가 계시하는 하나님은 아니다. 그런 하나님이 있다고 주장하는 것은 비성서적이며 비신학적일 뿐 아니라, 심지어는 철학적으로도 논의할 가치가 없는 궁극자가 될 것이다. 그러므로 공간 없이 하나님이 존재할 수 없듯이 시간 없이도 하나님은 존재할 수 없다. 다만 하나님의 시간은 인간의 시간과 다를 뿐이다. 이런 관점을 가지고 창세기 1장에 나오는 첫째 날, 둘째 날과 같은 기록을 해석해야 한다. 결론적으로 성서가 증거하는 하나님은 시간 속에 존재하는 하나님, 시간 속에서 살아 역사하는 하나님인 것이다.

2 ◦ 두 번째 사유

칼 바르트는 하나님의 시간*은 과거 현재 미래라는 세 개의 시간을 동시에 사는 동시성의 시간**이며, 이를 영원한 시간이라 규정했다. 그리고 인간의 시간은 과거 현재 미래의 순서로 흘러가는 일시적 시간, 잠정적 시간, 연속적 시간이라고 말했다.

그러나 필자는 이런 생각에 동의할 수 없다. 왜냐하면 이것은 성서적 주장이 아니기 때문이다. 우선 시간성이란 무엇인가 하는 것을 한번 생각해봐야 한다. 시간성이란 전후가 있는 것을 의미한다. 우리는 이러한 시간에 아주 익숙해져 있다. 시간에는 객관 세계에 흐르는 객관적 시간이 있고, 어떤 상황의 관찰자가 느끼는 주관적 시간이 있다. 그리고 현재 우리 우주에 흐르는 객관적 시간도, 또한 우리 마음속의 주관적 시간도 절대적 시간이 아니라 상대적 시간이다.

아인슈타인은 그의 상대성이론에서 우리 우주에는 하나의 시간만 흐르는 것이 아니라 다양한 시간이 흐르고 있다고 주장했다. 그에 의하면 지구에 흐르는 시간과 블랙홀의 시간은 다르다고 한다. 또한 가정해서 초속 수십만 킬로미터로 움직이는 우주선이 있다고 할 때 우주선 안의 시간과 밖의 시간은 다르다고 한다. 또 우리 우주에는 다양한 중력의 상태가 존재하는데, 그에 따라 시간도 다양하게 휘어지고, 시간의 속도도 따라 달라진다고 한다. 그래서 우주에 흐르는 모든 객관적 시간은 상대적 시간이라는 것이다.

또한 주관적 시간 역시 상대적이다. 주관적 시간은 모든 살아 있는 피조물들의 마음속에 흐르고 있는데 그 존재의 상황에 따라 시간의 주관적 흐름이 저마다 다르다고 한다. 주관적 시간성도 상대적이라는 말이다. 예를 들면 사람이 느끼는 시간의 흐름과 하루살이가 느끼는 시간의 흐름은 다르다는 것이다. 이는 그들 마음속에 흐르는 시간의 인식이 다르기 때문이다. 또 지독한 고문을 받는 사람이 느끼는 하루와 누군가를 사랑하는 사람의 하루는 흐름의 속도가 다르다. 전자는 시간이 너무 완만하게 흐른다고 느낄 것이고, 후자는 시간이 너무 빨리 지나간다고 느낄 것이다. 이처럼 주관적 시간도 상대적이라는 것이다.

그러므로 우리가 살고 있는 우주의 시간은 객관적 시간이든 주관적 시간이든 상대적이다. 그러나 변함없는 사실은 어떤 공간의 시간이라 할지라도, 어떤 위치에서 관찰한 시간이라 할지라도, 또 어떤 수명과 감정 상태의 사람이 경험하는 주관적 시간이라 할지라도 전과 후라는 시간성은 동일하게 존재하는 것이다 시간의 불가역적 질서는 동일하다는 것이다. 시간은 거꾸로 흐를 수 없고, 또한 동시성일 수도 없다. 동시적 시간이란 신학적 철학적 상상일 뿐 그런 시간은 존재하지 않는다. 시간이 원자 속에 흐르는 전자기력이라 할지라도, 양자역학에서 주장하는 불확정적으로 진동하는 초끈이라 할지라도, 또는 M이론에서 말하는 11차원 우주가 있다 하더라도 모든 움직이는 것은 전과 후라는 시간의 질서를 벗어날 수 없다. 전후가 없는 동시성의 시간이나 거꾸로 흐르는 시간은 소설이나 영화에서 가능한 이야기다.

그러면 하나님의 시간과 우리 인간의 시간은 어떤 차이가 있는가? 필자는 이 지점에서 존경하는 신학자 바르트와 길을 달리한다. 그는 사람의 시간은 과거에서 현재, 미래로 흐르는 일시적 시간이고, 하나님의 시간은 세 개의 시간을 순간 속에서 동시적으로 경험하는 영원한 시간이라고 말한다.

*
바르트의 영원과 시간의 변증법은 키르케고르의 하나님과 인간, 영원과 시간 사이에 존재하는 질적 차이론의 영향을 받은 것이다. 바르트의 신학은 역사를 초월하여 계신 하나님이 영원한 자신의 뜻을 실현하기 위해 역사 속에 들어와 초역사적 심판의 복음을 선포하는 것을 설명한다. 이러한 신학적 입장은 역사 속에서 자유의 정신으로 살아 지속적으로 역사하는 하나님을 주장하는 헤겔의 입장과의 결별을 의미한다.

**
바르트는 초역사적인 것, 초자연적 하나님을 설명하기 위해 하나님의 시간을 과거 현재 미래의 구분이 없는 동시성의 시간으로 규정했다. 그러나 이러한 주장은 성서의 기록에 의거한 해석이 아니라 자신의 사유를 전개한 것에 불과하다. 하나님이 사시는 영원한 시간이란 동시성의 시간이 아니라 하루가 천년 같고 천년이 하루 같은 시간을 의미한다는 것이 성서의 증언이다.
아이작 뉴턴은 객관적 시간과 공간에 대해 절대 시간론과 절대 공간론을 주장했다. 그러나 아인슈타인은 상대 공간론과 상대 시간론을 주장했다. 결과적으로 뉴톤의 주장은 틀렸고, 아인슈타인의 주장이 옳았다는 것이 증명되었다.

물론 그는 영원한 시간을 사시는 하나님이 일시적 시간을 사는 사람과 만나는 현 시간에 대해 언급하기는 한다. 필자는 과거 칼 바르트의 신학에 큰 영향을 받았다. 그러나 말씀의 신학자라는 사람이 성서에 근거하지 않은 시간론을 펼치고 있다는 점에서 그의 주장을 지지할 수 없다. 그는 주장의 근거로 "나는 스스로 있는 자(영원자존자)라"는 출애굽기3:14절의 말씀을 예시하고 있으나 그 구절은 동시성의 시간을 사시는 하나님이라는 의미가 아니라 단지 하나님은 무엇에 의해 존재하거나 시작이나 끝이 있는 것이 아닌 영원 전부터 영원 후까지 스스로 영원히 존재하는 분이라는 의미를 담고 있을 뿐이다.

그러면 필자는 영원한 하나님이라는 용어를 거부하고 있는가? 필자도 영원하신 하나님이라는 점에는 동의한다. 필자가 이해하는 영원한 하나님은 다음과 같은 의미를 갖는다.

첫째, 하나님은 시작도 끝도 없는 분이라는 뜻이다. 하나님은 어느 시점에서 생겨나거나 어느 시점에서 소멸되는 분이 아니라 영원히 존재하는 존재이다.

둘째, 하나님이 영원하다는 것은 하나님이 과거 현재 미래를 동시적으로 사신다는 것을 의미하지 않는다. 하나님의 시간도 전과 후가 있는 연속적 시간이다. 다만 사람의 시간과 하나님의 시간은 그 흐름이 다를 뿐이다. 하나님의 시간은 하루가 천년 같고 천년이 하루 같은 시간, 즉 1초를 100억 년처럼, 100억 년을 1초처럼 사실 수 있다는 것이다. 지금 과학자들은 우주의 나이를 138억 년이라고 주장한다. 이 138억 년도 하나님에게는 순간에 지나지 않는다. 지뢰가 폭발하는 그 순간도 하나님은 1억 년처럼 느끼고 사실 수 있다. 바로 이런 시간이 하나님이 사시는 시간이며, 굳이 용어를 사용한다면 영원한 시간이라고 규정할 수 있다. 그래서 창세기 1장의 하루도 어떤 날은 사람이 경험하는 지구의 시간으로 수억 년도 될 수 있고, 어떤 날은 수백만 년도 될 수 있다.

셋째, 하나님의 시간은 절대적 시간이라는 의미다. 하나님은 마음으로만 존재하는 분이기 때문에, 그리고 이리저리 옮겨 다닐 필요 없이 온 우주에 편재하여 계시기 때문에 그의 시간은 상대적 시간이 아니라 절대적 시간일 수밖에 없다. 그러나 절대적 시간이라 할지라도 하나님의 시간도 전과 후라는 시간성은 존재한다. 필자의 이런 주장은 성서와 완전히 일치되는 주장이다. 그래서 이러한 하나님을 가리켜 영원한 하나님이라고 하는 것이다.

넷째, 하나님의 시간은 피조 세계의 객관적 시간과 주관적 시간 모두를 포괄한다는 뜻이다. 그래서 하나님은 사람을 객관적 시간에서도 만날 수 있고, 꿈이나 환상 등 주관적 시간 속에서도 만날 수 있다. 영원한 시간 속의 하나님이 잠정적 시간 속의 인간을 만날 수 있는 이유는 하나님과 사람이 영으로 연결되어 있고, 하나님의 형상이라는 유사한 마음의 시스템을 동일하게 가지고 있으며, 하나님은 전지전능하시어서 인간의 어떤 시간과도 얼마든지 주파수를 맞출 수 있기 때문이다. 천년이 하루 같고 하루가 천년 같은 하나님의 시간은 인간의 객관적 시간과 주관적 시간을 모두 포괄하는 시간이다. 사람의 시간과 주파수를 맞춘 하나님의 시간을 가리켜 바르트는 현시간의 하나님이라고 규정한 것이다.

다섯째, 하나님이 존재하는 자리는 온 우주의 중심이며, 하나님의 시간은 그리니치 표준시가 지구의 표준시이듯이 온 우주의 표준시이며, 온 우주에 흐르는 모든 시간을 동시적으로 직면하는 시간이다. 이러한 현실을 가리켜 하나님의 영원한 시간이라 하는 것이다.

여섯째, 영원한 시간이란 시간의 길이가 아니라 시간의 질을 의미하기도 한다. 성서에 영원한 천국이라든지 영원한 지옥이라고 기록된 것은 시간의 길이를 의미하는 것이 아니라 시간의 질에 관계되는 용어이기도 하다는 것이다. 요한복음 1:16절에서 "하나님이 세상을 이처럼 사랑하사 독생자를 주셨으니 이는 저를 믿는 자마다 멸망치 않고 영생을 얻게 하려 하심이라"라는 말씀 중 영생은 오랜 시간의 길이를 의미하는 것이라기보다 그 시간에 담긴 질적인 면을 의미한다. 오래 사는 것이 영생이라면 지옥에서도 끝없이 사는 것도 영생이라고 해야 할 것이다.

그러므로 하나님의 시간이 영원한 시간이라는 것은 하나님의 시간이 동시성의 시간이라는 뜻이 아니다. 하나님의 시간은 동시성에 가까울 수는 있으나 동시성의 시간은 아니다. 동시성의 시간은 시간으로 존재할 수 없는 불가능한 시간이다. 성서 어디에도 하나님께서 이런 시간을 사시는 분이라는 구절이 없다. 바르트의 주장대로 하나님께서 사시는 시간이 동시성의 시간이라고 한다면, 성서에 나타난 복음의 진정성과 십자가 사랑의 절절함은 한낱 코미디가 되고 말 것이다. 물론 하나님은 현재의 역사뿐 아니라 미래의 역사까지 통찰할 수 있다. 그러나 이것은 이미 존재하고 있는 미래를 본다는 의미가 아니라 하나님은 전지전능하시기에 그가 계획한 대로 섭리할 수 있다는 점에서 미래의 역사를 볼 수 있다고 하는 것이다. 그래서 로마서 8:29절에는 "미리 아신 자들"이라고 했지 "미리 보신 자들"이라고 하지 않은 것이다. 하나님이 미리 보셨다면 그것은 하나님의 마음속에 있는 생각이나 환상을 본 것에 불과하다.

바르트의 영원한 시간론은 자칫하면 이 우주가 과거도 현재도 미래도 영원히 동시에 존재함으로써 과거 세계나 미래 세계로 시간 여행을 할 수 있다고 하는 시간여행론자들의 주장과 다를 바 없다는 오해를 받을 수도 있다. 또한 양자역학의 세계에서 시간은 과거도 현재도 미래도 없다고 하는 양자역학론자들의 주장에 힘을 실어줄 수도 있다. 하나님의 마음속에 그가 계획한 우주의 미래가 확정적으로 보인다면 몰라도, 하나님이 우주의 과거 현재 미래를 동시적으로 보고 사는 존재라면, 성서의 복음에 나타난 하나님의 사랑의 탄식과 애환은 도대체 무엇이라고 설명해야 할 것인가? 과연 그런 하나님의 탄식과 애환이 절실하다고 볼 수 있을 것인가? 그것은 자기가 시나리오를 쓰고 영화를 만들었기 때문에 이미 그 내용을 다 알고 있는 어느 영화감독이 자기 영화를 보면서 혼자 울고 웃는 것과 같이 한낱 값싼 감상주의에 불과할 것이다. 이런 경우 십자가 복음의 절절한 현실성과 긴박함은 한낱 코미디가 되고 만다. 성서에 나타난 하나님의 슬픔은 진실한 슬픔이어야 하고, 환희 또한 진실한 환희여야 한다. 백번도 더 보아 그 내용을 훤히 알고 있는 사람이 그 영화를 다시 보며 흘리는 값싼 눈물이어서는 안 된다. KBS에서 이산가족 찾기 프로그램을 할 때, 수십 년 만에 만난 아들과 딸을 끌어안고 통곡하는 어머니의 눈물처럼 절실해야 한다. 그것이 바로 성서가 계시하는 복음의 세계이며 하나님의 마음이며 하나님의 시간이다.

하나님의 영원한 시간이란 전과 후라는 시간성이 배제되거나 그것을 초월한 동시성의 시간이 아니라, 천년이 하루 같고 하루가 천년 같은 시간, 138억 년을 1초처럼, 1초를 138억 년처럼 사시는 시간을 의미한다. 이러한 시간성을 사시는 하나님이 영원히 존재한다고 해서 하나님의 초월성과 존엄성이 훼손되는 것은 아니다. 그러므로 시간이란 하나님과 더불어 영원 전부터 영원 후까지 하나님과 더불어 영원히 존재하는 우주의 근본적 근원적 질서인 것이다.

V 시간과 공간에 대한 결론

하나님과 시간은 분리될 수 없다. 또한 하나님과 공간도 분리할 수 없다. 하나님이 존재한다는 말과 하나님이 살아 계시다는 말은 이미 공간성과 시간성을 전제로 한 이야기다. 하나님이 살아 계시다는 것은 움직인다는 뜻이고, 움직이는 존재는 시간성을 사는 존재이다. 또한 하나님이 존재한다는 것은 공간성을 전제로 한 이야기이다. 우리는 공간 없이 존재하는 하나님을 상상할 수 없다. 공간이 없으면 존재도 없다. 태초에 하나님의 존재하는 자리는 아무것도 없는 무한무변의 공간이었다. 태초부터 하나남이 존재하는 자리는 아무것도 없는 무한 공간이었다. 그러므로 영원히 살아계신 하나님은 시간성과 공간성을 동시에 가진 존재라는 것을 의미한다. 하나님과 시간과 공간은 떨어질 수 없고 영원히 함께 존재한다고 보아야 한다. 다만 영원 전부터 존재하는 시간과 공간은 피조세계의 특정한 공간이나 시간이 아니라, 무한한 하나님이 존재하는 무한무변 공간이라는 것, 그리고 천년이 하루 같고 하루가 천년 같은 하나님의 시간이라는 것이 다를 뿐이다. 그러므로 시간과 공간은 창조된 것이 아니라 근원적으로 본래 부터 하나님과 함께 영원히 존재하는 것이다.

하나님에 대한 형이상학적 이해

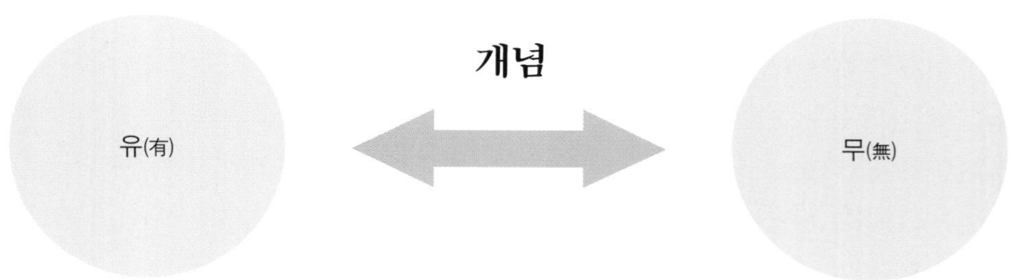

1. 유와 무는 기본 개념이다. 유와 무는 모든 사유의 기본 질서다.
2. 유와 무는 독립 개념이다. 유는 유이고, 무는 무라는 말이다.
3. 유와 무는 상대 개념이다. 정반대의 개념이라는 말이다.
4. 유와 무는 의존 개념이다. 유 없는 무도 불가능하고, 무 없는 유도 불가능하다는 뜻이다.
5. 유도 없고 무도 없는 것*은 불가능하다고 하기 보다는 아무것도 아닌 것, 즉 사유의 종말을 의미한다.
6. 유와 무는 관계 개념이다. 내포와 외연의 관계이다. 유 속에 무가 있고, 무 속에 유가 있는(Thing in Nothing, Nothing in Thing) 관계 개념이다.
7. 유와 무는 통합 개념이다. 유와 무는 통합될 때 존재하는 것, 즉 존재자라는 개념이 성립된다. 이는 음양이 합하여 한 세계, 한 우주를 이룬다는 것과 유사한 것이다.

* 유도 없고 무도 없는 것은 불가능하다기보다 아무것도 아닌 것이다. 아무 의미도 없는 쓸데없는 생각이라는 뜻이다.

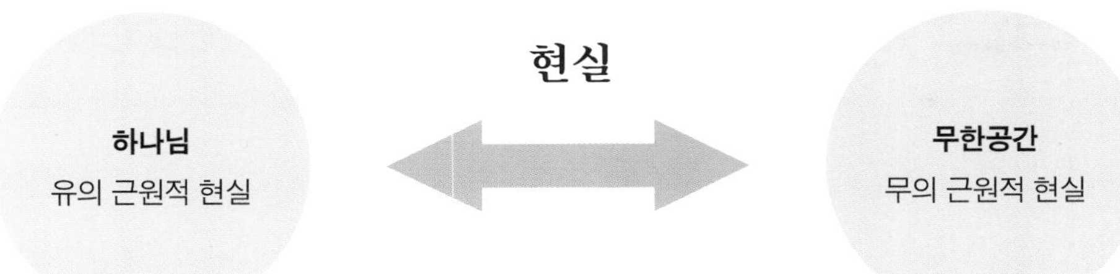

1. 하나님은 유의 근원적 현실이고, 텅 빈 무한 공간은 무의 근원적 현실이다. 이는 하나님과 무한 공간이 우리 우주 안에도 유와 무로서 존재하기 때문이다. 모든 유는 유의 근원적 현실인 하나님으로부터 나오고, 현 우주 속의 무는 무의 근원적 현실인 텅 빈 무한 공간을 반영하고 있다.

2. 마음으로서 하나님과 텅 빈 무한공간은 온 우주의 기본적 질서이며 근원적 현실이다. 그러므로 두 궁극적 현실은 영원히 함께 있는 것이다. 하나님은 영원 전부터 스스로 있는 존재이고, 무한 공간은 아무것도 없는 공간을 의미하기 때문에 하나님이 창조할 수 있는 것이 아니다. 둘은 영원히 함께 공존하는 관계이다.

3. 하나님과 무한 공간은 함께 무한하기 때문에 크기를 비교할 수 없다. 무한과 무한, 두 무한의 크기는 비교할 수 없는 것이다.

4. 하나님과 무한 공간은 내포 외연의 관계 속에 존재한다. 하나님 안에 무한 공간이 있는 것이고, 무한 공간 안에 하나님이 있는 것이다.

5. 하나님이 외연이고 무가 내포일 수 있는 것은 하나님은 마음으로 존재하기에 텅 빈 무한 공간을 마음에 품을 수 있고, 하나님이 내포이고 무한 공간이 외연일 수 있는 것은 하나님도 공간 안에 존재하며 공간 없이는 존재할 수 없기 때문이다.

6. 하나님과 무한 공간이 존재하게 된 시간은 비교할 수 없다. 둘 다 영원하기 때문이다.

7. 시간은 창조된 것이 아니라 하나님과 더불어 영원히 존재하는 것이다. 하나님이 살아 계시다고 하는 것은 하나님의 마음이 움직인다는 것이고, 마음이 움직인다는 것은 생각이 움직인다는 뜻이다. 그리고 움직이는 현상을 시간이라고 한다.

8. 텅 빈 무한 공간과 시간은 창조된 것이 아니라 원래부터 영원히 존재하는 것이다. 다만 우리가 사는 현 우주라는 공간과 현 우주에 흐르는 시간은 하나님이 창조하신 것이다. 그러나 현 시간은 우주 만물이 움직이는 역학에 따라 다르게 나타나는 상대적 질서일 뿐이다.

Chapter 3 제 3 장

하나님은 실재하는가 / 신존재증명론

I 기독교 변증론의 중요성

기독교 변증론이 중요한 이유를 다음 3가지 측면에서 이야기할 수 있다.

첫째, 하나님의 실재에 대한 변증은 신론에서 필수적으로 다루어야 하는 내용이기 때문이다. 생각해보라. 아무리 하나님에 대한 교리나 신학이 깊고 오묘하다 하더라도 그 하나님의 실재가 전제되지 않는다면 그 교리나 신학이 무슨 의미가 있겠는가? 그런 점에서 하나님의 실재 문제는 반드시 집고 넘어가야 할 사항이다. 이러한 변증의 과정을 통해 우리 하나님이 실재하신다는 이성적 확신을 얻게 되면, 그 사람은 당연히 창조 구속 구원 등 하나님의 역사하심에 대해 더 큰 의미와 관심을 갖게 될 것이다.

둘째, 하나님의 존재 여부에 대한 논쟁이 금세기 들어 더욱 치열해졌기 때문이다. 17세기 이전까지 기독교 사상이 지배적이었던 서구 사상계는 18세기 계몽주의 시대에 모더니즘의 도전을 받은데 이어 무신론사상의 도전을 받게 되었다. 대표적 사상가로는 프리드리히 니체, 장 폴 사르트르, 마르틴 하이데거*, 카를 마르크스, 프리드리히 엥겔스, 루드비히 포이에르 바하** 등이 있다. 또한 20세기에 들어서는 급속하게 발달된 과학이론을 등에 업고 무신론적 우연 진화론이나 무신론적 이론물리학 등의 도전이 기독교계에 거세게 몰아치고 있다.

오늘날 세계 각지에서는 유신론과 무신론 양 진영의 학자들 간에 공개토론을 통해 세기적 논쟁이 벌어지고 있으며, 세계의 유명 매스컴들은 이 과정과 결과를 전 인류의 지식인들에게 전파하고 있다. 탈봇신학교의 윌리엄 크레이그 교수***와 유명 언론인 크리스토퍼 히친소 간의 논쟁, 로완 윌리엄스 전 켄터베리 대주교와 리처드 도킨스 간의 논쟁 등은 이 시대 지식인라면 모르는 사람이 없을 정도이다. 그 논쟁의 전면적 논점은 신의 존재, 신의 창조, 신의 섭리 여부이다.

그러나 이들 논쟁에서 기타 세세한 신학적 명제는 거의 다루어지지 않는다. 그런 부분이 언급되는 때는 무신론 진영에서 패색이 짙어질 때이다. 예를 들어 변증론 측면에서 일방적으로 수세에 몰린 무신론 진영은 최후의 반격 카드로 기독교 신학계의 약점을 걸고 넘어진다. 근본주의 신학자들이 주장하는 '젊은 지구론', 즉 인류 역사 6,000년설, 태양계 역사 6,000년설, 단일격변설 등 비과학적 비지성적 신학사상을 세계의 지성인들 앞에서 제기하고 그 문제점을 집요하게 공격하고 물고 늘어짐으로써 기울어진 전세를 뒤집고자 했다. 유감스럽게도 이런 무신론 진영의 공격은 매번 효과를 거두어 모인 청중들의 호응을 얻었다. 그런 점에서 근본주의자들의 비지성적 신학사상은 창

*
마르틴 하이데거(Martin Heidegger, 1889-1976)는 독일 출신의 저명한 철학자로서 20세기 초반 현상학과 실존주의, 해석학의 선구자적 인물이며 포스트모더니즘 등 후대 대륙 철학의 조류에 지대한 영향을 미쳤다. 대표 저서 존재와 시간 에서 전통적인 플라톤주의적인 객관적 존재론, 즉 초월적 신의 존재를 부정하고 자기 존재의 내면에서 만나는 존재의 근거요 회귀의 처소로서의 무를 제시했다.

**
루드비히 포이에르바하(Feuebach, Ludwig, 1840-1872)는 독일의 저명한 유물론 학자이다. 그는 기독교의 본질 이라는 책에서 "종교는 인간 욕망의 투영이며, 소외의 한 형태"라고 서술하여 세계적인 관심을 모았다. 그의 헤겔과 종교에 대한 비판은 청년 마르크스와 엥겔스에게 큰 영향을 끼쳤다.

***
윌리엄 크레이그(William Lane Craig, 1949-)는 미국의 기독교 변증가이자 분석철학자, 신학자이다. 그의 철학 연구는 종교철학과 형이상학에 집중되어 있다. 그의 신학적 관심사는 역사적 예수와 철학적 신학이다. 그는 대중적 무신론자들과 여러 차례 공개 토론을 가졌는데, 크리스토퍼 히친스나 샘 해리스, 그리고 로렌스 크라우스 등과의 논쟁이 있다.

조론 진영에 해를 끼치고 하나님의 영광을 땅에 떨어지게 만들고 있다.

유신론적 변증론은 지난 세기 이래 무신론과 우연론이 판을 치는 시대에서 기독교 신앙을 방어하는 데 아주 중요한 이론적 근거를 제공하고 있다. 그러므로 21세기 진영 간 논쟁이 치열한 시대에 하나님의 실재 여부를 다루는 변증론은 기독교 지식인들이 반드시 체계적으로 학습해야 하는 분야이다.

셋째, 문제는 이처럼 중요한 기독교 변증론에 대해 기독교 지식인들이 너무 무지하다는 것이다. 대부분의 목회자들은 학부 시절 대충 배운 변증론을 거의 다 잊어버린 상태에서 목회와 설교를 하고 있다. 그들은 각 시대를 대표하는 사상가들, 예를 들어 안셀름, 아퀴나스, 데카르트, 헤겔, 칸트, 라이프니츠, 몰트만 등이 치열하게 사유하며 체계화한 유신론적 변증론의 심오한 세계에 대해 무지한 채, 순진한 동화적 변증론 정도를 평신도에게 가르치며, 그들이 마치 대단한 기독교 지식인인 양 위장하고 있다. 참으로 어처구니없는 현실이 아닐 수 없다.

신존재증명에는 존재론적 증명, 우주론적 증명, 목적론적 증명, 도덕론적 증명, 역사론적 증명, 구속사적 증명 등이 있다. 여기서 필자는 학자별로 신의 존재를 증명하는 이론을 소개하겠다.

II 변증론의 역사와 종류

1 안셀무스(Anselmus Cantuariensis, 1034-1109)

신존재증명의 선구자는 스콜라철학 시대 캔터베리의 안셀무스이다. 그는 존재론적 증명론을 제기하며 "그보다 더 큰 존재는 생각되어질 수 없는 존재로서 하나님이라는 개념이 이 세상에 존재한다는 것은 실제로도 그 하나님이 존재한다는 증거"라고 주장했다. 그러나 이에 대해 동 시대의 수도사 가울리노는 '완전한 섬'이라는 개념이 있다고 해서 그런 섬이 반드시 존재하지 않는 것처럼, 어떤 개념이 있다고 해서 그 개념의 현실체가 꼭 존재하는 것만은 아니라고 반박했다. 그러나 안셀무스는 신 존재에 대한 그의 논증에서 "그보다 더 큰 존재라는 개념은 그렇게 생각되어질 수밖에 없는 존재, 즉 하나님에게만 적용되는 것"이라고 하며 역으로 반박했다. 그러나 안셀무스*의 존재론적 증명론은 개념과 실재가 일치한다는 논리를 제대로 설명하기에 많이 미흡하다는 평가를 받고 있다.

* 안셀무스는 캔터베리 대주교로서 이탈리아의 저명한 신학자이다. 그에게 있어 하나님은 우주와 세계의 주인이시며 왕이시다. 다른 존재는 자존자가 아니고 본질도 아니므로 영원한 하나님으로부터 모든 다른 존재가 나왔다고 생각했다. 그는 하나님만이 진정한 우주의 본질이며, 다른 존재들은 자기 자신의 밖, 즉 하나님으로부터 자기 존재를 끌어왔기 때문에 그들은 진정한 존재라고 볼 수 없다고 말했다.

2 토마스 아퀴나스(Thomas Aquinas, 1224-1274)

그 후 같은 스콜라주의 신학자인 토마스 아퀴나스는 안셀무스의 신존재증명론을 반박하며, 소위

'다섯 개의 길(Quinquae viae)'이라는 그의 유명한 신존재증명론을 내놓았다. 이 이론은 하나님이라는 개념보다 하나님의 실재를 증명하는 데 주안점을 둔 이론이다.

첫째, '운동으로부터(ex parte motus) 증명'인데, 움직이는 모든 것은 그 자신이 아닌 다른 무엇에 의해 움직인다. 이 운동의 사슬을 추적해가면 마지막에 자신은 움직이지 않으면서 다른 것을 움직이는 '부동(不動의 원동자(原動者)(Primum movens immobi le)'가 있을 것이고, 그 부동의 원동자가 바로 하나님이다.

둘째, '능동 원인으로부터(ex ratione causae efficientis) 증명'으로서, 이 세상의 모든 존재하는 것들은 모두가 인과율의 질서 속에서 존재하므로, 이런 존재들은 스스로가 스스로의 궁극적 원인이 될 수 없다. 따라서 인과율의 사슬은 맨 처음에 있는 존재, 즉 스스로 있는 존재로 이어진다. 스스로 원인이 되는 존재가 바로 하나님이다.

셋째, '가능과 필연으로부터(ex possibili et necessario) 증명인데, 모든 존재자는 존재하지 않을 수도 있었던 것들이며, 따라서 필연적인 것은 아무것도 없다. 그러므로 이러한 가능적 존재(가능유, 우연유)를 현실적 존재로 나타나게 해주는 필연적 존재가 있어야 하는데, 그가 바로 하나님이다. 이 방법은 후대의 철학자들로부터 가장 완벽한 증명 방법이라고 평가받는다.

넷째, '완전함의 정도로부터(ex gradibus perfectionum) 증명'으로서, 우주의 모든 사물은 완전성의 정도가 다 다르다. 모든 사물들은 조금 더 완전하거나 덜 완전하거나 하는 것이다. 그런데 사물들에 대해 덜 완전하다 좀 더 완전하다고 말하는 것은 모든 사물의 배후에 최고의 완전함을 가진 존재나 이치가 있다는 증거이다. 이 최고의 완전함을 가진 존재가 바로 하나님이다. 이 방법은 플라톤의 이데아론의 구조를 그대로 수용한 것이다.

다섯째, '목적론으로부터(ex gubernatione rerum) 증명'이다. 이 방법은 우주의 사물들은 마치 화살이 궁수에 의해 목표를 향해 날아가는 것같이 목표를 향한 일정한 의미나 질서 속에 나아가고 있다. 사물들이 목표를 향해 질서를 가지고 움직이는 것을 모두 운명이나 우연으로 돌릴 수는 없다. 따라서 모든 사물들에게 목적으로 부여해주고 이들을 목적에 부합하는 활동을 하도록 이끄는 그런 최고의 지성이 존재해야 한다. 이러한 지적 존재가 바로 하나님이다.

학자들은 토마스 아퀴나스의 5가지 신존재증명 방법 중 처음 3가지는 우주론적 증명, 네 번째는 존재론적 증명, 그리고 다섯 번째는 목적론적 증명이라고 규정한다.

3 데카르트(Rene Descartes, 1596-1650)

데카르트*의 신존재증명론은 안셀무스의 존재론적 증명을 좀 더 구체화했다고 볼 수 있다. 그의 신존재증명론은 다음 3가지로 요약할 수 있다.

첫째, 존재론적 증명인데 완전자라는 개념은 그것의 실재를 요구한다는 것이다.

둘째, 개념론적 증명인데, 불완전한 것을 불완전하다고 할 수 있는 것은 완전자에 대한 전제를 근거로 하는 것이기 때문에 필히 완전자가 있어야 한다. 이 완전자가 바로 하나님이다.

*
르네 데카르트(Rene Descartes, 1596-1650)는 프랑스의 물리학자이자 근대철학의 아버지이며 해석기하학의 창시자이기도 하다. 그는 합리론의 대표 주자이며 대표적 저서로는 방법서설 이 있다. 그는 이 책에서 "나는 생각한다, 고로 존재한다(Cogito ergo sum)"라고 함으로써 계몽사상의 '자율적이고 합리적인 주체'의 근본 원리를 처음으로 확립했다.

셋째, 인식론적 증명인데, 인간의 사유 세계에는 외부로부터 온 것이 아닌 본유적 관념이 존재한다. 신 의식은 대표적인 본유적 관념이다. 이 본유적 관념은 불완전한 인간의 경험을 통해 형성된 것이 아니라 초월적 존재로부터 부여받은 관념이다. 그 초월적 존재가 바로 하나님이다.

4 ◦ 라이프니츠(Gottfried Wilhelm Leibniz, 1646-1716)

17-18세기 독일의 위대한 수학자 라이프니츠*도 신존재증명론을 내놓았다. 그는 데카르트식 증명 방식을 수정하여 모든 신존재증명론은 먼저 신존재의 가능성을 증명한 후에 유효하다고 주장했다. 그에 의하면 세상에는 세상에 있는 것들에 대한 최종적 근거가 존재하지 않기 때문에 필연적으로 그것은 '세상 밖에 있는', 따라서 '하나님에게만 있는 것', 즉 '하나님'일 수밖에 없다고 한다. 하나님은 세상을 존재하게 하는 유일하고 충분한 근거이기 때문에 그것이 바로 신존재의 가능성이라고 주장했다.

* 라이프니츠는 독일의 유명한 철학자이자 수학자이다. 그는 뉴턴과는 별개로 무한소 미적분을 창시하였으며, 라이프니츠 수학표기법은 아직까지도 널리 쓰이고 있다. 데카르트, 스피노자와 더불어 17세기 유럽의 3대 합리주의론자 중 한 명이다. 그는 왜 무가 아니고 무언가가 존재하는가라고 질문하면서, 우리가 사물들이 존재해야 한다고 전제한다면 우리는 왜 그들이 존재해야만 하고 달리 존재해서는 안 되는가에 대해 설명할 수 있어야 한다고 말했다. 그는 이런 논리하에 신 존재증명론을 내 놓았다.

5 ◦ 임마누엘 칸트(Immanuel Kant, 1724-1804)

18세기 독일의 위대한 철학자 임마누엘 칸트는 도덕론적 요청으로서 신존재증명론을 제시했다. 그에 의하면 그 시대까지 제기된 모든 신존재증명론은 이성적 신존재증명론이라고 볼 수 있는데, 신의 존재란 순수이성으로 이해하고 포착할 수 있는 대상이 아니기 때문에 그러한 신존재증명론은 결코 타당하지 않다고 주장한다. 그에 의하면 신의 존재는 그 실재를 이성적으로 증명할 수 있는 대상이 아니라 선험적 도덕률의 당위적 요청에 따라 반드시 있어야 하는 존재, 즉 실천이성의 요청에 따라 반드시 있어야 하는 존재, 우주의 균형을 위하여 반드시 필요한 존재인 것이다. 그러나 칸트가 인간의 도덕률, 즉 인간의 양심을 초월적 선험적 요소라고 보았다는 것은 그 도덕성을 인간에게 있게 한 존재가 바로 하나님이라는 사실을 간접적으로 인정한 것이다.

6 ◦ 헤겔(Hegel, Georg Wilhelm Fridriech, 1770-1831)

18세기 독일이 낳은 위대한 철학자 헤겔**은 철학과 신학의 가장 핵심적 문제는 하나님의 존재 문제라고 보았다.

그는 이성적 사실적 신존재증명의 불가능성을 주장했을 뿐만 아니라 실천 이성적 요청, 즉 도덕률의 요청적 대상으로서의 하나님을 이야기한 칸트의 주장 역시 비판했다. 그리고 '정신으로서의 하나님(Gott als Geist)'이 우주와 역사 속에 존재한다고 주장했다. 그는 베를린 대학에서 행한 마지막 강의에서 신존재증명은 "인간의 정신이 하나님의 정신으로 고양되는 것을 관찰하는 것"이라고

** 헤겔은 독일의 저명한 철학자, 신학자로서 슈트투가르트에서 출생했다. 튜빙겐 대학에서 연구하며 신학과 철학을 병행하여 공부했다. 그에 의하면 세계는 모순을 품고 변증법적으로 운동하는 세계이다. 이 역사의 운동 과정에서 절대자 하나님은 역사 속에 내재한 자유정신을 구현하는 작인으로 존재한다. 따라서 그의 역사관은 낙관주의적 역사관으로 인정되고 있다.

말했다.

인간의 사유는 인간의 현실과 내면적으로 일치하는데, 이는 신적 정신의 현존을 의미한다. 그렇다면 인간의 정신이 신적 정신으로 고양되는 과정은 인간의 현실이 하나님의 진리로 고양되는 과정을 포함한다고 할 수 있다. 그러므로 신존재증명은 학자들이 책상 앞에서 떠들어대는 탁상공론의 문제가 아니라 인간의 정신과 인간의 현실이 하나님이 다스리는 세계로 고양되는 것을 관찰하는 것이다. 여기서 관찰은 단순히 가만히 앉아서 쳐다보는 것이 아니라, 그것을 실제로 이루어나가는 참여적 실천(Praxis)을 의미한다. 정신으로서 하나님은 인간의 정신을 통해 역사를 섭리해나가는데, 그로 인해 '자유의 역사(Freiheitsgeschichte)'를 지향하게 된다.

하나님의 존재는 인간적 차별을 물리치고 인간의 평등을 실현하여 인간의 인간에 의한 억압과 고문을 물리치고 인간의 자유를 실현하는 역사의 과정을 통해 증명된다.

하나님의 존재는 인간적 차별을 물리치고 인간의 평등을 실현하여 인간의 인간에 의한 억압과 고문을 물리치고 인간의 자유를 실현하는 역사의 과정을 통해 증명된다. 옛 이스라엘이 이집트의 억압과 착취에서 해방되는 사건을 통해 하나님의 하나님 되심이 증명되었듯이 오늘날 하나님은 모든 피조물이 강자의 억압과 착취에서 해방되어 하나님의 나라로 나아가는 과정을 통하여 증명될 수 있다. 그는 명저『법률철학강요』서문에서 "미네르바의 부엉새는 황혼에 하늘을 날아다닌다"는 유명한 말을 남겼다. 이것은 세계 역사를 지배하고 섭리하는 자유정신의 근원으로서 하나님의 존재를 확신하는 말이다. 그는 하나님으로 인해 세계 역사가 변증법적 리듬을 타면서 필연적으로 자유정신이 확장되는 국면으로 나아갈 것이라는 낙관주의적 세계관을 피력했다.

헤겔은 안셀무스, 아퀴나스, 데카르트 등의 합리적 신존재증명론은 불가능하다고 주장했다. 또한 실천 이성, 즉 도덕률의 요청으로서 신의 존재만을 이야기한 칸트와도 입장을 달리했다. 그는 역사 속에서 도도하게 움직이는 인간의 자유정신을 포착하고 그 자유정신이 역사 속에서 실현되는 과정을 참여적으로 관찰함으로써 신의 존재를 인식할 수 있다고 보았다. 그는 자유정신의 근원과 동인을 역사 속에 내재하신 하나님의 영으로 보았다. 그로 말미암아 하나님의 존재는 바로 역사 속에서 자유정신이 실현되는 국면에서만 경험될 수 있다고 확신한 것이다. 이것이 바로 헤겔의 역사주의적 신존재증명론이다.

7 몰트만(Jürgen Moltmann, 1926-)

19세기 자유주의 신학에 대한 반동으로 일어난 신정통주의 신학자의 한 사람인 위르겐 몰트만*의 신존재증명론은 오늘날 기독교 지식인이라면 모두 유의해야 할 신학사상이다.

몰트만의 신존재증명은 전통적인 신존재증명론인 존재론적, 우주론적, 목적론적 증명, 심지어는 헤겔의 보편사적 증명론과 사뭇 궤를 달리한다. 몰트만의 신존재증명론을 굳이 정의하자면 성서적 신존재증명론, 언약적 신존재증명론, 구속사적 신존재증명론이라고 할 수 있다. 그는 칸트나 헤겔과 마찬가지로 이성적 신존재증명은 불가능하다고 보았다. 그리고 보편역사 속에서 자유정신이 실현되어가는 과정에 하나님의 존재를 포착하고 경험할 수 있다는 헤겔의 주장에도 동의하지 않았다. 그에 의하면 하나님의 존재는 하나님의 약속의 말씀이 역사의 지평에서 실현되는 과정에서 부

* 위르겐 몰트만은 독일의 저명한 신학자로서 1926년 4월 8일 함부르크에서 출생했다. 1953년 브레멘에서 목사로 재직, 1967년 괴팅겐 대학에서 강사, 1958년부터 뷔페르탈 대학의 교수가 되었다. 그는 현대신학에서 희망의 차원이라는 형태로서 종말론을 제창하였다. 그의 대표작은 1964년에 출판된 희망의 신학(Theologie der Hoffnung) 이다.

분적으로 경험할 수 있는데, 하나님의 실재를 온전히 경험하는 것은 하나님의 약속이 완전히 실현되는 종말의 날이 도래했을 때라고 주장한다. 그는 좋은 예로서 이스라엘 민족의 역사를 든다. 하나님은 계시의 말씀으로 이스라엘에게 미래의 희망을 약속했다. 그리하여 이스라엘 민족은 하나님의 약속이 역사의 지평, 즉 미래에 반드시 실현될 것이라 믿고 어떤 정황 가운데서도, 심지어는 고난의 포로 생활 중에도 희망의 끈을 놓지 않았다. 이 희망은 곧 이스라엘 민족이 하나님의 존재를 믿고 그분의 약속을 믿은 데서 시작되고 유지되었다. 하나님의 약속이야말로 이스라엘 민족의 희망의 근거였던 것이다.

몰트만의 하나님 체험은 성서를 통한 하나님의 약속이 역사의 지평에서 이루어지는 실존적인 역사 체험이다. 그는 제2차세계대전 중에 나치의 핍박 속에서 상상할 수 없는 극심한 고통을 겪으며 하나님의 실재를 경험했다. 그는 이 경험 속에서 하나님의 약속을 따라 실현될 역사의 종말론적 미래를 희망할 수 있었다. 이는 사도 바울이 다메섹 도상에서 예수그리스도를 실존적으로 체험하고, 무수한 고난을 겪으면서 하나님 나라의 소망을 가지고 전 아시아와 유럽을 선교했던 것과 유사한 것이다. 이스라엘 민족은 자연신학적 논증을 통해 하나님의 존재를 경험한 것이 아니라, 하나님의 약속이 실현되는 역사 속에서 하나님의 존재와 하나님의 능력과 하나님의 약속의 신실하심을 경험할 수 있었다. 기존의 자연신학적 신존재증명은 하나님의 존재를 가리키거나 느끼게 할 수는 있어도, 이스라엘 민족처럼 역사 속에서 살아 움직이며 자신의 언약을 실현시키는 하나님의 역동적인 모습을 경험할 수는 없다. 이와 같은 직접적 신 존재의 경험은 하나님의 존재와 약속을 믿고 어둠과 고난의 역사 속에서 희망의 미래를 바라보는 이들만 할 수 있다.

몰트만은 일반역사에 내재한 자유정신의 확장이 아니라 성서를 통해 선포된 하나님의 언약이 역사의 지평에서 실현될 것을 믿고 희망하는 자들만이 하나님의 존재를 감격스럽게 경험할 수 있다고 보았다

헤겔은 일반역사에서 인간의 영혼 속에 실재하는 자유정신이 심화되고 확장되는 가운데 적극적으로 참여하는 자가 하나님의 존재를 경험하게 된다고 말했다. 그러나 몰트만은 일반역사에 내재한 자유정신의 확장이 아니라 성서를 통해 선포된 하나님의 언약이 역사의 지평에서 실현될 것을 믿고 희망하는 자들만이 하나님의 존재를 감격스럽게 경험할 수 있다고 보았다. 헤겔과 몰트만의 신존재증명론의 차이는 일반역사에 내재하는 자유정신의 실현이냐, 성서를 통해 선포된 하나님 약속의 역동적 실현이냐, 역사에 내재한 자유정신의 변증법적 실현이냐, 약속의 말씀을 따라 하나님에 의해 역사의 지평에 실현되는 하나님 나라냐, 일반사적 희망이냐, 구속사적 희망이냐, 일반사적 신 존재 인식이냐 구속사적 신 존재 인식이냐의 차이라고 볼 수 있다.

III 현대의 과학적 변증론

20세기에 들어서 과학의 급진적인 발전은 신존재증명에 있어서 칸트나 헤겔 이래 경시되었던 우주론적 증명과 목적론적 증명에 큰 힘을 실어주었다. 오늘날 과학적 정설이 되다시피 한 빅뱅이론과 물리학적 보편상수론 등은 성서적 창조론이나 지적 설계론에 보다 큰 힘을 실어주고 있다. 그로

말미암아 과학의 시대를 맞이하여 우주만물을 창조한 하나님의 존재에 대한 유신론 진영과 무신론 진영 간의 논쟁은 거의 일방적으로 유신론 진영의 승리로 끝나고 있다.

1 ◦ 윌리엄 크레이그(William Lang Craig)의 변증

수년 전 탈봇 신학교의 기독교 변증학자 윌리엄 크레이그 교수는 현존하는 세계 4대 무신론 이론가(크리스토퍼 히친스, 대니얼 데닛, 샘 해리스, 리처드 도킨스) 중 하나인 크리스토퍼 히친스*와 바이올라 대학교에서 공개 논쟁을 가진 바 있었다.

이 논쟁을 지켜본 세계 유수의 언론들은 히친스가 완패했다고 평가하며 다음과 같이 보도했다. "히친스는 크레이그 교수의 질문에 몇 마디 애매한 냉소적 농담을 한 것 외에 한 가지도 제대로 대답한 것이 없었다. 크레이그는 히친스에 대해 산사태만큼이나 승리했다. 크레이그 교수는 히친스를 멍청한 어린아이 다루듯 했다." 이 논쟁에서 크레이그 교수는 우주론적 증명, 목적론적 증명, 도덕론적 증명, 그리고 예수그리스도 부활사건 등 4가지를 설명하면서 하나님의 실재를 역설했다. 크레이그 교수는 우주론적 증명에서 현대 천체물리학의 정설인 빅뱅이론의 도움을 받았고, 목적론적 증명에서는 현대천체물리학의 물리보편상수론과 미세조정론을 인용하여 설명했다.

그가 주장한 우주론적 증명의 내용은 다음과 같다. "무신론은 그것이 참이라는 논거가 없으나 유신론은 참이라는 논거가 있다. 무신론자들은 우주가 영원하고 무한하다고 주장한다. 그러나 시작이 없는 무한 우주, 영원 우주라는 개념은 생각 속에서나 존재할 뿐 현실적으로는 존재할 수도 없고 존재하지도 않는다. 현대에 이르러 천문학과 천체물리학의 발달은 우주가 영원하지도 않으면 무한하지도 않다는 사실을 입증하고 있다. 현대 과학은 분명히 우주는 138억 년 전에 무의 상태에서 빅뱅이 일어남으로써 시작되었다고 한다. 바로 빅뱅이론이다. 어떤 원물질도, 어떤 종류의 힘도, 에너지도, 법칙도 없는, 완전하게 아무것도 없는 무로부터 오늘의 이 장엄하고 찬란한 우주가 탄생했다는 것이다. 이 과학적 주장은 무신론자들에게는 할 말을 잃게 만든다. 왜냐하면 어떤 물질적 요소나 물질적 법칙도 존재하지 않는 완전한 무에서 저절로, 우연히 우주가 모종의 물질적 요인으로 탄생할 수는 없기 때문이다. 무에서 탄생한 우리 우주는 그것의 근원으로써, 초월적 지능을 가진 지성, 즉 절대 능력을 가진 인격적 창조주를 상정하지 않을 수 없다. 그러므로 이성적 논리와 과학적 근거가 결여된 무신론자들의 주장보다 유신론자들의 주장이 더 설득력이 있다."

이어서 목적론적 증명을 거론하며 다음과 같이 주장했다. "지난 10여 년간 과학자들은 빅뱅 초기의 우주에 대해 연구하면서 놀라운 사실을 발견했다. 그것은 우주가 처음부터 미세 조정(fine tunning)되어 있었다는 것이다. 우주의 기본 메커니즘을 수학적으로 표현한 것이 상수(contant)인데, 이 우주상수가 처음부터 초정밀하게 세팅되어 있었다는 것이 밝혀진 것이다. 이 우주상수는 자연법칙과 다른 것이다. 자연법칙에 적용되는 상수는 포괄적이고 융통성의 폭이 넓다. 반면 중력과 우주 팽창 지수의 밸런스, 우주 초기 환경에 투입된 엔트로피의 양, 빅뱅 시의 물질과 반물질의 밸런스, 우주에 작용하는 4가지 힘인 중력 약력 척력 전자기력의 밸런스 등, 이 우주상수들의 값이나 양

* 크리스토퍼 히친스(Christopher Eric Hitchens, 1949-2011)는 영국 출신의 유명한 언론인, 작가, 평론가이고, 대니얼 데닛(Daniel Dennett, 1942-)은 미국 보스턴에서 태어난 하버드와 옥스퍼드 대학교에서 수학한 미국의 철학자이다. 그는 생물학을 중심으로 한 과학철학과 인지과학 분야에서 명성이 있다. 샘 해리스(Samuel Benjamin Harris, 1967-)는 스탠퍼드 대학교에서 철학박사를 받고 UCLA에서 신경과학 박사를 받은 미국의 유명한 작가, 철학자, 인지신경학자이다. 리처드 도킨스(Clinton Richard Dawkins, 1941-)는 영국의 동물행동학자, 진화생물학자 및 대중 과학저술가이다. 1995년부터 2009년까지 옥스퍼드 대학교에서 '대중의 과학 이해를 위한 찰스 시모니 석좌교수'와 옥스퍼드 대학교 뉴칼리지의 교수를 역임하고 2009년 정년퇴임했다. 저서로는 『이기적 유전자(The Selfish Gene)』, 『만들어진 신(The God Delusion)』, 『눈먼 시계공(The Blind Watchmaker)』 등이 있다.

이 면도날이 들어갈 만큼이라도 현재와 달랐다면 이 우주에는 어떤 생명체도 생존할 수 없었다. 예를 들면 핵의 약력이 10의 100자승 분의 1만큼이라도 다른 상수값을 가졌다면 이 지구상에 어떠한 생명체도 존재할 수 없다.

오늘날 과학자들은 미세 조정된 우주상수에 놀라워하면서 우주상수가 지금의 밸런스를 가질 확률을 10의 500자승 분의 1미만이라고 규정하고 있다. 한마디로 이런 우주상수의 정밀한 밸런스가 우연히 이루어질 확률은 거의 불가능에 가깝다는 이야기다. 그러므로 이 정밀하게 조정된 우주상수라는 우주의 기본 메커니즘의 존재는 곧 우주를 설계하고 창조한 인격적 초지성적 존재, 즉 창조주 하나님의 존재를 상정할 수밖에 없게 만든다. 그런데 일부 무신론적 이론물리학자들이 이런 수학적 불리함을 극복하기 위해 초끈이론이나 M이론을 제시하며 10의 500자승 이상의 우주, 즉 거의 무한대로 우주가 존재할 가능성을 제기한다. 그러나 그들의 주장은 과학적으로 전혀 입증되지 않는 생각 속에서나 가능한 이론이다. 다중 우주론은 과학적으로 포착한 적이 없는 그저 허망한 이론에 불과하다. 그것은 수학에나 존재할 수 있는 무한이라는 개념을 현실에 도입하여, 우주상수가 미세 조정된 현재의 우주가 수학적으로 존재할 가능성을 무신론적으로 비창조론적으로 설명하고자 한 억지주장에 지나지 않는다."

정밀하게 조정된 우주상수라는 우주의 기본 메커니즘의 존재는 곧 우주를 설계하고 창조한 인격적 초지성적 존재, 즉 창조주 하나님의 존재를 상정할 수밖에 없게 만든다

크레이그 교수는 이외에도 2011년 4월 노트르담 대학에서 가진 샘 해리스와의 논쟁에서 샘 해리스가 그의 저서에서 절대적 도덕적 가치를 인정했는데, 그렇다면 그 절대적 도덕적 가치의 근거는 무엇이냐고 질문하면서, 만일 절대적 도덕적 가치가 있다면 유일한 근거는 인간의 마음에 그러한 도덕적 가치를 부여한 신의 존재만이 그 대답이 될 것이라고 주장했다. 이에 대해 샘 해리스는 인류의 행복이야말로 절대적 도덕적 가치의 원천이라고 항변하며 신이 절대적 도덕성의 근원이라는 주장에 동의할 수 없다고 주장했다. 그리고 그의 주장을 변증하기 위해 알라신을 섬기는 이슬람교도들이 신의 이름으로 행하는 잔인한 테러와 구약성서에 나타난 야훼신의 이방인들에 대한 잔인한 학살 명령, 그리고 십자군전쟁 등을 예로 들었다. 그러나 이에 대해 크레이그 교수는 샘 해리스가 신존재증명과는 무관한 이야기를 하고 있으며, 그는 자신의 주장을 고집하기 위해 잘못 이해된 신의 예를 들거나, 토론의 주제와는 직접적으로 관련도 없고 신학적으로도 좀 더 심도 있고 균형 있는 이해가 필요한 신학적 이슈를 비겁하게 논쟁에 끌어들였다고 말했다. 이 논쟁을 지켜본 세계 유수의 언론들은 이 논쟁 역시 크레이그 교수가 우세했다고 보도했다.

세계 4대 무신론 이론가인 리처드 도킨스는 현재까지도 계속해서 크레이그 교수와의 논쟁을 회피하고 있다. 그는 그 이유를 크레이그 교수가 자신의 명성과 레벨에 훨씬 미달하는 학자이기 때문에 그와의 논쟁은 결국 크레이그 교수의 명성만 올려줄 뿐이기 때문이라고 구차스런 변명을 늘어놓고 있다. 그러나 도킨스의 이러한 태도에 대해 세계의 지성들은 말도 안 되는 어처구니없는 비지성적 회피라고 비난하고 있다.

2 로빈 콜린스(Robin Collins)의 변증

수년 전 미국의 저명한 수학자요 물리학자요 철학자인 로빈 콜린스(Robin Collins)는 한 방송 매체와 인터뷰에서 다음과 같은 말로 신의 존재를 증명했다.

"물질의 세계는 미세하게 조정된 법칙과 수치에 의해 지배되고 있다. 이는 생명체가 존재하도록 의도한 창조주 하나님의 미세 조정이 있었음을 보여준다. 예를 들어 중력이 없다면 어떤 행성이나 항성도 존재할 수 없고, 어떤 복잡한 유기체의 형성도 존재할 수 없다. 강한 핵력이 없다면 이 세상에서 어떤 원자도 존재할 수 없는데 그것은 중성자와 양성자를 잡아 둘 수 없기 때문이다. 그렇게 되면 어떤 화학물질도 존재할 수 없다. 또 전자기력이 없으면 화학물질 사이의 연결고리가 없어져 빛이 없게 된다. 이런 요소들은 생명체가 존재하기 위한 필수적인 30가지의 조건 중 일부일 뿐이다. 이런 요소들 중 하나라도 없다면 우주에 생명체는 존재할 수 없다.

우주의 생명체들은 정밀하게 조정된 수많은 물리상수로 인해 존재하게 되었다. 중력의 예를 들어보자. 1인치 단위의 수치로 눈금이 매겨진 자가 있다고 가정해보자. 이 자를 우주 전체의 지름만큼 늘렸다고 하자. 그러면 대략 이 자의 길이는 138억 광년 전후가 될 것이다. 이 자의 모든 곳에는 어떤 중력이라도 존재할 수 있다고 하자. 그러나 이 거대한 길이의 자 중 생명체가 존재할 눈금의 범위는 단 1인치이다. 지구는 생명체가 존재하기 적합한 중력으로 세팅되어 있다. 이 중력의 크기가 1인치만 벗어나도 지구의 생명체가 존재할 확률은 없다. 중력의 변화는 생명체에게는 재앙이다. 중력의 변화가 일어난다면 작은 통만 한 생명체는 순간적으로 뭉개지고 말 것이다. 세균 같은 원시생명체 외에는 존재할 수 없게 될 것이다.

물리학에서는 우주상수*라는 것이 있다. 이는 우주의 팽창 속도를 설명하는 개념이다.

현 우주의 팽창 속도는 10의 53제곱 분의 1만큼 정밀도로 정확하게 조정되어 있다. 이런 정확도는 우주에서 날라온 다트(Dart)가 지구의 원자핵 하나보다 훨씬 작은 직경 10의 24자승 분의 1 크기의 과녁을 정확하게 맞히는 정도이다. 이러한 정확한 우주상수가 우연히 우주에 존재할 확률은 지구의 모든 원자 수 분의 1 정도이다. 그러므로 이런 우주상수가 우연히 존재할 가능성은 거의 없다. 결국 우주에 극초정밀의 우주상수가 존재한다는 사실은 팽창지수를 미세 조정한 하나님이 존재한다는 사실을 증명하는 것이다. 이런 미세 조정된 물리상수의 상황은 원자 하나에 적용해도 마찬가지다. 강한 핵력**이 10의 31자승 분의 1만큼 줄어들어도 우리 우주에는 수소 외에 어떤 화학물질도 존재할 수 없다. 그렇게 되면 화학물질의 결합으로 만들어진다고 하는 생명체 역시 존재할 수 없는 것이다.

물리학에서 이 법칙과 힘의 정밀도는 생명체의 존재와 유지를 위해 필수적인 것으로 보고 있다. 이런 정밀한 물리상수의 존재는 우리 우주가 절대로 우연히 생성된 것이 아니라 이 지구에 생명체가 존재하기에 적합하도록 여러 물리상수를 조정한 초자연적, 초이성적 존재에 의해 만들어진 것이라는 결론에 도달하게 된다. 그분이 바로 창조주 하나님이시다. 현재 이런 물리상수의 수학적 확률을 가지고는 신의 존재나 지적설계자의 존재를 부정할 수 없게 된 일부 무신론 사상을 가진 이론물리학자들이 제시한 개념이 바로 다원우주론, 또는 다중우주론이다. 그들은 우리 우주가 우주상

*
우주상수라는 물리우주론에서 진공의 에너지 밀도를 나타내는 기본 물리상수이다. 이 개념은 처음 사용한 사람은 아인슈타인으로서 그는 당시 정적 우주론의 개념을 설명하기 위해 사용했다. 그러나 허블망원경에 의해 우주가 팽창하고 있다는 사실이 발견됨으로써 아인슈타인은 이 우주상수론은 포기했다. 그러나 최근 물리학에서는 중력을 극복하고 우주를 팽창시키는 척력을 일으키는 것은 암흑에너지나 암흑물질로 보고 이에 대해 연구하면서 이 우주상수론이 다시 제기되었다.

**
핵력은 강한 상호작용(strong interaction)이라는 뜻으로 4가지 기본 상호작용 중 가장 강력한 힘이다. 1917년 어니스트 러더퍼드가 원자핵이 양성자와 중성자의 결합이라는 사실을 발견하자 이미 잘 알려진 전자기력의 반발을 안정적으로 핵을 구성하기 위해서는 아주 강한 힘이 필요하다는 사실을 알게 되었다. 이 힘을 핵력, 또는 강한 잔류 핵력이라고 부른다.

에 존재하는 유일한 우주가 아니며 수많은 우주가 존재할 수 있다는 가설을 제시한다. 이를 뒷받침하기 위한 이론으로서 거시적 우주와 미시적 우주를 통일적으로 설명할 수 있다고 하는 초끈이론, 11차원 우주론인 M이론 등이 있다.

물론 우주의 수가 많을수록 생명체가 존재할 수 있는 물리상수에 접근할 확률은 좀 더 높아질 것이다. 그러나 우리 우주처럼 이런 물리상수를 가진 우주 하나가 나타나려면 10의 500제곱의 수만큼 우주가 만들어져야 한다. 거의 무한한 수의 우주를 만들어낼 수 있는 우주제조기, 우주생성기가 있다면 그중 어느 우주에는 생명체가 존재할 가능성은 있을 것이다. 그러나 이런 이론은 결정적 문제점이 있다. 이런 우주의 존재를 증명할 어떤 실험적이고 독립적인 증거도 없다는 점이다. 그리고 이런 주장은 다시 그런 우주생성기, 우주제조기를 누가 만들었는가 하는 고전적 질문, 즉 인과론적, 우주론적 질문에 직면하게 되고 그들은 다시 벙어리가 되고 마는 것이다. 그러므로 다원적 우주론, 다중우주론, 무한우주론 등은 생명체가 살 수 있도록 우주를 정밀하게 조정한 창조주 하나님의 존재를 어떻게 해서든지 부정해보려는 무신론 학자들의 필사적인 몸부림으로밖에 볼 수 없다."

IV 종합적 결론

이제 마지막으로 필자는 신존재증명에 대해 필자의 생각을 다음과 같이 정리해 보았다.

첫째, 전통적인 신존재증명론은 성서적 입장에 근거한 주장이라는 것이다. 성서는 인간의 영혼(이성과 영성)이 하나님의 존재에 대해 어느 정도는 알 수 있기 때문에 불신자들이 그들의 불신앙을 핑계할 수 없다고 선포하고 있다(롬1:18-23). 또한 시편기자도 "하늘이 하나님의 영광을 선포하고 궁창이 그 손으로 하신 일을 나타내시는도다"(시19:1)라고 증거하고 있다. 그러므로 칸트가 하나님의 존재 증명은 이성적으로 가능하지 않은, 탐구가 불가능한 영역이라고 주장한 것은 비성서적인 주장이다. 반면 안셀무스나 아퀴나스, 데카르트, 라이프니츠 등에 의해 전개된 기존의 존재론적 증명, 우주론적 증명과 목적론적 증명은 분명히 성서적 함의에 부합하는 것이라고 볼 수 있다. 특히 우주론적 증명과 목적론적 증명은 현대에 들어서 천체물리학과 생물학의 놀라운 발전과 더불어 보다 더 과학적, 수학적 근거가 있는 것으로 인정되고 있다. 오늘날 지식인 사회에서 이와 같은 신존재증명론과 창조론의 타당성이 크게 제고되고 있는 상황이다.

둘째, 칸트의 도덕론적, 요청론적 증명은 사람에게 도덕성을 부여하고 지킬 것을 요구한 하나님이라는 절대적 존재를 상정하지 않을 때 인류가 가진 모든 도덕적 가치는 한낱 상대적, 또는 생물학적 가치에 지나지 않기 때문에 타당성이 있는 주장이라고 생각한다. 다시 말해 인간이 가진 도덕성은 하나님께서 인간에게만 부여한 선험적 본성이라고 전제할 때 인간의 도덕적 삶은 상대적이 아닌 절대적 가치를 지닐 수 있다는 점에서 타당한 주장이라는 것이다.

셋째, 하나님은 자유정신이라는 본질로서 역사의 진행 과정 속에 그 실재를 경험할 수 있다는 헤겔의 역사론적 증명, 즉 보편역사의 관찰을 통한 신존재증명은 역사로서 계시를 주장한 판넨베르크*의 입장과 거의 동일하다고 볼 수 있으며, 하나님께서 역사를 주관하고 섭리하신다는 성서적 입장과도 일치한다.

넷째, 칸트와 헤겔, 두 학자는 공히 이성적 논리, 합리적 추론을 통한 신존재증명론을 거부했지만, 두 학자 모두 인간의 마음속에 선험적으로 존재하는 속성, 즉 도덕률(양심)이나 자유정신을 포착하고 인정하고 주목했다는 점에서는 동일하다. 다만 칸트는 그 선험적 도덕률의 존재를 신존재증명으로 연결시키지 않고 신 존재의 당위성과 필요성으로 전개해나간 반면, 헤겔은 그 자유정신이 하나님에 의해 인간의 정신을 통해 역사 속에서 구현되고 있으므로 역사의 관찰자요 참여자인 사람은 이 자유정신이 인류의 역사 속에서 실현되는 과정을 통하여 하나님의 실재를 경험하고 체험할 수 있다고 보았다. 그러나 칸트가 선험적 속성으로 본 인간의 도덕성이 존재한다고 주장하는 것은 사실상 그 도덕성의 근거요 근원으로서 하나님의 존재를 역설적으로 증명하는 것이다. 그러므로 도덕론적 증명은 하나님의 존재의 당위성을 넘어 하나님의 존재를 증명하는 것으로 그 의미가 확장되는 것이 마땅하다.

다섯째, 몰트만이 역사의 지평에서 하나님의 약속의 말씀이 실현되는 것을 경험함으로서 하나님의 실재를 만날 수 있다는 구속사적 경험론적 신존재증명론은 헤겔의 신존재증명론과는 분명한 차이가 있다. 왜냐하면 헤겔은 인간의 내면에 선험적으로 주어진 보편적 자유정신이 역사 속에서 변증법적으로 확장되는 것을 경험하는 가운데 그 역사의 참여자가 하나님의 실재를 경험할 수 있다고 주장한 반면, 몰트만은 하나님의 약속의 말씀이 역사의 지평에서 실현되는 것을 확신하며 살아갈 때 하나님의 실재를 경험하게 된다고 주장했기 때문이다. 그러므로 헤겔이 바라본 역사는 자유정신이 실현되는 자유민주주의적 세계인 반면 몰트만이 희망한 세계는 구속사적 하나님 나라라고 볼 수 있다.

여섯째, 하나님의 존재에 대한 과학적, 수학적 증명론 중에는 물리보편상수론 같은 물리학적 증명 외에도 화학적, 생물학적 증명도 있다. 과학자들에 의하면 우연한 화학 진화로 인해 생명이 시작될 확률은 거의 무한소의 가능성밖에 없다고 한다. 이는 가능성이 전무하다는 이야기다. 실제로 미국의 밀러 박사**나 러시아 연구진들에 의해 시도된 화학적 합성에 의해 생명을 만들고자 하는 시도는 모두 실패로 끝났을 뿐 아니라, 지금까지 어떤 학자도, 어떤 실험실에서도 화학적 합성을 통한 생명 창조의 작업은 성공하지 못했다. 이런 사실은 생명을 만든다는 것이 불가능에 가까울 정도로 난해한 일인가 하는 것을 증명하는 것이다. 이처럼 사람이 의도적 작업을 하여도 아직 실패한 생명 창조인데, 자연의 역학으로 우연히 만들어 질 수는 없는 일이 아니겠는가?

생물학자들은 지구상에 처음 생명이 출현한 것은 대략 35억 년 전으로 본다. 그런데 최초의 원핵세포가 우연 진화하여 오늘날 생물들의 세포처럼 정교한 세포로 진화하기 위해서는 35억 년이 아니라 35억 년 곱하기 1,000배의 시간이 주어져도 불가능하다고 한다. 이는 수학적 계산에 의한 과학적 결론이다. 이것은 지구 생태계는 곧 하나님에 의해 계획적으로 창조된 것이라는 신학적 창조론을 뒷받침하는 과학적 증거로 볼 수 있다. 지구상에 생물이 존재하는 것이야말로 창조주 하나님이 존재한다는 사실을 증명해주는 것이다. 이런 사실을 실감하려면 일반 동물의 몸속에 존재하는 수십

*
볼프하르트 판넨베르크(Wolfhart Pannenberg, 1928-2014)는 독일의 개신교 신학자이다. 그는 학문으로서의 신학을 인정하고 철학, 역사학 자연과학과 교류할 수 있다고 보았다. 그의 그리스도론은 역사적 예수에서부터 시작하는 '아래에서 위로'라는 교의다. 그는 칼케돈 공회의의 결정인 "예수는 완전한 하나님, 완전한 인간"이라는 교리를 그리스도의 부활 사건에서 해답을 찾았다. 그리스도의 부활은 그리스도의 정체성을 이해하는 데 가장 중요한 요소라고 본 것이다.

**
스탠리 밀러(S. L. Miller, 1930-2007)는 미국의 화학자이며 생물학자이다. 그는 생명의 기원에 대한 연구에서 무기물에서 유기물을 합성하는 실험을 통해 원시지구에서 생명 탄생의 가능성을 증명했다. 그는 그 실험에서 암모니아와 수증기 등 원시지구에 다량으로 존재했던 기체들에 전기방전을 가하면 유기물이 합성되었는데, 이 유기물들이 생명체의 존재 없이도 합성하는 것이 가능하다는 사실을 실험적으로 증명했다. 그러나 그 유기물의 합성이 생명을 탄생시키는 데까지는 이르지 못했다.

조개의 세포 중 한 개를 전자현미경으로 보거나 촬영된 사진을 보기만 해도 된다. 그러면 유기물질이 점진적으로 진화하여 이런 정교하고 복잡한 기능을 가진 생명세포가 나타났다고 하는 무신론적 우연 진화론자들의 주장이 얼마나 비이성적이고 비과학적 주장인지 알 수 있을 것이다.

일곱째, 지구상에 존재하는 수천만 종의 생물 중 오직 인류만이 만물의 지배자로서 존재하고 있다는 사실 역시 창조주 하나님의 존재를 증명하는 것이다. 성서는 하나님이 사람을 지으실 때 자신의 형상과 모양을 따라 지었다고 기록하고 있다. 그래서 지구 생태계의 수십억 년 역사에서 인류와 같은 지성적 존재가 나타난 것은 단 한 번밖에 없다. 인간은 다른 생물과의 유전자 차이만으로는 설명될 수 없는 전혀 차원이 다른 존재이다. 유전학자들에 의하면 돼지나 개 고양이와 사람의 유전자의 차이는 10% 미만이라고 한다. 그중 영장류인 고릴라, 우랑우탄 등과는 7% 미만, 일반 원숭이와는 5% 미만, 침팬지와는 2% 미만의 차이밖에 나지 않는다고 한다. 그러나 사람과 다른 동물들은 유전자의 차이로서만 설명할 수 없다. 한 마디로 물고기나 공룡, 새들, 곤충들, 수만 종의 육상동물은 사람과 유전자의 차이가 30%에서 2% 미만까지 다양하지만 그들의 삶의 차원과 삶의 형태는 다 비슷비슷하다. 그저 본능을 따라 먹고 잠자고 생식하는 것 외에는 없다. 그들 종이 출현한 후 수억에서 수천만 년까지 시간이 주어졌으나 그들의 삶의 본질은 아직까지도 큰 변화가 없다.

공룡만 해도 지구를 지배한 것이 1억 5천만 년 전이지만 그들이 진화하여 인류 문명과 문화와 같은 것을 이루어냈다는 어떤 증거도 없다. 공룡이 초월자를 경배했다는 어떤 증거도 없고 공룡이 원수를 사랑했다는 증거도 없다. 공룡이 미술과 조각을 통해 그들의 미학적 의지를 표현해냈다는 증거도 없다. 그들이 비행기나 우주선을 만들어 타고 다니거나 인터넷을 연결하여 세계를 지배했다는 어떤 증거도 없다. 이것은 지구상에 출현한 모든 물고기, 조류, 파충류, 양서류 ,포유류, 영장류를 다 합해도 마찬가지이다. 지구 생태계의 어떤 세균의 무리, 식물의 무리, 수백만 종의 동물의 무리도 수십억 년에서 수천만 년이 지나도록 생존해왔지만 그동안 인류와 같은 문명과 문화를 이루며 살아간 생명체는 단 한 종도 없다. 다른 생물들과 인류는 삶의 차원이 너무나도 다르다. 그렇기 때문에 이런 고등한 인류의 출현은 수백 년간의 우연 진화의 소산이 아닌 것이 분명하다. 만일 우연 진화의 소산이라면 인류와 비슷한 지적 도덕적 생물이 이 지구상에 최소한 몇 백종은 있어야 되지 않겠는가? 그렇다면 유일하게 남는 대답은 인류는 성서의 말씀 그대로 하나님이 자신의 형상을 따라 특별히 창조했다는 것이다. 바로 인류가 지구상에 존재한다는 것은 그들을 창조한 하나님의 실재를 증명하는 것이다.

여덟째, 기독교 신학자들은 성서의 기록이 현 세계에서 그대로 이루어진 것이 바로 하나님이 실존하는 증거라고 말한다. 선지자들과 예수님의 예언대로 예수님은 부활했고, 이스라엘은 새로운 이스라엘인 교회로서 다시 부활했다. 그리고 이스라엘의 독립 예언도 그대로 이루어졌다. 시대의 징조를 볼 때 종말에 대한 성서의 예언도 그대로 이루어지고 있다. 성서에 기록된 선지자들과 예수님, 그리고 사도들의 예언은 곧 하나님의 약속을 의미하기 때문에 아마도 몰트만의 신학적 입장도 여기에 속할 것이다.

아홉째, 다양한 루트, 즉 음성, 환상, 영적 은사, 병 고침, 기도 응답 등을 통해 하나님을 만나는 초자연적 체험은 성서에 나오는 인물들만 경험한 것이 아니라 오늘날에도 대부분 신자들은 거의 상식에 속할 만큼 비일비재하게 경험하고 있다. 어떤 찬송가에는 "예수 예수 믿는 것은 받은 증거 많도다"라는 가사가 있다. 찰스 피니*, 류 웨일리스, 빅터 프랭클**이나 몰트만, 조용기 목사, 이천석 목사, 현신애 권사, 그리고 필자도 다양한 초자연적 기적과 놀라운 섭리를 수없이 경험하며 살고 있다. 바로 우리 모든 그리스도인들이야말로 하루하루 살아 역사하시는 하나님의 실재를 경험하며 살고 있는 산증인들이다.

그래서 우리 모든 크리스천 중 한 분인 요한 사도는 2000년 전 "예수께서 행하신 일이 이외에도 많으니 만일 낱낱이 기록된다면 이 세상이라도 이 기록된 책을 두기에 부족할 줄 아노라"(요한복음 21:25)라고 증언한 것이다.

성서의 하나님은 분명히 실재할 뿐 아니라 살아 계신다. 그러므로 유신론은 성서적으로, 이성적으로, 과학적으로, 수학적으로, 도덕적 삶의 당위성을 위해서도, 그리고 역사 참여자의 역사적 관찰과 경험을 통해서도, 역사에 실현되는 구속사적 종말의 선제적 경험을 통해서도, 그리스도인 개인의 영적 경험을 통해서도 분명히 근거가 확실한 주장이다. 그러므로 유신론은 어떤 종류의 무신론적 주장보다 지적으로 경험적으로 비교할 수 없이 훨씬 우위에 서 있다.

*
찰스 그랜드슨 피니(Charles Grandison Finny, 1792-1875)는 미국 장로교 목사로서, 미국의 제2차 부흥운동의 지도자이며 현대 부흥운동의 아버지다. 찰스 피니는 1825년-1835년 혁신적인 부흥운동가로 가장 유명했다. 노예제도의 폐지를 주장하고 여성과 흑인의 교육 같은 사회개혁에도 헌신했다.

**
빅터 에밀 프랭클(Vitor Emill Frankl, 1905-1997)은 오스트리아에서 태어난 유대인으로 신경학자이며 심리학자이다. 홀로코스트 생존자였으며 아우슈비츠 수용소에서 살아남았다. 그는 오스트리아 정신요법 제3학파인 로고테라피 학파의 창시자이다. 그의 저서 『죽음의 수용소에서』는 포로수용소에서의 경험을 기록한 책으로서 수용소에서 살아가는 존재의 의미를 기록한 책이다. 그는 실존주의 상담치료의 핵심인물이 되었고, 인간성 심리학자들에게 큰 영향을 끼쳤다.

기독교와 타 종교의 궁극자론 비교

하나님의 뛰어남을 진술하는 방식에는 2가지가 있는데, 하나는 포지티브한 방식과 네거티브한 방식이 있다. 포지티브한 방식은 일방적으로 성서나 기독교의 신학에서 말하는 하나님 이야기를 신학적으로 진술하는 것을 의미하고, 네거티브한 방식이라는 것은 다른 종교의 궁극자론을 비판적으로 진술함으로써 상대적으로 성서에 나타난 우리 하나님의 우월성을 나타내는 진술 방식을 의미한다. 나는 지금까지 포지티브한 방식으로 하나님 이야기를 서술했으므로, 이 장에서는 다른 종교의 궁극자론을 비판적으로 성찰하는 네거티브한 방식을 시도해보도록 하겠다.

어떤 상품이 얼마나 우월한가는 다른 회사의 유사 제품과 비교하여 증명하는 방식이 대단히 효과적이다. 이것은 이미 마케팅 업계에서 공인된 방식이기도 하다. 그러므로 성서가 증언하는 하나님의 뛰어남을 이런 방식으로 진술하는 것은 대단히 유용한 방법이라고 생각한다. 필자는 모든 크리스천 지식인들이 자신이 믿고 따르는 하나님이 다른 종교의 신이나 궁극자에 비해 얼마나 어떻게 다르며, 또 어떤 면에서 얼마나 우월한지를 파악하고 설명할 능력을 갖는 것은 매우 가치 있는 일이라고 생각한다. 이제부터 필자는 우리 하나님의 뛰어남을 증명하기 위해 세계 5대종교, 한국 3대 신흥종교의 궁극자론을 비판적으로 비교하며 서술할 것이다.

모든 크리스천 지식인들이 자신이 믿고 따르는 하나님이 다른 종교의 신이나 궁극자에 비해 얼마나 어떻게 다르며, 또 어떤 면에서 얼마나 우월한지를 파악하고 설명할 능력을 갖는 것은 매우 가치 있는 일이라고 생각한다.

I 힌두교

1 ◦ 힌두교의 역사와 기본 교리

힌두교는 14억 인도인들 중 11억 명 이상이 믿고 있는 세계에서 세 번째로 큰 종교이다. 힌두교의 주요 경전은 리그베다와 우파니샤드이다. 리그베다*는 BC 1500년-1000년경 러시아 남부와 중앙아시아 초원지대에서 살던 유목민인 아리안족이 인도에 들어와 만든 종교 문서로 10권 1,028개의 시구로 구성되었다. BC 1000년경부터 리그베다에 대한 해설서가 나오기 시작하다가, BC 800년경부터 본격적인 리그베다의 깊은 본의에 대한 신학적 사유를 담은 문헌이 등장하기 시작하여 BC 300여 년경까지 무려 200여 종의 우파니샤드 문헌이 형성되었다. 우파니샤드**는 베다의 끝(결론)

* 리그베다(Rigveda)는 브라만교와 힌두교의 정전인 투리야(Turiya, 4종의 삼히티라는 뜻)의 하나이다. 인도의 가장 오래된 문헌이며 인도 문화의 근원을 이룬다. 10권 1028의 시구로 되어 있으며, 자연신을 숭배하는 찬미가를 중심으로 혼인, 장례, 인생에 관한 노래, 천지창조의 철학시, 십왕전쟁의 노래 등을 포함하고 있다.

** 우파니샤드(Upanisad)는 힌두교의 이론적 사상적 토대를 이루는 신학적 문헌들의 집성체이다. 우파니샤드는 베다의 정수를 해설하는 주해서로서 베다의 끝, 베다의 결론이라는 뜻에서 베단타(Vedanta)라고도 불린다. 총 200여 편의 문헌이 우파니샤드에 속한 것으로 알려져 있는데, 이들 중 10편-13편 정도가 가장 오래되고 가장 중요한 것으로 여겨지고 있는데, 이들을 통칭하여 무키아 우파니샤드(Mukhya Upanisad) 또는 고 우파니샤드라고 한다.

이라는 의미인데, 리그베다를 해석한 일종의 신학사상서로써 오늘날 힌두교 제파의 이론적 근거를 제공하고 있을 뿐 아니라 석가모니에 의한 원시불교의 형성에도 지대한 영향을 주었고, 나아가서는 용수보살의 공사상을 대승불교에서 진여, 여래장, 불성 등으로 해석되도록 하는 데 지대한 영향을 준 경전이다.

힌두교에서 생각하는 우주는 무시무종의 우주이고, 그 우주에는 업(karma)에 따라 윤회하는 중생들이 있어 온갖 고통을 경험하며 살고 있으며, 이 고통으로부터 영원히 해탈하는 길은 우주의 근원자인 브라흐만(Brahman)과 모든 생물과 인간의 마음속에 잠재하는 아트만(atman)이 하나라는 사실을 전 존재적으로 깨달아 범아일여의 심신 상태에 이르는 것이라고 우파니샤드는 가르치고 있다. 이런 카르마와 윤회 사상을 바탕으로 인도에는 카스트 제도(사종성제)*가 사회의 기본 질서로 자리잡게 되었다.

2 ◦ 힌두교의 신들

힌두교의 주신은 셋인데 창조신인 브라흐마(Brahma), 유지신인 비슈누(Vishnu), 파괴신인 시바(Shiva, 또는 Siva)이다. 이들 삼신을 힌두교에서는 삼주신(Trimuri)이라고 부른다. 이 삼주신은 우주의 궁극적 근원적 원리인 브라흐만이 현신한 것으로서 삼주신은 본질적으로 하나라고 이야기한다. 힌두교의 삼신일체신론은 기독교의 삼위일체신론과 유사한 점이 있다. 다만 다른 점은 기독교에서의 하나님은 삼위로 계시면서 일치된 의지와 생각 속에서 모든 일을 공동으로 하는 한 존재라는 데 중점을 두고 있는 데 반해, 힌두교는 삼신일체는 한 본질이지만 완전히 독립된 인격과 독립적 일을 하는 세 명의 신으로서 존재한다는 것이 다르다. 그리고 힌두교에서는 이들 삼주신 외에도 수많은 신들을 섬기고 있는데, 그 수가 무려 3억 명이나 된다고 한다. 이 무수한 신들 중에는 비슈누신의 여덟 번째 현신이라고 하는 크리슈나(Krishna)** 신으로부터 유명무명의 신들까지 포트폴리오는 너무도 다양하다. 아마 지금도 이 신들의 수는 더욱 늘어나고 있을 것이다.

인도인들은 신들을 만드는 데 아주 탁월한 족속이다. 힌두교에서는 이들 잡다한 신들이 모두 브라흐만의 본질에 참여하고 있다고 보았다. 그래서 어떤 신을 섬겨도 상호 모순되지 않으며 아무 상관이 없다고 한다. 힌두교도들은 브라흐마, 비슈누, 시바 삼주신과 크리슈나를 공통으로 섬기고 있고, 가정의 신(kula-devate), 마을촌락의 신(grama-dem ate), 심지어 자신의 신(ista-devate)까지 믿고 섬긴다.

그러나 힌두교는 크게 비슈누신을 중시하는 파와 시바신을 중시하는 파로 나뉜다. 창조신인 브라흐마신은 세상을 한 번 창조하고 나서는 세상일에 전혀 상관하지 않는다고 믿기 때문에 실제로 브라흐마신을 중요하게 여겨 섬기는 종파는 거의 없다. 이들 종파들은 그들이 섬기는 비슈누신과 시바신이 수없이 다른 신들의 모습으로 현신한다는 화신(化身, avatara)사상을 공통적으로 가지고 있다. 힌두교는 각 종파들마다 조금씩은 다르지만 신앙생활의 궁극적 목표를 해탈(moksha) 또는 해방(release)에 두고 그것에 이르는 길을 나름대로 제시하고 있다.

*
카스트(caste)는 인종, 혈통, 순결, 순수를 의미하는 포르투갈어 '카스타(casta)'에서 유래했다. 유럽 세력 중 최초로 인도에 진출한 포르투갈인들에 의해 당시 인도에 존재했던 다양한 신분적 구분을 카스타라고 불렀는데, 이후 인도를 지배하기 시작한 영국인들에 의해 지금의 명칭인 카스트로 불리게 되었다. 카스트는 신분과 혈통에 의해 결정되는 사회적, 직업적 계급 자체를 의미하며 카스트 간의 우열을 바탕으로 만들어진 신분제도를 카스트제도라고 한다.
카스트제도에 대해 인도인들은 오히려 색깔을 의미하는 바르나(Varna)와 출생을 의미하는 자티(Jati)라는 용어를 쓴다. 카스트의 내용인 사종성제도를 바르나라고 부른 것은 고대 아리안족들이 가지고 있었던 신분 의식을 피부 색깔에 따라 구분한 데서 기인한다고 본다. 사종성제의 첫 번째 계급은 브라만으로서 사제계급이고, 두 번째 계급은 크샤트리아로서 무사계급이고, 세 번째 계급은 수드라로서 평민계급이며, 네 번째 계급은 바이샤로서 노예계급을 지칭한다.

**
크리슈나는 힌두교 서사시 마하바라타의 영웅이다. 그는 비슈누신의 여덟 번째 환생으로 아수데바와 데바키의 아들로 태어났다. 폭군 캄사의 탄압을 피해 유목민 집안에서 길러졌다. 장성하여 고향에 돌아와 캄사를 물리치고 새 땅으로 가서 왕국을 세웠다. 그 후 왕실 내부의 분쟁으로 크리슈나의 직계 가족들이 희생되었고, 이에 실망한 크리슈나는 숲 속에 들어갔는데, 사냥꾼이 사슴으로 오인하여 쏜 화살에 맞아 세상을 떠났다고 한다. 이것이 바로 힌두교에서 믿는 신들의 세계이다.

3 ◦ 힌두교의 수행

힌두교의 주요 성전인 바다바드기타(지존의 노래, bhagavadgita)에서는 3가지 수행의 범주를 제시한다. 첫째는 업 또는 행동의 길로서 세속적인 부와 육체적 쾌락(kama)를 누리는 삶을 살면서도 이기심을 버리고 부여된 다르마(darma, 의무)인 사종성위에 펼쳐진 법적 사회적 규범을 지키기 위해 최선을 다하는 것이다. 둘째는 쟌나(Jnana, 지식)의 길로서, 참다운 자아인 아트만과 우주의 근원적 원리인 브라흐만이 동일하다는 범아일여의 직관적 통찰에 이르는 길이다. 셋째는 봐크티(bhakti, 信愛)의 길로서, 비슈누나 시바 같은 인격신에 대한 헌신과 사랑을 바치는 것이다.

힌두교에서 해탈은 고요와 평안의 상태로서 궁극적인 목표에 도달했을 때 주어지는 존재의 힘 같은 것을 의미한다. 이 해탈에 도달하기 위해 가장 유력한 수행 방법이 명상과 요가이다. 우선 구도자는 명상에 잠겨 자아가 육체로부터 벗어나 마음속에 있는 자기 본질의 세계로 들어가야 한다. 명상은 요가적인 훈련을 병행하면서 반복적으로 만트라(mantra), 즉 '옴(Om)'이라는 주문을 외워야 한다. 이 '옴'은 AUM으로 이해될 수 있는데, A는 우주의 새로운 창조, U는 우주의 유지, 그리고 M은 우주의 창조적 파괴를 뜻하므로 결국 '옴'이라는 주문은 브라흐마, 비슈누, 시바, 삼 주신을 부르는 것이다. 이렇게 계속 진행하는 동안 명상자는 어둠 속에서 존재의 중심에 있는 표현할 수 없는 신비로운 자각으로 옮겨가고, 궁극적 실재(ultimate realty)와 그를 둘러싼 빛을 깨닫게 된다. 이때 자기의 내면에 잠재한 아트만을 포착하게 되어 비실재로부터 실재로, 어두움에서 빛으로, 죽음으로부터 영원으로 나아가는 해탈(moksha)의 과정에 들어서게 된다. 그러나 대부분의 힌두교도들은 심원한 교리나 해탈을 위한 수행보다는 전통적으로 지켜온 종교적 관행이나 의식, 규정 등을 준수함으로써 현세에서 행복을 얻고 내세에서 보다 좋은 곳, 좋은 신분으로 탄생하고자 하는 소원을 추구하고 있다.

힌두교에서 해탈은 고요와 평안의 상태로서 궁극적인 목표에 도달했을 때 주어지는 존재의 힘 같은 것을 의미한다. 이 해탈에 도달하기 위해 가장 유력한 수행 방법이 명상과 요가이다.

4 ◦ 힌두교 궁극자론의 변화

이 힌두교의 궁극자론 역시 세월이 지나면서 많은 변화를 가져온다. 중기 우파니샤드까지만 해도 브라흐만과 아트만은 동일 본질이기는 하지만 상당한 차이가 있었다. 브라흐만은 우주의 근원적 원리요 본질로서 무한성은 있으나 영성은 없는 것으로 이해되었다. 반면 아트만은 우주의 근원적 원리를 내재한 영성을 가지고 있었지만 무한성은 없는 것으로 이해되었다. 그러다 후기 우파니샤드에 와서는 아트만의 무한성을 인정하고 브라흐만의 영성도 인정하게 되었다. 그로 인해 브라흐만과 아트만은 우주의 근본 원리이면서 동일한 영적 본질을 가진 궁극적 존재가 되어버렸다. 이것은 모든 현상계를 우주의 근본 원리요 본질인 브라흐만의 자기 변화로 이해하게 되었다는 것이다. 그리고 내 안의 아트만(我)을 포착하여 브라흐만과 합일되는 순간 프람 아트만(眞我/참나, Pram-Atman)* 이 드러난다고 보았다. 이 프람 아트만은 영원한 브라흐만과 동질의 세계로서 프람 아트만으로 온전히 사는 존재는 번뇌의 윤회를 벗어나 영생할 수 있다고 생각했다. 이러한 인식은 후에 대승불교의 공사상에 큰 영향을 주었다.

*
프람 아트만은 참으로 호흡하는 자, 즉 참된 자아, 영원한 자아라는 뜻으로, 아트만이 우주의 본질인 브라흐만과 하나라는 범아일여의 진리를 깨달은 사람의 마음 상태를 의미한다. 그러므로 모든 수도자들이 꿈꾸고 이상하며 정진하는 목표이다.

5 ◎ 비교

이제 힌두교의 신을 기독교의 하나님과 비판적으로 비교해보자.

첫째, 힌두교의 삼신일체론은 본질이 하나라는 점에서 기독교의 삼위일체론과 유사한 점이 있지만, 삼주신은 분명히 각각 다른 신들로서 독자적 분야에서 독자적 활동을 하는 존재이기 때문에 삼위가 일체라는 기독교의 삼위일체론과는 차이가 있다. 그리고 기독교의 하나님은 창조, 섭리, 구속, 구원에 삼위 하나님이 100% 일치적으로 관계하고 역사하지만, 힌두교의 경우 창조는 브라흐마*가 단독으로 하고, 유지는 비슈누가 단독으로 하며, 그리고 파괴는 시바가 단독으로 수행한다. 더욱이 비슈누와 시바는 수천수억의 다른 신들로 현현하는 식으로 신들의 수를 끝없이 증가시킨다. 그러므로 힌두교 신들의 이야기는 바벨론 신화나 희랍 신화의 세계와 큰 차이가 없다.

* 브라흐마(Brahma)는 비슈누, 시바와 함께 힌두교의 3대 신 중 하나로서 창조의 신이다. 마누법전에 의하면 태초에 우주는 인식할 수도 없고, 이렇다 할 특징도 없고, 이성으로도 판단할 수 없고, 그 어떤 것이라 말할 수 없는 깊은 잠 속에 빠진 암흑 같았다. 그것에서 홀연히 우주의 근원적 에너지인 브라흐만이 충만한 신이 나왔으니 그가 바로 브라흐마 신이다. 그는 우주만물의 근원인 지(地), 수(水), 화(火), 풍(風), 공(空) 다섯 원소를 만들고 구체적으로 생물의 종자와 물을 만들었다.

둘째, 기독교의 하나님은 이 우주에 유일한 하나님으로서 어떤 피조물도 이에 비교할 수 없는 존재이시지만, 힌두교는 수억의 신을 가진 다신론의 종교이며 모든 현상계에 신이 있다고 믿는 범신론의 종교이다.

셋째, 힌두교는 자신의 욕구, 자신의 소원을 들어주는 수많은 신들을 만들고 그 우상 앞에 절하고 섬기는 우상종교이다. 반면 기독교에서는 일반 생물이나 인간은 물론 광명한 천사나 강력한 마귀 사탄조차 일개 피조물에 지나지 않는 것으로 보기 때문에, 온 우주에 하나님 외에는 경외하고 섬겨야 할 존재가 있을 수 없다고 보고 있다. 그리고 그리스도인이 하나님을 믿고 섬기는 것은 자신의 이기적 욕망을 성취하기 위해서가 아니라 우리를 구원해주신 하나님의 은총에 감사해서 하나님의 뜻대로 살고자 하는 것이다.

넷째, 힌두교는 우주만상의 근본 원리는 브라흐만으로 보고 있는데, 이는 인간의 마음속에 있는 아트만과 동일 본질로서 인간이 범아일여의 진리를 깨우치기만 하면 윤회의 질서에서 벗어나 신이 될 수도 있다고 주장한다. 그러나 성서는 우주만상에 창조주 하나님의 본질적 가치와 솜씨, 그리고 질서가 반영되어 있기는 하지만 하나님 안에 충만한 진선미성의 이데아 일부가 불완전하게 반영되었을 뿐이기 때문에 피조물의 한계성을 벗어나지 못한다고 말씀한다. 또한 도덕성을 가진 사람의 성품도 하나님의 형상을 모사한 불완전한 것에 지나지 않는다고 보고 있다. 그러므로 하나님은 하나님이고 사람은 사람일 뿐이다.

이것이 바로 키르케고르가 말한 하늘과 땅, 하나님과 인간의 변증법적 관계이다. 하나님과 인간 사이에는 무한한 질적 차이가 존재한다는 것이다. 또한 인간의 본성은 타락으로 말미암아 죄성을 가진 존재가 되었기 때문에, 마치 깨지고 더러운 거울처럼 마음의 심상이 분열되고 흐려져서 하나님을 보지 못하고 알지 못하고 삶의 도리조차 잘못된 이념으로 인해 왜곡되어 버렸다. 그렇기 때문에 인간은 아무리 종교적 노력을 한다 하더라도 영원히 하나님이 될 수는 없을 뿐 아니라 인간 자신의 문화적 문명적 노력으로는 천국에 이르는 것이 불가능하다.

다섯째, 리그베다를 보면 브라흐마 신은 마누법전과 달리 깊은 물속에서 홀연 솟아난 존재로 묘사되고 있다. 이는 브라흐마가 우주의 기본 틀을 창조한 진정한 창조주가 아니라 무시무종의 우주에 이미 존재하는 물이라는 기본 질료에서 탄생한 이차적 창조주에 지나지 않는다는 것이다. 또 이

차적 창조를 한 브라흐마신은 그 후에 아무것도 하지 않고 흰 눈에 덮혀 있는 히말라야 산맥처럼 묵묵히 영원히 존재만 할 뿐이라고 한다. 그러니 아무것도 없는 무한무변의 공간에 말씀으로 천지 만물을 창조하고 섭리하시는 기독교의 하나님과는 기본적으로 그 위상과 능력에서 차이가 난다고 볼 수 있다.

여섯째, 힌두교는 우주의 원리인 브라흐만이 영원 전부터 있었고, 그다음 어느 시점에 창조신 브라흐마가 탄생했다고 한다. 이것은 일기화삼청론에서 나타난 도교의 원시천존과 큰 차이가 없다. 그러나 기독교의 하나님은 영원 전부터 완전한 본질과 인격을 가진 한 분으로 스스로 계셨으며, 그가 품은 궁극적 꿈을 이루기 위해 아무것도 없는 텅 빈 무한공간에 우주와 만물을 창조하시고 그의 뜻대로 섭리하고 계신다. 그러니 힌두교의 브라흐마신은 성서의 하나님과는 그 위상과 권능이 비교할 수조차 없는 신이다.

Ⅱ 불교

1 ◦ 불교의 교리와 궁극자론

불교는 인도 카비라 성의 왕자 고타마 싯다르타가 수행 중 깨달은 바를 바탕으로 창시한 동양의 심오한 종교이다. 불교*는 원시불교에서 부파불교로, 부파불교는 다시 소승불교와 대승불교로 분리되어 진화하는 과정에서 많은 사상적 변화를 가져 왔기 때문에 불교의 사상을 간단하게 요약하기는 쉽지 않은 일이다.

1) 원시불교의 교리

불교의 창시자 석가모니가 가르친 연기설은 불교의 근본 교리로서, 이 이론에 의하면 우주는 연기, 즉 일어남의 원인과 일어남의 결과로 복잡하고 다양하게 연결된 현상의 질서라고 한다. 그리고 나타나는 현상을 법이라 하는데, 석가모니는 그 법을 무아라고 보았다. 이를 제법무아라 한다. 모든 우주의 현상 세계는 모두가 끊임없이 변하기 때문에 무자성, 즉 고정적 자아라 할 것이 없다는 것이다. 즉 불변의 나라고 할 것이 없다는 것이다. 그러면 다시 한 걸음 더 나아가, 내가 없는데 어떻게 네가 있을 수 있느냐 하는 논리가 나온다. 결국 너도 나도 아무것도 없는 것이라는 말이다. 그러나 이 아무것도 없다는 것은 현상의 존재까지 부정하는 것은 아니고, 다만 고정적 현상이 없다는 것이다. 사실 석가모니의 가르침에 충실했던 초기 원시불교에서는 바로 연기설을 완전히 깨닫고, 무아의 경지에 이르러 일체의 번뇌로부터 자유하는 상태를 열반적성이라 하여 수행의 최종 목표로 삼

*
원시불교(元始佛敎)는 일반적으로 고타마 붓다가 道를 깨닫고 전도를 시작한 때로부터 그의 입적(入寂) 후 제자들이 그의 가르침을 정리하여 성립된 불교를 말한다. 원시불교는 초기불교, 또는 근본불교라고도 한다. 근본불교라 함은 고타마 붓다의 근본 사상이 무엇인가에 대해 초점을 맞추는 불교로서 이를 지칭하는 용어로 주로 쓰인다.

* 부파불교(部派佛敎, early Bhuddhism))는 고타마 붓다가 열반에 든 후 제자들 사이에 견해 차이가 생겨 고타마 붓타 입적 100년 후에 보수적인 상좌부와 진보적인 대중부로 분열되었고, 다시 이 두 부파로부터 여러 갈래로 나뉘어 전개되었던 시대의 불교를 부파불교라 한다.

소승불교(小乘佛敎, Hinayana Bhuddism)는 부파불교 중 상좌부의 전통을 이은 불교로서 이타(利他)를 목표로 한 '위대하고 뛰어난 탈 것'이라는 의미를 가진다. 소승불교는 부파불교시대에 보다 진보적이고 자유로운 수행을 주장하는 대중부와 그 대중부에서 발전한 대승불교에 대한 반동으로 일어난 불교 수행의 한 경향으로서 현재는 동남아세아와 스리랑카 등에 널리 퍼져 있다.

대승불교(大乘佛敎,Mahayana Bhuddism)는 대승이라는 말 그대로 '큰 탈것'이라는 의미를 가진 불교의 한 유파를 일컫는다. 대승불교는 부파불교 시대 대중부에서 유래한 경전을 바탕으로 형성된 것으로, 부파불교 당시 특히 상좌부는 불교의 본래의 사명인 중생제도를 외면하고 아비달마라고 하는 고정적이고 전문적인 훈고해석에 빠져버린 데 대한 반동으로 일어났다. 현재는 동아시아의 불교가 이 대승불교에 속한다.

왔다. 그리고 연기설을 12지처설과 18계설로 이해하고 제행무상, 제법무아, 열반적성의 삼법사상, 그리고 불교교리의 정화인 고집멸도라는 사성체(四聖締)*를 금과옥조처럼 가르쳤다.

2] 대승불교의 공사상과 힌두교의 범아일여 사상

그런데 후기에 형성된 대승불교에서는 이러한 우주 인식에 일대 변화를 가져왔다. 석가모니의 깨달음과 가르침을 따라 전적으로 부정했던 힌두교적 우주관이 다시 불교 교리 속에 수용되었기 때문이다. 주지하다시피 힌두교의 우주관은 온 우주에 보편적으로 영원히 존재하는 궁극의 실재인 브라흐만과 브라흐만과 동질이면서 인간을 포함한 만물에 내재되어 있는 아트만 사상을 근본으로 하고 있다. 브라흐만은 신들의 본질이고, 아트만은 인간을 포함한 피조 세계의 본질이다. 이 브라흐만은 브라흐마, 비슈누, 시바 삼신으로 현현되었고, 다른 모든 신들도 본질적으로는 브라흐만의 본질에 참여한다고 보고 있다. 후기 불교인 대승불교는 이 힌두교 교리의 영향을 받아 석가모니가 설파한 제법무아사상과는 다르게 연기의 주체요 연기가 일어나게 하는 제1원인, 즉 상주불변의 궁극적 실재를 주장하기 시작했다. 이 우주에는 현상을 초월한 본체이면서 생멸 변화하지 않으며 우주 만유에 보편 상주하는 참된 실체가 있다고 생각하게 된 것이다. 그것을 대승불교에서는 공(空), 공성(空性), 진여(眞如, Tathata), 여래장(如來藏, atath gata-garbha), 불성(佛性, budda-dhtu), 법계(法界), 법성(法性), 일심(一心), 진제(眞際), 부사의계(不思議界), 자성청정심(自性淸淨心) 등 종파에 따라, 또는 그들이 텍스트로 여기는 불경에 따라 여러 가지 명칭으로 부르고 있다. 특히 석가모니 사후 200년 쯤 지나 대승불교의 시조라 불리는 용수보살**(AD 150?-250?)은 공(空)을 연기의 질서, 즉 우주의 근원적 질서의 중심에 있는 어떠한 것으로 파악했다.

"연기하는 모든 것, 그것을 우리는 공성(空性)이라고 말한다(중론 23장). 그러나 그에게 있어서도 공이란 여전히 비실재적 실재, 비존재적 존재 같은 것이었다. "공은 새로이 생겨나는 것도 없고 완전히 소멸되지도 않으며 항상 행하지도 않고 단절된 것도 아니며 동일하지도 않고 다르지도 않으며 어디서 오는 것도 아니고 어디론가 가는 것도 아니다(중론, 귀경게)." 이는 도를 우주의 근본 질서로 보는 노자의 도가사상과 일맥상통한다고 볼 수 있다. 그러나 후기 대승불교로 갈수록 이 공을 연기의 관계 개념, 질서 개념이라기보다는 상주불변의 궁극적 실재로 파악하려는 경향을 보이게 되었다. 그래서 공이라는 용어 대신 여래장, 진여, 불성, 법성 등 여러 가지 용어로 대치되었다. 그렇기 때문에 오늘날 일부 불교학계에서는 공사상과 여래장, 진여, 불성, 법성사상을 동일시하기에는 논리적 모순이 따른다고 주장하고 있다. 공이나 여래장이나 근거는 모두 연기설에서 나온 것이기는 하나 공은 모든 인식 대상의 무아 무명 무존재 쪽에 중심을 두고 설명되고 있는 반면, 여래장은 용어 그대로 여래의 태, 즉 연기하는 현상세계 속에 존재하는 불성이라는 불변의 실재가 있음을 인식하고 이를 추구하는 데 중점을 둔 개념이기 때문이다.

*
사성체는 석가모니가 성불한 후 녹야원에 내려와 최초로 설법한 법문으로서 사람이 부처가 되는 길을 가르친 것이다. 사체는 고집멸도(苦集滅道)를 의미한다. 체(諦)라는 말은 변함없는 것이라는 뜻의 '삿트아'를 번역한 말이다. 고체(苦諦)는 인생 자체가 고해라는 뜻으로서 생노병사의 기본 사고에 더하여 이별애고, 원증회고, 구불득고, 오음성고 등 팔고를 이야기하고 있다. 집체는 욕망(탄하), 번뇌(클레사), 업(카르만)이다. 업(業)은 윤회를 가져오는 힘을 가리키는데 신업, 구업, 의업이 있다. 멸체는 인생은 고해라는 것을 아는 것과 그 고해의 원인을 아는 것을 의미한다. 그로 인해 고해로부터 벗어나는 길을 추구하게 된다. 도체는 고해의 원인인 집체를 멸하는 방법으로서 석가모니는 팔정도를 행하라고 가르쳤는데, 팔정도는 정견(正見), 정사(正思), 정어(正語), 정업(正業), 정명(正命), 정정진(正精進), 정념(正念), 정정(正定)이다. 여기에 대승불교에서는 보살이 부처에 이르는 길로서 사홍서원(四弘誓願)하면서 육바라밀(六波羅密)을 행하라고 가르친다. 바라밀은 산스크리트어의 파라미타(paramita)를 음역한 것으로서 '완전' '완성'이라는 뜻이다. 육바라밀은 보시(布施, Dana), 지계(持戒, Sila), 인욕(認慾, Ksant), 정진(精進, Virya), 선정(禪定, Jhana), 지혜(智慧, Prajna)이다. 육바라밀이 팔정도와 다른 점은 팔정도가 개인의 수양에 집중한 반면, 육파라밀에는 자기뿐 아니라 다른 사람도 구제한다는 의미의 보시와 인욕이라는 항목이 있는 것이다.

**
용수(龍樹, 150?-250?)는 중관(中觀, Madhyamaka)을 주창한 인도의 승려이다. 원래의 이름은 산스크리트어로 나가르주나(Nagarjuna)인데, 베트남과 동아시아에서는 그 뜻을 한역하여 용수, 또는 용수보살로 부르고 있다. 2-3세기 사람인 용수는 상좌부 불교를 비판하고 중관불교의 틀을 유지했으며, 대승불교의 교의를 창시했기 때문에 제2의 석가모니, 또는 대승불교의 아버지라 부른다. 그의 중관사상의 핵심은 공(空)사상이다.

3) 공(空)을 깨달은 자, 부처

후기 불교인 대승불교는 연기설의 핵심 사상인 공이라는 개념을 단순한 연기의 근원적 질서가 아니라 만유에 보편적으로 존재하는 영원불변의 궁극적 실재로 이해함으로써, 궁극적 실재를 깨달으면 누구나 부처가 될 수 있다고 하는 대중불교의 길을 열었다. 즉 누구나 자기 안에 있는 불성, 진여,* 공, 여래장 법성이 있기 때문에 이를 깨달으면 부처가 될 수 있다고 주장함으로써 대중불교, 대승불교의 길을 활짝 열어놓았다.

그러면 불교에서 말하는 부처란 무엇인가? 바로 부처는 팔정도**나 육바라밀다를 수행하여 제행무상 제법무아를 깨달아 그의 마음이 번뇌의 원인에서 완전히 해탈하여 열반적정에 이른 존재를 의미한다. 반면 보살은 부처를 지향하나 관세음보살이나 문수보살처럼 중생들의 제도를 위해 자비행을 중심으로 살아가는 부처 직전의 존재를 의미한다. 그런 점에서 현세에 사는 모든 불자는 모두 보살이라 볼 수 있다.

그런데 여기서도 유의할 점은 초기 불교의 부처가 연기의 질서나 윤회의 질서를 벗어나 일체의 번뇌가 없는 열반적정을 누리며 사는 존재임에 비해, 대승불교에서 부처는 스스로 열반적정을 누리며 살 뿐 아니라 중생들의 구체적 삶에 개입하여 자비와 은총을 내리는 신적인 존재로 이해되고 있다는 것이다. 그러나 스스로 수억 겁을 윤회하며 도를 닦아야 부처가 된다고 하는 것을 보면, 선재부처는 다른 중생이 부처가 되는 데 영향을 미치는 것보다는 중생들의 일상사에 영향을 미치는 존재, 그것도 특별히 제한된 범위에서 영향을 미치는 정도라고 여겨진다. 그러나 이는 실로 엄청난 교리적 변화, 또는 교리적 변질이며 인식론적 변화라 할 수 있다.

*
진여(眞如)는 범어 타다타(Tathata)를 한자어로 번역한 것으로서, 대승불교의 이상 개념 중 하나이다. 이 사상의 본질은 모든 현상의 있는 그대로의 참모습, 있는 그대로의 본성 상태, 불변의 진리, 모든 분별과 대립이 소멸된 마음상태, 깨달음의 지혜, 우주의 본 상태, 부처의 마음, 중생이 본디 가지고 있는 청정한 성품 등의 의미를 가진다.

**
팔정도(八正道)는 고집멸도라는 사성제의 마지막 도제의 깨달음의 원인이 되는 8가지 수행 덕목으로서, 정견(正見), 정사유(正思惟), 정어(正語), 정업(正業), 정명(正命), 정정진(正精進), 정념(正念), 정종(正定)을 의미한다. 또 육바라밀도 대승불교의 중요 교리로서, 반야경에는 보시, 지계, 인욕, 정진, 성정, 지혜 등 6가지를 가르치고 있다. 바라밀 또는 바라밀다는 산스크리트어 '빠라미따'를 음을 따라 번역한 것이다. 그 의미는 완전한 상태, 구극의 상태, 최고의 상태를 의미한다.

4) 변질인가 변화인가?

고타마 붓다는 베나레스에서 임종할 때 마지막 설법에서 "나는 진리가 아니라 진리로 인도하는 사람일 뿐이다. 나는 신이 아니니 결코 나를 섬기지 말라"고 유언했다고 한다. 그는 진리, 즉 번뇌에서 벗어나는 길을 먼저 깨달아 가르치는 사람에 지나지 않는다는 것이다. 석가모니가 깨달은 연기설은 이 우주의 현상세계에는 불변의 존재성 유명성, 자아성, 즉 나라고 하는 것뿐 아니라 내가 인식하는 어떤 대상도 존재도 실재도 존재하지 않는 무상의 세계라는 사실을 깨닫는 것이다. 그러므로 고정적이지 않은 허무한 자아에 집착하는 것은 지극히 어리석은 일이라는 것이다. 실제로 고타마 붓다는 영혼의 실재, 신의 실재에 대해서까지 부정적이었다고 한다. 그가 깨달아 가르친 것은 궁극의 실재가 있다는 것이 아니라 오히려 그런 실재가 없다는 것이었다. 석가는 우주에는 불변의 자아성도 없고 궁극의 실재도 없으며, 있는 것이 있다면 영원히 변하고 또 변하는 연기의 질서, 연기의 법뿐이라고 말했다. 이 연기의 질서, 연기의 메커니즘에는 어떤 불변의 실재가 없는 것으로, 모든 인식의 대상도, 인식의 주체인 자아도 실재가 아닌 뜬구름이나 허깨비, 또는 환영 같은 것에 불과하다. 이처럼 제행무상 제법무아를 확실하게 깨달았을 때 일체의 번뇌가 소멸되고, 일체의 번뇌로부터 자유로울 수 있는 것이다.

그러나 대승불교는 고타마 붓다의 원시불교와는 다르게 우주의 현상 세계에는 불변하는 궁극의 실재가 있고, 그것은 사람의 마음속 깊은 곳에 잠재해 있으며, 이를 완전히 깨달아 포착한 상태의 자아로 사는 것이 바로 부처라고 주장한다. 고타마 붓다가 단순히 현상 세계의 근원적 질서로 이해한 연기설을 대승불교에서는 그 연기의 질서를 둘로 나누어 변하는 것과 변하지 않는 것, 즉 변화무쌍한 현상세계 가운데 궁극의 제1원인, 영원불변의 실재가 있는 것으로 이해한 것이다. 이런 이유로 고타마 붓다의 정통적 가르침을 추구하는 이들은 대승불교의 근원적 실재론에 대해 의구심을 가지고 있다. 그리고 부처는 연기의 질서 속에서 윤회를 거듭하는 사바 세계를 벗어나 열반적정의 세계인 극락에서 영생할 뿐 아니라, 사바 세계의 중생들을 제도하거나 가호하는 섭리를 수행한다고 본 대승불교는 결국 부처를 신적 존재로 이해했을 뿐 아니라, 자신들도 그 신적 존재인 부처가 되려고 하는 종교적 지향성을 가지게 되었다. 소승불교에서 부처가 되려는 것은 오직 번뇌로부터 해탈하기 위해서지만, 대승불교에서 부처가 되려는 것은 일체의 질서로부터 자유하는 존재, 즉 부처라는 신적 존재가 되어보려는 의지, 일종의 자아 성취의 의지, 자아 발전의 의지, 자아 진화의 의지가 포함되어 있다. 이러한 입장 차이는 미세한 차이 같지만 사실은 엄청난 차이인 것이다. 실로 석가모니가 가르친 초기 불교의 기본 교리는 용수보살을 시조로 하는 대승불교에 이르러서 엄청난 변화를 가져온 것이다.

대승불교는 결국 석가모니의 가르침에 충실한 원시불교와 다르게 고타마 붓다가 떠나왔던 힌두교의 세계관인 범아일여사상*을 애매하게 수용한 종파라고 보는 것이 정확하다. 대승불교는 원시불교의 순수성보다 대중성을 선택한 것이다.

실제로 대승불교는 힌두교와 수행 방법이 다를 뿐, 자아 속에 있는 궁극의 실재인 아트만(진아, 참나)을 깨닫고, 이 깨달음을 통해 우주의 궁극적 실재인 브라흐만과 하나가 되면 윤회의 질서를 벗어나 브라흐만의 본질로 충만한 영원한 신이 될 수 있다고 하는 힌두교 신앙과 거의 유사하다고 볼 수 있다. 물론 대승불교에서는 힌두교에서 브라흐만과 아트만으로 나누어진 우주의 본질이 공이라는 하나의 개념으로 통일되었다는 점에서 차이가 있는 것은 사실이다.

아무튼 원시불교, 초기불교가 연기의 질서 속에 흘러가는 우주에는 영원한 것이 없다는 사실을 깨닫는 것이 붓다가 되는 길이라고 주장한 반면, 대승불교에서는 우주의 무상성과 무명성 배후에 영원히 상존하는 실재로서 공(空)을 깨닫는 것이 붓다가 되는 길이라고 주장하는 것이다. 초기불교가 연기설에 입각한 무상성과 무명성이라는 영원한 질서를 깨닫고 자아적멸에 이르는 것이 열반적성을 하는 길, 즉 붓다가 되는 길이라고 가르친 데 반해, 대승불교는 그 무상성의 질서 속에 충만한 궁극의 도(道)요 실재인 공(空)을 깨닫고 마음에 품은 존재가 바로 붓다라고 생각하는 점에서 상당한 교리적 변화를 가져온 것이 틀림없다.

* 범아일여(梵我一如)는 후기 우파니샤드의 철학사상으로서 우주의 근본 원리인 브라흐만(梵)과 개인의 중심에 자리한 아트만(我)이 동일하다고 하는 사상이다. 불교가 출연할 무렵 일부 바라문의 현인들은 변화하는 현상계 너머에 무엇이 존재하는가의 문제에 천착했다. 그리고 그들은 현상 세계는 브라흐만이라는 거대한 바다에 일어나는 파도나 물거품으로 인식하게 되었다. 인간의 자아 속에는 아트만이 있는데, 이 아트만이 브라흐만과 동일한 것으로 파악했다. 그러나 고타마 붓다는 이 범아일여사상을 따르지 않은 것처럼 보인다. 오히려 우주와 인생의 무상성과 무명성을 깨달으라고 가르쳤다

2 비교

이제부터는 불교의 궁극자론과 기독교의 하나님론을 비판적으로 비교해보겠다. 불교와 기독교

중 어떤 종교의 궁극자론이 더욱 위대하냐 하는 것이다. 물론 두 종교의 우주관과 세계관의 큰 차이가 있기 때문에 객관적 비교라는 것이 불가능할지 모른다. 그럼에도 불구하고 부처와 하나님 중 어떤 존재가 전체 우주의 근원을 포괄하는 영원 무한한 존재냐, 그리고 중생들에게 끼치는 영향력이 어느 쪽이 더 강력한가 하는 것 등을 논할 수는 있다고 생각한다. 혹자는 불교의 궁극자는 부처이기보다 공이나 법성, 여래태 등으로 이해해야 되지 않느냐고 할지 모른다. 그러나 그 공성이나 법성이나 여래태의 인격적 화신이 바로 부처이고, 또한 불교도들이 그 부처를 신처럼 숭앙하고 경배하고 신앙하는 대상으로 여기는 것이 현실이기 때문에 여기서는 하나님과 부처를 비교 대상으로 삼는 것이 타당하다고 생각한다. 그러면 우리 기독교인들이 섬기는 하나님과 불교인들이 섬기는 부처는 어떤 차이가 있는가?

첫째, 우리 하나님은 스스로 영원 전부터 완전한 존재이지만 부처는 불완전한 존재에서 완전한 존재로 진화한 존재이다. 하나님은 영원 전부터 무한영원 전지전능 무소부재 영원불변하는 유일한 존재이고, 온 우주에 편재하시어 모든 생명계와 정신계를 정확하게 섭리하는 존재이지만, 부처는 광대한 무한 우주에서 저급단계의 피조물, 즉 이질 아메바균 같은 미생물에서 출발하여 수십억 겁을 윤회하면서 부처로까지 진화한 존재이다. 따라서 아무리 수억 겁이니 수십억 겁이니 하며 불교식의 숫자노름을 한다 하더라도 부처의 완전성은 피조물의 기준에서 완전한 것이지 원래부터 영원히 완전하신 하나님의 완전성에는 미치지 못한다.

더욱이 완전하다 함은 본질뿐 아니라 위상과 능력도 완전해야 한다. 그러나 하나님은 이 모든 것이 완전하시지만, 부처는 부처마다 그 완전성의 정도가 다 다르다. 능력도 위상과 지위도 깨달음의 크기라는 완전성의 정도가 다르다. 그렇기 때문에 석가모니나 아미타불이나 미륵불 같은 대부처라 해도 하나님의 완전성에는 결코 이를 수 없다.

둘째, 우리 하나님은 영원한 존재이지만 부처는 영원한 존재라고 볼 수 없다. 하나님은 영원 전부터 영원 자존자로 존재하는 분이신 데 반해, 부처는 무시무종 우주의 근원적 질서 속에서 인연법, 즉 연기설에 따라 미생물에서 점진적으로 진화한 존재, 즉 특정한 시간에 탄생한 존재이기 때문에 영원한 존재라고 볼 수 없다.

셋째, 하나님은 전지전능한 존재이지만 부처는 전지전능한 존재가 아니다.

우리 하나님은 무에서 유를 창조하신 분, 즉 아무것도 없는 무한무변의 공간에 현재의 우주만상을 마음의 뜻에 따라 말씀으로 창조하신 존재이지만, 부처는 우주만상을 창조하지도 못했을 뿐 아니라, 무시무종의 우주 가운데 극히 작은 존재로서 우주만상에 미치는 영향력도 극히 제한적인 존재이다.

넷째, 우리 하나님은 만유 가운데 유일하게 영원히 유아독존하는 존재이지만, 부처는 무시무종의 우주에서 인연법에 따라 탄생한 수많은 크고 작은 부처들 중 하나에 지나지 않는다. 따라서 특정한 부처가 가진 능력도 미치는 영향력도 제한적이다. 불교에는 불교식 특유의 우주관이 있다. 그들에 의하면 우리가 사는 지구가 1,000개 모이면 1천 세계 또는 소천 세계라 하고, 다시 소천 세계가 1천 개 모이면 중천 세계 또는 이천 세계라 하고, 이천 세계 1,000개가 모이면 삼천 세계 또는 대천 세계라 하는데, 이 삼천대천세계가 부처 한 명이 다스리는 세계의 단위라고 한다. 이것은 부처가 결코 무한 영원한 존재가 아니며, 전지전능, 무소부재한 존재가 아니라는 것을 스스로 시인하는 것이다. 대천 세계라 할지라도 부처 한 명이 다스리는 별의 수는 10억 개인데, 우리 은하계만 해도 우리 같은 태양계가 수천억 개가 있고, 우주 전체에는 우리 은하계 정도의 은하계가 다시 수천억 개가 있다고 한다. 그러면 우리 은하계만 해도 수만 명의 부처가 있어야 하고 전 우주에는 수백경 명의 부처가 있어야 한다는 계산이 나온다. 그러나 성서가 증언하는 우리 하나님은 이 거대한 우주를 무에서 말씀으로 일순간에 창조하시고, 전 우주에 편재하여 홀로 그의 뜻대로 섭리하는 분이시니, 도저히 그 위상과 능력, 다스리는 범위, 이 모두에서 비교조차 할 수 없는 것이다.

다섯째, 하나님의 섭리는 우주 전체에 미치고, 과거 현재 미래 3개의 시간에 걸쳐 홀로 완전하게 온 우주를 섭리하시지만, 불교의 부처는 그들의 영향력이 미치는 시공간이 제한되어 있다. 불교에서 3대 부처인 석가모니와 아미타불,* 미륵불**은 그들이 성불하는 시간과 부처가 된 이후 그 영향력이 미치는 시공간이 각기 다르다. 그래서 석가모니부처는 과거불이고, 아미타불은 현재불이고, 미륵불은 미래불이라고 한다. 그들은 각각 영향력이 미치는 시대와 세계의 범위, 그리고 영향력의 성격이 다 다르고 제한적이다. 그러니 다른 부처들은 더 말할 나위가 없다.

여섯째, 하나님의 은혜는 피조물의 영적 구원의 문제부터 육체적 물질적 인간관계, 심지어는 환경에까지 그 영향력이 무한하지만, 부처는 중생들에게 미치는 영향력이 분야에 따라 제한적이다.

불교에서는 대부처와 소부처가 미치는 영향력이 다르고, 또 부처들마다 중생에 베푸는 은혜의 주특기도 다르다. 석가모니나 아미타불은 중생제도에 중점을 두지만, 약사여래***는 육체나 정신의 질병을 고쳐주는 것이 전공이다. 각 부처의 능력이 역사하는 분야도 다르다. 그래서 몸이 아픈 사람은 석가모니부처의 은혜를 구하는 것보다는 약사여래의 은혜를 간절히 염원하는 것이 현명한 태도이다. 부처는 그들의 교리에 의해서도 결코 전지전능한 존재가 아니다. 그러나 우리 하나님은 전공과목이 없다. 모든 이들에게 영생을 주시기를 원하시고 섭리하시며, 모든 병을 고치시고, 모든 일을 섭리하고 축복하실 수 있다. 우리 하나님은 전지전능하시어 모르는 것이 없고, 하지 못할 일이 없으시다.

일곱째, 한 분이신 하나님에 대한 기독교인의 신앙심과 수억만 명의 부처를 신앙하는 불교인들의 신앙심은 그 집중력에서 큰 차이가 날 수밖에 없다.

하나님은 온 우주에 영원히 오직 한 분이시지만, 부처는 헤아릴 수 없이 많으며, 지금도 계속 탄생하고 있고, 결국 부처의 수는 무한하다고 보아야 한다. 그러므로 오직 한 분이신 기독교의 하나님과 우주에 수백억 명이나 존재하는 불교의 부처는 신자들에게 미치는 영향력과 신앙의 집중력에서 큰 차이가 날 수밖에 없다. 신도들이 부처님! 하고 부를 때 어느 부처를 부르는지 불분명할 뿐 아니라, 그 부름의 대상인 부처의 수가 수억만도 넘으니 차라리 부처님들! 부처님들! 하고 부르는 것이 나을 것이다. 그렇다면 이제 수억 수십억 명도 넘는 불교의 부처들과 단 한 분으로 존재하는 우리 하나님 중에 누가 더 신자들에게 신앙적 영향력을 더 많이 끼칠 수 있겠는가? 누구의 이름을 부를 때 신자들의 신앙의 집중력이 더 강할 것이며, 누가 더 신도들의 신앙심과 삶에 강력한 영향력을 끼칠 것인가? 유일하신 하나님인가, 수억만 명으로 우주에 산재하여 전공과목도 각기 다른 부처들인가? 결국 이 영향력과 집중력의 차이로 인해 두 종교 간 신도들의 신앙과 헌신에 극명한 차이

*
아미타불(阿彌陀佛)은 대승불교 중 정토교의 중심을 이루는 부처이다. 법장비구로서 수행 중에 중생제도의 대원을 세웠고, 현재는 성불하여 서방의 극락정토에서 교화하고 있다고 한다. 자력을 성불할 수 없는 사람도 염불을 하면 그 구제력으로 극락에 갈 수 있다고 한다. 실로 석가모니가 주창한 원시불교가 무궁한 연기의 질서 속에서 윤회하는 현상계의 무상성과 무명성을 깨닫는 것이 성불에 이르는 길이라고 주장한 것에 비해, 교리의 변천이 엄청나게 일어난 것을 알 수 있다.

**
미륵(彌勒)은 석가모니의 제자로서 석가가 생전에 "너는 장차 성불하여 제1인자가 될 것"이라고 수기한 것을 근거로 삼고, 이를 부연하여 편찬한 미륵 삼부경을 토대로 하여 발생한 신앙이다. 미륵은 석가모니 부처가 열반에 든 뒤 56억 7,000만 년이 지나면 이 사바 세계에 출연하게 되는 부처이다.

***
*약사여래는 대승불교에서 받드는 부처 중 하나로서 "약사유리광여래본원공덕경"에 나오는 여래이다. 약사여래는 이름 그대로 중생의 병을 고쳐주는 의료에 관련된 부처이다. 현세의 복락을 약속하기 때문에 대중으로부터 많은 선호를 받았다. 일본의 밀교에서도 중시되었고, 통일신라 시대에는 석가모니, 아미타불, 미륵불과 함께 4대 부처로 각광을 받았다.

를 초래하고 말았다.

기독교는 교회사 2000년 동안 수십만 명의 순교자가 있었고, 현재도 온 세계에 25억 명의 신자들이 열성적으로 하나님을 믿고 있다. 또한 전교된 지 130여 년밖에 되지 않은 한국 개신교회는 1000만 성도에, 3만여 명의 해외 선교사를 파송하고 있으며, 파송된 선교사들은 피선교지에서 일사 각오하는 마음으로 선교활동에 전념하고 있다. 뿐만 아니라 전교인의 10%정도가 매일 새벽마다 교회에 나와 새벽기도 제단을 쌓고 있다. 반면 불교는 전 세계적으로 점점 쇠퇴하고 있으며, 오늘날 신자라야 3억 명도 되지 않는다. 한국에서는 개신교 다음의 신자 수를 확보하고 있는데, 그마저도 대부분 1년에 10번도 안 되는 사찰의 행사에 참석하는 정도이고, 또 대부분은 불교의 교리조차 거의 알지 못하며 기복주의적 신앙을 위주로 하는 신자들로 구성되어 있다.

여덟째, 하나님은 영원히 완전한 하나님이지만, 부처는 피조물이 진화한 존재에 불과하다. 기독교에서 인간은 영원히 하나님이 될 수는 없다. 왜냐하면 하나님과 사람은 근본적으로 차원이 다른 존재이기 때문이다. 그러나 불교에서는 모든 중생이 언젠가는 부처가 될 가능성이 있다. 그래서 모든 중생이 다 불성을 품은 미래의 부처님이라고 주장한다. 사람뿐이겠는가? 모든 개나 소나 심지어 거머리 구더기까지 모두 다 불성을 품은 미래의 부처님들인 것이다. 그런 점에서 석가모니 부처는 선배 부처일 뿐 신앙의 대상이 될 수는 없는 것이다. 더욱이 석가모니 부처는 베나레스에 임종할 때 "나는 신이 아니고, 뭇 중생들에게 진리에 이르는 길을 가르치러 온 사람일 뿐이다. 그러하니 결코 나를 섬기지 말라"라고 설법했다고 한다. 부처가 신앙의 대상이 될 때, 오히려 정각에 이르는 길을 방해하기 때문일 것이다. 부처는 원래 섬김의 대상이 아니라 성불의 본을 보여주는 존재이다. 그래서 불교에는 봉불살불(逢佛殺佛)*이라는 교설이 있고, 그래서 양산의 통도사에는 불상이 없다.

진정한 불교 교리에 의하면 부처는 추구의 모델이지 섬김의 대상이 될 수 없는 존재이다. 그럼에도 불교에서는 부처가 마치 하나님처럼 섬김의 대상이 되는 존재인 양 호도하고 있다. 결론적으로 이런 잡다하게 탄생한 부처들이 어떻게 영원무한 전지전능 무소부재하신 우리 하나님, 그 성품이 진선미성으로 충만한 하나님의 존엄과 아름다움을 따를 수 있으며, 독생자를 주시어 모든 이에게 구원의 은혜로 내리시는 하나님의 자비와 사랑을 따를 수 있겠는가? 아마도 하나님과 부처의 차이는 태양과 등불의 차이라고 해야 할 것이다.

결론: 혹자는 필자의 이런 비교 논리를 읽으면서 유일신 종교의 신과 깨달음의 길을 제시하고 해탈의 길을 제시하는 종교의 궁극자를 비교하는 것은 무리한 일이 아니냐고 비판할 수 있다. 그러나 불교가 변질되지 않고 석가모니가 제시한 초기불교의 가르침에 충실하여 섬김의 종교를 거부하고, 무명무상이라는 깨달음의 길만을 제시했다면 이런 비교를 하지 않았을 것이다. 그러나 유감스럽게도 소승불교든 대승불교든 후기불교는 힌두교를 떠났던 고타마 붓다의 길을 버리고, 중생제도라는 미명하에 힌두교의 길로 되돌아갔고, 호칭만 신에서 부처로 바뀌었을 뿐 초월적 존재를 믿고 섬기는 종교의 길로 회귀해버리고 말았다. 그래서 깨달음의 종교가 부처의 은총을 바라고 섬기는 종교로 변질되었다. 그리고 수억 겁이니 수십억 겁이니 숫자놀음을 하며 부처의 초월적 존재와 능력을 과시하여 대중의 경외심을 얻고자 하는 종교가 되어버렸다. 그래서 조금 무리인 줄 알면서

*
봉불살불이라는 말은 임제종(臨濟宗)의 개조인 임제 의현(義玄)이 그의 저서 『임제록』에서 한 말이다. "진정한 도를 배우는 자들아! 참다운 법을 터득하려면 안에서나 밖에서나 마주치는 모든 것을 다 죽여라. 부처를 만나면 부처를 죽이고(逢佛殺佛), 조상을 만나면 조상을 죽이고(逢祖殺祖), 나한을 만나면 나한을 죽이고(逢羅漢殺羅漢), 부모를 만나면 부모를 죽여야만(逢父母殺父母) 비로소 해탈하여 자유자재할 것이다."

도 부처와 우리 하나님을 비교하게 된 것이다. 그들이 어떤 이유에서든 그렇게 초월적 자리에서 중생에게 은혜를 내리는 존재로서 부처를 믿고 섬기는 것을 강조한다면, 우리 하나님과 그들이 섬기는 부처의 초월적 위상과 능력의 크기를 한 번 비교해보자고 한 것이다. 부처는 결코 우리 하나님처럼 무한영원하지도 못하고, 영원자존자도 아니며, 전지전능한 존재도 아니다. 또한 그들은 3억의 만신을 섬기는 힌두교를 빰치듯이 수십억 수백억의 부처 군단이 있음을 과시하며 숫자노름으로 대중의 기를 죽이고 있다. 그래서 삼위일체 하나님과 부처, 양측 종교에서 섬기는 궁극자의 우월성을 비교해 본 것이다.

III 도가(道家) 및 도교(道敎, Taoism)

1 도가(道家)의 궁극자론

도가(道家)는 주전 2500여 년 춘추전국시대에 나타났던 제자백가 중 하나로 유가(儒家)와 더불어 중국철학의 두 주류를 형성한 학파이다. 대표적인 학자로는 노자(老子)를 시조로 하여 장자(莊子), 열자(列子), 관윤(關尹) 등이 있다. 그러나 보통은 좁은 의미에서 노자와 장자를 들고 있으므로 노장사상이라고 일컫는다.

1) 노자

도가에서는 우주의 근원적 존재를 도(道)라고 말한다. 그러면 도란 무엇인가? 도가의 시조인 노자*는 『도덕경』 제1장에서 이렇게 말한다. "도(道)라고 말할 수 있는 도(道)는 영원한 도(道)가 아니요, 이름 지을 수 있는 이름은 영원한 이름이 아니로다(道可道 非常道 名加名 非常名). 이름 붙일 수 없는 그 무엇이 하늘과 땅의 시원이요 이름 붙일 수 있는 것은 온갖 것의 어머니라(無名天也地始 有名萬物之母). 그런즉 언제나 욕심이 없으면 그 신비함을 볼 수 있고 언제나 욕심이 있으면 그 나타남을 볼 수 있나니(故 常無慾以觀基妙 常有慾以觀基泫) 둘 다 근원은 같은 것 이름이 다를 뿐 둘 다 신비스러운 신비중의 신비요 모든 신비의 문이로다(此兩者 同出而異名 同謂之玄 玄之之玄)."

노자에게 도란 감각할 수 없고 규정할 수 없고 논의의 대상이 될 수 없는 것으로서 형이상학적 근본인 무엇이라고 보았다. 그래서 도란 직관과 체험의 영역이지 사변과 분석과 정의의 대상이 될 수 없다고 한다. 우주의 근원적 궁극적 실재인 도(道)는 우리 인간의 제한된 표현이나 설명을 초월한다. 그래서 도는 궁극적으로 이름 붙일 수 없는 무명(無名)의 실재이다. 도를 영어로 표현하면 'The Way'가 되는데, 좀 더 풀어 표현한다면 'The Way Things are' 혹은 'The Way The Whole Universe

* 노자는 춘추시대 초나라의 철학자이며, 성은 이(李), 이름은 이(耳), 시호는 담(聃)이다. 그는 허난성 루이현 사람으로 주장왕을 섬겼으나 뒤에 관직을 버리고 낙향하여 살았다. 그는 중국 최초로 우주만물의 근원에 대해 생각한 사람으로서 자신이 발견한 우주의 진리를 도(道)라고 이름 지었다. 도교는 바로 이 도 사상을 근본으로 하여 일어난 종교이다. 그러나 도교는 도라는 우주의 본질을 추구하기보다 정반대로 인간의 길흉화복에 치우치는 기복적 종교가 되었다.

is, or is working'이 된다. 도란 온 우주와 그 안에 있는 모든 것이 존재하고 움직일 수 있게 하는 근본 원리, 그것으로 말미암지 않고는 아무 것도 존재할 수도 움직일 수도 없는 우주의 근원으로서의 '궁극적 실재'를 의미한다.

노자는 이 도를 2가지 측면에서 보았다. 하나는 이름을 붙일 수 없고 드러나 보이지도 않는 실재의 측면이요, 다른 하나는 이름을 붙일 수 있고 드러나 보이기도 하는 현상의 측면이다. 전자는 실상의 세계로서 무명 혹은 무의 세계요, 후자는 현상의 세계로서 유명, 즉 유의 세계이다. 그러나 무라고 해서 전혀 아무것도 없는 헛것이라는 뜻이 아니고 일반적으로 존재하는 유의 세계와는 성격이 완전히 다른 그 무엇이기 때문에 무라고 표현한 것이다. 그런데 노자에 의하면 사람이 욕심을 비우고 깊은 통찰력을 갖게 되면 실상계의 신비를 직관할 수 있는 데 반해, 욕심을 비우지 못하고 사는 사람은 눈앞에 나타나는 현상계만 감지하고 살 뿐이라고 주장한다. 그러므로 현명한 자는 무위자연(無爲自然)* 의 삶을 사는 것이라고 주장한다.

그러나 실상계든 현상계든 규정만 다를 뿐 모두 도라는 한 가지 근원에 속하는 것이므로, 이것이야말로 신비 중의 신비라고 말한다.

이는 마치 오스트리아 태생 영국의 철학자 비트겐슈타인(Wittgenstein)이 "존재하는 것은 모두 신비롭다"라고 말한 것과 유사한 것이다. 그런데 존재하는 것이 신비로운 것이라면 존재(being)를 가능케 하는 비존재(non-being)는 또한 얼마나 신비로운 것인가? 노자는 바로 이런 존재와 비존재가 무엇이며 그들 사이의 역학은 어떠한 것인가를 『도덕경』에서 가르치고 있다. 그러므로 노자의 도사상은 우주만물의 근원을 도라는 것으로 통일적으로 파악했다는 장점이 있다.

노자의 도사상과 무위자연사상을 이어받은 사람이 바로 장자(莊子, BC 365-BC270)* 이다.

도란 온 우주와 그 안에 있는 모든 것이 존재하고 움직일 수 있게 하는 근본 원리, 그것으로 말미암지 않고는 아무 것도 존재할 수도 움직일 수도 없는 우주의 근원으로서의 '궁극적 실재'를 의미한다.

* 무위자연은 노자의 주요한 사상이다. 여기서 자연은 'nature'를 의미하는 것이 아니라, 인위적이지 않은 자연스러움을 뜻한다. 비틀스 노래 중 'Let It Be'에 가까운 의미다. 바람이 불고 꽃이 피고 열매를 맺고 어둠이 내리면 다시 해가 떠오르듯이 살라는 말이다.

2) 장자

장자(莊子)** 는 전국시대 송(宋)나라 사람으로서 본명은 장주(莊周)이다. 그가 저술한『장자(莊子)』라는 책에서 도와 인생의 삶에 대해 다음과 같이 가르쳤다. "도는 말로 설명하거나 배울 수 없는 것이다. 도는 시작도 없고 끝도 없고 경계도 없다. 인생은 도의 영원한 변형에 따라 흘러가는 것이며 도 안에서는 좋은 것, 나쁜 것, 선한 것, 악한 것이 없다. 그러므로 사물은 저절로 흘러가도록 내버려두어야 하며 이 상태가 저 상태보다 낫다는 가치 판단을 해서도 안 된다. 참으로 덕이 있는 사람은 환경, 개인적 애착, 인습, 세상을 낫게 만들려는 욕망이나 집착에서 벗어나 자유로워야 한다."

장자의 이러한 상대론적 인식론은『장자(莊子)』에 나오는 유명한 이야기 '나비의 꿈(胡蝶之夢)'에 잘 나타나 있다. "언젠가 나 장주는 나비가 되어 즐거웠던 꿈을 꾸었다. 나 자신이 매우 즐거웠음을 알았지만 내가 장주였던 것은 몰랐다. 갑자기 잠에서 깨고 나니 나는 분명히 장주였다. 내가 나비였던 꿈을 꾼 장주였는지, 내가 장주였던 꿈을 꾼 나비였는지 나는 모른다. 장주와 나비 사이에는 어떤 차이가 있음은 틀림없다. 이것을 일컬어 사물의 변환이라 한다."『장자(莊子)』에서 모든 경험이나 지각의 상대성은 '만물의 통일성(萬物濟同)'과 밀접하게 연관되어 있다. 도가 어디에 있느냐는 질문에 대하여 장자는 도가 없는 곳이 없다고 대답한다. 더 구체적인 설명을 요청받자 장자는 개구리나 개

** 장자는 중국 전국시대 송나라 출신의 저명한 철학자로 이름은 주(周)이다. 그는 제자백가 중 도가를 대표하는 인물이며 노자사상을 계승, 발전시킨 인물이며, 후세에 노자와 함께 노장이라 불리고 있다. 도교에서는 남화진인, 남화노선이라 부른다.

장자는 도에서 인간세상의 유의적 요소 중 하나인 악이라는 또 다른 표상이 나왔다는 것인데, 이러한 초윤리적 사고와 방관적 삶은 개인의 도피적 안심입명은 될지 몰라도 진정한 무위의 삶은 아니다.

미, 또는 그보다 비천한 풀이나 기와조각, 더 나아가서 오줌이나 똥에도 도가 깃들어 있다고 단정했다. 이와 같은 장자의 논리는 노자의 무위자연에 대한 장자적 해석이라고 볼 수 있다.

그러나 장자의 사상은 노자보다 구체적이기는 하지만 선한 행위, 악한 행위를 모두 포함하여 현상의 모든 것을 도라 함으로써 노자의 도사상이나 무위자연과는 차이를 보이고 있다. 노자의 도는 만유의 근원이나 근본이지만 만유의 모든 현상 자체를 의미하는 것이 아니다. 그러므로 그의 무위자연사상 역시 선과 악을 동일한 가치로 생각하는 것이 아니라 오히려 무위의 삶이 진정 선의 삶이고, 욕망을 따르는 유위의 삶에서 악이 나온다고 생각한 것이다. 이런 이유에서 노자는 욕심 없는 무위자연의 삶을 주장한 것이다. 그러나 장자는 모든 현상계의 일들을 도의 변환으로 보았고, 인간세상에서 일어나는 악이란 현상조차 도의 또 다른 현현으로 보았으므로 선악이라는 상대적 현상을 굳이 시시비비 가리는 것 자체를 유의적 행위로 본 것이다.

그렇다면 장자는 도에서 인간세상의 유의적 요소 중 하나인 악이라는 또 다른 표상이 나왔다는 것인데, 이러한 초윤리적 사고와 방관적 삶은 개인의 도피적 안심입명은 될지 몰라도 진정한 무위의 삶은 아니다. 사람의 마음속에는 육체적 욕망이라는 기질도 있지만 칸트로 하여금 외경의 탄성을 지르게 한 양심이라는 선험적 요소, 즉 선험적 정언 명령 역시 존재한다. 따라서 적당히 육체적 삶을 사는 것도 자연스러운 일이지만, 선한 양심을 따라 착함을 위하여 자기를 비우고 적극적으로 십자가를 지는 삶이야말로 최고의 무위적 삶이라는 사실을 장자는 보지 못한 것이다. 육체적 삶을 적당히 사는 것이 무위자연적 삶이 아니고, 자기를 비우고 남을 위해 사랑의 삶을 사는 것이 무위자연적 삶인 것이다. 그런 의미에서 예수그리스도의 십자가말로 자기 욕망을 초월한 가장 무위적 삶의 극치요 절정이라 할 수 있다.

일설에 의하면 장자는 아내의 죽음 앞에서도 초연했다고 한다. 그러나 만일 눈앞에서 자기 자식을 포함하여 많은 사람들이 홍수와 병마로 죽어가고, 또는 비적들의 칼에 찔려 무참히 죽어가는데, 그 상황에서 초연하여 아무것도 하지 않고 도와달라는 소리를 외면한 채 나는 도를 따르기 때문에 선악을 분별하지 않으며 개입하지도 않겠다. 나는 이 순간에도 마음이 편안하다고 하며 그 자리를 떠났다면 그것이 과연 양심 있는 인간이며, 그것이 과연 도를 따르는 무위자연의 삶을 사는 것인가? 그런 논리대로 악한 무리들의 행위도 일종의 도 현상이니 시시비비하지 말자고 한다면, 이 세상에 흔히 일어나는 현상으로서 그 악한 무리들로부터 가족이나 친지를 보호하기 위해 의로운 칼을 드는 행위 역시 도의 다른 현상일 수 있지 않겠는가? 장자의 이런 점이 바로 노자의 무위자연 사상과 차별화된다. 노자의 무위적 삶은 양심이라는 고귀한 자연법적 삶, 즉 사랑과 자비의 삶, 측은지심까지 부정하거나 회피하는 삶이 아니다. 왜냐하면 양심이나 측은지심 같은 것은 그 자체가 선험적 무위 자연적 요소이기 때문이다. 다만 노자가 의도한 바는 다양한 욕망으로 복잡하게 얽혀 있는 세상 역사에 참여하게 되면 자기도 모르게 무위자연의 순수한 삶의 의지가 흐려지거나 왜곡되기 쉽기 때문에 가능한 세상을 떠나 자연주의적 삶을 살라고 권고한 것이다.

그렇기 때문에 장자의 사상은 노자의 사상을 이은 것은 분명하나 플라톤의 철학과 그의 제자로서 뒤를 이은 아리스토텔레스의 철학사상이 그러하듯이 상당한 사상적 변화를 가져온 것이다. 아무튼 노자든 장자든 이 도가의 사상은 그 사상적 심오함과 더불어 세상사에 일희일비하지 말고 초연하여 자연과 같은 무위적 삶으로 살아야 한다는 것을 인류들에게 가르쳤다는 점에서 평가받을 만한 철학사상이라고 여겨진다.

3) 비교

그러나 여기서 도가는 궁극적 실재인 도에 인격성이나 영성을 부여하지 않았고, 또한 인간의 삶과 역사를 지나치게 부정적으로 보았기 때문에, 도가사상은 더 이상 확장되지 못하고 도와 무위자연이라는 사상적 잔영만을 남김 채 역사 속에서 서서히 퇴장하고 소수의 연구자들만의 사상으로 남아 있다. 이에 비해 기독교의 하나님은 노자가 말한 도의 본질을 완전히 포함하고 있으면서도, 선한 성품이 충만한 인격적 존재이며, 그의 궁극적 목적을 실현하기 위하여 인류 역사를 구체적으로 섭리하시는 존재이다. 따라서 성서는 양심을 지키면서 정신과 육체의 조화를 이루는 유의적 삶을 부정적으로 보지 아니하고, 남을 위하여 사랑의 십자가를 지는 삶은 무위적 삶의 극치로 보고 있다. 이것을 실제로 보여주신 분이 바로 하나님의 아들 예수그리스도이시다.

오늘날 근원자를 도라고 하는 애매하고 막연한 철학적 개념으로 서술한 노자의 도사상보다 기독교의 복음의 인류에게 미치는 선한 영향력은 비교할 수조차 없을 만큼 우월하다. 결과적으로 현재 노자의 도덕경은 지식인의 서가에 꽂힌 한권의 책으로만 남아 있지만, 기독교 신앙의 영향력은 지난 2,000년 동안 전 세계에 퍼져나갔다. 오늘날 기독교는 무려 25억 명이 하나님을 믿고 신앙하는 세계 최대의 종교이다. 오늘날 도가사상을 기록한 책은 일부 지식인들이 그들의 인문학적 관심을 만족시키기 위해 읽어보는 책일 뿐, 이 사상을 위하여 목숨을 거는 사람은 거의 없다. 그리고 오늘날 도가사상이 인류에게 미치는 영향력은 아주 미미하다. 이런 차이는 기독교의 복음과 도가사상이 가진 진리의 힘, 진리의 영향력이 차이를 극명하게 보여주고 있다.

2 도교의 궁극자론

1) 도교의 성격

도교는 도가사상과 큰 차이가 있음에도 불구하고 자신들이 도가의 사상을 이어받았다고 주장한다. 그러나 도교의 실상을 살펴보면 그들이 무위자연을 지향하는 도가사상과는 정반대의 길을 가고 있는 이기주의적 기복주의적 신비주의적 종교집단임을 알 수 있다. 도교는 신선사상을 근본으로 하여 음양, 오행, 복서, 무축, 참위 등을 더하고, 거기에 도가철학을 약간 도입하고, 또 그 위에 불교적 신비까지 덧입혀진 혼합주의적 기복종교이다. 도교의 최종목표는 우화등선이라 하나, 그들이 실제적으로 추구하는 것은 부귀영화와 수명장수이다. 따라서 도교는 우화등선이라는 목표를 위해 무위자연의 도를 닦는 종교라기 보다는는 오히려 길흉화복을 점치고, 수명장수와 부귀영화 등 세속적 가치를 지향하여 축복을 비는 철저한 기복주의적 종교라고 볼 수 있다.

도교의 실상을 살펴보면 그들이 무위자연을 지향하는 도가사상과는 정반대의 길을 가고 있는 이기주의적 기복주의적 신비주의적 종교집단임을 알 수 있다.

도교는 후한 시대 오두미교(五斗米教, 천사도(天師道)라고도 함)를 창시한 장도릉(張道陵, AD34-156)을 시조로 한 종교이다. 도교라는 명칭을 처음 사용한 사람은 북위의 구겸지(AD365-448)로서 그는 도교를 집대성하여 종교집단으로서의 도교를 최초로 창시한 사람이다. 도교는 고대 중국의 전설적 통치자인 황제(黃帝)와 도가의 이론을 창시한 노자를 신봉한다고 하여 황로사상(黃老思想), 또는 황로교(黃老教)라 부르기도 한다.

2) 도교의 신들

도교는 기본적으로 다신교라는 점에서 인도의 힌두교와 유사하다. E. T. C 베르너의『중국의 신화와 전설』을 보면 도교의 최고신을 천존이라고 부른다. 천존은 도나 기가 인격신의 모습으로 현현한 존재로서 옥청(玉淸), 상청(上淸), 태청(太淸)이라는 삼청(三淸, Three Pure Ones)으로 나눈다. 여기서 옥청은 원시천존(元始天尊)으로 태초에 우주만물을 창조한 신이고, 상청은 영보천존 또는 태상도군(太上道君)으로 영험한 신이며, 태청은 도덕천존(道德天尊), 또는 태상노군(太上老君)이라 하여 길과 덕을 주장하는 신이다. 하나의 도, 또는 하나의 기가 삼청의 신, 또는 신선으로 나타났다는 것을 '일기화삼청(一炁化三淸)', 즉 하나의 기운이 3가지 맑음으로 나타난 것이라고 한다.

이 삼청의 천존 아래에는 사어(四御, Four Emperors), 즉 옥황상(대)제, 중천자미북극대제, 구진상궁천황대제, 후천황지기가 있고, 그 아래에는 팔선(八仙), 즉 종리권, 이철괴, 한상자, 조국구, 여동빈, 장국로, 남채하, 하선고, 사왕모 등이 있다. 그 외에도 예를 들면 원시천존의 아홉 번째 아들인 남방남극 장생대제옥청진왕, 남방남극관음, 탁탑천왕, 이량진군 등 헤아릴 수 없을 정도로 많은 신들을 섬긴다. 그러므로 도교는 도가사상을 기반으로 일어난 것이 아니라, 민간신앙을 기반으로 일어난 중국의 자연종교이다. 도교는 정령숭배를 기반으로 하여 신선사상을 중심으로 삼고, 거기에 도가사상, 역(易), 음양오행설, 복서(卜筮), 점성(占星) 등의 사상과 무격(巫覡, 무당과 박수신앙)을 가미했으며, 그 위에 불교의 체계와 조직을 본떠 결합하여 만든 혼합종교이다. 그리고 불로장생과 수(壽-장수), 복(福-오복), 록(祿-높은 벼슬)을 추구하는 전형적인 기복종교다. 도교에서 그나마 봐줄 만한 것이 '일기화삼청론'인데, 이 사상은 힌두교의 신론, 즉 우주의 근본 원리인 브라흐만이 브라흐마, 비슈누, 시바 삼주신으로 변화되어 현현되었으며, 모든 신들은 브라흐만의 본질을 품고 있다는 힌두교의 주장과 유사하다. 영원 전부터 일기가 있었고, 어느 시점에서 그 일기에서 삼청이 나왔으니, 도교의 신은 영원 전부터 존재한 신이 아니다. 우주의 시간이 흐르면서 모종의 역학 속에서 탄생한 영적 존재이다. 그리고 우주는 수많은 신적 존재들에 의해 다스려진다.

3) 비교

도교의 신들은 영원 전부터 영원자존하시고 그 성품이 진선미성의 완전한 이데아의 완전한 충만이시며, 홀로 우주만물을 설계하고 창조하고 섭리하시는 전지전능한 성서의 하나님에 비하면 비교조차 할 수 없이 열등한 신들이다. 그들은 영원하지도 무한하지도 전지전능하지도 않은 왜소한 신들에 지나지 않는다. 또 섭리하는 역할, 분야도 각각 다르고 제한적이다. 이런 점에서는 불교의 부처들도, 힌두교의 신들도 마찬가지이다. 우리 하나님은 살아 계셔서 내가 거룩하니 너희도 거룩하라 말씀하시며, 사랑의 삶, 선교의 삶에 몸을 던져 헌신할 것을 명하신다. 이러한 우리 하나님과 신자들에게 불로장생 등의 기복에 치중하고 길흉화복의 점술에 집중하게 하는 도교의 신들은 도저히 비교의 대상이 될 수조차 없는 것이다.

Ⅳ 유교(儒敎, Confucianism)

1 유교의 역사와 궁극자론의 변화

유교는 춘추시대 말기 사람인 노나라 공자(孔子)* 에 의해 창시되어 맹자, 순자로 계승되어 오다가 한무제 때 동중서(童仲舒)에 의해 국가의 이념으로 자리 잡기 시작하여 BC 136년경에 국교로 선포되었다.

그러나 남북조 시대에 도교가 융성하고 불교 또한 전파되면서 일시적으로 쇠퇴했다. 그러다 당나라 때 한유(韓愈)에 의해 다시 부흥되기 시작하여 송 대에 이르러 호원, 범종, 왕안석, 구양수, 사마광 등의 사대부들에 의해 본격적으로 부활했다가 명대에 이르러 절정에 도달한 중국의 위대한 사유체계이다. 여기서 『사서삼경(四書三經)』을 주 경전으로 하는 방대한 유교사상을 모두 이야기할 수는 없다. 여기서는 기독교의 하나님 신앙과 대비되는 상제사상의 변천과 유교의 우주관인 주역사상, 그리고 주역사상에서 발전한 성리학(성리학, Sung Confucianism)에 대해서만 간단히 설명하겠다.

고대 중국인들은 우주만물을 창조하고 인간세상을 통치하는 최고의 신으로서 상제(上帝,샹 띠), 천(天, 띠엔) 신앙을 가지고 있었다. 공자도 초기에는 이러한 전통을 이어받아 분명히 상제 신앙을 가지고 있었다. 유교의 경전 중 『시경(詩經)』은 3,000년 전 주나라 때부터 춘추시대까지 황허강 유역의 사람들에게 구전되는 노래를 공자가 모아 편집한 책이다. 또 『서경(서경(書經, 상서)』은 요순 시대, 하나라 시대의 역사를 공자가 모아 편집한 책이다.

『시경』이나 『서경』을 보면 두렵고도 외경스러운 상제의 모습을 생동감 있게 그려낸 가운데 항상 덕을 잘 닦아 상제님의 천명을 잘 보존해야 한다는 내용이 수없이 많이 기록되어 있다. 특히 『서경』에는 왕을 세우는데 상제의 뜻과 섭리가 있었다는 기록이 무수히 나온다. "밝고 높은 하늘이시여 누가 이 낮은 세상을 밝히고 다스릴 것인가"(『시경』). "그러므로 상제는 문왕에게 다스리는 권세를 주셨도다"(『서경』). "주나라는 제(帝, 띠, 상제를 의미함)의 명령이 도달하자 생긴 나라로다. 문왕의 영혼은 활동적이며 그는 상제의 좌우에 있도다"(『서경』). "오직 상제만이 측량할 수 없도다. 선을 행하는 자들에게는 복을 부어 주시며 악을 행하는 자들에게는 재앙을 부어 주시는도다"(『서경』).

*
공자(孔子, BC 551-BC479)는 춘추전국시대 중국의 위대한 정치가, 사상가, 교육가이고, 노나라의 문신이자 작가이며 시인이다. 흔히 유교의 시조로 알려져 있다. 유교 전통에서 가장 성스런 문헌으로 존경받는 『논어』는 그의 제자들이 편집한 것으로 알려져 있다. 그는 수십 년 동안 왕도정치라는 인본주의적 정치 실현을 위해 노력했으나 춘추시대의 정치 상황에 한계를 느껴 67세 때 노나라를 떠나 고향에 돌아와 집필과 저술에 몰두했다.

이처럼 최고의 인격신이신 상제를 인정하고 공경하던 공자는 그의 생애 후기로 가면서 인격신으로서의 상제보다는 점점 우주의 근본 이치인 천(天)으로 관심이 변화되기 시작했다. 이미 그의 사상의 정수라 할 수 있는 『논어』에서는 상제를 인격신이라기보다 자연천, 도덕천, 운명천 등 우주의 근원적 이치로 이해하려는 경향을 보이고 있다. 다시 말해 공자시대에 이미 유교는 인격신으로서의 상제 신앙이 우주의 근본 원리요 이치인 천(天)으로 변화되는 경향을 보이기 시작했던 것이다. 그렇다고 해서 공자가 인격신으로서의 상제 신앙을 아주 잃어 버렸다고는 볼 수 없다. 다만 상제에 대한 그의 신앙이 약해지거나 엷어짐으로 인해 마음으로 믿고 섬기는 인격신으로서 상제 신앙에서 머리로 사유하는 대상으로서의 상제 신앙, 즉 일종의 천(天)사상으로 서서히 바뀌어갔다고 볼 수 있다. 공자의 상제 신앙이 이처럼 변질되기 시작한 이유는 아마도 공자 자신이 무려 3,000번 이상 읽었다고 말한 『주역(周易, 역경)』의 영향 때문이 아닌가 싶다.

『주역』은 상고시대에 시작되어 주나라 문왕 때 구체화된 중국의 심오한 우주철학이다. 우주 생성의 근본 원리를 태극(太極), 즉 음양(陰陽)으로 보고 그 음양에서 사상(四象)이 나오고 사상에서 팔괘라는 실제적 현상 세계가 나타나고, 팔괘는 다시 64괘사로, 64괘사는 384효사로 세분화되어 온갖 만물이 나타나게 되었다는 사상이다. 주역사상의 역사적 발전 과정은 팔괘(八卦), 괘사(卦辭), 효사(爻辭), 십익(十翼)으로 볼 수 있는데, 팔괘는 전설의 복희씨(伏羲氏)가 처음 그었고, 괘사는 주나라 문왕(文王)이 유폐되었을 때 지었다고 하며, 효사는 주공(主公)이 지었고, 십익은 경문을 보조하는 10개의 날개라는 뜻으로 공자가 지은 것으로 알려지고 있다. 그 십익(十翼) 중 가장 철학적인 내용이 기록되어 있는 계사전은 분명히 공자가 지은 것이라고 학자들도 대체적으로 인정하고 있다.

주역사상을 추구하는 학파는 상수학파와 의리학파로 나뉜다. 상수학파는 주역을 천하 만물의 질서와 이치를 담고 신성한 책으로 보고 점을 통해 미래를 예지하고 사리에 통달하여 경영과 처신에 변통을 꾀할 수 있는 일종의 예지서나 점서로 보는 학파이고, 의리학파는 주역 속에서 철학적 윤리적 교훈을 끌어 낼 수 있다고 생각하여 주역을 일종의 위대한 철학사상으로 보는 학파이다. 아마도 공자는 후자, 즉 의리학파(義理學派)에 속하지 않았나 싶다.

2 ◦ 성리학 시대의 유교

인격신으로서의 상제 신앙이 우주적 원리와 이치로서 의리천으로 변화되기 시작한 유교는 송나라 때 주희*에 이르러 이런 경향이 더욱 심화되어 성리학(性理學, Sung Confucianism)이라는·형태로 다시 등장하게 되었다. 그러나 성리학은 종교라기보다는 유교(주역)사상을 형이상학적 체계로 발전시킨 일종의 철학사상이었다.

이 성리학은 조선의 개국공신 중 하나인 정도전에 의해 조선의 국교로 인정받게 되었다. 조선의 성리학은 조선 중기 퇴계 이황, 율곡 이이, 화담 서경덕 등에 의해 만개되었다. 당시 조선의 유교는 이미 학문으로 경직화된 성리학적 유교였기 때문에 이미 인격신으로서 상제신앙을 사실상 상실한 상태였다.

* 주희(朱熹, 1130-1200)는 중국 남송의 유학자로서 주자(朱子), 주부자(朱夫子)라고 불리기도 한다. 송나라 때 복건성 우계에서 출생하였고, 19세에 진사가 된 이후 여러 관직을 지내며 공자, 맹자 등의 학문에 전념하였으며, 주돈이, 정호, 정이 등의 유학사상을 이어받았다. 그는 유학을 집대성하였으며 오경의 참뜻을 밝히고 성리학(주자학)을 창시하여 완성하였다.

조선조 중후기에는 유성룡, 박세당, 정약용 등이 이런 성리학의 문제점을 크게 의식하고 유교에서 상제 신앙의 부활을 강력하게 주장했다. 그러한 영향으로 『조선왕조실록』에는 실제로 상제라는 단어가 1,828번이나 등장한다. 그중 조선조 후기 윤휴의 학풍을 계승한 정약용은 『춘추고징(春秋考徵)』에서 "상제를 하늘이라 이르는 것은 마치 국왕을 나라라고 하는 것과 같다. 상제는 푸르고 형체를 갖춘 저 하늘을 가리키는 것이 아니다"라고 말했고, 『논어고금주(論語古今註)』에서는 "천이란 상제를 말한다"라고 주장했다. 정약용은 이런 신념 때문에 조선 후기 최고의 유학자이면서도 상제 신앙의 구체적 절정이라고 할 수 있는 기독교의 하나님*을 기꺼이 신앙하게 되었다고 본다. 아무튼 상제 신앙의 결여, 상제 신앙의 박제화, 이것이 바로 그 당시 유교, 특히 성리학적 유교의 한계였다. 이는 결국 유교가 종교적 영향력을 상실하게 되었다는 뜻이고, 이로 말미암아 유교는 점점 인류의 마음에서 멀어진 채 그저 동양의 심오한 철학사상 정도로 겨우 명맥을 유지하고 있다.

성리학은 우주만물의 근원으로서 이(理)와 기(氣)를 들고 있다. 물론 주리론자들은 이(理)를 좀 더 선행적 본질로 보고, 주기론자들은 기(氣)를 좀 더 선행적 본질로 보는 차이는 있으나, 이(理)와 기(氣)를 우주만물의 근본으로 보는 입장은 대동소이하다. 그런 이유로 주희는 주리론자라기보다는 이기이원론자라고 하는 것이 보다 정확한 표현일 것이다. 조선의 이원론자들 중에 주희의 이기이원론을 계승한 퇴계 이황(退溪 李滉, 1501-1570)의 이기호발설(理氣互發設)은 사단(四端)은 이(理)가 발함으로 기(氣)가 따르는 것(理發氣隨)이며, 칠정(七情)은 기가 발함에 理가 올라타는 것이라고 주장한 반면, 같은 주희의 이기이원론을 계승한 율곡 이이(栗谷 李珥, 1536-1584)는 그의 사상인 기발이승일도설(氣發理乘一途設)에서 서경덕의 주기론을 일부 가미하여 세계의 모든 존재는 이와 기로 되어 있지만 이 양자의 존재 구조는 먼저 발하는 기 위에 이가 올라타고 있는 상하 구조라고 주장한 것이다. 기일원론을 주장한 화담 서경덕**은 진정한 의미에서 조선조 최고의 주기론자라고 볼 수 있다.

그는 우주의 시원을 허(虛), 또는 태허(太虛)로 보는 선천설을 주장했다. "태허는 말끔하며 형체가 없다. 이를 선천이라 하는데, 그 크기는 무한하고 과거는 시초가 없으며 앞으로도 한끝을 모른다. 말끔하게 허하고 고요한 것이 기(氣)의 시원이다. 기는 끝없이 넓은 태허의 우주에 꽉꽉 들어차서 빈틈이 없어 털끝 하나도 드나들 수 없다. 그러나 그것을 끌어당기려면 허하고 잡으려면 잡을 것이 없다. 그런데도 차이가 있으니 없다고도 할 수 없다. 한계가 없는 것을 태허라고 하고 끝이 없는 것을 기(氣)라고 하니 허(虛)가 곧 기(氣)이다. 허가 본래 무궁하니 기 역시 무궁하다. 기의 근원은 처음부터 하나이다." 이처럼 서경덕은 만물의 근원을 기로 설명했을 뿐 아니라, 인간과 인간의 정신, 지각까지를 포함한 천지만물은 기의 이합취산에 의해 이루어진다고 보았다.

그에 의하면 담연청허(淡然淸虛, 맑고 깨끗하고 비어있음의 뜻)하면서 보편타당한 선천(先天)의 기는 본래 하나지만 그 하나는 둘을 함유하여 낳고, 둘은 그 자체의 능력으로 변화의 작용을 한다고 보았다. 둘은 음양, 동정, 감리 등을 가리키고, 둘을 낳은 하나는 그것의 근원이라 할 수 있는 담연주일(淡然周一, 맑고 자연스럽고 포괄한다는 뜻)이라는 것이다. 그는 하나의 기가 나뉘어 음양이 될 때 양이 변화를 극한 것이 하늘이 되었고, 음이 모이고 응결함이 극한 것이 땅이 되었다고 말한다. 그리고 그는 기를 다시 2가지로 나누어 이해했는데, 무형의 기는 시원의 기인 태허로써 감각할 수 없으며, 유형의 기는 천지만물을 형성하는 기라고 주장했다.

*
"1601년 중국 북경에 온 마오리치 신부는 『천주실의(天主實義)』라는 책을 썼는데 서문에서 "천주가 무엇인가 곧 상제이다"라고 적어놓았다. 기독교의 하나님과 중국인들이 수천 년 동안 숭배해온 상제가 본질적으로 유사하다는 이야기였다. 물론 십자가의 구속이라는 기독교 구원론의 핵심은 빠졌지만, 상제의 창조와 섭리를 확실히 믿었다는 점에서 성경이 증언하는 하나님과 거의 일치된다고 본 것이다. 그는 이 점에 착안하여 중국인들에게 기독교의 하나님을 이해시키려고 했다.

**
서경덕(花潭 徐敬德, 1489-1546)은 조선 중기에 주기론을 주장한 유학자로서 호는 화담, 시호는 문강이다. 집안 사정이 좋지 않아 13세 때 처음 글을 읽었고, 그 후 스승 없이 혼자 독학으로 공부했다고 한다. 그의 철학사상은 철저한 주기론이다. 그는 기가 모이면 물질이 되고, 기가 흩어지면 태허가 된다고 보았다. 그러나 그의 기철학 사상에는 그동안 성리학에서 우주만물의 근본 원리로 논의되었던 이(理)에 대한 사유가 거의 다루어지지 못했고, 인간의 윤리적 구조론에 대한 사유가 없는 것이 단점으로 지적되고 있다.

*
필자는 우주의 창조와 섭리를 위하여 하나님 자신이 스스로의 존재 양식을 즉자적 하나님인 성부와 대자적 하나님인 성자와 성령으로 하는 삼위일체신으로 변화시키고, 성부의 결정된 뜻을 따라 성자가 말씀(로고스, 理)을 발하고 성령(氣)이 그대로 현상화하는 신적 자기 운용의 메커니즘으로 우주를 창조한 것으로 파악하고 있다.

전체적으로 성리학의 세계는 심오하고 그 전개 논리가 뛰어나다. 특히 기일원론 같은 것은 우리 기독교의 유일신론과 유사하다고도 볼 수 있다. 그러나 이 모든 성리학 논의는 우리가 고백하고 믿고 있는 성서적 하나님론처럼 정교하지 못하고 허점이 많으며 그 주장하는 논리 또한 학파에 따라 제각각이다. 주희와 그의 제자들이 주장한바 우주의 근원으로서 이와 기가 있다는 것은 우리 하나님의 존재 양식에 로고스, 즉 말씀(理)이신 성자와 말씀대로 이루지게 하는 기운(氣)인 성령이 존재함을 어림한 것이라고 볼 수 있다. 그러나 그들은 이 이(理)와 기(氣)가 어떻게 어우러져 우주만물이 나타나게 되었는지에 대한 근원적 메커니즘을 파악하지 못하고 있다. 이것이 바로 인격적 하나님, 성서적 하나님, 삼위일체적 하나님*을 제대로 알지 못한 성리학의 한계라고 볼 수 있다.

성리학의 논쟁을 보면 주리론자들은 이(理)가 먼저 발하여 기(氣)가 따라왔다고만 주장하고, 주기론자들은 기가 먼저 발하여 이가 따라왔다고 주장한다. 그러나 그들은 이 또는 기가 어떤 이유로 발하게 되고 그에 따라 이 또는 기가 따라오게 되었는지 설명하지 못하고 있는 것이다. 그러나 기독교 신론의 경우 기가 이를 따르게 되는 것은 바로 삼위 중 제 1위인 성부의 의지적 결정에 따른 것으로 보고 있다. 성리학적 용어와 기독교 신학적 용어를 혼용하여 말하자면 이, 즉 로고스인 성자와 기, 즉 성령이 우주를 창조한 것은 성부의 의(意), 즉 의지와 결정에 따라 이루어진 것이다. 이것은 삼위일체 하나님의 자기운용 방식에 따른 것이다. 더욱이 성리학은 이기론과 인격적 상제론을 융합시키지 못한 채 오로지 주기론이냐 주리론이냐 하는 의리천의 사상논쟁에 지나치게 천착함으로써 유교는 사실상 인격적 존재로서 상제 신앙을 잃어버리는 결과를 가져왔다. 이것이 바로 성리학적 유교의 한계이다.

**
서경덕의 기일원론은 주돈이의 태극도설에 큰 영향을 받았다고 본다. 그는 선천의 기, 즉 하나인 무형의 기(氣, 비존재적 존재)가 둘로 나뉘어 음양(陰陽)을 이루고, 음양은 스스로 움직여 하늘과 땅을 이루고 만물을 지어냈다고 주장하는데, 이는 태극(太極), 또는 무극(無極)에서 음양(陰陽)이 나오고, 음양에서 사상(四象)이 나오고, 사상에서 팔괘(八卦)가 나오고 팔괘에서 64괘사(卦辭)가 나오고, 64괘사는 다시 384효사(爻辭)로 확장되어 만물이 생겼다고 하는 주역사상과 일맥상통한다. 그러나 서경덕의 기일원론의 단점은 우주의 근원적 원리로서의 이를 배제함으로써 우주만물의 발생을 기의 우발적 변화로만 이해했다는 것이다. 이는 주희의 이기이원론이 우주의 궁극적 근원을 이와 기로 함께 본 것에 비해, 이(理)의 본질과 역할에 대한 설명이 결여된 것이라고 볼 수 있다

필자가 보기에 서경덕의 기일원론**은 기독교의 하나님론에 근접하는 면이 있는 것이 사실이다. 우주의 시원을 태허(太虛)로 보고 태허에는 무형의 기가 가득 차 있다고 하는 주장은 필자가 이해하고 있는 우리 하나님과 무한 공간의 관계론과 매우 유사한 점이 있다. 물론 태허와 기(하나님에 해당)를 하나의 본원적 우주의 동일체로 본 것은 동의하기 어렵다. 필자는 태허라는 개념을 서경덕과 달리 아무것도 없는 무한 공간으로 보고 있으며, 이 아무것도 없는 무한 공간과 하나님은 존재론적으로 완전히 다른 것으로 보고 있다. 하나님은 유의 근원적 현실이고 아무것도 없는 무한무변 공간은 무의 영원한 현실이기 때문이다. 그러나 하나님과 텅 빈 무한 공간은 상호의존적 관계로 존재한다.

필자가 이해한 텅 빈 무한 공간론에 따르면 태허야말로 우리가 사는 특정한 우주가 시작된 태반이요 특정한 우주가 들어 있는 품으로써, 천체물리학에 의하면 지금도 우리 우주는 그 태허의 공간 안에서 계속 팽창하며 확장되고 있는 것이다. 태허는 우리 우주가 팽창되어 가는 끝없는 공간일 뿐이다. 물론 이제 태허에 특정한 우주가 생겼으니 이제는 태허가 아닌 것이 되었다고 할 수 있으나, 달리 생각하면 모래알처럼 작은 우주 너머에는 무한 공간인 태허가 여전히 끝없이 존재한다고도 볼 수 있다. 그러므로 태허는 유형의 우주가 창조되기 이전의 태허와 창조된 이후의 태허로 구분하여 이해해야 할 것이다. 태허란 우리 우주 같은 것이 억천만 개가 생겨도 넉넉히 수용할 수 있는 무한성을 가지고 있다. 아무튼 서경덕의 태허론*은 필자의 텅 빈 무한공간론과 일치하는 면도 있지만 본질적으로는 크게 다른 것이다.

3 ◦ 두 궁극자론의 비교

성리학의 궁극자론과 기독교의 신론을 비교하면 다음과 같다.

첫째, 성리학의 궁극자론은 기독교의 신론과 구조적으로 유사성이 없지 않지만, 기독교의 신론, 특히 삼위일체신론에 비해 이론적 완전성과 구체성에 있어 훨씬 못 미치는 것으로 보인다.

둘째, 성리학의 궁극자론은 이치적 근원자론, 즉 무인격적 의리천(義理天)의 차원에서 논의되고 있어 기독교의 하나님론에 비해 하나님(상제)에 대한 외경심과 신자들에게 미치는 신앙적 영향력과 감동이 거의 없다. 그래서 조선조 때 보면 유교의 창시자인 공자나 가문의 조상에게는 제사를 올려도 상제에게 제사는 올리지 않았다. 이것이 바로 유교가 세계적으로 쇠퇴하게 된 근본 원인이라고 생각된다. 조선조 중후기를 보아도 당시 천주교에 대한 박해가 일어났을 때 수많은 순교자들이 들풀처럼 일어난 기독교와 성리학, 즉 사유의 작은 차이를 가지고 왈가왈부하며 사색당쟁으로 날을 세우던 사대부들을 비교해보면 그 대답은 나와 있다고 생각한다.

V 이슬람교(Mohamedanism)

1 ◦ 이슬람교의 역사

이슬람교는 6세기 후반 모하메드(아랍어 발음으로는 무하마드)가 일으킨 종교이다. '이슬람'의 뜻은 아랍어 '복종하다'의 부정사이며, 무슬림은 그 종교를 추종하는 사람을 가리키는 단어로서 같은 동사의 현재분사이다.

이슬람교의 창시자 모하메드는 AD 570년 아라비아반도 중부 홍해 연안에서 80킬로미터 떨어진 메카에서 탄생했다. 이 도시는 인도양에서 지중해에 이르는 대상로의 요지인 동시에 전통 신앙의 카바 신전이 있고, 북동쪽 구릉지대는 예부터 유대교와 기독교의 성지로 매년 많은 대상들과 순례자들이 찾아들었다. 모하메드는 당시 메카의 지배계급이었던 코레시아족의 하심가(Hasim 家) 출신이었다. 아버지 사후 유복자로 태어난 모하메드는 얼마 후 어머니마저 죽게 되자 할아버지에게 맡겨져 숙부의 손에 양육되었다. 당시 아라비아 각지에는 유대교와 그리스도교가 전해져 신자 수가 점점 증가하고 있었는데, 메카에도 그 영향이 미쳐 '신은 유일하다'는 '하니프'가 나타나게 되었다. 당시 일반인들은 다신교나 범신론에 빠져 해와 달, 바위, 별, 샘, 수목 등을 숭배하고 신앙했는데, 하니프는 이를 반대하여 신은 오직 한 분으로서 창조주이시며 인간을 선의로 대하는 존재라고 가르쳤다.

모하메드가 40대 들어서서 유일신 알라(Allah)의 가르침을 모든 아라비아 백성들에게 전도할 사명이 자신에게 있다고 생각하게 된 것도 이 하니프의 영향을 받았기 때문이었을 것이라고 많은 학자들은 추측하고 있다. 또한 당시 핫산의 아랍왕국에는 단성론적 기독교 교리가 널리 퍼져 있었고, 동방정교회의 은자들이 하자즈 주변에 흩어져 살고 있었다. 또한 네스트리우스 교인들은 알 하라와 페르시아에 자리 잡고 있었고, 유대교 신자들은 알 메디나, 예멘 등에서 강세를 이루며 살고 있었다. 이러한 종교적 환경 속에서 전통 종교의 범신론적 다신교 신앙에 불만을 품고 있었던 모하메드가 그 지역의 기독교인들이나 유대교인들과 접촉했을 것이라고 보는 것은 당연한 일이다. 따라서 그의 삶의 어떤 시기에 탈무드적 교훈을 흡수하고 모종의 기독교 교리의 영향을 받았을 것이라는 사실은 의심의 여지가 없다.

그러던 그는 메카 근교 힐라산 동굴에서 명상 중 하늘의 천사 가브리엘로부터 계시를 받은 후 하산하여 포교를 시작했다. 그때 그의 첫 신자는 그의 아내였다. 그러나 모하메드의 선교는 지지부진하여 메카에서 선교를 시작한 지 3년 만에 40명, 10년 만에 겨우 100명의 신도를 얻었을 뿐이었다. 그러던 중 메카의 집권세력인 코레이족의 박해가 날로 심해지자 이를 피하여 AD 622년 9월 메카에서 북방으로 400킬로미터 떨어진 메디나로 피신하였다. 이 메디나행을 이슬람교에서는 '헤지라', 즉 성천(聖遷)이라 부르며 이슬람력(曆)의 기원으로 삼고 있다. 모하메드의 운명과 이슬람의 장래는 이 '헤지라'를 통하여 일변했다. 메카에 이주한 그의 교도들, 즉 '무하지룬(Muhajirun)'과 메디나의 협력자들은 힘을 합쳐 교단(Umma)을 조직하였고, 모하메드의 지휘하에 집권세력의 군대인 메카군과 싸웠다. AD 630년 1월 그들은 마침내 메카를 정복하고 카바 신전을 알라의 신전으로 바꿔놓았다. 얼마 지나지 않아 아라비아인 태반이 이슬람교를 받아들임으로써 그 광대한 아라비아 지역이 하나의 종교조직으로 통합되기에 이르렀다. 실로 유사 이래 유래가 없는 일이었다. 모하메드의 꿈은 부족 단위의 아라비아 사회를 이슬람교 중심의 사회로 만드는 것이었다. 알라신의 가르침에 따라 전체 교도를 한 형제로 삼아 평화로운 사회를 만드는 것이다. 그러나 그는 그 꿈을 이루지 못한 채 AD 632년 메디나 자택에서 병으로 사망했다.

오늘날 이슬람교를 믿는 사람은 전 세계적으로 17억여 명에 이르는데, 분포 지역으로는 중동 지역 전체와 북부 및 중부아프리카 지역, 러시아 중동부와 중앙아시아 지역, 인도, 파키스탄, 방글라데시 등 서남아시아 지역, 인도네시아, 말레이시아 등 동남아시아 지역으로서 현재도 그 세력은 계속 확장되고 있다. 이슬람 세계는 많은 이민족을 포함하고 있어 이슬람 사회의 요소는 지극히 복잡하고 다양하다. 그럼에도 불구하고 광대한 지역에 분포된 무슬림들이 하나로 통일되어 공통의 생활방식을 유지할 수 있는 것은 전체 이슬람 사회가 '샤리아(Sharia)'라는 이슬람법으로 통제되고 있기 때문이다. 이 샤리아는 경전인 코란과 모하메드와 그의 추종자들의 전설적 삶을 기록한 '하디스(Hadith)'에 입각하여 제정된 이슬람법이다. 무릇 전 세계 무슬림들은 태어나서 죽을 때까지 이 샤리아에 따라 생활하도록 요구받고 있다.

이슬람교에는 3대 종파가 있다. 그중 가장 큰 종파는 수니파로서 이슬람교의 대부분을 차지하고 있다. 이슬람인들은 교리적으로 중요한 판단을 할 때 코란만 가지고는 곤란한 경우가 많았다. 그래서 그들은 모하메드의 언행인 '수나'를 가지고 보완하여 판단하였다. 그런 이유로 그들 종파를 수니파라고 하는 것이다. 그다음으로 큰 종파는 시아파인데, 이 종파는 모하메드의 딸과 제4대 칼리프인 그의 조카 알리와의 사이에서 태어난 하산과 후세인 중 후세인의 계열을 교주로 추대하는 종파이다. 이들은 후에 이란의 전통 종교사상을 받아들여 이단적 종파가 되고 말았다. 이 종파는 그 후 수많은 지파로 갈라졌는데, 이들은 모두 합해도 전체 이슬람교도들의 10%도 되지 않는다. 세 번째로 큰 종파는 수피파로서 '수피즘(Sufism)'이라고도 한다. 이들은 옛 유대교의 에세네파처럼 원시 이슬람 사회 안에서 금욕과 고행을 가장 중요하게 여기는 일파이다. 이들은 후에 그리스 사상과 유대교, 그리스도교, 불교 등의 신비주의까지 받아들여 이슬람 사상계의 큰 흐름으로 발전하게 되었다. 수피즘은 전통적 이슬람 신앙의 형식주의, 즉 행위의 표면만 보고 사람을 판단하고 심판하는 이슬람법에 대한 반동에서 출발하여 발전한 종파이다. 많은 학자들은 이슬람교가 오늘날 세계적인 대종교로 발전한 것은 이 수피즘에 힘입은 바가 크다고 말하고 있다. 이제부터는 이슬람교의 성격과 교리에 대해 살펴보도록 하자.

2 ◦ 이슬람교의 성격

이슬람교는 성서를 바탕으로 탄생한 종교이고, 전통적인 유대교와 기독교, 그리고 그들의 독자적인 교리를 혼합하여 만든 종교이다. 당시에 많은 유대인들이 AD 70년 예루살렘 함락 후 아라비아 반도로 이주해서 살았는데, 기독교에서 이단으로 정죄되어 밀려나 살 수밖에 없었던 에비온파, 네스토리안파, 마리안파, 콥트파 등이었다. 이슬람교에서는 모하메드가 가브리엘 천사의 계시를 받아 기록한 것이 코란이라고 주장하지만, 코란이 성서에 바탕으로 두고 있다는 것은 의심할 여지가 없다. 그 이유는 모하메드가 이슬람을 출범시키기 전, 이미 그가 살던 지역의 유대인이나 기독교인들과 교분이 있었는데, 평소 다신교적 토속종교에 회의를 품고 있었던 모하메드가 성서가 증언하는 유일신에 관심을 가질 수밖에 없었다는 것은 분명하다. 모하메드는 당연히 그들의 신앙에 관심을 가지고 공부하고 연구했을 것이다. 실제로 모하메드는 그들 공동체에 일시적이지만 참여했다는 설이 있다. 코란의 내용 중 60%는 구약성서에서 왔으며, 6-7% 정도는 신약성서의 내용을 인용하고 있는 것이 그 증거이다. 그러나 코란에는 성서와 전혀 다른 내용도 많이 들어 있다.

알라신은 원래 다신교 사회였던 아라비아의 전통적 신들 중 하나였다. 그런데 모하메드는 이 알라를 오직 하나밖에 없는 유일신으로 상정하고 고백했다. 그런 이유로 모하메드가 비록 기독교를 통해 유일신 사상을 배우고 차용했지만 알라신의 본질과 속성은 다신교적이거나 자연신교적일 수밖에 없었다.

이슬람교는 책에 대한 특별한 믿음이 있다. 알라는 인류에게 104권의 책을 주었는데, 아담에게 10권, 셋에게 50권, 에녹에게 30권, 아브라함에게 10권, 모세에게는 율법서, 다윗에게 시편, 예수에게는 복음서, 그리고 모하메드에게는 코란을 주었다고 한다. 그런데 아담에서 아브라함까지의 책은 모두 분실되어 그 내용을 알 길이 없게 되었고, 꼭 알아야 할 내용은 모두 코란에 나와 있다는 것이다. 알라신이 주신 책 중에 현재 남아 있는 것은 4권인데, 모세에게 준 토라, 다윗에게 준 자브라, 예수에게 준 인질, 그리고 모하메드에게 준 코란이다. 그런데 구약은 유대인들에 의해 부패되었고, 신약은 기독교인들에 의해 부패되었기 때문에 이슬람교도들은 코란 이외에 다른 책을 읽을 필요가 없다고 한다.

또 알라는 인류에게 12만 4,000명의 선지자와 315명의 사도를 보냈는데, 그중 6명에게는 특별한 사명이 주어졌다고 주장한다. 그들은 아담, 노아, 아브라함, 모세, 예수, 모하메드 등이다. 알라는 그들에게 알라의 뜻과 본질을 나타낼 사명을 주셨다. 예를 들면 모세를 통해서는 알라의 섭리와 자비를 보이셨고, 예수를 통해서는 알라의 의로우심을 나타내셨다. 코란에는 모두 28명의 선지자가 나오는데, 4명은 아랍인, 18명은 구약성서의 인물, 3명은 신약성서의 인물이니 사가랴, 세례 요한, 예수를 의미한다. 모하메드는 마지막 27번째로 나타난 가장 완전한 선지자로서 알라는 가브리엘 천사를 보내어 알라의 계율을 그에게 알려주시고 무리들의 순종을 위하여 칼을 주셨다고 한다. 이는 포교, 즉 세계의 이슬람화를 위해서는 무력을 행사해도 좋다는 교리의 근거가 되고 있다. 실제로 이슬람교*에서는 기도는 알라에게 절반쯤 인도하고, 금식은 천국 문으로 인도하고, 구제는 천국의 문을 열고, 성전(聖戰)은 천국에 들어가게 한다고 말함으로써 이슬람 세력의 확장을 위해서는 전쟁을 불사해야 한다고 가르치고 있다.

그들은 음주를 금하고 돼지고기를 부정한 짐승이라 하여 먹지 않는다. 그리고 여자들도 부정한 존재로 여겨 히잡을 쓰게 하였다. 따라서 이슬람 사회에서는 여자의 인권이 극도로 제한되어 있다.

* 이슬람교는 선교 초기나 지금이나 초자연 기적이 거의 일어나지 않는 종교이다. 그런 이유로 그들의 초기 선교는 지지부진했으니, 이는 무수한 기적과 표적이 비일비재하게 일어났던 예수의 초기 선교 상황과 너무나 대조적인 일이다. 그러나 그들은 집권세력과의 전쟁에서 반대 세력의 중심에 서고, 그 전쟁에서 승리를 거둠으로써 이슬람교의 영역을 전 아라비아반도로 확장하기에 이르렀다. 이 역사적 경험은 이후 이슬람교의 선교를 전쟁과 칼과 무서운 다스림에 의존하도록 만들었다.

3 ◦ 이슬람교의 교리 1

이슬람교의 기본 교리는 크게 5가지로 요약할 수 있다.

첫째, 알라에 대한 것으로, 알라는 절대적 신이고, 알라 이외에 다른 신은 없으며, 모하메드는 알라의 명을 부여받기 위해 최후로 나타난 가장 완전하고 위대한 선지자이다.

둘째, 천사에 대한 것으로, 천사는 신성이 없고 권위도 없으며 사람들을 위해 알라에게 도움을 요청할 수 없는 존재이다. 다만 알라의 명령을 실행하는 존재일 뿐이다. 천사들 중에는 사람들의 나쁜 행동을 기록하는 천사와 좋은 행동을 기록하는 천사가 있다. 천사들 중 가장 높은 천사는 계시의 천사 가브리엘, 섭리의 천사 미카엘, 파멸의 천사 이즈라필, 죽음의 천사 이즈라엘이고, 천사와 인간 사이에는 진(Jinn)이라는 존재가 있다.

셋째, 코란에 대한 것으로, 알라의 뜻은 코란에 기록되어 있으며 따라서 이슬람교의 생활과 법칙, 그리고 구원에 필요한 모든 진리가 그 속에 수록되어 있다.

넷째, 선지자에 대한 것으로 이슬람교에서는 여섯 명의 선지자를 인정한다. 그들은 아담, 노아, 아브라함, 모세, 예수, 모하메드이다. 그중 모하메드는 가장 위대하고 완전한 최후의 선지자이다.

다섯째, 사후 세계에 대한 것으로 이슬람교는 천국과 지옥과 부활과 심판을 믿는다. 사람이 죽으면 천국과 지옥으로 갈라진다. 알라를 믿고 그의 계명에 순종한 사람은 천국에 가고, 그렇지 못한 자들은 지옥에 간다. 그런데 천국에 가는 자들도 남은 죄를 씻기 위하여 로마 가톨릭교회가 주장하는 연옥 같은 곳을 반드시 거쳐야 한다. 그리고 지옥은 죄인들에게 영원한 형벌을 주기 위해 창설된 것이 아니라 인류의 죄를 정화할 목적으로 알라신이 창설한 장소이다. 인류는 최후의 날에 부활하여 심판을 거쳐 영원한 천국과 영원한 지옥으로 갈라진다. 심판은 코란**의 큰 주제인데, 전체 구절의 14%가 심판에 대한 구절이다. 마지막 날에는 사람의 선악을 기록한 천사가 증인이 된다. 코란*에 의하면 구원받은 자가 천국에서 누리는 삶은 상당히 세속적이고 물질적이고 향락적이다. 천국

** 코란이 제시하는 천국에서의 삶은 지극히 세속적 풍요와 육체적 쾌락이다. 이는 이슬람의 궁극적 이상이 거룩한 사랑의 나라가 아니라, 세속적 욕구를 달성하는 것이라는 사실을 증명한다. 인간의 마음속에서 끊임없이 일어나는 본능적 욕구를 자연스러운 것으로 인정하고 천국이라는 이름으로 그 욕구 성취의 비전을 제시한 것이 오늘날 대중들로 하여금 이슬람교를 따르게 하는 원동력이 되고 있다.

에 가면 혼합된 술과 맛있는 음식을 먹으며, 금 실크로 장식된 침실에서 검은 눈을 가진 숫처녀 72명의 시중을 받게 된다(코란 55:56, 76:19, 55:54, 55:20).

4 ◦ 이슬람교의 교리 2

1) 죄에 대하여

이슬람교는 기본적으로 성서를 바탕으로 탄생한 종교이다. 그러나 정작 성서의 가장 심오한 부분인 원죄론이나 예수그리스도를 통한 속죄론은 인정하지 않는다. 그들의 주장에 의하면 인간은 원래 선하게 태어났는데, 환경의 유혹과 사탄의 미혹에 빠져 자유 의지를 잘못 사용하여 죄를 짓는 것이라고 주장한다. 그들은 자신의 범죄만 인정할 뿐 원죄는 인정하지 않는다. 그리고 죄를 짓는 것은 전적으로 인간의 책임이기 때문에 심판을 받는 것은 당연하다고 본다. 이 죄는 알라신을 믿고 알라신의 계율을 성실히 이행하면 용서받을 수 있으며, 지상에서는 가호를 받고 죽어서는 천국에 갈 수 있다고 주장한다.

2) 선지자에 대해서

예수는 신성을 가진 하나님의 독생자가 아니라 단지 위대한 선지자일 뿐이다. 다만 그 이전의 모든 선지자들보다 위대한 선지자이다. 이슬람교에서는 여섯 명의 선지자, 즉 아담, 노아, 아브라함, 모세, 예수, 모하메드만을 인정하는데 그 중 가장 위대한 선지자는 모하메드이다. 아담은 범죄한 후에도 그 본성이 창조 때처럼 전혀 변함이 없었기 때문에 예수가 인류의 죄를 대속하기 위해 십자가에서 속죄의 죽음을 한 행위는 불필요했다고 주장한다. 인류는 본성이 악해서가 아니라 약하고 무지해서 죄를 짓는 것이기 때문에 죄를 대속하는 메시아는 불필요하고, 오히려 알라의 명령을 전달하고 불순종의 결말을 경고해줄 교사나 안내자가 필요하다고 주장한다.

3) 계율에 대하여

사람이 알라신의 은총을 받기 위해서는 5가지 계율을 지켜야 하는데, 이슬람교에서는 이를 다섯 개의 기둥이라 부른다.

첫째 기둥은 신앙 고백(솨하다, Shahada)으로 알라만이 숭배 받을 신이시며 모하메드는 심판의 날까지 모든 인류에게 보내진 메시지를 증거하기 위하여 알라가 선택한 최후의 가장 위대한 사도요 선지자라고 하는 것을 매일같이 반복해서 고백하는 것이다.

둘째 기둥은 예배(살라트, Salat)로 매일 다섯 차례 기도를 드리는 것이다. 이른 아침 기도, 정오 기도, 이른 오후 기도, 해 질 무렵 기도, 밤 기도 등을 의미한다. 그 외에 개인이 수시로 드리는 기도를

'두아(Dua)'라고 한다.

셋째 기둥은 단식(사움, Saum)으로 라마단 기간(이슬람력으로 9월) 30일 동안 모든 무슬림들은 새벽부터 일몰까지 음식이나 음료를 먹어서는 안 되고, 목욕, 향수, 성생활도 금하며 음란하고 사악한 욕구도 피해야 한다.

넷째 기둥은 희사(자카드, Zakat)로 가난한 이웃을 위하여 종교적 의무와 속죄의 의미로 한 해 동안 저축액의 2.5%를 가난한 자들의 구제비로 희사해야 한다.

다섯째 기둥은 순례(핫즈, Hajj)로 신자들은 경제적 육체적으로 감당할 수 있는 한 일생에 한 번 이상은 성지인 메카를 반드시 순례해야 한다. 부득이한 경우 대리인을 통해서라도 행해야 한다.

4) 자하드에 대해서

이슬람교도들은 다섯 개의 기둥 외에 자하드(Zahad, 또는 지하드, Jihad)라는 의무가 있다. 자하드란 '신의 도를 위해 분투 노력하는 것'이라는 뜻으로서 흔히 투쟁, 전투라는 의미로 이해되고 있으며, 모든 이슬람 교도들은 포교를 위한 성전(聖戰)에 참여해야 할 의무가 있다. 코란에는 이 자하드를 격려하는 내용이 109절이나 나온다. 이미 모하메드가 이슬람교의 확장을 전쟁을 통해서 수행했고, 십자군전쟁 시에도 이 정신을 가지고 단합하여 싸웠다. 자하드에 대한 교리는 오늘날 이슬람 교도들이 전 세계적으로 그들의 이익을 침해한다고 여겨지는 외세에 맞서 테러를 일삼는 교리적 근거가 되고 있다. 코란에 의하면 이 자하드에 적극적으로 참여하는 자는 알라와 함께하는 천국의 삶이 보장된다(코란3:169). 그러므로 전쟁과 투쟁은 이슬람교도들에게는 최고의 축복이고 명예이다.

이슬람의 세계관에 의하면 세계는 '이슬람의 집(Dar-al Islam)'과 '전쟁의 집(Dar-al Harb)'으로 구분된다. 이슬람의 집에 속한 사람들은 무슬림들이고 무슬림이 아닌 사람들은 전쟁의 집에 속한다. 곧 무슬림이 아닌 사람들은 모두 전쟁의 대상이다. 자하드는 이슬람으로 개종하지 않거나 알라의 법에 복종하지 않는 자들은 알라의 적으로 여기고 그에 대항하여 싸우는 것을 의미한다. 이런 이유로 이슬람 사회에는 엄청난 종교적 독재가 알라신의 이름으로 행해지고 있고, 범세계적으로는 이슬람 무장단체들의 테러가 빈번히 일어나고 있다. 그러나 그들은 그런 일이 일어날 때마다 면피용으로 자신들은 테러를 미워하며 평화를 사랑한다고 애써 변명한다. 그러나 이슬람권의 이익을 위한다는 명목의 테러와 전쟁은 코란이 명령하는 것이므로 앞으로도 계속해서 일어날 수밖에 없다. 그리하여 오늘날 무슬림에 대한 세계인들의 거부반응도 격화되고 있는 실정이다. 9·11테러를 애도하는 집회의 피켓에는 다음과 같은 내용이 적혀 있었다. "모든 무슬림이 테러리스트는 아니지만 모든 테러리스트들은 무슬림이다!(All Muslims are not terrorist but all terrorist are Muslims!)"

5 ◦ 두 궁극자론의 비교

이제 기독교 신앙의 입장에서 이슬람교에 대해 비판적 평가를 내려보자.

첫째, 이슬람교는 유대교와 기독교, 그리고 아라비아의 전통종교를 인위적으로 섞어놓은 혼합종교에 지나지 않는다. 이것은 이슬람교의 형성 과정과 교리를 살펴보면 잘 알 수 있다.

둘째, 이슬람교는 성서를 바탕으로 만들어졌으면서도 성서가 계시하는 죄와 구속에 대한 심오한 교리는 배제하고 있다. 다시 말해 인간 실존과 역사 문제에 관해 교리의 심오성이나 균형성에서 너무 미달하는 종교이다.

셋째, 이슬람교의 단점이자 장점은 그들의 교리가 일반 대중들이 이해하기 쉽고 단순하다는 것이다. 기독교의 삼위일체론이나 기독론, 원죄론, 구속론 등은 너무나 오묘하여 일반 대중들이 쉽게 이해할 수 없는 것과 대조적으로 그들의 교리는 일반인들이 이해하기 쉽고 받아들이기 쉬운 구조를 가지고 있다.

넷째, 이슬람교의 구원관은 아주 세속적이고 육체적이고 향락적이다. 이슬람 교도들의 이상이 인류애나 도덕적 삶에 있는 것이 아니라 세속적 가치에 있다는 것을 반증한다. 동서고금을 막론하고 대중들이 원하는 것은 세속적 행복이라는 점을 고려한다면 이 또한 대중들이 일단은 좋아할 수밖에 없는 요소이다. 어쩌면 도덕주의적 신앙보다 기복주의적 신앙이 대중들에게는 더 큰 관심의 대상일 수 있다.

다섯째, 기독교의 하나님은 인류의 구원을 위하여 자신의 아들까지 내어주기까지 하는 절대 사랑의 하나님이시지만, 알라신은 이슬람교가 온 세계를 종교적으로 정치적으로 지배하기 위해서라면 폭력을 사용해도 좋다고 하며 자하드(거룩한 전쟁)를 격려하는 정복군주나 전제군주 같은 신이다.

여섯째, 이슬람교는 알라의 이름으로 이슬람이 아닌 세력에 대한 적극적인 투쟁을 명령하고 있다. 이런 이슬람교에 인류애에 바탕을 둔 사해동포주의 같은 것은 존재할 수 없다. 물론 그들은 평화를 외치기도 하지만 그것은 동일한 이슬람 사회권에 대해서만 그러한 것이고, 비이슬람권 사회는 기본적으로 적대적 대상이고, 무력을 써서라도 정복해야 할 대상이다. 그러므로 그들은 자신들의 힘이 약할 때만 전략적으로 인류애를 외친다. 이슬람 교도들은 모두 알라에게 복종하는 것을 최고의 가치로 여길 뿐 개인들의 인권이나 세계 평화에 대해서는 별로 관심도 없고 적극적인 노력도 하지 않는다. 오히려 이슬람교는 그들 종교의 포교를 위해서는 전쟁과 폭력을 불사한다. 이것은 이슬람교의 오랜 역사가 증명하고 있다. 또한 그들은 자기들 사회에서는 타 종교의 포교를 국법으로 불허하고 있으나, 다른 나라에서는 이슬람교의 확장을 위하여 종교의 자유를 외치는 이율배반적 성향을 보이고 있다. 그들은 이슬람사회 내부를 단속하기 위해서 어떤 공산독재사회보다 더욱 잔혹한 탄압과 징계를 가한다. 신앙의 명분 속에서 신의 이름으로 자행되는 정치적 탄압은 이슬람 사회의 통일성을 유지하는 데 아주 효과적인 전술이다. 그러므로 이슬람 사회에서 배교나 개종은 곧 죽음을 의미한다. 코란에 의하면 모하메드는 알라로부터 칼을 받았다고 하는데, 이로 말미암아 모하메드와 그의 후예들은 무력을 선교의 수단으로 사용했다.

일곱째, 이슬람교의 교리 중 다섯 개의 기둥은 이슬람교가 순수한 신앙의 체험과 열정에 의해 유지 확장되는 것이 아니라 교묘한 종교적 형식주의에 의한 것임을 알게 해준다. 이 종교적 형식은 무서운 감시와 정치적 칼의 힘, 즉 종교의 이름으로 자행되는 무자비한 정치적 폭력에 의해 유지되고 있다. 종교적 형식주의와 무서운 정치 사회적 탄압, 2가지는 이슬람사회를 유지하는 양대 축이다.

여덟째, 이슬람교의 구원관은 모호하다. 즉 구원의 확신이라는 것이 없다. 그들에게 죽으면 천국 갈 수 있느냐고 물으면 그들은 그저 "인샬라!(신의 뜻대로!)"라고 할 뿐이다.

또한 그들에게는 초자연적 기적과 영적 체험이라는 것이 거의 없다. 실제로 모하메드 자신이 3년 만에 30명, 10년 만에 100명의 신자밖에 얻지 못했다는 사실은 모하메드의 사역에는 그런 초자연적 기적이 일어나지 않았다는 것을 반증한다. 그러나 예수님은 공생애 동안 수많은 병자를 고치고 죽은 자를 살리는 등 초자연적 기적으로 점철된 생을 사셨다. 그로 인해 예수님이 가시는 곳에는 당연히 수천수만 명의 인파가 몰려들었다. 오늘날에도 기독교 사회에는 초자연적 성령의 기적이 끊임없이 일어나고 있다. 구원의 확신과 성령의 기적 체험이 기독교회의 신앙적 특징이다.

아홉째, 이슬람교의 신론은 기독교처럼 유일신론이지만, 기독교의 삼위일체론처럼 오묘함도 없고, 신의 성품에 있어서도 기독교의 하나님처럼 진선미가 완전 충만하고, 그의 백성을 위하여 십자가의 죽음까지 불사하는 무한 사랑의 하나님이 아니라, 그의 백성을 그에 뜻에 따라 엄정하게 다스리는 세속적 군주의 성품을 보여준다. 그러므로 기독교의 하나님과 알라신은 도저히 품성적인 면에서 비교할 대상이 못 된다.

열 번째, 이슬람교 선교의 성공 원인은 2가지다. 하나는 교리적 요소로서 세속적 욕망을 합리화하고, 이슬람교의 교리만 잘 지키면 그 세속적 욕망을 마음껏 누릴 수 있는 천국에서의 삶을 약속한 것이다. 그리고 다른 하나는 선교 정책적 요소인데, 내부적으로는 반 이슬람교적 행위에 대한 무서운 정치 사회적 탄압을 가하고, 외부적으로는 무력을 포함해 수단 방법을 가리지 않는 선교 정책 때문에 이슬람교는 번성하고 있는 것이다. 거기에 중동의 아랍인들이 석유 채굴로 인한 막대한 부을 얻음으로 말미암아 이슬람 선교는 부흥의 날개를 달게 했다. 그러므로 이슬람교가 지구촌 대부분의 종교처럼 신앙의 자유를 온전히 보장한다면, 그리고 석유 자원이 고갈되어 버린다면 이슬람교의 교세는 100년도 못 가서 현재의 10분의 1로 줄어들고 말 것이다. 교리적으로도 심오하지 않고, 영적 체험도 별로 일어나지 않는 종교를 누가 믿으려 하겠는가?

VI 한국의 3대 신흥종교

1 ◦ 천도교의 궁극자론

동학(후에 천도교)의 창시자인 수운(水雲) 최제우(崔濟憂, 1824-1864))[*]의 중심사상은 시천주(侍天主) 사상이다. 최제우가 기도 중에 들었다고 하는 이 사상은 21개 글자로 이루어진 주문, 즉 "지기금지원위대강 시천주조화정영세불망(至氣今至願爲大降 侍天主造化定永世不忘萬事知)"에 잘 나타나 있다.

그는 『동경대전(東經大全)』『논학문(論學文)』에서 이 시천주에 대해 "시(侍)라고 하는 것은 안으로 신령(神靈)이 있고 밖으로 기화(氣化)가 있어 온 세상 사람이 각각 옮기지 못할 것을 아는 것이고, 천주(天主)라고 하는 것은 하느님에 대한 존칭으로써 부모와 마찬가지로 섬긴다는 것이다"라고 해석하고 있다. 동학의 경전을 종합해보면 시천주는 2가지로 해석할 수 있다. 첫째는 초월적이면서 인격을 가진 상제로서의 천주를 모신다는 뜻이다. 이것은 인간의 외부에 독립적으로 존재하는 초월적 존재로서 인간의 지극한 숭배를 받아야 하는 신을 의미한다. 이것은『용담유사(龍潭遺事)』에 실린 '교훈가(教訓歌)'에서 "하염없는 이것들아 나는 도시 믿지 말고 하느님만 믿어서라 네 몸에 모셨으니 사근취원(捨近取遠, 가까운 것은 버리고 먼 것을 취한다) 하단 말 가"라고 한데 서도 잘 드러난다. 결국 최제우의 시천주는 "부모님처럼 하느님을 정성껏 받든다"는 의미와 "사람은 누구나 내면 속에 하느님을 모시고 있다"라는 이중적 의미를 가지고 있는 것으로 보아야 한다. 최제우에게 있어 시천주는 초월적 의미와 내재적 의미를 상호 보완적으로 포괄하는 것으로 보이는데, 그중 초월적 존재로서 천주가 좀 더 강조되고 있다고 보아야 한다.

그러나 2대 교주 최시형[**]은 '시천주' 대신 '사인여천(事人如天)'이라는 개념을 강조했다.

"사인여천(事人如天) 양주천(養主天) 인즉천(人卽天)", 즉 "사람 섬기기를 하느님 섬기듯 하라. 하느님을 마음속에 기르라 사람이 곧 하늘이다"라는 사상이다. 최시형이 천주라는 초월적 인격적 존재보다 인간 내면에 있는 '천(天)'이라는 비인격적 존재를 최제우보다 좀 더 강조한 것으로 보인다. 그런데 최시형은 한 걸음 더 나아가 "물물천 사사천(物物天 事事天)"이라고 함으로써 범천론, 범신론까지 주장하는 듯 보인다. 이는 인간뿐 아니라 모든 우주만물에도 하느님이 깃들어 있다는 뜻이다. 이는 후기 최시형의 사상이 하느님을 초월적 인격신으로서 보다 인간을 포함한 만물 가운데 보편적, 내재적 본질로 존재하는 '것(Thing)'으로 확실히 기울어진 것을 의미한다. 그럼에도 불구하고 최시형 때까지는 아직 초월적 인격신으로서 천주사상이 약간은 남아 있었다. 그러나 제3대 교주이자 동학을 천도교로 개칭한 손병희(孫秉熙, 호는 의암義菴)[***]에 이르러서는 한 걸음 더 나아가 인내천(人乃天)이라는 개념이 중심사상을 이루었다.

인내천(人乃天)이란 "사람이 곧 하늘이다"라는 뜻이다. 결국 손병희 시대에 와서는 동학에서 초월적 천주의 개념은 거의 사라지고 사람을 하늘과 동일시하는 인내천의 단계로 진입하게 되었다. 그 후 천도교의 교리학자 이돈화(李敦化)와 백세명(白世明)이 '하느님'을 '한울님'으로 개칭하면서 완전히

*
최제우는 순조와 고종 시대 사람으로 동학의 교주이다. 그는 세상이 어지러운 이유는 천명을 알지 못해서라고 생각했다. 1856년 천성산에 들어가 하느님께 정성을 드리면서 시작된 그의 구도는 그 후 적멸굴, 울산의 집, 구미산 용담정으로 이어졌고, 1860년 4월 5일 결정적인 종교 체험을 하게 되었다고 한다. 그의 주요 사상은 시천주(侍天主) 사상이다.

**
최시형(崔時亨,1827-1898)은 최제우의 제자로서 조선의 종교사상가이며 동학의 제2대 교주이다. 초명은 경상, 호는 해월, 본관은 경주이며 경상도 경주에서 출생했다. 그는 최제우가 체포되어 사형당하자, 동학 제2대교주가 되어 신도들을 이끌었다.

***
의암 손병희(孫秉熙,1861-1922)는 동학, 즉 천도교의 지도자이자 독립운동가이다. 본관은 밀양, 자는 응구, 망명 중 사용한 가명은 이상헌, 최시형에게 받은 도호는 의암이다. 3·1운동 당시 33인 중 한 사람으로서 3·1독립만세운동을 주도했다.

범신론적 형태의 궁극자론을 갖게 되었다. 여기서 한울님은 인격적 신이 아니라 우주 자체를 의미하며 스스로 변화, 발전하는 운동력을 가진 것으로 파악된다. 따라서 인간성 안에 내재한 한울님을 스스로 발견하고 깨우치면 자기 자신이 한울님이 된다는 주장이다. 이는 거의 힌두교, 불교와 유사한 사상이라고 볼 수 있다.

이렇게 되자 천도교 안에서는 다시 1대 교주 최제우가 내세웠던 초월적 인격신으로서 하느님 사상으로 돌아가야 한다는 움직임이 강하게 일어나게 되었다. 따라서 오늘날 천도교는 최제우의 시천주(侍天主) 사상과 손병희의 인내천(人乃天) 사상을 어떻게 통일적으로 이해하고 파악할 것인가가 주요한 과제로 남아 있다. 한마디로 천도교는 하느님을 실재하는 인격신으로 볼 것인지, 아니면 우주의 근원적 질서나 운동력으로 볼 것인지에 대한 개념 정립이 제대로 이루어지지 않은 것이다. 결국 천도교는 종교에서 가장 중요한 궁극자론이 애매모호한 상태에 있는 미진한 종교라고 볼 수 있다. 사실 최고의 궁극자를 우주의 근원적 본질을 품고 있는 초월적 인격적 존재로 볼 것인지, 단지 우주의 근원적 원리인 이치로 볼 것인지는 인도의 종교인 힌두교나 불교, 그리고 중국의 종교인 유교에서도 어김없이 나타나고 있는 사상적 고민이다. 이런 현상이 천도교에서도 재현되고 있는 것이다.

이에 비해 기독교의 하나님은 초월적 인격을 가진 영원 자존하는 유일하신 하나님으로서 그의 본성과 본질에 대한 신학적 사유가 타 종교의 궁극자론과는 비교할 수 없을 만큼 심오하고 풍부하고 정교할 뿐 아니라 추호도 흔들림이 없다. 그뿐 아니라 초월적 하나님의 영원한 본질과 피조 세계에 반영된 창조의 질서나 하나님의 형상대로 지음받아 인간 본성 속에 부여된 선천적 도덕성과 종교성을 분명히 구별하고 있다. 더욱 중요한 것은 우리의 삶과 역사에 구체적으로 섭리하시는 하나님을 직접적으로 체험하고 있다는 것이다. 이는 기도하는 그리스도인이라면 누구나 경험할 수 있는 성령의 강력한 은혜 체험이며 이는 신비롭고 기이하고 놀라울 정도이다. 필자는 천도교가 최제우의 시천주 사상에서 손병희의 인내천 사상으로 옮겨간 것은 하느님에 대한 영적 체험의 결여가 그 원인이라고 생각한다.

필자는 천도교가 최제우의 시천주 사상에서 손병희의 인내천 사상으로 옮겨간 것은 하느님에 대한 영적 체험의 결여가 그 원인이라고 생각한다.

2 ◦ 증산도(甑山道)의 궁극자론

구한말 강일순(姜一淳, 號는 甑山, 1871-1909)*에 의해 창시된 증산도는 강증산을 천지만물의 주재자인 상제(上帝)로, 그의 아내 고판례(高判禮)를 정통 후계자인 수부(首婦)로 모시는 신흥 민족종교이다.

강증산은 젊은 시절 비인사람 김경흔(金京忻)에게서 태을주(太乙呪)를 얻고, 연산에서는 『정역』을 저술하여 후천개벽설의 이론적 틀을 세운 김일부(金一夫)를 만나 주역을 배웠다고 한다. 그 후 강증산은 여러 종교의 교리를 연구하면서 이보(耳報)와 영안(靈眼) 등 초능력을 터득하게 되었는데, 31세 되던 해 전주 모악산 대원사에 들어가 수도하던 중 탐음진치(貪淫瞋癡)의 사종마(四種魔)를 물리치고 광명혜식(光明慧識)이 열려 천지의 현법(現法)을 깨달아 증산도를 창시하게 되었다고 한다. 강증산 본인에 의하면 증산은 원래 하늘나라를 다스리던 옥황상제였는데 삼계(三界), 즉 천계, 지계, 인계의 혼란으로 천도(天道)와 인사(人事)가 도수(都數)를 어기자 이마두(마테오리치)를 대표로 한 불타와

* 강일순은 증산도의 교주이다. 본관은 진주, 호는 증산, 자는 사옥이다. 조선 말 혼란기에 민심의 속사정을 살피려고 3년간의 유랑생활을 마치고 스스로의 호를 증산이라 하고 21세에 정치순과 결혼하였다. 증산 계열 종단에서는 그를 상제(증산상제, 옥황상제, 구천상제)로 추앙하고 있으며, 그는 천사, 또는 선생으로 불리기도 한다. 특히 대순진리회에서는 그를 구천상제라고 부른다.

보살들의 호소에 응해 서천서역대도국 천계탑으로 내려와 삼계를 둘러보고 천하를 대순(大巡)하다가 1871년 동토(한국)에 인간의 몸으로 태어났다고 한다. 또한 스스로를 미륵불이라 칭하고 자신은 도솔천에 있다가 신명들의 요구에 따라 이 세상을 구원하기 위해 하강했다고 한다. 그가 살았던 용화동을 용화회상의 기지라고 주장했다. 모든 증산도인들은 강증산을 미륵불의 화신이라고 믿고 있다. 증산도에서 거론하는 신의 이름은 115종에 이르는데 이들 대부분은 사람이 죽어서 된 신, 곧 인간이 영체가 된 존재의 다른 이름들이다.

다음 소개하는 신들은 강증산 자신의 신관이 아니라 후대 증산도 사상가들이 정리한 것이다. 첫째는 각 문명을 대표하는 신으로서 공자, 노자, 석가, 예수를 비롯한 수많은 문명신을 의미한다. 그 다음은 각 씨족을 대표하는 지방신으로 중국의 반고, 조선의 환인, 일본의 천조대신, 유대인들의 여호와 등이 속한다. 그리고 후손들을 보호하는 조상신으로 선영신이 있다. 그 외에 원한에 사무쳐 죽은 사람의 신명은 원신, 정의를 위해 반역하다가 뜻을 이루지 못하고 죽은 사람의 신명은 역신이라 하며, 자연신, 지신, 수신, 등 많은 신이 있다고 주장한다.

사실 증산도의 궁극자론은 들여볼 가치도 없다. 굳이 언급한다면 강증산의 전신이었다고 하는 옥황상제는 도교에서도 우주만물의 근원도 아니고 우주만물의 창조신도 아니며 이미 존재하는 우주를 다스리는 큰 신에 지나지 않는다. 더욱이 그는 스스로를 미륵불이라고 했다가 옥황상제라고 함으로써 두서없는 개인 우상화, 개인 신격화를 하고 있으니 증산도는 혼합주의적 종교이며, 유치하기 작이 없는 짜깁기 종교에 지나지 않는다. 이런 증산도의 최고신론을 기독교의 하나님론과 비교하는 것 자체가 어불성설이라 할 수 있다.

3 ◦ 원불교의 궁극자론

원불교는 전남 영광 태생의 소태산 박중빈*이 26세 때 우주와 인생의 궁극적 진리를 깨닫고 1916년에 창립한 신흥종교이다.

소태산은 처음 깨달음을 얻은 후 옛 성현들이 깨우친 경지를 알기 위해 불교, 유교, 도교, 기독교 등의 여러 경전을 열람했다. 그중에서 『금강경』을 보고 "석가모니불은 성현 중의 성현으로 발심으로부터 구도와 대각에 이르는 경로가 나와 비슷한 점이 많다. 따라서 나는 나의 연원을 석가모니불로 정하고 장차 불법을 주체로 하여 새 종교를 창설하리라"고 결심했다고 한다. 그래서 소태산은 불법을 주체로 하여 종교개혁, 인간개혁, 사회개혁을 동시에 수행하고자 마음먹었다. 그는 "물질이 개벽되니 정신을 개벽하자"라는 개교 표어를 내 걸고 "처처불상(處處佛像) 사사불공(事事佛供) 무시선(無時禪) 무처선(無處禪) 동정일여(動靜一如) 영육쌍전(靈肉雙全) 이사병행(理事竝行)**" 등의 정신으로 생활종교 운동을 전개했다. 1943년 소태산이 53세를 일기로 죽자 수제자인 정산(鼎山) 송규(宋奎, 1900-1962)가 제2대 종법사가 되었고, 지금은 김대거(金大擧)가 제 3대 종법사가 되어 원불교를 총지휘하고 있다.

*
소태산 박중빈(少太山 朴重彬, 1891-1943)은 원불교 창시자로서 본관은 밀양, 자는 처화, 호는 소태산이다. 원불교에서는 그를 대종사라고 부른다. 그는 계속적인 수도생활 끝에 25세에 삼매의 경지로 가는 돈망의 대정에 들었다가 26세 되던 1916년 4월 28일 대각을 이루었다고 한다.

**
"처처불상(處處佛像) 사사불공(事事佛供) 무시선(無時禪) 무처선(無處禪) 동정일여(動靜一如) 영육쌍전(靈肉雙全) 이사병행(理事竝行)"은 세상 곳곳에 불상을 세우고 항상 불공을 드리며, 때와 장소를 가리지 않고 참선을 하고, 움직임과 고요함이 하나이듯 살며, 영혼과 육체가 더불어 온전하고, 매사에 진리와 병행하는 삶을 산다는 뜻이다.

원불교 사상의 중심은 일원상(一圓相)이다. 이것은 만물 가운데 불성이 존재한다는 불교의 교리와 상통하는 부분인데, 인간은 누구나 마음속에는 일원상이라는 궁극적 진리가 내재되어 있다는 것이다. 대승불교에서는 끝없이 연기하는 우주에서 보편적 궁극적 실재를 불성(佛性), 진여(眞如), 또는 여래장(如來藏)이라고 하는데, 원불교는 이 불성을 일원상이라는 개념으로 재해석하여 추구하는 종교이다. 소태산은『대종경』『교의품』3장에서 일원상에 대해 다음과 같이 설명한다.

"일원상은 부처의 심체(心體)를 나타내는 것이다. 하여 형체라는 것은 한 인형에 불과한 것이요, 심체라고 하는 것은 광대무량하여 능히 유와 무를 총섭하고 삼세를 관통하나니 곧 천지만물의 본원이며 언어도단의 입정처라. 유가에서는 이를 태극, 또는 무극이라 하고, 선가에서는 이를 일컬어 자연(自然), 도(道)라 하고, 불가에서는 이를 청정법신불(淸靜法身佛)이라 했으니 원리에 있어서는 모두 같은 것으로서, 비록 어떤 방면 어떤 길을 통한다 하더라도 최후경지에 들어가서는 다 일원의 진리에 돌아가나니 만일 종교라 이름 하여 이러한 진리의 근원을 세운 바가 없다면 그것은 곧 사도(邪道)니라."

소태산에게 있어 일원상은 3속성 9범주에 의하여 만물이 생성되고 현상화되는 것을 의미한다. 3속성 중 첫째 속성은 태허성(太虛性)으로서 무엇에 얽매이지 않는 텅 빈 속성으로 존재하는 것을 의미하며, 유일(有一) 평등(平等) 명징(明澄)의 범주를 가진다. 두 번째 속성은 주변성으로서 일원상의 진리는 막힘이 없고 다 통할 수 있는 속성을 가지고 있다. 이 주변성은 무혈(無穴) 무여(無餘) 원만(圓滿)의 범주를 가지고 있다. 세 번째 속성은 순환성으로서 "일원상의 진리는 돌고 돌아 그침이 없다"라고 말하는 것이 그 의미다. 이 순환성은 무시(無時) 무종(無終) 인과(因果)의 범주를 가진다고 한다.

일단 원불교에 대해 평가할 만한 점은 그들은 자신들의 근본을 석가모니불의 가르침에 두었으며, 따라서 그들은 부처를 존경하지만 섬기지는 않는다고 하는 원시불교의 입장을 취하고 있다는 점이다. 부처는 해탈한 자체로 자유와 법열의 영역으로 들어간 것으로 끝나는 것이라는 뜻이다. 이는 부처를 신처럼 여겨 발원하며 섬기는 대승불교와는 차별화된 것이며, "나는 신이 아니니 나를 섬기지 말라"고 한 석가모니의 가르침에 충실했던 원시불교의 입장으로 돌아간 것이다. 다만 원시불교와 다른 점은 원시불교가 끝없이 연기하는 우주에는 어떤 영원한 실재도 없으며, 그렇기 때문에 모든 존재는 무상 무아 무명 하다고 한 반면, 소태산은 일원상을 우주 안에 내재한 근본이요 움직이는 원리요 힘이요 영원하고 궁극적인 실재가 있다고 생각한 것이 다른 점이다. 그는 일원상을 만유와 만물 속에 잠재해 있는 근본적 본질로 보았다. 이는 도가의 도사상, 특히 대승불교의 공, 진여, 여래장, 불성, 법성, 청정법신불 사상과 유사한 것으로 볼 수 있다.

원불교에서 일원상은 우주만물의 근본이요 본질로 보고 있을 뿐 우주만물을 초월하여 별도로 존재하는 것으로는 보지 않는다.

그러면 이제 다시 원불교의 궁극자라 할 수 있는 일원상 교리를 기독교의 신론과 비교해 보자.

첫째, 원불교의 일원상 사상은 기독교의 신론과 유사한 점이 있다. 왜냐하면 기독교에서도 하나님은 우주의 근원이요 근본이며, 우주만물에는 하나님의 신성이나 창조의 질서가 반영되어 있다고 보기 때문이다. 이것은 도가의 도(道), 불교의 공(空), 힌두교의 브라흐만, 성리학의 이(理)와 기(氣), 주역의 태극(太極)이라는 개념도 모두 유사한 성격을 가지고 있다. 물론 이들 종교의 궁극자론이 기독교의 하나님론과 동일하다는 것은 아니다. 다만 그들의 궁극자론이나 우리의 하나님론이나 모두 궁극적 실재나 원리에 대해 사유하고 규정하는 것이 비슷하다는 말이다. 원불교의 일원상 사상을 기독교의 신론과 비교할 수 있는 이유는 성서에도 "그의 영원하신 능력과 신성이 그가 만드신 만물에 분명히 보여 알려졌나니(로마서1:20)"라고 말씀하고 있기 때문이다.

둘째, 원불교의 일원상 사상은 기독교의 신론과 많이 다르다. 원불교에서 일원상은 우주만물의 근본이요 본질로 보고 있을 뿐 우주만물을 초월하여 별도로 존재하는 것으로는 보지 않는다. 그러나 기독교에서는 창조주 하나님과 피조물을 분명하게 분리한다. 하나님은 하나님이고 피조물은 피조물일 뿐이다. 또 피조 세계가 창조주 하나님의 본질을 부분적으로 반영하고 있지만 완전히 반영하고 있는 것은 아니다. 그러므로 아무리 사람이 우주만물을 묵상하여 창조의 질서를 통찰한다 하더라도 그런 방식으로는 하나님을 완전히 알 수는 없다.

조각품을 보고 그것을 조각한 예술가가 추구하는 미학의 정신을 일부 포착할 수는 있어도 그 예술가의 영혼에 대해 완전히 알 수는 없다. 왜냐하면 조각품이 예술가 자체는 아니기 때문이다. 하나님은 모든 진선미성의 완전한 이데아이지만 피조 세계는 그 창조주의 본질을 일부 반영하고 있기 때문에 가장 지혜로운 사람도 하나님의 일부만 알 뿐이다. 오직 우주 만물을 창조하신 하나님만이 완전한 진선미성을 가진 존재이다. 그러므로 하나님과 피조물의 질적 차이는 영원히 극복될 수 없다. 아무리 우주만물이 장엄해 보이고, 사람의 마음과 정신이 대단해 보여도 하나님의 형상을 모사한 것에 지나지 않는다. 따라서 하나님의 마음과 사람의 마음은 하늘과 땅 차이이며, 둘 사이에는 무한한 질적 차이가 존재하는 것이다. 이것이 바로 기독교가 보는 원불교 신앙의 한계이다.

셋째, 무인격적 일원상을 신앙하는 원불교인과 인격적 하나님을 신앙하는 기독교인의 신앙은 그 열정과 신앙적 헌신에서 차원이 다르다. 원불교는 사람이 일원상이라는 궁극적 진리를 깨닫고 그에 따라 사상과 행동이 일치되는 올바른 인생을 살도록 지도한다. 따라서 원불교인들의 신앙생활은 일종의 철학적 사유와 정신적 수련을 하는 것이다. 다시 말해 그들의 이성이 동의하는 철학적 삶을 추구하는 것에 지나지 않는다. 이것이 원불교 신앙의 한계이다. 이는 그리스도인들이 성령 안에서 살아 계신 하나님을 놀랄 정도로 체험하고, 뜨거운 신앙과 사랑과 헌신을 고백하며 사는 것과는 완전히 다른 양상이다. 따라서 철학적 진리를 추구하는 원불교도들의 신앙과 살아 계신 하나님을 전 존재적으로 체험하고 믿고 사랑하는 기독교인들의 신앙은 그 집중력과 파워에 있어서 결코 같을 수가 없다.

이 세상에 과연 자기의 철학이나 사상 때문에, 또는 인도주의적 삶이라는 좋은 의미 때문에 스스로 목숨을 던지는 사람이 얼마나 될 것인가? 원불교에서 과연 기독교처럼 수십만 명의 순교자들이 그들의 신앙을 지키기 위해 목숨을 던지는 일이 가능할 것인가? 기독교에서 그토록 많은 순교자들이 나오는 이유는 그들이 살아 계신 하나님을 성령의 역사 안에서 생생하게 체험했기 때문이다. 바울을 보라. 그가 예수의 원수에서 예수의 사도로 극적으로 전환된 것은 다메섹 도상에서 살아 계신 예수를 성령 안에서 만났기 때문이다. 오늘날도 성령의 역사로 예수를 만난 사람들이 이역만리 낯선 땅에서 이방인들을 선교하기 위해 피땀 눈물을 흘리고 있다. 이것이 바로 2,000년 동안 지속되어 온 기독교 신앙의 힘이다. 결국 원불교의 궁극자인 일원상을 묵상하고 신앙하는 사람들과 성령 안에서 하나님을 만나 변화된 삶을 살아가는 그리스도인들의 차이는 도저히 비교할 수 없는 것이다.

Ⅶ 결론

지금까지 세계 5대 종교와 한국의 3대 신흥종교의 궁극자론을 살펴보았다. 이를 통해 필자가 내린 결론은 어떤 종교에도 기독교의 신론에 필적할 만한 궁극자론은 없다는 것이다. 오직 부분적으로 일부 유사한 점이 있을 뿐이다. 필자는 마음론을 중심으로 기독교 신론에서 가장 중요한 하나님의 속성론과 삼위일체론을 이해했고, 형이상학적 유무론을 통해 유의 근원인 하나님과 무의 현실인 무한무변 공간의 관계, 그리고 영원한 하나님과 시간성의 관계를 설명했다. 특히 마음론의 시각으로 공유적 속성인 하나님의 성품과 영원무한 전지전능 영원불변의 비공유적 속성을 분명하게 해석해냈고, 삼위일체신론을 통합적으로 이해하였으며, 그로 인해 힌두교의 삼신일체론이나 이슬람교의 전제군주적 일신론을 넘어서는 완전한 신론의 오묘함을 보여주었다. 또한 이치적 궁극자론인 성리학의 이기론이나 주역의 태극사상을 뛰어넘는 기독교 인격적 신론의 가치를 서술했다. 그리고 성서가 증언하는 하나님과 불교의 부처, 이슬람교의 알라신을 비교함으로써 우리 하나님이 얼마나 모든 이름 위에 뛰어난 존재인가를 진술하였다.

또한 한국의 3대 신흥종교의 궁극자론을 살펴보면서 기독교의 신론과 비교할 수 없다는 사실을 진술했다. 기독교와 다른 종교는 궁극자에 대한 영적 체험의 면에서도 비교할 수 없을 만큼 큰 차이가 난다는 사실도 이야기했다. 미가 선지자는 이렇게 고백했다. "주와 같은 신이 어디 있으리이까. 주께서 죄악을 사유하시며 그 기업의 남은 자의 허물을 넘기시며 인애를 기뻐하심으로 노를 항상 품지 아니하시니이다. 다시 우리를 긍휼히 여기셔서 우리의 죄악을 발로 밟으시고 우리의 모든 죄를 깊은 바다에 던지시리이다(미가서 7:18-19)" 그리고 호세아 선지자는 이렇게 말씀하셨다. "그러므로 우리가 여호와를 알자 힘써 여호와를 알자 그의 나오심은 새벽 빛같이 일정하니 비와 같이, 땅을 적시는 늦은 비와 같이 우리에게 임하시리라 하리라(호세아 6:3)." 이 말씀이 우리 하나님에 대한 필자의 진심 어린 결론이기도 하다. 할렐루야!

Part 3
The story of The creation (1)

| 제 3 부 | 창조 이야기 (1)

갈릴레이

바티칸 종교재판

찰스다윈

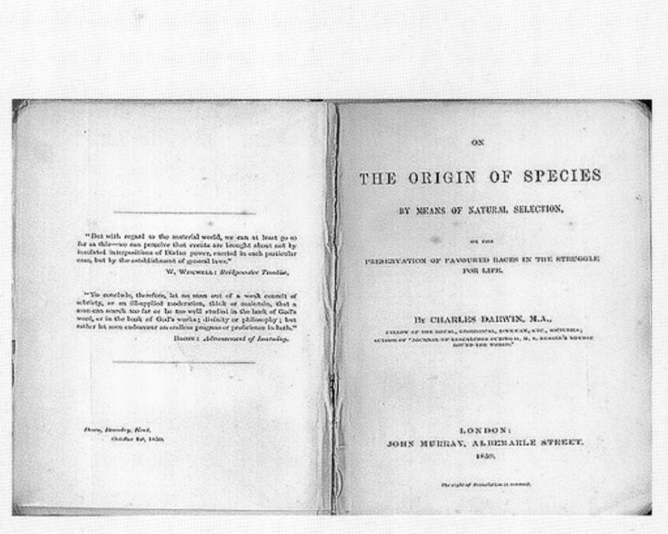

ON

THE ORIGIN OF SPECIES

BY MEANS OF NATURAL SELECTION,

PRESERVATION OF FAVOURED RACES IN THE STRUGGLE FOR LIFE.

BY CHARLES DARWIN, M.A.,

LONDON:

JOHN MURRAY, ALBEMARLE STREET.

종의 기원

갈라파고스

Overview

20세기를 과학이 본격적으로 융기한 시대라고 한다면, 21세기는 진정한 의미에서 과학의 시대라고 볼 수 있다. 과학의 시대라 함은 이 시대를 사는 구성원들이 모든 판단을 과학에 근거하여 내린다는 의미이다. 21세기의 현대인은 적어도 실생활의 모든 메커니즘을 과학적으로 생각하고 과학적으로 판단한다. 인류가 본격적으로 지식정보화 시대에 들어선 21세기는 과학적 지식이 넘쳐나는 시대이다. 인터넷에만 들어가도 현상 세계의 기원과 작동 메커니즘에 대한 과학적 지식을 누구나 쉽게 획득할 수 있다. 특정한 과목을 전공하지 않더라도 거의 전문가 수준의 과학적 지식을 얼마든지 얻을 수 있다. 실로 21세기는 논리적 허위라는 우상이 존재할 수 없는 시대이다. 이런 시대에 우주 형성과 지구 생태계형성의 기원과 역학에 대해 과학적 탐구가 철저히 이루어지는 것은 당연하다.

21세기 과학의 시대를 맞이하여 기독교는 현대인들에게 창조 신앙을 어떻게 설명할 수 있을 것인가 하는 과제를 안고 있다. 그동안 기독교가 제시한 전통적 창조론은 신화적 동화적 마술적 창조론이었다. 아니면 과학적 설명이 결여된 단순한 신학적 교설에 불과했다. 그런데 안타까운 사실은 이러한 창조론은 종교개혁 시대 이후 지금까지도 큰 변화가 없다는 사실이다. 21세기에도 교회 강단에서는 하나님의 전능성을 빙자하여 동화적 창조론 마술적 창조론을 여전히 진리인 양 가르치고 있다. 이러한 현실은 복음 선교 위기라는 비극을 초래하고 말았다. 오늘날 현대 지식인들은 과학시대에 구태의연한 마술적 창조론을 믿고 있는 기독교인들을 보며 냉소한다. 우주와 지구생 태계가 형성되는 과정은 이미 과학적으로 구체적으로 실증되고 규명되었는데도 불구하고 비과학적 창조론을 신앙 고백인 양 읊조리고 있는 기독교인들을 지식인 사회는 한심하고 측은하게 바라보고 있다.

이런 이유로 필자는 이 시대의 성서적 창조론은 반드시 과학적 창조론이어야 한다고 믿고 있다. 과학과 소통하는 창조론, 과학이론의 지지를 받는 창조론만이 현대 지식인들을 설득할 수 있다. 그러므로 21세기의 신학자들은 과학적 창조론의 정립을 위하여 적극적으로 과학과 소통해야 한다. 과학은 기독교 창조 신학의 원수도 시녀도 아니다. 대화하고 소통하고 협력해야 하는 동지다. 이러한 대화가 가능하기 위해서는 성서의 문화적 개연성을 무시하고 성서를 우상화하여 성서 무오류를 주장하는 근본주의자들의 문자주의적 성서 해석도 경계해야 되겠지만, 그에 못지않게 지금도 계속해서 수정되고 있는 과학이론을 우상화하는 과학절대주의, 과학만능주의도 역시 지양되어야 한다. 동지와 친구는 자신의 부족한 부분을 드러내고 서로가 가진 중요한 장점을 인정하면서 대화하고 소통하는 관계이다. 실로 성서와 과학, 창조론과 과학이론은 인류사회가 요구하는 과학적 창조론의 정립을 위해 함께 노력하고 협조하며 나아가야 할 것이다.

Chapter
1
제 1 장

과학적 창조론의 당위성

과학적 창조론이란 하나님의 계시인 성서의 기록을 바탕으로 과학과 적극적인 소통을 통해 보다 합리적이고 구체적으로 전개하는 창조론을 의미한다.

과학적 창조론이란 하나님의 계시인 성서의 기록을 바탕으로 과학과 적극적인 소통을 통해 보다 합리적이고 구체적으로 전개시킨 창조론을 의미한다. 그런 점에서 21세기의 성서적 창조론은 당연히 과학적 창조론이어야 한다. 성서는 복음뿐 아니라 복음과 연관되거나 복음을 담고 있는 자연과학적 부분이나 역사학적 부분이 함께 기록되어 있는 책이다. 특히 창세기 1-11장은 우주만물의 창조와 고대 인류의 역사에 대해 기록되어 있기 때문에, 이 부분의 역사적 사실을 제대로 이해하고 도출하려면 자연과학과 문화인류학, 역사학과의 소통이 반드시 필요하다. 두 영역의 진정한 소통을 위해 멀리해야 할 것은 기계적 축자영감설을 신봉하는 근본주의 신학의 문자주의적 해석과 현 과학의 한계를 인정하지 않고 과학을 우상화하는 과학지상주의나 과학만능주의이다. 근본주의자들의 성서무오설과 문자주의적 해석은 과학 등 이성의 학문과의 소통을 불가능하게 하고, 과학의 한계성을 인정하지 않는 과학지상주의는 오히려 계시적 진리인 성서와의 소통을 등한시하게 한다.

성서무오설은 성서에 대한 사실적 인식이 아니고, 문자주의적 해석법 역시 성서의 여러 가지 해석법 중 하나일 뿐 그것만이 성서의 유일한 해석법도 아니다. 오늘날 현대 신학계에서 그런 문자주의적 해석법은 결코 주류가 아니며 일부 보수적 신학자나 목회자들이 신봉하고 있을 뿐이다. 또한 많은 과학 이론도 다양한 실험과 실증적 증거로 인해 명증된 이론 이외는 계속해서 수정되고 있다. 그렇기 때문에 일부 과학자들이 무신론에 입각한 우연 진화론을 주장하는 것도 반드시 과학적으로 올바른 태도라고 볼 수 없다. 그러므로 성서를 해석하는 신학자들이나 과학을 연구하는 과학자들은 자기들 주장만 진리라고 하지 않고 상대방을 존중하는 겸손을 배울 필요가 있다.

연역적 진리와 귀납적 진리 성서 자체는 연역적 진리의 형식을 갖는다. 특히 창세기 1, 2장의 기록은 더욱 그러하다. 성서는 하나님이 모든 우주 창조의 근본이요 근원이라는 전제하에 하나님의 계시적 권위로 선포한 것이다. 반면 과학이나 다른 이성의 학문은 귀납적 진리의 형식을 갖는다. 과학은 무조건 어떤 이론을 진리라고 전제하지 않는다. 과학은 다양한 실험과 관찰, 그리고 실증적 증거를 통해 어떤 사항에 대한 결론을 도출하는 방식을 취한다. 그래서 이성의 학문은 귀납적 진리 탐구의 방식을 갖는다. 그러나 우주 만물과 역사에 대한 진리는 연역적 진리이든 귀납적 진리이든 표명하고 진술하는 대상이 동일하다. 다만 성서는 우주만물을 직접 창조하고 섭리하신 하나님 자신이 "나는 이러한 목적으로 이렇게 창조했고 이렇게 섭리하고 있다"고 일방적으로 선포한 연역적 진리이고, 과학이나 역사학 등 이성의 학문은 우주만물과 역사의 현상을 객관적으로 분석 관찰 실험하고, 관계 자료나 유적, 유물, 화석 등 실증적 증거의 뒷받침 속에서 합리적 결론을 내린 가운데 서술하는 귀납적 진리이다. 우리 크리스천들의 사상은 필히 이 두 영역의 진리 사이에서 형성된다. 물론 성서에 나타난 복음적 진리, 영적 진리는 굳이 과학이나 역사학적 데이터가 필요한 것은 아니다. 그저 복음은 성령의 조명 속에서 믿고 경험하면 되는 것이다.

그러나 우주만물의 기원과 질서의 역학, 인류 초기의 역사에 관한 성서의 기록은 합리적으로 해석하지 않고 그저 무조건 믿으면 되는 영역이 아니다. 이 부분은 이성의 학문인 과학이나 문화인류학, 역사학과의 교감이나 소통 속에서 정확하게 해석하고 구체적으로 해석되어야 한다. 그렇게 해석된 사실이나 결과를 믿어야 하는 것이다. 교회는 부활한 그리스도의 대명령을 따라 세상에 복음을 전파하는 선교적 사명을 지니고 있는 선교공동체이다. 그리고 신학은 연역적 진리인 성서를 사람들에게 이해시키기 위한 기능과 사명을 지니고 있다. 이런 점에서 신학은 교회를 위해 봉사하는 학문일 뿐 아니라, 선교의 대상인 세상에도 봉사하는 학문이라고 생각한다. 그러므로 신학자들은 적어도 성서의 기록 중 자연과학과 역사학과 관계되는 부분에 대해서는 이성의 학문, 즉 귀납적 진리 체계와 소통하고 대화하여 두 진리 사이의 일치와 조화를 찾아내는 것이 중요하다. 신학자들이 이런 노력을 하지 않고 성서의 권위만을 내세우며 자신들이 자의적으로 해석한 것을 무조건 믿으라고 강요할 때 교회와 세상은 각각 다른 이야기를 하게 된다. 결국 이런 상황에서 교회와 세상, 성서와 과학, 성서와 역사학 사이에서 살고 있는 크리스천 지식인들이나 학생들은 내면적으로 갈등하다가 성서의 진리와 기독교 신앙에 대한 믿음을 잃고 교회로부터 멀어지게 되는 것이다.

창조론과 진화론 오늘날 거의 모든 크리스천들은 학교에서는 진화론을 배우고 교회에서는 목회자들로부터 창조론을 배운다. 특별히 한국 개신교회 목회자들은 진화론을 사악한 이론이라고 확신하고 수백 년 동안 변함없이 동화 같은 전통적 창조론을 가르친다. 이로 인해 청소년들은 과학이 틀렸다고 할 수도 없고 성서가 틀렸다고 할 수 없어 두 진리 사이에서 정신적 갈등을 하고 있다. 그리고 결국 이런 갈등을 견디지 못한 수많은 크리스천 지식인들과 젊은 세대들은 사소한 계기만 생겨도 교회를 등지고 떠난다. 이것은 실로 대단히 심각한 문제이다.

성서, 특히 창세기 1, 2장은 창조나 인류 초기 역사에 대해 대략적인 윤곽(창세기2:4)만 기록하고 있다. 우리가 지금까지 교회에서 배운 전통적 창조론, 즉 동화적 창조론, 마술적 창조론은 이처럼 큰 맥락으로만 기록된 성서의 기록을 과거 문명이 미개했던 시대의 신학자들이 자의적으로 해석한 결과이다. 따라서 그러한 창조론은 큰 틀에서는 옳지만, 디테일한 면에서는 대단히 비과학적일 수밖에 없다. 오늘날에도 일부 신학자들은 자신들이 우매한 관점에서 성서를 잘못 해석하고는 그것이 가장 성서적 해석이자 진리라고 우기고 있다. 이런 태도로 인해 현재 기독교, 특히 개신교의 창조론 신앙은 세상의 지식인들로부터 비과학적 비상식적 궤변이라는 소리를 듣고 있으며, 크리스천 지식인들은 세상의 이런 이유 있는 비판을 들으며 그 때문에 갈등하고 고민하고 방황하고 있는 실정이다. 그런 점에서 21세기의 신학은 과학이나 역사학의 도움을 받아 성서에 기록된 과학적 부분과 역사적 부분을 구체적으로 해석할 수 있어야 한다.

종교와 과학의 관계 설정 미국의 유명한 평신도 신학자인 조지타운 대학교 존 호트(John F.

Haught) 박사*는 과학과 종교의 관계를 연구한 학자로 유명하다.

그는 『과학과 종교, 상생의 길을 가다』에서 과학과 종교의 관계는 대략 4가지로 분류될 수 있다고 말한다.

첫째, 갈등의 관계로서 과학과 종교가 근본적으로 화해가 불가능하다고 서로 확신하는 관계를 의미한다.

둘째, 분리의 관계로서 과학과 종교는 근본적으로 다른 질문에 응답하고 있으므로 갈등관계를 갖는 것은 무의미하다는 입장이다.

셋째, 접촉의 관계로서 과학과 종교 사이에 대화를 함으로써 유익한 상호작용을 하고, 두 영역 사이에 가능하면 '공명'을 목표를 함으로써 과학이 종교적 신학적 이해를 형성하는 방식을 찾는 접근법이다.

넷째, 지지의 관계로서 종교가 전체 과학의 노력을 지원하고 자양분을 공급하는 방법들을 강조하는 입장이다.

필자는 현 단계에서는 셋째, 즉 접촉의 관계를 선택하는 것이 바람직하다고 생각한다. 그리하여 신학과 과학이 서로 적으로, 또는 아무 관계도 없는 대상으로 보지 아니하고, 가능하면 신학적 주장과 과학적 주장이 서로 공명하고 소통하는 입장을 갖도록 노력하는 것이 중요하다. 우리 개신교 신학자들이 과학자들을 성서에 기록된 우주만물과 인류의 역사에 대한 기록을 제대로 해석하여 역사적 팩트를 도출하는 데 있어 일종의 협력자, 또는 동반자로 삼아야 한다는 뜻이다. 그러나 아직 네 번째 단계를 희망하는 것은 현실적으로 이르다고 생각한다. 세 번째 단계가 성숙하여 교회가 과학에 대해 보다 긍정적 인식을 가질 때, 비로소 한 걸음 더 내 디딜 수 있다. 물론 여기서 신학의 동반자로서 수락할 수 있는 과학은 성서적 세계관과 조화를 이룰 수 있는 과학 이론이다. 무신론적 우주론이나 우연적 우주발생론, 즉 기본적으로 하나님의 존재와 하나님의 창조를 부정하고 성서의 권위보다 세상 지식의 권위를 우선하는 그런 유의 반성서적 과학을 의미하는 것이 아니다.

과학에 대한 열린 마음 이런 태도를 정립하기 위해서는 먼저 교회가 역사적으로 이성의 학문, 특히 과학자들을 부정적으로 대한 잘못을 반성하는 것이 중요하다. 근대 서양의 역사를 회고하면 세상에 대해 지배적 위치에 있었던 교회는 자신들이 가진 영적 세속적 권위를 앞세워 과학을 무시하는 경향을 보여왔다. 그 결과 교회의 권위와 성서의 권위가 동반하여 무너졌고, 나중에는 교회가 과학 앞에 무릎 꿇는 치욕을 당하고야 말았다. 중세에 기독교 신학은 전통적 교리를 보좌하는 시녀에 지나지 않았다. 근대의 과학자나 신학자는 교회가 정해준 범주 안에서 교회가 지지하는 교리를 해석하고 이론화하는 작업만을 수행하도록 강요당했다. 따라서 신학자들이나 과학자들은 그 시대를 지배하고 있는 교회의 교리에 반하여 신학이나 과학을 연구하고 발표하는 것을 극도로 조심해야 했다. 누군가 그런 행위를 했을 때 그는 엄청난 수난과 불이익을 감수해야만 했다.

갈릴레이 사건의 교훈 대표적 사건이 바로 17세기 바티칸 로마교황청에서 있었던 갈릴레이** 재판 사건이다.

* 존 호트는 21세기 현존하는 최고의 유신진화론 학자로서 저서로는 『과학과 종교 상생의 길을 가다』, 『다윈 안의 신』, 『신의 진화에 관한 101가지 질문』 등이 있다. 그는 2009년 미국 국립과학센터에서 수여하는 '다윈의 친구'상을 수상했고, 특히 최신 저서 『New Cosmic Story』는 2017년 올해의 책으로 선정되기도 했다.

** 갈릴레오 갈릴레이(Gallileo Galilei)는 1564년 2월 15일 이탈리아 토스카니 지방 파사에서 아버지 빈센초 갈릴레이의 7남매 중 장남으로 태어났다. 그는 아리스토텔레스의 이론을 반박하면서 교황청과 대립하기 시작했다. 그는 망원경을 개량하여 태양계 등 우주를 보다 잘 관찰하도록 했고 코페르니쿠스의 태양중심설을 옹호, 지동설을 주장했다.

"저는 태양이 세계의 중심이고 움직이지 않으며, 지구는 세계의 중심이 아니고, 스스로 움직인다는 거짓의 변을 완전히 버릴 것이며 진술한 이론이나 말이나 글 등 어떤 방식으로든 옹호하거나 가르치려 해서는 안 된다는 요지의 명령을 성청(聖廳)이 저에게 사려 깊게 암시한 뒤에도, 그리고 진술한 교리가 성서에 배치된다고 저에게 통보한 뒤에도, 저는 이미 단죄된 이 교리를 논의하고 이 교리에 대한 어떤 해답도 제시하지 않은 채 이 교리를 지지하는 매우 강력한 주장을 도출하는 한 권의 책을 써서 출판했습니다. 그리고 그 사실이 원인이 되어 저는 이단, 즉 태양이 지구의 중심이고 움직이지 않으며 지구는 중심이 아니고, 스스로 움직인다는 것을 주장하고 말았다는 강력한 의심을 성청으로부터 받았습니다. 따라서 저는 저에 대해 정당하게 제기된 이 강력한 의심을 추기경 예하와 믿음 있는 모든 기독교도들의 마음에서 제거하고자 성실한 마음과 거짓 없는 믿음으로 저의 앞서 말한 과오와 이단과 교회에 배치되는 다른 모든 과오와 교리 전반을 포기하고 저주합니다. 앞으로도 이단 의혹을 받을 수 있는 그 어떤 것도 절대로 말이나 글로 주장하지 않을 것을 맹세합니다."

이상은 근대 물리학의 아버지로 일컬어지는 갈릴레이가 1633년 4월 30일, 5월 10일, 6월 21일에 교황청에서 열린 종교재판에서 행한 최후 진술 내용이다.

1632년 갈릴레이는 태양중심설과 지동설의 정당성을 주장하는『2가지 주요 세계관에 관한 대화(Dialogue Concerning the Two Chief World Systems)』를 출판했다. 이 책의 발간을 반대했던 로마 가톨릭 교회는 즉각적으로 이 책의 반포를 금지하고 지동설을 주장하지 않겠다고 한 약속을 저버린 갈릴레이를 1633년 종교재판에 회부하였다. 결국 갈릴레이는 그 자리에서 상기한 바와 같은 말로 지동설을 부인했음에도 불구하고 교황청의 단죄를 받아 가택연금에 처해졌고, 모든 활동에 제한을 받았다. 결국 그는 사랑하는 딸을 아르체트리의 성 마태오(San Mattao) 수녀원에 보낸 가운데, 1642년 향년 77세의 일기로 쓸쓸히 생을 마감하였다. 그는 망원경으로 천체를 관찰함으로써 알게 된 태양계의 질서에 대해 진리를 주장했다는 죄로 오히려 성서 해석을 잘못한 교황청의 단죄를 받고 불행한 죽음을 맞이한 것이다.

갈릴레이에 대한 교황청의 사후 재평가는 1965년 교황 바오로 6세가 이 재판에 대해 언급함으로써 비로소 시작되었다. 여러 차례의 심의를 거쳐 최종적으로 1992년 교황 바오로 2세는 갈릴레이에 대한 재판이 잘못된 것이었음을 인정하고 갈릴레이에게 사죄했다. 이는 갈릴레이 사후 350년이 지난 후의 일이었다. 그의 복권 후 교황청은 갈릴레이의 동상을 교황청 뜰에 세우는 것을 허락했고, 갈릴레이의 동상은 후인들에게 기독교 교리나 신학이 명증된 과학과 대립하는 것은 극도로 신중해야 하며, 오히려 과학 이론과 소통하기 위해 적극적으로 노력해야 한다는 역사적 교훈을 가르쳐주었다. 갈릴레이 사건은 교회가 성서 해석에 대한 절대적 권위를 내세워 명백한 과학적 진리를 무시했을 때, 일시적으로는 교회의 권위가 승리한 듯 보이나, 결국은 교회가 과학 앞에 무릎을 꿇는 치욕을 당하고 만다는 교훈을 후세에 남겼다.

현대인의 보편적 신념으로서 과학 21세기는 과학의 시대이다. 21세기가 과학의 시대라고 하는 것은 이 시대를 살아가는 현대인들의 공통된 종교가 과학이라는 의미이기도 하다. 종교와 이념에 대한 신앙이나 신념은 각기 다를 수 있다. 그러나 과학에 대한 신뢰와 믿음은 지구상의 모든 인

21세기는 과학의 시대이다. 21세기가 과학의 시대라고 하는 것은 이 시대를 살아가는 현대인들의 공통된 종교가 과학이라는 의미이기도 하다.

류들에게 공통된 것일 뿐 아니라, 그 믿음의 정도는 특정 종교에 대한 신앙이나 특정 이념에 대한 신념과는 비교할 수 없을 만큼 강력하고 거의 절대적이다. 현대인은 과학 속에서 눈을 떠서 과학 속에서 하루를 살다가 과학 속에서 잠든다. 어떤 CF에는 침대마저 과학이라고 하지 않는가? 이 과학에 대한 신뢰는 천진난만한 어린아이들부터 우주선을 운행하는 우주인에게 이르기까지 모든 인류, 모든 계층에게 해당된다. 현대인 중에 과학을 믿지 않는 사람이 있다면, 그는 비행기나 자동차 등 현대의 어떤 교통수단도 이용할 수 없을 것이고, 어떤 가공식품도 먹지 못할 것이며, 전기와 연결된 어떤 전자제품도 사용할 수 없을 것이다.

인류문명사는 사실상 과학의 역사, 즉 과학이 발전하는 과정의 역사라고 해도 과언이 아니다. 불을 처음 사용하기 시작한 고인류들도, 석기를 연마하여 도구를 만들어 사용한 신석기 시대의 인류도 원시적이기는 하지만 그들이 터득한 과학적 원리를 이용하여 살았다. 물론 그 시대의 과학은 아주 초기적이고 원시적이었기 때문에 과학을 사용하지 않더라도 사냥 수렵 채취 등을 하며 살아갈 수 있었다. 그러나 현대인들에게 있어 과학은 삶의 원리이고 삶의 틀 자체이기 때문에 공기나 물처럼 없어서는 안 되는 필수적인 요소가 되었다. 실로 오늘날 과학은 어떤 종교나 신앙보다 선행하는 가장 신뢰하는 신이요 종교인 것이다. 따라서 어떤 종파의 교리나 이념이 비과학적이라고 판명되었을 때, 현대인들은 심지어 그 종교조차 미련 없이 떠난다. 독일의 위대한 문호 헤르만 헤세*는『유리알 유희(Das Grasperlenspiel)』서문에서, 역사는 자신에게 유익하다고 여겨지는 이념만을 선택한다고 주장한 바 있다.

1만 명 이상 모이는 대형교회의 담임목사가 있다고 하자. 그가 설교 때마다 중세 시대 성서 해석을 근거로 지동설, 즉 지구가 자전한다는 말은 거짓말이니 믿지 말라고 하면서 천동설을 주장한다면 신도들은 목사가 이상한 사람이라고 수근대면서 그 목사를 면직시키려하거나, 아니면 그들이 교회를 떠날 것이다.

아무리 오묘한 설교라 할지라도 과학과 일치되는 세계관에 담겨질 때만이 현대인들은 그 설교를 신뢰한다. 그런데도 오늘날 미국의 근본주의 신학자들과 이들의 영향을 받은 한국의 일부 보수적 목회자들은 자칭 창조 과학자들의 주장을 무비판적으로 받아들이고 그들의 주장을 강단에서 진리인 양 선포하고 있다. 그들은 젊은 지구론을 주장하면서 우주의 역사, 태양계의 역사, 지구의 역사, 인류의 역사가 6000년밖에 되지 않는다고 주장한다. 그리고 식물이 창조되고 나서 해와 달과 별이 창조되었으며, 진화론은 창조론에 반대되는 이단사설이라는 식의 비과학적 주장을 하고 있다. 많은 교화의 목회자들이 비과학적 비성서적 창조론을 믿고 진리인 양 주장하고 있다. 오늘도 창조 과학자들은 그들의 주장을 입증하려고 대다수 주류 과학자들이 지지하는 과학이론을 버리고 변방의 일부 과학자들이 내세우는 거짓 과학 이론을 채택하여 계속적으로 혹세무민하고 있다. 이러한 비과학적 주장이 전 교회적으로 보편화된다면 조만간 기독교는 인류의 지성 사회에게 외면받아 선교의 문이 닫히고 급기야 교회는 공동화되고 말 것이다.

*
헤르만 헤세(Hermann Hesse, 1877-1962)는 20세기 독일을 대표하는 소설가이자 시인이다. 개신교 선교사이던 아버지 요하네스 헤세와 어머니 마리 군데르트 사이의 장남으로 태어났다. 그는 불교 연구의 권위자였던 외삼촌 빌헬름 군데르트의 영향을 받아 불교적 동양사상에 관심을 갖게 되었고, 이것은 그의 세계관에 큰 영향을 미쳤다. 대표작으로는『데미안』,『향수』,『지와 사랑(나르치스와 골트문트)』,『싯다르타』,『유리알 유희』등이 있다.

창조론과 진화론의 공개 논쟁 실제로 오늘날 옥스퍼드 등 명문대학에서 열린 창조론과 진화론 논쟁에서 창조론 진영이 변증론에서는 일방적 우세를 보이다가 갑자기 창조론 진영이 진화론 진영에 수세로 몰리는 이유는 바로 근본주의 신학자들의 비과학적 비상식적 주장들 때문이다. 무신론 진영의 우연진화론자들은 입장이 불리하기만 하면 전가의 보도처럼 근본주의자들의 비과학적 창조론인 '젊은 지구론'을 들먹이며 조롱한다. 그러면 모든 청중들은 와! 하고 웃으며 우연진화론자들에게 박수를 쳐주는 것이다. 우주 역사와 지구 역사가 6000년밖에 되지 않는다는 근본주의자들의 비과학적 주장, 즉 문자주의적 성서 해석으로 세워진 어처구니없는 창조론이나 역사론으로 인해 뭇 인류의 지성들이 주시하는 장소에서 우리 기독교 신앙은 조롱당하고 성서는 비웃음당하고 있는 것이다.

이런 상황에서 근본주의 신학자들은 자신들이 진리를 주장하고 있는데 거짓 과학자들에게 매도당하고 있으며 자신들이야말로 신학적 순교자라고 자위한다. 오늘날도 근본주의자들은 여전히 그들이 점령한 강단에서 잘못된 교설을 순진한 신자들에게 가르치고 있다. 이로 말미암아 한국 교회의 젊은 세대들은 학교에서는 과학적 세계관을 배우고, 교회에서는 비과학적 세계관을 배우며 중간 지대에서 방황하고 있다. 한마디로 오늘날 우리의 자녀들은 인생의 중요한 시기에 과학과 신앙 사이에서 심각한 갈등을 겪고 있는 것이다. 교회가 과학적 창조론을 가르쳤더라면 우리 젊은이들이 어이없는 갈등을 겪지 않을 텐데 심히 유감스런 일이 아닐 수 없다. 이런 딜레마가 해소되지 않는다면 21세기 기독교 선교의 미래는 없다고 할 수 있다.

지식정보화 시대와 과학적 창조론 21세기 지식정보화 시대에 통할 수 있는 창조론은 당연히 과학적 창조론이다. 이는 이 시대의 창조론이 성서와 자연과학, 즉 천체물리학, 지구학, 생물학 등과 소통하는 창조론이어야 한다는 뜻이다. 이러한 성서와 과학의 소통을 위해 신학자들은 현대과학이나 고인류학의 데이터를 신학적으로 수용해야 하고, 이를 위해 신학자들은 과학에 대해 긍정적 마인드를 갖는 것이 중요하다. 그리고 신학자들이 우주 창조나 지구생태계 창조에 대해 제대로 진술하기 위해서는 그와 연관된 과학적 지식을 거의 준전문가 수준으로 이해하고 있어야 한다.

요즈음 우리나라 의학계에서는 양의사와 한의사 간에 치열한 싸움이 벌어지고 있다. 그들이 다투는 이유 중 하나는 한의사들이 양의학에서 사용하는 각종 검사 장비를 사용하는 문제 때문이다. 한의사들이 손으로 안구를 열어보거나 맥을 짚어 병의 원인을 진단하는 것보다는 CT, 초음파진단기, MRI 등 첨단 의료장비를 사용하여 환자의 상태를 보고 진단하는 것이 훨씬 정확하기 때문에 한의사들도 이런 첨단 장비를 사용할 수 있도록 법을 개정해 달라고 투쟁하고 있는 것이다. 물론 양의사들은 자신들의 이익이 침해당할까 봐 반대하고 있다. 이와 마찬가지로 우주만물의 원리와 형성 과정을 정확하고 구체적으로 이해하는 것은 과학적 창조론을 서술하는 데 필수불가결한 일이다.

물론 오늘날 천체물리학은 성서가 증거하는 영적 우주, 즉 천국이나 지옥처럼 다룰 수 없는 영역이 많고, 우주의 근원적 형성 원리나 형성 과정에 대한 주장도 아직은 과학적 상상력의 한계를 벗어나지 못하고 있는 것도 사실이다. 또 생물학의 경우 수평 진화가 축적되면 종간을 넘어서는 수직 진화가 된다는 식의 비과학적 주장을 하고 있기도 하다. 그런 진화론은 현 지구 생태계에서 증명되지도 않거니와 화석학적 증거도 거의 뒷받침되지 않는 억지 주장에 불과하다. 또 한때는 학계에서 제법 인정받았던 과학 이론도 세월이 지나면 다른 과학자들의 다른 주장에 의해 뒤바뀌는 일도 다반사인 것도 사실이다. 그럼에도 불구하고 우리가 21세기 성서적 창조론을 보다 구체적이고 사실적으로 정확하게 서술하기 위해서는 명증된 과학 이론과의 적극적 소통이 절대적으로 필요하다.

창조론의 우군으로서 과학 바람직한 과학적 창조론을 수립하고자 하는 신학자들은 적극적으로 과학과 소통해나가야 한다. 물론 성서적으로 도저히 수용할 수 없는 과학 이론은 명백하게 분리하고, 창조론에 반하는 가설 수준의 이론물리학의 한계성을 명확히 드러내는 작업도 함께 수행해 나가야 한다. 오늘날 하나님의 창조를 부정하고 '무로부터 창조'를 부정하는 중력창조론, 초끈이론이나 M이론 등 양자역학을 주도하는 학자들은 거의 무신론자들이며 이들의 이론은 기독교 창조론에 강력하게 도전하고 있다. 뿐만 아니라 자연선택에 따른 우발적 진화론을 주장하는 무신론적 생물학자들의 도전도 기독교 창조론이 극복해야 할 중요한 과제이다. 이들은 "창조의 신은 없다"는 전제하에 자연 생태계를 들여다보고 분석하고 연구한다. 그러나 무신론을 기본 전제로 하여 연구하는 그들의 태도 자체가 이미 비과학적인 것이다. "신은 존재하지 않는다"는 전제는 과학적으로 증명되지 않는 전제이다. 그들은 이러한 비과학적 전제에서 출발하여 지구 생태계의 기원을 과학적으로 규명하려는 모순에 빠지고 있다. 우리는 무신론 과학자들의 주장이 가진 허점을 파고들어 성서적 창조론을 방어해야 한다. 그러나 과학에 무지한 신학자들이 어떻게 그들 무신론 과학자들의 주장을 비과학적이라고 반박할 수 있겠는가?

오늘날 과학을 비롯한 이성적 학문과의 교감과 소통은 기독교 창조론을 보다 구체적이고 합리적으로 전개할 수 있는 이성 논리적 근거를 제공한다. 분명히 천체물리학의 빅뱅이론과 우주팽창 이론*은 창세기 1:1절에서 1:2절 사이의 행간에 일어난, 성부 하나님의 결정에 따라 성자 하나님에 의해 선포된 말씀의 씨가 아무것도 없는 무한무변의 공간에서 성령에 의해 폭발하여 찬란한 우주만상이 이루어지는 우주 형성의 역사를 과학적으로 설명하는 데 도움을 준다.

또한 지구학이나 지질학은 창세기 1:2절, 1:6-10절 이하에 나오는 원시지구에서 물의 형성과 초대륙 융기에 대해 과학적 설명을 가능하게 해줄 것이다. 그리고 태양계 형성 이론**은 창세기 1:2절에 나오는 원시지구에 대한 기사와 창세기 1:3절, "빛이 있으라 하니 빛이 있었고 하나님이 보시기에 좋았더라"라는 말씀을 과학적으로 이해하는 데 도움을 줄 수 있을 것이다.

또한 화석학에 바탕을 둔 고생물학은 창조론에서 지구 생태계의 형성 과정을 설명하는 데 객관적 데이터를 제공할 수 있으며, 고인류학은 인류의 생물학적 창조 과정을 이해하는 데 큰 도움을 줄 수 있다.

창조론을 구체화시키는 과학 성서는 하나님의 창조에 대해 디테일하게 말씀하지는 않는다. 다만 하나님이 천지를 말씀으로 창조하셨다는 것과 지구 창조의 과정과 지구 생태계 창조의 순서에 대해서만 간략하게 증언할 뿐이다. 그러므로 성서의 틀 안에서 창조의 디테일한 과정이나 역학에 대해 구체적으로 서술하기 위해서는 과학과의 소통이 필수적이다. 과학과의 연대와 소통은 결코 나쁜 일이 아니다. 과학은 사람이 하나님에게 부여받은 창의성을 가지고 우주만물의 현상을 연구하여 도출하는 진리 연구의 시스템이며, 하나님께서 인간에게 허용함으로써 일어난 필연적 문화 현상

*
미국의 천문학자 허블(Edwin Hubble)은 은하들이 바깥쪽으로 이동하고 있으며, 그 속도가 거리와 비례한다는 사실을 발견했다. 이것이 우주팽창 이론이다. 우주팽창이론을 바탕으로 과학자들은 우리 우주가 현 우주의 모든 물질과 모든 에너지를 가진 작은 점(특이점)이 있었고, 이 특이점이 138억 년 전에 대폭발함으로써 우주가 시작되었다고 주장했다. 이것이 바로 빅뱅이론이다. 그러나 문제는 우주의 모든 물질과 에너지를 가진 물리학적 특이점이 과연 존재할 수 있느냐 하는 것이다. 필자는 이 특이점을 창조의 메커니즘을 품은 하나님 말씀의 씨이며 창조되게 하는 영인 성령의 역사로 이 씨, 즉 영자(靈子)가 폭발하여 현 우주가 시작된 것으로 이해하고 있다.

**
창세기 1:2절이 원시지구의 모습을 묘사한 것으로 이해한다면 창세기 1:3절은 태양빛이 발화 발광하여 지구에 도달한 현상이라고 이해하는 것이 마땅하다. 그러나 전통적 창조론자들은 창세기 1:14-19절 하나님이 넷째 날에 해와 달과 별을 만드시었다는 기록으로 인해 어쩔 수 없이 창세기 1:3절의 빛을 태양빛이 아니라 우주의 빛이라고 해석한 것이다.

이다. 어쩌면 그것을 넘어서 하나님은 인간의 과학을 통하여 그가 하신 일을 구체적으로 드러내고, 그가 하고자 하는 일을 진행하고 있다고 할 수 있다. 하나님은 오늘날 자연환경을 보존하고, 병든 자의 병을 고치고, 가난한 자의 굶주림을 해결하는 휴머니스틱한 일들을 과학을 통해 하고 계시다.

그러므로 우리는 과학을 두려워하거나 경원하지 말고, 오히려 하나님이 창조한 세계를 구체적으로 이해하는 데 큰 기여를 할 수 있는 진리체계라는 사실을 인식하고 과학과의 적극적 교감과 소통을 통해 성서의 기록을 해석함으로써 명증된 과학 이론과 일치하는 과학적 창조론을 수립해야 한다. 과학과의 적극적 소통은 이외에도 신학적으로 많은 유익을 가져온다. 우리 신학자들이 과학 같은 이성의 학문과 적극적으로 소통한다면 지금까지 신화적 표현이라고 애매하게 방치되어왔고, 그래서 역사적 사실에 대한 논의는 배제한 채, 영적 의미, 즉 복음적 의미만을 도출하는 식의 해석을 해왔던 성서 해석의 한계를 극복할 수도 있다. 성서의 기록에서 보다 선명한 역사적 팩트를 도출한 가운데 그 말씀 속에 담긴 영적 의미까지 해석해내는 21세기적 성서 해석이 가능하다는 것이다. 성서 해석에 있어 바람직한 신학적 유비론은 영적 복음을 이해하는 면에서는 칼 바르트처럼 신앙의 유비(analogia fides)라는 입장을 취하되 현상 세계의 메커니즘을 이해하는 데는 신학자 에밀 부르너처럼 존재의 유비(analogia entis) 입장을 취하는 것이다. 필자는 이중적 유비론의 입장에 서는 것이야말로 21세기에 창조론을 연구하는 신학자들에게 필요한 자세라고 생각한다.

그러므로 성서의 틀 안에서 창조의 디테일한 과정이나 역학에 대해 구체적으로 서술하기 위해서는 과학과의 소통이 필수적이다.

21세기 창조론은 과학적 창조론이어야 한다. 이러한 과학적 창조론이야말로 전 인류의 지성들 앞에 당당히 내세울 수 있는 기독교의 창조론이 될 것이다. 따라서 오늘날 비과학적 창조론, 즉 현대과학의 명증된 과학이론과 무관한 동화적 마술적 창조 교리나 창조신학은 명증된 과학 이론과의 소통을 통해 과학적 창조론으로 과감하게 수정되어야 할 것이다.

Chapter

2

제 2 장

진화론과 교회의 입장

지금까지 신학계가 과학적 창조론의 정립을 위한 노력을 전혀 하지 않았던 것은 아니다. 일부 신학자들은 성서고고학이나 일부 과학적 데이터에 의거하여 성서 본문의 역사적 배경과 역사적 팩트를 이해하고자 신학적 노력을 했다. 유신진화론도 바로 이런 신학적 노력의 산물이다. 이런 노력이 성서 본문의 역사적 배경을 이해하는 데 부분적 도움을 준 것이 사실이나, 창세기 1-2장의 역사적 팩트를 드러내기에는 터무니없이 미흡한 것이었다. 더욱이 이런 유신진화론은 대부분의 정통적 신학자들의 외면 속에 일부 신학자들의 논의수준에 그치고 있는 실정이다. 그래서 오늘날 한국 교회를 지배하고 있는 보수신학계에서는 창세기 1-2장을 해석하는 데 있어 과학적 이론이나 문화인류학적 소견을 거의 무시하고 해석하는 것을 당연하게 여기고 있다. 이런 신학계의 상황에서 생물학적 진화론을 대하는 입장이 일방적으로 부정적일 수밖에 없는 것은 어쩌면 당연한 일일지 모른다.

그러나 교회는 무신론 생물학자들이 주장하는 우연론적 진화론을 거부하는 것은 당연하지만 유신진화론으로서 성서적 진화론, 창조적 진화론은 수용해야 한다. 현재 기독교 신학계에서 이론물리학이나 천체물리학의 갈등은 아직 심각한 사안은 아니다. 그 이유는 무신론을 전제로 하는 이론물리학자들의 우발적 우주생성기원론*은 현상 세계에서 입증될 수 없는 수학적 가설에 불과할 뿐만 아니라, 또 창세기 1장에서 우주 창조에 대해 상세하게 기술하지도 않고 그저 태초에 하나님이 천지를 창조하셨다고만 단순히 기록하고 있기 때문이다.

그러나 생물학적 진화론은 상황이 전혀 다르다. 그 이유는 창세기 1-2장에서 생명체의 기원과 생태계 형성의 과정을 보다 상세하게 기록하고 있기 때문에 그 해석 여하에 따라 신학적 갈등이 일어날 소지가 충분하기 때문이다. 문제는 창세기 1장에 나타난 지구 생태계 창조에 대한 기록을 하나님께서 마술하듯이 순간적으로 생명체들을 창조한 것으로 해석할 것인지, 아니면 하나님께서 진화 메커니즘을 이용하여 생명체들을 창조한 것으로 해석할 것인지 하는 것이다. 따라서 오늘날 창조론을 논하는 데 있어 생물학적 진화론을 어떻게 이해하고 어떤 형태로 어느 정도까지 수용할 것이냐 하는 것은 매우 중요한 신학적 과제이다.

*
우주 생성의 기원을 하나님께 두지 않고 물리학적 메커니즘에 두고 있는 이론으로는 중력창조론, M이론(11차원우주론), 초끈이론, 다중우주론, 시간여행론 등 무수히 많은데, 이들은 과학적 실험이나 관찰이 불가능한 단순 가설에 지나지 않거나 아직 미완의 이론으로 지금도 여전히 학자들 간에 많은 반론이 제기되고 있는 상황이다.

I 영국 성공회의 입장

1859년 영국의 생물학자 찰스 다윈(Charles Robert Darwin)*은『종의 기원(On The Origin of Species by Means of Natural Selection or The Preservation of Favoured Race in The Struggle for Life)』을 출간했다. 이 책이 출간됨으로써 진화론은 오늘날 생물학 분야는 물론 역사학, 사회학, 문화학 등 다양한 분야에서 막대한 영향을 끼치는 21세기 지식인 사회 최대의 사상적 아이콘이 되었다.

1831년 찰스 다윈은 그의 나이 22세 때 J. 헨슬로의 권유로 해군측량선 비글호에 박물학자 신분으로 승선하여 남아메리카와 남태평양의 여러 섬, 특히 갈라파고스 제도와 오스트레일리아 등지를 두루두루 항해하였다. 그때 그 지역에서 서식하는 다양한 생물들에 대해 구체적으로 탐사한 다음 1836년에 귀국했다. 그는 여행 과정에서 다양한 동식물의 상(相)이나 지질 등을 조사하여 생물학적 진화론을 제기하 는데 유효한 많은 학술적 근거 자료를 모았다. 특히 갈라파고스에서의 관찰, 어떤 동일 계통의 생물이 육지와 다른 환경의 섬에서 어떤 변이를 일으키고 있는지에 대한 유력한 데이터는 다윈으로 하여금 진화사상의 심증을 굳히는 주요한 요인이 되었다.

1839년 그는『비글호 항해기(Journal of Voage of the Beagle)』를 출간하여 여행 중에 한 관찰 기록을 발표하면서 진화론의 기초를 수립하였다. 그는 또 지질학상의 문제, 산호초의 생성 원인에 대한 연구에도 착수했다. 1842년에는 건강 때문에 켄트주(州)에 은거하여 진화론에 관한 자료를 정리하였고, 1856년부터 논문을 쓰기 시작했다. 그런데 1858년에 동남아시아에서 연구 중이던 A. R. 월리스가 다윈과 같은 견해의 논문을 보내오자, 이에 놀란 그는 서둘러 그의 논문을 정리하여 그 해 런던의 린네학회 회보에 월리스의 논문과 동시에 발표했다. 그리고 이듬해인 1859년 바로 그 유명한 『종(種)의 기원(起原)』, 정식 명칭은 '자연선택에 의한 종의 기원에 관하여'라는 책의 발간으로 그의 진화론을 온 세상에 공표했다.

그가 주장하는 진화론의 골자는 책의 표제에 나타나 있는 바와 같이 자연선택설을 주요인으로 하는 사상이다. 자연선택설이란 모든 생물은 종의 개체 사이에서 변이가 일어나는데, 그 생물이 서식하고 있는 환경에 가장 적합한 것은 살아남고 부적합한 것은 멸종되어버린다는 것이다. 곧 자연 생태계에서는 개체 간에 경쟁이 항상 일어나고 있으며, 각 개체들은 자연의 선택이 반복되는 과정에서 진화가 일어난다고 하는 설이다. 이 책의 초판 1250부가 발매 당시 매진될 정도로 학계에서는 큰 반향을 일으켜 후에 6판까지 출간되었다.

당시 진화론이 발표되었을 때 영국성공회의 반응은 매우 부정적이었다. 그리고 다윈의 진화론은 반기독교적이며, 이 가설은 창조론을 믿고 있는 교회 내의 사람들을 분노케 할 것이라고 말했다. 당시 확고하게 전통적 창조론의 입장에 서 있었던 영국성공회로서는 당연한 반응이었다. 그러나 성공회는 로마 가톨릭교회가 갈릴레이에게 했던 것처럼 정치적 탄압을 가하지는 않았다. 영국성공회와 로마 가톨릭의 정치 시스템이 달랐기도 했지만 갈릴레이 이후 200년 이상 지난 유럽 사회가 산업혁명을 거치면서 그만큼 과학을 존중하는 분위기가 형성되었기 때문이다.

오늘날 진화론에 대한 영국 성공회의 평가는 상당히 긍정적이고 수용적이다. 다윈 탄생 200주년

* 찰스 다윈(1809-1882)은 쉬루스베리의 의사 로버트 다윈의 아들이며 이래즈머스 다윈의 손자로 태어났다. 1825년 에든버러 대학에 입학하여 의학을 배웠으나 성격에 맞지 않아 중퇴하고 1828년 케임브리지 대학으로 전학하여 신학을 공부했다. 어릴 때부터 동식물에 관심이 많았던 그는 케임브리지 대학의 식물학 교수 J. 헨슬로와 친교를 맺어 그 분야의 지도를 받았다.

*
찰스 다윈 탄생 200주년과 『종의 기원』 출간 150주년을 맞이하여 『조선일보』는 2009년 다윈주의를 연구하는 국내 학자들의 모임인 '다윈포럼'과 함께 '다윈이 돌아왔다'라는 제하의 시리즈를 연재했다. 오늘날 다윈주의는 자연과학뿐 아니라 경제학, 심리학, 법학, 종교, 예술, 여성 등 인간 활동의 전 영역에서 21세기 담론으로 새롭게 확산되고 있다.

을 앞두고 2008년 9월 14일 영국 성공회는 선교 홍보 책임자 맬컴 브라운의 입을 통해 다윈에게 다음과 같이 공식 사과의 입장을 표명했다. "다윈 탄생 200주년*을 맞이하여 영국 성공회는 당신을 오해한 것과 당신에 대해 첫 대응을 잘못했으며, 아직도 다른 이들이 당신을 오해하도록 부추긴 것에 대해 사과한다"고 말했다.

『선데이타임즈』는 맬컴 브라운이 "1859년 다윈이 『종의 기원』에서 서술한 자연도태이론에 대해 당시 성공회가 지나치게 부정적이고 지나치게 방어적이고 지나치게 감정적이었다"고 말했다고 보도했다. 아직도 진화론에 대한 세계 개신교의 전체적 입장이 부정적인 것임을 생각할 때 다윈의 출신지인 영국성공회가 오히려 이런 입장 변화를 보이고 있는 것은 대단히 의미심상한 일이 아닐 수 없다.

II 로마 가톨릭교회의 입장

그렇다면 갈릴레이 사건을 통해 신학적 굴욕을 맛본 로마 가톨릭의 진화론에 대한 최근의 입장은 어떠한가?

영국의 『더타임즈(The Times)』는 교황청 문화평의회의 리바시(Rivasi) 대주교가 "진화론과 기독교의 신앙은 양립할 수 있으며 생물학적 진화와 교회의 창조론은 상호 보완적이다" 라고 말했다고 밝히며 바티칸이 진화론을 수용하는 태도를 보이고 있다고 보도했다. 실제로 로마 가톨릭교회는 과거 한때 진화론에 대해 부정적 입장에 서기는 했지만 공식적으로 진화론을 반대한 적은 없다. 오히려 1950년 진화론에 대해 일원론적 범신론적 사상이라고 반대했던 교황 비오 12세가 진화론에 대해 인간 발전에 유용한 과학적 접근이라고 언급함으로써 이미 로마 가톨릭교회 내에서 다윈의 복권이 시작되었다고 보고 있다. 또 『더타임즈』는 교황청 부속 기관의 신학자 쥬세페 탄젤라-니티(Giuseppe Tanzella-Nitti) 교수가 "지금은 신학자들도 유전자 암호 같은 내용을 알아내기 위해 노력하는 시기라며 진화론은 기독교 신학의 한 자리를 차지해야 한다"고 말했다고 덧붙였다.

로마 그레고리안 대학의 자연철학자 마르크 르클레르크(Marc Leclerc)는 이제 교회가 다윈을 객관적으로 평가할 시기가 왔다고 주장했다. 이에 한 발 더 나아가 교황청은 3월 3일 그레고리안 대학에서 다윈 탄생 기념 학술회의까지 개최했다. 이 학술회의에서 교황청 성서위원회 위원장 윌리엄 레바다 추기경은 "가톨릭교회는 진화론과 같은 과학적 실재를 방해하는 입장이 아니다. 창조론과 진화론의 믿음 사이에는 다양한 스펙트럼이 존재한다"고 말해 진화론에 대해 유화적인 입장을 취했다.

1996년 10월 23일 요한 바오로 2세는 80명으로 구성된 교황청 산하의 과학 아카데미에 보낸 서신을 통해 "인간이 생명의 초기 상태에서 진화했다고 하는 진화론은 가설 이상의 이론"이라고 피력했다. 또한 "인간의 육체는 이미 존재하고 있었는데, 하나님이 거기에 영혼을 불어넣어 창조하였다"라고 말하며 "종교교육과 진화론 사이에는 아무런 대립도 없고, 진화론은 가설 이상의 중요한 학설"이라고 말했다.

1999년 교황 베네딕트 16세는 진화론을 로마 가톨릭교회의 한 교리로 수용하면서 "이미 있던 존재(유인원)에 하나님이 생기를 불어넣어 아담이 탄생했으며 진화론은 지동설처럼 언젠가는 정설로 인정받게 될 것"이라고 선언했다. 이는 로마 가톨릭교회가 공식적으로 진화론을 그들의 교리로 받아들였다는 것을 의미한다. 이러한 바티칸의 입장 변화는 과거 중세 로마 가톨릭교회의 전성기 때 교회가 과학에 대해 취했던 고압적 태도, 즉 14세기 중세 유럽에 퍼져나간 흑사병에 대한 교회의 비과학적 대응과 코페루니쿠스와 갈릴레이에 의해 제시된 태양중심설과 지동설에 대한 전제적이고 비과학적 대응을 함으로써 로마 가톨릭교회의 권위와 명예가 실추된 데 대한 반성이었다. 과학에 대한 열린 마음으로 진화론을 분석적으로 바라볼 때, 모든 생물은 생존 경쟁에서 승리하기 위해 필연적으로 자연선택(自然選擇, Natural Selection)의 시스템에 참여하게 되는데, 이 과정에서 변이(變異, Variation)와 진화(進化, Evolution)가 일어난다고 하는 다윈의 진화론은 과학적으로 검증된 부정할 수 없는 명백한 사실이다. 이러한 과학적 사실을 부정한다면 가까운 미래에 갈릴레이 사건과 같은 굴욕을 다시 한 번 겪을 것이 분명하다.

한편 로마 가톨릭교회의 역사를 보면 이미 유신진화론이 오랜 뿌리를 가지고 있음을 알 수 있다. 처음에는 스콜라주의* 신학자 에리우게네스(AD 810-877)와 안셀무스(AD 1033-1100)가 하나님의 존재에 대한 변증을 이성의 영역이라고 말함으로써 본격적으로 제기되었다. 그러다 같은 스콜라 신학자이면서 아리스토텔레스 철학의 사상적 경향을 따른 토마스 아퀴나스(1255-1274)에 의해 개화되었다. 특히 토마스 아퀴나스는 "하나님은 만물의 제1 생성 원인(prima cause)"이라고 주장함으로써 그가 유신진화론의 사상을 가지고 있었음을 보여주었다.

그 후 예수회 신부 니이덤은 "하나님은 물과 흙에서 생물(신종)이 자연적으로 발생하도록(tadsche produce)만들었다"고 하면서 자연발생설을 주장했다. 19세기 들어서는 가톨릭교회 내의 진화론 서적 금서 조치를 해제하고 본격적으로 유신진화론을 도입한 뉴먼 추기경(John Henry Newman)이, 20세기 들어서는 진화론적 창조론을 주장한 앙리 베르그송(AD 1859-1941)이 그 뒤를 이었다. 특히 베르그송은 진화 현상을 단순히 물질적 기계적 현상으로 설명하는 것을 반대하면서도 진화의 역사성을 분명히 인정했다. 그는 "하나님은 진화의 메커니즘을 이용하여 생명을 창조하셨다"고 하면서 "자연 생태계 내부에는 모종의 잠재력, 즉 보다 높은 방향으로 나아가려는 '생명의 충동력(vital impulse)**'이 있으며 이것은 곧 '초월 의식'으로써 생식 작용을 통해 다음 세대로 이전되면서 신종이 탄생한다"고 주장했다.

베르그송의 뒤를 이어 가톨릭교회의 유신진화론을 이끈 사람은 떼야르드 샤르뎅(AD 1881-1955) 신부였다. 샤르뎅 신부는 아리스토텔레스의 자연관과 동양의 신비주의를 접목해 창세기를 해석하려고 시도했다. 그는 태초에 '원물질(en arche)***'이 있었는데 하나님은 그것에서 우주를 탄생시켰고, 다시 물질에서 단세포를 탄생시켰다. 그 단세포가 진화하여 식물과 동물과 인간이 되었으며, 이후 온 세계는 하나로 통일되는 오메가 포인트로서 그리스도권에 이르게 된다. 우주는 물질권에서 생명권으로, 생명권에서 정신권으로, 정신권에서 사회권으로, 그리고 사회권에서 그리스도권으로

*
스콜라주의는 9세기부터 15세기 종교개혁이 일어나기까지 중세기 전반을 아우르는 신학이자 철학이다. 초대 교회는 플라톤 철학의 강력한 영향을 받았지만, 중세는 아리스토텔레스 철학의 강력한 영향을 받았다. 플라톤 철학이 연역적 방법을 통한 사유 방식을 취하였다면, 아리스토텔레스 철학은 귀납적 또는 경험적 추론을 통해 사유하였다. 이런 사유 방법은 토마스 아퀴나스의 『신학대전(Summma Teolgiae)』에 그대로 반영되었다.

**
앙리 베르그송이 생명의 충동력을 일종의 초 월의식으로 보는 견해는 모든 생물들은 자기 정체성을 보존하려는 구심력적 의지와 자연 생태계에 더 잘 적응하는 존재로 나아가려는 원심력적 의지가 있다고 한 필자의 주장과 일맥상통한다고 볼 수 있다.

***
태초에 원물질이 있었다는 샤르뎅의 주장은 탈레스 등 헬라 시대 철학자들의 우주기원론의 영향을 받은 것이다. 그의 주장은 유물론자들의 주장에 동조하는 것으로 오해받을 수도 있다. 현대 천체물리학계에서 가장 유력한 가설로 인정받는 빅뱅이론에 의하면 이 원물질이 바로 온 우주의 물질과 에너지가 집약된 특이점이라는 것이다. 필자는 이 특이점을 원물질이 아니라 우주만물을 설계를 품은 하나님의 말씀의 씨라고 본다. 말씀이 폭발하여 물질세계가 탄생했고, 이 물질이 오늘날의 우주를 형성한 것이다.

나아가는데, 이 그리스도권이 완전한 예수그리스도의 나라라고 그는 주장했다.

이미 유신진화론의 전통을 교회 일각에서 가지고 있었던 로마 가톨릭교회는 갈릴레이사건의 역사적 경험을 교훈 삼아 교회의 교도권과 무류지권(無謬之權, 오류가 없다는 것), 또는 교황무오설을 신앙과 윤리 문제로 국한할 뿐, 과학적 분야나 정치적 문제에서는 거의 배제하고 있다. 앞으로 로마 가톨릭교회에서 유신진화론의 입장은 더욱 강화될 소지가 다분히 있다. 이러한 로마 가톨릭교회의 입장으로 말미암아 오늘날 존 오토 등 세계적 유신진화론학자들은 거의 대부분 로마 가톨릭교회에서 배출되고 있다.

III 개신교의 입장

로마 가톨릭교회와 영국 성공회는 진화론이라는 새로운 세계관을 놓고 다양한 반응을 보이면서도 결국은 점차 수용하는 방향으로 움직이고 있다.

찰스 다윈의 생물학적 진화론이 나타나기 전까지 개신교의 유신진화론은 변변한 것이 없었다. 개신교는 로마 가톨릭교회에 대한 반동으로 형성되었기 때문에, 중세 가톨릭교회 안에서 일부 학자들에 의해 제기된 유신진화론에 대해서는 별 관심을 두지 않았다. 대신 우주, 지구 창조, 대홍수에 대한 전통적인 견해에 의문을 품고, 보다 합리적인 성서 해석을 위한 연구에 집중하였다. 이러한 논의가 본격화된 것은 에든버러 대학의 교수이자 목사인 토머스 찰머스(1768-1832)가 '다중격변설(multiple catastrophism)'과 '간격설(gap theory)'을 주장한 데서 비롯되었다. 그리고 옥스퍼드 대학의 교수이자 목사인 윌리엄 버클랜드(1787-1875)가 찰머스의 간격설에 '6기간설'을 덧붙였고, 다시 버클랜드의 제자인 라이엘(1797-1832)이 허튼의 지층형성론을 더욱 발전시켜 '동일과정설과 국부홍수론'을 수립하기에 이르렀다. 특히 영국 지질학의 아버지라 불리는 윌리엄 스미스(1774-1851)도 국부홍수론을 주장했다. 창세기 6일 창조설을 6기간설로 이해하는 바탕에서 제기된 '국부홍수론(local flood theory)'은 히치각(1793-1875)에 의해 미국에 소개되면서 미국 전역에 급속도로 확산되었다. 찰머스의 간격설은 그 후 밀러, 쿠르츠, 펨버, 스코필드 등에 의해 더욱 체계화되었다.

영국의 신학계에 이러한 변화가 한창 일어날 무렵 다윈의 자연선택적 진화론이 세상에 나왔다. 따라서 영국 성공회는 다른 나라 개신교회에 비해 다윈의 진화론을 수용하는 데 좀더 유연했다. 물론 생명의 기원과 생물 진화의 메커니즘에 대한 신학적 논의가 그리 많지 않았던 영국 성공회로서는 처음에 큰 충격을 받고 즉각 반대 입장을 표명하였다. 그러나 교회의 공식 입장과는 별도로 신학계 일각에서는 진화론을 수용하려는 움직임이 적지 않게 일어났다. 스트라우스(1808-1875)는 『종의 기원』을 접한 후 성서의 기적을 믿지 않게 되었다고 다윈에게 고백했다. 킬슬리 신부(1819-1875)는 다윈에게 기증받은 『종의 기원』을 읽고 다음 종의 불변성을 부인하고 자연선택적 진화론을 수용하게 되었다고 고백했다. 그 후 캔터베리의 추기경인 프레드릭 템플턴(1821-1902)은 진화론을 성공회에 본격적으로 끌어들였고, 그의 정치적 영향력 아래 다윈은 기독교의 심장부인 웨스트민스터 사원에 묻힐 수 있었다.

이상 열거한 대로 로마 가톨릭교회와 영국 성공회는 진화론이라는 새로운 세계관을 놓고 다양한 반응을 보이면서도 결국은 점차 수용하는 방향으로 움직이고 있다. 그러나 개혁교회의 전통을 계승한 대부분의 서구 개신교회와 미국 개신교회는 창세기 1장을 해석하는 데 있어 간격설, 6기간설, 날-시대론(Day-Age Theory), 구조해석(Framwork Interpretation), 동일과정설, 진행적 창조론, 국부홍수론 등은 부분적으로 선택하여 수용하고 있으나 아직 자연선택적 진화론은 적극적으로 수용하지 못하고 있다. 특히 미국 근본주의 신학의 영향을 받은 선교사들의 헌신으로 세워진 한국 교회는 더욱 그러하다. 오늘 날 한국 교회에서 생물학적 진화론을 긍정적으로 이야기하는 것은 거의 이단사설을 지지하는 것으로 여기고 있는 실정이다.

과학적으로 이성적으로 판단할 때 자연선택적 진화론은 자연 생태계의 기원과 형성의 메커니즘을 설명하는 데 중요한 이론임에 틀림없다. 그리고 창세기 1장을 편견 없이 읽어보면 창세기의 기록이 반진화론적인 것이 아니라 오히려 진화론의 원리를 수용할 수 있는 기본 구조를 가지고 있음을 발견할 수 있다. 그러므로 우리는 자연선택적 진화론 중 긍정적으로 받아들일 것은 받아들이고, 성서적으로 수용할 수 없거나 과학적으로 입증되지 않은 부분은 성서적 과학적 근거를 제시하며 거부해야 할 것이다. 예를 들어 비창조적 우발적 진화론이나 점진적 수평 진화가 쌓이면 수직 진화가 된다는 이론, 그리고 이 이론을 뒷받침하기 위해 제기된 중간고리론* 등은 분명히 거부되어야 할 이론이다.

* 생물의 점진적 진화를 주장하는 진화론자들이 그 증거로 내세우는 중간고리화석은 말과 시조새의 화석이다. 그러나 그들이 내세운 말의 화석들은 진화도상의 화석이라기보다는 변이된 아종들에 불과한 것이었다. 또한 독일 졸론호펜에서 발견된 시조새의 화석에 대해 『네이처』의 수석과학집필자 헨리 기(Henry Gee 1999)는 "시조새의 지위는 폐기되었고, 시조새는 단지 깃털 달린 또 다른 종류의 공룡에 불과하다"라고 했다. 오늘날 대부분의 과학자들은 시조새는 현대 조류의 조상도 아니며, 파충류와 조류의 중간형도 아니라는 데 동의하고 있다. 그러므로 수평 진화가 수천만 년 진행되면 다른 종의 생물이 된다는 우연진화론자들의 주장은 과학적 근거가 전혀 없는 공론에 불과하다.

Chapter 3 제 3 장

창조과학의 빛과 그림자

창조과학은 근본주의적 성서관과 문자주의 해석학에 근거한 '젊은 지구론'을 중심으로 창조론을 연구하는 그룹의 이론을 말한다. '젊은 지구론'을 처음 본격적으로 제기한 사람은 제7일 안식일 교인이었던 아마추어 지질학자 조지 맥그리드 프라이스(Gorge Mccready Price)였다. 그는 1923년에 출간한 저서『새로운 지질학(The New Gology)』에서 지구의 역사는 6,000년이며, 창조는 6일 동안 이루어졌고, 지구의 수많은 지층과 화석은 노아 홍수의 결과라고 주장했다. 그러나 그의 주장은 기독교계에 큰 관심을 끌지 못했다. 그 이유는 아마도 그가 이단교파로 알려진 제7일 안식일 교인이었던 탓이 크다고 볼 수 있다.

그러나 1960년대 들어 이 창조과학 운동은 새로운 전기를 맞이하게 되었다. 그것은 신학자 존 휘트콤(John Whitcomb)과 수력공학자 헨리 모리스(Henry Morris)가『창세기의 홍수(The Genesis Flood)』를 출간하면서부터였다. 이 책은 미국 기독교인들의 창조 신앙에 큰 영향을 미치게 되었다. 헨리 모리스는 이런 반향을 바탕으로 창조연구소와 창조연구회를 설립하여 세계 창조과학 운동의 중심에 서게 되었다. 이 창조과학 운동은 그동안 창조론을 과학적으로 연구하는 데 소극적이어서 창세기 1장의 창조 기사를 과학적으로 이해하는 데 너무나도 무지했던 개신교 목회자들과 교인들의 창조 신앙에 파고들어 기독교창조론의 대표적 이론으로 자리 잡게 되었다.

그러나 이들 창조 과학자들의 주장은 오늘날 현대 개신교계의 빛과 그림자가 되고 있다. 빛이라 함은 그들이 창세기의 기록이 사실임을 과학적으로 입증하려고 나름 노력했다는 점이고, 그림자라 함은 그들이 창세기의 내용을 근본주의적 문자주의 시각에서 해석하고, 그 잘못 해석된 내용을 과학적으로 입증하려는 무리수를 두었다는 점이다. 그럼에도 불구하고 이들은 지금도 자기들 스스로를 진화론으로부터 창조론을 지키는 충성스러운 전위부대라 자처하고 있다. 필자는 이들 창조 과학자들의 주장을 세밀히 분석하여 그 문제점을 드러냄으로써 이들의 주장을 무비판적으로 수용하고 있는 한국 개신교회에 경종을 울리고자 한다. 그러면 창조과학의 빛과 그림자, 즉 긍정적인 면과 부정적인 면은 구체적으로 무엇인가?

I 창조과학의 빛 / 긍정적인 면

창조과학은 과학의 시대를 맞이하여 창세기의 기록을 과학적으로 설명하려고 연구 노력하고 있다는 점에서 일단 이 운동의 시대적 가치는 인정해주어야 한다. 창세기는 계시적 진리이며 연역적 진리다. 성서는 절대 권위를 가진 하나님의 이름으로 일방적으로 선포된 계시다. 반면 과학은 이성적 진리, 즉 귀납적 진리이다. 어떤 학자가 그의 연구 결과를 과학적 진리로 인정받기 위해서는 과학적 실험이나 과학적 추론, 과학적 증거를 통해 그것이 사실임을 입증할 수 있어야 한다. 그때 비로소 그의 주장은 학계에서 정설, 또는 명증된 진리로 인정받을 수 있다. 그런데 성서의 연역적 진리든, 과학의 귀납적 진리든 동일한 대상에 대해 서술하는 것은 마찬가지다. 진리는 하나이지 둘이 아니다. 진리에 이르는 길이나 방법이 다르다고 해서 동일한 대상에 대한 결론이 다를 수는 없다. 그러므로 성서가 진리라면 과학적으로도 일치되어야 하고, 어떤 과학 이론이 분명 진리라면 성서적 진리와도 일치되어야 한다. 두 영역*이 일치되지 않는다면 둘 중 어느 하나는 진리가 아닌 것이다.

그런데 이러한 문제는 잘못된 성서 해석을 통해서도 나타날 수 있다. 어떤 대상에 대해 설명한 과학 이론이 과학적 실험이나 실증적 증거로 뒷받침된 명증한 것이라면, 이제 문제의 공은 성서 해석으로 넘어가는 것이다. 성서의 기록 자체에는 문제가 없다 할지라도 성서 해석을 잘못하면 엉뚱한 신학적 가설이 나올 수밖에 없고, 그 신학적 가설은 분명 성서적 진리가 아닌데도 불구하고 진리의 자리에 앉게 된다. 이런 경우 잘못된 성서 해석으로 말미암아 동일 대상이나 현상에 대한 결론이 과학적 결론과 상반되게 나타난다. 과학 이론이 명증된 진리가 되기 위해서는 실험적 데이터와 실증적 자료가 정확하고 분명해야 한다. 마찬가지로 성서 해석의 결과로 얻어진 신학적 가설이 진리로 인정받기 위해서는 성서 해석이 올바르게 이루어져야 한다. 이처럼 현상 세계의 메커니즘에 대한 신학적 결론을 내리는 데 있어 올바른 성서 해석은 대단히 중요한 것이다.

물론 성서는 과학이나 과학적 사실을 가르치기 위한 목적으로 쓰여진 책이 아니라 영적 진리를 인류에게 전달하기 위한 목적으로 기록한 책이다. 그렇기 때문에 성서는 과학적 사실에 대해서는 구체적으로 말하지 않고 큰 윤곽만 대략적으로 기술하고 있다(창세기 2:4). 반면 과학은 발전하면 할수록 현상 세계의 메커니즘을 상세하고 정확하게 서술한다. 그런 점에서 성서, 특히 창세기 1-2장에서 현상 세계의 기원과 질서에 대한 내용이 신학적으로 구체화되려면 과학과 소통하는 노력이 필요하다. 그런 점에서 창조과학운동은 시대적으로 의미 있는 노력이다. 21세기 과학시대에 기독교 신학이 나아가야 할 방향이 과학과 소통하기 위해 노력하는 것이라는 점에서 창조과학은 시대적으로 의미 있는 시도를 한 것이고, 그것이 창조과학의 빛이라고 볼 수 있다.

창조과학은 과학의 시대를 맞이하여 창세기의 기록을 과학적으로 설명하려고 연구 노력하고 있다는 점에서 일단 이 운동이 의미하는 시대적 가치는 인정해 주어야 한다.

* 저명한 유신진화론자인 존 호트는 예수그리스도와 사도들을 통해 증거된 성서의 특별계시와 자연을 통해 창조의 질서를 이해하는 자연계시는 일치되는 것이 마땅하다고 주장한다. 그 이유는 성서의 특별계시든 자연계시든 계시하신 이는 하나님이시기 때문이다. 그리고 자연계시(일반계시)에 대한 과학적 탐구도 하나님이 인간에게 부여한 지적 능력을 통해 이루어지기 때문에 하나님이 창조한 우주에 대한 지식을 얻는 유용한 방법으로 보아야 한다고 주장한다.

Ⅱ 창조과학의 그림자 / 부정적인 면

*
성경문자주의(Biblical Literalism)는 용어 그대로 성경의 문구를 그대로 따르자는 주장으로 16세기에 등장했으나 종교개혁 신학자들로부터 거부된 성경 이해 방식이다. 근대에 와서 개신교 근본주의자들의 성서에 대한 이해로 활용되기 시작했다. 성서문자주의는 성서에 기록된 모든 기록은 역사적 배경이나 그 의미를 이해하기보다는 문자로 기록된 그대로 믿고 따라야 한다는 극단적 해석 방법을 의미한다.

그러나 창조과학운동은 유감스럽게도 출발선부터 큰 잘못을 범했다. 창조과학자들의 근본적 오류는 성서에 기록된 말씀이나 숫자 등은 해석할 필요 없이 문자 그대로 믿어야하는 진리라고 보는 것이다. 그들은 적어도 성서에 나오는 역사적 과학적 수학적 부분을 해석하려는 것 자체를 불경하게 여긴다. 성서의 말씀은 믿음의 대상이지 해석의 대상이 아니라는 것이다. 이것을 성서해석학에서는 근본주의자들의 문자주의적 해석법*이라고 부른다. 이러한 문자주의적 해석법은 종교개혁자들뿐 아니라, 21세기 세계 교회에서도 성서해석학적으로 바람직하지 않다고 하여 거의 인정받지 못하고 있다. 물론 아직도 소수의 근본주의적 성서관을 가진 이들이 그런 입장을 견지하고 있지만, 세계 신학계의 대세는 결코 그렇지 않은 것이 분명한 현실이다.

성서과학자들은 불행하게도 이들 근본주의의 문자주의적 성서해석학을 따르는 이들에 의해 주도되고 있다. 기본적으로 잘못된 성서관을 가진 이들이 성서에 기록된 문자나 숫자를 해석할 필요 없는 역사적 사실로 받아드리고 오히려 그것을 과학적으로 입증하려고 시도하는 어처구니없는 짓을 하고 있는 것이 오늘날 성서과학의 실태이다. 성서는 하늘의 계시를 담고 있지만 성서는 그 계시적 진리를 때때로 문학적 상징이나 신화적 표현으로 기록하고 전달하기도 한다. 그러므로 영적 계시에 관한 부분이든 자연에 대한 계시든 성서에서 진리를 도출해내기 위해서는 상징이나 은유, 비유, 또는 신화적으로 표현된 성서의 기록을 성서 전체의 흐름과 맥락에서 신학적으로 바르게 해석하는 것이 중요하다. 그래서 교회의 역사에는 다양한 성서해석학이 존재하게 된 것이다. 성서과학의 문제점을 정리해보면 다음과 같다.

성서과학자들이 문제를 일으키는 가장 큰 원인은 성서의 숫자를 문자 그대로 단순하게 믿고, 그것을 과학으로 증명하려는 데 있다.

성서에 대한 문자주의적 해석 성서과학자들이 문제를 일으키는 가장 큰 원인은 성서의 숫자를 문자 그대로 단순하게 믿고, 그것을 과학으로 증명하려는 데 있다. 그들의 태도는 당연히 명증된 과학이나 문화인류학, 역사학 등과 대립을 일으키게 되었다. 이러한 대립 상황에서 성서무오류자들인 그들은 당연히 성서가 잘못되었다고 말할 수 없으므로 오히려 명증된 과학이 잘못되었다고 주장하게 된 것이다. 그들은 확실하게 명증된 과학을 가짜과학이라고 주장하면서 하나님 말씀인 성서를 믿을 것이냐 가짜 과학을 믿을 것이냐 양자택일을 하라고 강요한다. 그러다보니 과학적 정설은 외면하고, 과학계에서 인정하지 않는 소수의 이론으로 성서의 기록이 문자 그대로 사실임을 증명하려 하고 있다. 결과적으로 그들은 진짜 과학을 가짜 과학이라 하고, 가짜 과학을 진짜 과학이라 주장하고 있다. 예를 들어 창세기 1장에서 '첫째 날 둘째 날'의 '날' 또는 '하루'를 현재 지구의 24시간으로 이해한다든지, 성서에 기록된 조상들의 나이를 더해 인류 역사를 6000년이라고 주장하는 것등이다. 그들은 이런 계산법에 따라 해와 달과 별의 나이도 6000년 3일, 지구 나이는 6000년 7일이라고 주장하고 있다. 이것이 바로 그들이 주장하는 '젊은 지구론(Young Earth creationism)'의 정체이다.

그들은 지구의 나이가 6000년 7일이라는 것을 고집하기 위해 기존의 천제물리학에서 밝혀낸 태양계 형성 이론이나 지구학에서 밝혀낸 지구의 지질학적 연대기를 전면적으로 거부한다. 천체물리학자들이나 지구과학자들에 의하면 우주는 138억 년 전 빅뱅으로 탄생하였고, 태양계가 형성되기 시작한 것은 약 46억 년 전이며, 지구 역시 동일한 시기에 형성되었다고 말하고 있기 때문이다. 그리고 창조과학자들은 지질학적 연대의 근거인 방사성동위원소 연대측정법*은 정확하지 않은 것이라고 하며 전면적으로 부정한다.

과학적 연대측정법은 수십 가지이며 과학자들은 여러 가지 데이터를 상호 교차 비교하여 지질학적 연대를 정하고 있다. 그럼에도 불구하고 그들은 여전히 모든 과학계가 인정하는 과학적 연대측정법을 성서의 기록과 다르다는 이유 하나로 불신하고 부정하고 있다. 그로 말미암아 창조과학**은 오늘날 천체물리학, 지질학, 생물학, 화석학, 심지어 역사학과도 유리되고 고립된 학문계의 갈라파고스가 되고 말았다. 한마디로 창조과학자들은 인류 지성계에서 고립된 미아가 되고 만 것이다.

시작은 명증된 과학으로, 결론은 사이비 과학으로 창조과학자들은 자신들의 주장을 입증하기 위해 과학이론, 즉 우주상수론, 중간고리화석이나 중간 종 생물 부재론, 열역학 제1·2법칙***, 그리고 생물 세포에 들어 있는 오묘한 유전자정보이론 등을 사용한다. 그러나 이것은 이미 크레이그 교수 등 현존하는 유명 기독교 변증학자들이 주장하고 있는 것들이다. 이런 과학 이론은 오늘날 창조론을 뒷받침하는 과학적 증거로 기독교 변증학자들에 의해 광범위하게 차용되고 있다.

그럼에도 불구하고 그들은 이러한 하나님의 창조에 대한 과학적 주장을 마치 그들만의 독자적 이론인 양 호도하면서, 자신들의 잘못된 주장을 합리화하기 위한 미끼, 또는 떡밥으로 이용하고 있다. 그로 말미암아 전문적 과학지식이 없는 대중들은 그들이 말하는 것을 듣고, 그들은 옳은 주장을 하고 있다고 생각하여 마음을 열게 된다. 그리고 대중들이 마음을 열면 그 다음에 말도 안 되는 비과학적 주장인 젊은 지구론, 즉 지구 6000년설, 인류 역사 6000년설 같은 요설을 제시한다. 그러면 대중들은 그들의 말에 현혹되고 만다. 이런 방법은 전문적인 사기꾼들이 그들의 목적을 달성하기 위해 사용하는 상투적인 수법이다.

생물의 진화를 부정하는 창조과학 창조과학자들은 생물의 진화를 전면 부정한다. 그 이유는 창세기 1-2장에 하나님께서 생물을 종류대로 창조하셨다고만 되어 있을 뿐 생물이 진화하여 오늘날의 생태계가 이루어졌다는 구체적인 기록이 없기 때문이라는 것이다. 그러나 창세기 1장을 보면 하나님이 셋째 날 후반에 식물을 창조하였고, 그다음 다섯째 날 전반에는 어류를, 후반에는 조류를, 여섯째 날 전반에는 육지생물들을, 후반에는 사람을 창조한 것으로 기록되어 있다. 우리가 진화론에 대해 편견을 갖지 않고 본다면 창세기 1장에 기록된 생태계 형성의 과정에 대한 기록은 현대의 생물학적 진화론과 거의 일치한다. 그렇기 때문에 창세기 1장은 과학적 창조론, 성서적 진화론을 담을 수 있는 윤곽을 제공하고 있다고 볼 수 있다.

창세기 2:7절에서 사람을 땅의 흙으로 지으셨다는 기록도 마찬가지다. 우리가 알다시피 토기장이가 그릇을 만드는 과정은 먼저 좋은 고령토를 선택하여 고운 가루로 만들고, 물을 부어 진흙을 만들고, 그 진흙을 익인 다음, 익인 진흙덩이를 손이나 물레를 사용하여 토기장이가 생각하는 이미지의 형태를 점진적으로 만들어나간다. 그리고 만들어진 토기를 불가마 속에 구워내 유약을 바르고

*
방사성동위원소 연대측정법은 탄소화합물 중 탄소의 극히 일부에 포함된 방사성동위원소인 탄소-14의 조성비를 측정하여 만들어진 연대를 측정하는 방식이다. 동위원소 탄소-14를 가지고 연대를 측정하는 방법으로는 방사선 계측법과 가속기 질량 분석법이 이용된다. 방사선 계측법은 때때로 통계적 오차가 발생하는 데 반해 가속기 질량분석법은 적은 양의 시료로도 탄소-14의 비율을 정확하게 알 수 있다.

**
오늘날 한국창조과학계는 자체적으로 분열되어 학회회장을 역임한 모 씨는 지구 나이가 6,000년이 아니라 2만 년이라고 주장하기도 했다. 그러나 그의 주장도 비과학적이기는 마찬가지다.

***
열역학 제1법칙은 에너지 보존의 법칙으로서 어떤 계의 내부 에너지의 증가량은 계에 더해진 열에너지에 계가 외부에 해준 일을 뺀 양과 같다는 것이다. 즉, 우주만물 속에 포함된 에너지는 아무리 형태가 변한다 할지라도 그 양이 동일하다는 것이다. 열역학 제2법칙은 열적으로 고립된 계의 총 엔트로피가 감소하지 않는다는 법칙이다. 따라서 전체 계의 총 엔트로피는 증가한다. 여기서 엔트로피 증가의 법칙이 나온 것이다. 엔트로피(entropy)란 물질이 변화되는 경향성을 설명하는 개념으로 '무질서의 척도', '무질서의 정도'로 이해할 수 있다. 이 열역학 제1・2법칙은 창조론의 당위성을 설명해주는 이론으로 파악되고 있다.

그림을 그려 넣고 다시 불가마 속에 집어넣어 굽는다. 이런 과정을 여러 번 거치면서 토기장이는 그가 원하는 그릇을 만드는 것이다. 그렇다면 토기장이가 그릇이나 토기 인형을 만드는 과정은 고인류학에서 밝혀낸 인류의 진화 과정과 구조적으로 일치한다고 볼 수 있다. 다시 말해 창세기 2:7절은 인류의 생물학적 진화론을 담을 수 있는 적절한 말씀이라는 말이다. 물론 여기서 인류의 진화는 지구 생태계의 자연선택적 메커니즘에 의해 일어나는 것이 아니라, 하나님이 이전 생물이나 선재인류의 세포에 창조의 빛을 가함으로 유전자의 급격한 변화를 가져와 새로운 종을 탄생시키는 것이다. 그리고 새로 탄생한 생물이나 인류는 하나님께서 자연선택적 메커니즘을 이용하여 점진적으로 진화시키고 분화시킨다. 그러므로 자연선택적 메커니즘은 하나님께서 새로 창조한 생물들을 진화 또는 분화시키기 위해 사용하는 창조적 섭리로 이해해야 한다.

생물학적 진화론을 주장하는 이들의 자연선택적 진화 이론은 과학적 증거가 확실한 이론이다. 적어도 기존의 생물에서 새로운 종의 생물이 나왔다 것은 확실하다. 물론 자연선택적 진화나 변이를 통해 종간을 뛰어넘을 수 없다. 자연선택적 메커니즘을 통해서는 종간을 뛰어넘는 수직진화*가 일어날 수 없다. 그러나 종 안에서 적자생존을 위하여 일정한 정도까지 점진적으로 진화할 수 있다는 것은 분명한 과학적 사실이다.

창세기 1장의 기록과 과학을 연결해보면 하나님은 생물들을 창조하실 때 각 종들을 독립적으로 완전히 새로 창조한 것이 아니라, 기존 생물종의 유전자를 그의 솜씨와 능력으로 수직진화시킴으로 새로운 종을 창조한 것이다. 그리고 새롭게 창조된 종의 생물은 자연선택적 질서를 통해 점진적으로 수평진화가 이루어지도록 만들었다. 그로 말미암아 하나의 개체에서 시작된 말, 개, 고양이, 사람도 다양한 변종이나 아종이 나타나게 된 것이다.

개의 경우 하나님께서 처음부터 애완동물로 만든 것이 아니라 야생의 늑대가 인간 친화적으로 길들여진 것이다. 야생의 늑대가 자연선택적 질서 속에서 수평진화하여 오늘 날의 다양한 종류의 개가 된 것이다. 모든 종류의 개들이 유전적으로 교합이 가능한 것을 보면 개는 한 종류에서 시작하여 자연선택적 질서 속에서 색깔, 형태, 크기, 성질이 다른 품종으로 분화된 것이 확실하다. 물론 여기서 사람이 애완동물로 길들이는 과정도 자연선택적 메커니즘에 포함된다.

인류도 마찬가지다. 5만 년 전 아프리카에서 탄생한 현생인류, 호모사피엔스사피엔스도 출발할 때는 하나의 종이었지만, 시간이 흐르면서 선재인류와의 아종 교배와 동종 교배, 그리고 자연선택적 진화를 통해 서양인의 대표 인종인 크로마뇽인과 아세아의 상동인이나 용곡인, 그리고 아프리카의 피그미족같이 여러 인종으로 분화되었다.

과학자들은 이처럼 생물의 자연선택적 변화에 대한 예는 수만 건이라도 들 수 있다고 이야기한다. 종 안에서의 변화는 거의 모든 생태계에서 일어나고 있기 때문이다. 그리고 현재의 생태계에서도 자연선택적 변화가 계속 일어나 같은 종 안에서 다양한 개체가 나타나고 있다. 자연선택적 진화는 지구 생태계를 다양하게 조성하기 위해 하나님께서 친히 채택한 창조의 질서, 창조의 방법, 창조의 지혜라고 보아야 한다.

* 진화론자들은 점진적인 수평진화가 축적되어 다른 종이 생긴다고 주장하지만 이런 주장은 아무런 화석학적 데이터도 없는 비과학적 주장일 뿐이다. 그들의 주장이 사실이라면 진화의 도상에 있는 수많은 중간 종들의 화석이 기존 생물에 비해 수십수백 배 많이 발견되어야 하고, 현 생태계에서도 그 중간 종들이 기존에 비해 수십수백 배 많이 발견되어야 한다. 중간고리화석이 거의 발견되지 않고, 현 생태계에서도 그런 중간 종은 거의 발견되지 않지만 수평진화를 통해 변종 아종의 탄생은 가능하다.

이성보다 감정에 호소 창조과학계는 이성보다는 대중들의 감정에 호소하기도 한다. 주지하다시피 그들은 사람이 영장류에서 나왔다는 진화론을 극구 부정한다. 그렇다면 그들은 하나님이 사람을 어떻게 만들었다고 말하는가? 그들은 창세기 2:7절을 문자주의적으로 해석하여 하나님이 실제로 진흙을 이겨 사람의 형체를 만들고, 그 코에 생기를 훅 불어넣어 만들었다고 주장한다. 그래야 인간의 존엄성이 보존될 수 있다는 주장이다. 여기서 필자는 창조과학자들의 편견을 지적하지 않을 수 없다.

창조의 거룩성은 하나님께서 행하셨다는 데 있는 것이지 창조의 재료나 방법론에 있는 것이 아니다. 진흙을 이겨서 사람을 만들어야만 하나님의 창조다운 것이고, 영장류 중 어느 개체의 염색체에 창조의 빛과 열을 가하여 하나님의 형상을 가진 인류 종을 만들어 그 인류 종을 자연선택적 섭리를 통하여 점진적으로 진화하는 방식으로 만들었으면 창조의 거룩성이 훼손된 것인가? 과연 그런 방식으로 사람을 만들면 사람의 존엄성이 땅에 떨어지는 것인가? 그들 창조과학자들은 순진한 평신도들을 앞에 놓고 또 이렇게 말한다. "여러분들은 원숭이를 닮은 원숭이의 후손인 것이 좋아요, 아니면 하나님을 형상을 닮은 하나님의 자녀인 것이 좋아요?" 오늘날 창조과학자들은 판단력이 없는 순진한 평신도들을 말도 안되는 논리적 허위로 농락하고 있다. 더욱 한심한 것은 창조과학자들의 논리를 멀쩡한 기성 교단의 목회자들까지 따라 하고 있다는 것이다.

창세기 2:7절의 기록을 고인류학과 연결해서 해석하면 인류의 창조는 토기 인형 제작자가 하듯이 급진적 수직진화와 점진적 수평진화를 병행하며 수백 년 동안 단계적으로 진행하여 생물학적으로 현생인류를 완성한 것이다. 오늘날 과학자들이 특정한 식물세포의 유전자에 빛을 쏘여 유전자 사슬을 변화시켜 새로운 종을 만들듯이, 우주 최고의 과학자이신 하나님은 특정한 영장류의 세포핵에 빛(성령)의 창조력을 가하여 하나님의 형상이라는 고도의 정신적 속성의 유전자를 가진 인류 종을 만들고, 자연선택적 섭리를 통하여 그 잠재된 유전자 정보가 단계적으로 드러나게 하신 것이다.

하나님은 이런 방식의 창조를 통해 어떤 호미니드에서 갈라진 오스트랄로피테쿠스라는 인류종을 만들었고, 그 인류종은 수백만 년 동안 여러 단계의 창조 및 진화를 거치면서 최종적으로 호모사피엔스사피엔스로까지 진화시킨 것이다. 그런 의미에서 현생인류는 하나님이 창조한 생물학적 인류의 완성체라고 볼 수 있다. 하나님은 다시 그 현생인류 중 한 사람을 택하여 생기, 즉 영을 불어넣어 아담을 만드신 것이다. 그러므로 아담은 인류의 생물학적 조상이 아니라, 영이 있는 인류의 조상이라고 보아야 한다. 필자의 이런 주장은 지극히 성서적이면서, 과학적 데이터에도 부합하며, 인간의 존엄성도 확보되는 일거삼득의 이론이다. 그러므로 성서과학자들의 구호인 "창조냐 진화냐!"는 '창조적 진화냐 우연적 진화냐!'로 바뀌어야 마땅하다.

하나님은 이런 방식의 창조를 통해 어떤 호미니드에서 갈라진 오스트랄로피테쿠스라는 인류종을 만들었고, 그 인류종은 수백만 년 동안 여러 단계의 창조 및 진화를 거치면서 최종적으로 호모사피엔스사피엔스로까지 진화하게 된 것이다.

사이비 과학으로 입증하려는 젊은 지구론 창조과학계에서는 젊은 지구론과 대홍수로 인한 지구격변설을 뒷받침하기 위해 일부 연대 해석이 애매한 화석학적 증거나 특정 암석에 대한 일부 측정 데이터 등 몇 가지 증거를 들어 기존 과학계에서 주장하는 지질학적 연대를 전면 부정하고 자신들이 주장하는 젊은 지구론을 옹호한다. 그러나 그들이 예를 들어 제시하는 데이터는 방사성동위원소 연대측정법의 부정확성으로 나타난 것일 뿐 지구 6,000년설의 타당성을 과학적으로 뒷받침할 수 있는 증거는 아니다. 오히려 정통 과학자들이 주장하는 지질학적 이론은 그것을 뒷받침할 만한 과학적 증거가 수백수천 배 더 많다는 사실을 알아야 한다. 1,000개의 손가락 중 999개의 손가락이 명증된 지질학의 데이터를 가리키고 있는데, 그중 부상당한 사람의 손가락 하나가 애매한 곳을 가리킨다고 해서, 그 하나를 가지고 999개 손가락의 증거를 틀렸다고 주장할 수는 없다. 그것은 진정한 과학자의 자세가 아니다. 자신들이 성서를 잘못 해석하고서 그것을 불변의 진리라 믿고, 자신들의 주장에 반하는 과학계의 정상적 데이터를 부정하고 변두리 사이비과학의 데이터를 끌어다가 그들의 주장을 옹호하는 데 사용하는 것이야말로 문제가 아닐 수 없다.

자기모순에 빠진 전 지구적 홍수론 창조과학계는 전 지구적 홍수론을 주장한다. 그러나 전 지구적 홍수론은 성서를 문자 그대로 경직되게 이해한 결과로서 수많은 합리적 의문을 갖게 한다. 그들이 전 지구적 홍수론을 주장하는 성서적 근거는 홍수가 나자 "천하의 높은 산이 다 물에 잠겼다(창세기7:19)"라는 창세기의 기록이다. 성서에 천하의 높은 산이 다 물에 잠겼다고 기록되었으니 문자 그대로 대홍수 때 전 지구의 가장 높은 산까지 물에 잠겼다고 보는 것이 옳다는 주장이다. 그러나 이러한 주장 역시 그들이 성서를 문자적으로 경직되게 이해한 결과이다. 이러한 경직되고 순진한 성서 해석은 필연적으로 심각한 문제를 낳게된다.

그들은 성서의 모든 말씀을 신문의 사회면 기사처럼 역사적 사실을 정확하게 기록한 것으로 단정하고 있다. 그러나『벧엘성서』에도 나오듯이 성서에는 그런 방식의 기록만 있는 것이 아니다. 약간의 과장이 실린 시적, 은유적 표현도 있고, 특정한 의미나 이미지를 전달하기 위한 상징적 표현도 있다. 예를 들어 대도시에 큰 화재가 났다고 하자. 그때 어떤 사람이 잠에서 깨어보니 주변이 온통 불타오르고 있었다. 나중에 그는 이렇게 증언하였다. "자다가 깨어 보니 온 세상이 불바다가 되어 있었어요." 그가 말하는 온 세상이 오대양 육대주 전체를 의미하는 것인가? 아니면 대도시 전체를 의미하는 것인가? 분명 그 도시의 일부가 불타올랐지만 그는 온 세상이 불바다가 되었다고 증언한 것이다. 마찬가지로 창세기 7:19절도 정확한 사실의 기록이라기보다 노아가 목격한 엄청난 대홍수의 상황을 단순하게 표현한 것이다.

창세기 7:19절 "물이 땅에 넘치니 천하의 높은 산이 다 잠겼더니"라는 기사는 방주에 실려 아르메니아 고원 지역을 떠다니던 노아의 눈에 산은 보이지 않고 망망대해같이 창일한 물만 보였던 것을 그렇게 표현한 것이다. 결코 그가 알지도 못하고 보지도 못한 천하의 가장 높은 산맥, 즉 해발 7,000-8,000미터 고봉이 즐비한 히말라야산맥이나 곤륜산맥, 천산산맥까지 모두 물에 잠겼다고 증언한 것이 아니다. 방주를 타고 아라랏산 부근에 떠다니던 노아가 어떻게 수만 리 떨어진 동양의 높은 산들까지 물에 잠긴 것을 볼 수 있었단 말인가? 그들의 주장대로 대홍수가 전 지구적으로 일어난 사건이라면, 그리고 창세기 7:19절을 온 지구의 높은 산이 다 물에 잠긴 것으로 이해한다면 지구상에서 가장 높은 산인 해발 8,848미터의 에베레스트 산까지 물에 잠겼다는 말이 된다. 문제는 그런 엄청난 물이 어디서 올 수 있었느냐 하는 것이다. 에베레스트 산까지 덮을 만한 물이라면 지하에서 지각변동으로 솟아난 지하수로는 어림도 없는 것이다.

이에 대해 창조과학자들은 "노아 홍수를 일으킨 물은 대부분 하늘에서 쏟아진 것인데 그때 내린 비는 창세기 1:7절의 '궁창 위의 물'이 쏟아져 내린 것"이라고 주장한다. 그들은 당시 지구 주위에는 궁창 위의 물, 즉 수성천 벨트가 있어서 태양의 해로운 가시광선을 막아주었고, 항상 은은한 날씨를 유지해주었기 때문에 고대인들이 1,000살 가까이 살 수 있었다고 주장한다. 바로 그 궁창 위의 물이 쏟아져 노아시대 대홍수가 일어났다는 것이다.

그러나 이러한 주장은 과학적 지식이 없는 사람들에게는 어느 정도 통할 수 있을지 몰라도 과학적 상식이 어느 정도 있는 사람에게는 즉각적으로 반박을 받을 수밖에 없는 비과학적 궤변이다. 그들이 말하는 거대한 수성천 벨트가 지구를 둘러싸고 있다면 최소한 6,000미터 이상의 두께는 되어야 한다. 그러나 그런 두꺼운 물 벨트가 지구를 둘러싸고 있었다면 지구는 태양빛이 거의 차단되어 수심 5,000미터의 바닷속처럼 캄캄했을 것이고, 햇빛이 차단된 지구는 어느 곳이나 지금의 남극과 북극을 능가하는 동토의 땅이 되어 있을 것이다. 이는 큰 장맛비가 내리기 위해 두꺼운 기압골이 형성되기만 해도 갑자기 온 하늘이 컴컴해지고 대기는 찬 기운이 감도는 것만 보아도 짐작할 수 있다. 햇빛이 거의 들어오지 않는 5,000미터 심해는 얼음물처럼 차갑고, 그곳에는 눈만 크게 튀어나온 이상한 형태의 물고기들만 일부 서식하고 있다고 한다. 그렇다면 6,000미터 두께의 물 벨트가 둘러싼 지구에 어떤 생명체가 생존할 수 있단 말인가?

과학자들에 의하면 지구 표면에 쏟아지는 태양빛이 완전히 차단되면 지표면의 온도가 영하 100도 이하로 내려갈 것이라고 추정한다. 그러면 지구상의 식물들은 모두 얼어 죽거나, 설령 얼어 죽지는 않는다 할지라도 햇빛이 거의 차단되어 광합성을 제대로 할 수 없을 것이다. 그것은 모든 식물의 사멸을 의미한다. 그런 환경에서 사람이나 동물들은 또 어떻게 생존할 수 있겠는가? 또 히말라야산맥을 덮을 만한 전 지구적 홍수가 일어났다면 홍수 후에 그 막대한 양의 물은 어디로 사라졌단 말인가? 그 물은 현 바닷물의 2-3배 분량이 되기 때문에 바다로 들어가 합류했다는 주장도 설득력이 없다. 그렇다고 그 엄청난 물이 6개월 만에 땅속으로 모두 스며들었다는 것도 말이 되지 않는다.

이처럼 성서과학자들의 비과학적 궤변은 더 크고 심각한 수많은 문제를 일으키킨다. 그럼에도 불구하고 오늘날 보수 교단의 목회자들은 신성한 강단에 올라가 그들의 황당한 궤변을 마치 사실인양 가르치고 있으니 이 얼마나 한심한 일인가.

방주에 실은 동물들의 문제 창조과학자들은 노아가 성서의 기록대로 땅 위에 사는 새와 모든 동물들을 암수 한 쌍씩 방주에 들였다고 주장한다. 이 또한 성서를 문자주의적으로 이해한 결과이다. 아무리 노아의 방주가 크다 할지라도 지구에 살고 있는 모든 새와 동물들을 한 쌍씩, 또는 일곱 쌍씩 방주에 들일 수는 없다. 2002년 이탈리아 로마 대학교 연구진의 발표에 의하면 지구의 육지에는 약 770만 종의 동물이 살고 있다고 한다. 그러면 노아는 무슨 수로 이 많은 종류의 동물들을 모을 수 있었으며, 또 무슨 수로 이 엄청난 종류의 동물들을 모두 방주에 실을 수 있었단 말인가? 노아의 방주에 그 동물들의 단 100분의 1이라도 수용할 수 있었을까? 더구나 호주에서만 사는 캥거루 한 쌍은 노아의 명령을 따라 인도양을 헤엄쳐 건너왔단 말인가? 아니면 캥거루를 잡기 위해 노아가 인도양을 건너 호주까지 다녀왔단 말인가? 또 남극 지방에만 서식하는 펭귄은 어떻게 터키 동북방 고원까지 올 수 있었단 말인가? 이처럼 성서의 기록을 문자 그대로 받아들이면 더 심각한 해석학적 부작용이 일어나는 것이다. 어떤 순진한 평신도가 그들의 말을 믿고 불신자에게 전도를 했는데 전도받은 불신자가 좀 전의 필자처럼 그렇게 질문한다면 그는 무엇이라고 설명할 수 있겠는가?

모든 인류가 죽었다면 창조과학자들은 대홍수가 4300년 전 일어나 전 지구를 1년 동안 뒤덮었으므로 방주를 탄 노아의 여덟 식구들 외에 모든 사람들이 죽었다고 주장한다. 물론 4300년 전 홍수설은 성서에 나온 조상들의 나이를 더하여 계산한 연대이다. 4300년 전에 전 지구를 뒤덮는 대홍수가 일어났다면, 그래서 노아의 여덟 식구만 살아남았다면 역사학계에서 4300여 년 전에 건국했다고 실증하고 인정하고 있는 단군조선과 중국의 요순시대는 어떻게 존재할 수 있었는가? 또한 비슷한 시기에 아카드 왕국의 사르곤 왕과 그의 손자 나람신 왕*이 메소포타미아와 중동 일부를 정복한 역사적 사실은 어떻게 설명할 수 있는가? 과연 나람신 왕은 대홍수 때 어떻게 살아남아 수만 군대를 이끌고 인구 수십만 명의 에블라 왕국을 정복할 수 있었는가? 대홍수 때 모든 인류가 죽었다면 나람신의 수만 군대는 어디서 튀어나왔으며, 시리아 북부 지역에 실재한 에블라 왕국의 수십만 백성은 어떻게 생겨날 수 있었는가?

이처럼 성서를 문자 또는 숫자 그대로 역사적 사실이라고 이해하고 받아들이면 우선적으로는 성서의 권위가 세워지는 것처럼 보이지만 결국은 성서의 권위를 땅에 떨어뜨리고 하나님의 영광을 가리고 마는 결과를 가져온다. 그 좋은 예가 아리우스 계열의 이단인 안식일교회와 여호와의 증인, 그리고 요즈음 큰 물의를 일으키고 있는 신천지교회가 주장하는 십사만사천인구원설**이다.

이외에도 지적하고 싶은 말이 많이 있지만 창조과학의 문제점은 이 정도만 진술하도록 하겠다.

*
사르곤 왕(BC 2334-2279년 재위)은 수메르의 모든 도시국가를 정복하여 통일국가인 아카드 왕국을 세운 왕이다. 그의 손자 나람신(BC2255-2219년 재위)은 더욱 위대한 정복 군주로서 메소포타미아뿐 아니라 중동 전 지역을 점령한 정복 군주이다. 그는 당시 시리아 서북쪽에 존재했던 셈족의 나라 에블라 왕국을 멸망시킨 왕이기도 하다.

**
이단 교회들은 성서를 문자주의적으로 해석하며, 요한계시록 14:3절 "그들이 보좌 앞과 네 생물과 장로들 앞에서 새 노래를 부르니 땅에서 속량함을 받은 십사만 사천 밖에는 능히 이 노래를 배울 자가 없더라"에서 십사만 사천을 문자 그대로 받아들인다. 그러나 그들은 스스로 자충수를 두었으니, 그들의 교리를 따르는 신도들이 수십만 또는 수백만이 되자 잘못된 성서 해석을 변명하느라 여념이 없다.

현대물리학과 과학적 우주창조론

I 현대물리학의 주요이론들

우주 형성의 메커니즘에 대한 연구가 현대물리학계에서 활발하게 진행되고 있다. 과학적 창조론을 깊이 있게 논의하기 위해서는 현대물리학에 대한 기본적 이해가 필수적이다. 그중 중요한 몇 가지 개념에 대해 살펴보도록 하자.

1 상대성이론(相對性理論 Theory of Relativity)

상대성이론은 독일의 물리학자 알베르트 아인슈타인(Albert Einstein, 1879-1955)이 제창한 거시적 세계의 시간과 공간에 대한 물리학 이론으로 일반 상대성이론과 특수 상대성이론*으로 나뉜다.

아인슈타인의 상대성이론에 따르면 서로 다른 속도로 움직이는 관측자들은 같은 사건에 대해 서로 다른 시간과 공간에서 일어난 것으로 측정하며, 그 대신 그 관찰에 적용되는 물리법칙은 관측자 모두에게 동일하다고 한다. 이것은 그동안 물리학계에서 금과옥조처럼 여겨왔던 영국의 물리학자요 수학자 아이작 뉴턴(Isaac Newton, 1642-1727)의 절대공간 절대시간이론을 뒤엎는 이론으로서 오늘날에는 의문의 여지 없이 명증된 이론으로 인정받고 있다. 상대성이론을 쉽게 풀이하면 거시적 우주의 모든 물체는 각기 다른 속도로 움직이기 때문에 관측자가 어떤 상대를 관측할 때 상대적 공간과 상대적 시간으로 인식하게 된다는 것이다. 이 우주의 모든 존재가 상대 속도로 움직인다는 것은 우주팽창이론이나 중력이론을 적용하더라도 합당한 주장이다.

우주팽창이론에 따르면 우리 우주의 각 행성들은 빛의 속도로 팽창하며 멀어지고 있는데 그에 따라 행성과 행성 사이의 중력도 달라져 각 행성들의 이동 속도 역시 일정하지 않게 된다. 이런 일정하지 않은 속도로 움직이는 관측자와 관측 대상 사이에서 측정되는 시간과 공간은 불변의 절대값이 아니라 상대값으로 인식할 수밖에 없는 것이다. 그러나 상대성이론은 거시적 우주의 메커니즘을 설명할 수는 있지만 거시적 우주가 어떻게 생성되었는가에 대한 답변은 주지 못한다. 그러나 이것만으로도 상대성이론은 하나님이 창조하신 세계의 기본 질서를 구체적으로 이해하고 설명하는 데 크게 유효한 이론이다. 오늘날 상대성이론은 비단 물리학에만 적용되는 것이 아니라 현상학적 사유의 체계로서 정치학, 사회학, 문화학, 심리학 등 거의 모든 학문에 적용되고 있다. 이는 마치 진

* 1887년 미국의 물리학자 A. A. 마이컬슨과 화학자 E. W. 몰리의 실험 결과 빛을 전달하는 매질인 에테르가 없다는 것이 증명되었다. 아인슈타인은 이 실험 결과로부터 진공 상태에서는 빛의 속도가 관찰자의 운동과 무관하다는 가정을 세웠다. 특수 상대성이론은 일반 상대성이론과 광속불변의 원리라는 2가지 가정을 통해 세워졌다. 빛의 속도 자체는 일정하지만 관찰자의 위치에 따라 경험되는 빛의 속도는 다르다는 것이 특수 상대성이론이다.

오늘날 상대성이론은 비단 물리학에만 적용되는 것이 아니라 사유의 체계로서 정치학, 사회학, 문화학, 심리학 등 거의 모든 학문에 적용되고 있다

화론 사상이 생물학에만 적용되는 것이 아니라 오늘날 거의 모든 학문, 즉 역사학, 문화학, 사회학, 심리학 등 모든 분야에까지 확장되고 있는 것과 마찬가지다.

2 빅뱅이론(Big Bang Theory)

현대 이론물리학계에서 우주의 기원에 대한 가장 유력한 이론으로 인정받고 있는 빅백이론(Big Bang Theory)*은 1929년 미국의 천문학자 에드윈 허블(Edwin Hubble)**이 멀리 떨어진 우주로부터 오는 빛의 적색편(red shift)이 거리에 비례한다는 사실과 은하가 바깥으로 이동하고 있다는 관찰에 근거하여 우주팽창이론을 제기함으로써 성립된 우주기원론이다.

허블의 법칙이 발표된 후 과학자들은 우주의 기원설로서 빅뱅이론을 제시했다. 물론 빅뱅이론의 근거가 된 것은 허블의 법칙뿐 아니라 우주배경복사이론도 한몫하고 있다. 빅뱅이론에 따르면 팽창하는 우주의 속도와 온도를 측정해보았을 때 우주는 138억 년 전 현 우주의 질량과 에너지를 가진 아주 작은 소립자가 폭발함으로써 시작되었다는 것이다. 그러나 이 이론은 현재 과학적으로 확정된 이론이 아니라 우주 기원에 대한 가장 유력한 가설 정도로 보아야 한다. 그 이유는 아직 일반상대성이론에서 제기된 거시적 우주의 메커니즘과 양자역학에서 발의된 미시적 세계의 메커니즘과의 통일적 관계 이론(대통일장이론)이 정립되지 않았을 뿐 아니라 빅뱅이 일어나게 된 원인과 빅뱅이 일어나기 직전(5분 전)에 대한 사유 또한 미진하기 때문이다. 또한 원천적으로 현 우주의 전체 질량과 에너지를 가진 특이점과 같이 작은 소립자가 과연 존재할 수 있느냐 하는 의문이 과학적 상식으로서는 도저히 이해할 수 없기 때문이다. 그러므로 빅뱅이론은 우주의 궁극적 기원을 온전히 설명하기에는 아직 미완의 이론이라고 보아야 한다.

그러나 필자는 빅뱅이론이 기독교 창조론의 좋은 파트너가 될 수 있다고 본다. 그 이유는 빅뱅이론이 설명하지 못하는 소립자론을 창조론의 시각에서 신학적으로 설명할 수 있기 때문이다. 성서는 분명 태초에 하나님이 천지를 창조했다고 기록하고 있다. 그러나 성서는 하나님의 우주 창조에 대해 원론적이고 개괄적으로만 계시할 뿐, 우주 형성의 메커니즘과 그 과정은 구체적으로 언급하고 있지 않다. 구체적이지 못한 이 신학적 공간이 바로 빅뱅이론이 들어갈 공간인 것이다. 그러므로 성서 계시의 원론적 틀 안에서 과학자들이 밝혀낸 우주형성이론의 접합점을 찾아 기독교 창조론에 적용하면 아주 이상적인 결과를 얻을 수 있다. 이로 말미암아 빅뱅이론은 빅뱅의 근원에 대한 원천적 모호성을 극복할 수 있고, 창조론은 과학적 구체성을 확보할 수 있게 된다.

성서를 살펴볼 때 우리 우주는 전지전능한 하나님의 치밀한 계획 속에서 창조되었으며, 아무것도 없는 무한무변의 공간에 말씀으로 우리 우주를 창조하신 것이다. 이 지점에서 기독교의 창조론과 빅뱅이론을 소통시키면 다음과 같은 우주형성 이론을 세울 수 있다.

첫째, 빅뱅은 물질로서의 소립자가 폭발해서 일어난 것이 아니라 무한공간을 향해 선포된 하나님의 말씀인 로고스가 성령의 역사로 인해 폭발한 것이다. 우주빅뱅이론에서 제기된 소립자론은 과학자들이 하나님의 창조를 생각하지 않고, 인과율적으로 생각해낸 일종의 가상적 개념에 지나지

*
빅뱅이론은 허블의 법칙이 발표됨에 따라 벨기에 가톨릭 대학 교수로서 물리학을 가르치는 조르주 르메트르(Georges Lemaitre) 신부에 의해 처음 제기되었다. 1956년에는 르메트르 신부의 선구적 연구를 토대로 러시아 출신 미국의 물리학자 조지 가모프(George Gamow)가 우주 초기 상태를 설명하기 위해 빅뱅이론을 제시했다.

**
에드윈 허블(1889-1953)은 미국의 천문학자로서 1921년경 세페이드 변광성을 이용하여 우주의 크기를 쟀고, 1929년 그 유명한 우주팽창이론인 허블의 법칙을 발표했다. 이러한 업적으로 인해 미국 천문학회는 그의 이름을 따서 우주를 관찰하기 위해 제작 발사한 망원경을 허블 망원경이라 명명하였다.

않는다. 무한에 가까울 만큼 작은 특이점 같은 소립자 안에 우리 우주 전체의 질량과 전체 에너지의 총합이 들어 있다는 주장 자체가 수학적으로는 가능할지 몰라도 과학적 상식으로는 불가능한 것이다. 그러므로 우주의 시작은 물질로서의 소립자가 폭발해서 이루어진 것이 아니라, 텅 빈 무한의 공간에 성자 하나님이 선포한 말씀의 씨를 성령이 순간적으로 폭발시킴으로 시작되었다고 하는 것이 더 합당한 이론이다. 이것은 바로 하나님의 바라창조, 즉 무에서 유를 창조를 의미하는 것이다. 우주의 씨가 된 이 창조의 말씀은 영적 우주와 질료적 우주의 모든 원리가 담겨있는 로고스라는 영적 소립자이다. 이 말씀의 씨가 성자 하나님의 선포로 인해 홀연 텅 빈 무한 공간에 나타났고, 이 우주의 씨인 로고스를 성령 하나님이 폭발시켜 현실의 우주가 시작된 것인데, 이때 일어난 결정적 현상이 바로 빅뱅이라는 것이다.

빅뱅은 물질로서의 소립자가 폭발해서 일어난 것이 아니라 무한공간을 향해 선포된 하나님의 말씀이 성령의 역사로 인해 폭발된 것이다.

빅뱅이론에 따르면 빅뱅 이후 우주에는 물질과 반물질이 나타나 서로 상쇄되었는데 반물질보다 물질이 조금 더 많아서 소멸되지 않고 남은 물질이 바로 우주를 구성하는 다양한 물질이 되었다고 한다. 그리고 그 물질들이 이합집산을 하면서 오늘의 우주가 되었다는 것이다. 이러한 빅뱅이론을 기독교 창조론에서 굳이 반대할 이유는 없다고 생각한다. 오히려 하나님이 무에서 말씀으로 현 우주를 창조했다고 하는 성서의 기록과 연결해 우주 창조가 일어나는 구체적 과정을 과학적으로 설명하는 창조론의 보조 이론으로 사용하는 것이 바람직하다고 본다.

둘째, 빅뱅이론에서는 빅뱅과 더불어 처음으로 공간과 시간이 시작되었다고 하는데, 이것은 자가당착의 주장이다. 아무리 특이점과 같이 작은 소립자라 하더라도, 그 자체가 공간적 요소를 가지고 있는 것이고, 또 폭발 이전의 소립자를 품고 있는 것도 역시 공간이며, 어떤 공간이라도 있어야 그 안에서 소립자가 폭발하여 확산될 수 있는 것이다. 그러므로 공간이 없는 가운데 빅뱅이 일어났다고 하는 것은 논리적 모순이다. 그리고 지금도 우주는 거의 빛의 속도로 팽창하고 있는데, 그렇다면 우리 우주는 어떻게 우주 밖으로 팽창할 수 있단 말인가. 공간의 성격은 다르지만 우리 우주 밖에는 우리 우주 같은 우주를 무한 개라도 담을 수 있는 아무것도 없는 텅 빈 무한무변의 공간이 이미 존재하고 있는 것이다. 이 무한 공간은 하나님과 더불어 영원 전부터 존재하는 것으로서 하나님이라 할지라도 공간 없이는 존재할 수 없다. 우리는 공간 없이 존재하는 하나님을 상상할 수 없다. 모든 존재는 공간성을 전제하는 것이고, 모든 움직이는 것은 시간성을 전제하는 것이다.

3 ◦ 초끈이론(Superstring Theory)

초끈이론은 현대 양자역학을 대표하는 이론으로서 세상의 모든 것은 3차원적 원자로 이루어진 것이 아니라 원자보다 더 작은 1차원적 끈으로 이루어졌는데 이 끈들이 불확정적으로 진동하여 물질의 기본 단위인 소립자를 나타나게 했다고 한다. 이 끈들의 진동 패턴이나 장력 등에 따라 소립자의 패턴(질량, 전하, 색전하, 스핀)이 정해진다고 한다. 초끈*이라 함은 초대칭을 이루는 끈이라는 의미인데, 초끈의 크기는 10의-33자승 센티미터이고, 쿼크보다 1억 배 이상 작다고 한다. 그러나 엄밀히 말하면 초끈이 소립자는 아니라고 한다. 왜냐하면 초끈은 모든 입자들의 근본이지만 이 초끈

*
초끈이란 우주에 존재하는 기본 물질로 상정한 가상의 물질이다. 양자역학을 연구하는 학자들에 의하면 초끈은 1차원적 물질로서 끝없이 진동하고 있다고 한다. 초끈의 진동은 파동을 낳는데, 이 파동은 일종의 에너지 현상을 일으킨다. 이 파동은 다른 초끈의 파동을 만나고 이 과정에서 다양한 파동의 만남이 이루어지고, 이 만남은 곧 다양한 에너지의 모임 현상으로 나타난다. 이 에너지의 모임 현상으로 다양한 입자가 나타나는데, 힘이나 질량을 매개하는 보손 입자(힉스 입자가 그중의 하나)와 전자와 같이 실제로 물질을 구성하는 페르미온 입자(6개의 쿼크와 6개의 렙톤으로 구성)들이 나타난다고 한다. 이들 기본 입자가 모이고 연대하면서 중성자와 양자로 구성된 원자핵이 생기고 그 원자핵 주위를 도는 전자가 생겨 비로소 물질의 기본 단위인 원자가 나타나게 되었다. 이 과정에서 우주에는 4가지 힘이 존재하게 된 것이다.

의 진동 패턴과 진동 수에 따라 비로소 서로 다른 다양한 소립자들이 나타난다고 보기 때문이다.

그러나 양자역학을 연구하는 이론물리학자들이 우주의 기본 물질이라고 생각하는 초끈은 시작부터 문제를 안고 있다. 가장 선행하는 의문은 물질이 어떻게 1차원적일 수 있느냐 하는 것이다. 그들이 주장하는 대로 초끈의 크기가 10의-33자승 센티미터라 할지라도, 아니 10의-330자승 밀리미터라 할지라도 물질은 부피가 있는 것이고, 따라서 이 세상에 존재하는 모든 물질은 3차원적*일 수밖에 없는 것이다. 그리고 또한 그들이 수학적으로 상정한 초끈은 이론으로만 존재할 뿐 과학적으로 검증할 수 없는 것이 현실적 한계이다. 초끈이라는 물질은 실험적으로 입증 불가능한 요소라는 것이다. 하나님의 존재와 하나님의 창조를 인정하고 싶지 않은 물리학자들이 우발적 우주형성론을 세우기 위해 불확정적으로 진동하는 초끈이라는 가상의 전제를 만들어낸 것이다.

그럼에도 불구하고 초끈이론이 이론물리학계에서 초미의 관심을 받고 있는 이유는 이론상의 초끈이 실제로 존재한다고 전제할 때, 기존의 양자역학에서 장애물 취급을 받고 있는 중력까지도 양자역학에 포함할 수 있고, 현대물리학의 양대 이론인 양자역학과 일반 상대성이론을 통합할 수 있는 가능성이 열린다고 보기 때문이다. 이 이론은 초끈의 세계 같은 미시적 세계와 상대적 질서로 형성되어 있는 거시적 세계 사이의 존재론적 간극을 메울 수 있을 뿐 아니라 현재까지는 불가능한 두 세계를 하나의 통합된 질서로 파악하는 우주 생성의 근본 메커니즘을 추론할 수 있다고 보기 때문이다. 그러나 물질 이전의 물리학적 요소이자 1차원적 존재인 초끈은 인류의 실험실에서는 검출하여 입증할 수 없는 일종의 가상의 수학적 존재에 불과하다. 과학자들은 이 초끈을 실험적으로 검출하기 위해서는 태양계만 한 입자 가속기가 필요할 것이라고 말한다. 그러나 설령 그만한 크기의 입자가속기를 가동시킨다 할지라도 초끈이라는 1차원적 존재를 검출할 수 있다는 보장은 없다고 한다.

결국 미시적 우주의 기본 요소라고 하는 이 초끈을 영원히 검출할 수 없고, 또 검증할 수 없다면, 이 이론은 과학계의 영원한 가설로 남을 수밖에 없다. 오늘날 현대물리학계의 과제는 두 세계, 즉 미시적 세계의 역학과 거시적 세계의 역학을 어떻게 통일적 구조와 조화로 설명할 수 있느냐 하는 것이다. 이는 미시적 세계의 역학으로부터 어떻게 하나의 거시적 우주가 나타나게 된 것인가를 구명하는 것을 의미한다. 현재 초끈이론 같은 첨단의 양자역학이 연구되고 있음에도 불구하고 현 우주의 근본과 생성의 역학을 입증하는 일은 아직도 미제의 과제로 남아 있다. 물리학계에서는 두 세계의 역학을 통합하는 완전한 대통일장이론**이 나오지 않고 있다. 필자는 그 진리의 열쇠, 즉 우주 형성의 메커니즘이라는 비밀의 열쇠를 창조주 하나님만이 쥐고 있다고 믿고 있다.

또한 우주 형성의 기원을 설명하기 위해 제기된 초끈이론은 필연적으로 다중우주론, 무한우주론으로 갈 수밖에 없다. 그런 우주론이 아니고는 현 우주가 우연히 생길 확률인 10의 121자승 분의 1이라는 수학적 과학적 한계를 극복할 수 없기 때문이다. 초끈이론의 연장선상에 있는 다중우주론은 영원한 무한 공간에서 초끈의 불확정적 진동으로 1초 동안에도 무수한 우주가 탄생할 수 있다는 것이다. 그리고 이러한 현상이 영원히 계속되고 있다는 것이다. 이렇게 무한에 가까운 우주가 탄생하다 보니 우리 우주 같은 우주가 생길 확률인 10의 121자승 분의 1을 넘어서게 되고, 따라서 우주에는 우리 우주 같은 우주가 무한 개 존재할 수 있다는 것이다. 그러다 보니 평행이론이라는 것까

*
물리학에서 모든 물질은 3차원적으로 본다. 즉 모든 물질은 부피가 있다는 뜻이다. 어떤 물질의 최소값을 1이라고 가정하자. 그러면 초끈 같은 1차원적 물질은 수학적으로 1×0×0=0이 되고, 가정값이 1인 2차원적 물질은 1×0=0이 된다. 이것은 1차원적 물질이든 2차원적 물질이든 그러한 물질의 존재는 불가능하다는 의미이다. 그러므로 초끈이라는 1차원적 물질은 수학적으로도 과학적으로도 불가능한 개념이며, 무신론과학자들이 그들의 무신론적 우주관을 증명하기 위한 필요에 의해 만들어낸 가상의 개념일 뿐이다.

**
거시적 세계와 미시적 세계의 메커니즘을 통일적으로 파악하고자 하는 이론을 통일장이론, 또는 대통일장 이론이라고 한다. 통일장이론은 우주에 존재하는 기본 힘 중에 중력과 전자기력을 통합적으로 파악하는 이론이고, 대통일장이론은 중력과 전자기력과 핵력(강력)과 약력 등 4가지 힘을 통합적으로 파악하는 이론이다. 그러나 아직 만족스런 통일장이론은 나오지 않고 있다. 다만 양자역학계에서 초끈이론이 나오면서 그 가능성이 열리고 있다고 한다. 그저 가능성일 뿐 이론 물리학자들이 아무리 머리를 쥐어짜도 만족할 만한 이론이 나오지 않고 있다.

지 등장하게 되었다. 영원하고 무한한 존재로서 신이 있다는 것은 과학적으로 설명될 수 없다고 하며 하나님의 존재와 하나님의 창조를 부정하던 그들이 이제는 우주의 기원을 물리학적으로 설명하겠다고 하면서 영원과 무한이라는 개념을 차용하는 모순에 빠지고 만 것이다. 우주 공간은 무한하며, 무한한 우주 공간에는 우리 우주 크기의 소우주가 무한 개 있으며, 이런 우주를 탄생하게 하는 초끈의 불확정적 진동이 영원 전부터 있었고, 영원 후에도 있을 것이라는 주장을 오늘날 현대 이론 물리학자들이 하고 있는 것이 현실이다. 영원 무한한 존재를 인정하기 싫어 창조주 하나님을 부정한 그들이 오늘날에 와서는 과학이라는 이름으로 영원 무한이라는 개념을 기꺼이 사용하고 있으니 이 얼마나 아이러니한 일인가? 우주의 기원과 근원적 메커니즘을 설명하기 위해서는 불가피하다는 이유에서 말이다.

도대체 그들이 과학의 이름으로 궤변을 늘어놓으면서까지 하나님의 창조를 인정하고 싶지 않은 이유가 무엇인가? 하나님은 시편 2:1절에서 "어찌하여 이방 나라들이 분노하며 민족들이 헛된 일을 꾸미는가"라고 열방을 질책하시면서, 로마서 1:28절에서는 바울을 통하여 "또한 저희가 마음에 하나님 두기를 싫어하매 하나님께서 저희를 그 상실한 마음대로 내어버려두사 합당치 못한 일을 하게 하셨으니"라고 말씀하셨다. 필자는 이것이야말로 그토록 하나님의 창조를 부정하고 싶어 하는 무신론 과학자들을 질책하는 말씀이라고 생각한다. 그렇다고 과학자들이 우주의 기원과 운행의 메커니즘에 대해 과학적 연구를 하지 말라고 하는 것이 아니다. 다만 과학적 탐구를 하는 이유와 목적을 하나님의 창조를 부정하고 싶은 마음에서가 아니라 하나님이 창조한 세계가 어떤 근본 질서를 가지고 있으며, 어떤 근본적 역학으로 생성되었는가를 구체적으로 알고자 하는 목적으로, 그런 마음으로 과학 연구를 해야 한다는 것이다.

4 ◦ 다중우주론과 무한우주론, 그리고 평행이론

우주만물을 창조하신 하나님을 부정하고 싶은 사람들이 생각해낸 이론 중 다중우주론과 무한우주론이 있다. 이 이론은 양자역학에서 초끈이론의 결과로 필연적으로 나타날 수밖에 없는 이론이다. 그들은 미시적 세계의 성립을 다음과 같이 설명한다. 우리 우주를 포함하여 온 우주에는 영원 전부터 초끈이라는 1차원적 물질이 가득 차 있는데, 이 초끈은 무한한 불확정적 진동으로 말미암아 다양한 소립자를 만들어낸다. 그리고 이 소립자들이 우발적으로 모여 각종 원자를 형성하고, 다시 그 원자들이 모여 분자의 세계를 이루고, 그 분자들이 이합집산하며 온 세계 만물로 나타났다.

과학자들에 의하면 우리 우주같이 모든 힘이 미세 조정된 우주 하나가 우발적으로 탄생될 확률은 10의 121자승 분의 1이라고 한다. 그에 따라 하나님의 창조를 부정하는 무신론적 과학자들은 우리 우주가 우연히 생성될 확률인 10의 121자승 분의 1을 극복하기 위해 다중우주론, 무한우주론, 우주순환론, 그에 따른 평행이론을 고안해냈다. 다중우주론이란 우주는 하나가 아니고 우리가 살고 우주 밖에는 다양한 성격의 수많은 우주가 동시에 중첩적으로 존재한다는 것이다. 그래서 11차원 우주론까지 나온 것이다.

그러므로 무한과 영원이라는 개념을 물리학에 도입하여 유신론적 창조론을 극복하려는 일부 이론물리학자들의 시도는 한여름 밤의 꿈처럼 허망하기 짝이 없는 궤변이요 논리적 허위에 지나지 않는 것이다.

무한우주론이란 우주가 무한하고, 우주의 수도 무한하며, 현재도 온 우주에는 초끈의 끝없는 진동, 또는 중력의 끝없는 파동으로 인해 계속해서 또 다른 우주가 무수히 만들어지고 있다는 것이다. 이것은 영원히 지속되는 현상이기 때문에 우주는 무한하다고 하는 것이다. 우주순환이론이란 하나의 우주가 수명이 다하면 폭발하고 새로운 우주가 탄생한다는 것으로 지금도 수많은 우주가 소멸되고 새로운 우주가 탄생한다는 것이다. 수명이 다한 초신성이 폭발하여 새로운 태양계가 형성되듯이 말이다.

결국 그들의 의도는 다중과 무한과 순환이라는 개념의 우주론을 제기하여 현 우주가 우연히 생성될 수 있는 가능성을 논증하고, 우리 우주가 미세 조정될 확률인 10의 121자승 분의 1을 넘어서고자 하는 것이다. 아무리 우리 우주 같은 우주가 우연히 생성될 확률이 10의 121자승 분의 1이라 하더라도, 우주가 영원 전부터 무한 수에 가깝게 많이 있거나 무한 개의 수로 계속 만들어지고 있다고 하면, 수학적으로 그중 우리 우주와 같은 우주가 존재할 가능성이 당연히 있는 것이다. 그들은 이런 이론을 펼침으로 인해 지적 설계론자들이나 창조론자들이 미세 조정된 우주가 우연히 만들어질 확률은 거의 불가능에 가깝다고 하는 주장을 역으로 극복하려고 하는 것이다. 이렇게 하면 우주가 우연히 발생한 것이 아니라 초지성을 가진 어떤 존재에 의해 계획적으로 만들어진 것이라는 지적 설계론이나 성서적 창조론을 극복할 수 있다고 생각한 것이다.

여기서 당연히 따라 오는 것이 우주평행이론이다. 이 이론은 우주가 무한대로 만들어지고 있기 때문에, 어느 곳인가는 우리 지구와 100% 똑같은 별이 있을 것이라는 것이다. 그들의 논리에 따르면 이 우주에는 지구와 완전히 똑같은 별, 즉 크기, 자전 및 공전 속도, 다른 별들과의 중력 관계, 공기 속의 탄소, 수소 산소 질소의 비율, 심지어 바닷가의 작은 모래 하나하나의 위치와 크기까지, 그리고 그 별에 존재하는 동식물의 종류와 크기, 심지어 박테리아나 바이러스의 숫자와 생김새까지, 그들의 수명과 움직이는 동작의 순서와 길이까지, 그 생물들이 느끼는 감정과 성격과 강도의 세기까지, 그리고 각 인격들이 생각하는 내용과 순서와 시간까지 완전히 똑같이 존재하는 별이 지금 이 순간에도 수없이 만들어지고 수없이 존재한다는 것이다. 각 사람과 완전히 똑같이 생기고 똑같이 생각하고 똑같이 숨 쉬고 똑같이 말하는 사람이 이 우주에 억천만 개 이상 존재한다는 의미다.

사람의 상상으로 이런 우주를 무한 개인들 못 만들겠는가? 또 이런 무한한 우주를 만들었다 한순간에 없애는 것 또한 못 하겠는가? 상상으로는 사람이 하나님인들 못 되겠는가? 상상으로라면 지구의 정복자인들 못 되겠는가? 필자는 이론물리학자들의 신념의 한계를 안다. 자식의 목숨을 걸고 하나님의 창조를 사실이라고 믿을 것인가, 자신들의 우주기원론이 사실이라고 믿을 것인가를 선택하라고 한다면, 그들은 모두 하나님의 창조 쪽을 선택할 것이다. 자신들의 허망한 이론을 선택할 자가 한 사람도 없을 것이다. 이것이 이론물리학자들의 심리학적 한계요 신념의 한계인 것이다.

그러므로 무한과 영원이라는 개념을 물리학에 도입하여 유신론적 창조론을 극복하려는 일부 이론물리학자들의 시도는 한여름 밤의 꿈처럼 허망하기 짝이 없는 궤변이요 논리적 허위에 지나지 않은 것이다.

5 M이론과 11차원우주론

M이론은 우주의 구조와 메커니즘을 설명하기 위해 기존의 초끈 이론과 11차원우주론을 결합한 것이다. 초끈이론이란 우주의 가장 미시적 세계는 끈의 형태로 되어 있는 1차원적 물질의 세계인데, 이 초끈이 스스로 진동함에 따라 다양한 소립자들이 생성된다는 양자물리학계의 유력한 이론이다. 1990년대 초에는 총 5개의 초끈이론이 알려져 있었다. 1995년에 에드워드 위튼은 이들 5개의 초끈이론에 대해, 우주에는 5가지 초끈의 진동으로 생성된 11차원우주가 존재한다는 M이론을 발표했다. 물리학계에서는 이 이론의 제기를 제2차 초끈혁명(the Second Superstring Revolution)이라고 부른다. 그 후 1996년 톰 뱅크스와 빌리 피스홀러르, 스티븐 생커, 레너드 서스킨드가 양자역학의 극한으로 정의한 행렬이론(Atrix Theory)을 제기함으로써 새로운 M이론의 지평을 열었다.

M이론*은 11차원우주론을 구체화한 것인데, 우주는 차원과 차원을 분리하는 막이 중첩되어 있는 11차원의 형태로 되어 있다는 것이다. M이론은 현대이론물리학계에서는 우주의 근원을 설명하는 데 있어 가장 스마트하고 깔끔한 이론으로 인정받고 있다. 그러나 이 이론이 탄생한 이래 단 하나의 과학적 증거도 찾지 못하고 있다. 따라서 이론적으로 스마트해 보인다는 이유만으로 모든 물리학적 과제를 해결해줄 거라고 믿는 것은 자기 위로에 지나지 않는다. 이 이론은 단 하나의 과학적 증거도 없이 과학적 상상력을 이론화한 가설, 또는 가상의 소설에 지나지 않는다.

M이론의 핵심인 11차원우주론도 얼핏 보면 대단히 오묘한 우주론처럼 보이지만 이 또한 우주의 우연형성론이 수학적, 과학적, 상식적으로 불가능한 주장임을 알고 있는 무신론 과학자들이 우주의 기원과 형성 및 구조의 메커니즘을 수학적으로 설명하기 위해 궁여지책으로 만들어낸 이론에 지나지 않는다. 그러나 그들이 아무리 4차원을 넘어 11차원의 우주를 이야기한다 할지라도 그들의 주장은 스스로 자기 모순에 빠지고 만다. 물리학자들은 1차원 공간은 선의 세계이고, 2차원 공간은 면의 세계이고, 3차원 공간은 스퀘어의 세계라고 한다. 그런 논리로 4차원, 5차원, 11차원까지 이야기한다.

11차원 우주론과 M이론이 나오기까지는 이론물리학자들이 10차원우주론을 제시한 바 있었다. 그러나 각 차원의 공간은 나름의 한계성을 가진 공간이다. 1차원 공간이 무한 우주 공간을 모두 포괄할 수 없고, 2차원 공간도, 3차원 공간도, 4차원 공간도 역시 마찬가지다. 각 차원의 공간은 우주의 어떤 특별한 성격의 공간일 뿐이다. 그들이 주장하는 각 차원의 우주는 전체 우주의 일부에 지나지 않는다. 10차원적 공간이 전 우주 공간을 포괄할 수 있다면 왜 11차원우주론이 나왔겠는가? 그들의 상상력으로 펼치는 11차원우주론은 460억 광년 크기의 우리 우주는 3차원적 우주에 지나지 않으며 이것을 존재하게 한 더 크고 더 높은 차원의 우주가 그 위에 층층으로 존재할 것이라는 것이다. 그러나 아무리 11차원의 우주라 할지라도 무한한 우주를 다 포괄하여 설명할 수는 없다.

따라서 그들의 주장대로라면 현대 이론물리학자들이 생각해낸 11차원우주론의 메커니즘도 무한한 우주의 신비를 완벽하게 설명할 수는 없는 것이다. 앞으로 또 다른 이론물리학자가 또 교묘한 수학적 생각을 고안하여, 기존의 11차원우주론보다 더 우월한 12차원 우주론, 13차원 우주론, 나아가 100차원우주론, 1,000차원우주론을 주장하게 될지도 모른다.

*
M이론의 글자 M은 '신비한(Mystery)', '마술적(Magic)', '어머니(Mother)', '막(Masturbation)' 등으로 해석되고 있다. 특히 Masturbation Theory는 영국의 물리학자 주앙 마게이주가 실제로 한 말이다. 이 M이론을 빗대어서 F(Fathor)이론이라고 말하는 사람들도 있다.

현대 이론물리학자들의 주장은 어쩌면 불교 우화에 나타난 장님 코끼리 만지기보다 더 우주의 근원을 제대로 설명하지 못하는 것일 수 있다. 장님들은 그래도 코끼리의 어느 한 부분이라도 실제로 만지고 말하기라도 하지, 이들 이론물리학자들은 그저 가상의 수학 공간에서 이렇다고 해보자, 저렇다고 가정해보자 하는 식의 이론을 전개하여 우주의 근원적 메커니즘을 설명하려고 하고 있다. 장담하건대 앞으로 현재의 11차원우주론도 형편없는 초보적 이론으로 평가받으며 설 자리를 잃을 날이 올 것이다. 이는 과학에 무한이라는 개념을 도입하여 창조론을 극복해보려고 한 무신론 과학자들의 무리수가 가져온 미래의 결말이다.

우주는 창조주 하나님께서 말씀으로 창조하신 것이며, 그 우주 창조의 구체적 메커니즘은 진정한 과학자들에 의해 향후 서서히 밝혀질 것이다. 그때 기독교 창조론과 과학 이론은 서로 일치와 조화를 이루게 될 것이며, 그날이 창조의 비밀이 밝혀지는 때이다.

6 ◦ 중력창조론

중력의 법칙, 즉 만유인력의 법칙을 처음 발견한 사람은 17세기 아이작 뉴턴이다. 그러나 그는 하나님을 믿는 사람으로서 자신의 발견이 갖는 한계를 겸허하게 인정했다. 그는 "중력은 행성들의 움직임을 설명할 수 있지만 누가 이 행성들을 이렇게 움직이게 했는지는 설명하지 못한다"고 말했다. 그런데 이 중력을 창조주 하나님의 자리에 올려놓은 사람은 영국의 이론물리학자 스티븐 호킹 박사다. 그는 우주를 신이 창조한 것 아니라 우주에 영원히 존재하는 중력이 창조했다고 주장한다. 호킹 박사는 자신의 저서 『위대한 설계(Grand Disien)』에서 "우주에는 중력과 같은 법칙이 존재하므로 우주는 무(無)로부터 스스로 창조될 수 있으며 또 창조된 것"이라고 주장했다. 그러나 그는 창조론을 지지하는 과학자들에 의해 그 중력이란 물리학적 요소는 또 어디서 온 것이냐는 질의에 직면하게 되었고, 중력이 인간의 양심도 창조했느냐는 냉소적인 반응도 얻었다. 또 그가 말하는 무(無)는 중력이라는 실체가 있는 무(無)이기 때문에 완전한 무(無)가 아니지 않는가 하는 비판도 받고 있다. 중력의 자발적 창조라는 그의 사상은 스스로 존재하여 스스로 창조하는 자라고 성서가 증언하는 하나님의 자리에 중력이나 중력법칙을 대치해놓은 것에 지나지 않는다. 그래서 그는 과학의 영역과 신학의 영역을 혼동하고 있다는 비판을 듣고 있다. 필자는 호킹이 이런 무신론적 우주론을 주장하게 된 것은 근무력증이라는 그의 신체적 조건으로 인해 하나님에 대한 원망과 증오가 깊어져서가 아닌가 추측해본다.

Ⅱ 과학적 우주창조론

과학적 우주창조론이란 성서와 과학을 소통시키고 조화시킨 우주창조론이다. 창조에 대한 성서의 계시도 진리임을 믿고, 명증된 과학 이론도 진리임을 믿고, 양자를 소통시키는 가운데 세워진 창조론이 바로 과학적 우주창조론이다.

현대물리학의 빅뱅이론은 우주의 기원에 대한 가장 유력한 학설로 인정받고 있다. 더욱이 최근 들어 유럽에 세워진 입자가속기에서 물질의 기본 중 하나라고 여겨지는 힉스 입자*가 발견됨에 따라, 과학계는 이 이론을 우주의 생성을 설명할 수 있는 가장 유력한 모형으로 인정하고 있다.

빅뱅이론은 러시아 출신 미국 물리학자 가모프(Georgy Antonovich Gamow, 1904-1968)**가 기존의 우주팽창이론을 발전시켜 제안한 이론이다.

가모프가 제안한 우주팽창이론이란 우리 은하는 모든 은하로부터 계속해서 멀어지고 있는데, 우주는 어느 방향으로도 똑같은 비율로 팽창하고 있으며, 이는 어느 은하에서 관측하더라도 같은 결과를 얻게 된다는 것이다. 우주가 팽창하고 있다면, 역으로 영화 필름을 거꾸로 돌리듯 시간을 거슬러 올라가면 언젠가는 한 점에 모이게 되는데, 그 한 점이 바로 소립자이고, 그 소립자가 지금으로부터 138억 년 전에 크게 폭발하여 오늘의 우주가 되었다는 이론이 바로 빅뱅이론이다. 그러나 이 이론은 과학자들이 우주 형성의 메커니즘을 설명하고자 제기한 것이지만, 확실히 실증적으로 증명된 것은 아니다. 더욱이 아무것도 없는 무에서 어떻게 소립자가 생겨났는지, 원자보다 훨씬 작은 최초의 입자에 어떻게 지금 우리 우주의 총질량과 총에너지가 들어 있는지, 그 소립자가 무슨 이유로 어떻게 폭발하게 되었는지, 소립자가 폭발하여 생성된 우주에 중력, 핵력, 약력, 전자기력 등이 어떻게 정확하게 미세 조정되어 지금의 우주가 나타나게 되었는지에 대해 어떠한 확실한 설명도 하지 못한다. 결국 빅뱅이론은 우주의 기원을 설명하는 하나의 제한적 모형 이론일 뿐 우주 생성의 기원에 대한 근원적 메커니즘을 실제로 규명하지 못하고 있다.

그럼에도 불구하고 이 빅뱅이론은 상당한 정도의 과학적 데이터로 설명되고 있기 때문에 완전히 무시할 수 없는 진리성을 가지고 있는 것도 사실이다. 예를 들어 허블망원경으로 우주 팽창이 관측되었고, 빅뱅 때 방출된 것이라 여겨지는 엄청난 양의 열과 복사선의 흔적인 우주배경복사선***이 검출되었고, 빅뱅이론의 입증을 위해 대단히 중요한 부분인 힉스 입자가 검출된 것 등으로 인해 빅뱅이론은 상당한 과학적 설득력을 얻게 되었다. 이 빅뱅이론은 오늘날 중력을 이기고 일정한 수준의 척력으로 우주를 팽창시키고 있다고 추정되는 암흑에너지와 암흑물질의 규명을 위한 연구 성과 등과 맞물려 과학적 신뢰도를 더욱 가중시키고 있다.

필자는 빅뱅이론 자체가 가지고 있는 원천적 한계성에도 불구하고, 창세기 1장에 근거한 창조 신학과 상당한 조화를 이룰 이론적 구조를 가지고 있다고 생각한다. 창세기 1장에 근거한 기독교의 창조론은 빅뱅이론이 갖는 원천적 한계성을 해소할 수 있다. 성서적 창조론은 소립자의 정체와 본질, 소립자의 근원과 소립자의 폭발 원인과 폭발이 일어나게 된 이유와 원리, 그리고 우주의 형성 및 지구 생태계가 존재할 수 있도록 우주의 기본 질서가 미세 조정될 수 있었던 이유 등을 설명해

*
힉스 입자는 1964년 영국 에딘버러 대학의 물리학자 피터 힉스가 우주 상에 존재할 것이라고 예견한 것이다. 힉스 박사는 138억 년 전 빅뱅으로 인한 우주 탄생 시 나타난 렙톤과 쿼크에 질량을 부여한 뒤 사라진 입자가 우주에는 남아 있을 것이라고 주장했다. 그런데 2012년 7월 4일 유럽핵입자물리학연구소(CERN)는 이 힉스 입자를 99.999994%의 확률로 발견한 것 같다고 발표하여 전 세계를 놀라게 했다.

**
가모프는 미국에 거주하면서 물리, 우주, 생물 등에 관한 많은 책을 썼으며, 과학의 보급에 진력함으로써 1956년 유네스코의 칼 리건 상을 받았다. 1946년 우주배경복사의 존재를 예언하였고, 1948년 우주 초기 중성자로 이루어진 원자핵생성 이론 등으로 화제를 모았다.

***
1965년 펜지아스(A. Penzias, 1933-)와 윌슨(R. Wilson, 1936-)이 우주의 모든 방향에서 균일하게 절대온도 3.5도에 해당하는 우주배경복사선을 검출하였다.

줄 수 있다. 천체물리학은 소립자의 폭발 이후 우주 탄생의 과정을 세밀하게 설명할 수 있는 데 반해, 성서적 창조론은 천체물리학이 밝혀내지 못하고 있는 우주 탄생의 궁극적 원인과 원리를 삼위일체 하나님의 자기운용 시스템을 통해 큰 틀에서 설명할 수 있다. 그런 점에서 연역적 진리인 성서의 계시와 귀납적 진리인 과학 이론은 우주 창조의 진실을 규명하는 데 든든한 동지요 협력적 파트너가 될 수 있는 것이다.

창세기의 계시가 없다면 빅뱅이론만으로는 도저히 빅뱅이 일어나게 된 근원적 이유와 역학, 특히 소립자의 정체를 이해할 수 없고, 반면 빅뱅이론과 같은 과학적 연구가 없었다면 창세기의 계시는 구체성을 갖추지 못하고 전혀 실증되지 않은 한낱 종교적 신화로 인식되어 소수의 열광적인 그리스도인이나 유대교인들의 신앙 고백 속에서나 살아남게 되었을 것이다. 이제 필자는 성서적 창조론과 우주의 시작에 대한 유력한 과학 이론인 빅뱅이론을 연결시켜 우주 창조의 총체적 모형 이론, 즉 과학적 창조론에 입각한 우주 탄생의 원인과 기원에 대해 서술해보도록 하겠다.

창조 의지와 비전 태초에 하나님의 마음 깊은 곳에서 창조의 의지가 움직였다. 이어서 하나님의 마음속에는 장엄하고 아름다운 우주에 대한 환상이 떠올랐다. 그것은 하나님을 닮은 피조물들이 광활한 우주에 널리 퍼져 위로는 하나님을 찬양하고, 서로 사랑하며 무엇 하나 부족함 없이 행복하게 살아가는 아름다운 우주에 대한 환상이었다. 이 창조의 환상은 하나님의 꿈이고 소원이 되었다. 하나님은 이 환상의 우주를 만들기로 작정하셨다.

삼위일체로 되신 하나님 하나님은 그 우주를 짓고 섭리하기 위해 스스로의 존재 양식을 일위일체에서 삼위일체 양식으로 변화시켰다. 이는 하나님이 스스로를 즉자와 대자로 나누심으로써, 즉자 하나님인 성부는 피조 세계에 대해 직접 관여하지 아니하고, 대자 하나님인 성자와 성령을 통하여 피조 세계를 짓고 섭리하기 위함이었다. 이는 하나님, 곧 성부 하나님은 숨어 계신 하나님이 되고, 성자와 성령은 성부로부터 나와 피조 세계에 대하여 나타나시는 하나님이 되는 시스템이었다. 성부는 모든 사안에 대해 성자와 성령께 발의하고 더불어 협의하되 최종적 결정을 성부가 하신다. 성자는 그 결정 사항에 따라 성부 하나님을 대신하여 이를 말씀으로 시행하신다. 그리고 성령은 성자가 말씀으로 시행하는 일을 매순간마다 뒷받침하여 성부의 뜻대로 모든 일이 이루어지게 하신다. 이런 삼위 하나님의 사역 시스템은 창조, 계시, 섭리 모든 부문에 동일하게 적용되었다.

자기 백성을 예정하신 하나님 하나님은 그리스도 안에 있는 무리를 자신의 영원한 백성이요, 자녀로 삼을 것을 예정하셨다. 이들은그리스도를 대리하여 창조될 우주를 다스리는 왕이요(요한계시록 20:6) 중보적 제사장(요한계시록 20:6)이 될 존재들이었다. 따라서 그들에 대한 하나님의 예정과 선택의 목표는 그들이 하나님의 아들의 형상을 닮게 하는 것이었다(로마서8:29). 그 이유는 하나님의 아들의 형상을 닮은 자들만이 하나님의 뜻에 따라 우주를 다스릴 수 있기 때문이었다. 그리하여 전 우주에 세워질 광대한 나라가 하나님 중심으로 통일을 이룰 수 있기 때문이다.

무한 공간에 로고스의 입자가 발출, 폭발했다 드디어 때가 차매 하나님은 창조를 시작하시었다. 성부 하나님은 성자 하나님께 창조의 때가 되었음을 알리시고 우주 창조를 명하시었다. 이에 성자는 우주의 디테일한 설계가 함축되어 있는 우주의 씨인 말씀, 즉 로고스를 텅 빈 무한 공간에 선포하셨다. 그러자 무한무변의 텅 빈 우주 공간에는 성자가 선포한 창조의 씨인 로고스가 나타나게 되었다. 이 로고스가 바로 빅뱅론자들이 상정하고 주장하는 소립자의 정체다. 성자의 선포로 인해 무한무변 공간에 떨어진 이 창조의 씨 같은 말씀(理)을 가리켜 천체물리학자들은 138억년 전 특이점과 같이 작은 소립자가 존재했으며 그 소립자가 알 수 없는 이유와 알 수 없는 힘의 작용에 의해 폭발하여 오늘날 우리 우주가 되었다고 주장하고 있는 것이다. 그러나 현 우주의 총질량과 총에너지가 응축되어 있는 무한소(無限小)에 가까운 크기의 특이점의 존재를 어떻게 과학적으로 증명할 것이며, 더욱이 그 무한소의 소립자에 우리 우주의 모든 디테일한 정보가 담겨 있다는 것을 어떻게 과학적으로 설명할 수 있을 것인가? 그런 소립자의 존재가 과연 과학적으로 상식적으로 가능한 것인가? 사실상 그런 소립자의 존재를 과학적으로 이해한다는 것은 도저히 불가능한 일이다. 소립자론은 논리학적, 수학적, 과학적 필요에 의해 제기한 이론일 뿐이다.

그래서 필자는 이 소립자를 성서적으로 이해하여 성자로부터 발출된 말씀, 즉 영적 소립자, 또는 영자(靈子)라고 칭하는 것이다. 성자에 의해 선포된 이 로고스, 즉 영적 소립자는 즉시 성령의 역사로 인해 폭발했다. 그로 인해 영의 입자가 현상 세계로 변하여 나타난 것이다. 이에 대해 성서는 "태초에 하나님이 천지를 창조하시니라(창세기 1:1)"고 말씀하고 있다. 이것이 바로 빅뱅이다. 어떤 종자도 발아되지 않으면 천년이 지나도 그대로 있듯이, 고성능의 폭탄도 터지지 않으면 아무 일도 일어나지 않듯이, 이 우주의 설계도가 잠복해 있는 영적 소립자는 성령에 의해 대폭발(빅뱅)됨으로써 비로소 아름다운 창조 세계가 파노라마처럼 펼쳐지게 된 것이다. 분명이 창조적 빅뱅은 어떤 정신적 물질적 요소가 전혀 없는 텅 빈 무한 공간*에 오직 하나님의 말씀과 성령의 역사로 일어난 것이다. 그래서 하나님의 우주 창조를 가리켜 '무로부터 창조(creatio ex nihilo)**'라고 창조신학에서는 규정하는 것이다.

무로부터 창조는 하나님의 능력이다 무에서 유가 생기게 하는 것은 하나님만이 하실 수 있는 창조의 신비요, 하나님이 말씀으로 우주 만물을 창조하시는 것은 오직 하나님만이 하실 수 있는 능력이고 지혜이다. 그러므로 빅뱅의 단초가 되는 소립자는 물리학적 개념이 아니라 하나님의 창조적 말씀이라는 신학적개념으로 이해해야 하며, 굳이 소립자라고 명칭하고 싶다면 그것은 영적 소립자, 즉 영자(靈子)로 불러야 한다고 제안하고 싶다. 특이점과 같이 작은 소립자(10의 -18자승 센티미터)에 전 우주의 모든 총질량과, 전 우주의 에너지 총량이 담겨져 있다는 주장은 물리학적으로나 상식적으로 이해되지 않는 주장이다. 더구나 그 소립자에 어떻게, 무슨 원리에 의해서 전 우주의 복잡한 설계도가 그토록 디테일하고 정확하게 들어 있는 것인지, 그리고 왜 그 소립자가 138억 년 전에 나타났고, 또 그때 폭발하게 된 것인지 현재까지 천체물리학에서 제기한 빅뱅이론만으로는 설명이 불가능하다. 그러므로 물리학자들이 이야기하는 빅뱅 시의 소립자는 하나님께서 텅 빈 무한 공간에 선포한 창조의 말씀, 우주이성, 즉 로고스를 뜻하는 것으로 보아야 한다. 하나님이 만드신 우주

이에 성자는 우주의 디테일한 설계가 함축되어 있는 우주의 씨인 말씀, 즉 로고스를 텅 빈 무한 공간에 선포하셨다. 그러자 무한무변의 텅 빈 우주 공간에는 성자가 선포한 창조의 씨인 로고스가 나타나게 되었다. 이 로고스가 바로 빅뱅론자들이 상정하고 주장하는 소립자이다.

*
텅 빈 무변무한 공간은 영원 전부터 하나님과 함께 있었다. 이 아무것도 없는 무한무변의 공간에 하나님께서 말씀으로 우주를 창조하셨고, 우주는 지금도 이 무한무변의 공간 안에서 팽창을 계속해나가고 있다. 이런 필자의 생각은 빅뱅 시에 시간과 공간이 처음 생겨났고, 그 공간은 지금도 계속 팽창하고 있다는 전통적 빅뱅이론과는 큰 차이가 있다.

**
창조신학의 금과옥조는 "태초에 하나님이 무로부터 말씀으로 우주를 창조하셨다"는 것이다. 영원 전부터 아무것도 없는 무한무변의 공간이 있었고, 하나님의 창조는 이 공간 안에 펼쳐졌다는 것이다. 이것이 무로부터 창조의 의미다. 이는 우주 공간에는 우주의 최소 기본 요소인 초끈이 가득 차 있고, 이 초끈의 진동에 의해 우주만상이 생겨났다고 하는 초끈이론자들과는 완전히 다른 입장이다. 또한 처음부터 중력이 있었고, 그 중력에 의해 우주가 만들어졌다고 하는 스티븐 호킹 박사의 주장과도 다른 입장이다.

의 총설계도, 즉 우주적 로고스가 들어 있는 이 영적 소립자, 영자를 성령 하나님이 폭발시킴으로써 전 우주가 창조의 현실로 나타나게 된 것이다.

우주가 형성되는 과정 성서적 창조론에 빅뱅이론을 소통시키면 다음과 같은 간략한 우주 창조의 시나리오가 가능할 것이다.

태초에 큰 폭발(Big Bang)이 있었다. 그 폭발은 하나님의 말씀, 곧 우주이성인 로고스에 성령이 역사하심으로 일어난 폭발이었다. 그로 인해 아무것도 없었던 텅 빈 무한 공간에 수백 킬로톤의 원자폭탄이나 수소폭탄이 폭발할 때보다 수 경배, 아니 수 경배의 수 경배 이상의 강력한 빛과 에너지가 방출되었고, 그와 함께 물질과 반물질이 나타났다. 그리고 두 종류의 물질은 서로 충돌하며 동일한 양이 상쇄되었다. 그리고 초기 우주의 온도가 절대온도 1억K로 식었을 때 4가지 힘이 나타났다. 반물질과의 충돌로 상쇄되고 남은 물질에게서 4가지 힘의 작용 속에 쿼크, 렙톤, 힉스 등 입자들이 나타나 뭉치기 시작했다. 이때부터 우리 우주는 하나님의 설계와 섭리를 따라 과학자들이 우주상수론을 제기할 만큼 놀랍고도 정확하게 확장되고 형성되어 나갔다. 그리고 138억 년이 지나자 오늘날 우리가 살고 있는 우주는 직경 460억 광대한 우주가 되었고, 이 우주는 지금도 계속 광속으로 확장되고 있다.

Part 4

The story of The creation(2)

| 제 4 부 | 창조 이야기(2)

나사 천체 사진

지구와 달

바다와 육지

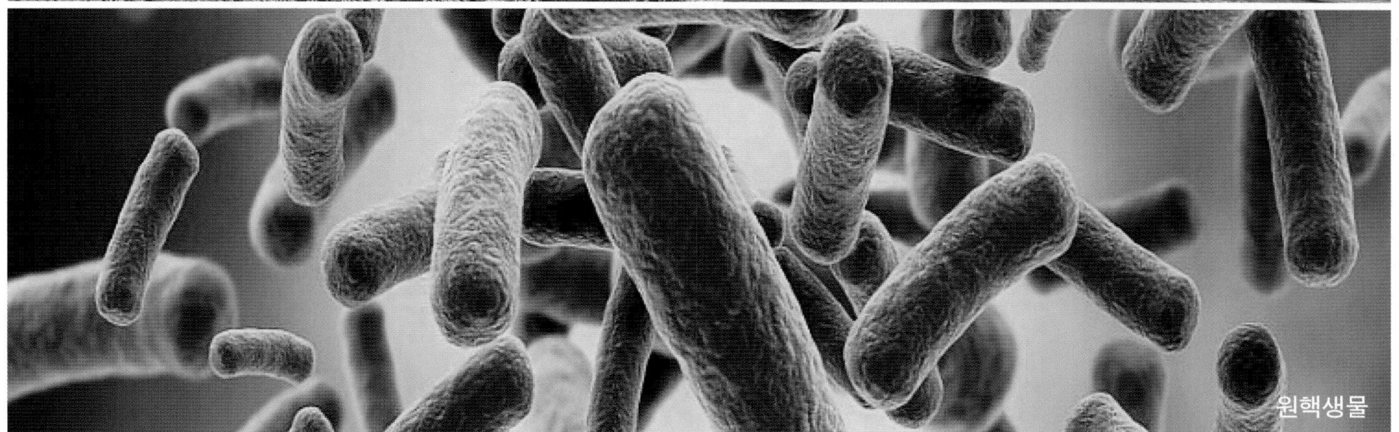
원핵생물

동물의 창조

Overview

우주의 역사는 하나님으로부터 시작되었다(창세기1:1). 태초에 하나님의 마음이 초의식과 의식 사이의 임계점을 통과할 때 떠오른 장엄한 환상이 있었다. 하나님은 그 환상속의 우주를 만들기 위해 스스로의 존재양식을 일위일체에서 삼위일체로 변화시켰다(요한복음 1:1-2). 그리고 삼위 하나님은 창조할 우주에 대한 구체적인 설계를 성부하나님의 주도로 완성하였다(로마서 8:29). 그리고 태초에 하나님은 창세기 1장 1절의 기록대로 천(天, 솨마임)과 지(地, 에레쯔), 즉 영적 우주와 질료적 우주를 만드시었다. 창세기 1:1절은 하나님께서 전 우주를 창조하셨음을 선포한 말씀이다(창1:1). 창세기 1장에서 하나님은 영적 우주는 물론이거니와 질료적 우주 창조에 대해서도 구체적 과정은 모두 생략하고, 원시지구의 모습(창1:2)과 지구환경의 창조에 대해서만 비교적 상세히 계시했다. 창세기 1장의 창조계시에 대한 기록은 하나님의 권위로 일방적으로 선포된 연역적 진리이다. 그러므로 기독교 창조론은 이성의 학문인 과학과 역사학이라는 귀납적 진리와 소통하고 조화를 이룰 때 인류 지성사회에 막강한 영향을 끼칠 수 있다. 과학은 창조의 과정 중 성서에서 생략되어 있는 부분, 즉 우주창조와 질료적 우주의 형성과정, 특별히 태양계 창조의 과정 등 창조의 구체적 과정을 진술할 수 있음으로 계시적 진리인 창세기 1장의 창조계시를 구체적으로 보완할 수 있다. 그러므로 과학은 계시의 적이 아니라 동지이다.

창세기 1장에 계시된 지구창조와 지구생태계 창조에 대한 기록 중 가장 난해한 문제인 제4일의 창조는 해와 달과 별의 창조를 의미하는 것이 아니라, 지구 자전축이 안정됨에 따라 지구와 해와 달과 별들 사이의 중력질서가 확정된 사실을 계시한 것으로 이해되어야 한다. 그렇게 해석하지 않으면 창세기 1장에 나타난 지구질서의 창조는 그 과정이 뒤죽박죽이 되어 버려 오늘 날 전통적 창조론이 가지고 있는 문제들을 낳을 수밖에 없는 것이다. 창세기 1:14-19절을 상기와 같이 해석할 때, 우리는 창세기 1장 전체에 나타난 창조의 순서가 현대 지구학 및 생물학과 거의 정확하게 일치된다는 놀라운 사실을 발견할 수 있게 된다. 그래서 3,200년 전에 기록되었거나 편집된 지구창조에 대한 성서의 계시가 천체물리학과 지구학과 생물학을 정확하게 담을 수 있는 진리라는 것을 알게 될 때, 현대 지성사회는 깜짝 놀랄 수밖에 없는 것이다.

창세기 1장의 하루, 즉 '욤'은 사람의 24시간 하루가 아니라 하나님의 하루이다. 하나님의 시간은 천년이 하루 같고 하루가 천년 같으니, 어떤 하루는 10억년도 넘을 것이고, 어떤 하루는 1년도 안 되는 기간을 의미하는 것일 수도 있을 것이다. 창세기 1장에는 무에서 유의 창조, 즉 '바라'창조만 있는 것이 아니다. 아사, 야차르, 바나처럼 유에서 유를 만들거나, 유에서 유의 어떤 다른 형태를 만들거나 짓는 창조도 있다. 우주최고의 전능한 과학자인 하나님은 지구의 성분을 합성하여 생명을 만드시었고(생명창조), 이전의 생명체에서 다른 생명체를 종류대로 창조해 나갔으며(수직진화), 그 새로운 종으로 창조된 피조물을 자연 선택적 질서를 통하여 변이시킴으로 각 종들을 다양화시키고 구체화시켰다(수평진화). 그러므로 진화 메커니즘은 기본적으로 하나님이 생태계 형성을 위해 고안하고 채택한 신성한 지혜요 방법으로 보아야 한다. 이러한 이론을 필자는 창조적 진화론이라 부른다. 우리는 하나님이 순간적으로 만물을 완전한 형태로 만들었다는 마술적 창조론에서 벗어나야 한다. 그리고 우리는 전능하신 하나님이 왜 마술적으로 순간적으로 창조하지 않고 진화적 방법으로 창조하셨느냐고 항의해서도 안 된다. 그것은 하나님의 자유로운 주권적 결정이기 때문에 인간이 왈가왈부 할 문제가 아니다. 성서의 창조계시를 그렇게 계속 동화처럼 이해하고 해석한다면 21세기 과학시대에 기독교는 살아남지 못할 것이다.

창세기 1-2장은 분명히 창조적 진화에 대해 계시하고 있다. 다만 여기서 우리는 하나님의 창조와 창조적 섭리를 부정하는 무신론자들의 우연진화론은 거부해야 한다. 그들은 하나님의 창조를 인정하지 않을 뿐 아니라 우발적 진화를 이야기 하고, 수평진화가 축적되면 종간을 뛰어 넘는 수직진화가 일어난다고 주장한다. 그러나 그들이 주장하는 대로라면 마땅히 존재해야 하는 진화의 중간단계 생물(중간고리)의 화석들이 수만 종류로 수억 개 이상 발견되었어야 한다. 그러나 그런 지금까지 그런 화석이 거의 발견되지 않고 있다. 또한 그들의 주장이 사실이라면 현 지구생태계에서도 진화의 중간 단계에 있는 생물이 수백만 종 이상 발견되어야 한다. 그러나 오늘 날 지구 생태계에 그런 중간종의 생물은 존재하지 않는다. 그러므로 우연진화론은 비성서적일 뿐 아니라 과학적 데이터가 뒷받침되지 않는 비과학적가설에 불과하다.

하나님의 사람창조는 5단계로 이루어진다. 즉 생물학적 창조의 단계, 영이 있는 사람의 창조, 허용적 섭리를 통한 죄성을 가진 인간의 창조, 성령이 내주하는 그리스도인의 창조, 그리고 부활인의 창조이다. 첫 단계인 생물학적 창조는 지구상에 슬기 슬기사람, 즉 호모사피엔스 사피엔스의 등장으로 일차적으로 완성되었다. 사람은 하나님의 형상대로 창조 받았기 때문에, 다른 생물들에게는 나타나지 않는 창의성, 도덕성, 예술성, 종교성이라는 정신적 속성을 그들의 유전자 시스템에 기본적으로 가지고 태어났다. 그리고 이 잠재된 유전자 시스템은 자연환경에 적응하는 과정에서 점진적으로 현실화 되었다. 인류는 이러한 과정을 6단계정도를 거치면서 현생인류, 즉 호모사피엔스 사피엔스가 된 것이다.

지구상에 다양한 오색 인종이 존재하게 된 것은 5만 년 전 등장한 호모사피엔스 사피엔스가 온 지구에 퍼져나가는 과정에서, 아직 멸종되지 않고 지구 곳곳에 생존하여 살던 네안데르탈인 같은 유사 호모사피엔스나 다양한 선행 호모사피엔스들과의 아종교배를 통해 유전자 혼합현상이 일어났기 때문이다. 또한 이미 다양해진 호모사피엔스 사피엔스들 간에 지속적인 동종교배를 통해서도 유전자의 다양한 변화가 일어나기도 했다. 또 현생 인류들이 지구환경에 적응하여 살아가는 과정에서도 자체적으로도 유전자의 변화가 일어났다. 이것이 오늘 날 우리 지구상에 다양한 인종분포가 이루어진 원인이다.

Chapter

1

제 1 장

성서적 창조론의 전제

성서적 창조론은 다른 종교의 창조론이 아니라 기독교 창조론을 의미한다. 성서적 창조론은 협의의 창조론과 광의의 창조론으로 나눌 수 있다. 협의의 창조론은 전통적 신학에서 논하는 창조론으로 창세기 1장에서 2장 7절의 기록을 근거로 우주 창조, 지구 창조, 생물 창조, 인간 창조를 논하는 것이다. 광의의 창조론이란 필자가 제기한 창조론으로 기존 창조론의 범주를 넘어 죄, 구속, 구원, 재림, 부활, 그리고 천년 왕국에 이르는 구원사의 전 과정을 모두 하나님이 꿈꾸고 계획하신 우주 창조를 위한 과정이라고 보는 입장이다. 우주만물의 형성과 인류 역사와 구원사 전체를 하나님의 창조 과정이라고 이해하고 서술하는 것을 의미한다. 기존의 창조론에서 다루는 창조의 범위인 우주 창조, 생태계 창조, 인간 창조는 기본적 창조로서 광의의 창조론의 시작에 지나지 않고, 그 후 인간의 타락과 역사에 대한 섭리, 구속, 구원, 재림, 부활, 천년 왕국에 이르는 모든 과정까지 하나님께서 만세 전에 꿈꾸신 하나님 나라를 창조하는 과정이라고 보는 입장이다. 그러나 광의의 창조론은 5단계 인류창조론에서 모두 수렴되기 때문에, 필자는 일단 전통적 신학의 구분에 따라 협의의 창조론을 서술하려고 한다.

또한 창세기 1장에서 2장 7절을 주석하면서 성서적 창조론의 균형과 조화를 위해 필요하다고 여겨지는 교의학적 명제와 과학적 명제들을 자연스럽게 다루어나갈 것이다. 특히 기존 창조론의 흐름을 유지하면서 필요할 경우 사이사이에 진화론, 천체물리학, 지구학, 이론물리학, 진화생물학, 고인류학, 문화인류학 등을 함께 소통하도록 하겠다. 창조론에 대한 서술은 성서를 주석하는 방식으로 진행하되 기본적으로 전통적 교리의 범주를 지키는 선에서 주석하고, 특별히 과학과 소통하면서 창세기 1-2장이 담고 있는 역사의 팩트를 도출하는 방식을 취하려 한다. 창세기 1-2장은 분명 창조에 대한 하나님의 계시이고, 과학은 하나님에 의해 창조된 세계의 메커니즘을 실증적으로 구체적으로 밝혀내는 것이다. 그러므로 양측은 모두 각기 다른 측면에서 우주와 세계를 읽는 눈이고 진리를 포착하는 방법이라고 볼 수 있다. 2가지 방법은 모두 하나님에 의해 주어진 진리 이해의 가능성이다. 따라서 양측의 진술은 일치해야 하고, 또 일치하는 것이 당연하다. 성서의 기록은 우주만물의 기원과 창조의 질서를 창조주 하나님의 이름으로 계시적, 연역적으로 대략 기술한 것이고, 과학은 그 우주만물의 메커니즘, 즉 창조의 질서를 실증적 귀납적 구체적으로 연구하여 진술한 것이다. 필자는 성서에서 계시의 말씀으로 선포된 창조의 기록을 명증된 과학이론과 교차적으로 대조, 소통하며 해석해나가고자 한다. 그렇게 하면 창세기 1장의 기록이 현대 과학이 밝혀낸 우주만물의 이치를 거의 모두 담아낼 수 있는 큰 틀, 큰 그릇, 기본 구조

성서의 기록은 우주만물의 기원과 창조의 질서를 창조주 하나님의 이름으로 계시적, 연역적으로 대략 기술한 것이고, 과학은 그 우주만물의 메커니즘, 즉 창조의 질서를 실증적 귀납적 구체적으로 연구하여 진술한 것이다

임을 크리스천 지식인들에게 확실하게 알려줄 수 있다. 이러한 일련의 작업을 통해 성서가 얼마나 우주만물의 기원과 근본적 질서를 정확하게 게시한 놀라운 성문서인지, 그리고 성서가 얼마나 놀라운 하나님의 계시의 말씀을 기록한 책인가 하는 것을 확실히 드러낼 것이다.

창세기 1-2장의 주석을 통해 성서적 창조론, 과학적 창조론을 기술하기 위해 필자는 먼저 2가지 전제를 다루고자 한다.

I 첫 번째 전제 / 창조의 이유

하나님은 이 세계를 왜 창조하셨는가? 완전하신 하나님이 무엇이 부족하고 아쉬워서 우주만물과 인간을 창조하셨는가? 그리고 지금까지 계속해서 창조적 섭리를 하고 계시는가? 이 질문은 창세기 1장 본문의 주석에 들어가기 전에 우선적으로 집고 넘어가야 할 주제이다. 창조론을 반대하고 우연발생론을 주장하는 이들의 깊은 속내를 들여다보면 이성적 이유보다 감정적 이유가 그 근저에 깔려 있다(로마서 1:28). 하나님의 존재를 인정하기도 싫고, 하나님의 창조도 인정하기 싫은 정서적 이유가 보다 근본적이라고 볼 수 있다. 필자는 이러한 비창조론자들의 도전으로부터 그리스도인들을 보호하고자 이런 주제를 선제적으로 제기하는 것이다.

하나님은 왜 영원히 홀로 계시지 않고 우리 우주를 창조하셨을까? 그리고 지금까지도 창조적 섭리를 계속하고 계시는가? 모든 일에는 이유가 있듯이 하나님에게도 분명히 창조의 역사를 행하시는 이유가 있을 것이다. 우선 우리가 쉽게 생각할 수 있는 답변은 하나님이 그렇게 하고 싶어서 하셨다는 것이다. 하나님이 그렇게 하시는 것을 기뻐하셨기 때문이다. 이는 전통적 창조신학의 입장이기도 하다. 그러면 도대체 창조가 무엇이기에 하나님은 그렇게 하고 싶으셨던가 하는 질문을 할 수 있다. 이 질문에 대해 필자는 대략 3가지 측면에서 대답하고자 한다.

첫째, 하나님은 창조성과 예술적 본성을 가지고 계시기 때문이다. 사람도 본성에 창조성이 있기 때문에 기술문명을 발전시킬 수 있었고, 예술성을 가지고 있기 때문에 수많은 예술작품을 만들어낸 것이다. 창세기 1:26절을 보면 하나님은 사람을 만드실 때, 그의 형상대로 지으셨다고 기록하고 있다. 그러므로 인간의 창조성과 예술성은 하나님 본성에 내재한 예술성과 창조성을 모사한 것이다. 하나님이든 사람이든 모든 존재는 그의 본성의 속성을 따라 생각하고 행동한다. 하나님이 우주만물을 창조하신 것은 하나님이 부족한 존재여서 그런 것이 아니라 그의 마음에 창조의 본성이 있었기 때문이다. 따라서 우주만물을 창조하는 것은 하나님에게 있어서 자연스런 행위이다.

어떤 예술가가 있다고 하자. 그는 예술에 살고 예술에 죽는 사람이다. 그런데 그는 계속해서 놀라운 예술작품을 창작해내었다. 누군가 그에게 질문했다. "당신은 무엇 때문에 저런 예술품들을 만들었습니까"라고. 그때 그는 이렇게 대답할 것이다. "나는 예술가입니다. 나는 예술을 창작하는 것이 좋아서 예술을 합니다. 예술 창작은 나의 본질이고 본성입니다. 나는 창작 본능 때문에 예술을 창작하는 것입니다. 그렇게 하지 않으면 살아도 산 것이 아닙니다. 나는 예술을 창작할 때 내가 되고, 그 순간 살아 있는 보람을 느끼고 희열을 느낍니다." 예술가란 이런 사람이기 때문에 그에게 어떤 미학적 이미지가 떠오르면 그는 모든 일을 제쳐두고 그 이미지를 형상화하는 작업에 몰두하게 되는 것이다. 이와 마찬가지로 하나님이 우주만물을 창조한 이유는 그에게 예술적 본성과 창조적 본성이 있기 때문이다.

둘째, 하나님도 자신의 영역이 확장되는 것을 원하기 때문이다. 모든 존재는 자신이나 자신의 종족이 확장되기를 원한다. 이 의지야말로 역사와 문명의 동인이고 작인이다. 이는 하나님도 마찬가지다. 그러나 하나님은 존재 자체가 무한 영원 완전하기 때문에 하나님이 자기 영역을 확장하는 것은 피조물을 만들어 자기 세계를 확장하는 길밖에 없다. 그래서 하나님은 피조 세계를 만들고 그들을 섭리하고자 하신 것이다. 이는 마치 홀로 외롭고 삭막하게 살던 사람이 집 주위에 땅을 일구어 푸른 잔디와 나무와 꽃을 심고 연못을 파서 오색 물고기를 기르고 사는 것과 유사한 것이다. 그로 말미암아 그 사람은 자기 세계를 확장하는 것이고, 자기 삶의 영역을 확장하는 것이다.

셋째, 하나님은 사랑으로 축복하고 싶어 세계를 창조한 것이다. 성서는 "하나님은 사랑이라"(요한1서 4:8)고 기록하고 있다. 하나님이 사랑이라는 것은 하나님은 사랑하고 사랑받는 가운데 존재의 희열을 느낀다는 뜻이다. 그러나 사랑은 대상이 있을 때 성립된다. 하나님은 그래서 자신을 닮아(창세기 1:26) 자신이 교제하고 사랑할 수 있는 피조물을 만들어 그들을 축복하고 사랑하기를 원하셨다. 이러한 하나님의 깊은 속내는 갈보리 십자가 사건에서 잘 드러났다. 그날 십자가에서 하나님의 아들이 피 흘리며 죽어간 날은 하나님의 슬픔이 극에 이른 날이었다. 그러나 동시에 하나님의 사랑의 의지가 최고로 충족된 날이기도 하다. 그러므로 피조물을 향한 하나님의 사랑은 무한 사랑이며, 이 사랑은 하나님의 운명이다. 요한 사도는 이렇게 말씀하였다. "하나님의 사랑이 우리에게 이렇게 나타난 바 되었으니 하나님이 자기의 독생자를 세상에 보내심은 그로 말미암아 우리를 살리려 하심이라 사랑은 여기 있으니 우리가 하나님을 사랑한 것이 아니요 하나님이 우리를 사랑하사 우리 죄를 속하기 위하여 화목제물로 그 아들을 보내셨음이라 사랑하는 자들아 하나님이 이같이 우리를 사랑하셨은즉 우리도 서로 사랑하는 것이 마땅하도다"(요한일서 4:9-11). 하나님이 꿈꾸시는 세상은 하나님과 사람이 서로 사랑하고, 사람과 사람이 서로 사랑하는 세상이다. 그래서 온 우주에 하나님의 본질인 사랑이 가득 넘치는 세상을 만들고자 하는 것이다. 그래서 하나님은 우주를 창조하시고, 지금도 그 창조를 완성하기 위해 치열하게 섭리하고 계시는 것이다.

넷째, 하나님의 꿈과 비전 때문이었다. 창조 사건은 하나님의 마음에 떠오른 꿈과 비전 때문에 일어난 것이다. 사람도 어떤 사업을 시작할 때, 먼저 그 일에 대한 꿈과 비전이 떠올랐기 때문에 시작하듯이 하나님도 역시 그러하다. 하나님께서 어떤 일을 시행하기 전에 이미 그의 마음속에 비전이나 계획이 존재하고 있었다는 사실은 롬 8:29절을 보아도 잘 알 수 있다. 로마서 8:29절에 "하나님이 미리 아신 자들로 또한 그 아들의 형상을 본받게 하기 위하여 미리 정하셨으니 이는 그로 많은 형제 중에 맏아들이 되게 하려 하심이니라"고 기록되어 있다. 여기서 '미리 아신 자들로'라는 구절은 바로 하나님의 비전 속에 떠오른 자들을 말씀하는 것이다.

만세 전에 하나님의 마음속에 우주 창조에 대한 비전이 있었다는 사실은 로마서 8:29절과 요한계시록 20-22장에 나오는 궁극의 하나님 나라의 비전을 연결해보면 답이 나온다. 하나님은 그 비전에 따라 스스로를 삼위일체 양식으로 변화시키시고, 그리스도 안에 있는 그들, 즉 일정한 수의 사람을 미리 정하신 것이다. "미리 정하시었다"는 것은 계획의 확정을 의미한다. 하나님께서 우주를 창조하시는 순서는 먼저 하나님의 마음속에서 장엄한 우주의 비전이 떠올랐고, 그 다음 이 꿈과 비전을 위해 자신의 존재 양식을 삼위일체로 변화시키셨으며, 그 다음 아들의 형상을 본받을 무리를 미리 정하시고, 그 다음 그 확정된 계획을 따라 삼위 하나님이 우주만물과 인류를 창조하시고, 그 다음에 역사 속에서 미리 정하신 그들을 하나하나 부르는 것이다.

이처럼 하나님은 우주만물을 창조하기 전에 이미 인류의 역사와 그에 따른 구원사의 비전과 구상을 미리 가지고 계셨던 것이다. 에스겔 37-40장에서는 멸망한 이스라엘의 회복에 대한 여러 가지 환상에 대해 기록하고 있다. 에스겔의 마음속에 떠오른 뼈다귀 골짜기에서 일어나는 부활의 환상(겔 37장), 성전 문에서 솟아난 강물의 환상(겔 47), 예루살렘성과 이스라엘의 회복 환상(겔 48장)은 곧 이스라엘이 회복되기 전에 이미 하나님의 마음속에 있는 이와 같은 회복의 비전과 계획이 선재하고 있었다는 사실을 반증한다. 그 비전과 구상을 하나님께서 에스겔에게 환상으로 보여주신 것이다. 그리고 그 꿈과 환상대로 이스라엘을 해방시키고 고토로 돌아와 종교공동체를 이루어 하나님을 예배하며 살도록 섭리하셨다. 이처럼 하나님도 어떤 일을 하시기 전에 항상 마음속에 특정한 일에 대한 비전과 계획을 품고 계신다. 우주 창조 역시 하나님의 마음속에 미리 창조의 환상이 떠오른 것을 구체적으로 실현한 것이다. 이것이 바로 창조의 네 번째 이유다.

끝으로 필자는 신학적 상상력을 동원하여 창조의 이유에 대해 구체적으로 하나의 그림을 그려보고자 한다. 영원 전부터 우리 하나님은 절대 고요의 안식 속에 계셨다. 한 태초에 하나님의 마음이 홀연 움직이기 시작했다. 이 태초는 창세기 1:1의 태초나 요한복음 1:1의 태초보다 시간적으로 더 먼 태초이다. 이문열의 『사람의 아들』에 나오는 첫 장면처럼 하나님의 마음이 초의식에서 의식의 세계로 전환하는 임계점, 제로포인트를 통과하는 순간 하나님의 마음속에는 하나의 장엄한 환상이 떠올랐다. 그 환상은 하나님조차 감탄할 만한 극치의 아름다움과 최고의 선함과 행복으로 가득 찬 장엄하고 거룩한 우주의 환상이었다. 이 우주적 환상은 아프리카 마다가스카르 섬 해변에 서식하는 수백만 마리의 새떼들이 갑자기 군무를 이루어 창공을 나는 것처럼, 또는 높은 밤하늘에 수천 발의 폭죽이 터져 아름답고 찬란한 불꽃이 하늘로 퍼져 나가는것과 같은 환상이었다. 그것은 하나님을 닮은 피조물들이 광대한 우주에 가득하여 위로는 하나님을 경외함으로 찬양하고, 사람끼리는 서로 사랑하며, 모든 것을 풍요하게 누리며 살아가는 우주의 환상이었다. 그리하여 하나님은 이 우주를 창조하여 그들을 사랑하며 영원히 교제할 것을 결정하고, 그들에 대한 구체적으로 계획을 세우셨다(로마서 8:29). 이것이 예정이다.

하나님이 꿈꾸시는 우주는 하나님처럼 자기 비움의 자아, 사랑의 자아로 충만한 존재들이 가득 찬 우주이다. 따라서 이 우주는 하나님의 자기 비움(빌립보서 2:5-8)과 자기희생(마태복음 27:46), 완전한 사랑(요한1서 4:10)이 모퉁이 돌이 되는 우주이다. 하나님의 자기 비움, 자기 죽음 속에서 탄생한 그의 백성들이 감사함으로(데살로니가 전서 4:6), 하나님의 아들을 본받아(로마서 8:29) 자기를 비우고(

빌립보서 2:5) 더불어 살아가는 아가페 사랑이 충만한 우주이다. 이 우주의 구상과 설계를 마치신 하나님은 자신의 존재 양식을 일위일체에서 삼위일체 양식으로 변형시켰다(히 1:5). 하나님의 자기 변형은 피조 세계를 창조하고 섭리하기 위한 시스템이었다. 하나님께서 스스로 삼위일체의 존재 양식을 취하신 것은 하나님을 즉자적 하나님과 대자적 하나님으로 나눈 것을 의미한다.

삼위일체의 요점은 성부 하나님은 즉자적 하나님, 즉 숨어 계신 하나님이 되고, 성자 하나님과 성령 하나님은 대자적 하나님, 즉 나타나신 하나님이 되는 것이다. 이후 삼위 하나님은 피조 세계와의 관계에서 창조, 계시, 섭리, 구속, 구원 등 모든 면을 자기운용 시스템에 따라 행하셨다. 성부는 삼위가 협의하여 확정된 창조 세계의 설계, 즉 로고스를 성자에게 전달하고, 성자는 성부를 대리하여 성부의 이름으로 세계를 창조하고(요한복음 1:3) 섭리했다. 그리고 성령은 우주 창조와 섭리가 성부와 성자의 뜻대로 이루어지도록 성자의 말씀이 선포되는 순간 즉각적으로 말씀대로 역사하셨다. 이상이 바로 창세기 1장에서 천지창조가 이루어지게 된 이유이고, 창조를 이루시는 삼위 하나님의 역학이다.

이 창조의 꿈과 비전에 대한 설명은 대단히 중요한 것으로 절대적 이중예정론의 독소적 요소를 제거하는 결정적 단서가 된다. 왜냐하면 지금까지 절대적 이중예정론자들은 하나님이 유기되는 사람에게는 매우 두려운 이중적 예정을 하신 이유에 대해서는 해명하지 않고, 예정은 하나님의 절대주권적 자유이니, 인간은 무조건 믿고 받아들여야 한다고 주장해왔기 때문이다.

II 두 번째 전제 / 창세기 1-2장의 문서적 권위

기독교 창조론의 근거는 창세기 1-2장이다. 이를 바탕으로 다른 성서를 부분적으로 참고하여 기독교 창조신학이 수립되었다. 그러므로 성서적 창조론을 전개하기 위해서 그 근거가 되는 성문서의 권위를 확인하는 것이 매우 중요하다. 왜냐하면 권위가 없는 문서를 근거로 창조론을 논하는 것은 의미가 없기 때문이다. 특히 과학적 창조론을 전개하기 위해 요구되는 창세기의 문서적 권위는 크게 3가지이다.

1 창세기 1-2장은 영적 권위가 있다

창세기 1-2장이 창조신학의 절대적 근거가 될 수 있는 것은 이 문서가 가진 영적 권위 때문이다. 성서의 영적 권위는 성서가 단순히 머리 좋은 사람이 쓴 책이 아니라, 살아 계신 하나님의 계시적 말씀이라는 것이다. 성서는 하나님의 계시를 받은 사람이 성령의 영감적 지도를 받아 기록하거나 편집한 문서이다. 그리고 성령께서 그 문서를 보전하고 정경으로 채택하는 일련의 과정을 주관하고 섭리하신 하나님의 말씀이다. 그런 점에서 창세기 1-2장은 어떤 다른 문서와 비교할 수 없는 영적 권위가 뒷받침 되고 있다. 우리는 성서적 창조론, 과학적 창조론을 전개하기 위해 우선적으로 창세기는 영적 권위가 있는 하나님의 계시적 말씀이라는 사실을 확신해야 한다.

2 ○ 창세기 1-2장은 문학적 권위가 있다

창세기의 문학적 구조는 그와 대비되는 다른 문화권의 창조 설화에 비해 그 문학적 구조와 내용이 놀랄 만큼 탁월하다. 특히 창세기 1-2장은 적은 분량의 기록임에도 불구하고 군더더기 없이 우주만물이 창조되는 전 과정을 포괄적이면서도 일목요연하게, 그리고 질서정연하게 기록하고 있다. 반면 바빌론 신화나 그리스 신화, 또는 인도 중국의 신화는 그 내용이 너무나 유치할 뿐 아니라, 우주 전체의 창조를 구체적으로 균형감 있게 서술하지 못하고 있다. 한마디로 신들의 결혼, 신들의 질투, 신들 간의 전쟁, 이런 것들이 창조의 동기가 되고 내용도 오가잡탕식이다. 영국인 레이어드(Lyyerd)가 니느웨의 궁전 터 아슈르바니팔(Ashurbanipal)에 세워진 왕립도서관을 발굴하다 발견한 에누마 엘리쉬(Enuma elish) *와 길가메시 서사시 점토판에는 고대 수메르의 창조설화가 기록되어 있다. 그러나 이 서사시에 나오는 신들은 타락한 인간 사회처럼 자식을 낳고 서로 싸우고 시기하고 질투하며 서로 죽인다. 이런 신들의 이야기는 우주만물의 기원이나 본질과는 아무 관련 없는 내용들이다. 한마디로 유치하기 짝이 없는 문서들인 것이다.

* 에누마 엘리쉬에 나오는 우주만물을 열거해보면 기원을 알 수 없는 우프수가 다스리는 담수와 티아마트가 다스리는 염수가 나오고, 그 다음 후대의 신이자 모든 신들의 패권자가 된 마르둑이 하늘과 땅을 창조하고 별들과 별들의 운행 질서를 만든 이야기가 나온다. 인간 창조에 대해 살펴보면, 마르둑이 그의 아내 에아의 의견을 받아들여 신들 간의 전쟁을 주도한 반역자 킹구신을 잡아들여 그 몸을 찢고 그 몸에서 흘러나온 피를 가지고 인간을 만들었다. 이런 이야기는 문학적 완성도 면에서도 창세기와는 도저히 비교 될 수 없다.

뿐만 아니다. 그리스 신화를 보면 대지의 여신 가이아가 처녀생식을 통해 그녀의 떡 벌어진 가슴에서 하늘의 신 우라노스를 탄생시켰고, 우라노스는 다시 그의 어미 가이아와 결합하여 수많은 자식들을 낳았다. 그러나 우라노스는 그의 막내아들인 크로노스와의 권력 투쟁에서 패배하고 남근이 잘린 상태에서 제거되었다. 그의 남근이 거세될 때 흘러나온 피가 가이아의 몸속에 들어가 에리니에스, 기간테스, 멜리아데스가 태어났고, 바다에 던져진 남근 주변의 거품에서 미의 여신 아프로디테가 태어났다고 한다.

우라노스와 가이아 사이에 태어난 타이탄족(거인) 중 12번째 아들인 크로노스는 아버지 우라노스를 죽이고 우주 최고의 신에 등극한다. 그러나 크로노스도 그의 아들 제우스에 의해 축출되고 말았으니, 이 신들의 전쟁의 최후 승자는 제우스였다. 그는 이후 신들의 아버지, 또는 주신으로 불렸다. 그러나 이 제우스신은 성적으로 비도덕적인 일을 벌려 그의 아내 헤라의 질투를 유발했다. 도대체 이런 비윤리적이고 만화 같은 이야기를 어찌 성서의 창세기 1-2장과 비할 수 있겠는가? 더욱이 그리스 신화에는 우주 창조 이야기는 나오지도 않는다.

또한 힌두교의 경전인 리그베다나 우파니샤드를 보면 인도의 우주관과 신관이 나온다. 태초에 브라흐만이 있었고, 깊은 근원의 물속에서 브라흐만은 신의 모습으로 솟아나니 그 신이 브라흐마신이고, 이 브라흐마가 우주만물을 구체적으로 창조했다. 그러나 브라흐마신은 우주만물을 창조한 다음 히말라야 설산처럼 침묵하며 가만히 좌정하고 있다. 대신 그는 다른 신으로 현신하여 인간 역사에 관여한다. 그 다음에 나오는 이야기는 역시 바빌론 신화나 희랍 신화처럼 신들이 자식을 낳고 싸우고 파괴하는 이야기들로 가득 차 있다. 바빌론 신화나 그리스 신화보다는 좀 낫지만 역시 우주 만물의 기원과 본질에 대한 서술은 창세기 1-2장과 비교할 수조차 없다.

3 창세기 1-2장은 역사적 권위가 있다

학자들은 창조신화가 기록되어 있는 종교적 문헌 중 가장 오래된 것으로는 수메르 창조신화나 바빌론 창조신화라고 말한다. 그러나 창세기 1-2장의 기록은 그보다 훨씬 오래된 문서로서 역사적 권위를 가지고 있다. 일부 자유주의 신학자들은 성서의 창조 이야기는 그보다 선재했다고 추정하는 수메르 신화나 바빌론 신화를 참조 각색하여 지어낸 것이라고 폄훼하고 있다. 필자가 보기에 그런 사람들은 성서를 하나님의 말씀으로 여기지 않을 뿐 아니라, 성서에 대한 평가의 객관성도 잃어버리고, 신앙의 기본도 되어 있지 않은 신학자들이라고 생각한다. 그 이유는 다음 3가지를 들 수 있다.

첫째, BC 2800년 전에 우루크 1왕조 길가메시 왕 때 형성된 것으로 보이는 수메르 신화나 BC 1700 경 수메르 신화를 각색한 바빌론 신화보다 창세기 1-3장이 문서적으로 성립된 시기가 더 오래일 수 있다고 보기 때문이다. 실제로 미국 컨콜디아 신학교 교수인 이윙클 박사는 그의 저서『창조의 신비(The Wonders of Creation)』라는 책에서 지금까지 발굴된 고고학적 데이터를 고려할 때 당시 여러 가지 형태의 문자가 적어도 아브라함 이전 1000년 전(BC 3100년 전)에는 나타난 것이 확실하고 창세기 4:20-24절에 나오는 문화적 문명적 발달 상황을 고려할 때 이스라엘은 그들이 전승받은 이야기와 그들의 조상들 이야기, 그리고 그들의 삶의 이야기를 비록 원시적이지만 초기 문자로 기록해 두었을 것이라는 사실을 추정할 수 있다고 말했다. 그렇다면 창세기 1-9장을 비롯한 초기의 기록문서는 모세가 창세기를 완성했을 때 보다 거의 2000년 정도 소급될 수 있다는 추정이 가능하다. 또한 수메르의 우르크 문명 초기인 BC 4000여 년 전에 이미 초기 쐐기 문자가 성립되었다고 볼 때, 그리고 그 이전에는 구전이나 그림 형태로 창조에 대한 하나님의 계시가 전승되었을 것이라는 점까지 고려한다면 창세기 1-2장의 최초 기록 연대는 1만 2500년 전 아담 시대까지 소급될 개연성도 있다. 따라서 필자는 창세기가 수메르 창조신화나 바빌론 창조신화를 모사한 것이 아니라, 오히려 히브리인들에게 전승되어 내려온 창조 이야기가 밖으로 흘러나가 수메르나 바빌론에서 믿는 신들의 이야기와 혼합되어 만들어진 것이라고 생각한다.

둘째, 바빌론 신화와 내용상 조금이라도 연관이 있는 것은 창세기 2:7절 이하에 나오는 인간 창조와 에덴동산 이야기에 불과하다는 것이다. 기독교 창조론의 가장 중요한 근거인 창세기 1장의 내용에 바빌론 신화에 나오는 잡다한 이야기들이 전혀 언급조차 되어 있지 않으며, 또한 수메르 신화나 바빌론 신화에도 창세기 1장의 내용이 전혀 나타나지 않고 있다. 이것은 수메르 신화나 바빌론 신화가 창세기 1-2장에 기록된 창조 이야기의 오리지널이 아니라는 증거이다.

셋째, 창세기 1-2장이 먼저냐 수메르 신화나 바빌론 신화가 먼저냐에 대한 신학적 결론은 성서적 입장에서 내려야 한다는 것이다. 수메르 신화나 바빌론 신화를 성서기자가 모사한 것이냐, 아니면 전승된 성서적 계시의 일부가 흘러나가 변질된 형태로 그들의 신화로 형성된 것이냐 하는 것에 대한 신학적 결론은 뚜렷한 실증적 증거가 나타나지 않는 한 성서가 하나님의 계시라고 하는 성서의 권위를 존중하는 입장에서 내려져야 한다는 것이다. 이러한 논의에 대한 신학적 결론은 당연히 성서적 함의를 근거로 판단되어야 한다. 그럼에도 불구하고 성서의 말씀을 하나님의 계시라기보다는 단지 시대의 문화를 반영한 일종의 종교문학으로 보고 있는 일부 자유주의 신학자들은 분명한 고고학적 근거가 없음에도 불구하고 성서적 함의에 반하는 그런 어이없는 주장을 하고 있다. 그들은 마치 성서의 권위에 도전하고 훼손하는 것을 큰 사명으로 여기는 사람들처럼 보인다.

로마 대학의 마티에 교수 등이 발굴한 에블라 왕국*의 토판 문서에는 구약성서에 나오는 많은 인물들과 지명, 그리고 '야(Ja)' 나 '엘(El)' 같은 신의 이름이 등장하는 것으로 보아 에블라 왕국이 히브리 민족의 조상들과 밀접한 관계가 있는 나라라는 사실이 밝혀졌다. 이 사실을 좀 더 비약시킨다면 창세기 1-11장의 내용이 이미 문서적으로 그 당시 그 나라에 존재했을 수 있다는 추론이 가능하다.

그들은 적어도 창세기 1-11장의 내용 중 창조 이야기와 대홍수 이야기 등을 이미 다른 형태의 문서로 전승받은 무리라는 사실이 발굴된 토판 문서의 해독을 통해 밝혀졌다. 에블라 왕국은 수메르어로 기록된 성문서를 북서셈어로 번역하였는데, 이 성문서가 수메르어로 기록되기 이전에는 그림 계시의 형태로 히브리인 조상대대로 전승되어왔다는 개연성을 가지고 있다. 그런데 바빌론 창조 설화나 홍수 설화가 기록된 길가메시 서사시의 주인공 길가메시 왕은 역사가들이 BC 3100년경 시작되었다고 추정하는 우루크 1왕조의 7대 왕이고, 그의 연대는 BC 2800년경쯤일 것이라고 추정하고 있다. 또한 그러한 이야기가 이후에 언제 작성되었는지도 불분명하다. 또한 에블라 왕국에서 발견된 토판 문서는 바빌론 제국이 성립되기 이전에 작성된 것이라는 점을 생각하면 적어도 창세기 1-2장의 기록이 바빌론의 창조 신화보다 훨씬 오래된 것이라는 추정이 가능하다. 그렇다면 창조와 홍수 이야기에 대한 두 소스 중 어느 쪽이 먼저인지는 신학적으로 분명한 것이 아닌가? 물론 이 모든 일들이 아주 확실하게 고고학적으로나 문서적으로 실증되는 것은 아니다. 그저 양쪽 진영 모두 역사가 남긴 작은 단서를 가지고 추론하는 것인데, 그렇다면 굳이 성서의 권위를 무너뜨리면서까지 명색이 하나님의 교회에 봉사하는 신학자라는 사람들이 수메르 신화나 바빌론 신화가 먼저라고 굳이 그쪽 손을 들어줄 필요가 있겠는가 말이다.

* 에블라 왕국은 BC 2900년-BC 2700년경 수메르에서 이주한 일단의 무리들에 의해 세워진 왕국이었다는 사실도 문서 해독을 통해 밝혀졌다. 필자는 개인적으로 이들은 우루크 1왕조 이전에 에블라 1왕조를 세운 셈족의 후예들이 수메르 원주민들이 세운 도시국가에 의해 왕조가 몰락함으로 인해 수메르 원주민들이 세운 키시1 왕조나 우루크 1왕조의 박해를 피해 수메르에서 1,100킬로미터 이상 떨어진 시리아까지 와서 나라를 세운 것이라고 추정한다.

4 ◦ 창세기 1-2장은 과학적 권위가 있다

창세기 1-2장은 오늘날 현대과학이 밝혀낸 우주의 기원이나 본질, 그리고 형성의 순서와 그 메커니즘을 훌륭하게 담을 수 있는 과학적 권위가 있다. 우주의 근원과 본질에 대한 창세기 1-2장의 계시는 과학적 연구를 통해 명증하게 밝혀낸 현대과학의 우주관이나 세계관과 거의 조화를 이루고 있으며, 나아가 거의 정확하게 일치하고 있다. 창세기 전체가 기록 편집된 것은 BC 1200년경으로 추정되는데, 이처럼 오래된 창세기 1-2장의 내용이 현대과학에 의해 명증된 이론과 거의 일치하고 있다는 것은 실로 놀라운 일이 아닐 수 없다. 다만 한 가지 창세기 1:14-19절에 나오는 넷째 날 해와 달과 별의 창

창세기 1-2장은 오늘날 현대과학이 밝혀낸 우주의 기원이나 본질, 그리고 형성의 순서와 그 메커니즘을 넉넉히 담을 수 있는 과학적 권위가 있다.

조에 대한 기록을 새롭게 해석해야 한다는 전제하에서 말이다.

우리가 창세기 1:14-19절*의 문제만 해석학적으로 극복할 수만 있다면, 창세기 1-2장은 창조 세계의 범위, 태양계와 지구의 형성, 원시지구의 모습, 태양빛의 발광, 물의 형성, 육지의 융기, 식물의 창조, 물고기, 조류, 각종 육지생물의 창조, 그리고 인간 창조에 이르기까지 현대과학의 명증된 이론을 큰 무리 없이 담을 수 있다. 그뿐만 아니라 현대과학이 연구 분야로서 아직 엄두를 내지 못하는 우주의 궁극적 기원, 초자연적 세계, 초자연적 우주의 영역까지 모두 담아낼 수 있는 기본 틀과 단서를 제공하고 있다.

반면 리그베다나 우파니샤드에 기록된 힌두교의 우주관은 스스로 논리적 모순에 빠져 있다. 우파니샤드를 보면 태초에 온 우주에는 깊은 물이 있었고, 그 깊은 물속에서 브라흐만이 브라흐마라는 신의 모습으로 솟아나와 현신했고, 그 브라흐마신이 다시 우주만물을 창조했다고 한다. 그러나 이성적 과학적 사고를 하는 사람이라면 우주의 근원적 원리인 브라흐만과 함께 있었던 그 물, 즉 창조신 브라흐마 이전부터 있었던 그 물은 어디서 온 것이며 어떻게 생긴 것일까라는 의문을 가질 수밖에 없다. 또한 그리스 신화 역시 우주의 근원을 제대로 설명하고 있지 못하는 것은 마찬가지다. 태초부터 대지의 여신 가이아가 있었고, 그 가이아의 쩍 벌어진 가슴속에서 하늘의 신 우라노스가 나왔고, 우라노스는 크로노스를 낳고, 크로노스는 제 아비를 죽여 남근을 잘라 바다에 던져버렸다. 그러나 크로노스는 다시 그의 아들 제우스에게 죽임을 당하고 제우스는 주신이 되었다. 이 희랍 신화에는 무에서 말씀으로 온 우주를 창조한 창조신은 존재하지 않고, 신은 이미 존재하는 대지와 하늘을 다스리는 역할만 할 뿐이다. 이런 문제가 있기 때문에 그리스 철학은 그리스 신화와는 별도로 우주의 근원으로서 아르케를 상정하고, 이 아르케에서 다양한 우주만물이 만들어졌다는 식의 유물론적 우주철학이 유행하게 되었다.

불교는 우주를 무시무종의 영원한 존재로 보고, 우주의 근원이나 기원에 대해 불가지론으로 침묵하고 있다. 그러므로 불교의 어느 경전이라 할지라도 우주 생성의 기원에 대한 합리적 설명을 할 수 없다. 도교는 일기화삼청론을 주장한다. 태초부터 기가 있었고 그 기가 변하여 삼청, 즉 세 명의 신으로 현현했는데, 그중 원시천존이 우주만물을 창조했다고 한다. 그러나 도교는 그 기가 어떻게 인격을 가진 창조신으로 현현하게 되었는지에 관해 설명하지 못할 뿐 아니라 창조의 구체적 과정이나 역학에 대해서도 설명하지 못하고 있다.

유교의 한 부류인 성리학은 인격신에 대한 신앙 자체를 잃어버리고, 우주의 근본에 대해 오직 이기이원론이니, 일기이원론이니, 이기일원론이니, 주기론이니, 주리론이니 하면서 우주와 인간 본성에 대한 이치론적 사유만 제기하고 있다. 그러므로 성리학은 창세기 1-2장을 근거로 한 기독교 창조론이나 현대 과학의 우주기원론과 우주역학론과는 심오함과 구체성 면에서 비교할 수조차 없다.

이상 세계 고등 종교의 교리나 고대 세계의 신화들은 아무리 살펴봐도 창세기 1-2장에 비교될 만한 과학적 권위와 일치성을 가진 문서를 찾아볼 수 없다. 우주만물의 기원과 형성 과정에 대해 현대과학 이론과 거의 부합되도록 진술하고 있는 것은 오직 성서밖에 없다. 그러므로 창세기 1-2장은 과학적 권위를 가지고 있으며, 따라서 신학적 과학적 창조론을 전개하는 데 부족함이 없는 성문서임이 분명하다.

* 넷째 날 창조는 해와 달과 별에 대한 창조가 아니라 낮과 밤, 징조 사시 연한의 질서를 창조한 것으로 해석해야 한다. 14, 15절에 "하늘의 궁창에 광명체들이 있어"가 16절에서는 "만드사"라고 기록된 이유는 아담으로부터 전승받은 그림 계시를 후대에서 문자로 번역되는 과정에서 전승받은 자나 번역자의 오해에서 비롯된 것이다.

Chapter 2
제 2 장

우주 창조와 원시지구의 모습

I 우주 창조

창세기 1:1 태초에 하나님이 천지를 창조하시니라

창세기 1:1을 해석하는 데 있어서 신학자들은 2가지 다른 입장을 취한다. 그중 하나는 창세기 1:1이 창세기 1-2장 전체를 아우르는 주제에 해당하는 구절이라는 입장이다. 이 구절은 하나님께서 우주만물을 창조하셨다는 사실에 대한 선언적 의미를 갖는다고 보는 것이다. 다른 하나는 창세기 1:1을 창세기 1:2과 연결된 문장으로 이해해야 한다는 주장이다. 이런 주장을 하는 신학자들은 창세기 1:1-2을 한 문장으로 보아 "하나님이 천지를 창조하시던 태초에 땅이 혼돈하고 공허하며 흑암이 깊음 위에 있고 하나님의 신은 수면 위에 운행하시니라"고 연결하여 해석해야 한다는 것이다. 그러나 필자는 전자의 입장을 따르고 있다. 왜냐하면 후자의 주장은 분명히 분리된 문장을 자의적으로 잇는 무리수를 쓰고 있을 뿐 아니라 성서적 창조론을 전개하는 데 전자의 입장보다 훨씬 불합리하기 때문이다.

1 ◦ 태초에

'태초에'는 하나님이 우리 우주를 창조하기 시작한 처음 시간을 의미한다. 공동 번역 성서에서 '한 태초에'라고 한 것은 이 '태초에'라는 단어가 요한복음 1:1절에도 있기 때문이라고 본다. '태초'라는 단어는 히브리어로 '레쉬트(הלחתהה)'라고 하는데, '제일'이라는 의미로서 '첫째'라는 뜻을 가지고 있다. 특히 창세기 1:1절에서는 이 '레쉬트'라는 용어가 시간적 의미로 쓰여졌기 때문에 '태초'라고 번역된 것이다. 그러나 이 시간은 우리 우주가 창조된 처음 시간을 의미하는 것이지 시간 자체의 처음을 의미하는 것은 아니다. 창세기 1:1절의 '태초에'보다 더 이른 태초는 요한복음 1:1절의 '태초에'일 것이다. 요한복음의 '태초'는 말씀이 하나님과 함께 계신 시간을 의미한다. 그런데 필자는 이 '태초에'보다 더 이전의 '태초'를 신학적으로 상정할 수 있다고 생각하는데, 그것은 하나님께서 우주 창조의 환상과 비전을 보신 때이다.

이 시간은 우리 우주가 창조된 처음 시간을 의미하는 것이지 시간 자체의 처음을 의미하는 것은 아니다.

또한 혹자는 창세기 1:1절의 태초를 시간의 시작으로 해석하기도 하는데, 성서의 기록을 살펴보면 우주가 창조되는 '태초에'보다 더 이른 요한복음 1:1절의 '태초에'가 있음을 봐도 사실이 아님을 알 수 있다. 우리 우주가 창조될 때에 시간이 시작된것이 아님을 알 수 있다. 혹여 빅뱅이론을 주장하는 과학자라면 몰라도 성서 기록의 근거를 가지고 논하는 신학자라면 그렇게 말해서는 안 된다. 그럼에도 불구하고 많은 신학자들이 우리의 우주가 창조될 때 비로소 시간과 공간이 생겼다고 주장한다. 아마도 그들은 자기들도 모르게 천체물리학적 사고, 특히 빅뱅이론의 영향을 받았기 때문일 것이다.

그러나 이런 생각은 비성서적인 사고이다. 시간은 움직임이 있는 곳에는 자동적으로 존재한다. 움직인다는 것은 시간성이 전제되지 않으면 불가능한 개념이다. 따라서 태초에 하나님의 생각이 로마서 8:29절의 기록처럼 움직였다면, 그래서 특정한 무리를 구원하는 것을 정하셨다면, 정하기 이전과 이후가 있기 때문에 현 우주가 존재하기 이전에 이미 하나님의 마음속에는 시간성이 존재하고 있었다고 보아야 한다. 그뿐 아니다. 하나님은 우주 창조를 시작하기 전에 그 마음속에 창조하고자 하는 우주의 구체적 설계까지 이미 가지고 계셨다. 이는 곧 하나님의 마음의 움직임, 마음의 활동이 있었음을 의미하고, 그것은 곧 우주가 존재하기 전에 이미 시간은 하나님과 함께 존재했다는 것을 시사하는 것이다. 만일 우주가 창조되기 전에 하나님의 마음이 움직인 적이 없다면, 우주의 환상과 그 모든 구체적인 설계는 하나님이 존재하심과 동시에 영원 전부터 하나님의 마음속에 존재했어야 한다. 그러나 그것은 대단히 비성서적 생각이다.

그뿐 아니라 우주가 창조되면서 비로소 시간이 창조된 것이라면 창조를 유발한 창조 명령 자체도 존재할 수 없다. 성서는 "빛이 있으라"고 하는 창조 명령이 있은 다음 빛이 있었다고 기록하고 있으니 빛보다 창조 명령이 먼저 있었다는 것이 당연히 성서적 입장이다. 그러므로 우주가 창조되기 전에는 시간이 없었다고 주장하는 것은 우주가 창조되어 나타나기 전에는 하나님의 마음이나 생각이 한 번도 움직이거나 활동하지 않았다는 말과 같은 것이다. 그런데 마음으로 일하시는 하나님이 마음을 움직여 창조에 대한 생각과 창조 명령을 하지 않았다면 이 우주는 어떻게 생겨날 수 있었겠는가? 이는 스스로 논리적 모순에 빠지는 것이다.

창세기 1:1절의 '태초에'는 모든 시간의 시작점을 의미하는 것이 아니라, 우리 우주가 처음 창조될 때의 시점을 의미한다. 그리고 우주가 창조되고 나서 우리 우주에는 공간적 상황에 따라 다양한 속도의 시간이 흐르게 된 것이다. 마치 같은 나일강임에도 불구하고 지류인 백나일강과 청나일강의 흐름의 속도가 다른 것처럼 말이다. 아인슈타인*의 상대성이론에 따르면 우리 우주의 시간은 상대적이어서 측정 지점이나 측정자의 움직이는 속도에 따라 경험되는 시간이 다르다고 한다.

그는 블랙홀처럼 중력이 강하게 작용하는 영역에서는 시공간이 휜다고 주장한 바도 있다. 그래서 우리 우주는 특정한 행성이 다른 역학적 영향을 받을 때 시간의 속도가 다르고, 또 측정자가 어떤 위치, 어떤 속도에 있느냐에 따라 측정되는 시간의 속도가 다를 수밖에 없다고 주장한다.

그러나 하나님의 마음의 움직임 속에 존재하는 시간이나, 객관적으로 우리 우주에서 측정되고 경험되는 시간이나 똑같이 '이전과 이후'라는 시간성을 가진 시간들임은 분명하다. 다만 하나님의 시간은 "하루가 천년 같고 천년이 하루 같은" 차이가 있을 뿐이다. 달리 말하면 "하나님의 시간은 1초

*
알베르트 아인슈타인(Alfred Einstein, 1879-1955)은 독일 태생으로서 스위스와 미국의 이론물리학자이다. 그의 일반상대성이론은 현대물리학에 지대한 영향을 끼쳤다. 그는 1921년 광전효과에 관한 기여로 인해 노벨물리학상을 수상했다. 그의 주요 이론은 일반상대성이론, 특수상대성이론, 브라운운동이론, 광전효과이론, 질량에너지등가성이론, 보즈-아인슈타인 통계이론, EPR역설이론 등이 있다.

가 1000억 년 같고 1000억 년이 1초 같은 시간"이라고 할 수 있다. 다시 말해 하나님도 시간 속에 존재하는 분이시지만 시간의 속도가 우리 시간의 속도와 다른 것이다. 그러므로 이제 신학자들은 우리 우주가 창조될 때 비로소 시간이 존재하기 시작했다는 망언은 하지 말아야 한다. 그것은 성서적 함의와 배치되는 것이다.

2 ◦ 하나님이

'하나님'은 히브리 원어로 '엘로힘(אלוהים)'으로 표기된다. '엘로힘'은 '엘'의 복수형으로 히브리어 성서에서 하나님을 '엘로힘'으로 표기하는 것은 이스라엘 사람들이 고백하는 하나님이 삼위일체 하나님이라는 것을 시사한다. 창조사역은 삼위 중 어느 한 분이 독자적으로 하신 것이 아니라 삼위 하나님이 공동으로 참여하여 하신 일이라는 사실을 성서는 증언하고 있다. 우리 우주는 우연히 생긴 것이 아니라 하나님의 창조로 인해 존재하게 되었다는 것은 성서적으로 재론의 여지가 없다. 그러나 무신론자들이나 우연론자들은 우주의 근원이요 기원으로서 창조주 하나님을 부정하기 위해서 단지 수학적 이론에 불과한 다중우주론이나, 무한우주론, 무한우주회전론을 고안해내어 질서정연한 거시적 우주의 근원이나 기원을 논증하려 하고 있다. 하지만 그런 시도는 단지 가상의 수학적 이론일 뿐 과학적으로 영원히 실증될 수 없는 공상과학소설에 지나지 않는다. 하나님은 오직 마음으로 존재하시는 분, 오직 마음으로만 일하시는 분, 스스로 영원히 존재하시는 분, 무한 영원하신 분, 전지전능하신 분, 무소부재하신 분, 완전하여 영원불변하시는 분, 그 마음에 진선미성의 이데아가 완전 충만하신 분이시다. 그리고 하나님은 본성적으로 창조성이 충만한 분이기에 천지만물을 창조하셨이다. 하나님에 대해서는 이미 하나님 이야기에서 충분히 서술했고, 창조의 이유에 대해서도 이미 상세히 서술한 바 있으므로 '하나님'에 대해서는 이 정도로 약술하도록 하겠다.

3 ◦ 천지(天地)를

천지에 대한 해석은 문화적 해석과 신학적 해석 2가지가 있다. 문화적 해석이란 고대인들의 세계관과 우주관의 관점에서 해석하는 방식이고, 신학적 해석이란 성령의 계시와 영감으로 기록된 성서 전체의 통일된 세계관과 우주관을 바탕으로 이해하는 방식이다. 필자는 물론 후자를 적극 지지하는 입장이다. 여기서 '천지'는 하나님이 창조한 전체 우주를 의미한다. 이 천지를 질료 세계의 하늘과 땅을 의미하는 것으로 해석하면, 성서 전체에 영적 존재들의 활동 공간으로 계시되고 있는 세계, 즉 분명히 존재하는 것으로 기록되어 있는 영적 우주에 대한 창조가 누락되어버린다. 따라서 천지는 하나님이 창조한 우주 전체로 보아야 한다.

창세기 1:1절에 나타나는 '천(天)'은 히브리어로 '솨마임(שמים)'이다. 문자 그대로 '천공', 즉 '아주 높고 높은 하늘'이라는 뜻이다. 솨마임이라는 단어를 고대 성서기자는 성령의 지도를 따라 육안으로 볼 수 없는 영적 우주의 의미로 사용했다고 본다. 그리고 고대인의 우주관으로 볼 때 보이지 아니하는 저 높은 하늘 어딘가에 있을 영적 세계를 생각하지 않을 리 없다는 점에서, 이 '솨마임'은 영적 우주, 즉 하늘나라를 지칭하는 개념으로 사용했다고 보는 것이 옳다. KJV 영어 성서 버전은 이 '솨마임'을 영적 세계인 'paradise'를 의미하는 'The heaven'으로 번역했다. 영어에 공중이나 궁창을 뜻하는 'sky', 'formament'라는 영어 단어가 있음에도 불구하고 천국, 하늘나라, 낙원을 1차적 의미로 가지고 있는 'The Heaven'이라고 번역한 것은 그 때문이다. 그리고 NIV나 WEB, ASV에는 'The Heavens'라고 번역했는데, 이는 '그 하늘들'이라는 뜻이다. 역시 KJV와 유사한 의미이다.

일찍이 바울은 고린도 후서 12:2절에서 그가 기도 중에 올라간 하늘을 '셋째 하늘'이라고 말했다. 이는 헤븐이 하나가 아니라 여러 종류의 하늘, 여러 차원의 하늘이 있다는 것을 시사한다. 단테가 그의 저서『신곡』에서 '제7천국'을 이야기하고 있는 것은 의미심상한 일이다. 그러므로 '솨마임'은 'The Heaven'으로 번역했든 'The Heavens'로 번역했든 성서 번역가들은 '솨마임'이라는 용어를 영적 우주로 이해한 것이 틀림없다. 아무튼 하나님께서 창조하여 천사들과 먼저 간 성도들의 영혼이 살고 있는 영적 우주, 즉 천국이 실제로 존재하고 있다는 것은 주지의 사실이다. 이 천국이라는 공간도 당연히 하나님이 창조한 곳이다. 그러므로 이 솨마임은 영적 우주를 의미하는 것이거나 적어도 그 영적 우주를 포함하는 의미로 쓰여졌다고 생각한다. 그런 점에서 한자문화권에서 이 '천(天)'이 가시적 하늘 뿐 아니라 불가시적 영적 하늘까지 포함하는 용어로 사용되고 있다는 점은 시사하는 바가 적지 않다.

창세기 1:1절의 '천지'는 하나님이 창조하신 창조 세계 전부, 즉 영적 우주와 질료적 우주, 가시적 우주와 불가시적 우주, 모든 하늘, 모든 별들을 포괄하는 표현이다.

그 다음, 지(地)는 히브리어로 '에레쯔(ארץ)'인데 땅, 흙, 토지 등의 의미로 사용된다. 창세기 1:1절을 해석할 때 이 '에레쯔'의 합리적인 의미는 질료적 우주, 즉 현대 천체물리학에서 밝혀낸 460억 광년 전후 크기의 가시적 우주 전체라고 이해하는 것이 타당할 것이다. '지(地)', 즉 '에레쯔'는 결코 우리 지구만을 의미하는 것은 아니라는 말이다. '에레쯔'는 모든 행성들, 즉 모든 질료적 우주 전체를 의미하는 것으로 해석되어야 한다. 그러므로 창세기 1:1절의 '천지'는 하나님이 창조하신 창조 세계 전부, 즉 영적 우주와 질료적 우주, 가시적 우주와 불가시적 우주 전체를 포괄하는 표현이다. 결론적으로 창세기 1:1절은 하나님이 존재하는 모든 우주를 창조하셨다는 의미다. 설령 일부 이론물리학자들이 주장하는 대로 우주에는 11차원의 우주, 또는 수천억 개의 우주가 존재한다 하더라도 그런 우주조차 모두 하나님이 창조한 것이며, 창세기 1:1절에서 '천지'로 기록된 그 우주의 범위에 다 들어 있는 것이다.

필자는 '솨마임'을 영적 우주, '에레쯔'를 질료적 우주를 뜻하는 것으로 이해하고 있다. 아마도 고대인들이 하나님이 창조한 세계를 문자로 기록할 때, 하나님의 창조한 세계 전체를 그 나마 근접하게 포괄하여 표현할 수 있는 용어로는 이 두 단어가 최선이었을 것이다. 설령 '솨마임'이 개념상으로 영적 하늘만을 의미하는 것이 아니라 할지라도, 이미 영적 존재나 영적 세계와 접촉하고 있던 성서기자가 성령의 감동 속에서 이 용어를 쓸 때 분명히 영적 우주를 의미하는 것으로 사용했다고 볼 수 있다.

요한복음 1:1절 "태초에 말씀이 계시니라 이 말씀이 하나님과 함께 계셨으니 이 말씀이 곧 하나님이시니라"에서 '말씀'은 헬라어 원어로 '로고스(Logos)'인데, 이 로고스라는 단어는 헬라의 문화적, 철학적 용어임을 주지해야 한다. 고대 헬라의 철학계에서는 이 로고스를 우주이성, 우주이치, 우주원리 등의 의미로 사용했다. 그러나 요한복음의 기자는 이 로고스라는 용어를 사용할 때 말씀이신 성자 예수의 존재와 본질을 표현하기 위해 사용했다. 이는 '로고스'라는 단어가 그나마 말씀이 육신이 되신 예수그리스도의 본질을 나타내는데 가장 근접한 의미를 함축하고 있는 것으로 여겼기 때문일 것이다. 그래서 우리는 요한복음 1:1절에 나오는 이 단어를 헬라 원어에 충실해야 한다는 이유로 우주이성이라는 헬라 철학적 의미로 한정하여 이해하지 않는다. 또 그래서도 안 된다.

마찬가지로 당시 사람들이 설형 '솨마임'을 별들이 떠 있는 그 위의 하늘 천공이라고 이해했고, 지, 즉 '에르쯔'는 오직 지구만을 의미하는 것으로 사용했다 하더라도, 성령의 감동을 받은 성서기자는 정작 '솨마임'을 영적 우주를 표현하기 위해 사용했고, '에르쯔'는 질료적 우주를 표현하기 위해 사용했다고 보아야 한다. 하여 계시의 영이신 성령께서는 성서기자로 하여금 '천지(天地)', 즉 '솨마임'과 '에르쯔'라는 단어를 사용케 함으로써 하나님이 창조한 우주 전체 범위, 즉 불가시적 우주와 가시적 우주, 영적 우주와 질료적 우주, 이 모든 우주 전체를 하나님이 홀로 창조한 것이라고 선언한 것이다.

그런데 여기서 우리가 한 번 더 집고 넘어가야 할 문제가 있다. 이미 필자는 하나님 이야기를 서술하면서 하나님과 텅빈 무한 공간은 영원히 함께 공존하며, 텅 빈 무한 공간 속에 하나님이 존재하시고, 또한 하나님의 마음은 이 텅 빈 무한 공간을 포괄하고 있으며, 모든 존재는 공간이 없으면 존재할 수 없다고 말한 바 있다.

하나님은 바로 자신과 더불어 영원히 존재하고 있는 이 아무것도 없는 텅 빈 무한 공간에 창세기 1:1절의 '천지(天地, 솨마임과 에레쯔)', 즉 영적 우주와 질료적 우주를 지으신 것이다. 창조신학에서 말하는 무로부터 창조*는 바로 이런 신학적 의미를 가지는 것이다.

* 기독교 창조신학의 금과옥조와 같은 '무로부터 창조(Creatio ex Nihilo)'는 하나님과 마찬가지로 무 역시 창조의 전제이며 바탕이라는 것을 시사하고 있다. 유의 궁극적 현실인 하나님은 무의 궁극적 현실인 아무것도 없는 무한 공간에 스스로 전능하신 창조의 솜씨를 발휘하여 우리의 우주를 만들어 놓으셨다.

4 ◦ 창조하시니라

창세기 1:1절에 나오는 '창조하시니라'의 '창조하다'는 히브리어 성서에서 '바라(רוציל)'라고 표기되었다. 이 '바라'는 '창조하다'는 뜻이다. 그러나 이 '바라'는 무로부터 창조, 즉 절대적 권위와 권능을 가진 이가 무로부터 '창조하다'라고 할 때 쓰이는 용어이다. 물론 창세기에는 '바라' 외에도 하나님의 창조 행위를 표현하는 용어가 여러 가지로 나타나 있다. 예를 들면 유(有)에서 다른 어떤 유(有)를 만든다는 의미의 '아싸'(עשה, 창세기 1:16, 25, 26, 2:3), 이미 존재하는 유(有)를 가지고 다른 형태를 만든다는 의미의 '야짜르'(הוֹבָן, 창세기2:6-7) '짓다', '건축하다'는 뜻을 가진 '바나'(חצַן, 창2:22) 등이 있다. 그러나 본 구절에서는 하나님이 그의 무한한 지혜와 권능으로 온 우주를 무로부터 창조한 것을 나타내기 위해 '바라(רוצ״ל)'라는 용어를 사용했다.

Ⅱ 원시지구의 모습

창세기 1:2절 "땅이 혼돈하고 공허하며 흑암이 깊음 위에 있고 하나님의 신은 수면에 운행하시니라"

1 땅이

여기서 땅, 즉 '에르쯔'는 1절의 '에르쯔'와 달리 우리가 사는 이 지구, 특히 당시의 원시지구를 의미하는 것으로 해석되어야 한다. 그 이유는 창세기 1:3 이후부터 창세기 1:2의 원시지구를 오늘날의 지구로 만드는 창조의 과정이 나오기 때문이다.

2 혼돈하고

원시지구의 상태는 첫째로 혼돈했다고 한다. 여기서 혼돈은 히브리 원어로 '토후(רדס יא)'인데, 황폐, 형태(꼴)가 갖추어지지 않은 상태, 혼돈 등의 의미를 가진다. NIV 영어 성서는 이를 'formless'라고 번역했다. 지구과학자들에 의하면 당시의 원시지구는 아직 지금의 지구와 같은 형태가 갖추어지지 않았고, 많은 질료들이 뒤죽박죽으로 섞여 한 마디로 혼돈 상태였다고 한다.

3 공허하며

원시지구의 상태는 공허했다는 것이다. '공허'라는 단어는 히브리 원어 '보후(קיר)'인데, 텅 빈 상태, 공허 등의 의미를 가지고 있다. 당시 원시지구에는 어떤 종류의 생명체도 존재하지 않는 상태였다.

4 ◎ 흑암이 깊음 위에 있고

흑암은 히브리어 원어로 '쉐크(חשך)'인데, 1차적 의미는 태양이 비치기 전의 어두움, 흑암을 나타내며, 2차적 의미로는 불행, 파멸, 죽음 무지 등의 의미를 갖고 있다. 그리고 '깊음'은 히브리 원어로 '테홈(תהום)'인데 심연, 깊음, 깊은 물이라는 의미를 가지고 있다. 특히 성서는 이 테흠을 깊은 바다(시 42:7, 겔 31:15)나 지하 물의 근원지(시 7:11, 시 78:15)라는 의미로 사용하고 있다. 당시 원시지구는 깊은 물로 둘러싸여 있고, 그 깊은 물 위 에는 캄캄한 어둠이 있었다는 것이다. 다만 이 깊은 물을 필자는 지구학과의 소통을 통해 깊은 용암의 바다라고 해석하고 있다. 원시지구는 깊은 용암의 바다로 둘러싸여 있었다는 말이다.

5 ◎ 하나님의 신은 수면에 운행하시니라

'하나님의 신'에서 '신'은 히브리 원어로 '루아흐(רוח)'인데 바람, 호흡, 숨, 영이라는 의미를 가지고 있다. 여기서 하나님이라 하지 않고 하나님의 신이라고 표현한 이유는 이 하나님의 신이 성령 하나님을 의미하기 때문이다. '수(水)'는 히브리 원어로 '마임(מים)'인데 물을 의미하고, '면(面)'은 히브리 원어로 '파님(פנים)'인데 '얼굴', 특히 '향하는 부분의 얼굴'이라는 의미를 가지고 있다. 그리고 '운행하다'는 히브리 원어로 '라챠프(רחף)'로서 '알을 품다', '날개 치다', '움직이다'라는 의미를 가지고 있다. 따라서 이 구절은 성령 하나님께서 물의 표면, 즉 수면에 운행하시는데, 마치 새들이 새끼를 탄생시키기 위해 알을 품듯이 그런 정성스런 마음으로 창조의 날갯짓을 하고 계셨다는 의미다. 알레고리적 해석을 즐겨 하는 일부 신학자들은 이 구절에 대해 하나님의 대적자인 악의 세력이 도전하여 창세기 1:1절에 하나님이 창조한 우주를 창세기 1:2절의 혼돈, 공허, 흑암이 가득한 우주로 만들어버렸다는 식으로 해석하고 있다. 물론 창세기 1:2절에 대해 영적 의미를 이끌어내는 해석은 할 수 있다. 그러나 이 구절이 가리키는 역사적 팩트는 어디까지나 원시지구의 적나라한 상태를 표현한 것이다.

이제부터 우리는 창세기 1:1절에는 포괄적으로 들어 있으되, 구체적인 형성 과정은 생략된 우주 및 태양계 형성 과정과 원시지구의 형성 과정을 천체물리학이나 지구학과의 소통을 통해 구체적으로 살펴볼 필요가 있다. 그렇게 함으로써 우리는 질료적 우주의 창조 과정 및 태양계의 창조과정에 대해 현대인들이 이해할 수 있는 서술을 할 수 있다.

6 ◦ 태양계 형성과 원시지구

하나님은 한 번 창조 명령을 발하시고 난 이후 창조에서 손을 뗀 것이 아니었다. 하나님은 창조하신 질료적 우주가 기본 원리와 질서, 그리고 그가 설계한 역학에 따라 진행되도록 하면서도, 특별한 사안이나 상황에 따라서는 때때로 적절하게 창조 명령을 내렸다.

하나님은 생태계를 조성하고 인간을 양육할 수 있는 지구 환경을 만들기 위하여, 먼저 태양계를 만드셨다. 창세기 1장을 보면, 하나님은 한 번 창조 명령을 발하시고 난 이후 창조에서 손을 뗀 것이 아니었다. 하나님은 창조하신 질료적 우주가 기본 원리와 질서, 그리고 그가 설계한 역학에 따라 진행되도록 하면서도, 특별한 사안이나 상황에 따라서는 때때로 적절하게 창조 명령을 내리셨다. 이는 창세기 1장에서 하나님이 6일 동안 계속해서 사안별로 구체적인 창조 명령을 내리시는 것을 봐도 알 수 있다. 그런 점에서 우리 은하계의 형성과 태양계 형성, 그리고 지구 형성도 때가 차매 하나님의 특별한 창조 명령에 따라 이루어진 것이라고 생각해야 한다. 일부 지적 설계론자들이 초이성적 존재가 행한 우주 창조는 단 한 번으로 끝났고, 그 다음은 내포된 창조의 원리에 따라 우주가 스스로 진화해갔다고 주장하는데, 이는 성서적 창조론과는 완전히 다른 견해이다. 성서는 하나님의 창조명령은 단 한 번이 아니라 필요할 때마다 계속해서 발하시었음을 증언하고 있다.

창세기 1-2장에 태양계 창조에 대한 기록은 나타나지 않는다. 창세기 1:1절에서는 하나님께서 태초에 전체 우주, 즉 영적 우주와 질료적 우주 전체를 창조하셨다고 그저 포괄적으로 선언하고 있고, 창세기 1:2절에는 원시지구의 모습만 기록되어 있을 뿐이다. 그러므로 창세기 1:1-2절에는 태양계 형성에 대한 내용이 빠져 있다는 말이다. 성서는 과학 지식이나 역사적 지식을 전달하기 위해 쓰여진 책이 아니라 구원의 계시, 즉 복음을 전달하기 위해 쓰여진 책이므로 과학적인 부분이나 역사적인 부분은 반드시 필요한 것에 한해 대략적으로 간략하게 언급하고 있다.

오늘날 우리는 지구가 태양계 형성 과정에서 탄생했다는 사실을 알고 있다. 따라서 하나님께서 우주를 창조하시고, 그 일환 속에서 지구가 창조되는 과정과 원시지구의 상태를 제대로 이해하려면 천체물리학계의 정설인 태양계 형성 이론과 지구학의 도움을 받을 필요가 있다. 이로 인해 우리는 원시지구가 형성되기까지 지구 창조의 선행적 과정과 창세기 1:2절에 나타난 원시지구의 실제적 모습을 이해하는 데 상당한 도움을 받을 수 있다.

● 성운설 / 가장 유력한 태양계 형성 이론

현대 천체물리학계에서는 거의 정설로 인정되고 있는 태양계 형성에 관한 이론은 성운설이다. 이 성운설은 1734년 에마누엘 스베덴보리*가 처음 제시한 이래, 1755년 임마누엘 칸트가 보충하여 범위를 확장시켰으며, 1796년 피에르시몽 라플라스**가 유사한 이론을 독자적으로 수립하여 발표했다. 그 후 이 성운설은 많은 학자들의 비판적 도전을 받았으나, 성운설을 뒷받침하는 여러 가지 과학적 증거가 포착됨으로써 오늘날은 거의 과학계의 정설로 인정받고 있다.

성운의 형성 지금으로부터 약 46억-47억 년 전, 현재 우리 태양계가 속해 있는 은하계 하단 부분에는 폭이 수 광년에 이르는 거대한 분자구름(molecular cloud)이 형성되어 있었다. 이를 성운이라고 부르는데, 이 분자구름은 다른 항성 주위의 공간보다 성간물질의 밀도가 아주 높게 형성되어

* 에마누엘 스베덴보리(1688-1772)는 스웨덴의 철학자, 신학자, 과학자이다. 1734년 태양계 형성에 대한 가설인 성운설을 제기한 것으로 유명하다. 그러나 그는 1741년 영적 생활에 몰입하여 천사나 여러 신령들과 대화하고, 천국과 지옥에 대한 비성서적인 신비주의적인 해석을 내놓음으로써 이단이라고 비판받았다.

** 피에르시몽 라플라스(1749-1827)는 프랑스의 수학자, 천문학자이다. 그는 행렬론, 확률론, 해석학 등을 연구했으며, 1773년 수리론을 태양계의 천체운동에 적용하여 태양계의 안정성을 발표했다. 여러 가지 연구의 획기적 성과를 체계화하여 『천체역학』을 발표했는데 아이작 뉴턴의 『프린키피아』와 맞먹는 명저로 간주되고 있다.

있었다. 성간물질은 통상 항성 바로 근처에 존재하는 물질이나 에너지를 말하는 것으로 성간매질이라고 부르기도 한다. 이 성간물질의 고체성분을 성간진이라고 하는데, 우주먼지, 즉 우주진으로 되어 있으며, 기체의 성분은 우주가스, 또는 성간가스라고 부르기도 한다. 성간물질은 99%의 가스 입자와 1%의 먼지로 구성되었다. 이러한 물질이 당시 항성 사이의 우주 공간을 가득 채우고 있었던 것이다.

초신성 폭발과 중력 붕괴 그런데 갑자기 이 분자구름 주위에 있던 초신성 하나가 폭발했고, 충격으로 분자구름 일부분이 중력 붕괴를 일으켰다. 이 중력 붕괴는 초신성의 폭발로 인해 발생한 충격파가 태양계가 탄생할 자리에 있는 성운의 밀도를 크게 증가시켜서 일어난 것이었다. 이 중력붕괴가 일어난 부분이 태양계가 되었다. 이때 형성된 전태양성운의 지름은 7,000-20,000 천문단위(天文單位, astronomical unit)* 였고, 총질량은 태양의 1.001배에서 1.1배 정도였다고 추정된다.

* 1천문단위는 태양에서 지구까지의 평균 거리인 1억 4,960만 킬로미터를 의미한다.

전태양성운과 원시행성계 원반 전태양성운의 구성 성분은 수소와 헬륨(빅뱅 때부터 존재한 원소)이 98%, 중원소(별들이 죽음을 맞이하면서 우주 공간에 분출한 원소들)가 나머지 2%로서 현 태양의 성분과 거의 같다. 전태양성운은 운동 보존의 법칙을 따라 성운이 붕괴되면서 회전속도가 빨라지게 되었다. 그러자 성운은 거대한 원반 형태가 되었고, 성운 내의 물질이 뭉치면서 그 안에 있던 분자와 원자들은 더욱 활발하게 충돌하기 시작했다. 그 과정에서 열 형태의 에너지가 방출되었다. 특히 성운 물질의 대부분이 몰려 있는 중심부는 주변 원반에 비해 점점 더 뜨거워져 갔다. 이후 약 10만 년에 걸쳐 중력, 가스의 압력, 자기장, 원반의 회전 등으로 발생한 에너지 때문에 압축되어 있었던 성운은 다시 평평해지면서 반지름 200천문단위 정도 크기의 회전하는 원시행성계 원반으로 진화했다.

태양 / 원시별의 탄생과 성장 그리고 그 중심부에 뜨겁고 밀도 높은 원시별 하나가 생겨나기 시작했는데 이것이 바로 태양이다.

이렇게 태양이 형성된 지 5,000만 년쯤 지났을 때 원반 안의 분자구름 대부분은 태양이 있는 중심권으로 집결되어 태양의 크기는 크게 확대되었다. 이때 태양계 안에 있는 원반모양의 성운 대부분은 태양의 구심력으로 인해 99% 이상 서서히 태양으로 빨려 들어갔고, 빨려들어 가지 않은 가스구름 및 먼지들은 태양의 주위를 도는 행성들을 형성하게 되었다.

원시지구의 형성 태양계 형성론을 뒷받침하는 강착 이론에 의하면 그 당시 원시별 주위에는 그 주위를 도는 수많은 먼지 알갱이들이 생겨났다고 한다. 이 알갱이들은 서로 간에 직접 충돌을 일으키기도 하고 또 뭉치기도 하면서 지름 1-10킬로미터에 이르는 천체, 곧 미행성으로 자라나게 되었다. 이 미행성들은 수백만 년 동안 자신보다 작은 천체를 빨아당기게 되었고, 당연히 미행성들의 크기는 점점 커지게 되었다. 물론 지구도 이때 형성된 것이다. 태양에서 가까운 지역, 곧 4천문단위 이내의 지역에서는 온도가 높아 물이나 메테인 같은 휘발성 분자들이 압축될 수 없었기 때문에, 이때 생겨난 수많은 미행성들의 구체는 융해점이 높은 금속류, 즉 철, 니켈, 알루미늄, 규산염이 들어있는 암석들로 이루어졌다. 이 거대한 암석 덩어리들은 종국적으로 수성, 금성, 지구, 화성 같은 지구형 행성으로 만들어져 갔다. 이때 지구는 현 지구 질량의 10% 정도였다고 한다. 그 후 10만 년 동안 행성들의 성장세는 소강상태를 이루었다. 그러나 10만 년이 지나자 그들은 다시 서로 충돌하며 뭉쳐지는 과정을 시작했다. 이 그 과정을 거치면서 지구는 상당한 정도의 크기로 자라나게 되었다. 이 시기를 대충돌 시기라고 한다.

대충돌로 인한 지구의 성장 대충돌이라는 행성 생성의 시기가 계속 진행되면서 지금의 내행성 궤도에는 크고 작은 수많은 미행성들이 생겨났다. 과학자들은 당시 내행성 궤도에 떠 있는 미행성의 수를 작게는 50개 많게는 150개 정도로 보고 있다. 당시 지구 같은 행성들이 성장하려면 이들과 충돌하여 합쳐지는 것 외에 다른 길이 없었다. 과학자들은 이 대충돌 시대가 약 1억 년 정도 지속된 것으로 추정하고 있다. 그로 인해 내행성 궤도에는 우리가 아는 4개의 지구형 행성이 거의 오늘날의 크기의 90% 정도로 자라나게 되었다.

달의 탄생 대충돌 시대의 끝 무렵 지구 생성 후 1억 년이 다 될 즈음 원시지구에는 어마어마한 거대한 충돌이 일어났다. 그것은 화성 크기의 거대한 미행성인 테이아(Theia)가 날아와 지구와 충돌한 사건이었다. 테이아는 그때 산산이 부서져 일부는 지구에 흡수되었고, 멀리 튀어나가 흡수되지 못한 파편과 먼지는 뭉쳐서 달이 되었다. 이 달의 중력 작용으로 인해 지구의 자전축 각도와 자전 속도가 조정되어 나갔다. 이것이 바로 과학계의 정설로 인정받는 단일거대충돌설(single giant impact)이다.

그런데 최근 과학계에서는 다중소충돌설(Multiple smaller impacts)*이 등장하여 기존의 단일거대충돌설에 도전하고 있다.

지구의 물 대충돌시대 원시지구에 충돌하여 붙어버린 물체, 즉 미행성이나 우주먼지들에는 다양한 금속원소뿐 아니라 다량의 물도 섞여 있을 것으로 추정되고 있다. 이 물은 지구 궤도보다 더 차가운 바깥쪽 궤도에서 날라온 천체를 통해 다량으로 공급되었다. 일부 지구물리학자들은 2006년에 발견된 주띠 행성 집단이 지구에 물을 공급한 유력한 원천으로 추정하고 있다. 그러나 대부분의 지구물리학자들은 카이퍼대 혹은 더 먼 곳에서 온 혜성들이 지구에 가져온 물의 양은 현재 지구상의 물의 6%를 넘지 않을 것으로 보고 있다.

용암의 바다로 덮인 캄캄한 지구 대충돌시대의 충돌로 인해 쌓이는 엄청난 에너지로 인해 지구의 모든 암석들이 녹게 되었다. 이때 융해점이 높은 금속들, 특히 철이나 니켈 등은 지구의 내핵을 형성하게 되었고, 융해점이 낮은 물, 질소, 헬륨, 메테인 등은 증발되어 지구 상공 300킬로미터

* 이스라엘 와이즈만 연구소는 2016년 1월 10일 국제학술지 『네이처 지오사이언스』에서 "860차례에 걸친 컴퓨터 시뮬레이션 결과, 달은 한 번의 충돌이 아니라 작은 천체가 여러 번 원시지구에 충돌하는 과정에서 만들어진 것으로 보인다"고 밝혔다. 그동안 소수 의견이었던 다중충돌설이 요즈음은 더 유력한 이론으로 힘을 얻어가는 추세이다. 또 조사 결과 지구와 달의 암석 성분의 구성이 거의 같다는 사실이 밝혀졌다. 그리고 이와 같은 사실은 테이아의 파편이 떨어져나가 달이 되었다는 단일거대충돌설로는 설명하기 어려운 점이었다. 이에 대해 와이즈만 연구소 측은 "소행성들이 반복적으로 충돌하면서 튕겨져 나간 파편들이 조금씩 뭉쳐 달이 되었다면 이런 문제는 쉽게 설명될 수 있다"고 밝혔다. 실제로 달의 암석 연대를 측정한 결과 달의 나이는 45억 1만 년 정도로 지구의 나이 45억 5천만 년에 비해 4천만 년 정도밖에 차이 나지 않는 것도 다중소충돌설이 훨씬 사실에 가깝다는 증거가 되고 있다(『조선일보』 2016년 1월12일자 B11).

까지 두꺼운 대기층을 형성하게 되었다. 이때 대충돌로 인해 발생한 에너지는 지구를 둘러싼 대기층 벨트에 막혔고, 그로 인해 지구의 온도는 상승을 거듭했다. 그리고 지구의 모든 암석층은 녹아 뜨거운 용암의 바다가 될 수밖에 없었다. 한마디로 깊이를 알 수 없는 마그마, 용암의 바다가 되어 버린 것이다. 이 마그마의 바다 위로 하나님의 신은 아름다운 지구 창조의 꿈을 가지고 운행하셨던 것이다. 그러므로 창세기 1:2절 "땅이 혼돈하고 공허하며 흑암이 깊음 위에 있고 하나님의 신은 수면에 운행하시니라"라는 표현은 오늘날 현대 과학이 규명해낸 대충돌시대 원시지구의 상태를 절묘하게 표현한 것이라고 볼 수 있다.

수천 년 전 기록된 고대의 어떤 종교 문서에서도 원시지구의 상태를 이처럼 현대 과학이론과 거의 근접하게 기록된 것은 없다. 오직 성서만이 유일하다. 더욱이 창세기 1장의 창조 순서는 현대 과학자들이 실증한 지구 형성 및 지구 생태계 형성 이론과 거의 일치하니 이 얼마나 놀라운 일인가? 그러면 이제부터 지구 및 지구생태계의 창조 과정이 기록되어 있는 창세기 1:3절 이하를 해석해 보도록 하겠다.

Chapter 3 제 3 장

지구 환경의 창조

I 빛의 창조와 낮과 밤의 질서

창세기 1:3-5 "하나님이 가라사대 빛이 있으라 하시매 빛이 있었고(3절) 그 빛이 하나님이 보시기에 좋았더라 하나님이 빛과 어둠을 나누사(4절) 빛을 낮이라 칭하시고 어두움을 밤이라 칭하시니라 저녁이 되고 아침이 되니 이는 첫째 날이니라(5절)."

창세기 1장에 기록된 하나님의 창조는 천지라고 표기된 영적 우주와 질료적 우주 전체를 하나님이 창조하셨다고 하는 선언과 원시지구의 상황에 대한 묘사, 그리고 열악한 지구 환경을 하나님이 어떻게 구체적으로 그리고 순차적으로 창조하셨는가에 집중되어 있다. 앞에서 우주와 태양계와 지구의 창조에 대해 과학적 서술을 한 것은 창세기 1:1절의 창조 선언과 창세기 1:2절의 원시지구에 대한 기록에 근거하여, 이 성서 구절 사이에 들어 있는 행간의 창조 사건에 대해 과학적으로 이해한 것이다. 이러한 선제적 서술은 이후 "빛이 있으라"는 대목을 주석할 때 빛의 창조라는 것이 무엇을 의미하는지를 자연스럽게 드러내줄 수 있다.

1 빛이 있으라

창세기 1:3절 "빛이 있으라" 할 때 '빛'은 히브리 원어로 '오르(אור)'인데, '조명'이라는 1차적 뜻을 가지고 있고, 2차적으로는 '발광체'라는 의미를 가지고 있다. 하나님은 태양이라는 발광체, 즉 항성으로 하여금 서치라이트를 비추듯이 지구를 비롯한 전 태양계에 비추도록 했다는 말씀이다. 그런데 많은 신학자들이 단순하고 명확한 이야기를 혼돈하여, 이 빛을 태초의 빛이니, 우주에 처음 만들어진 빛이니, 하나님이 최초의 그 빛을 30만 킬로미터 이상 가속시켜 다른 물질을 만들었느니 하며, 심히 왜곡된 해석을 내놓고 있다. 그것은 아마도 창세기 1:14-18절에 의거해, 첫째 날 창조 시에는 아직 해와 달과 별이 없었다는 것을 전제로 궁색한 해석을 할 수밖에 없었기 때문이라고 생각한다.

그러나 해와 달과 별을 식물이 만들어진 다음에 만들었다고 하는 식의 해석은 잘못된 것이다. 빛에 대한 그와 같은 해석은 완전히 비과학적 비상식적 주장이다. 성서가 그렇게 서술하고 있다면 성서의 기록은 한낱 비과학적인 거짓 설화를 기록해놓은 것에 지나지 않는다. 결국 관건은 창세기

1:14-18절을 그들과 달리 어떻게 해석해야 할 것이냐 하는 것이다. 이 구절에 대한 해석은 차후 넷째 날 창조에 대한 기록을 해석하면서 자세히 설명할 것이다. 아무튼 첫째 날 빛의 창조에 대한 기사는 태양빛의 발광을 의미하는 것으로서, 그 빛에 태양* 내부에서 발화되어 태양의 광구를 통과하여 지구에 도달한 것을 의미하는 것이다.

앞서 약술한 대로 46-47억 년 전 우리 은하계의 하단에 형성된 폭이 수 광년에 이르는 분자구름 주위에서 거대한 초신성 하나가 폭발했다. 그 폭발의 충격은 분자구름 일부분에 중력 붕괴를 일으켰고, 중력 붕괴가 일어난 중심부에서 강력한 회전운동이 일어나 성운의 밀도를 크게 증가시켰다. 그로 말미암아 지름 7,000-2만 천문단위(1천문단위는 태양에서 지구까지의 거리)의 전태양성운이 형성되었다. 전태양성운의 구성 성분은 수소와 헬륨이 98%, 중원소 2%인데, 중원소는 최초의 별들이 죽음을 맞이하면서 우주 공간에 분출한 원소들이었다. 전태양성운의 회전속도가 빨라짐에 따라 성운 내 물질이 뭉치면서 그 안의 원자들은 더욱 자주 충돌을 일으키며 어마어마한 열 형태의 에너지를 방출하게 되었다. 그에 따라 성운물질의 대부분이 몰려 있는 중앙부는 주변 원반에 비해 점점 더 뜨거워졌다. 중력과 가스의 압력, 원반의 회전 등으로 인해 전태양성운은 더욱 평평해졌고 반지름 200천문단위 정도의 원시행성계 원반으로 진화했다. 그리고 그 중심부에서 뜨겁고 밀도 높은 원시별 하나가 생겨나기 시작했는데, 이것이 바로 원시태양이다. 이 시점의 원시태양은 현재 '황소자리 T형 항성'의 형태였을 것으로 추정된다.

원시태양이 형성된 지 5000만 년쯤 지났을 때 전태양성운의 회전운동은 더욱 활발해졌고, 그로 인해 전태양성운의 분자구름 대부분은 태양의 구심력에 의해 태양의 중심권으로 집결되었다. 그로 말미암아 태양의 크기는 크게 확대되었다. 그러자 태양항성 중심부의 수소 밀도가 막대하게 증가하여 핵융합을 할 수 있는 수준까지 이르렀다. 이때 태양의 중심 온도는 1,500만 도를 육박할 정도였다. 그러자 드디어 태양 내부에서 최초의 핵융합 반응이 시작되었다. 섭씨 1,500만 도의 고열은 태양의 중심핵에 모여 있는 엄청난 양의 수소 원자핵 주위를 도는 전자를 소멸시켰고, 그 결과로 수소원자 간의 척력이 극복되면서 수소핵융합반응이 일어나게 되었다. 수소핵융합작용으로 발생한 1억 도 이상의 열에너지는 시간이 지남에 따라 내핵에서 복사층으로, 복사층을 지나 대류층으로, 그리고 대류층을 지나 저류층으로, 그리고 저류층을 지나 태양의 표면층인 광구에 도달하게 되었다. 과학자들은 내핵에서 발생한 막대한 에너지가 복사층의 플라즈마 입자들 사이를 돌아다니며 퍼져나가며 통과하는 데만 약 100만 년 이상 걸렸을 것으로 추정하고 있다. 그러므로 이 열에너지가 다시 대류층, 저류층을 지나 두께 수백 킬로미터의 광구에 도달하기까지는 그 몇 배의 시간이 소요되었을 것은 자명한 일이다.

태양의 내핵에서 수소핵융합반응으로 인해 발생한 1억 도 이상의 열에너지가 복사층, 대류층, 저류층을 지나 광구를 통과했을 때, 태양 표면은 섭씨 5,800도의 열에너지를 빛과 더불어 외부 세계로 방출하게 되었다. 이것이 바로 태양의 발화와 발광이다. 이후 태양은 계속된 태양 내부의 수소융합

*
태양은 지름이 139만 2,000킬로미터인 빛을 내는 항성으로써, 그 질량은 지구의 33만 배, 태양계 전체 질량의 99% 이상을 차지한다. 내핵의 온도는 1,500만 도이고 표면의 온도는 5,800도이다. 그러나 태양 코로나의 온도는 200만 도 이상이다. 태양은 막대한 에너지의 원천으로서 그 에너지 일부는 빛과 열의 형태로 지구에 도달하여 지구에 사는 생물들이 생명을 유지하는 데 필수적인 요소를 공급한다. 또 그 이전에 태양의 빛과 열은 지구상의 물을 지표면에서 궁창으로, 다시 궁창에서 지상으로 순환시키는 역할을 하는데, 만일 태양의 빛과 열이 없다면 지표면의 물은 모두 결빙되어 지구는 결국 영구적인 얼음구체가 되고 말았을 것이다. 그리고 지구의 온도는 영하 270도 이하로 내려가 지구는 어떤 생명체도 살 수 없는 동토의 땅, 불모의 땅이 되고 말았을 것이다. 그러므로 태양이 우리 은하계에 존재하는 수천억 개의 항성 중 하나에 불과하나, 우리 지구의 생물들에게는 무엇으로도 대체할 수 없는 유일무이하게 귀한 항성인 것이다.

*
주계열성이란 중심핵 부분에 있는 수소를 태워 헬륨으로 바꾸게 되는 상황이 안정적으로 일어나는 상태의 별을 의미한다.

작용으로 인해 발생하여 외부로 나아가려는 복사압과 중력으로 말미암아 수축하려는 힘이 평형을 이루면서 유체정역학적 균형 상태에 도달하게 되어 주계열성*의 상태인 오늘의 태양이 된 것이다. 지금도 태양의 핵에서는 매초 400만 톤의 물질이 에너지로 바뀌는 핵융합 반응이 일어나고 있다.

창세기 1:3절 "빛이 있으라 하시니 빛이 있었고"의 의미는 하나님께서 그가 정하신 때에 태양을 향해 "빛이 있으라"고 선언하시매 비로소 태양의 내부 핵에서 수소융합작용이 일어나기 시작했다는 의미와 그로 말미암아 수소핵융합반응의 폭발이 일어난 것을 모두 의미한다.

그러므로 창세기 1:3절 "빛이 있으라 하시니 빛이 있었고"의 의미는 하나님께서 그가 정하신 때에 태양을 향해 "빛이 있으라"고 선언하시매 비로소 태양의 내부 핵에서 수소융합작용이 일어나기 시작했다는 의미와 그로 말미암아 수소핵융합반응의 폭발이 일어난 것을 모두 의미한다. 그러나 "빛이 있었고"를 보다 적극적으로 해석한다면, 태양의 내부 핵에서 출발한 태양의 빛과 열이 태양의 표면을 떠나 처음으로 지구 상공에 도착한 순간까지를 의미한다고 보아야 한다. 태양의 표면을 떠난 빛과 열은 15억 킬로미터(1천문단위) 거리를 약 8분 20초 만에 통과하여 지구 상공에 도달하게 된다. 그 당시 지구는 아직 수많은 암석이나 미행성들과의 대충돌이 활발하게 진행되던 때였기 때문에 지구 상공은 질소, 이산화탄소, 일산화탄소, 수증기, 먼지 등으로 이루어진 두께 300킬로미터 이상의 시커먼 대기 벨트로 둘러싸여 있었다. 따라서 태양의 빛은 지구의 표면에 거의 도달하지 못하고 차단되었다. 그로 말미암아 원시지구의 표면은 여전히 캄캄한 상태를 유지하고 있었고, 그 캄캄함 아래에는 뜨거운 용암의 바다가 일렁거리고 있었다.

2 그 빛이 하나님이 보시기에 좋았더라

창세기 1:4-5에는 "그 빛이 하나님이 보시기에 좋았더라"고 기록되어 있다. 창조된 빛이 하나님이 보시기에 좋았던 이유는 그 빛이 하나님의 계획대로 정확하게 만들어졌기 때문이다. 다시 말해 하나님의 생각대로 이루어 태양의 발광이 시작되었기 때문이다. 다른 하나는 그 빛이 하나님의 미적 감각을 만족시킬 만큼 아름다웠고, 하나님이 지구의 생태계 창조를 위해 필요한 메커니즘과 충분한 에너지를 품고 있었기 때문이다.

3 하나님이 빛과 어두움을 나누사 빛을 낮이라 칭하시고 어두움을 밤이라 칭하시니라

창세기 1:4-5절에는 "하나님이 빛과 어둠을 나누사 빛을 낮이라 칭하시고 어두움을 밤이라 칭하시니라"라고 기록되어 있다. 하나님께서 빛과 어두움을 나누시고 빛을 낮이라 칭하시고 어두움을 밤이라 칭하신 것은 일단 일반적 호칭을 그렇게 했다는 것을 의미한다. 이 말씀은 비단 지구에만 해당되는 칭함이 아니라 태양빛이 도달하는 태양계 어느 행성에도 해당되는 칭함이다.

그러나 "하나님이 빛과 어둠을 나누사"라는 기록에는 불규칙하기는 했지만 이미 초기 지구가 자전을 하고 있었다는 뜻을 함축하는 말씀이라고 할 수 있다. 대폭격 시대, 아직 지구에 달이 형성되기 이전에도 지구는 불규칙하게 회전하고 있었다. 달이 형성된 이후에도 지구 자전축은 완전히 안정되지 않았다. 지구과학자들에 의하면 지구 자전축이 서서히 안정을 찾기 시작한 것은 28억 년 전부터이고, 오늘날처럼 완전히 안정된 것은 4억 5000만 년 전부터였다고 한다. 지구의 자전으로 인해 지구는 낮과 밤이 나눠졌다. 그러나 태양이 처음 빛을 발할 당시는 대폭격 시대로 지구 위에 시커먼 수증기와 먼지, 각종 가스로 뒤덮여 있었기 때문에 지구 전체는 아직 완전한 흑암의 상태였다. 이러한 상황은 태양이 발광한 이후에도 한동안 지속되었다. 그러므로 이 말씀은 빛이 태양계에 나타나고, 지구가 자전하면서 낮과 밤이 자동적으로 나타나는 기본적 질서를 표현한 것으로 해석된다.

4 ◦ 저녁이 되고 아침이 되니 이는 첫째 날이니라

창세기 1:5절에는 "저녁이 되고 아침이 되니 이는 첫째 날이니라"고 기록되어 있다. 이 구절을 해석하는 데 가장 중요한 단어는 '날'이라는 용어이다. 이 '날'은 히브리어로 '욤(יוֹם)'인데, 1차적 의미는 일출에서 일몰까지, 또는 일몰에서 다음 일몰까지의 시간, 즉 하루를 뜻한다. 2차적으로는 한정된 시간, 기간 등을 의미한다. 그런데 역사적으로 많은 신학자들이 '날', 즉 '욤'에 대해 다양한 해석을 하고 있다. 우선 루터나 칼빈 등을 중심으로 한 개혁주의 신학자들은 24시간 하루를 의미하는 것으로 보았다. 그 당시 세계관으로서는 굳이 문자적 해석을 마다할 이유가 없다는 이유에서였다. 그러나 이러한 입장은 산업혁명과 더불어 시작된 과학의 발달로 말미암아 점점 더 설자리를 잃게 되었다. 천체물리학과 지구물리학, 지질학 등이 발전함에 따라 창세기 1장에 대한 그들의 생각은 명증된 과학이론과 일치되지 않는 것으로 드러났다. 그래서 많은 신학자들은 '욤'을 하루 24시간으로 해석하는 것은 타당하지 않다고 생각하게 되었다.

19세기에 들어 서구 신학계에는 6기간설을 주장하는 신학자가 나타났는데, 그가 바로 옥스퍼드 대학의 교수이자 목사인 윌리엄 버클랜드*이다.

6기간설이란 '날', 즉 '욤'을 24시간 하루가 아니라, '욤'의 2차적 의미인 '기간'으로 보고, 6일간의 창조는 하나님께서 특정한 창조를 하신 각각의 기간, 즉 6기간이라고 해석하는 것이다. 이를 '날 시대론'(Day-Age Theory)이라고 하는데, 이러한 주장은 이미 역사가 요세프스, 이레니우스, 오리게네스 등이 주장한 바 있다. 나아가 그는 "저녁이 되고 아침이 되니 첫째 날이니라"를 한 시대, 즉 한 기간 지나고 새 시대, 즉 새 기간이 시작되었다는 것에 대한 시적 표현이라고 주장했다. 그러자 보수적인 신학자들은 이러한 기간설에 대해 강력한 반대 논리를 제시했다. 그 논점은 대략 3가지로 나눌 수 있다.

첫째, 간격설이나 기간설은 성서를 문자 그대로, 즉 1차적 의미인 24시간 하루로 해석하지 않고 2

*
윌리엄 버클랜드(William Buckland, 1780-1847)는 옥스퍼드 대학의 교수이자 웨스트민스터 교회의 박식한 수석목사이다. 그는 6일 창조설을 부인하고 6기간의 창조설을 주장했다. 버클랜드의 6기간설은 스미스(J. P. Smith, 1774-1851)와 크르츠(J. H. Crutz, 1809-1890)에 의해 보강된 후 엠헐스트 대학의 히치콕(E. Hitchcock, 1793-1864)에 의해 미국으로 전파되었다.

차적 의미, 즉 부가적 의미로 해석한 것이 문제라는 것이다.

둘째, '욤'이 24시간 하루가 아니라면 6일 후 제7일에 안식일을 지키라고 한 십계명의 네 번째 계명과 상충되는 것이 아니냐 하는 것이다.

셋째, "저녁이 되고 아침이 되니 첫째 날이니라"를 "한 시대가 지나가고 새 시대가 시작되니 이는 첫째 날이니라"고 해석하면 문장의 흐름이 어색하지 않느냐는 주장이다.

그러자 6기간설을 주장하는 학자들은 성서에 의하면 태양이 4일째 창조되었는데 어떻게 그 이전의 '날'이 24시간 하루일 수 있느냐고 반문한다. 그렇다면 나중 3일은 24시간 하루이고 처음 3일은 24시간 하루가 아니라는 말인데, 이 문제를 어떻게 해석학적으로 설명할 것이냐고 냉소했다.

6기간설 이외에 다른 주장은 절충설이다. 이는 보수 신학자들의 전통적 해석과 6기간설을 절충한 것으로 태양이 창조되기 전 3일은 24시간 하루가 아닌 아주 오랜 기간이고, 이후 3일은 24시간이라고 보는 견해이다. 이런 주장을 한 사람은 중세 초에는 아우구스티누스가 있었고, 19세기에 들어서는 네덜란드의 개혁주의 신학자 헤르만 바빙크* 같은 학자가 있었다. '욤'에 대한 이상 3가지 설에 대해 방대한 호크마 주석조차도 각 주장이 일장일단이 있다고 하며 중립적으로 평가할 뿐 뚜렷한 결론을 내놓지 못하고 있다.

* 헤르만 바빙크(Herman Bavinck, 1854-1921)는 네덜란드 정통 개혁주의 신학자이며 목사이다. 아브라함 카이퍼와 미국의 벤자민 워필드와 함께 세계 3대 칼빈주의 신학자로 꼽힌다.

그러면 이 '날', 즉 '욤'을 필자는 어떻게 해석하는가? 필자는 그들과 완전히 다른 해석을 하고 있다. 필자는 창세기 1장의 '날', 즉 '욤'을 지구의 하루를 의미하는 것이 아니라 하나님의 하루, 즉 하나님의 시간으로 한 날이라고 보고 있다. 지금까지 신학계에서 이 문제를 풀지 못하고 왈가왈부할 수밖에 없었던 것은 이 '날'을 자꾸 이 세상의 시간, 이 세상의 날, 우리 인간의 시간으로 보았기 때문이다. 우주여행 시대가 와서 하루 자전 시간이 48시간인 행성, 36시간인 행성, 100시간인 행성에서 살게 된다면, 그때도 이 창세기를 읽고, 창세기 1장의 하루를 24시간이라고 주장할 수 있겠는가? 그때는 각 행성에 사는 인류마다 성서에 기록된 하루의 시간을 각각 다르게 해석할 것이 아닌가? 그러므로 여기서 날, 즉 '욤'은 사람의 시간으로서 날이나 하루가 아니라 하나님의 시간으로서 한 날, 하루라고 해석하는 것이 타당하다. 더욱이 창세기 1장은 지구의 자전 시간이 정해지지 않고 사람이 존재하지도 않았을 때 하나님께서 하신 일을 기록한 말씀이다. 그러므로 '욤'도 당연히 사람의 '날'이 아니라 하나님의 '날'이 되어야 한다. 한마디로 "첫째 날이니라"는 "나의 첫째 날이니라"로 이해해야 한다는 말이다. 성서 어디에도 창세기 1장의 그 '날', 즉 '욤'을 인간세상의 하루라고 나와 있지 않다. 그것은 해석자의 선입견에서 나온 해석일 뿐이다. 그러니 지금까지 어느 누구도 이 '욤'의 정확한 의미를 규정할 수 없었던 것이다.

창세기 1장은 지구의 자전 시간이 정해지지 않고 사람이 존재하지도 않았을 때 하나님께서 하신 일을 기록한 말씀이다. 그러므로 '욤'도 당연히 사람의 '날'이 아니라 하나님의 '날'이 되어야 한다.

이런 점에서는 6기간설이나 절충설을 주장하는 학자들 역시 오십 보 백 보이기는 마찬가지다. 그러나 그들은 히브리 원어 '욤'의 1차적 의미를 배제한 채 2차적 의미를 채택하여 '하루'를 '기간'으로 이해함으로써 지질학적 결론을 수용할 수 있는 가능성을 열기는 했다. 그러나 역시 그 기간을 이 세상 시간의 기간으로 이해함으로써 역시 해석학적 한계를 보여 주고 있다. 성서는 하나님의 시간, 하나님의 날과 이 세상의 시간과 날의 차이에 대해 다음과 같이 말씀하고 있다. "주의 목전에는 천년이 지나간 어제 같으며 밤의 한 경첩 같을 뿐이니이다(시편 90:1)." 베드로전서 3:8절 "사랑하는 자들아 주께는 하루가 천년 같고 천년이 하루 같은 이 한 가지를 잊지말라"(베드로전서 3:8). 이 말씀들을 유추하여 창세기 1장의 '날'을 해석해보면 당연히 하나님의 한 날, 즉 하루는 이 세상의 천만 년도 될 수 있고 10억 년도 될 수 있다는 해석이 가능하다. 그리고 이러한 해석은 '욤'의 1차적 의미도 포괄할 수 있고, 2차적 의미인 기간도 살리면서 현대 지질학적 입장도 수용할 수 있는 1석 3조의 해석이 될 수 있는 것이다.

이제 마지막으로 '날'이나 '하루'를 하나님의 날이나 하나님의 '하루'을 의미하는 것으로 본다면 "저녁이 되고 아침이 되니"라는 대목은 어떻게 해석해야 하는 것이다. 혹자는 이 구절을 놓고 하늘나라에도 아침과 저녁이 있다는 말인가 하는 의문을 가질 수 있다. 필자는 이 구절을 하나님의 한 날, 즉 창조의 한 기간이 지나간 것에 대한 수사적 표현, 시적 표현으로 이해한다. 실제로 필자의 성서 이야기에도 나오지만 성서의 모든 기록은 반드시 신문기사처럼 사건 보도 양식으로 기록된 것이 아니고, 어떤 사건이나 영적 교훈을 시적, 은유적, 우화적, 비유적, 은유적, 상징적으로도 표현하고 있다. 그리고 이런 해석학적 견해는 신학자라면 누구나 다 인정하는 것이다. 그래서 필자는 "저녁이 되고 아침이 되니"를 하나님께서 어떤 것을 창조한 기간이 끝났다고 하는 것을 시적으로 표현한 것이라고 해석한다. 이런 해석은 아마도 기간설이나 절충설을 주장하는 이들도 유사한 입장이라고 생각한다. 다만 기간설이나 절충설을 주장하는 이들이 이 세상 시간, 즉 인간의 시간으로서 한 시대가 지나갔다는 것의 상징적 표현이라고 이해했다면, 필자는 하나님의 시간으로서 한 창조의 날, 또는 기간이 그렇게 끝났다는 것을 시적으로 표현한 것이라고 이해한 것이다.

II 물의 창조와 물의 나눔

창세기 1:6-8절 "하나님이 가라사대 물 가운데 궁창이 있어 물과 물로 나뉘게 하리라 하시고 하나님이 궁창 아래의 물과 궁창 위의 물로 나뉘게 하시매 그대로 되니라 하나님이 궁창을 하늘이라 칭하시니라 저녁이 되고 아침이 되니 이는 둘째 날이니라."

둘째 날에 하나님이 하신 일은 물 가운데 궁창이 있게 하여 물을 궁창 아래의 물과 궁창 위의 물로 나누는 일이었다. 궁창으로 번역된 히브리 원어는 '라키아(רקיע)'라고 하는데 넓게 펴진 것, 또는 반원형의 보이는 하늘 등의 의미를 가지고 있다. 여기서 우리가 알아야 할 것은 첫째 날부터 하나님이 행하신 일은 무로부터 무엇인가를 만들어내는 것이 아니라, 이미 존재하고 있는 것에 영향력을 가하여 지구의 환경을 하나님의 뜻하신 바대로 바꾸어나가는 일이었다. 무로부터 창조가 아니라 유로부터 창조라는 말이다. 특별히 둘째 날에 하나님이 하신 일은 없는 물을 만드신 것이 아니라 이미 지구나 지구 대기권에 이산화탄소, 질소, 수소 등과 혼합되어 존재하고 있는 수증기를 오늘날 처럼 맑은 물이 있는 환경으로 만든 것이었다.

둘째 날에 하나님이 하신 일은 그와 같은 방식으로 물을 만드시고 그 물들을 궁창 위의 물과 궁창 아래의 물로 나누는 것이었다. 성서는 이에 대해 더 이상 구체적으로 말하지 않는다. 그러므로 지구에서 물의 형성에 대한 구체적인 과정은 지구과학의 도움을 얻어야 한다. 이와 같이 신학과 과학이 협력하고 소통하면 성서적 창조론을 보다 디테일하게 서술할 수 있다. 이러한 창조론을 가리켜 과학적 창조론이라 부른다.

대충돌로 형성된 용암의 바다 원시지구는 1억 년 정도 대충돌(대폭격)의 시대를 거치면서 자라났다. 대충돌이 절정에 이를 무렵 지구는 수많은 미행성들과의 충돌로 말미암아 부피와 질량이 획기적으로 늘어나 현 지구 질량의 98% 이상까지 자라나게 되었다. 나머지는 그 이후 오랜 세월 동안 충돌 소강기를 지나면서 점진적으로 형성된 것이었다. 초기 원시지구의 대기는 수소와 헬륨으로 이루어졌다. 그러나 높은 온도와 낮은 중력 때문에 초기의 대기는 즉시 우주 공간으로 사라졌다. 이후 대충돌 시대를 맞이하면서 원시지구가 크게 자라나 강력한 중력이 생겼다.

또한 대충돌로 말미암아 기온이 급상승했고, 지구 표면은 깊은 마그마가 형성되어 부글부글 끓어올랐다. 그리고 그 마그마에서 융용된 수소, 이산화탄소, 암모니아, 메탄 등은 수증기와 더불어 증발하여 지상 500-1,000킬로미터 상공까지 올라가 원시지구의 대기를 형성하게 되었다. 그 당시에는 검회색의 두꺼운 대기 벨트가 햇빛을 차단하였을 것이고, 따라서 지구 표면은 캄캄한 흑암 상태였을 것이다(창세기 1:2). 그러다 대충돌이 소강 상태에 이르자 지구의 표면 온도는 서서히 식어가게 되었다.

수증기와 내리는 비의 순환 작용 지구의 온도가 식어가자 지구를 둘러싼 대기의 80%를 차지했던 수증기는 포화점에 이르러 엄청난 산성비가 지구 표면에 내리기 시작했다. 그러나 아직 지구 표면은 뜨거웠기 때문에 그 비는 지구 표면에 떨어지는 즉시 증발되어 다시 하늘로 올라갔다. 이 수증기는 다시 비가 되어 지표면으로 쏟아져 내렸다. 이런 순환 과정이 반복되면서 지구는 점점 더 냉각되었고, 마그마는 딱딱한 암석이 되어 지각을 형성했으며, 지표면 위는 서서히 깊은 물로 둘러싸이게 되었다. 이것이 바로 원시바다이다. 이 당시 형성된 물 중 60%는 600킬로미터 지하 깊은 곳에 링우나이트라는 형태로 들어있고, 36%는 바닷물, 나머지 4%는 육지의 물과 대류권의 수증기로 존재하게 되었다.

궁창 위의 물과 궁창 아래의 물 그런데 성서는 과학에서 언급한 물 이외에 궁창 위의 물에 대해 말씀하고 있다. 하나님께서 물과 물 사이에 궁창을 두어 궁창 위의 물과 궁창 아래의 물로 나누었다는 것이다. 그렇다면 궁창 위의 물과 궁창 아래의 물은 어떤 것일까? 평균적으로 지표면에서 8-11킬로미터까지는 대류 작용을 하는 기압골이 형성되어 있고, 미세한 얼음 가루가 녹아 비로 변하여 내리는 대류권이므로 궁창 아래의 물이란 대류권 이하의 물 전체를 의미하는 것으로 봐야 한다. 그러므로 궁창은 바로 성층권(해발 고도 50킬로미터까지), 중간권(해발 고도 80킬로미터까지, 열권(해발 고도 500-1,000킬로미터까지) 모두를 합한 공간을 의미한다고 볼 수 있다. 열권 너머는 외기권으로 열권에서 1만 킬로미터까지를 의미한다. 이 외기권은 지구 중력이 아주 미미하여 외기권에 어떤 물질이 들어오면 지구 대기권 안에 들어올 수도 있고, 먼 우주 저편으로 날아갈 수도 있는 공간이다.

하나님은 바로 수십억 년 전 지구에 물이 형성될 때 이 열권과 외기권 사이에 성서에서 하늘의 창이라고 부르는(창세기 7:11, 8:2) 폭 200-300미터 정도 지구 전체를 둘러싼 수성천 벨트를 형성하여 보존했다가 그것을 터트려 대홍수가 일어나게 한 것이다. 이 물은 지금 중국 면적의 2배 이상인 지역을 5,000미터 이상 덮을 수 있는 양이다. 이러한 물의 창조가 있었기에 성서는 "물 사이에 궁창을 두어 궁창 아래의 물과 궁창 위의 물로 나뉘라 하시고"라고 표현한 것이다.

물론 많은 성서 신학자들의 주장대로 궁창 위의 물은 대기권에 있는 물이고, 궁창 아래의 물은 지표면에 있는 물을 의미한다고 해석할 수도 있다. 그러나 몇 가지 해석학적 문제가 제기될 수 있다.

첫째는 언어학적 문제인데 수증기가 대류하는 대기권은 궁창(firmament)이라기보다 공중(sky)이라고 표현해야 한다는 것이다. 대기권에서 지상으로 떨어지는 물을 가리켜 궁창 위의 물이라고 말씀했다면, 그 비나 수증기는 궁창 위의 물이라기보다 궁창안의 물이라 표현해야 마땅하다.

둘째는 신학적 문제인데 궁창 위의 물을 한낱 대기권의 물로 보면, 대홍수 때 지상을 뒤덮은 물의 정체와 근거를 성서적으로 찾을 수 없는 것이다. 설령 원시적 우주관을 가진 성서기자가 궁창 위의 물을 대기권에서 대류하며 지상으로 떨어지는 수증기나 물을 상정하여 표현했다 하더라도, 성서의 실제 저자인 성령께서는 필자가 해석한 대로 궁창 위의 물은 열권과 외기권 사이에 존재하는 수성천 벨트의 의미로, 궁창 아래의 물은 대기권과 지구 표면의 물과 지하수를 의미하는 것으로 기록하게 했다고 볼 수 있다.

그리고 또한 둘째 날에 물을 창조했다는 성서의 기록은 향후 있을 지구 생태계 형성을 위해 매우 중요한 창조적 섭리라고 볼 수 있다. 왜냐하면 그로 인해 하늘의 대기가 질소 78%, 산소 20%, 기타 2%로 조성되었기 때문이다. 이는 향후 지구 생태계가 조성되고 유지되는 데 필수적인 환경이었다. 지구의 생물은 수분이 70% 이상인데, 그만큼 충분한 물은 생태계 유지를 위해 절대적으로 중요한 것이고, 또 대기 중 질소는 식물 성장과 동물들에게 필수적이기 때문이다. 그러므로 둘째 날 하나님께서는 지구 생태계를 조성하기 위해 선제적으로 중요한 창조적 조치를 행하신 것이다.

Ⅲ 뭍(육지)과 바다의 창조

창세기 1:9-10절 “하나님이 가라사대 천하의 물이 한 곳으로 모이고 뭍이 드러나라 하시매 그대로 되니라 하나님이 뭍을 땅이라 칭하시고 모인 물을 바다라 칭하시니라 하나님이 보시기에 좋았더라.”

성서는 셋째 날에 하나님께서 뭍(육지)을 만드셨다고 기록하고 있다. 뭍은 히브리 원어로 ‘야바싸(יבשה)’로서 마른 땅이라는 뜻을 가진 단어이다. 이는 땅에 대한 보편적 의미로 쓰인 ‘에르쯔’*와는 구별되는 용어이다. 그러므로 창세기 1:10절은 “하나님이 야바싸를 에르쯔라 칭하시고”가 되는 것이다. 모인 물, 즉 바다는 ‘얌(ים)’으로써 노호하는 물, 파도치는 물이라는 뜻을 가지고 있다.

셋째 날 하나님께서는 깊은 물로 둘러싸인 지구의 물을 한쪽으로 모음으로써 뭍, 즉 땅이 드러나게 하셨다. 이는 지구에서 지각변동이 시작되었음을 의미한다. 그러면 하나님의 이러한 창조의 행위가 실제로 지구에는 어떤 구체적 상황으로 나타났는가? 여기서도 성서 본문과 지구학이 소통해야 이 부분에서도 과학적 창조론이 서술될 수 있다.

지구가 탄생한 지 수억 년쯤 지났을 때 지구는 거의 현재의 크기와 질량을 갖게 되었다. 계속적인 물의 순환으로 말미암아 지구의 표면을 형성하는 지각은 더욱 깊은 곳까지 식었고, 결과적으로 지각은 더욱 두꺼워졌다. 그러나 중심핵과 맨틀 사이의 열 교환으로 말미암아 뜨거운 물질은 상승하고 차가운 물질은 하강하는 맨틀 대류가 일어나고 있었고, 이 맨틀 대류의 압력으로 지각운동이 일어나게 되었다. 이러한 지각 운동은 평평했던 지각에 변화를 가져와 어느 지점은 융기하고 어느 지점은 침강했다. 그리고 이러한 지각 운동의 결과로 최초의 초대륙(supercontinent)이 융기하게 된 것이다.

* 창세기 1장에서 에르쯔는 3가지 의미로 사용되었다. 창세기 1:1절의 지(地), 즉 에르쯔는 영적 우주(천, Heaven)에 대비되는 질료적 우주 전체를 의미하는 것이고, 창세기 1:2절의 땅, 즉 에르쯔는 지구 전체를 의미하는 것이고, 창세기 1:10절에서 에르쯔, 즉 땅은 뭍, 즉 육지를 의미하는 것이다.

이러한 지각 운동은 평평했던 지각에 변화를 가져와 어느 지점은 융기하고 어느 지점은 침강했다. 그리고 이러한 지각 운동의 결과로 최초의 초대륙(supercontinent)이 융기하게 되었다.

1 초대륙의 종류

발바라 지구상에 존재했을 것으로 추정되는 최초의 초대륙은 발바라(Vaalbara)다. 이 초대륙 발바라는 암석 연구 결과 36억-37억 년 전 형성되기 시작하여 31억 년 전쯤에 완성된 것으로 추정된다. 그러나 초대륙 융기의 결정적 메커니즘인 맨틀 대류가 지각을 융기시키기 시작한 것은 그보다 수억 년 이상을 더 소급해야 할 것으로 추정된다. 남아프리카의 카프발(Kaapvaal) 지괴와 오스트레일리아의 필바라(Pilbara) 지괴를 연구한 결과 암석들의 연대는 동일하게 35억 년 전으로 밝혀졌으며, 지자기극의 이동 경로가 유사한 것으로 밝혀졌다. 이것은 35억 년 전에는 두 지괴가 서로 모여 있었다는 증거이다.

우르 그 다음에 형성된 초대륙은 우르(Ur)였다. 우르는 약 30억 년 전에 형성된 초대륙으로 오늘날의 아프리카, 인도, 오스트레일리아 등지에서 초대륙을 구성했던 암석들이 남아 있다. 당시 초대륙 우르의 크기는 현재의 오스트레일리아보다 작았을 것으로 추정된다. 우르는 형성 이후부터 약 2억 년 동안은 단일 형태를 유지했으며, 초대륙 판게아가 로라시아와 곤드와나로 갈라질 때 쪼개졌다고 보고 있다.

케놀랜드 세 번째로 오래된 초대륙은 케놀랜드(Kenorland)로서 약 27억 년 전에 저위도에 형성되었다. 일차적으로 짐바브웨 지괴와 카프발 지괴의 충돌에 의해 형성되기 시작했다. 그러다 오스트레일리아의 가울러(Gawler) 지괴, 남극, 인도, 중국 지괴가 충돌하면서 이로 인해 새로 형성된 대륙 지각이 부가되어 초대륙 케놀랜드가 형성되었다. 이 초대륙 케놀랜드는 25억 년 전부터 분열하기 시작한 것으로 추정된다.

콜럼비아 네 번째 오래된 초대륙은 콜럼비아(Columbia)이다. 콜럼비아는 약 18억 년 전에 형성된 초대륙으로서 남북의 길이 1만 2,900킬로미터, 넓이는 4,600킬로미터 정도였던 것으로 추정되며, 누나(Nuna) 또는 허드슨 랜드(Hudsosland)로도 불린다. 초대륙 콜럼비아는 16억 년 전에 갈라지기 시작하여 12억-13억 년 전에 분열이 종식된 것으로 보인다. 초대륙 콜럼비아를 구성했던 암석은 현재 북아메리카, 남아프리카, 마다가스카르, 인도, 남극, 그린랜드, 북유럽, 시베리아, 서아프리카, 북중국, 남아메리카 등 거의 모든 대륙에서 발견되고 있다.

파노티아 초대륙 파노티아(Pannotia)는 약 6억 년 전부터 5억 5000만 년 전 사이에 존재했을 것으로 추정되며 북동쪽으로 열린 V자 형으로 배열되어 있었다. 이 파노티아 초대륙은 약 5억 5000만 년 전에 로렌시아, 시베리아, 발티카(북유럽) 및 곤드와나로 분리되었다.

판게아 초대륙 판게아(Pangaea)는 3억 년 전에 존재했다. 1915년 베게너(Alfred Lotar Wegener, 1880-1930)는 『대륙과 해양의 기원』이라는 책을 출간하면서 과거의 모든 대륙이 하나의 초대륙으로 존재했던 시기가 있었다고 하면서, 이 '우르콘티넨트(Urcontinent)'를 '판게아'라고 부르자고 제안했다. 판게아는 '모든 육지'라는 뜻을 가진 그리스어에서 유래했다. 판게아는 현재 전 지구상에 흩어져 있는 남북 아메리카, 아시아, 아프리카, 유럽, 오스트레일리아 및 남북극이 하나로 모여 있던 것으로, 판게아의 북부 지역을 로라시아(Laurasia), 남부 지역은 곤드와나(Gondwana)라고 불린다.

2 ◦ 윌슨 사이클

판구조론*의 선구자인 윌슨(J. Tuzo Wilson, 1908-1993)은 1966년에 발표한 변환단층에 관한 논문을 통해 대양 분지가 주기적으로 열리고 닫힌다는 연구 결과를 발표했는데, 이를 '윌슨 사이클'이라고 한다.

그에 의하면 오랜 지구의 역사를 살펴볼 때 10여 개의 초대륙이 만들어졌다가 사라지는 것을 반복했다고 한다. 그는 이 형성과 분열, 그리고 이동에 걸리는 시간을 약 3억-5억 년 정도 되는 것으로 추정하고 있다. 결론적으로 현재 발견된 초대륙 이전에도 원시적 초 대륙이 존재했을 개연성은 충분하며, 아직 발견되지 않은 초대륙이 사이사이에 있었을 것으로 추정된다.

* 판구조론(판(板構造論, Plate Tectonics)은 대륙 이동을 설명하는 지질학 이론이다. 오늘날 이 부분을 연구하는 대다수 학자들은 거의 대부분 판구조론을 받들이고 있다. 현재 지질학의 판구조론은 1965년 토론토 대학의 투저 윌슨이 변환단층에 관한 논문을 발표함으로써 지질학계의 정설로 받아들여지게 되었다.

3 ◦ 성서에 나타난 순상지와 대륙 이동

성서는 순상지**와 대륙이동에 대해 다음과 같이 증언하고 있다.

욥기 38:4-6절 "내가 땅의 기초를 놓을 때 네가 어디 있었느냐 네가 깨달아 알았거든 말할지니라 누가 그 도량을 정하였는지, 누가 그 준승을 띄었는지 네가 아느냐 그 주초는 무엇 위에 세웠으며 그 모퉁이 돌은 누가 놓았었느냐."

잠언 8:29-31절 "바다의 한계를 정하여 물로 명령을 거스르지 못하게 하시며 또 땅의 기초를 정하실 때 내가 그 곁에 있어서 창조자가 되어 날마다 기뻐하신바 되었으며 항상 그 앞에서 즐거워하였으며."

잠언 9:1절 "지혜가 그 집을 짓고 일곱 기둥을 다듬고."

상기에 언급한 성서 구절과 창세기 1:9-10절을 연계하여 생각해보면 지구의 물이 한 곳으로 모이고 뭍이 드러나게 된 것은 셋째 날에 하신 하나님의 창조의 역사로 말미암은 것이다. 물의 순환, 지구의 냉각으로 인한 두꺼운 지각의 형성, 그리고 지각과 맨틀 대류의 역학, 이 모든 것이 적합점에 이르렀을 때, 하나님께서는 맨틀 대류의 압력을 강하게 일으켜 지각의 일부를 들어 올려 원시의 초대륙이 드러나게 하신 것이다. 그래서 일부 성서학자들과 크리스천 과학자들은 상기의 성서 기록 중 땅의 주초라든가 땅의 기초라든가 땅의 일곱 기둥에 대한 기록은 순상지에 대한 것일 수도 있다고 주장한다. 각 대륙에는 40억-20억 년 사이에 형성된 순상지가 있는데, 이것이야말로 대륙의 핵이요 기둥이요 중심이라는 것이다. 이 순상지를 제외한 대륙은 그 위에 부가되어 형성된 것에 불과하다는 것이다. 더욱 놀라운 사실은 다른 암석지대가 변동되어도 이 순상지는 수십억 년 동안 변동이 없었다고 한다.

대륙의 형성은 주로 조산운동, 조륙운동에 의해 일어나지만, 그 외에도 대륙의 기초석이나 기둥처럼 고정된 이 순상지에 계속적인 조산운동으로 인해 얇은 지층이 수평으로 쌓이고, 거기서 흘러내린 퇴적물이 얕은 바다를 메워서 생기는 경우도 있다고 한다. 그 대표적 케이스가 로렌시아 순상지다.

** 중요한 순상지로는 시베리아의 앙카라 순상지, 서유럽의 발틱 순상지, 북아메리카 대륙의 캐나다 순상지(로렌시아 순상지), 남아메리카의 기아나, 아마존 순상지, 그리고 대양주의 오스트레일리아 순상지, 아프리카의 이디오피아 순상지, 그리고 남극대륙순상지 등이 있다.

4 ◦ 창세기 1:9-10절에 대한 후속적 해석

셋째 날에 하나님이 "천하의 물이 한 곳으로 모여 뭍이 드러나라"고 아주 단순한 명령을 내린 것으로 나타나 있지만, 이 간단한 명령에는 대륙 융기의 구체적이고도 상세한 원리가 실려 선포된 명령이었다. 따라서 하나님의 명령이 떨어지자, 명령 속에 내포된 원리에 따라 수억 년, 또는 수십억 년에 걸쳐 지구상에는 대륙의 융기와 침강운동이 계속해서 일어났다. 그리고 이 명령은 아직도 유효하여 지금도 대륙 이동은 계속되고 있다.

다음은 "하나님이 보시기에 좋았더라"에 대한 해석이다. 하나님께서 셋째 날에 "뭍이 드러나라"고 명령하시자, 바다 깊은 곳에서는 지각변동과 융기 작용이 일어나 서서히 뭍이 드러나기 시작했다. 그리고 그 뭍은 점차 초대륙을 형성해나갔다. 이 명령을 내리신 하나님의 눈에는 융기와 침강 운동의 원리에 따라 대륙이 계속 이동하는 모습이 보였다. 그리고 하나님은 자신의 구상대로 뭍이 형성되는 것을 보고 아주 만족해하셨다. 그래서 "하나님이 보시기에 좋았더라"고 기록한 것이다. 또한 여기서 하나님이 뭍을 만드시고 "보시기에 좋았더라"고 하신 것은 그 후 수십억 년 동안 나타날 지구의 변화, 초대륙들에서 현재의 6개 대륙까지가 다 만들어진 것을 보시고 좋았더라 하신 것이 아니라, 지각변동과 융기 작용이라는 하나님의 정하신 원리에 따라 지구의 바다와 육지가 변하는 것을 보고 기뻐하신 것으로 이해해야 한다. 이후에도 대륙 형성은 모두 하나님의 구상을 한 치도 벗어남 없이 그대로 이루어져 나갔다. 그리고 그 광경은 하나님께 기쁨이 되었다.

지질학자들은 최초의 초대륙인 발바라보다 더 이른 연대에 형성된 초대륙이 있을 수 있다고 한다. 그리고 그 초대륙은 바닷속 지각변동이 일어나기 시작하면서 최소한 수억 년이 지나 수면 위에 떠올랐을 것이라고 주장한다. 그래서 최초의 초대륙은 35억 년 전부터 37억 년 전으로 추정되는 발바라 초대륙보다 훨씬 더 이전인 40억 년 이전에 융기를 시작했을 가능성도 배제할 수 없는 것이다.

Ⅳ 시간의 질서 창조

창세기 1:14-19절 "하나님이 가라사대 하늘의 궁창에 광명이 있어 주야로 나뉘게 하라 또 그 광명으로 하여 징조와 사시와 일자와 연한을 이루라 또 그 광명이 하늘의 궁창에 있어 땅에 비취라 하시니 그대로 되니라 하나님이 또 큰 광명을 만드사 큰 광명으로 낮을 주관하게 하시며 또 작은 광명으로 밤을 주관하게 하시며 또 별들을 만드시고 하나님이 그것들을 하늘의 궁창에 두어 땅에 비취게 하시며 주야로 주관하게 하시며 빛과 어두움을 나뉘게 하시니라 하나님이 보시기에 좋았더라 저녁이 되고 아침이 되니 넷째 날이니라."

필자는 창세기 1-2장에 의거하여 성서적 창조론을 전개할 때, 기본적 구도를 지구 환경에 대한 창조를 먼저 다루고, 그 다음에 그 지구에 생명을 창조하는 과정을 다루고자 했다. 따라서 필자는 본 항목에서 불가피하게 셋째 날 후반에 있었던 식물 창조보다 그 다음 날, 즉 넷째 날의 창조로 기록된 시간의 질서를 배치할 수밖에 없었다. 그렇다고 해서 셋째 날과 넷째 날 창조의 순서가 바뀌었다는 것을 의미하지 않는다.

1 ◦ 태양이 먼저인가, 식물이 먼저인가?

지금까지 창세기 1:14-19절은 어떤 유명 신학자도 도저히 극복하지 못한 해석학적 난제였다. 하나님께서 지구를 만들고 물과 육지와 식물을 만든 다음 비로소 해와 달과 별을 만들었다는 본문의 기록은 창세기 1장의 창조 순서를 뒤죽박죽으로 만들었다. 1000년 이전만 하더라도 과학이 그리 발달하지 않았기 때문에, 이 구절이 갖는 비과학성에 대한 의문은 상대적으로 덜했다. 그러나 과학이 엄청나게 발달한 현대의 기준에서 이러한 창조의 순서는 명명백백하게 비과학적이다. 이 구절들이 비과학적이라는 말은 이 구절이 실제 태양계 및 지구의 역사와 완전히 배치되는 기록이라는 말이다. 이 난제를 직면한 신학자들의 입장은 대략 세 부류로 나눌 수 있다.

첫째 부류는, 성서는 복음적 진리를 계시한 책이지 과학적 역사적 사실을 기록한 책이 아니므로 과학적 관심을 버리고 신앙적, 실존적 진리만을 도출해야 한다는 입장이다.

둘째 부류는, 성서의 일부 기록이 현대 과학의 입장에서 바라볼 때 비과학적인 것처럼 보이지만 성서는 무오류의 하나님의 말씀이기 때문에 기록된 내용이 역사적 과학적 사실이라는 것이 밝혀질 날이 반드시 오고야 말 것이라는 입장이다. 심지어 성서냐 과학이냐 하면서 진정한 그리스도인이라면 성서를 택하라고 강요하기까지 한다. 이런 주장은 대체로 기계적 축자영감설을 믿는 일부 정통주의자나 근본주의자들이 하고 있다. 그들은 성서가 무오류하다는 주장을 영적 내용뿐 아니라 과학적, 역사적 내용으로까지 확대시킨다. 성서는 무오류한 하나님의 말씀이므로 무조건 성서를 믿고 따라야 한다고 주장한다. 이들 가운데 특히 성서를 문자주의적으로 해석하는 근본주의자들은 인류 역사, 지구 역사, 우주 역사가 모두 6000년쯤 된다고 주장하며 성서 과학자들을 앞세워 자신들의 주장이 과학적이라고까지 말하고 있다. 이들이야말로 참으로 비과학적 성서 해석의 극치를 달리고 있는 부류들이다.

셋째 부류는, 유기적 차등영감론을 따르는 필자와 같은 입장이다. 필자는 복음은 완전하고 무오하며, 다만 그 복음을 담고 있는 과학적 역사적 내용에는 약간의 오류가 생길 수 있다고 인정하는 입장이다. 이는 필자가 성서 이야기에서 구체적으로 설명한 바 있다. 이 장에서는 창세기 1:11-19절의 말씀에 들어 있는 오류의 내용과 이유를 밝혀내고, 이 구절들에 숨어 있는 본래의 의미를 드러내고자 한다.

2 ◦ 넷째 날에는 지구 중심의 중력 질서가 안정되었다

창세기 1:14-19절은 문자 그대로 볼 때 과학적으로 분명 틀린 기록이다. 필자는 하나님께서 이 구절에서 계시하고자 하는 것은 무엇이고, 그 계시의 정보가 구전으로 전승되고 기록되는 과정에서 오류가 나타날 수 있는 개연성은 무엇이며, 그 속에서 생기게 된 오류는 무엇인가를 추론해보았다. 결국 하나님이 원래 넷째 날 창조에서 계시하고자 했던 내용은 해와 달과 별들의 창조가 아니라, 시간의 질서를 창조하는 계시였다는 것이다. 하나님이 넷째 날에 하신 일은 지구와 달, 지구와 태양, 지구와 별 사이의 역학, 즉 중력의 질서가 안정적으로 자리 잡게 하는 것이었으며, 그래서 낮과 밤, 사계, 일자, 징조의 규칙적인 질서가 생기도록 하는 것이었다. 실제로 과학자들에 의하면 28억 년 전까지만 해도 지구의 자전 속도는 들쑥날쑥했고, 공전주기도 지금과 같지 않았다고 말한다. 지구 과학자들에 의하면 지구의 자전주기와 공전주기가 지금처럼 완전히 안정된 것은 4억 5000만 년 전이었다고 한다. 그로 인해 모든 중력의 역학과 관계의 질서가 미세 조정되고 안정됨으로써 지구 생태계는 캄브리아기 이후 크게 번성할 수 있었던 것이다.

3 ◦ 오류 발생의 원인

그러면 창세기 1:14-19절에서 이런 오류가 발생하게 된 이유는 무엇인가? 필자는 그것을 계시 전승과 전달의 과정에서 생긴 오류라고 생각한다.

필자가 성서적 합의에 따라 추론한 바에 의하면 아담이나 셋 이래로 문자가 없던 시대에는 그림을 그려 후손들에게 계시를 전달했다. 그러다 수메르에서 문자가 발명되자 셈족들이 전승 받은 그림 계시를 문자화하게 되었다. 이 대목의 오류는 이 과정에서 발생한 오류라고 추정된다. 넷째 날 창조에 대한 계시는 아담이나 셋이 그림으로 그려 전승했는데, 후대로 내려가면서 이 그림에 대한 해석이 조금씩 달라지다가 이 계시를 담은 그림을 문자화할 때 잘못 해석하여 오류가 발생한 것이다. 비록 성서가 성령의 영감으로 기록되었다고 하지만 성령은 기록자가 영적 진리를 크게 훼손하지 않는 한, 기록자의 의지와 세계관, 문화적 인식 등을 가능한 존중해 주었기 때문에 이런 오류가 나타나게 된 것이다.

아담이나 셋 이래로 문자가 없던 시대에는 그림을 그려 후손들에게 계시를 전달했다. 그러다 수메르에서 문자가 발명되자 셈족들이 전승받은 그림 계시를 문자화하는 과정에서 발생한 오류라고 추정된다.

4 새로운 해석

넷째 날 창조에 대한 해석은 '있어' '만들어' '두어' 라는 세 용어를 어떻게 해석할 것이냐 하는 데 달려있다. 필자의 생각에 창세기 1:14-15절에 "궁창에 광명이 있어 주야를 나뉘게 하라 또 그 광명으로 하여 징조와 사시와 일자와 연한이 이루라 그 광명이 하늘의 궁창에 있어 땅에 비취라 하니 그대로 되니라"에서 '있어'와 또 17절에 "그것들을 하늘의 궁창에 두어 땅을 비추게 하시며"에서 '두어'는 굳이 넷째 날 해와 달과 별을 만들었다는 뜻으로 해석할 필요는 없다. 문제는 16절 "하나님이 두 큰 광명체를 만드사 큰 광명으로 낮을 주관하게 하시고 작은 광명체로 밤을 주관하게 하시며 또 별들을 만드시고"에서 '만들다'라는 동사가 세 번이나 나온다는 점이다. 그로 말미암아 많은 성서신학자들이 14-15 절의 '있어' 와 17절의 '두어' 까지 '만들다' 라는 의미로 해석한 것이다. 그러나 이것은 필자가 좀 전에 설명한 바와 같이, 히브리 조상들이 그림계시를 문자로 변환시키는 과정에서, 이 그림계시의 의미를 정확하게 이해하지 못한 기록자로 말미암아 발생한 오류였다고 본다.

과연 지구를 중심한 태양과 달과 별들과의 중력의 질서를 히브리 조상들은 그림으로 어떻게 표현할 수 있었을 것인가? 참으로 지구를 중심으로 그려진 해와 달과 별들이 그려진 그림을 보고 후손들은 어떻게 해석했고, 또 문자로 번역한 성서기자는 어떻게 해석하여 문자로 표현했을 것인가? 참으로 난해한 일이 아닐 수 없다. 그래서 당시 별 들 간의 중력질서에 대해 잘 알지 못했던 후손들이나 성서기자는 그림의 형태를 보고 자연스럽게 하나님께서 넷째 날에 해와 달과 별을 만들어 지구 주위에 위치시킨 것을 나타냈다고 해석했을 개연성이 있다. 그래서 넷째 날의 창조가 그렇게 기록된 것이다.

그러므로 히브리조상들이 넷째 날 창조에 대해 그린 그림계시는 넷째 날에 하나님이 그 광명들을 만들었다는 뜻이 아니라, 넷째 날에 하나님이 이미 창조하여 하늘에 위치시켰던 광명체들과 지구 사이의 중력의 역학을 최종적으로 미세조정 하여 안정시킴으로 주야, 일자, 연한, 계절, 징조 등 시간의 질서가 규칙적으로 나타나게 되었다는 것을 의미했던 것이다.

물론 필자도 이러한 해석이 매우 옹색한 것일 수 있다는 점을 인정한다. 그러나 이 구절을 대책 없이 문자 그대로 해석하여 창세기 1장에 나타난 창조의 질서는 처음부터 조상들의 과학적 오류였다고 평가를 하는 것보다 훨씬 나은 해석이라고 생각한다. 또한 이는 하나님은 창조주이시기 때문에 지구가 창조되는 과정을 현대과학자들이 밝혀낸 것보다 더 정확하게 알고 계시는데, 히브리 조상들에게 잘못된 창조계시를 내리실리 없다는 성서적 함의에도 일치되는 해석이라고 본다.

5 징조에 대한 해석

마지막으로 고대인의 우주관 중 하나이기 때문에 오늘날 해석하기에 좀 미묘한 '징조'에 대한 의미를 살펴보도록 하겠다. 창세기 1:14 중에서 주야, 일자, 연한, 사계 등은 의문의 여지가 없는 개념이다. 그러나 '징조'라는 용어는 그것이 과연 과학적 세계관인가 하는 문제가 있으므로 원어적 의미를 알아보고 이 문제를 설명하고자 한다.

징조는 히브리 원어로 '오트(אות)'인데 '신호'라는 1차적 의미와 상징적으로는 '깃발', '횃불', '전조'라는 의미를 가지고 있다. 고대에는 동서양을 막론하고 어떤 특별한 인물이 태어나거나 죽을 때, 또는 특별한 사건이 일어날 때, 해와 달과 별에 모종의 전조가 나타난다고 믿었다. 그것도 우발적으로 일어나는 것이 아니라 어떤 신비로운 질서와 우주적 규칙 속에서 일어난다고 보았다. 이러한 생각을 우리가 완전히 무시할 수는 없으니, 성서에도 동방박사 세 사람이 메시야의 별을 발견하고 베들레헴까지 와서 아기 예수를 경배한 이야기가 나오기 때문이다. 또한 주님도 마태복음 24:29절에서 "그날 환난 후에 즉시 해가 어두워지며 달이 빛을 내지 아니하며 별들이 하늘에서 떨어지며 하늘의 권능들이 흔들리리라"라고 말씀하시면서, 32-33절에서 무화과나무 가지가 연해지고 잎사귀를 내면 여름이 가까운 줄을 알듯이 "이와 같이 너희도 이 모든 일을 보거든 인자가 가까이 곧 문 앞에 이른 줄 알라"고 말씀하셨다. 그리고 이 징조는 자연적 질서라기보다는 하나님의 특별한 의지와 섭리가 자연의 질서를 통해 나타나는 것이라고 이해해야 할 것이다.

그러나 필자는 본문에 나타난 징조는 그런 의미가 아니라고 생각한다. 넷째 날에 연한, 사시, 일자와 마찬가지로 넷째 날에 징조의 질서가 안정되었다는 것으로 해석한다. 그러면 이 징조의 질서라는 것은 무엇인가? 그것은 별들의 질서를 의미한다. 별들의 질서가 안정되었다는 것은 역시 지구의 자전축의 안정과 관계가 있다. 지구는 인간이 거주하는 중심지, 즉 관찰자가 서 있는 자리다. 아인슈타인의 상대성이론에 의하면 우리 우주는 상대적 질서이다. 관찰자의 위치에 따라 시간이든 공간이든 그 질서가 달라지는 것이다. 그러므로 관찰자의 위치가 안정되지 않으면 별들의 질서, 즉 징조의 질서도 일정하지 않게 된다. 그러므로 넷째 날에 하나님이 하신 창조는 지구의 자전축을 안정시킴으로 인해 징조, 연한, 사시, 일시, 주야의 질서를 안정시키는 창조라고 봐야 할 것이다.

Chapter 4 제 4 장

지구 생태계의 창조

I 식물의 창조

창세기 1:11-13절 "하나님이 가라사대 땅은 풀과 씨 맺는 채소와 각기 종류대로 씨 가진 열매 맺는 나무를 내라 하시매 그대로 되어 땅이 풀과 각기 종류대로 씨 맺는 채소와 각기 종류대로 씨 가진 열매 맺는 나무를 내니 하나님이 보시기에 좋았더라. 저녁이 되고 아침이 되니 이는 셋째 날 이니라."

1 본문에 대한 해석

하나님께서 창조의 셋째 날에 행하신 일은 육지가 융기하도록 만드는 것과 식물을 만드는 것이었다. 필자는 전에 창세기 1장에 나오는 6일간의 창조는 하나님의 시간으로도 지구의 시간으로도 순차적으로 일어난 일이라고 말한 바 있다. 그리고 창세기 1장의 계시적 권위와 놀라운 과학성에 찬탄을 금할 수 없다고 말했다. 필자의 이 주장은 지금까지는 큰 무리 없이 설명되었다. 46억 년 전의 태양계 및 지구 창조, 그리고 45억 3000만 년 전 태양빛의 발화, 44억-43억 년 전 물의 창조와 순환의 질서, 42억-38억 년 전 육지의 창조가 바로 그것이다. 이제 성서는 하나님께서 창조의 셋째 날에 먼저 육지를 창조하시고 그 다음에 식물을 창조했다고 기록하고 있다. 그런데 과학자들은 지구상에 최초의 생명은 조류, 즉 이끼식물이었는데 그 흔적은 최고 약 38억 년 전 것이 발견되었다고 한다. 그러므로 셋째 날 창조까지도 현대 과학에서 밝혀낸 지구 형성의 과정과 그 순서가 정확하게 일치한다고 볼 수 있다.

과학자들은 38억 년 전후 지구상에 처음 등장한 생명체는 바다 위에서 서식하는 조류, 즉 이끼식물이었으며 육지에 식물이 출연한 것은 3억 7000-3억 8000년 전 데본기였다고 한다.

문제는 셋째 날 창조된 식물의 목록을 보면 각종 풀과 각종 씨 맺는 채소와 각종 씨가진 열매 맺는 나무라고 기록되어 있는 것이다. 과학자들은 38억 년 전후 지구상에 처음 등장한 생명체는 바다 위에서 서식하는 조류, 즉 이끼식물이었으며 육지에 식물이 출연한 것은 3억 8000-3억 7000년 전 데본기였다고 한다. 그때서야 비로소 육지에는 양치식물 대 삼림이 출연했고 육서은화식물 등이 나타났는데, 나머지 식물들도 석탄기, 이첩기, 삼첩기, 쥐라기, 백악기를 거치면서 차례차례 나타났다고 한다. 그렇다면 셋째 날 하나님이 여러 가지 식물들을 창조하고 "보시기에 좋았더라"고 하신 것은 어떻게 해석해야 할 것인가? 육지에 "풀과 씨 맺는 채소와 씨 가진 열매 맺는 나무"가 나타난 연대는 바다에 물고기가 나타난 이후라고 하는 데, 하나님은 셋째 날에 도대체 무엇을 보셨기에 성서는 "하나님이 보시기에 좋았더라" 라고 기록하고 있는가?

창세기 1장은 창조의 과정을 디테일하게 기록한 것이 아니다. 창세기 2:4절에도 나오듯이 대략적 내력, 즉 큰 윤곽만 기록한 것이다. 그것도 사건을 보도하는 표현방법에 시적 표현방법을 혼합해서 사용하여 기록했다. 그렇다면 우리가 창세기 1장의 기록을 통해 들어야할 중요한 메시지는 무엇인가? 첫째, 이 세상 우주만물은 하나님이 창조하셨다는 것, 둘째, 하나님은 그것을 무에서 말씀으로 창조하셨다는 것, 셋째, 창조하신 우주만물은 하나님께서 보시기에 좋았다는 것, 넷째, 하나님은 지구환경과 지구 생태계를 창세기 1장에 나온 순서대로 창조하셨다는 것, 즉 태양의 빛, 물, 뭍, 식물, 물고기와 새, 육상동물, 인간의 순서로 창조하셨다는 것이다. 그리고 다섯째, 하나님은 생물들을 종류대로 창조하셨다는 것, 여섯째는, 인간은 만물의 영장으로서 하나님의 형상대로 지음 받아 특별한 사명을 부여받은 특별한 존재라는 것 등이다.

우리가 창세기 1장을 통해 이 여섯 가지 진리를 얻었다면 그것으로 만족해야 한다. 그것만 해도 얼마나 놀라운 일인가? 특별히 3200년 전에 기록된 창세기 1장의 창조 순서가 현대 과학의 데이터와 거의 일치하고 있다는 것은 너무나 놀랍고 경이로운 일이 아닌가? 그런데도 불구하고 어떤 이가 성서의 수사적 표현, 시적 표현을 가지고 과학적으로 맞지 않는 기록이라고 흠을 잡으려 한다면 그것은 창세기 1장을 해석하는 사람으로서 지나치게 편협한 태도라 아니할 수 없다.

필자는 이 성서의 기록을 가능한 현대 지질학과 소통하여 합리적인 해석을 하려고 한다. 필자는 셋째 날 식물창조 파트에서 "땅은 풀과 씨 맺는 채소와 각기 종류대로 씨가진 열매 맺는 나무를 내라 하시니 그대로 되니라"라고 기록된 것은 하나님이 그런 최종적 목적을 가지고 식물창조명령을 내린 것이라고 해석한다. 그 명령으로 말미암아 38억 년 전 후 바다에 이끼식물이 처음 등장하게 된 것이고, 그 이끼식물이 나중에 온 바다를 덮으면서 광합성 작용을 하여 바다에 산소가 가득 차게 되었고, 후에 이끼식물들이 육지로 올라와 각종 채소와 열매 맺는 나무가 되었던 것이다. 그러므로 셋째 날 후반에는 지구에 각종 식물들이 나타나게 할 목적으로 식물창조명령을 내리신 것이고, 그것이 땅에서 온전히 실현된 것은 셋째 날 이후였다. 그렇다면 이 구절이 함축하고 있는 가장 중요한 의미는 하나님이 명하신대로 창조가 이루어졌다는 것이다.

2 ◦ 지구 생태계의 지질학적 구분

이 책의 진행 순서상 좀 이른 감이 있지만 지구 생태계의 지질학적 구분을 간략하게 서술하도록 하겠다. 물론 이 과학 이론이 완전히 정확한 것은 아니다. 불완전한 것은 이후 다른 과학자들이 수정 보완할 것이고, 수많은 검증을 거치면서 완전하게 될 것이다. 그러나 지금까지 밝혀진 지구 생태계에 대한 지질학적 구분은 큰 윤곽에서는 크게 변동이 없을 것이라고 생각한다. 지구 생태계에 대한 지질학적 구분은 크리스천 지식인들이 기독교의 창조론을 이야기할 때 대단히 유익한 지식이 될 것이다. 필자는 크리스천 지식인이라면 이런 정도의 과학지식은 기본적으로 가지고 창조론을 이야기해야 된다고 믿는다. 특히 식물 창조에 대한 창세기 1장의 의미를 구체적으로 이해하고 서술하는 데 이 지질학적 지식은 매우 큰 도움을 줄 것이다.

선캄브리아 시대(Precambria Era) 지구의 지질 시대를 구분할 때 가장 오래된 시대를 일컫는데 약 46억 년-5억 2000만 년 전 사이의 시대를 의미한다. 이 시대는 다시 무생대(Azoic Ear), 시생대(Archaeoxzoic Ear), 원생대(Proterozoic Ear)로 나누어진다. 무생대는 46억-38억 년 전까지의 시대를 의미한다. 이 시대에는 수많은 운석들이 지구에 낙하하면서 지구의 부피가 지금만큼 커지게 되었고, 이후 운석의 충돌이 줄어들자 지구가 급속하게 식어가면서 대기에 가득 찬 수증기가 비로 변하여 쏟아져 내렸다. 그러자 지구는 깊은 물로 뒤덮이게 되었고, 용암이 식어버린 지구 표면은 딱딱한 지각이 생기게 되었다. 그러나 지각 내부의 유동적 역학에 의한 조산운동이 서서히 일어나게 되었으며, 이때부터 육지가 융기하여 지구는 바다와 육지로 나누어지게 되었다. 이 무생대의 연대는 더욱 멀리 소급될 수도 있다. 예를 들면 46억-40억 년 전으로도 수정될 수 있다.

시생대는 40(38)억-25억 년 전까지를 의미한다. 이 시대에도 조산운동은 활발했고, 그에 따라 일곱 군데의 순상지가 생기고 최초의 초대륙인 발바리 대륙이 나타났다. 기후는 한랭 교대가 시작되었고, 아직 산소가 크게 결핍한 시대였기 때문에 생명체는 남조류 같은 원핵생물이 나타나 서식하기 시작했다. 원생대는 25억-5억 2000만 년 전까지의 지질시대를 의미한다. 캄브리아기가 시작되기 직전까지의 시대이다. 이 시대에도 조산운동은 매우 활발했고, 빙하 퇴적물도 쌓이기 시작했다. 대륙은 점점 더 커져 우르, 케노랜드, 네나, 콜럼비아, 로디니아, 판노티아와 같은 초대륙이 차례차례 나타났다. 대량의 눈이 녹아내리고 바다에는 녹조류가 왕성하게 서식하였고, 따라서 다량의 산소가 발생하기 시작했다. 그에 따라 진핵생물이 나타났을 뿐 아니라 다세포 생물까지 나타나게 되었다.

고생대(古生代, Paleozoic Ear) 고생대는 5억 2000만 년 전부터 3억 9000만 년 전까지를 의미하는데, 이 고생대는 다시 캄브리아기(Cambria Period), 올도비시아기(Ordovicia Period), 실루리아기(Siluria Period), 데본기(Devon Period), 석탄기(Carboniferous Period), 이첩기(Permian Period) 등으로 나누어진다.

캄브리아기는 5억 4200만-4억 8830만 년 전까지의 시대를 의미한다. 이 시대에는 수성암이 생겼고 조산운동은 평온했고, 기후는 열대성이었으며 바다는 전체적으로 얕았다. 이 시기의 특징은 수서생물이 대량으로 출연한 것이다. 고생물학에서 소위 캄브리아기 대폭발이라고 부르는 현상이 일어나 삼엽충을 비롯한 2,500 종 이상의 수서동물군이 출현했다가 일부 종은 사라지기도 했다. 에디카라 동물군에 이어 버제스 세일에서 발견된 아노말로카리스, 오파비니아, 힐루키케니아 같은 기괴한 생명체들이 등장했다가 사라진 것도 이 시기이다.

올드비시아기는 4억 8000만-4억 4370만 년 전까지의 시대이다. 이 시대의 기온은 약간 저온을 유지했고 조산운동은 평온했고 역시 수성암이 조성되었다. 이 기간에는 사사산호류가 나타났고, 선충동물과 필석류, 그리고 부유생물의 전성기였다. 특히 주된 생물은 길이 12미터짜리 고대 오징어인 오소콘과 바다전갈 등이었으며 원시어류도 존재했다. 그러나 이들은 모두 바다에 살고 있었고 육지에는 아직 벌레 한 마리도 없었다. 이 시대가 끝나갈 무렵 1차 대멸종이 일어났다.

실루리아기는 4억 4370년 전부터 4억 1600만 년 전까지의 시대를 의미한다. 역시 바위는 주로 수성암이었고 지역적으로 조산작용이 제법 활발했다. 기후는 온난했고 바닷속에는 해저 화산작용이 활발했다. 이 시대는 다양한 어류가 출현했는데 원구류, 극어류, 결갑류, 상반산호의 전성기였고, 반면에 사사산호류나 바다백합, 복족류, 주종류, 필석류는 절멸되었다. 이 시대에는 2,600여 종의 무척추동물이 살고 있었다.

데본기는 4억 1600만-3억 5920만 년 전까지의 시대이다. 이 시대는 조산작용이 활발하여 대륙의 융기가 강력하게 일어났고, 바다와 육지의 경계가 이분법적으로 확실히 형성되었다. 육지에는 늪지대가 생기고 계절의 변화가 있었으며 해저 화산작용이 활발했다. 육지에는 양치식물, 육서은화식물 등으로 인해 대삼림이 출현했다. 바다에는 국석류, 연골어류, 경골어류, 다족류, 암모나이트 페어류 등이 살고 있었다. 그리고 절지동물이 육지로 올라오기 시작했고 어류도 그 뒤를 따랐다. 양서류와 실러캔스, 그리고 상어가 출현했고, 그 상어를 씹어 먹는 그 시대 최대의 포식자 던클레오스테우스도 나타났다. 3억 7000만 년 전 데본기가 끝날 무렵 2차 대멸종이 일어났다.

석탄기는 3억 5920만-2억 9900만 전까지의 시대이다. 이 시대는 조산운동과조륙운동, 그리고 화산활동이 급증하던 시대였고 기후는 고온다습했다. 대기 중에는 산소가 30%에 달했고, 이 때문에 절지동물의 대형화가 촉진되었다. 메가넹라, 아트로폴레우라 등의 거대한 절지동물이 번성한 것도 이 시대였으며, 모기와 바퀴벌레도 이 시기에 출현했고 각종 양서류도 번성했다. 침엽수도 이때 나타났으며 300여 종의 소철, 양치, 안목, 봉인목, 노목으로 이루어진 삼림이 발달하여 대삼림을 이루었는데, 이 무렵 북미 지역에서는 석탄이 형성되어 석탄기라고 부르는 것이다.

이첩기, 또는 페름기는 2억 9900만-2억 5000만 년 전까지의 시기를 의미한다. 이 시기에는 남반구에 빙하기가 형성되었고 사계절도 뚜렷했으며, 조산, 조륙, 화산활동이 급감한 시기였다. 라자식물이 무성했고 판피류는 절멸했다. 수많은 양서류, 파충류, 생물들이 우굴거리던 시대였지만 동물들의 크기는 비교적 작았다. 판게아가 생성되면서 해수의 순환에 문제가 생겼고, 또한 다른 혹성 간의 충돌로 인한 영향이 더하여 결국 페름기 다멸종이라는 사태가 일어났고, 모든 생물의 98%가 이때 사라졌다. 이 페름기를 마지막으로 고생대는 끝났다.

중생대(中生代, Mesozoic Ear) 중생대는 2억 5000만-2억 6550만 년 전까지의 시대이다. 이 중생대는 다시 삼첩기(Triassic Period), 쥐라기(Jurassic Priod), 백악기(Cretace Priod)로 나뉘는데, 삼첩기도

다시 전 • 중 • 후 3기로 나뉘고, 쥐라기도 3기로 나뉘며, 백악기는 전기 후기로 나뉜다.

삼첩기는 2억 5000만-2억 년 전까지의 시대로 지각변동이 지속적으로 일어났고, 기후는 평온했으며 비교적 건조한 날씨를 보였다. 이때 사막이 발달하기 시작했고 대기는 청정했으나 혹서가 심하게 오기도 했고, 대략 오늘날과 비슷한 대기 상태를 보였다. 이 시대는 페름기, 즉 이첩기에 대멸종된 생태계를 회복하는 시기였다. 초기에는 대멸종을 유래한 상황의 영향으로 육지 대부분이 사막이었고 산소 농도도 상당히 낮았지만 후기로 가면서 점점 습한 기후로 바뀌어갔다. 그러나 생명체들에게는 잔혹한 시대였으니 이첩기의 대멸종으로 황폐해졌던 환경이 500만 년 후에 다시 일어난 멸종 사건이 있었으며, 이 시대의 마지막 무렵도 전 지구적 4차 대멸종으로 장식했다. 이런 다멸종 사건으로 인해 고생대 생물인 삼엽충, 판피류 등이 절멸했고, 곤충으로는 유공충이, 동물로는 공룡, 수룡, 익룡 등이 나타났다.

쥐라기는 2억-1억 4000만 년 전까지의 시대를 말한다. 기후는 현재와 비슷했고, 후기에는 지각변동이 활발하게 일어나 대륙이 크게 확장되었다. 식물로는 겉씨식물, 즉 구과류가 왕성했는데, 육사산호류, 전골류, 쌍자엽식물, 훼두류가 무성했고, 동물로는 기룡류, 판치류, 귀별류, 악어류, 공룡류, 어룡류, 익룡류, 고조류, 등이 지배하던 시대였다. 특히 공룡은 케라토사우르스, 브라키사우르스, 알로사우르스, 스테고사우르스, 디프로도쿠스 등이 살았으며, 그중 알로사우르스가 가장 강한 공룡이었다.

백악기는 1억 4000만-1억 6550만 년 전까지의 시대를 일컫는다. 백악기 전기는 해륙 분포가 현재와 거의 비슷했으며, 중기에는 지각이 조금 있었고 기후는 평온했으며 지자기는 남북극이 역전되었다. 이 시기에는 겉씨식물인 단자엽식물과 현화식물군이 나타났고 다족류였던 고조류가 절멸하고 신조류가 등장했다. 공룡은 티라노사우르스, 트라케라톱스, 안킬로사우르스, 브론토사우르스, 벨롭시랩터 등이 번성했고, 아시아 지역은 특히 벨로시랩터가 지배했다. 아무튼 이 시대는 각종 공룡들이 가장 왕성하게 활동하던 시대였다. 그러나 그 유명한 K-T 대멸종으로 공룡을 비롯한 대형 파충류가 사라지기 시작했다.

신생대(新生代, Cenozoic Era) 신생대는 6550만 년 전부터 현재까지의 시대를 가리킨다. 신생대는 포유류와 꽃피는 식물, 즉 속씨식물의 시대라고 불린다. 이 시대는 국제협약에 따라 제3기와 제4기로 나뉘며, 이들은 다시 세(世)로 세분하여 제3기는 팔레오세, 에오세, 올리고세, 그리고 후3기인 마이오세, 플라이오세로, 제4기는 250만 년 전부터 시작되는 홍적세와 제4빙하기 이후 1만 년 전부터 현재까지인 충적세로 나누어진다.

제3기는 조산운동의 시기였다. 활발한 지각운동으로 인해 오늘날 우리가 알고 있는 북아메리카의 대산맥계, 안데스산맥, 알프스산맥, 카프카스산맥, 히말라야산맥과 같은 거대한 산맥이 만들어졌다. 이러한 지각의 융기에 수반된 화산활동으로 대부분의 현재 화산 지역이 생겨났다. 제3기의 식물의 진화는 지구의 모양을 바꾸어놓았다. 씨는 보호막으로 싸여있고 열매가 자신의 양분을 운반하는 속씨식물인 꽃피는 식물이 크게 번성하여 중생대의 민꽃식물인 겉씨식물을 교대했다. 속씨식물은 얼음이 덮이지 않았던 북극지방에서 기원하여 남쪽으로 내려가 전 세계로 퍼져나갔다. 제

3기의 가장 중요한 생물의 발전은 확실히 포유동물에게서 나타났다. 중생대 동안 몸집이 작고 원시적인 포유류가 있었으나 중생대 말 공룡과 함께 멸종되었고, 다만 포유류 중에는 유대류와 태반류만이 살아남았다.

제4기에는 직립 자세를 취하고 팔다리의 비율이 현대인과 유사한 인류의 선조가 최초로 나타났다. 화석을 분석한 결과에 의하면 최초의 원시인류는 동아프리카와 아프리카 남부 및 인도네시아에서 나타나 진화한 것으로 보여진다. 이들의 화석에는 도구를 사용한 증거가 함께 섞여 있었다. 제4기 후반에는 연속적인 빙하의 전진과 후퇴로 인하여, 특히 북반구에는 식물군의 성장에 상당한 영향을 주었다. 다른 많은 종들처럼 초기의 원시인류들도 빙하작용을 따라 이동했으나, 다른 동물들과는 달리 변화하는 환경에 잘 적응했다. 유럽과 아시아의 호모에렉투스(직립인, Homo Erectus)는 도구 사용법을 발달시켰다. 호모 네안데르타시스(Homo Neandertharensis)는 이 방법을 더욱 개량했고, 동굴을 따뜻한 피신처로 삼아 살았다. 현생인류인 호모사피엔스사피엔스(ahaomo Sapiens Sapiens)는 제4 빙하기인 뷔름빙하기에 아프리카를 출발하여 프랑스와 스페인에서 많이 출현했는데, 이들은 일찍이 동굴미술에 숙달된 인류였다. 이 현생인류야말로 석기시대, 청동기시대, 철기시대의 문명을 열어간 우리의 조상이었다.

II 어류와 조류의 창조

창세기 1:20-23 "하나님이 가라사대 물들은 생물로 번성케 하라 땅위 하늘의 궁창에는 새가 날으라 하시고 하나님이 큰 물고기와 물에서 번성하여 움직이는 모든 생물을 그 종류대로 날개 있는 모든 새를 그 종류대로 창조하시니 하나님이 보시기에 좋았더라 하나님이 그들에게 복을 주어 가라사대 생육하고 번성하여 여러 바다 물에 충만 하라 새들도 땅에 번성하라 하시니라 저녁이 되고 아침이 되니 이는 다섯 째 날이니라."

다섯째 날은 바다에 사는 동물과 하늘을 나는 새들을 창조하셨다. 창세기 1:20-23은 어류와 조류의 창조에 대한 기사이다. 이제부터 본격적으로 지구 생태계의 창조에 대한 이야기가 나온다. 그러나 필자는 본문 해석으로 들어가기 전에 먼저 생물의 진화에 대한 견해를 서술하고자 한다. 앞에서 지구의 지질학적 구분을 하면서 시대별로 나타난 생물들을 소개한 바 있다. 이제 다섯째 날의 창조에서는 먼저 생물의 창조와 생물의 진화에 대한 생각을 보다 구체적으로 진술함으로써, 현대의 크리스천 지식인들이 창세기 1:20-23을 이해하는 데 도움을 주고자 한다.

오늘날 진화론은 생물학에서 거의 보편적 이론으로 자리 잡았을 뿐 아니라, 역사, 문명, 문화, 사회현상 등을 규명하는 유력한 이론으로까지 영역이 확장되고 있다.

진화론은 지금으로부터 약 200여 년 전 영국의 생물학자 찰스 다윈이 본격적으로 제기한 지구 생태계의 형성 이론이다. 오늘날 진화론은 생물학에서 거의 보편적 이론으로 자리 잡았을 뿐 아니라, 역사, 문명, 문화, 사회현상 등을 규명하는 유력한 이론으로까지 영역이 확장되고 있다. 그러나 진화론은 사실과 거짓이 교묘하게 혼합되어 있는 이론으로서 수많은 기성 교회의 반대에 직면해 있기도 하다.

1 ◦ 창조적 진화론을 주장하는 이유

필자는 기본적으로 생물의 진화를 인정해야 한다는 입장에 서 있으며, 그 결과 창조론과 진화론을 결합한 창조적 진화론을 주장하고 있다. 그 이유는 무엇인가?

첫째, 지질학적 근거가 있기 때문이다. 이미 앞서 소개한 바와 같이 지구의 지질학적 구분에 의하면 지구상의 생물이 처음에는 녹조류나 세균 같은 원핵생물에 이어 그 후 진핵생물이 나타났고, 진핵 생물들은 다시 다양한 바닷속 생물로 진화하며 분화되었는데, 처음에는 무척추생물에서 척추생물로 진화했으며, 또 바다생물들도 육지에 산소가 풍부해짐에 따라 육지생물과 공중의 생물로 진화하거나 분화되었다는 것이 지질과 화석 연구를 통해 입증되고 있기 때문이다.

둘째, 성서적 근거가 있기 때문이다. 창세기 1장에는 하나님이 지구 생태계를 창조하는 이야기가 나온다. 이 기사의 내용은 지질학적 생태계 형성의 순서와 내용이 거의 일치하고 있다. 성서의 기록상으로 셋째 날 생명이 없던 지구에 처음 식물이 생겼는데, 그 후 다섯째 날에는 바다의 생물들이 우글거리고, 공중에는 새들이 날아다녔으며, 여섯 째 날에는 육지에서 각종 기는 벌레, 짐승들이 우글거리고, 맨 나중에 사람이 창조된 것으로 되어 있다.

성서에 나타난 이러한 창조의 순서는 지질학적 데이터와 거의 일치한다. 그러므로 이러한 성서의 기록은 생물학적 진화론을 수용할 수 있는 성서적 근거가 될 수 있다. 분명히 창세기 1장의 기록은 해석학적 관점에 따라 진화론을 부정하는 것으로도 해석될 수 있지만, 오히려 진화론을 수용할 수 있는 근거도 될 수 있다. 그렇다면 이 구절에 대한 해석은 일단 지질학적 데이터, 과학적 데이터와 일치하는 쪽으로 해석하는 것이 옳다고 본다. 진화론에 대해 무조건 창조론에 대립하는 이단 사설이라고 생각하는 것은 신학적으로도 올바른 태도가 아니다. 오히려 진화와 분화는 하나님께서 생태계를 조성하는 데 채택한 창조의 지혜, 창조의 메커니즘으로 이해하는 것이 옳다고 본다.

2 ◦ 창조적 진화론과 우연진화론의 차이

필자가 주장하는 창조적 진화론과 우연적 진화론 사이에는 진화의 동력, 즉 진화의 동인과 작인이 무엇이냐 하는 데서 근본적 차이가 있다. 이 지점에서 필자의 입장은 모든 진화를 자연선택적 메커니즘으로 규정하고 있는 초기 진화론자들이나 현재의 우연진화론자들과는 분명히 입장을 달리

한다. 통상 우연진화론자들은 생명 진화를 논할 때 수직진화와 수평진화를 이야기 한다. 수직진화는 종에서 종이 갈라지는 진화를 의미하고, 수평진화는 같은 종 안에서 점진적으로 진화하는 것을 의미한다. 그런데 그들은 모든 진화는 자연선택적 진화로서 종 안에서 점진적으로 진화하다 보면, 즉 수평진화가 축적되다 보면 새로운 종으로의 진화, 즉 수직진화가 일어나게 된다고 주장한다. 이것은 아무것도 모르는 백치가 학교를 다니면서 계속 공부하다 보면 수학 박사도 되고 물리학 박사도 된다는 논리이다. 좀 더 극단적으로 표현하면 곰이나 원숭이가 자연선택적 수평진화를 계속하다 보면 결국 사람이 될 수 있다는 이야기다. 그들은 실제로 그렇게 되었다고 주장한다.

그러나 우주만물에 대한 이러한 주장은 비성서적일 뿐 아니라 비이성적 주장으로서, 수학적로도 불가능하고, 과학적, 화석학적으로도 입증되지 않는 주장이다. 그럼에도 불구하고 이러한 주장을 하는 이유는 하나님의 존재를 부정하고, 하나님의 창조를 부정하는 싶기 때문이다. 하나님의 창조를 부정하는 그들이 선택할 수 있는 논리는 이것밖에 없다. 우연진화론자들의 전제인 "신도 없고 신의 창조도 없다"는 주장은 어떤 과학적 데이터나 실험으로 입증된 것이 아니고, 하나님을 마음에 두기 싫어하는 시각으로 세계를 보고 느끼고 해석한 결과로서 싫은 감정에서 일어난 막연한 신념에 지나지 않는다. 그들의 주장은 시작부터 이성이 아니라 감정에서 출발했다.

그들이 어떤 과학적 증거도 없이 무조건 신은 없고 신의 창조도 없다고 주장한다면, 적어도 신의 존재와 신의 창조도 사실일 가능성이 있다는 사실도 인정해야 한다. 그런 후에 2가지 가능성에 대해 수학적 과학적으로 검증하여 어느 것이 더 과학적 이성적으로 현명한 신념인지를 판단해보는 것이 옳은 것이다. 필자는 하나님의 사람으로서 하나님이 살아 계심을 믿는다. 그리고 그 믿음을 갖기까지 개인적으로 수많은 영적 체험을 했다. 그러나 필자 같은 사람의 주장을 무신론 과학자들은 인정하고 싶어 하지 않을 것이다. 결국 하나님도 없고 하나님의 창조도 없다고 하는 것과 성서가 증언하는 하나님의 창조를 믿는 것 중 어느 쪽이 더 과학적이고 이성적이고 합리적인가를 공정하게 판단하는 것 외에는 길이 없다. 필자는 물론 하나님의 창조를 믿고 인정하는 쪽이다. 필자가 기독교적 유신론이 무신론보다 더 이성적이라고 판단하는 이유는 다음 4가지이다.

첫째, 기독교적 유신론은 역사적으로 수많은 변증론의 뒷받침을 받아왔기 때문이다. 존재론적 증명, 우주론적 증명, 목적론적 증명, 도덕론적 증명, 역사론적 증명, 종말론적 증명, 특별히 오늘날에는 과학의 발달로 말미암아 과학적 증명론까지 활발하게 전개되고 있다. 그러나 무신론은 무조건 신은 없다고 주장할 뿐 신이 존재하지 않는 이유에 대한 어떤 객관적 이성적 증거도 내놓지 못하고 있다. 그들은 하나님이 없다는 것을 과학적으로 객관적으로 증명하지 못하면서 무조건 신은 없다고 주장하고 있다.

둘째, 미세 조정된 우주상수론 때문이다. 우리 우주는 4가지 힘*이 미세 조정되어 있는데 그것은 우연히 일어날 수 없고, 수학적으로 불가능에 가까운 확률을 가지고 있다. 과학자들은 그 확률을 10의 121자승 분의 1이라고 말한다. 이 확률은 무신론 학자들도 인정하는 확률이다. 이처럼 우리 우

*
우주에 존재하는 4가지 힘은 중력(重力, Gravitational Force), 전자기력, 약력, 강력이다. 거시세계를 구성하는 중력은 물체 사이에서 서로 잡아당기는 힘으로서, 이로 인해 천체의 궤도와 은하계 운동이 일어난다. 전자기력(電子氣力, Electromagnetic Force)은 전지력과 자기력에 바탕을 둔 힘이다. 원자는 양성자, 중성자, 전자로 이루어져 있는데, 양성자와 전자 사이에 이 전자기력이 작용하고 있다. 극미세계를 구성하는 강력(强力, Strong Force)은 원자핵의 양성자와 중성자를 결합하는 강력한 핵력을 의미하며 수소폭탄의 중요 원리가 된다. 약력(弱力, Weak Force) 방사성의 붕괴를 일으키는 약한 핵력을 의미하며 원자폭탄의 원리가 된다.

주가 정확하게 미세 조정된 우주상수로 만들어졌다는 것은 어떤 초이성적 존재가 우주를 계획적으로 만들었다는 증거일 것이다. 그런데도 무신론자들이나 우연발생론자들은 하나님의 창조를 인정하고 싶지 않아서 10의 121자승 분의 1이라는 확률을 극복하기 위해 증명할 수도 없는 무한우주론, 다중우주론, 무한순환우주론을 들고 나오고 있다. 영원하고 무한한 존재로서 하나님을 인정하기 싫은 그들이 이제는 영원한 우주, 무한한 우주라는 개념을 들고 나와 그들의 주장을 합리화하고 있으니, 이보다 더 이율배반적 태도가 어디 있는가?

셋째, 생명세포가 무기물에서 우연히 발생할 확률과 단순 박테리아나 세균처럼 단순한 구조의 단세포생물이 각종 다세포생물로 진화할 수 있는 가능성은 거의 제로에 가깝기 때문이다. 사람은 무려 60조-80조 개 이상의 세포로 이루어져 있다. 그 세포 하나하나에 담긴 유전자 정보의 양은 오늘날 삼성전자가 생산하는 최고 성능의 디램이 저장할 수 있는 정보보다 수만 배 이상 된다고 한다. 그러므로 단세포가 점진적으로 진화하여 인간이 될 확률은 거의 무한소에 가깝다고 볼 수 있다. 이것은 세포의 세계를 심도 있게 들여다보고 연구한 많은 크리스천 과학자들이 공통적으로 하는 이야기다. 이처럼 무기물이 진화하여 유기물이 되고, 유기물이 생명세포로 진화하고, 다시 단세포가 고도의 세포 수십조 개로 이루어진 생물이 되고, 그중 인간이라는 고도의 정신적 속성을 가진 존재로 진화한다는 것은 세포의 진화역학을 조금이라도 아는 과학자라면 절대 주장할 수 없는 이론이다. 이러한 진화가 우발적으로 계속해서 일어나기 위해서는 현 지구의 역사가 46억 년이 아니라 그 수만 배 이상의 시간이 주어져도 어려울 것이라고 과학자들은 말한다.

넷째, 열역학 제2법칙 때문이다. 우연진화론은 열역학 제2법칙에 배치되는 이론이다. 열역학 제1, 2법칙은 오늘날 과학자들이 금과옥조처럼 여기는 물리학의 기본 법칙이다. 열역학 제2법칙은 엔트로피 증가의 법칙이라고 하는데, 이는 무질서 증가의 법칙이라고 부르기도 한다. 자연 상태에서 모든 물질이나 유기체는 시간이 지남에 따라 엔트로피가 증가하여 질서가 붕괴된다. 쇠는 시간이 지남에 따라 녹이 슬다가 나중에는 더러운 잔해만 남기는 것이 좋은 예이다. 그리고 자연계에서 엔트로피의 증가는 불가역적 방향성을 가진다. 그러면 생태계 전체의 현실을 살펴보자. 지구 생태계는 오히려 시간이 지나갈수록 엔트로피가 감소하여, 단세포생물이 다세포생물로, 그리고 결국은 인간이라는 고도의 질서 체계를 가진 존재로까지 진화하고 있다. 그렇다면 이런 생태계의 진화 현상은 우발적으로 일어나는 자연현상이 아니라 어떤 초자연적인 존재가 그가 목적한 대로 생태계를 강력하게 이끌어가기 때문에 일어나는 현상이라고밖에 볼 수 없다.

다섯째, 지구 생태계의 역사에서 고도의 정신적 속성을 가진 생물은 오직 인간 외에는 없기 때문이다. 지구 생태계를 이루는 수백만 종의 생물 가운데 인간과 같은 고도의 정신적 속성, 즉 창의성, 도덕성, 예술성, 종교성을 가진 것은 오직 사람뿐이다. 영장류를 비롯한 다른 생물들의 생물학적 메커니즘은 대동소이하다. 그들의 생물학적 메커니즘은 대사작용, 생식작용을 하며 적자생존을 위한 생존 경쟁에 참여하는 것 외에는 아무것도 없다. 식물이든 동물이든 어류든 파충류든 포유류든 영장류든 모두 동일하다. 인간과의 유전자 차이가 2% 미만이라는 침팬지조차 인간과 유전자의 차이가 10%, 20% 차이 나는 어류나 파충류, 일반 포유류와 큰 차이가 없다. 지구 생태계의 역사에서 인간 외에 어떤 생물도 인간이 가진 정신적 속성을 가지고 문명과 문화를 발달시킨 존재는 없다. 그것은 사람의 정신적 속성이 자연선택적 진화의 결과가 아니라 하나님의 특별한 창조 설계와 솜씨에 의해 주어진 것이기 때문이다(창세기 1:26).

3 ◦ 창조적 진화의 역학

필자는 창조주 하나님의 실재를 확신하고 있는 사람으로서 새로운 성서적 진화론, 즉 창조적 진화론을 주장하고 있다. 자연 생태계에서 생물의 진화는 실제로 일어나고 있으며, 그 진화의 동인과 작인은 바로 하나님의 창조와 창조적 섭리라는 것이 필자가 주장하는 창조적 진화론의 요체다. 필자의 주장을 풀어서 말하자면 이런 것이다. 지구상에 새로운 종이 나타나는 것은 하나님이 선행하는 어떤 생물의 유전자를 하나님의 창조력으로 순간적으로 변화시킴으로써 나타나는 것인데, 이것을 수직진화라고 한다. 이후 새롭게 탄생한 종의 생물은 하나님께서 자연선택적 질서를 사용하여 종의 기본적 정체성의 한계선 안에서 점진적 진화를 할 수 있도록 창조적 섭리를 하신다. 이 점진적 진화는 새로운 종의 유전자에 잠재해 있는 소질을 구체화하고 현실화하는 과정이라고 볼 수 있다.

생물의 진화는 사실이며 그 진화의 동인과 작인은 바로 하나님의 창조와 창조적 섭리라는 것이

그러나 성서에 기록된 '종류대로'가 함축하는 것이 무엇인지는 확실히 규정할 수 없다. 굳이 규정한다면 서로 교배하여 생식할 수 있는 생물이라면 같은 종으로 보아야 한다는 것이다. 필자는 새로운 종의 탄생은 하나님의 창조력이 가해짐으로 인해 일어난 수직진화의 결과이고, 같은 종 안에서 수많은 아종과 변종이 생기는 것은 하나님이 자연선택적 질서를 이용하여 점진적 수평진화를 일으킨 결과라고 보고 있다.

도표화한 생명의 정체성과 생명 진화의 질서

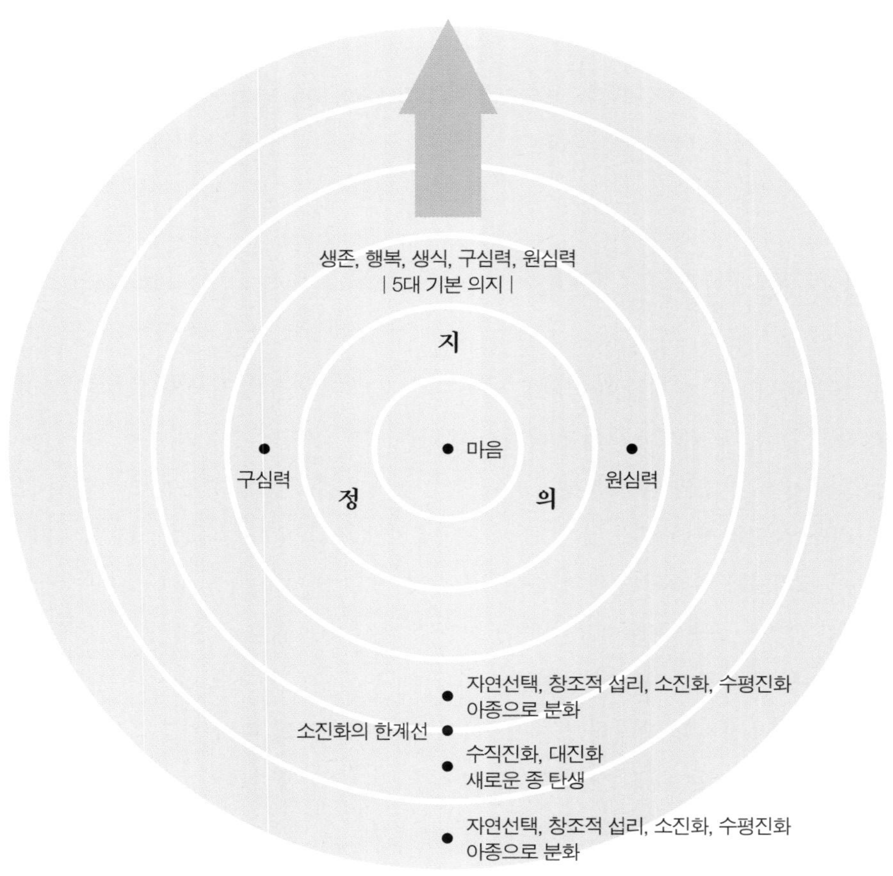

수평진화는 자연환경의 도전 속에서 각 생물의 구심력적 의지와 원심력적 의지의 상관관계 속에서 일어난다.

1) 생물이라 함은 세포를 가진 세균, 식물, 동물을 의미한다.

2) 모든 생물의 중심에는 마음이 있다.

3) 마음의 기능에는 지적 기능, 감정적 기능, 의지적 기능이 있다.

4) 마음은 모든 생물의 가장 핵심적인 기능이며, 각 생물의 마음은 각 생물의 생물학적 메커니즘을 지배한다.

5) 각 생물의 마음에는 기본 의지, 또는 원형 의지가 있다. 그 기본(원형) 의지는 살고 싶은 의지, 행복하고 싶은 의지, 생식하고자 하는 의지(종족 번성)와 더불어 기존의 유전자를 지켜나가려고 하는 구심력적 의지와 자연 선택적 질서 속에서 적자생존을 하기 위해 더 나은 유전자로 진화하려는 원심력적 의지 등 5가지가 있다. 생존, 행복, 생식의 의지는 생명의 기본적 의지이고, 진화에 직접적 영향을 미치는 것은 구심력적 의지와 원심력적 의지이다. 구심력적 의지는 자기 유전자의 정체성을 지켜나가고자 하는 의지로써, 강력한 이 의지가 있어서 생물들은 자연환경의 도전을 받으면서도 돌연변이를 억제하고 안정적으로 자기 유전자의 정체성을 지켜나갈 수 있다.

반면 원심력적 의지는 자연환경의 질서 속에서 3가지 기본 의지(생존, 행복, 생식)가 최대한 충분히 발현되는 존재가 되고자 하는 의지로서, 구심력적 의지의 견제를 받으면서도 자기 발전을 지향하는 의지, 즉 진화를 향한 의지를 말한다. 이 원심력적 의지는 프랑스의 저명한 생의 철학자 앙리 베르그송*이 말한 '엘랑비탈(elan vital)', 즉 '생명의 비약', '초월의식' 개념과 유사하다.

베르그송은 그의 저서『창조적 진화』에서 이 개념을 '생명의 근원적 비약(elan originel de la vie)'이라고 설명했다. 이는 끊임없이 유동하는 생명의 연속적인 분출을 뜻하며, 모든 생명의 다양한 진화나 변화의 밑바닥에 존재하여 그 비약적 발전을 추진하는 근원적 힘이라고 정의한 바 있다. 이 힘이 일어나는 이유는 각 생물들에게 내재해 있는 기본(원형) 의지 중 하나인 원심력적 의지 때문이다. 또한 필자의 기본 의지론(원형의 지론)은 쇼펜하우어**가 그의 명저『의지와 표상으로서의 세계』에서 주장한 존재의 근원적 의지와 유사한 개념이다.

그는 모든 존재에게는 근원적 의지가 있어 그에 따라 존재의 표상이 나타나게 된다고 주장한다. 보고 싶은 의지가 있기에 눈이 생겼고, 만지고 싶은 의지에서 손이 생겼다고 말한다. 쇼펜하우어의 이 사상은 필자가 유전자의 진화 메커니즘을 이해하는 데 큰 도움을 주었다.

6) 각 생물이 가지고 있는 구심력적 의지와 원심력적 의지의 역학 속에서 일어나는 힘은 끊임없이 변화하는 자연환경 속에서 그들의 유전자의 정체성을 유지하게 하고, 또 자연환경 속에서 자신의 3가지 기본 의지가 더욱 잘 발현되는 유전자가 되도록 진화하게 하는 역할을 한다.

7) 같은 종(種)이란 상호 간에 생식이 가능한 생물을 의미한다. 종간을 뛰어넘는 수직진화는 하나님의 창조력이 순간적으로 작용함으로써 일어나지만, 수평진화는 자연환경의 도전 속에서 각 생물의 구심력적 의지와 원심력적 의지의 상관관계 속에서 일어난다. 점진적 진화, 즉 수평진화는 원심력적 의지가 구심력적 의지를 누를 때 일어난다.

8) 그러나 상호 생식이 가능한 동일종이 다양한 아종으로 나타나는 것을 분화라고 한다. 이 분화는 자연선택적 변이로 나타나지만 나중에는 아종교배로도 다양하게 나타난다. 현재 지구상에 다양한 인종이 존재하게 된 이유는 각 인종의 진화의 단계는 동일하나, 각기 다른 자연적 역사적 환경에 적응하는 가운데 아종교배, 또는 동종교배로 말미암아 유전자의 변화가 일어난 결과이다.

9) 종에서 다른 종으로의 진화, 대진화, 즉 수직진화는 오직 하나님의 특별한 창조력의 가세로 인해 기존의 생물 유전자에 급격한 변화를 가져올 때만 일어났다. 이는 마치 실험실에서 기존의 종자 유전자에 특수한 빛을 쏘여 유전자를 조작함으로써 완전히 다른 종 을 만들어내는 것과 유사하다. 그러므로 새로운 종의 생물은 점진적인 자연선택적 진화***, 즉 소진화로는 일어날 수 없고 창조주 하나님의 구체적이고 섬세한 창조력이 직접 개입될 때 나타난다.

10) 소진화는 대진화로 인해 새로운 종에 부여된 유전적 속성이 자연이라는 태반 속에서 구체화되는 과정이며, 다양한 아종으로의 변이라는 종의 분화에 관계된다.

*
앙리-루이 베르그송(Henri-Louis Bergson, 1859-1941)은 프랑스의 철학자이다. 그의 철학은 대륙철학에 속하며 유심론에 기초하여 생기론 및 생의 철학을 전개했다. 그의 철학은 동시대의 생리학, 심리학, 진화론에 깊은 뿌리를 내리고 있을 뿐 아니라 상대성이론이나 열역학 같은 분야를 자주 언급한다는 점에서 과학과도 깊은 관계를 맺고 있다.

**
아르투어 쇼펜하우어(Arthur Schopenhauer, 1788-1860)는 독일의 염세주의 철학자이다. 그는 칸트의 사상을 비판적으로 받아들였으나 자신이야말로 진정한 칸트의 계승자라고 생각했다. 반면 당시 인기학자였던 헤겔, 피이테, 셸링 등은 칸트 사상을 왜곡했다고 비판했다. 그는 인식론의 고전으로 평가받는『충족이유율의 네 겹의 뿌리에 관하여』라는 논문을 써서 박사 학위를 취득했고, 1818년에는 그 유명한『의지와 표상으로서 세계』를 출간했다.

***
진화는 자연선택적으로도 일어날 수 있다. 그러나 이런 점진적인 진화는 종의 변이나 분화 등 수평진화에 국한된다. 자연선택적 메커니즘으로 일어나는 진화의 경우 유전자의 변화는 극히 미미하다. 덩치가 크고 작다든지, 부리가 길고 짧다든지, 색깔의 변화가 있다든지, 오장육부 중 어떤 장기의 기능이 더 퇴화되거나 활성화된다든지 하는 정도의 진화일 뿐이다.

4 ◦ 대진화와 소진화

1] 소진화의 한계

소진화는 한 종 안에서 크기, 모양, 색깔 등이 점진적으로 조금씩 변하는 것을 의미하는 것으로써 수평진화라고 부른다. 그러나 대진화는 종에서 다른 종으로 이행하는 수직진화를 의미하는 것으로서 염색체의 복잡성(complexity)이 파격적으로 바뀜으로써 한 유기체에서 전혀 다른 유기체로 바뀌는 변화를 의미한다. 다시 말해 이런 진화는 어류가 파충류, 조류, 포유류로 바뀌는 것과 같이 종간 이동을 하는 것을 의미한다. 요즘 생물학계에서는 심지어 강(綱)에서 문(門)으로 가는 것을 거대 진화라고 부르자는 주장이 나오고 있다.

1940년 처음으로 대진화 이론*을 주장한 독일계 미국인 유전학자 R. B. G. 골트 슈미트*는 신종 형성에 있어서 원칙적으로 염색체의 전체적 배열의 변화가 필요하므로, 특정한 종에서 아종이나 변종으로 진화하는 것과는 진화 메커니즘이 근본적으로 다르다고 주장했다. 그러나 그는 소진화와 전혀 다른 진화 메커니즘인 수직적 진화, 대진화가 자연 생태계에서 어떻게 일어날 수 있었느냐에 대한 유전학적 이론이나 증거까지는 제시하지 못했다. 그러자 창조의 동인으로서 하나님의 창조력의 개입을 전면 부정하는 생물학계는 슈미트의 이론을 거절하고, 생물 개체 안에서 일어나는 우발적 돌연변이와 자연선택에 의한 소진화가 계속 축적되면 결국 대진화가 이루어진다는 가설을 세우게 되었다. 오늘날 이런 주장은 신의 창조를 부정하는 과학계의 정설로 굳어지고 있다.

그러나 이러한 주장도 과학적으로 문제가 있기는 마찬가지이다. 우연진화론자들이 제기하는, 개체 종의 유전자에서 일어난 우발적 돌연변이**와 자연선택의 메커니즘으로 대진화가 일어나 새로운 종이 탄생한다는 것은 유전학적 입장에서나 수학적 입장에서 도저히 일어날 가능성이 없기 때문이다.

유전학자들에 의하면 특정한 생명체가 자연 상태에서 돌연변이가 일어날 확률은 많아야 10만 분의 1 정도라고 한다. 어떤 과학자들은 그 확률을 100만 분의 1이라고도 말한다. 유전자를 이루는 DNA의 구조에 변화가 생겨서 유전자의 모습이나 성질이 변하는 것이 돌연변이인데, 이는 유전자 중에서 한 개의 뉴클레오티드***가 상실되든지 아니면 다른 것과 교체되는 극히 미세한 변화를 받았을 때 단백질을 구성하는 아미노산이 변하여 일어나는 현상이라고 한다.

그런데 이런 돌연변이는 자연 상태에서는 10만-100만 번의 DNA 복제 중에 한 번 정도의 비율로 나타난다. 그러한 돌연변이가 일어날 확률을 많게 잡아서 10만 분의 1이라고 할 때 어떤 종이 다른 종으로 진화하기 위해서는 특정한 개체에게 이런 돌연변이가 수만 번 일어나야 한다. 그러나 자연 생태계에서 이런 일이 이렇게 일어나는 것은 수학적으로 불가능한 확률이다. A라고 하는 특정한 생물 개체가 있다고 하자. 그 A에게서 첫 번째 돌연변이가 일어날 확률은 10만 분의 1이다. 그 A에게서 다시 두 번째 돌연변이가 일어날 확률은 100억 분의 1이다. 다시 그 A에게서 세 번째 돌연변이가 일어날 확률은 1000조 분의 1이 된다. 여기까지만 계산해도 특정한 종의 생물이 1000조 마리 있다면, 그중 100억 마리에게는 첫 번째 돌연변이가 일어났고, 10만 마리에게는 두 번째 돌연

*
대진화와 소진화는 메카니즘이 다른 것이 아니라, 특정한 생물 A가 소진화를 계속하면 A1-A2-A3----A10까지 이르러 결국 처음 A와는 생식이 불가능한 다른 종이 탄생하게 되는 것이라고 한다. 어떤 종의 개체들이 소진화(microevolusion), 즉 점진적인 수평진화를 계속하다 보면 처음의 종과는 성적 생식이 불가능한 새로운 종으로 나아가게 된다는 주장이다.

**
돌연변이(突然變異)란 유전정보가 기록된 DNA가 변이해서 원본과 달라지는 것을 말한다. 세포분열 과정에서 유전물질인 DNA가 복제되는데, 문제는 이것이 완벽하지 않다는 데 있다. 오류가 발생하여 돌연변이가 생기지만 이 돌연변이는 대부분 염기치환이나 세포자살 같은 과정을 통해 교정된다. 하지만 이 오류 교정 시스템조차 완벽한 것이 아니기에 극히 일부이지만 이 변이된 세포는 생존과 번식에 불리하지 않는 한 다음 세대로 유전된다.

***
뉴클레오티드(nucleotide) 또는 뉴클레오타이드는 핵산을 구성하는 단위체인 분자이다. 덧붙여 뉴클레오티드는 대사(netabolism)에 중추적 역할을 한다. 그 용량으로 인해 화학적 에너지의 공급자(ATP)이며, 세포 내 신호계, 그리고 효소 반응의 중요 성분으로도 작용한다.

변이가 일어났고, 단지 1 마리에게만 세 번째 돌연변이가 일어나는 셈이다. 세 번째 돌연변이까지만 계산해도 확률이 이러할진대, 이런 돌연변이가 계속해서 수만 번 일어난 개체가 어떻게 존재할 수 있단 말인가?

물론 그 종의 현존하는 개체가 수십억 마리까지 될 수 있으니, 이 터무니없는 확률은 조정될 수 있을 것이다. 그렇다 하더라도 어떤 종의 유전자에게서 돌연변이가 일어날 수 있는 것은 많아야 10번 미만이며, 수억 마리의 개체 중 확률적으로 단 몇 마리에게만 그런 유전자 변이가 일어날 수 있는 것이다. 그런 정도의 돌연변이 가지고 종간을 뛰어넘는 진화가 일어날 수는 없다. 예를 들어 침팬지와 우리 인간의 유전자 차이는 2% 미만이라고 한다. 그런데 세포 하나에 담긴 생물의 유전자 정보는 책 수백억 권으로도 다 기록할 수 없다고 한다. 산술적으로 계산하면 침팬지가 인간이 되려면 유전자의 돌연변이가 그 개체가 살아 있는 동안 연속해서 수만 번은 일어나야 한다. 그 2%의 차이는 개체의 유전자에 10여 번의 돌연변이가 일어난다고 해서 극복될 수 있는 것이 아니다. 설령 돌연변이가 연속해서 일어나 유전자가 인간과 같이 되었다고 해서 침팬지에게서 인간만이 가지고 있는 정신적 속성이 나타난다는 보장은 없다. 그만큼 침팬지와 인간은 천지 차이가 나는 것이다.

더욱이 유전학자들에 의하면 돌연변이 중 0.01%만이 그 생물에 유리하고 나머지는 암 같은 것을 발병시키는 해로운 돌연변이라고 한다. 개체 생명체 안에는 이 해로운 돌연변이 상태를 원래 상태로 되돌리려고 하는 메커니즘이 강력하게 작동하고 있어서(필자는 이것을 구심력적 의지라고 칭한다), 그 다음 대에서는 그 돌연변이 유전자가 거의 나타나지 않는다고 한다. 후대에서는 대부분 특정한 돌연변이가 일어나지 않았던 때의 조부와 같은 유전자를 갖게 된다는 것이다. 따라서 돌연변이* 의 계속적인 축적으로 인해 새로운 종이 탄생한다는 우연진화론자들의 주장은 허무맹랑한 비과학적 이론임에 분명하다.

* 그러나 이 돌연변이가 집중적으로 일어나는 경우는 그들의 생존이 극도로 위협을 받을 때이다. 이때 특정 생물은 자기 생존을 위해, 아니 3가지 기본 의지인 생존, 생식, 행복을 지키기 위해 구심력적 의지를 약화시키고 반대로 원심력적 의지를 강화시킨다. 갈라파고스 섬의 핀치새 같은 현상이 일어나는 것이다. 그럼에도 불구하고 수평진화를 통해서는 종간을 뛰어넘는 수직진화는 일어날 수 없다. 수직진화는 오직 하나님의 창조력이 가해졌을 때 일어난다.

또한 그들의 주장이 타당하다면 그런 주장을 입증할 만한 화석학적 증거가 무수히 나와야 하고, 현재 자연 생태계에서 종에서 종으로 진화해가는 도중의 수많은 중간 종들이 발견되어야 한다. 그들의 주장대로 돌연변이의 축적으로 다른 종이 생겨나는 것이라면, 새로운 종으로 진화하는 중간 종의 수는 원래 종의 개체수보다 수천만 배, 수억 배 많아야 한다. 그리고 이러한 중간 종의 현상이 모든 생태계에서 일어나야 한다. 화석조차도 진화 도상에서 죽은 중간 종의 화석이 원래 종의 화석보다 수천수만 배 더 많이 발견되어야 할 것이다. 그러나 중간 종의 화석은 오늘날까지 거의 발견되지 않고 있다. 그리고 현 지구 생태계에서도 그런 중간 종으로 인정될 만한 생물들이 전혀 발견되지 않고 있다. 일부 학자들이 공룡과 조류의 중간 고리 화석이라고 제시했던 시조새 화석도 해부학적으로 연구한 결과 단지 새의 화석에 불과하다고 한다. 이처럼 소진화가 계속 축적되면 대진화, 즉 새로운 종의 탄생으로 이어진다고 하는 생물학자들의 주장은 일고의 가치도 없는 비과학적 가설에 지나지 않는다.

소진화가 계속 축적되면 대진화, 즉 새로운 종의 탄생으로 이어진다고 하는 생물학자들의 주장은 일고의 가치도 없는 비과학적 가설에 지나지 않는다.

2) 대진화와 하나님의 창조

자연 생태계를 살펴보면 소진화는 물론이거니와 대진화도 분명히 일어나고 있다. 그러나 오늘날까지도 생물학계에서는 자연 생태계에서 대진화가 어떻게 일어나는가에 대한 설득력 있는 이론을 제시하지 못하고 있다. 그렇다면 우리는 대진화의 원인에 대한 해답을 얻을 수 없는 것인가? 대진화가 일어나는 근원적 매커니즘에 대한 답은 바로 성서에 나와 있다. 창세기 1장에는 자연 생태계에서 하나님의 창조 행위로 인해 대진화가 일어나는 현상을 기록하고 있다. 이러한 대진화는 특정한 종의 유전자에 하나님께서 모종의 창조 행위를 시행하심으로써 새로운 종이 탄생하는 것이다.

일찍이 슈미트는 대진화와 소진화는 진화 메커니즘의 차원이 다르다고 주장한 바 있다. 그러나 그는 대진화가 어떻게 자연 생태계에서 일어나고 있는지를 과학적으로 설명하지는 못했다. 슈미트가 알 수 없었던 대진화의 메커니즘은 성서에 나타난 하나님의 창조였던 것이다. 어떤 이들은 지구상에 자연 생태계를 구성하는 생명체들은 경에 경을 곱하는 것보다 많은데(세균까지 합하면), 하나님께서 일일이 그들의 삶을 감찰하고 지배하여, 시의 적절한 때에 그들의 유전자에 창조적 변화를 주신다는 말이냐고 반문할지 모른다. 이에 대해 필자는 기꺼이 '그렇다'고 대답할 것이다. 하나님은 전지전능, 무한영원, 무소부재하신 분으로서 생물들의 개체수가 경에 경을 곱한 것에 다시 경을 100번 1,000번 곱한 것만큼 많아도 그들 가운데 편재하여 그들의 삶을 조정하고 섭리하실 수 있다. 성서에 의하면 하나님은 사람의 머리카락도 헤아리시며, 참새 한 마리도 하나님의 허락이 없으면 떨어질 수 없다고 한다. 이러한 가능성은 오히려 과학이 잘 가르쳐주고 있다.

현재 21세기의 과학은 아마도 1000년 후에 보면 아주 원시적일 것이다. 비행기가 발명된 것도 100년밖에 되지 않는다. 우주와 자연의 기원과 그 메커니즘을 본격적으로 연구하기 시작한 것도 200여 년밖에 되지 않는다. 중력 법칙과 상대성이론, 빅뱅이론, 양자역학을 연구하기 시작한 것도 100년이 되지 않았다. 이처럼 미미한 단계의 과학 수준을 가진 인류인데도, 실험실에서는 100개, 1,000개의 개체 생물을 면밀히 관찰하여 적절한 시기에 빛을 쏘여 염색체에 변화를 줌으로써 아종이나 변종, 나아가서는 새로운 종을 만들어내고 있지 않은가? 스텔스 전투기 F22 랩터나 F35에는 에이사레이더가 장착되어 있어 동시에 1,000개 이상의 물체를 인지하고, 물체의 성격을 파악하며, 그에 동시적 대처를 자동적으로 할 수 있다고 한다. 아직 원시적 과학을 소유한 인간도 이러한데, 우주만물을 말씀 하나로 창조하시고 만물 가운데 편재하신 하나님께서 그 정도를 못 하시겠는가? 이는 마치 중추신경과 연결되어 온몸으로 뻗어나간 신경조직이 60조 개 이상의 인체 내 모든 세포의 상황을 인지하고 그에 대한 정보를 순간적으로 파악하고 대처할 수 있는 것과 유사한 것이다.

분명 우주만물, 지구 모든 생태계에 편재하여 계신 성령께서는 필요하다고 생각될 때 각 생물의 유전자에 창조력을 가하여 새로운 종이 탄생하도록 하신다. 그리고 새롭게 탄생한 종을 자연선택적 질서로 섭리하여 수평진화가 일어나도록 섭리하신다. 결국 대진화 문제는 전지전능하신 하나님의 존재와 모든 자연 생태계에 편재하여 그들의 진화를 주관하고 간섭하는 하나님의 창조 능력과 창조의 메커니즘을 믿느냐 안 믿느냐에 달린 것이다. 믿는다면 해답을 얻을 것이고, 부정한다면 영원히 해답을 얻지 못할 것이다.

정리하자면 창조주 하나님은 거시적 또는 미시적 목적을 가지고 새로운 종을 탄생시키는데 이것이 바로 대진화이다. 그리고 탄생한 새로운 종의 생명체에게는 하나님께서 부여한 생명의 범주나 유전자의 한계 라인이 있어서, 각 생명체가 가진 원심력적 의지는 한계선 안에서 적자생존에 적합하게 수평진화하는 것이다. 이 과정에서 다양한 아종, 변종들이 생겨나는 것이 소진화다. 소진화는 새로운 종으로 나아가는 과정, 즉 대진화로 가는 노정이 아니라 하나님의 창조에 의해 대진화가 일어나 새로운 종이 나타났을 때, 자신에게 부여된 생물학적 자기 정체성을 벗어나지 않는 한에서 적자생존을 하기에 적합한 개체로 변화되어 나가는 것이다. 그러므로 소진화는 베르그송이 이야기한 엘랑비탈, 즉 생명의 비약을 일으키는 원심력적 의지로 인해 각 생물들에게 일어나는 DNA의 점진적 수평적 진화를 의미한다.

5 ◦ 생명의 기원

생명의 기원에 대한 과학계의 가설은 크게는 자연발생설과 범종설, 즉 우연진화설과 우주기원설로 나누어진다. 자연발생설이란 특정한 자연 상태에서 생명체가 우발적으로 발생했다는 주장이고, 우주기원설, 즉 범종설(panspermia)은 지구 생명체가 외계로부터 떨어진 운석이나 고도의 문명을 가진 외계 생명체에 의해 만들어졌다는 주장이다. 그러나 우주기원설은 지구상의 어떤 생명체도 운석이 지구로 떨어질 때 발생하는 수천 도의 고열을 견뎌내고 생존할 수 없다는 점에서 불가능한 가설이다. 또 고도의 문명을 가진 외계 생명체가 가져다 심은 것이라는 우주기원설은 객관적으로 입증되지 않은 막연한 가설일 뿐으로 과학계에서는 소수 의견으로 치부되고 있다. 그러나 자연발생설은 과학계에서 거의 정설처럼 받아들여지고 있다.

자연발생설 자연발생설은 지금으로부터 약 40억-34억 년 전 지구상 어느 곳에 있는 무기물에 에너지가 가해지면서 유기분자가 발생했고, 이 유기분자가 생명체로 진화했다는 주장이다. 과학계는 생명의 기원을 밝혀내기 위해 지구가 처음 형성되기 시작한 후 40억-34억 년 전 사이를 최초의 생명체를 출현시키기 위한 준비 기간으로 보고, 그 기간에 원시생명체를 구성하는 핵과 외피가 어떻게 만들어졌는지를 집중적으로 연구하기 시작했다. 이 연구의 초기에는 핵이 아니라 단백질에 초점을 맞추어 진행하였다. 그 이유는 단백질이야말로 생명체의 구조뿐 아니라 기능을 유지하는 데 가장 중요한 역할을 담당하는 요소이기 때문이었다. 무엇보다도 생명체 내 반응을 빠르게 일어나게 하는 효소(enzyme)가 단백질로 구성된다는 점이 매우 중요하게 부각되었다. 생명체 내의 모든 반응은 단백질 없이는 일어나지 않는다. 탄수화물이나 지방질 역시 생명체 안에 합성될 때 효소가 있어야 한다. 이 효소는 생명체의 모든 대사 과정에 관여하고 있다. 이외에도 단백질은 생명체의 생리 기능을 조절하는 호르몬, 내부 물질의 운반체, 그리고 외부 물질의 방어체 등을 구성하는 등 막대한 역할을 수행하고 있다.

오파린의 가설 1920년대 러시아의 생화학자 오파린(Aleksandr Ivanovich Oparin)*과 스코틀랜드의 생리학자이자 유전학자인 홀데인(J. B. S Haldane)은 원시지구의 대기와 해양에서 최초의 생명체가 발생했을 것이라는 가설을 제시했다.

이들에 의하면 당시 해양에는 탄소, 수소를 비롯한 유기물 분자가 풍부하였는데, 오랜 세월이 지나는 동안 유기물 분자들이 서로 결합하여 큰 복합체를 형성했으며, 이 중 일부는 어떤 종류의 막으로 둘러싸여 주위로부터 구분되었고, 이 막을 통해 필요한 분자를 받아들이고 필요 없는 분자는 내보냈는데, 여기서 스스로 분열할 수 있는 능력을 갖춘 최초의 생명체, 즉 대사 및 생식 등의 능력을 가진 생명체가 탄생하게 되었다는 것이다. 특히 오파린은 이 유기물 덩어리를 '코이세르베이트'라고 부르며 이것이 점진적인 변화를 거쳐 원시생명체로 발전하게 되었다고 주장했다.

* 알렉산드르 이바노비치 오파린(1894-1980)은 구소련의 생물학자이자 생화학자이다. 1935년 과학 아카데미 창립에 참여했고, 1946년 바흐 연구소 소장이 되었다. 『생명의 기원』을 발표하여 무기물질로부터 유기물 및 생명이 발생하는 과정에 대해 과학적으로 해설했으며, 1957년 인공생명체를 만들어낼 수 있다는 획기적인 이론을 발표했다.

원시수프이론 오파린의 가설은 그 후 시카고 대학에서 유레이 교수의 지도하에 박사 과정을 공부하던 스탠리 밀러(Stanley Miller)**가 원시스프이론으로 증명하려고 시도했다.

밀러는 실험을 통해 원시지구에 있었던 화학반응의 정체를 밝혀냈다. 그는 바닥에 놓인 플라스크에서 인공적으로 초기대기, 원시바다, 그리고 번개를 만들었다. 그리고 플라스크를 가열하여 물을 끓여서 발생한 수증기를 암모늄, 메탄, 수소 혼합기체가 담겨 있는 위쪽 플라스크로 이동시켰다. 이 플라스크에 연속적으로 전기방전을 가해 기체들의 반응을 유도하자 놀랍게도 물속에 아미노산과 같은 유기물이 형성되었다. 밀러의 '원시수프이론(primordial soup theory)'은 이러한 실험을 거쳐 탄생했다.

생명의 기원론, 즉 무기분자가 어떻게 유기 생명체가 되었는가를 설명하는 가장 대중적인 이론으로는 상기의 원시수프이론 외에도 '바이오필름이론'(생물막이론, biofilmtheory)이 있다. 이것은 최초의 생명체, 또는 구성 요소는 바닷속 열원, 즉 열수분출공(hydrothemal)근처에서 비롯되었다는 이론이다. 대양저에서 발견되는 열수분출공에서 블랙스모커(blacksmoker)라는 아주 뜨거운 물이 분출되는데, 이것은 대량의 황화물을 포함하고 있어 어두운 색을 띤다고 한다. 이 뜨거운 물이 차가운 해수와 만났을 때 황철석이 형성되는데, 이 황철석 결정체의 표면은 얇은 막, 또는 바이오필름처럼 모이는 분자를 형성하는 특이한 능력을 지니고 있다는 것이다. 황철석의 이런 특징이 이 분야 연구자들의 연구 초점이 되고 있다. 어떤 과학자는 이 황철석에 생명체의 구성 요소가 연결되어 유기분자를 이루게 되면, 그 다음 원시적 형태의 생명체를 이루는 것은 시간문제일 뿐이라고 주장했다.

** 스탠리 로이드 밀러(Stanley Lloyd Miller, 1930-2007)는 미국의 화학자이며 생물학자이다. 그는 생명의 기원에 대한 연구에서 무기물에서 유기물이 합성되는 실험을 통해 원시지구에서 생명 탄생의 가능성을 증명했다. 그는 실험에서 암모니아와 수증기 등 원시지구에 다량으로 존재했던 기체들에 전기방전을 가하면 유기물이 합성되는데, 이 유기물이 생명체의 존재 없이도 합성 가능하다는 사실을 실험적으로 증명했다.

아데닌의 발견 1961년 미국 휴스턴 대 연구팀은 유레이-밀러 실험보다 간단한 장치를 이용해 DNA와 RNA에 존재하는 염기 중 하나인 아데닌을 발견했다. 이제 원시해양에서 아미노산 외에 핵의 성분도 만들어질 가능성이 제시된 것이다. DNA든 RNA든 기본 구조는 모두 인산-당-염기인데, 이를 뉴클레오티드(nucleotide)라고 부른다. 그런데 연구팀은 DNA가 최소한 수십만 뉴클레오티드로 구성된 데 반해, RNA는 불과 50여 개의 뉴클레오티드로 이루어진 것을 발견했다. 그래서 과학자들은 원시해양에서 먼저 RNA가 만들어지고, 그 다음에 RNA로부터 DNA가 만들어진 것으로 보았다. 실제로 암을 유발하는 바이러스에서는 RNA로부터 DNA가 만들어지고 있다. 이 RNA 기원설은 현재 과학계에서 가장 많은 지지를 받는 이론이다.

1983년 콜로라도 대학교와 예일 대학교 공동연구팀은 RNA만으로 구성된 효소인 '리보자임(ribosyme)'을 발견했다. 이전까지 모든 효소는 단백질로 구성된 것으로 여겨졌는데, 이 실험 결과 단백질 없이 RNA 스스로 모종의 대사 과정을 진행할 수 있다는 점을 알게 되었다.

무기물 점토구조론 한편 스코틀랜드 글래스고 대학의 케언스-스미스(A. G. Cairns-Smith)는 최초의 복제 체계가 무기물인 점토 구조였다고 주장해 과학계의 관심을 끌었다. 그는 고령석의 예를 들었다. 고령석은 얇은 층들이 상하 방향으로 쌓이면서 부러질 때 층을 따라 좌우 방향으로 잘려나간다. 이렇듯 똑같은 모양의 고령석이 자라나고 부러지는 과정이 생명체의 대사와 생식 작용을 시사한다고 보았다. 케인스-스미스는 이를 '낮은 단계의 생명체'라고 규정했다. 또한 그는 '높은 단계의 생명체'에 대해서도 언급했는데, 38억 년 이전에 원시대기는 이산화탄소와 질소, 수증기로 구성된 산화성 기체였다고 한다. 따라서 당시 지구에는 탄소와 질소, 수소 등 유기물질을 구성하는 재료가 모두 갖춰진 상태였다. 문제는 이 물질들이 어떻게 점토에서 합성될 수 있었는가 하는 것인데, 이에 대해 케언스-스미스는 이 시기에 점토라는 광물 생명체가 광합성을 통해 이산화탄소를 흡수함으로써 탄소원자를 획득할 수 있었다고 설명했다. 그리고 그는 물속에서 용해되어 있는 몇 가지 간단한 철염(iron salts)이 자외선 아래에서는 이산화탄소를 포름산과 같은 작은 유기분자로 고정시킨다는 점을 증거로 제시하며 점토라는 광물이 광합성을 할 수 있다는 가능성을 뒷받침했다.

자연발생이 불가능한 이유 그러나 필자는 이런 모든 자연발생설이 제법 그럴듯해 보이지만 여전히 불가능한 이론에 지나지 않은 것이라고 생각한다. 그 이유는 2가지다.

첫째, 원시지구에서 무기물로부터 유기물이 만들어질 확률은 수학적으로 볼 때 거의 불가능에 가까울 만큼 적기 때문이다. 한마디로 무한소에 가까울 만큼 적은 가능성이다. 창조론을 지지하는 어떤 학자는 그 가능성을 매주 1장의 로또복권을 산 사람이 1등 당첨을 매주 연속해서 100번 이상 할 확률만도 못하다고 말했다. 지구가 탄생한 지 7-8억 년 동안 단 한 번도 일어난 적 없는 생명으로의 진화 현상이, 어느 곳에서 수천만 번의 기적 같은 진화가 한 단계 한 단계 일어나 오묘한 생명세포로 진화할 수는 없기 때문이다. 생명세포의 오묘한 구조와 기능을 전자현미경으로 살펴본 사람이라면 결코 그런 소리를 할 수 없다. 수학적으로 첫 단계는 무한소의 확률로 나타났는데, 그 다음 단계는 다시 무한소에 무한소를 곱한 확률로 일어난다. 그 다음 단계 또한 마찬가지 확률을 통과해야 한다. 그렇게 수천만 단계를 거쳐야 우리가 보는 현 지구 생태계의 생명세포가 나타나는 것이다. 지구에서 생명이 나타나게 된 것은 자연에서 우발적으로 일어난 진화의 결과가 아니라, 초이성적 존재의 계획에 따라 초자연적 능력으로 시작된 것이라고 보는 것이 더 합리적인 생각이다.

둘째, 현재까지 어떤 과학자도 유기체적 생명을 만들어내지 못했기 때문이다. 이미 존재하는 생명의 유전자를 조작하여 새로운 합성 생명을 만들어내기는 했지만, 화학적 무기물을 실험실에서 합성하여 대사 작용과 생식 작용을 하는 살아 있는 생명체를 만들어낸 과학자는 단 한 사람도 없다. 이것은 생명 자체를 사람이 인위적으로 만들어내는 것은 불가능한 작업임을 증명하는 것이다. 필자는 이런 과학적 연구를 통해서는 생명체를 만들 수 없다고 생각한다. 방금 1초 전에 죽은 사람의 시신에는 생명의 중요 요소라고 하는 단백질도 완전하고, 심지어 세포의 염색체와 유전자 사슬도 그대로 완전히 존재하고 있음에도 불구하고 생명이 존재하지 않는다. 왜 화학적으로도 완전하고 세포의 구조와 행태도 완전한 상태임에도 불구하고 왜 생명은 없는 것인가? 그렇다면 생명은 그런 무기물이니 유기물이니 화학적 요소니 하는 것과는 다른 차원의 것이라고 볼 수 있다. 살아 있는 생물들에게만 존재하는 생명을 과학자가 실험실에서 인위적으로 만들 수 없는 것이다. 그러나 그것은 하나님이 허락한 영역 밖의 것이다. 그것은 하나님의 허락하지 않은 일이기 때문에, 오늘날까지 수많은 천재적 과학자들이 온갖 노력을 다해도 생명체를 만들지 못한 것이다.

범종설 오늘날 자연발생설이 수학적으로나 현실적으로 불가능한 이론임을 알게 된 일부 과학자들은 미지의 광활한 우주에서 지구 생명체의 기원을 찾고 있다. 이것을 우주기원설, 또는 범종설이라고 한다. 그러나 우주기원설은 생명의 기원을 미지의 우주에서 찾는 일종의 도피적 주장에 지나지 않는다. 우주기원설은 문명이 발달한 다른 행성의 외계인이 지구에 생명체를 가져왔다고 하거나, 운석이 떨어질 때 모종의 생명이 운석에 묻어 와서 지구에 생명이 시작되었다는 주장이다. 그러나 이런 주장도 생명의 기원을 설명하는 데 한계가 있다. 외계인들이 가져온 생명체나 운석을 통해 우발적으로 외계에서 날라온 생명체는 또 어떻게 존재하게 되었느냐는 문제를 낳기 때문이다. 2010년 영국의 세계적 물리학자 스티븐 호킹* 박사는 디스커버리 채널이 제작한 다큐멘터리에서 "외계 생명체가 존재하는 것은 확실하며 인류가 이들과 접촉하면 재앙을 맞을지 모른다"고 경고해 화제를 모은 바 있다.

오늘날 자연발생설이 수학적으로나 현실적으로 불가능한 이론임을 알게 된 일부 과학자들은 미지의 광활한 우주에서 지구 생명체의 기원을 찾고 있다.

스티븐 호킹 같은 저명한 학자가 생명체의 기원을 외계 우주로부터 찾는 이유는 자연발생설의 수학적 가능성이 거의 제로에 가깝기 때문이다. 그는 수천억 개의 항성을 가진 우리 은하계 같은 은하계가 수천억 개 있을 만큼 광활한 우주 가운데 어느 행성인가에는 생명체가 존재하지 않겠는가 하는 막연한 가능성을 생각한 것이다. 그러나 이런 주장은 여전히 과학적 데이터가 전혀 없는 가상의 이론에 불과하다.

2005년 3월 목성의 두 번째 큰 위성인 유로파에 생명체가 살지 모른다는 내용을 담은 학술 서적이 발간되었다. 영국의 <디스커버리> 채널은 미국 애리조나 대학 위성 및 행성 연구실의 한 박사가 최근 출간한 『유로파, 바다의 달』에서 유로파 얼음층 아래 바다에 지구와 같은 다양한 동물과 식물이 살고 있을 가능성이 크다고 말했다고 전했다. 이는 유로파 위성에 지구처럼 물이 있으니 생물들이 살고 있을 가능성이 있다는 주장이다. 그러나 그런 논의는 현재 지구에 있는 생명체의 기원도

*
스티븐 호킹(Stenhen William Hawking, 1942-2018)은 영국의 유명한 물리학자이다. 그는 우주론과 양자 및 중력이론의 연구에 크게 기여했으며, 자신의 이론 및 일반적 우주론을 다룬 여러 권의 대중 과학서적을 출간했다. 그중 『시간의 역사』는 런던 타임즈 베스트셀러에 237주 동안이나 올라 화제가 되었다. 2009년까지 케임브리지 대학교 루커스 수학 석좌교수로 재직했다.

밝혀내지도 못하는 상황에서 하등의 가치가 없는 추측에 불과하다. 또한 생명체가 발견되었다 할지라도 그것이 외계인이나 공룡이 아니라 일개 박테리아 정도라면, 그 유로파에서는 왜 수십억 년이 지나는 동안 생명의 진화가 거의 일어나지 않았느냐는 의문이 제기될 수밖에 없다.

이 세상의 생명은 하나님께서 창조한 것인데도 불구하고 하나님의 창조를 인정하지 않고, 다른 데서 생명의 근원적 메커니즘을 찾으려는 과학자들의 노력은 분명 헛수고로 끝나고 말 것이다. 살아 계신 하나님이 우주만물을 창조하셨다는 것이 우연발생론보다 더 이성적 합리적 과학적 주장임에도 불구하고, 아무런 증거나 근거 없이 무조건 우주만물을 창조하고 섭리하는 하나님은 존재하지 않는다고 주장하는 것은 참으로 비이성적인 태도라 아니할 수 없다. 따라서 하나님의 창조는 없다고 하는 비이성적 전제를 바탕으로 생명의 기원과 생명 창조의 메커니즘을 연구하는 과학자들은 혹시 부분적으로는 성과를 올릴 수는 있을지 모르지만, 생명의 근원과 기원에 대해서는 결코 알지 못할 것이고, 따라서 생명탄생의 비밀도 밝혀내지 못할 것이다. 왜냐하면 생명 창조는 전적으로 하나님의 고유한 영역이기 때문이다. 우주의 시작이 하나님의 창조에 있듯이 생명의 시작도 하나님의 창조에 기인한 것이다.

6 ◦ 지구 생태계 형성의 역사

원핵생물의 출현 과학자들은 지구에 처음 생명체가 출현한 것은 약 35-40억 년 사이라고 추정하고 있다. 이때 출현한 생명은 원핵생물이었다. 이것이 원시식물인 녹조류나 세균 같은 것으로 진화했을 것으로 추정된다. 원핵생물이란 원핵세포를 가진 생물을 의미하는데, 최초의 원핵생물은 단세포의 원핵생물이었을 것으로 추정된다. 원핵세포가 진화하여 나타난 것이 진핵세포이다. 원핵세포는 세포 구조가 덜 발달된 미생물이다. 원핵세포는 유전물질이 핵막에 둘러싸인 진핵 속에 포함되지 않고 세포질에 자유롭게 떠다니는 고리 모양의 DNA 사슬을 의미한다. 이 원핵세포는 색소체, 미토콘드리아, 골지체와 같은 전형적인 세포기관이 없으며 다만 외부 세포막만 있을 뿐이다. 이 원핵생물의 세포막은 외부 환경으로부터 스스로를 분리하고 물질대사가 일어날 수 있게 하는 내부 공간을 제공한다.

초기 원핵생물의 일부는 햇빛을 에너지원으로 사용했다. 이들은 황화수소를 산화시켜 황을 부산물로 배출하는 무산소 합성 과정을 했다. 오늘날에도 홍색세균은 여전히 이런 방식으로 에너지를 합성한다. 35억 년 전 이미 원시바다에 생명체가 살고 있었다는 증거는 있다. 오스트레일리아 노스폴에서 발견된 스트로마톨라이트(stromatolite)는 그리스어로 '바위침대'라는 뜻인데, 나무의 나이테를 연상시키는 줄무늬가 있는 암석으로 세포 속에 핵이 따로 없는 원핵생물인 녹조류들이 무리 지어 살면서 만든 형태이다. 이 녹조류들은 엽록소를 갖고 있어서 광합성을 할 수 있었는데, 그 후손들은 지금도 살아남아 오스트레일리아 서쪽의 샤크만에서 스트로마톨라이트를 만들고 있다고 한다. 이후 녹조류의 흔적은 지구 곳곳에 발견되어 최근에는 최고 38억 년 전 것이 발견되기도 했다. 이 녹조류의 정체가 바로 원시바다에 살았던 원핵 박테리아가 진화한 것으로써 오늘날에도 발견되고 있는 시아노 박테리아와 유사한 것이다. 원핵생물인 이 단세포 박테리아가 이후 모든 녹조류, 세균, 각종 동식물들의 조상이 된 것이다. 이 원핵 박테리아는 광합성을 통해 스스로 양분을 만들었고 그들에게는 유독 물질이었던 산소를 부산물로 배출했다. 이들이 바로 시아노박테리아다. 이로 인해 원시해양은 서서히 산소가 쌓이기 시작했다. 그러자 이 초기 박테리아의 일부는 산소 배출의 광합성을 하는 시아노 박테리아에게 길을 내주었고, 그로 인해 무산소 광합성을 하는 기존의 박테리아는 유황온천 같은 서식지로 물러났으며, 온 지구의 바다는 산소 배출의 광합성을 하는 시아노박테리아가 형성한 연조류로 덮이고, 그 결과 지구는 산소가 점점 차오르게 되었다. 스토로마톨라이트는 바로 이 시아노박테리아가 서식했던 흔적을 남기고 있는 탄산칼슘이나 석회암으로 이루어진 화석군을 의미한다.

진핵생물의 출현 20억 년쯤 지구상에 진핵생물이 최초로 출현했다. 이는 이미 지구상에 산소가 일정 분량 존재하게 되었음을 시사한다. 진핵생물에는 진핵이 있어 고등생물로 진화하는 기초를 형성했다. 이후에 나타난 모든 생물들은 이 진핵생물이 진화한 결과이다. 단세포 진핵생물이 다세포 진핵생물로 진화하게 된 메커니즘은 확실하지 않으나 과학자들은 세포 분열 이후 발생하는 딸세포가 모여서 생겼거나 핵이 여러 개인 단세포생물에서 생겨났을 것으로 추정하고 있다.

다세포생물의 출현 고생물학자들은 원시해양에서 처음으로 다세포생물*이 발생한 시기를 멀게는 10억 년, 가깝게는 6-7억 년 전 선캄브리아기라고 추정하고 있다. 그러나 최근의 학설은 21억 년 전에 이미 다세포생물이 존재했다고 한다. 이 다세포동물이 계속 진화를 거듭하여 선캄브리아기까지 연결되었다는 것이다.

그러나 이 시기의 다세포생물은 껍질이나 뼈 같은 딱딱한 부분이 없었기 때문에 화석학적 기록은 거의 남아 있지 않다. 다만 에디카라기에 서식했던 연조직 생물의 흔적이 여러 곳에 남아 있다. 이 시기에 형성된 다세포생물은 환영동물, 강장동물, 체절동물 등과 같은 무척추 해양생물이었는데, 이들이 이후 캄브리아기 대폭발로 일컬어지는 5억 7000만 년 전 초기 캄브리아기에 수천 종의 수많은 생물군으로 진화하여 등장하게 되었다. 그들 중 대표적인 생물은 삼엽충이나 필석동물이다. 그러다 4억 7000만 년 전 오르도비스기에는 최초의 척추동물 물고기가 등장했다. 이후 데본기에는 판피어강(placoderm)에 속하는 물고기와 현대 어류 대부분의 조상인 조기어강이 공존하게 되었다. 4억 6000만 년 전쯤 바다에 서식하던 연조류, 녹조류, 지의류, 박테리아가 서서히 산소가 풍부해진 육지로 나오기 시작했다. 그리고 몸이 건조되는 것을 막는 딱딱한 껍질을 지닌 노래기 비슷한 절지동물이면서 동시에 공기 호흡을 할 수 있는 작은 동물들이 뒤이어 상륙했다. 그리고 어류 중에 폐와 다리가 발달한 최초의 네 발 달린 척추동물인 양서류가 등장했고, 이후 양서류에서 다

* 프랑스 푸아티에 대학과 영국 카디프 대학 등 국제연구팀은 가봉에 있는 21억 년 전에 형성된 것으로 추정되는 고원생대 프란세빌리안층 흑색 셰일에서 다세포동물로 추정되는 유기체 화석을 발견했다고 미국 『국립과학원회보(PNAS)』 최신호(2019. 2. 11.)에 발표했다. 연구팀은 비파괴 X선 촬영 기술을 이용한 상세한 3D 분석 기법으로 화석 속 유기체들의 움직임을 추적했다고 발표했다.

른 모든 척추동물이 진화하여 나타났다. 이제 비로소 육지에는 각종 생물들이 다양한 군체를 이루어 서식하게 되었다.

석탄기의 생태계 기후가 따뜻하고 습했던 석탄기에는 속새, 석송, 우산이끼, 양치식물 등이 늪지대를 중심으로 번성했다. 이때 몇몇 양서류는 완전히 육지에서만 생활했고, 그들은 육지에서 딱딱한 껍질로 둘러싸인 알을 낳기 시작했다. 이러한 종들이 나중에 파충류로 진화했고, 이들은 페름기 대부분을 차지하는 생물이 되었다. 심지어 익룡과 같은 파충류는 공중을 날기도 했다. 그러나 여전히 공중을 지배한 것은 곤충이었는데, 이들 중 일부는 날개 폭이 70cm에 달하는 거대 잠자리가 되었거나 거의 유사한 크기의 조류로 진화하기도 했다. 그동안 해양에는 완족류, 달팽이, 홍합, 대합, 경골어, 상어, 유공충 및 수많은 암모나이트가 번성했다. 그러나 고생대의 생물들 중 4분의 3 이상은 2억 5000만 년 전 페름기에 일어난 대멸종 사건으로 말미암아 지구에서 사라지고 말았다.

중생대의 생태계 고생대가 끝나고 공룡의 시대인 중생대가 시작되었다. 중생대에는 많은 생물들이 변화하는 환경에 적응하면서 새로운 종으로 진화를 거듭했다. 석회말과 녹석은 따뜻하고 얕은 바다에서 산호초를 만들어 갯나리가 서식처를 형성했다. 바다에는 어룡, 사경룡, 폴리사우르스 및 바다거북 같은 대형 파충류가 살고 있었다. 육지에는 다양한 공룡들이 서식하게 되었는데, 초식공룡인 아파토사우르스, 브론트사우르스 및 슈퍼사우르스, 그리고 거대 육식공룡인 티라노사우르스, 그리고 공중을 나는 익룡 등이 번성했다. 그리고 또 현재도 그 후손들을 볼 수 있는 다른 동물군, 즉 설치류, 식충동물, 포유류나 개구리, 거북, 악어 등도 이 시기에 등장했다. 중생대는 쥐라기 이후 완벽하게 공룡이 지배하던 시대였다. 그러나 이 시대는 6500만 년 전 제2차 대멸종 사건으로 말미암아 백악기가 종지부를 찍으면서 갑작스럽게 끝나고 말았다. 이때 공룡을 포함한 수많은 파충류가 멸종되었기 때문이었다. 그리고 대양에서는 암모나이트와 벨렘나이트가 사라졌다.

신생대의 생태계 5500만 년 전 신생대가 시작되었다. 식물들은 이미 중생대 백악기 동안 속씨식물이 발달하면서 신생대로 이행되었다. 제3기 열대 및 아열대 기후로 인해 개화식물과 울창한 숲이 고위도 지방까지 확장되었다. 조류는 그 다양성이 최고조에 달했고, 곤충의 종류는 이미 오늘날의 가짓수에 도달했다. 이 시기에는 대형 초식동물, 족제비와 같은 육식동물, 천갑산, 아르마딜로 및 최초의 영장류 푸르가토리우스가 등장했다. 3800만 년 전의 에오세기(eocene)에 이르러서는 현존하는 모든 목(目)의 포유류가 나타났다. 메소히푸스 같이 덩치가 크고 빠른 발굽동물이 초원을 누볐고, 또 육식 포유류는 발굽동물을 사냥할 수 있을 만큼 빠르고 강했으므로 먹이사슬의 가장 위쪽을 차지했다. 박쥐와 날여우박쥐가 초기 야행성 날짐승에서 진화했다. 고래의 조상들이 당시 해양을 지배하고 있는 바다에 들어왔다. 바다에 살고 있는 무척추동물들은 홍합, 조개, 달팽이 등 그 종류가 매우 다양했다. 많은 척추동물을 비롯해 대형 유공충, 방산충, 편모조류와 같은 미생물 역시 번성하여 현대의 지질학자들에게 유용한 화석으로 남아 있다.

가장 최근의 지질시대를 신생대 제4기라고 한다. 제4기는 가장 오랜 시기의 홍적세, 중간의 충적세, 그리고 현재까지이자 최근 학계에서 그 개념을 도입한 인간세로 나누어진다. 제4기는 빙기와 간빙기가 번갈아 나타나는 특징이 있다. 빙하기에는 해수에 얼음이 얼어 육지와 육지, 본토와 섬이 연결됨으로 인해 식물, 동물, 그리고 인간들이 새로운 지역으로 이주할 수 있었다. 동물들은 기후변화에 따라 넓은 지역으로 흩어졌다. 온도가 내려가면서 대부분의 포유류들은 저위도 지방으로 이동했고, 툰드라 지대에는 혹독한 추위에 적응한 털코뿔소, 순록, 맘모스, 사향소가 여전히 서식하고 있었다. 간빙기에는 숲코끼리, 코뿔소, 불곰이 고위도 지방으로 이동했다. 큰땅늘보, 큰아르마딜로는 남아메리카에서 북아메리카까지 퍼져나갔다.

지금까지 과학계가 지질학적 증거를 가지고 파악한 지구 생태계의 역사를 살펴보았다. 그러나 여기서 분명히 해둘 것은 오늘날 무신론적 우연론적 진화론자들은 최초 생명의 기원을 밝히지 못하고 있을 뿐 아니라, 광합성을 하지 않은 원핵생물이 광합성을 하는 원핵생물로, 광합성을 하는 원핵생물이 다시 진핵생물로, 그리고 단세포 진핵생물이 다세포 진핵생물로, 원시적 다세포 진핵생물이 다양한 바다생물로, 그리고 바다생물이 다시 조류나 육지생물로 진화하는 실제적 메커니즘을 알지 못하고 있다. 그들은 생명의 기원을 알지 못할 뿐 아니라 새로운 종이 출현하는 원리, 즉 종에서 다른 종으로 나아가는 대진화의 메커니즘 역시 알지 못한다. 그들은 허점투성이의 가설에 불과한 생명체의 우연발생론과 자연선택적 우연진화론을 이야기하고 있는 것이다. 그러나 21세기의 과학자들이 알지 못하는 생명의 기원과 생명 화 및 분화의 메커니즘을 창세기 1장은 간단 명료하게 계시한다. 생명은 하나님께서 창조하셨고, 새로운 종의 출현도 하나님의 창조에 의한 것이고, 그 생명의 수평적 진화와 분화도 역시 자연선택적 질서를 통한 하나님의 창조적 섭리를 통해 일어난다고 말이다.

그들은 생명의 기원을 알지 못할 뿐 아니라 새로운 종이 출현하는 원리, 즉 종에서 다른 종으로 나아가는 대진화의 메커니즘 역시 알지 못한다.

7 지구 생태계의 분류

유전자적 차이에 따른 다양한 분류법 여기서는 과학계의 지구 생태계에 대한 분류를 알아보고, 생명 진화와 하나님의 종류별 창조에 대해 생각해보겠다. 이러한 과학 식은 과학적 창조론을 이해하고 서술하는 도움이 되기 때문이다. 이런 배경 지식을 알면 창세기 1장 본문과 주석에 대해 보다 구체적으로 해석하는 데 도움이 된다.

1735년 스웨덴의 저명한 생물학자 린네(Carl Von Linne, 1707-1778)*는 지구 생태계를 식물(Vegetabilia)과 동물(Animalia) 2계로 분류했다.

그러나 독일의 생물학자 에른스트 헤켈**은 1866년에 발표한 논문에서 원생생물(Protista), 식물, 동물 등 3계로 분류했다.

*
카를 폰 린네(Carl Von Linne)은 18세기 스웨덴의 저명한 생물학자로서 학계에서는 처음으로 생물의 종과 속을 정의하는 원리와 이 생물들의 이름을 붙일 때 필요한 일정한 체계를 만들었다. 린네의 분류 체계는 인위적이나 빠르게 식물들을 지정된 범주에 넣을 수 있다는 장점을 지니고 있어 널리 쓰이고 있다.

**
에른스트 헤켈(Ernst Heinrich Haeckel, 1834-1919)은 독일의 저명한 생물학자이자 박물학자이며 철학자, 의사, 교수, 화가이다. 그는 1,000여 종의 생물에 학명을 붙였고, 계통학, 분류학, 생태학, 원생생물연구에서 많은 업적을 남겼다. 생태학이란 용어는 헤켈이 1866년 출간한 『생물체의 일반 형태론』이라는 책에서 처음 사용했다.

그리고 1937년 채튼은 원핵생물(Prokaryota), 진핵생물(Eukaryota), 2계로 분류했고, 1956년 크플랜드는 모네라(Monera), 원생생물, 식물, 동물 등 4계로 분류했다. 1969년 휘태커는 모네라, 원생생물, 균류, 식물, 동물 등 5계로 분류했고, 우스는 1977년 세균(Eubacterial), 고세균(Archacabacterial), 원생생물, 균류, 식물, 동물 등 6계로 분류했다. 그러나 우스는 다시 1990년 지구 생태계를 세균, 고세균, 진핵생물 등 3계로 분류했다.

여기서는 동물과 식물에 대한 2계 분류법만 상세하게 소개하겠다. 현대생물학에서 생태계는 도메인(Empire), 계(界, Kingdom), 문(門, Division), 강(綱, Class), 목(目, Order), 과(科, Family), 속(屬, Genus), 종(種, Species)으로 분류하는데, 필요에 따라서는 각 단계사이를 더 잘게 나누기도 한다. 도메인은 다시 진핵생물, 세균, 고세균으로 나누고, 계(界)는 동물계와 식물계로 나누고, 문(門)은 동물계에서는 척추동물문과 절지동물문으로, 식물은 종자식물문으로 나누고, 강(綱)은 척추동물문에서는 포유강, 조강, 파충강, 양서강으로, 절지동물문에서는 곤충강과 갑각강으로, 종자식물문에서는 쌍떡잎식물강으로 분류한다. 목(目)은 포유강에서 영정목과 식육목으로, 조강에서는 참새목으로, 파충강은 뱀목으로, 양서강은 개구리목으로, 곤충강은 나비목으로, 갑각강은 십각목으로 나누고, 식물계에서 쌍떡잎식물강은 장미목으로 분류한다. 그리고 과(科)에서 영장목은 사람과로, 식육목은 고양이과와 개과로 나누고, 참새목은 제비과로, 뱀목은 뱀과로, 개구리목에서는 두꺼비과로, 나비목에서는 호랑나비과로, 십각목에서는 달랑게과로 나누고, 식물계에서 장미목은 장미과가 나오는 것으로 분류했다. 속(屬)은 사람과에서는 사람속이, 고양이속에서는 고양이속과 호랑이속이 나오고, 개과는 개속이, 제비과는 제비속이, 뱀과에는 구렁이속이, 두꺼비과에서는 구꺼비속이, 호랑나비과에서는 호랑나비속이, 달랑게과에서는 달랑게속이 나오고, 식물은, 장미과에서 장미속이 나오는 것으로 분류했다. 그리고 마지막 분류로 종(種)에서는 사람 속에서 사람이, 고양이 속에서 고양이가, 호랑이 속에서 호랑이가, 개 속에서 개가, 제비 속에서 제비가, 구렁이속에서 구렁이가, 두꺼비 속에서 두꺼비가, 호랑나비속에서 호랑나비가, 달랑게 속에서 달랑게가 나오고, 식물은, 장미 속에서 찔레나무와 장미가 나오는 것으로 분류한다.

이와 같은 생물 분류법은 유전자 간의 차이를 기준으로 분류한 것이다. 처음 생명체로 진화하여 다음 단계의 생명체로 진화하고, 그 생명체는 다시 새로운 생명체로 진화하고 분화하면서 다양한 생물들이 점점 부챗살처럼 전 지구상에 퍼져 살게 되었다는 것이다. 과학자들이 자연 생태계를 관찰하여 유전자가 먼 것에서 가까운 것으로 분류한 것도 결국 하나님께서 창조하신 생태계 질서이며 생태계 지도인 것이다. 여기서 우리가 내리는 결론은 생명체에서 다른 생명체로 진화하게 된 것은 하나님의 의지에 따른 창조력이 가해짐으로서 일어난 것이고, 종 안에서의 진화는 자연선택적 진화로서 자연환경을 통한 하나님의 창조적 섭리가 있었다는 것을 의미한다.

생물분류법의 성서적 근거 성서적 근거로는, 첫째, 창세기 1장에서 각 생물을 만드실 때 하나님께서 종류대로 만드셨다고 하는 구절이 반복되고 있고, 둘째, 성서의 기록상으로 생물 중에서 식물이 먼저 출현하고 그 다음 동물 중에서도 수생동물, 새, 육지동물 순서로 출현하고 마지막으로 사람의 창조되었다고 기록하고 있다. 이것은 과학적 데이터에 의거하여 살펴보아도 동일한데, 사람을 기준으로 유전자의 차이가 다른 순서로 살펴보면 식물이 가장 다르고, 그 다음 바다생물, 새, 육지동물 순서이다. 육지동물 중에는 포유류가 가장 가깝고, 포유류 중에서는 영장류가 좀 더 가깝고, 영장류 중에서는 침팬지가 인간과 가장 근접한 동물이다. 유전학자들에 의하면 일반 포유류와 인간의 유전자 차이는 대략 10% 전후이고 영장류에서는 약 7% 미만인데, 그중 침팬지는 2% 미만의 차이를 보인다고 한다.

유전자 지도를 통해 우리는 하나님께서 각 생물을 창조하실 때 마술 부리듯이 선행생물과는 무관하게 하나하나 독립적으로 창조하신 것이 아니라 기존 생명체의 유전자에 그때 그때 획기적인 창조력을 가하여 새로운 종이 나오게 하는 창조 메커니즘을 선택하셨다는 것을 알 수 있다. 창조된 종의 생명체는 하나님이 변화하는 환경 속에서 적자생존이라는 자연선택적 질서를 이용한 섭리를 통해 수평진화시켜 그들의 유전자가 갖고 있는 잠재적 속성을 발현하게 하고, 다양한 변종, 아종으로 분화하도록 섭리했다는 사실을 알 수 있다. 자연을 통한 창조적 섭리에는 하나님이 갑자기 지구의 기온을 뜨겁게 또는 춥게 만든다든지, 혹성이 지구에 충돌하게 한다든지, 일정한 지역에 계속 가뭄이 들게 하여 사막이나 황무지가 되게 한다든지, 또는 어떤 생물군을 왕성하게 하여 다른 생물군이 위기를 맞게 한다든지 하는 등 다양한데, 하나님이 어떤 의도를 가지고 자연에 대한 창조적 섭리를 가하면 지구의 생태계는 연쇄적으로 큰 변화를 가져오게 되었다.

8 ◦ 다섯째 날 창조에 대한 결론

다원은 『종의 기원』에서 "최초의 새는 날치 같은 물고기가 진화한 것 같다"는 견해를 밝혔다.

다섯째 날에 하나님께서 먼저 물속 생물을 창조했다는 것은 성서적으로나 과학적으로나 의심할 여지없이 분명한 사실이다. 문제는 여섯째 날 육지생물을 창조하시기 전에 다섯째 날에 새들을 창조했다는 해석이다. 이 부분을 과학이론과 어떻게 소통하여 해석하느냐 하는 것이 해석학적 난제이다. 조류의 기원에 대해 과학적으로 완전히 명확한 정설은 없다. 물론 과학계에서는 대부분의 조류가 육지생물이 진화하여 생겨난 것이라는 입장이 우세하다. 공룡과 새의 중간 종으로 시조새 화석이 좋은 예이다. 그러나 그 화석조차 최신 연구에 의하면 중간 종의 생물이 아니라 원래 그런 종류로 분화된 조류였을 뿐이라는 결론이 났다. 오늘날 종간을 뛰어넘는 진화, 수직진화, 즉 대진화의 메커니즘은 과학적으로 입증되지 않고 있기 때문에 과연 공중의 새들도 언제 어떻게 어떤 순서로 나타나게 되었느냐 하는 것이 불명확할 수밖에 없다. 이 조류의 기원은 현대 생물학계의 난제 중 하나로 꼽히고 있다.

창세기 1:20-22의 기록은 하나님께서 다섯째 날에 물속 생물을 창조하시고 이어 공중에 날아다니는 새들을 창조하신 것으로 되어 있다. 여섯째 날 육지생물을 창조하기 전에 새들을 창조했다는 것인데 과연 성서에 기록된 창조의 순서가 과학적으로도 부합한 것인가? 과학과 성서의 소통을 통하여 새로운 과학적 창조론을 추구하는 필자의 입장에서 비껴갈 수 없는 중요한 문제이다.

필자는 이 문제에 대해 다음과 같이 정리한다.

첫째, 하나님이 물고기나 수생동물 다음으로 새를 창조하셨다면 새의 선행동물은 물고기여야 한다. 적어도 최초의 새들은 물고기에서 진화한 것이어야 한다.

진화론을 처음 주창한 다윈은 『종의 기원』에서 "최초의 새는 날치 같은 물고기가 진화한 것 같다"는 견해를 밝혔다. 오늘날까지 새의 기원*이 과학적으로 명확히 밝혀지지 않은 상황에서 다윈의 이 견해는 참고할 만한 가치가 있다고 생각한다.

오늘날에도 한 번 도약으로 수십 미터를 나는 날치가 있다고 하는데, 그 날치의 유전자에 하나님께서 창조력을 가하여 아가미에 변화를 주어 공기 호흡을 할 수 있게 하고, 더 크고 긴 날개가 돋아나게 하여 더 멀리 날 수 있게 했다면 다섯째 날 조류에 대한 창조기사는 과학적으로도 어느 정도 부합한다고 생각한다. 날치가 하나님에 의한 수직진화로 새가 되었다면 다른 어류들 중에서도 이런 일들이 일어날 개연성이 있다.

둘째, 조류의 선행동물은 다양할 수 있다는 것이다. 처음에는 날치 같은 어류에서 창조적 수직진화가 일어나 새들이 만들어졌지만, 다섯째 날 이후에도 이런 창조적 수직진화 방식의 조류 창조는 계속 일어났다고 보아야 한다(창세기 2:19). 땅에 사는 곤충 중 일부에 이런 방식으로 수직진화가 일어나 잠자리나 매미같이 날개를 달고 공중을 나는 곤충들이 생겨났고, 파충류 중에서도 수직진화가 일어나 다양한 익룡들이 나타났을 가능성도 있고, 포유류 중에서는 쥐 같은 동물에게 수직진화가 일어나 날개 달린 박쥐가 되었을 수도 있다. 아마 각 조류들의 유전자와 관계되는 수상생물이나 육지생물들의 유전자를 비교해보면, 특정한 조류가 진화해 나온 선행생물의 종류를 분별해낼 수 있을 것이다.

* 다윈이 『종의 기원』에서 날치에서 새가 진화해 나왔을지 모른다는 생각은 다리와 아래턱이 상동기관이라는 지식이 배경에 깔려 있다. 이런 주장이 갖는 의미는 현대 진화론의 최대 약점 중 하나로 지적되고 있는 중간고리화석이 동물계에서는 전혀 발견되고 있지 않다는 난점이 조금쯤 해소될 수 있다는 것이다. 그러나 이런 다윈의 생각은 오히려 성서에 근거하여 과학적 창조론을 전개하는 입장에서 큰 도움이 되고 있다.

III 육지동물의 창조

창세기 1:24-25 "하나님이 가라사대 땅은 생물을 그 종류대로 내되 육축과 기는 것과 땅의 짐승을 종류대로 내라 하시고 그대로 되니라. 하나님이 땅의 짐승을 그 종류대로, 육축을 그 종류대로, 땅에 기는 모든 것을 그 종류대로 만드시니 하나님의 보시기에 좋았더라."

필자는 그동안 생태계 창조에 대한 성서의 기사를 과학적 견해와 비교 소통하면서 창세기 1장을 해석해왔기 때문에, 여섯째 날 육지생물 창조 파트에서 특별히 할 이야기는 많지 않다. 지질학적으로 육지생물이 나타난 순서는 과학계의 생물 계통도를 참고하면 될 것이다. 지구 생태계의 계통도에 따르면 사람은 육지동물-포유류-영장류-인류종으로 이어지는 계통도를 가진다. 그 계통도는 각 생물의 유전자의 유사성을 비교해서 만들어진 생물조감도이다. 그러므로 큰 문제가 발견되지 않는 한 하나님은 육지의 동물들을 이런 계통도대로 종류별로 창조했다고 보면 될 것이다.

Chapter

5

제 5 장

인간 창조

창세기 1:26-28 "하나님이 가라사대 우리의 형상을 따라 우리의 모양대로 우리가 사람을 만들고 그로 바다의 고기와 공중의 새와 육축과 온 땅과 땅에 기는 모든 것을 다스리게 하자 하시고 하나님이 자기 형상 곧 하나님의 형상대로 사람을 창조하시되 남자와 여자를 창조하시고 하나님이 그들에게 복을 주시며 그들에게 이르시되 생육하고 번성하여 땅에 충만하라, 땅을 정복하라, 바다의 고기와 공중의 새와 땅에 움직이는 모든 생물을 다스리라 하시니라."

창세기 2:7 "여호와 하나님이 흙으로 사람을 지으시고."

여섯째 날의 후반부는 창조의 마지막 부분으로 사람 창조에 대한 이야기가 나온다. 지구 생태계 전체로 본다면 수백만 종의 생물 중 단 한 종의 생물에 불과한데, 성서는 인간의 창조에 대해 상당 분량의 기록을 남기고 있다. 그 이유는 인간이 그만큼 하나님의 창조 역사에 있어서 비할 데 없이 중요한 위치에 있기 때문이다. 인간은 하나님의 뜻을 따라 만물을 다스리고 지배하도록 창조되었고, 이후에는 우주에 세워질 장엄한 하나님 나라의 중보자가 될 존재이기 때문에 일반 생물들과는 차원이 다른 비범한 존재로 창조되는 것이 당연하다.

I 인간 창조의 5단계

필자는 창세기 1:26-28절의 본문을 주석하기 전에, 하나님께서 만세 전에 계획하신 인간 창조의 전 과정을 서술하고자 한다. 성서적으로 볼 때 하나님의 인간 창조는 다음 5단계로 이루어진다.

생물학적 인간의 창조 첫 번째는 생물학적으로 인류를 완성시키는 단계이다. 인류는 수백만 년 전 침팬지와 공동 조상인 유인원에서 갈라져 나온 이래 여러 단계의 수직적 진화와 자연선택적 수평진화를 거치면서 종래는 현생인류인 호모사피엔스사피엔스로까지 진화했다. 유전학자들의 연구에 의하면 고대 현생인류의 DNA는 유전학적으로만 볼 때 오늘날의 인류보다 오히려 우수했다고 한다. 인류의 생물학적 진화는 현생인류에서 절정에 이르렀는데, 그 후에는 문명이 발달하고 기계나 제품에 의존하는 삶을 살면서 많은 생물학적 기능이 오히려 퇴화되었다는 것이다.

영이 있는 인류의 창조 두 번째 단계는, 영적 인류를 만드는 단계이다. 영적 인류란 영이 있는 인류라는 뜻이다. 그렇다면 첫 단계의 인류는 영이 없는 인류라는 뜻이 된다. 그렇다. 아담 이전까지의 인류는 하나님의 형상대로 지음 받은 존재로써 단지 정신적 능력이 뛰어난 동물에 지나지 않았다. 창세기 2:7 "여호와 하나님이 땅의 흙으로 사람을 지으시고 생기를 그 코에 불어넣으시니 사람이 생령이 된지라"는 하나님께서 수백만 년에 걸쳐 생물학적 인류를 완성시킨 후에, 그 중 한 사람을 택하여 생기, 즉 영을 불어 넣음으로 비로소 생령, 곧 영이 있는 사람이 나타나게 되었다는 것을 의미한다. 이런 기록은 다른 일반 생물을 창조할 때는 나타나지 않을 뿐 아니라, 창세기 1:26 이하의 인간창조에 대한 기록에서도 나타나지 않는 기사다. 영이 있는 최초의 사람은 바로 아담이고, 아담은 영이 있는 인류의 첫 조상인 것이다.

죄성을 가진 인간 세 번째 단계는, 죄를 짓지 않을 수 없는 인류, 그리하여 구원을 갈망하는 인류를 만드는 단계이다. 금과의 명령을 어기고 원죄, 즉 죄성(죄를 짓고 싶은 성향, 죄의 소원)을 갖게 된 아담과 그의 후예들은 이제 죄를 짓지 않을 수 없는 존재가 되고 말았다. 이는 인간이 타락하여 본성에 원죄, 곧 죄성을 갖게 되었기 때문이다. 이제 인류는 죄와 사망의 불안과 고통 속에서 오직 구원을 갈망하는 존재가 되었다(로마서7:21-24). 이러한 인간의 근본적 삶의 정황은 십자가 은총의 복음을 받아드리고 감사하고 감격하는 신인류, 즉 그리스도 안에서 하나님과 영원히 화해한 인류가 탄생하기에 최적의 조건이었다. 마치 푹 썩은 유기질 토양과 고온다습한 온상이 식물을 잘 자라게 하는 최적의 환경이 되는 것과 유사한 것이다.

성령이 임재한 그리스도인 네 번째 단계는, 성령이 임재한 가운데 십자가의 복음을 믿는 사람, 즉 그리스도인을 탄생시키는 단계이다. 요한복음 3:3-5절에서 예수님은 그리스도인을 가리켜 물과 성령으로 거듭난 자라고 말하고 있다. 즉 그들을 그리스도 안에서 성령 안에서 새로 난 사람(신생자), 거듭난 사람(중생자)이다. 키엘케골은 그리스도인이 되는 것을 가리며 "영 다른 종으로의 전입"이라고 정의했다. 즉 그리스도인은 뉴 빙, 즉 전혀 새로운 존재라는 의미이다. 이 사람들은 그리스도의 십자가를 통해서 하나님의 영원한 사랑을 깨닫고, 하나님과 진정으로 화해한 존재이다. 인류역사의 궁극적 의미와 목적은 바로 이들 하나님의 아들들이 나타나도록 하는 것이다(로마서8:9). 그러므로 하나님이 만세 전에 예정한 이들(로마서8:29)의 수가 다 차면 주의 재림과 동시에 역사는 종말을 고하게 된다. 성령이 내주하는 그리스도인의 탄생, 이것이 바로 인류창조의 4번째 단계이다.

영체를 가진 부활인 다섯 번째 단계는, 영체를 가지고 부활한 사람이 나타나는 단계이다. 부활인은 주의 재림과 더불어 나타난다(데살로니가전서 4:16-17). 이들은 전 우주에 걸쳐 세워질 천년왕국에서 그리스도를 대리한 영적 지도자가 될 존재들이다. 이들은 온 우주에 하나님의 나라가 세워질 때, 그리스도의 대리자가 되어 하나님이 파송한 그들만의 행성을 다스리게 될 것이다. 성서는 이들을 가리켜 왕 같은 제사장이라고 기록하고 있다(요한계시록 20:6). 이들이 있어야 우주에 세워질 하나님 나라는 통일성을 유지하고(에베소서 1;10), 온 우주가 하나님께 영광을 돌릴 수 있다. 그렇기 때문에 부활인의 위치는 존귀하고 영광스럽다 할 것이다.

5단계 인간 창조론의 도표

- 5단계 창조: 부활인—천년왕국-왕 같은 제사장
- 4단계 창조: 그리스도인-중생자-성령임재-종말론적 소망-교회-선교공동체
- 3단계 창조: 아담족-본성의 타락-죄를 짓지 않을 수 없는 사람-죄와 사망의 역사
- 2단계 창조: 아담-영이 있는 사람-영성-죄 지을 가능성이 있는 사람
- 1단계 창조: 현생인류-생물학적 완성-유인원에서 사람으로 진화 (6단계창조적 진화 | 하나님의 형상-창의성, 예술성, 상대적 도덕성, 기본적 종교성)
- 유인원 5가지 기본의지-생존, 번식, 행복, 구심력, 원심력

- 만물의 지배자 (창1:26)
- 동산지기
- 역사의 주인공
- 그리스도인
- 천년왕국의 중보자

Ⅱ 본문의 주석

1 우리가

본문을 보면 하나님께서는 만물, 특히 지구의 생태계를 지으신 다음, 그들을 다스리기 위하여 사람을 지으시기로 작정하셨다. 그래서 "우리의 형상을 따라 우리의 모양대로 사람을 만들고"라고 하신 것이다. 여기서 '내가'라는 단수가 아니라 '우리가'라는 복수를 쓴 것은 창조하실 때 이미 하나님은 삼위일체 양식으로 존재하셨고, 삼위 하나님 사이에서 긴밀한 커뮤니케이션이 있었음을 의미한다. 그러나 여기서 "우리가 …하자"라고 말씀하신 분은 성부 하나님이다. 왜냐하면 성부는 지정의(知情意)라는 마음의 기능 중 의(意)에 해당하는 바, 삼위 하나님 사이에서 궁극적 지향성과 최종적 결정을 하시는 포지션이기 때문이다. 성부 하나님은 만물의 창조가 이루어졌을 때 성자 성령을 통하여 사람을 짓도록 하신 것이다. 그래서 "우리 형상을 따라 우리의 모양대로 우리가 사람을 만들고 그로…모든 것을 다스리게 하자"라고 말씀하신 것이다.

2 우리의 형상을 따라

여기서 하나님의 형상은 물론 하나님의 마음의 형상을 의미한다. "하나님이 자기 형상 곧 하나님의 형상대로"에서 '형상'은 히브리 원어로 '쩨렘(צורה)'으로서 '환영', '닮음', '대리적 형태' 등의 뜻을 가지고 있다. 하나님은 자신의 마음의 본질적 형상을 따라 사람의 마음을 지으신 것이다. 그리고 "우리의 모양대로"라고 할 때 '모양'은 히브리 원어로 '데무트(צורה)'로 '유사', '모양'이라는 뜻을 가지고 있다.

여기서 필자는 지금까지 어떤 신학자도 말하지 않았던 획기적인 해석을 내놓고자 한다. '우리의 형상대로'는 필자도 전통적 해석 그대로 '하나님의 마음의 형상대로'라고 해석한다.

3 우리의 모양대로

그러나 '우리의 모양대로'는 '하나님의 마음의 형상대로'가 아니라 '우리의 모습대로', '우리의 외모대로'라고 해석하는 것이 타당하다고 본다. 본문을 통해서는 필자의 해석을 부인할 어떤 요소가 없다. 혹자는 그렇게 말할지 모른다. 하나님에게 무슨 외모가 있느냐고. 그러나 그것은 비성서적 주장이라고 생각한다. 하나님이 어떤 특징을 가진 존재이든 어떤 성격의 외모든 외모는 있어야 한다. 왜냐하면 그래야 우리가 하나님을 뵙고 교제할 수 있기 때문이다.

물론 하나님께서 일위일체로 계실 때는 굳이 외모가 필요 없을지도 모른다. 그러나 하나님께서 사랑의 교제를 나누고자 사람을 창조하셨을 때 하나님도 외모가 있어야 했던 것이다. 그러므로 적어도 하나님께서 인간을 창조하실 때 하나님도 외모를 가지고 있었다고 생각한다. 물론 아담 이전의 인류는 영이 없기 때문에 하나님을 보고도 들을 수도 만날 수도 없었다. 그러나 영이 있는 아담이 창조되었을 때 하나님은 아담을 만나 교제하고 가르쳐야 했기 때문에 외모가 반드시 필요했던 것이다. 그래서 성서를 보면 하나님의 외모에 대해 다양한 기록이 나와 있음을 보게 된다.

우선 창세기 3장에는 범죄한 아담과 하와를 하나님이 부르시니 아담과 하와가 나무 그늘에서 나와 하나님의 선고를 받는 내용이 나온다. 심지어 두 사람에게 하나님이 가죽옷을 지어 입히시는 장면도 나온다. 또 이사야 6:1-5절을 보면 "내가 본즉 주께서 높이 들린 보좌에 앉으셨는데, 그의 옷자락이 성전에 가득하였고 스랍들이 모시고 섰는데…"라고 기록되어 있다. 시편 27:8-9절에는 "너희는 내 얼굴을 찾으라 하실 때에 내 마음이 주께 말하되 여호와여 내가 주의 얼굴을 찾으리이다 하였나이다 주의 얼굴을 내게 숨기지 마시고…"라고 기록되어 있다. 다니엘서 7:9절에는 "내가 보니 왕좌가 놓이고 옛적부터 항상 계신 이가 좌정하셨는데 그의 옷은 희기가 눈 같고 그의 머리털은 깨끗한 양의 털 같고…"라고 기록되어 있다.

그러므로 하나님이 외모가 있다는 것은 성서적으로나 신학적으로 타당한 생각이다. 다만 하나님의 얼굴은 너무나 거룩하고 눈부신 광채에 싸여 있어 죄인의 눈으로는 보지 못할 뿐이다. 성서에 무수히 나타난 인자 같은 이의 모습이나 천사들의 모습이 사람의 외모와 같다는 것은 이들 모든 인격체들이 하나님의 외모를 따라 지어졌기 때문이다. 이 지점에서 우리는 편견을 버려야 한다. 하나님이 우리와 같은 얼굴과 외모를 가지면 하나님답지 못하고, 하나님의 권위도 떨어지고, 하나님의 신비가 무너질 것이라는 편견 말이다. 하나님의 거룩하심과 하나님의 전지전능하심이 하나님의 외모하고 무슨 상관이 있는가? 하나님의 외모가 없다면 하나님은 무엇 위에 옷을 걸쳐 입고 보좌에 앉아 계시는가?

필자는 상상해본다. 성부 하나님의 모습은 거룩한 위엄과 자비가 가득한 모습일 것이고, 성자 예수그리스도는 우리가 익히 아는 아름답고 선한 모습일 것이고, 성령은 불꽃에 싸인 모습을 가졌을 것이다. 만일 어느 때인가 우리가 하나님의 모습을 뵈었을 때, 우리는 상상한 것보다 비할 데 없이 완전함과 성스러움과 신비스러움과 아름다움과 자비로움이 한이 없는 그런 분을 뵙게 될 것이다. 다시 말해 하나님의 외모는 그의 성품처럼 진선미성이 극치에 이른 모습일 것이다. 그래서 우리가 푸른 하늘을 보면, 은빛 파도가 너울거리는 바다를 보면, 가을 단풍이 물든 계곡을 보면, 아름다운 호수를 보면 "아! 신비롭고 아름답고 오묘하다!"고 감탄사가 토해내듯이 하나님을 뵙게 되면 우리

'우리의 모양대로'는 '하나님의 마음의 형상대로'가 아니라 '우리의 모습대로', '우리의 외모대로'라고 해석하는 것이 타당하다고 본다.

는 하나님의 그 아름다움과 거룩함과 장엄함에 넋을 잃어버릴 것이다. 그리하여 우리들의 입에서 하나님을 찬양하는 노래가 저절로 흘러나오게 될 것이다.

4 · 하나님의 형상과 정신적 속성

창세기 1:26절에서 하나님은 사람을 지을 때 "우리의 형상을 따라....... 사람을 만들고"고 말씀하셨다. 사람을 하나님의 형상대로 지었다는 것은 인간의 마음이 하나님의 정신적 속성을 모사하여 지었다는 의미이다. 이런 언급은 다른 생물들을 지을 때는 전혀 언급되지 않은 말씀이다. 그만큼 일반 생물들에 비해 사람의 마음은 정신적 속성의 차원이 다르다는 사실을 시사한다. 인간에게 부여된 정신적 속성은 창의성, 예술성, 도덕성, 종교성이다. 이 네 가지 속성은 결코 육체적 속성이 아니다. 이 속성은 두뇌가 좋고 나쁘고 한 것이 아니다. 두뇌가 영민한 사람이든 우둔한 사람이든 사람은 모두 이 네 가지 정신적 속성이 발현되는 삶을 살아간다. 이 네 가지 속성이 있기 때문에 사람은 만물을 지배하는 만물의 영장이 될 수 있었다. 이 네 가지 속성으로 말미암아 인류는 문화와 문명을 발전시켰고, 도덕적 지향성과 종교적 지향성을 갖게 되었다.

동물 중에는 웬만한 사람의 아이큐를 능가하는 개체들도 많이 있다. 적어도 돌고래는 웬만한 사람보다 아이큐가 높다. 그러나 돌고래는 이 4가지 속성을 부여받지 못했기 때문에, 수천만 년이 지난다 할지라도 문화와 문명을 발전시킬 수 없고, 종교생활이나 순수 이타적 삶인 아카페적 삶을 살아갈 수 없다. 이 4가지 속성은 사람에게만 부여된 것이기 때문에 어떤 동물이 설령 향후 수천만 년 동안을 진화한다 하더라도 이 속성은 결코 나타날 수 없다. 필자는 중생대 트라이애식기에 나타난 공룡은 쥬라기와 백악기를 지나며 1억 8000만년 동안 진화할 시간이 있었지만, 공룡들이 예배를 드리고 공룡들이 원수를 사랑하고, 공룡들이 우주선을 만들어 타고 다녔다는 말을 들은 적 없다.

이 네 가지 속성은 하나님이 인간의 유전자에 부여한 신비로운 특성이며 능력이다. 그렇기 때문에 이 정신적 속성은 수평적 진화, 자연 선택적 진화를 통해서는 수억 수천만 년이 지나가더라도 다른 생물들에게는 절대로 나타날 수 없다. 많은 사람들은 사람의 유전자에 근접한 동물일수록 우월하고, 그렇지 못한 수많은 생물들, 즉 어류나 파충류나 양서류는 열등하다고 하는 착각을 하고 있다. 그러나 사람과의 유전자 차이가 그들 개체의 우월성을 증명하는 것이 결코 아니다. 1억 8000만 년 동안 지구생태계를 지배했던 공룡은 사람의 유전자와 20%이상 차이가 나는 파충류지만 판게아 초대륙이 시작된 지질시대에 지구를 지배했다. 일반 동물들은 양서류든 파충류든 조류든 포유류든 영장류든, 사람과 유전자의 차이가 많던 적던 생물학적 성향이 차이가 날 뿐 지구 생태계 내에서 우월성의 차이는 거의 없는 것이다. 그러므로 사람의 우월성은 생식 대사 등 생물학적 메커니즘과 관계되는 유전자에 있는 것이 아니라, 사람의 유전자에게만 특별히 부여된 4가지 정신적 속성에 기인

*
컴퓨터의 작동원리는 하드웨어와 소프트웨어로 나뉜다. 하드웨어는 기계론적 작동 원리이고, 소프트웨어는 일종의 운영체제 같은 것이다. 간단한 사무 처리를 할 수 있는 운영체제도 있고, 인터넷이나 그래픽과 연계하여 복잡한 작업을 하는 운영체제도 있다. 사람과 일반 동물의 차이는 바로 이 정신적 운영체제의 차이에 있다. 동물의 육체적 기능을 하드웨어라고 한다면, 정신적 기능은 소프트웨어라고 볼 수 있다. 사람과 일반 동물의 근본적 차이는 육체적 기능에 있다기보다 정신적 운영체제의 차이에 있다. 일반 동물은 생물학적 본능을 움직이는 정도의 단순한 운영체제인 데 반해 사람은 하나님의 형상을 따라 만들어진 4가지 속성까지 발현될 수 있게 하는 고도의 운영체제인 셈이다. 또한 아무리 성능이 우수한 컴퓨터라도 그래픽을 처리하는 소프트웨어가 깔리지 않으면 그래픽 작업을 할 수 없는 것처럼 일반 동물들은 4가지 속성이 작동하는 운영체제가 깔려 있지 않기 때문에 수억 년이 지나 자연선택적 진화를 해도 창의성, 예술성, 도덕성, 종교성이 발현될 수 없는 것이다.

하는 것이다. 그런데도 우연진화론자들은 침팬지도 진화하면 언젠가 사람처럼 이 네 가지 속성이 나타날 수도 있다고 주장한다. 왜냐하면 사람은 침팬지와 2% 미만의 유전자의 차이 때문에 인류가 된 것이라고 보기 때문이다. 그러나 그것은 그들의 비과학적 판단이거나 비과학적 희망사항일 뿐이다. 그 이유는 침팬지 자체가 이미 한 종으로서 진화가 완성된 개체일 뿐 아니라, 원천적으로 침팬지의 유전자에는 그런 정신적 속성이 부여되지 않았기 때문이다.

인간에게만 부여된 이 네 가지 속성은 특별히 뛰어난 컴퓨터*의 운영체제 같은 것일 수 있다. 운영체제란 하드웨어를 지배하여 어떤 기능이 나타나도록 작동시키는 소프트웨어를 말한다. 사람의 유전자의 생물학적 구조는 일반 동물의 유전자의 구조와 유사하나, 그것을 사용하여 어떤 정신적 활동이 나타나도록 하느냐 하는 것은 컴퓨터의 운영체제에 해당하는 정신적 속성에 달려있는 문제인 것이다. 즉 일반 동물과 사람은 몸이라는 하드웨어를 움직이는 정신의 운영체제, 즉 소프트웨어의 차원이 완전히 다른 것이다. 핸드폰으로 비유하자면 일반 동물들은 전화를 하거나 문자, 사진을 전송하는 정도의 단순한 운영체제가 깔린 피처폰이라고 한다면, 사람은 인터넷을 하고 복잡한 그래픽작업을 할 수 있는 운영체제, 즉 구글의 안드로이드나 애플의 이오스 운영체제가 깔린 스마트폰과 같다고 할 수 있다. 이 고도의 특별한 운영체제가 깔리지 않으면 하드웨어가 아무리 좋아도 인터넷이나 고도의 그래픽작업을 할 수 없다. 피처폰의 하드웨어를 아무리 고도화해도, 그 상태로는 억만 년이 지나도 인터넷이나 복잡한 그래픽은 할 수 없다는 말이다. 그러므로 사람에게만 부여된 네 가지 정신적 속성은 하나님의 창조 영역이지 자연선택적 진화의 영역이 아닌 것이다.

과학자들에 의하면 인체에는 반도체 같은 세포가 60조개 이상 있고, 두뇌에는 약 1000억 개의 뇌세포가 있는데, 온 몸의 세포들 사이에는 선처럼 서로 연결된 1,000억 개 이상의 뉴런(Neuron)**이라고 하는 신경세포가 있어 각 세포로부터 오는 새로운 감각이나 정보를 중추신경계에 전달하고, 다시 중추신경이 판단하고 처리하는 명령을 각 지체의 세포들에게 전달한다고 한다. 그리고 각 뉴런에는 나무뿌리처럼 생긴 3,000개에서 1,000만개 사이의 시냅스(Synapse)***가 달려 있어 각 세포 사이에 정보전달을 하는 통신망의 역할을 한다고 한다. 그래서 사람이 내부 또는 외부로부터 받은 자극, 즉 정보는 즉각적으로 뉴런을 통해 뇌의 중추신경계에 전달되고, 중추신경은 이 새로운 정보를 판단하고 처리하기 위해 이미 저장되어 있는 정보 중에서 필요한 정보를 꺼내어 사용하게 되는데, 이 저장된 정보가 중추신경계에 전달하는 역할도 이 뉴런이 하는 것이다. 이런 식으로 뉴런을 통해 오고 가며 생성되는 정보는 초당 많게는 30만 개에 이르고, 평생 동안에는 사람마다 다르기는 하지만 생성되는 정보가 무려 100조-200조개 정도라고 한다. 이 엄청난 정보는 뇌 중추신경이 상황을 판단하고 처리하는데 사용되며, 사용되는 즉시 이 모든 정보는 사람의 뇌에 추가적으로 저장되는 것이다. 이는 인간의 뇌가 얼마나 다원적으로 신속하게 활동할 수 있는가를 보여주는 것이다. 그럼에도 불구하고 보통 사람이 평생 동안 사용하는 뇌 세포는 10% 전후 밖에 되지 않는다고 하니 인체의 신비는 말로 다 형언할 수 없다. 그러므로 인간의 정신적 속성은 하나님의 형상대로 지음 받

**
뉴런은 구심성 뉴런과 원심성 뉴런, 연합 뉴런이 있는데, 구심성 뉴런은 감각 뉴런(Sensory Neuron)이라고도 하며 감각기(Recepter)에서 자극을 맨 먼저 수용하여 중추신경계, 즉 뇌와 척수에 전달해주는 신경세포를 의미한다. 원심성 뉴런은 운동뉴런(Motor Neuron)이라고도 하는데, 중추신경계로부터 신호를 받아 근육과 분비샘 등의 반응기(Effetor)에 전달해주는 역할, 즉 운동 명령을 전달해주는 신경세포를 의미한다. 연합 뉴런(Inter Neuron)은 중추신경계, 즉 뇌와 척수의 대부분을 이루는 뉴런으로 감각 뉴런과 운동 뉴런을 연결해줄 뿐 아니라 연합뉴런끼리도 연결되어 있어 그 자체가 거대한 네트워크를 이루고 있다. 그리고 뉴런에서는 신경전달물질(Neurortransmitt)이 분비되어 각 시냅스 사이에 정보를 전달한다. 사람의 경우 뉴런은 임신 5주부터 분당 25만 개씩 생성되며 임신 중 과다하게 생성된 뉴런은 임신 8개월 경 뇌가 거의 완성될 때 세포 사멸로 자연스럽게 제거된다. 탄생 시에 뉴런은 약 1,000억 개 정도인데 더 이상 늘지는 않고, 오히려 나이가 먹어가면서 약간씩 줄어든다. 그런데 질병이나 충격으로 손상된 뉴런은 회복되기 어렵다고 한다. 그리고 각 뉴런에는 나무뿌리처럼 생긴 3,000개에서 1만 개 사이의 시냅스가 달려 있어 각 세포 사이에 정보 전달을 하는 통신망의 역할을 한다.

***
시냅스는 뉴런의 종류에 따라 다른데, 대략 각 뉴런마다 3,000개에서 1만 개 정도의 시냅스가 나무뿌리처럼 뻗어나 있어, 뉴런과 뉴런, 세포와 세포 사이에 정보 전달의 기능을 수행한다. 5-7세의 유아기에 급속도로 발달되며 청소년기에 불필요한 시냅스는 제거되어 최적화된다. 자극이 많이 들어오거나 장기기억을 저장할 때 뉴런끼리의 회로구성을 위해 필요한 부분의 시냅스가 길게 늘어난다.

왔기 때문에 일어나는 현상이다.

III 4가지 정신적 속성

이제 하나님께서 인간의 본성 속에 부여하신 4가지 정신적 속성, 즉 창의성, 예술성, 도덕성, 종교성에 대해 구체적으로 살펴보자. 하나님께서 우리의 형상대로 사람을 만들자고 했을 때, 그 형상은 분명 마음의 형상을 의미한다. 그런데 여기서 '하나님의 마음의 형상에 따라'라는 것은 지정의라는 마음의 기본적 작동 시스템을 의미하는 것이 아니다. 그런 기능은 모든 동물의 마음에도 기본적으로 작동되고 있기 때문이다. 그러므로 창세기 1:26절에서 하나님이 다른 생물을 지으실 때는 언급하지 않던 "우리의 형상을 따라…사람을 만들고"라고 말씀하신 뜻은 사람에게 하나님이 가진 고유의 속성이자 지향성인 창의성, 도덕성, 예술성, 종교성을 부여하겠다는 의미인 것이다. 이제 이 4가지 속성 또는 지향성을 하나하나 설명해보도록 하겠다.

1 창의성

창의성이란 문제가 있는 상황 속에서 그 문제를 효과적으로 해결하기 위한 방법을 고안하는 능력을 말한다. 이것은 지구상 수백만 종의 생물 중에서 사람에게만 우월하게 나타나는 능력이다. 일반 동물은 3가지 기본 의지(생존, 생식, 행복)의 성취를 위해 본능적으로 반응하는 것일 뿐 진정한 의미에서 창의성을 가졌다고 볼 수 없다. 혹자는 원숭이도 나뭇가지나 돌을 사용할 줄 안다고 항변한다. 하지만 그것은 창의성이라기보다 나뭇가지나 돌을 손에 쥘 수 있는 손의 구조가 있어서 본능적 경험적으로 반응하는 것일 뿐, 상황을 다원적으로 인식하고 파악하여 문제를 해결하는 창의성의 영역이 아니다. 그 증거로 원숭이는 수백만 년이 지나도 처음부터 가지고 있던 그 기능을 조금도 발전시키지 못하고 있다. 모든 종의 동물들은 그들의 종이 완성된 이래 수억 수천 만 년이 지나도, 인류처럼 창의성이 발현하여 그들의 삶의 형태를 조금도 변화시키지 못했다. 수억 년 전부터 서식했던 도마뱀은 지금도 살아가는 모습이 똑 같고, 수천만 년 전에 나타난 원숭이는 지금도 여전히 하는 짓이 똑같다. 그러므로 창의성이란 활발한 정신작용으로 제2, 제3의 창의성이 유발 확장되는 경우 비로소 창의성이라고 부를 수 있다.

지구상에 인류가 처음 출연했을 때 그들은 처음부터 막대기를 사용하여 과일을 따고, 돌을 가지고 짐승을 잡거나 싸움을 하는 데 사용했다. 돌의 사용도 처음에는 땅에서 줍거나 필요한 모양을 바위에서 떼어내 사용했다(뗀석기 문화). 이렇게 시작된 구석기 문화는 세석기를 만들어 사용한 중석기 문화시대를 거쳐 간석기를 사용하는 신석기 문화시대로 진입했다. 그리고 인류는 더 나아가 금석병용기시대를 지나 청동기시대로, 그리고 철기시대를 지나 오늘날 21세기에는 다양한 전자제품, 원자력에너지, 인터넷과 스마트폰, 자동차와 비행기와 우주왕복선을 만들어 우주에 띄우는 시대에까지 이르게 되었다. 처음 이 인류의 창의성이 발현된 동기는 자연과 사회적 환경에서 효과적으로 생존하기 위해서였다.

그러나 인류의 창의성의 본질은 근원적으로 미지의 것에 대해 알고 싶은 호기심, 즉 인간만이 가진 진리 추구의 의지라고 볼 수 있다. 진리란 물(物) 자체의 본질을 뜻한다. 진리의 추구는 바로 물(物) 자체에 도달하고자 하는 의지적 노력이다. 여기서 물(物) 자체란 단순히 물질적 개념을 넘어 우주만물과 인간, 그리고 인간 사회의 모든 메커니즘, 즉 진리의 본질을 의미한다. 이렇게 물 자체, 즉 진리를 추구하는 인간의 의지는 결국 물질세계의 메커니즘을 밝혀내어 문명을 발전시켰으며, 우주와 인간의 본질을 추구하여 각종 문학과 철학을 발전시켰다. 또한 인간 사회의 복잡한 메커니즘을 연구하여 정치학, 경제학, 사회학 등을 발전시켰다. 그리고 이러한 학문이 발전하면 할수록 인류의 삶은 더욱 풍요로워지고, 강해지고, 생산력 또한 극대화되었다. 우주만물과 인생에 대한 호기심과 탐구 의지는 인류 초기에는 형이하학적인 문제로 시작되었지만, 인류의 정신이 진화함에 따라 점점 형이상학적인 것으로 그 폭이 확대되어나갔다. 오늘날에는 형이상학적 요소와 형이하학적 요소가 서로 융합 결합하여 제3의 문화 문명적 가치를 만들어내고 있다.

2 ◦ 예술성

예술성 역시 인간에게만 나타나는 요소이다. 인류가 처음 예술행위를 하게 된 것은 자연의 풍경이나 주위에 만나는 동식물, 또는 어떤 사물을 그려 타인과 커뮤니케이션을 하고자 하는 동기에서였다고 생각한다. 예를 들면 사슴이나 독수리나 사자가 나타났다는 것을 알리기 위해 그들이 내는 소리를 흉내 내거나 그림으로 그리거나 몸짓으로 표현했을 것이다. 그리고 그것을 가능한 실제와 똑같이 표현하려고 했을 것이다. 그러다 보니 그 모든 사물들의 특징을 포착하여 표현했을 것이고, 이런 과정에서 소리는 음악이 되고, 몸짓은 무용이 되고, 그림은 미술이 되었을 것이다. 이 모든 예술적 행위를 할 때 관통하는 의지가 있는데, 그것은 바로 자연의 모양이나 본질을 가능한 아름답게 표현하려는 의지다. 그것은 자연의 아름다움을 느끼고 경험한 데서 연유했을 것이다. 그것은 바로 일종의 자연의 황금비례를 지향하는 선천적 근원적 의지이다.

자연은 단순한 형태가 아니라 아름다움을 담고 있는 현실이기 때문에, 그 자연을 바라보는 사람은 그 아름다움을 느끼고, 그 느낌을 다시 아름답게 표현하려 노력한다. 그리고 자연과 사물 속에 숨어 있는 아름다움을 포착하여, 그 아름다운 모습이나 풍경을 아름답게 표현했을 때 사람들은 행복과 만족을 느낀다. 사람에게 이런 현상이 일어나는 것은 아름다운 자연을 바라보는 인간의 본성 속에 아름다움을 지향하는 예술성이 그들의 마음속에 잠재해 있기 때문이다. 3만 5000년 전 후기 구석기시대에 우랄산맥에서 이베리아 반도에 이르는 유럽 전역에 거주하는 현생인류는 동굴벽화를 그리기 시작했다. 1만 8000년 전 후로 추정되는 스페인 북부의 알타미라 동굴의 벽화나 프랑스 도르도뉴 지방의 라스코 동굴 벽화를 보면 호모사피엔스사피엔스에게는 이미 엄청난 예술성이 본격적으로 발현되고 있음을 알 수 있다. 이 세상 어떤 생물들에게도 자기 몸이 아닌 도구를 가지고 정해진 면에 그림을 그리고, 다양한 노래를 부르고, 다양한 몸짓으로 춤을 추는 존재는 사람밖에 없다. 이렇게 사람의 삶 속에서 예술성이 발현되는 것은 바로 창세기 1:26절에 기록된 대로 사람의 마음이 영원하고 완전한 아름다움이신 하나님의 마음의 형상을 닮았기 때문이다. 이처럼 사람은 하나님의 예술성을 받아서 창조되었기 때문에 실용성의 유무와 관계없이 아름다워지고 싶고 아름다운 것을 느끼고 싶고 가능한 아름답게 표현하고 싶은 마음을 갖게 된 것이다.

3 도덕성

이 도덕성의 중심축이 되는 양심은 죄라는 마이너스 영역을 통제하는 기능뿐 아니라, 플러스 영역인 선을 적극적으로 행하는 면에서도 강력한 영향을 미친다.

도덕성이란 양심에 따라 타자와의 관계를 설정하는 기능을 의미한다. 이 양심은 이기심이나 친애와는 구별되는 것으로서 사람의 마음속에만 존재하는 속성이다. 사람은 병이 들었을 때 몸에 이상 징후가 나타난다. 마찬가지로 사람은 양심, 즉 선험적 도덕성에 어긋나는 말이나 행동을 했을 때, 즉 죄를 지었을 때 마음이 어둡고 답답하고 불안해진다. 이런 감정이 들 때 사람은 일단 다른 일에 관심을 돌리거나 어떤 이데올로기로 합리화하거나, 아니면 다른 이유를 들어 자기 행위를 합리화하고 이를 극복하려고 한다. 그러나 그것은 근본적인 해결 방법이 못 된다. 살인 행위를 저지르고 가문의 원수였으니까, 적대적인 민족이나 국가의 사람이니까, 그는 아주 나쁜 놈이니까, 내가 고의적으로 한 일은 아니니까, 그로 인해 나와 가족이 큰 이익을 얻었으니까 등으로 변명하면서 죄로 인해 일어난 양심의 가책을 회피해보려고 하지만, 이상하게도 마음이 어둡고 불안하고 답답하다. 그런 기분을 조금은 완화할 수 있을지 몰라도 그 문제가 근본적으로 해소되지는 않는다. 이 죄의식, 죄책감은 마약이나 술로도 완전히 해소되지 않는다.

이 도덕성의 중심축이 되는 양심은 죄라는 마이너스 영역을 통제하는 기능뿐 아니라, 플러스 영역인 선을 적극적으로 행하는 면에서도 강력한 영향을 미친다. 그래서 불쌍한 처지에 빠진 사람을 보면 자기의 이해관계를 초월하여 희생적으로 돕기도 하고, 심지어 원수의 자식을 구하기 위해 자기 목숨을 던지기도 한다. 그리고 자발적으로 이런 선을 행했을 때 사람은 큰 기쁨과 보람과 양심의 평안이 주어진다. 이것이 바로 사람의 본성 속에 있는 도덕성(양심)이라는 메커니즘 때문에 일어나는 현상이다. 이 도덕성은 선천적으로 인간의 본성에 존재하는 것이며, 성서는 사람에게 이런 속성이 존재하는 것은 사람의 마음이 하나님의 형상을 따라 지음받았기 때문이라고 분명히 계시하고 있다.

이러한 도덕성은 일반 생물들에게는 존재하지 않는 속성이다. 일반 동물들은 자연 질서, 적자생존, 종족 번성, 자기만족이라는 틀 안에서만 그들의 행위를 결정한다. 그들은 개별적 이기심이나 집단적 이기심, 또는 함께 살면서 친해진 마음, 증오하는 마음에 관계되어 어떤 대상이나 상황에 대한 행동을 결정한다. 그런 이유로 동종, 또는 이종의 동물 사이에 간혹 흐뭇한 미담이 존재한다. 그러나 친하지 않은 대상이나 자기를 해롭게 하는 적에게도 그런 도움을 베풀었다는 이야기를 들어본 적이 없다.

리처드 도킨스와 같이 우연진화론을 주장하는 학자들은 인간의 도덕성조차 사회적 공동선에 대한 이기적 인식이라고 보고, 이런 인식은 인류의 사회성이 확대되고 보편화되면서 서서히 진화된 의지라고 주장한다. 공동체의 보전과 번영이 개인의 행복과 생존에 유리하다는 인식 속에서 공동체 구성원들의 삶의 만족을 가능한 극대화하는 질서를 지향하게 되었는데, 그것이 바로 공동선의 인식이고, 이 인식이 바로 인류 도덕성의 정체라는 것이다. 그러나 과연 인류의 근원적 도덕성이 공동선에 대한 진화된 인식에 지나지 않는 것일까? 그렇다면 각 집단에 따라 공동선의 인식이 다른 것은 어떻게 설명할 것인가? 민족과 민족, 나라와 나라, 블록과 블록 간에는 공동선의 인식이 각각 다르다. 민주주의라는 정치체제도 그것을 적용하는 방식은 제각각이다. 그래서 서구식 민주주의에 대한 회의를 표명하는 학자들이 전 세계적으로 많이 있음도 주지의 사실이다.

이 공동선의 인식은 각 나라의 법적 질서나 도덕적 질서로 나타나는데, 그렇다면 제각기 다른 불완전한 법적 도덕적 질서를 판단하는 기준은 무엇인가? 제2차세계대전이 끝난 후 전범들에 대한 재판이 열렸다. 그들도 국가적 공동선을 위하여 전쟁을 일으킨 것인데, 도대체 어떤 국가의 법을 가지고 그들을 심판할 수 있었겠는가? 결국 그들은 자연법, 즉 인간의 양심이라는 선험적 기준에 의해 심판을 받았다. 공동선에 대한 인식이 도덕성의 근거가 아니라 오히려 선험적 도덕성이 경험적 공동선의 근거이다. 그리고 이 도덕성이 사람의 마음속에 존재한다고 하는 것은 사람이 하나님의 형상대로 지음받은 존재라는 것을 강력히 증거하는 것이다.

그러나 인간의 도덕성은 영이 부여되었을 때 온전히 활성화될 수 있었다. 그런 점에서 아담 이전의 영이 없는 선재인류의 도덕성은 한계가 있을 수밖에 없었다. 영이 없는 사람의 도덕성과 영이 있는 사람의 도덕성의 차이는 마치 범인의 마음과 아가페적 사랑의 감수성이 깊이 열린 성자의 마음의 차이로 설명할 수 있을 것이다. 기본적 도덕성만이 작동되었던 선재인류에게 영이 부여되는 순간 비로소 인간의 도덕적 감수성은 온전히 활성화될 수 있었다. 영이 없는 인류의 도덕성은 기본적 도덕성만 작동했을 뿐 나머지는 잠재적 가능성으로 존재했다. 그러나 영이 들어왔을 때 이 잠재적 가능성으로서의 도덕성은 비로소 활성화되고 현실화되었다.

4 ◦ 종교성

종교성이란 자기 존재에 한계성을 느끼거나 모종의 소원을 가지고 있을 때, 그 한계성과 소원을 초월적 타자와의 교감을 통해 해결하려는 마음의 속성을 의미한다. 한계성이란 칼 야스퍼스가 말한 한계 상황 같은 것인데 이것을 느낄 때 사람은 초월자를 찾게 된다. 초기 원시인류들은 자연에서 섬김의 대상과 외경의 대상을 찾았다. 해, 달, 별, 구렁이, 맹수, 큰 나무, 땅, 바다, 하늘, 바람 등을 막연히 경배하며 빌었다.

그러나 인간에게 영이 부여되면서 영적 존재인 하나님, 천사, 마귀 같은 영적 존재와 교감하며 경배하고 빌었다. 그때 비로소 인류는 종교다운 종교를 신앙하게 되었다. 그리고 인류사회에는 우주만상과 인간에 대해 창의성을 발현하여 깨달은 이치와 결합하여 정교한 교리 체계를 가진 종교가 나타나게 되었다.

오늘날 과학의 시대라고 하는 21세기에도 전 세계 인구의 80% 이상인 60억 명이 넘는 사람들이 종교를 믿으며 신에게 경배하고 헌신한다. 이런 인류의 모습은 종교성이야말로 인간 본성에 내재된 기본적 속성이라는 것을 잘 보여준다. 이러한 종교성은 지구상에 존재하는 수백만 종의 생물들 중 오직 사람에게만 나타나는 속성이다. 다른 생물들은 그들 종이 탄생한 이후 수억 년에서 수천만 년 동안 진화하기에 충분한 시간이 주어졌음에도 불구하고, 어떤 종류의 생물에게서도 종교성의 단서조차 나타나지 않고 있다. 그 이유가 바로 하나님께서 생물을 창조하실 때, 오직 사람만이 하나님의 형상대로 지으셨고, 오직 사람에게만 종교성을 주셔서 마음으로 하나님과 교감하며 살 수 있도록 지으셨기 때문이다. 이 종교성은 우발적으로 일어난 진화의 산물이 아니라 하나님께서 사람에게만 부여하신 필연적 속성이다.

Ⅳ 4가지 속성과 유전자의 관계

이제 우리는 인간의 4가지 정신적 속성과 유전자의 관계를 알아볼 필요가 있다. 우리가 납득하기 어렵지만 분명한 데이터가 하나 있다. 사람과 침팬지와의 유전자 차이가 2% 미만이라는 것이다. 침팬지와 고릴라나 우랑우탄의 유전자 차이도 역시 2-3% 정도 난다고 한다. 고릴라와 침팬지는 외모나 행동이 큰 차이가 나지 않는데, 사람과 침팬지는 왜 하늘과 땅 차이만큼 나는가? 여기서 유전자의 차이 2% 미만이라는 데이터에 모종의 허수가 존재한다는 것을 알 수 있다. 더욱이 고릴라와 침팬지는 유전자 조작만 해주면 아종교배와 생식이 가능하나, 사람과 침팬지는 아종교배와 생식이 불가능하다. 그것이 가능했다면 구소련에서 시도한 아종교배의 실험이 실패할 리 없다. 그럼 이제부터 사람과 침팬지 간의 유전자 2% 차이라는 허수에 대해 살펴보도록 하겠다. 이를 통해 침팬지가 조금만 더 진화하면 사람과 같은 정신활동을 할 수도 있을 것이라는 주장이 거짓임으로 증명하고자 한다.

1 ◦ 유전자란 무엇인가?

유전자란 부모로부터 자식으로 전해지는 여러 가지 특징, 즉 형질(동식물의 모양, 크기, 성질 등의 고유한 특징)을 만들어내는 인자로 유전 정보의 단위를 말한다. 유전자는 세포의 핵 속에 있는 염색체를 구성하는 DNA(다보시리보핵산의 약자)의 일부분으로 사람의 유전자는 약 1만 5,000개에서 3만 개 정도 되는 것으로 추정된다. DNA는 2중 나선 모양을 띠고 있으므로 이 모양이 풀린 후 각각의 사슬이 연쇄적으로 다시 2중 나선 모양으로 합성됨으로써 DNA가 복제된다. 본질적으로 정보일 뿐인 이 유전자가 그 기능을 발휘하기 위해서는 DNA가 RNA에 복사되는 전사(Transcription)와 RNA가 단백질로 바뀌는 번역(Translation)이 발현되어야 한다.

이와 같이 만들어진 단백질이 생체 내에서 온갖 작용을 일으킴으로써 유전의 효과가 나타난다. 모든 컴퓨터 프로그램이 0과 1이라는 2가지 숫자의 배열로 구성되어 있듯이 유전자 역시 DNA의 배열에 의해 구성된다. DNA는 인산, 다옥시리보스, 염기 3가지가 결합한 형태가 하나의 단위인데, 이 기본단위를 뉴클레오타이드(Nucleotide)라고 하며, 이때 염기의 종류는 4가지다. 아데닌 A, 구아닌 G, 타이민 T, 사이토신 C라는 4가지 염기가 긴 DNA 사슬에 배열되어 있는 순서, 즉 염기서열이 특정한 단백질을 지정하는 암호로 작용한다. 4가지의 염기 중 A와 T가, G와 C가 서로 결합하는 특성을 가진다. 따라서 DNA가 2중 나선 구조를 가지고 배치되었을 때 두 줄의 나선형 사슬은 동일한 정보를 저장할 수 있다.

2 ◦ 정신적 속성은 인간에게만 있는 특수한 유전자적 요소

그러면 사람과 침팬지의 유전자 차이 2% 미만이라는 것의 정체는 무엇인가? 대부분은 육체의 모습이나 생물학적 시스템과 관계되는 유전자일 것이다. 이 부분은 과학 실험실에서 유전자 조작을 통해 완전히는 아니어도 어느 정도 해소될 수 있을 것이다. 물론 자연 상태에서는 거의 불가능하다. 그러나 실험실에서도 조작 불가능한 부분이 분명히 있다. 그것이 바로 0.1% 정도에 해당하는 정신적 속성 4가지와 관련이 있는 유전자일 것이다. 그리고 이 부분은 자연 상태에서는 물론이거니와 과학 실험실에서도 조작이 불가능한 부분이다. 이 부분이 사람의 창의성, 예술성, 도덕성, 종교성이라는 4가지 속성과 관련된 유전자라고 생각된다.

사람과 침팬지의 기본적 차이는 육체적 기능이나 외모와 관련이 있는 아주 적은 수의 유전자와 그중에 또 아주 적은 수의 정신적 속성과 관련된 유전자에서 비롯된다. 특별히 정신적 속성과 관계있는 0.1%의 유전자는 종과 종을 가르는, 특별히 사람과 침팬지를 가르는 절대 장벽 같은 것이다. 과학자들이 침팬지를 사람으로 만들려고 실험실에서 아무리 조작해도 불가능한 것이 바로 이 부분이다. 부모와 자식 사이의 진실을 가리기 위해 하는 유전자 검사표에 '99.99% 일치하므로 부모 자식 관계가 성립됨'이라고 나오는데, 여기서 그 99.99%라는 것은 아마도 사람과 침팬지를 가르는 2% 미만의 유전자 중에서 99.99%가 일치한다는 의미일 것이다.

사람과 침팬지의 유전자 차이 2% 미만은 유전자의 염기서열 배치에 따른 2중 나선의 DNA와 관계가 있을 것이다. 그런데 정신적 속성에 대한 유전자는 어쩌면 유전자와 유전자 사이의 결합 메커니즘과 관련이 있을 수도 있다. 그러므로 이 정신적 속성에 관련된 유전자의 조합과 배열은 창조주 하나님 외에는 조작이 불가능한 부분이라고 생각한다. 만일 어떤 과학자가 정신적 속성에 관계되는 유전자 사슬에 가위질을 한다면, 그 순간 인간의 유전자 사슬 전체가 붕괴되어 사람이 미쳐버리는 상황이 올지도 모른다. 이 정신적 속성과 관계되는 유전자가 인간 전체 유전자의 0.1% 미만이라고 할지라도 그 0.1%의 유전자는 사람을 사람 되게 하는 유전일 것이고, 이 0.1%의 유전자는 컴퓨터의 운영체제처럼 사람의 전체 유전자를 통제하고 운용하는 시스템과 관계되는 유전자일 가능성이 높다. 마치 자율주행 자동차를 움직이는 고도의 소프트웨어 같은 것이라고 할 수 있다.

물론 일반 동물은 그런 자율주행을 가능케 하는 소프트웨어가 탑재되지 않은 일반 자동차와 같다. 이 정신적 속성과 관련된 아주 미세한 유전자 시스템이 없다면 사람은 단순히 머리 좋은 짐승에 불과할 것이다. 수십만 톤의 거대한 선박을 움직여서 가고자 하는 항구로 인도하는 것은 운전실에 앉아 기관을 운전하는 아주 작은 항해사이듯이 인간을 인간답게 살게 하는 유전자는 육체와 관계되는 99.9%의 유전자가 아니라, 정신적 속성과 관계되는 0.1% 유전자이다. 이 0.1%의 신비한 유전자를 가지고 있는 생명체는 이 세상 모든 생물 중 오직 사람밖에 없다. 이 유전자는 진화의 산물이 아니라 특별한 창조의 산물이다. 인간이 침팬지와 공동 조상에서 갈라졌을 때 하나님으로부터 부여받아 처음부터 가지고 있었던 유전자라는 말이다. 그러므로 사람과 침팬지의 유전자가 2%밖에 차이가 나지 않는다고 해서 제3의 침팬지*라고 하며 사람을 조금 우수한 침팬지에 지나지 않는다고 비하하는 과학자들은 오히려 과학적 상상력이 많이 부족한 사람들이라고 생각한다.

*
캘리포니아주립대학교(UCLA)의 의과대학 생리학과 제러드 다이아몬드(Jared Diamond) 교수는 저서 『제3의 침팬지(The Third Chimpanzee)』에서 인간은 다른 동물에 비해 아주 특별한 존재처럼 여겨지지만, 인간의 유전자는 침팬지와 98.4% 동일하며, 따라서 인간은 단지 고유의 언어 능력으로 인해 조금 더 진화된 침팬지에 지나지 않는다고 주장했다. 그가 인간을 자이르의 피그미 침팬지와 그 밖의 아프리카 지역의 침팬지에 이어 제3의 침팬지라고 불렀다.

영국 여왕의 왕관의 틀은 백금으로 만들어졌지만, 그 왕관의 가치는 틀을 형성하는 백금이 아니라 왕관 중앙에 박힌 아주 작은 푸른 다이아몬드에 있는 것처럼, 인간의 가치는 정신적 속성을 좌우하는 0.1%의 고귀한 유전자에 있다. 이것은 인간의 과학이 아무리 발달한다 하더라도 스스로 만들어낼 수 없는, 오직 창조주 하나님만이 특별히 부여할 수 있는 부분이다. 더욱이 4가지 정신적 속성 중 도덕성과 종교성의 영역은 하나님으로부터 아담에게 영이 부여됨으로써 본격화되고 활성화된 현상이다. 또한 이 영은 생물학적 진화의 산물이 아니라 창세기 2:7절에서 하나님이 아담에게 일방적으로 부여한 특수한 기질이기 때문에 침팬지 같은 생물종은 감히 넘볼 수 없는 정신적 영적 영역이다. 그러므로 침팬지가 인간과 같은 정신적 속성을 갖는 일은 자연진화의 방식으로는 물론이거니와 어떤 과학적 조작을 통해서도 일어날 수 없다는 것이 필자의 결론이다.

V 인간 창조에 대한 정리

하나님께서는 태초에 보신 장엄한 창조의 비전을 성취하기 위해 우주와 태양계와 지구를 창조하신 다음,온 우주에 세워질 하나님 나라의 핵심이고 근간이 될 인류를 창조하셨다. 인간의 중심에는 마음, 곧 자아가 있다. 인간은 모든 생물이 그러하듯이 그의 중심에 있는 마음의 지배를 받는다.

마음은 지정의(知情意) 3가지 기능이 있다. 지는 인식과 판단 기능, 정은 희노애락과 좋고 싫음을 느끼는 기능, 의는 지향성과 결심을 하는 기능을 의미하는데, 이 3가지 기능은 서로 밀접하게 연결되어 있다.

사람도 다른 생물처럼 5가지 기본 의지, 즉 원형의지를 가지고 있다. 5가지는 생존 의지, 행복 의지, 생식 의지, 그리고 진화의 역학에 관계되는 구심력적 의지와 원심력적 의지이다. 구심력적 의지는 자기 정체성을 보존하려는 의지이고, 원심력적 의지는 적자생존에서 보다 유리한 존재로 진화하고자 하는 의지이다. 통상 잘못된 돌연변이로부터 자기정체성을 보존하려는 의지가 구심력적 의지이고, 자연환경과 사회환경의 도전에 보다 효과적으로 적응함으로써 생존, 행복, 종족 번영을 위해 DNA의 진화를 지향하는 의지가 바로 원심력적 의지인데, 이는 앙리 베르그송이 말한 '엘랑 비탈'에 해당한다.

진화는 결국 DNA의 진화를 의미하는데, 인간의 진화는 생물학적 진화인 육체적 진화와 하나님의 형상과 관계된 정신적 진화가 함께 진행되었다. 반면 일반 생물은 생물학적 진화, 즉 몸의 진화나 분화는 일어났어도 정신의 진화는 일어나지 않았다. 그 이유는 그들의 DNA에는 생물학적 본능인 5가지 기본 의지 외에는 정신적 속성이 없기 때문이다. 그러나 사람의 DNA는 생물학적 기본 의지 외에도 하나님의 형상을 따라 지음받고 부여받은 정신의 속성 4가지를 함께 가지고 있다. 그렇기 때문에 이 정신적 속성에도 진화가 일어날 수 있는 것이다. 인간의 DNA의 진화는 현생인류가 나타남으로 인해 완성되었고, 생물학적 진화는 그에 따라 멈췄다. 그 이후의 생물학적 변화는 자연환경에 적응하는 과정에서 일어난 다양한 인종으로의 분화에 불과하다. 그러나 하나님의 형상을 따라 부여된 4가지 정신적 속성은 자연선택적 질서의 도전을 받으며 계속 진화해나갔다. 이것도 유전되는 속성 자체의 생물학적 진화라기보다는 문화적 진화이고 사회적 진화였다. 그러므로 현재 지구상에 존재하는 인류의 문화적 진화나 사회성의 진화 정도는 달라도, 기본적 생물학적 진화의 정도는 동일한 것이다. 아프리카의 피그미족이나 유럽인종, 또는 동양인종의 생물학적 진화의 정도는 동일하다는 말이다.

흑인종은 백인종에 비해 덜 진화되어서 열등하다고 말하는 것은 일종의 망발이다. 그러나 두뇌의 여러 가지 지수는 오랜 자연환경 속에서 다양한 차이를 보일 수 있다. 그러나 이것도 인종의 다양성에 속하는 것으로서, 어떤 인종은 아이큐*가 높은 반면 창의력지수가 낮고, 어떤 인종은 아이큐보다는 창의력지수가 높으며, 어떤 인종은 아이큐는 낮은 반면에 감성지수가 높아 음악과 무용에 더 큰 소질을 보이기도 한다. 이런 현상은 동일 인종 사이에서도 나타나는데, 어떤 사람은 아이큐가 높고, 어떤 사람은 감성지수가 높고, 어떤 사람은 창의력지수가 높은 등 개인적으로도 차이를 보인다. 그리고 이러한 지수는 유전이 되기도 한다.

* 아이큐는 대체로 흑인종이 낮고 황인종이 높은 편이다. 백인종은 그 중간쯤 된다. 위대한 발명가요 과학자인 에디슨이나 아인슈타인은 아이큐가 높다기보다는 창의력지수가 높은 사람들이었다. 그들은 학창 시절 열등생으로 분류되었다고 한다. 반면 흑인들은 감성지수가 가장 높아 음악과 무용, 미술 등 예술에 소질을 보인다. 다만 지난 몇 세기 동안 위대한 예술가가 서구권에 많이 나타난 것은 정신 유전자가 진화해서가 아니라, 문화적 진화가 많이 이루어진 지역이었기 때문이다.

사람만이 가지고 있고 사람에게만 나타나는 4가지 정신적 속성은 창의성, 예술성, 도덕성, 종교성이다. 인류는 침팬지와 공동 조상인 어떤 종류의 유인원, 즉 선행하는 유인원으로부터 수직진화, 즉 대진화함으로써 탄생했다. 하나님께서 선택한 유인원의 유전자에 하나님이 창조력을 가하여 수직진화를 통해 사람이 탄생하게 된 것이다. 하나님은 그 다음에도 6단계에 걸쳐 선행하는 인류종의 유전자에 그의 창조력을 가하여, 대진화에 가까운 획기적 진화를 일으키고(필자는 이를 중진화라고 부른다), 다시 자연선택적 섭리를 통해 계속해서 생물학적 진화를 진행시켰다.

인류는 탄생하면서부터 육체적, 정신적 진화를 거듭하여 30만-20만 년 전 호모사피엔스(슬기사람)이 등장했고, 5만 년 전에는 호모사피엔스사피엔스, 즉 슬기슬기사람이라는 현생인류로까지 진화했다. 인류 진화의 결정적 원동력은 다단계에 걸친 하나님의 창조였다. 화석과 인골, 유적지, 유물에 대한 화석학적, 유전학적, 문화인류학적 데이터를 가지고 판단할 때 인류는 적어도 크게 6단계에 걸친 창조적 진화와 6단계의 자연선택적 진화를 거듭하면서 현생인류에까지 진화한 것이다. 일반 생물들이 한 번의 창조적 대진화로 새로운 종이 된 것을 생각하면 인류 창조를 위하여 하나님이 얼마큼 정성을 쏟았는지를 알 수 있다. 이것은 마구잡이로 쓰는 질그릇에 비해 예술적 도자기를 만들 때는 여러 단계의 작업을 거치는 것과 유사하다.

이미 생물학적 진화 도표에서도 언급했듯이 대진화는 하나님의 순간적 창조 역사로 인해 모종의 유전적 속성이 부여되는 것이고, 이때 부여된 속성은 각 개체가 자연이라는 자궁에서 자연선택적 메커니즘에 적응하면서 점진적으로 구체화되고 현실화되는데, 이것을 소진화라고 한다. 자연선택적 섭리에 따라 일어나는 소진화 현상에는 3가지 종류가 있다. 하나는 순간적 창조로 부여된 속성이 구체화되고 현실화되는 것이고, 다른 하나는 자연환경에 적응하면서 적자생존하기 위해 일어난 진화이고, 세 번째로는 다양한 형태로 일어나는 분화 현상이다. 이것은 그 종의 유전적 속성을 간직한 수정란이 자궁이라는 환경에서 구체적 형태로 나타나는 것과 같은 이치다. 사람은 생물학적으로 완성되기 위해 이러한 단계, 즉 첫 단계의 대진화와 5단계의 중진화, 그리고 각 단계마다 자연선택적 소진화의 단계를 대략 6단계 정도 거쳤다고 보여진다. 6단계의 창조적 진화와 6단계의 자연선택적 진화를 거쳐 현생인류가 탄생한 것이다.

다단계 창조의 성서적 근거가 바로 하나님이 흙으로 사람을 지으셨다는 기록이다.

다단계 창조의 성서적 근거는 창세기 2:7 말씀이다. 성서의 기록에 의하면 "여호와 하나님이 흙으로 사람을 지으시고"라고 되어 있다. 이는 토기장이가 목적하는 형태의 그릇을 만들기 위해 진흙 반죽을 물레에 실어 수십 차례의 손작업을 하여 목표하는 형태를 만들고, 화로 가마에서 1차로 초벌구이를 하고, 그것에 무늬를 새기거나 그림을 그린 다음 다시 불가마에서 뜨거운 고열로 오랜 시간을 구워내는 과정을 갖는 것과 같다. 다단계 창조의 성서적 근거가 바로 하나님이 흙으로 사람을 지으셨다는 기록이다. 그런데도 많은 신학자들이 이 기록을 진화론을 부정하는 증거로 제시하고 있으니 안타깝기 그지없는 일이다. 성서가 진화론을 부정한다고 주장하는 것은 성서에 그렇게 기록되어 있어서가 아니라 그들이 성서를 마술적 창조에 대한 선입견을 가지고 해석했기 때문이고, 위대한 선배 신학자들을 존경한 나머지 그들의 해석을 무비판적으로 받아들이는 가운데 자의적으로 해석했기 때문이다. 필자가 보기에 성서는 오히려 다단계의 창조적 진화를 지지하고 있다.

VI 인간의 6단계 생물학적 창조

인류가 선행동물인 유인원에서 갈라져 현생인류로까지 진화하기 위해서는 대략 6단계의 창조의 역사가 있었다고 추정된다. 비록 정확한 서술은 아닐지 모르지만 필자 나름대로 오랜 시간 생각한 것을 서술해보겠다.

1단계 창조(대진화)와 소진화 유인원에서 인류종으로 나아가기 위해서는 창조적 대진화가 필요했다. 이렇게 탄생한 최초의 인류종은 그 후 자연선택적 섭리에 의해 보다 더 하나님이 원하시는 인류로 진화하면서 다양한 종으로 분화되었다. 1단계 창조로 인해 인류는 침팬지와 갈라져 다른 길을 가게 되었다. 추정컨대 처음 인류종은 외형적으로는 꼬리가 없고 손과 발의 뼈가 기초적인 도구를 사용할 수 있도록 변했을 것이다. 이들이 바로 350만 년 전에 출현한 오스트랄로피테쿠스이다.

2단계 창조(중진화)와 소진화 230만 년 전 지구상에는 오스트랄로피테쿠스보다 한층 진화된 인류종이 나타났다. 그들이 바로 호모하빌리스이다. 물론 그들은 어떤 오스트랄로피테쿠스의 유전자에 하나님이 창조적 진화를 일으켜서 탄생한 것이다. 그들은 구부정하지만 유사 직립보행을 했고 돌로 찍개 같은 도구를 만들어 사용할 줄 알았다. 그들은 소규모의 집단생활을 하였으며 손으로 막대기를 쥐고 돌을 주워 열매를 깨고 적을 퇴치하였다. 그러나 이들은 이후에도 자연선택적 질서에 의한 수평진화로 인해, 정신적 육체적 진화가 점진적이지만 지속적으로 일어났을 것으로 추정된다. 그로 인해 지구상에는 호모하빌리스 계열의 인류종이 다양하게 서식하게 되었다.

3단계 창조(중진화)와 소진화 190만 년 전 지구상에는 등뼈가 완전히 곧추선 호모에렉투스가 나타났다. 그들 역시 하나님이 행하신 창조적 진화로 탄생했다. 그들은 자연선택적 질서에 따른 소진화, 수평진화를 통해서도 점진적으로 진화해 외모도 점점 현생인류를 닮아갔으며 다양한 직립인종으로 분화되었다. 특별히 그들의 진화는 육체뿐 아니라 두뇌에서도 많이 일어났을 것으로 추정된다. 그리하여 그들은 보다 섬세하게 진화된 뇌신경세포로 인해 슬기로운 생각을 하게 되었다. 불을 발견하여 사용하고, 짐승의 가죽으로 옷을 해 입고, 돌을 바위에서 떼어내어 사용할 수 있었다. 그로 인해 이들의 골격도 점점 현생인류에 근접하게 진화했다. 이들 대부분은 현생인류에 근접한 호모하이델베르크인이나 네안데르탈인이 나타나면서 자연도태가 되었으나, 일부는 20만 년 전까지도 인도네시아 지역에 서식했던 것으로 알려지고 있다.

4단계 창조(중진화)와 소진화 그 다음 80만 년 전 현생인류에 근접한 유사 인류종이 탄생했다. 많은 고인류학자들은 80만 년 전에 호모안테세로, 70만 년 전에 호모하이델베르크, 그리고 55만 년 전에 아프리카에서 호모네안데르탈렌시스가 출현했다는 것에 동의하고 있다. 이들은 그 후 나타난 현생인류와 오랫동안 공생했지만 결국은 멸종되고 말았다. 필자의 소견으로 네안데르탈인은 호모사피엔스의 범주에 들어간다고 생각한다. 왜냐하면 그들은 집단적 사회성이 부족했을 뿐 외모나 사고 능력이 현생인류와 매우 유사하고, 유전학적 데이터로도 호모사피엔스와 간혹 아종교배가 있었다는 증거가 있다. 유전학자들에 의하면 현생인류의 유전자에는 네안데르탈인의 유전자가 약 4% 정도 들어 있다고 한다. 그렇다면 그들과 호모사피엔스는 동일종에서 분화된 것이라고 볼 수 있다. 그래서 유사 호모사피엔스 중에서 가장 늦게 출현한 네안데르탈인을 가리켜 고생물학자들은 처음에는 호모네안데르탈렌시스라고 했다가 나중에는 호모사피엔스의 아종인 호모사피엔스네안데르탈렌시스(Homo Sapiens Neanderthalensis)라고 부르기도 한다.

5단계 창조(중진화)와 소진화 25만-20만 년 전 아프리카에서 호모사피엔스가 나타나 곧 전 세계로 퍼져나갔고, 그들이 바로 현생인류인 호모사피엔스사피엔스의 직전 선행 조상이다. 이 또한 하나님의 창조역사로 인해 나타난 인류이다. 이들도 전 지구로 번져가면서 다양한 환경의 영향과 아종교배나 동종교배로 말미암아 다양한 인류종으로 분화되었다. 그러나 고생물학자들에 의하면 이들은 1만 5,000년 전 지구상에서 멸종되고 말았다.

6단계 창조(중진화)와 소진화 5만 년 전 오늘날 우리 인류의 생물학적 조상인 슬기슬기사람, 즉 호모사피엔스사피엔스, 즉 현생인류가 등장했다. 이 인류종은 전체 인류종 가운데 생존 경쟁에서 살아남은 최후의 승리자이며, 유전자적으로 생물학적 진화가 완성된 인류종이다. 이들도 다양한 아종으로 분화되었는데, 유럽인종인 크로마뇽인과 중국의 산정동인, 한국의 용곡인이나 승리산인 등은 동일한 호모사피엔스사피엔스 계열의 인류종이다. 이들은 분화 과정에서 백인종 황인종 흑인종 갈색인종 홍인종 등 5색 인종으로 분화되었다. 물론 현재의 오색인종의 유전자는 수백 만 년 전부터 인류의 선행조상들로부터 물려받은 유전자의 형질과도 당연히 관계가 있을 것이다. 그리고 동시대에 함께 생존한 아종의 인류종이나 동종의 인류 종들과의 교배를 통해 수많은 다양한 골격과 피부와 색깔을 가진 유사인종이 분화되어 나갔을 것이다. 호모사피엔스사피엔스를 현생인류라고 하며, 현생인류의 출현으로 인류의 생물학적 진화는 완성되었다. 즉 생물학적 진화는 더 이상 일어나지 않게 되었다는 말이다. 다만 환경에 적응하기 위한 유전자의 변이는 다양하게 일어났을 것이다. 또한 아종교배와 동종교배를 통해서도 다양한 인종이 나타나게 된 원인이 되었을 것이다. 오늘 날 지구상에 같은 현생인류이면서도 생김새와 피부색이 다른 오색인종이 존재하는 것은 바로 그런 이유에서이다.

인류의 6단계 생물학적 진화 도표

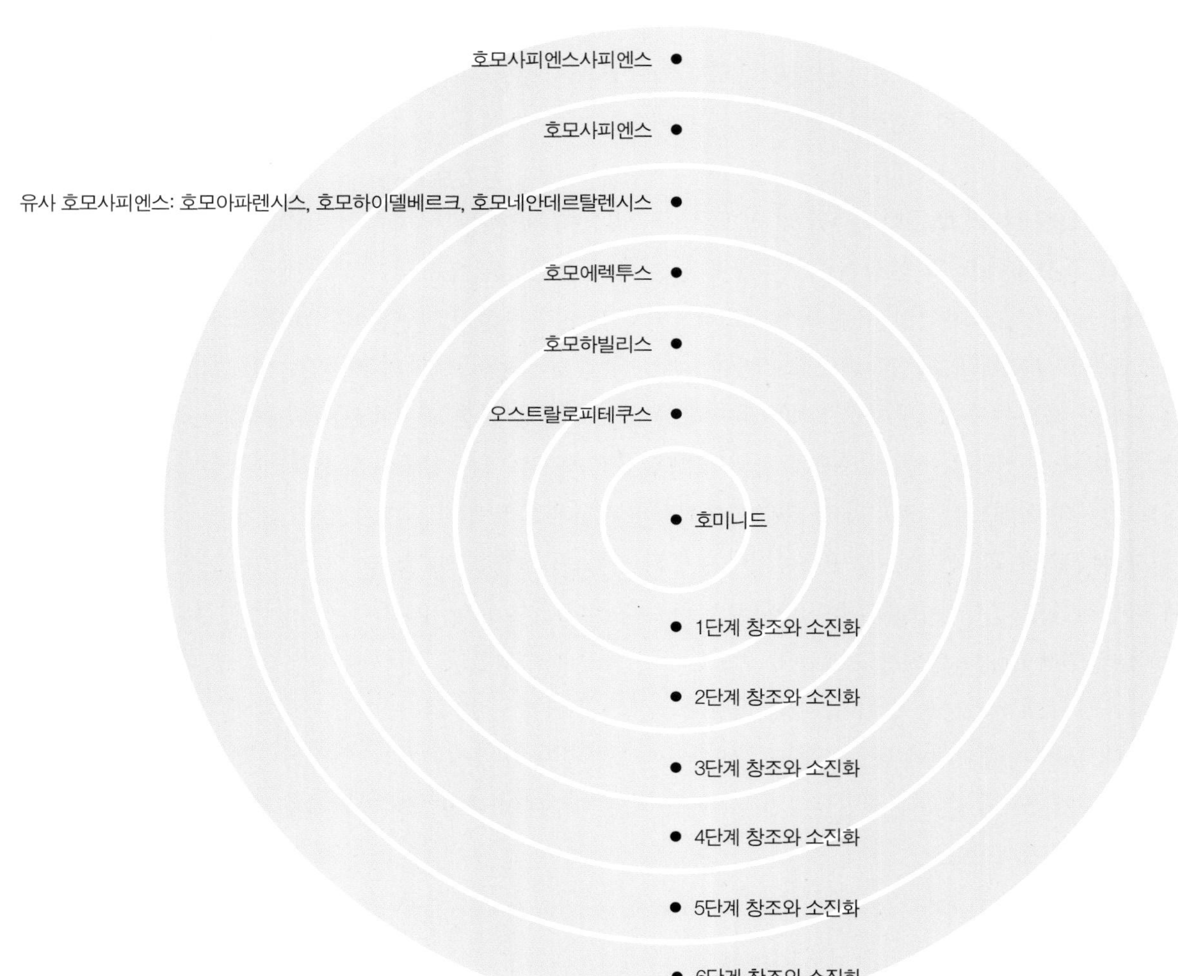

Ⅶ 인간의 6단계 생물학적 진화론의 근거

인류는 하나님의 형상을 따라 하나님의 모양대로 지음받은 존재이다. 인류는 적어도 6단계의 창조적 진화와 6단계의 자연선택적 창조적 섭리를 통해 진화했다. 그리고 첫 단계에 육체적 시스템과 정신적 속성을 한꺼번에 모두 부여받은 것이 아니라, 다단계로 점진적으로 부여되었다.

이는 토기장이가 만들고자 하는 토기인형의 이미지를 마음에 품고, 그 이미지를 따라 서서히 토기인형을 만들어나가는 것과 같다. 하나님은 이런 방식으로 사람의 육체도 만들고, 정신적 속성과 능력도 부여해나갔다. 이것이 다른 생물종의 창조와 사람의 창조가 다른 점이다.

그리고 첫 단계에 육체적 시스템과 정신적 속성을 한꺼번에 모두 부여받은 것이 아니라, 다단계로 점진적으로 부여되었다.

창세기 1-2장을 보면 하나님께서 우주만물을 창조하시는 방식은 매우 다양한 것을 알 수 있다. 하나님이 어떤 창조의 방식을 채택하든지 그것은 전적으로 하나님의 주권적 자유에 속하는 것이며, 그것이 하나님의 전능성을 훼손하는 것도 아니다. 근본주의 신학자들은 특히 성서를 문자적으로 해석하면서 하나님의 창조를 마술이나 동화처럼 이해하고 설명한다. 특히 그들은 하나님의 전지전능하심을 강조하며, 하나님이 한 번 말씀으로 명령하니 즉시 창조가 일어나 순식간에 현재의 우주만물이 완성된 형태로 생겨났다고 주장한다. 그들은 창조의 명령만 생각하고 그것이 실현되는 과정과 시간은 생각하지 않고 있다. 그러면서 그들은 자신들의 동화 같은 창조론을 말씀 중심의 창조론이라고 호도한다. 그러나 이것은 과학이 아직 발전하지 않았던 17세기 이전에나 통하는 주장이다. 현대는 과학실증주의 시대이다. 이 시대에 우주만물이라는 객관적 세계의 메커니즘과 그 기원에 대해 어떤 주장을 펼치려면, 그에 합당한 과학적, 실증적 데이터를 가지고 이야기해야 한다. 막연한 동화적 창조론, 마술적 창조론으로는 결코 현대 지식인 사회를 설득할 수 없다. 그러나 필자의 과학적 창조론, 특히 인간 창조론은 성서적 근거와 유전학적 근거, 고인류학적 근거를 가지고 있다. 이를 구체적으로 서술하면 다음과 같다.

1 ○ 성서적 근거

창세기 1-2장을 보면 하나님의 창조는 무에서 유를 창조하는 '바라', 유에서 유를 창조하는 '아사', 이미 존재하는 것으로부터 어떤 형태를 만드는 '야사르', '짓다', '건축하다'의 의미를 가진 '바나' 등 여러 방식의 창조를 행하신 것을 알 수 있다. 우주 창조는 '바라'로, 생물의 창조는 '아사'로, 인간의 창조는 창세기 1:26의 '아사'와 창세기 2:7의 '야사르'가 함께 적용되는 창조라고 할 수 있다. 특히 생물의 창조는 아사로서 유에서 유를 창조하는 방식이었다. 존재하는 흙의 성분을 합성하여 육체를 만들고 그것에 생명을 부여하는 방식으로 처음 생물을 창조한 다음, 이미 존재하는 생물의 유전자에 하나님이 창조력을 가하여 새로운 종을 탄생시킨 것이다.

각종 생물들은 하나님이 아무것도 없는 허공에 대고, 물고기야 나오라, 공룡아 나와라, 개구리야 나와라 하니 그대로 갑자기 우르르 튀어나온 것이 아니다. 이런 해석이야말로 신화적 해석, 유치한 동화적 해석에 지나지 않는다. 창세기의 창조를 동화적 상상력으로 해석하면 성서 계시의 깊은 의미와 사실을 놓치는 결과를 가져온다. 창세기의 각종 생물 창조에 대한 기록은 성부 하나님의 뜻을 따라 성자 하나님의 창조 명령이 떨어지니 성령께서 선택한 선재생물의 유전자에 창조력을 가하여 수직진화시켜 새로운 종의 생물이 나타나게 한 것으로 해석해야 한다. 그리고 그 생물은 다시 자연선택적 질서를 통해 점진적으로 진화하고 분화되도록 섭리하신 것이다.

사람도 다른 생물들과 마찬가지로 기존의 선행하는 동물인 유인원의 유전자에 성령의 창조력이 가해져서 출발하게 되었다. 다만 사람은 만물을 다스리고 천년왕국의 주역이 될 높은 차원의 피조물이기 때문에 다른 생물들과 달리 선행 인류종의 유전자에 여러 단계에 걸쳐 창조력을 가하여 정신적 속성을 단계적으로 부여했고, 그 다음 다양한 환경을 통해 부여된 속성을 창조적 섭리를 통해 진화시키고 분화시킨 것이다.

창세기 2:7을 보면 하나님이 인간을 창조하는 과정이 기록되어 있다. 이 구절을 깊이 묵상해보면 하나님께서 사람을 만드실 때 한 번의 명령으로 한순간에 만드신 것이 아니라, 도자기 장인이 고도의 예술성이 있는 자기를 만들듯이 만들었다는 것을 시사하고 있다. 도자기 장인은 그가 생각하는 도자기를 만들기 위해 먼저 좋은 고령토 흙을 택하여 체에 쳐서 고운 가루로 만들고, 그 위에 물을 부어 진흙을 만든다. 그리고 그 진흙을 이겨 물레에 얹고 수천 번의 회전과 어루만짐을 통해 그가 생각하는 도자기의 형상을 만들고, 그 만든 것을 불가마에 넣어 굽고, 다시 꺼내 유액을 칠하여 굽는 과정을 거쳐 명품 자기를 완성하는 것이다. 하나님이 생물학적 인간을 창조할 때도 장인이 도자기를 만들듯이 다단계의 창조 과정과 다단계의 자연선택적 섭리가 있었던 것이다. 그러므로 필자는 성서의 이런 기록들이야말로 다단계 생물학적 인간창조론, 또는 다단계 인간진화론의 성서적 근거가 될 수 있다고 확신한다.

2 ◦ 유전학적 근거

유전학자들에 의하면 사람의 유전자는 일반 포유류들과는 90% 전후로 일치하고, 영장류들 중 고릴라와는 96%, 침팬지와는 98% 정도 일치한다고 주장한다. 이러한 유전학적 데이터는 사람이 생물학적으로 침팬지와의 공동 조상으로부터 갈라져 나온 것이라는 과학자들의 가설이 타당하다는 것을 입증하는 것이다. 그리고 과학자들에 의하면 이런 유전자의 차이는 최초의 인류종부터 여러 단계의 수직진화와 다단계의 점진적 수평진화를 통해 이루어진 것이며, 인류 유전자의 생물학적 진화는 5만 년 전 호모사피엔스사피엔스(슬기슬기사람)에서 완성되었다고 한다.

3 ◦ 고인류학적 근거

고인류학자들은 최초의 인류가 출현해서 생물학적 완성체인 현생인류가 되기까지 수백만 년에 걸친 생물학적 진화 과정을 거쳤다고 말한다. 어떤 학자들은 지구상에는 약 24개의 인류종이 존재했다고 한다. 이들은 환경에 적응하면서 진화하기도 하고 여러 개의 아종으로 분화하기도 했다. 그들의 이러한 주장은 세계 각지에서 발견된 수많은 고인류들의 화석과 유적지와 유물들을 분석한 데이터에 근거한 것이다. 그들의 주장은 대개 다음과 같다. 호미니드(Hominid)는 고릴라, 침팬지, 오랑우탄 등 대형 유인원을 포함하는 영장류의 한 과이다. 현생인류의 조상이 된 어떤 호미니드는 여러 유인원과는 달리 숲의 나무에서 내려와 너른 평지로 삶의 터전을 옮겼다. 고릴라, 침팬지 등 계통이 같은 유인원과 달리 평지로 내려와 독립적인 발전의 길을 걷게 된 인종을 가리켜 오스트랄로피테쿠스(원숭이사람)라고 한다. 고인류학계는 이 오스트랄로피테쿠스*를 인류의 첫 생물학적 조상으로 보고 있다.

1913년 미국 프랑스 합동조사단 중 미국 측 조사단장 도널드 요한슨이 아프리카 하다(Hadar) 유적지에서 발견한 화석은 후에 오스트랄로피테쿠스 아파렌시스라는 공식 명칭을 붙였는데, 일명 루시라고 불리기도 한다. 이 루시는 약 320만 년 전에 평지에서 가족의 일군을 이루며 살았던 오스트랄로피테쿠스를 대표하는 존재로 인정되고 있다. 오스트랄로피테쿠스가 생활 터전을 숲에서 초원이나 개활지 같은 평지로 옮겼을 때, 그들의 삶은 3가지 도전에 직면하게 되었다. 숲에서 나무를 타며 생활하던 때와는 달리 평지를 안정되게 걸어 다니며 손을 써서 작업을 해야 할 필요성, 그리고 노출된 평지에서 살기 때문에 주위의 다른 적들의 공격에 쉽게 노출되는 문제, 그리고 멀리 떨어진 숲으로 가서 제한된 시간에 먹을 것을 구해야 하는 것 등이었다. 이를 해결하기 위해 오스트랄로피테쿠스는 3가지 방향의 진화를 하게 되었다. 하나는 두 발로 걷고 손을 자유롭게 쓸 수 있는 골격, 즉 직립인을 향한 진화, 두 번째는 더 큰 무리들로 공동체를 이루는 사회적 진화, 세 번째는 더욱 효과적인 도구를 발견하거나 만들어서 사용하는 도구 진화이다. 필자의 생각에 이런 진화가 가능했던 것은 단순히 자연환경의 도전 때문이 아니라, 이미 그들이 호미니드에서 갈라져 나올 때 하나님께서 그들의 유전자에 부여한 그러한 속성이 잠재해 있었기 때문이라고 생각한다. 다시 말해 자연환경적 도전이나 필요성은 그들이 가지고 있는 유전자 속의 잠재적 속성을 깨우는 역할을 한 것이다.

그 다음으로 나타난 인류는 233만-140만 년 전 사이에 살았던 호모하빌리스**였다.

그들은 외형적으로 구부정하기는 하지만 두 발로 걸었고, 약 80명에서 100여 명이 무리를 지어 이동하며 집단생활을 했으며, 또한 160만 년 전쯤에는 조잡하기는 하지만 돌로 만든 찍개 같은 도구까지 사용했다.

그 다음에는 약 190만 년 전 현생인류처럼 등뼈를 곧추세우고 걷는 호모에렉투스***가 나타났다.

이들의 화석은 호모하빌리스가 아프리카에서만 발견된 데 반해 아프리카, 유럽, 아시아대륙 등 전 지구에서 발견되었다. 일부 학자들은 이를 근거로 호모에렉투스야말로 현생인류의 진정한 직계 조상으로 여기기도 한다. 그러나 호모에렉투스도 호모하빌리스로부터 진화된 인류라고 보아야 한다. 이들은 불을 사용할 줄 알았고, 손가락을 자유롭게 움직였으며, 간단한 신호체계로 의사소통도

*
오스트랄로피테쿠스(Australopithecus)는 신생대 신제3기 마이오세부터 제4기 플라이스토세에 살았던 유인원과 인류의 중간 형태를 가진 멸종된 화석인류로 500만-50만 년 전 사이에 아프리카 대륙에서 서식했다는 것이 밝혀졌다. 발원지는 동부 아프리카로 추정되며 남아프리카, 사하라 사막, 동부 아프리카 일대에서 생존한 것으로 알려지고 있다. 이들은 남방고원(南方古猿) 또는 남방 사람원숭이라는 이름으로 불린다.

**
호모하빌리스(Homo Habills)는 약 233만-140만 년 전 제4기 플라이스토세에 살았던 사람 속 화석인류로서, 1962-1964년 사이 루이스 리키와 그의 아내 메리 리키에 의해 탄자니아 세렝게티 국립공원 올두바이 협곡에서 처음 발견되었다. 키는 평균 130-150센티미터였으며 뇌 용량은 약 600-860시시(CC)였다. 이들은 오스트랄로피테쿠스 아프리카누스나 오스트랄로피테쿠스 가르히보다 더욱 발전된 석기를 사용했던 것으로 알려지고 있다.

***
호모에렉투스(Homo Erectus)는 신생대 제4기 플라이스토세(홍적세)에 살았던 멸종된 화석인류이며 호모사피엔스의 직계 조상으로 알려지고 있다. 170만-20만 년 전 아프리카, 아시아, 시베리아, 인도네시아 등에 걸쳐 생존하였다. 호모에렉투스는 150만 년 이전에 히말라야 산맥을 넘어 아시아까지 진출했던 것으로 추정된다. 이들은 뗀석기로 큰 짐승을 사냥하고 가죽을 벗기고 살점을 잘라냈고, 불로 고기를 익혀 먹었다. 그리고 초보적이지만 언어를 사용했다.

하고 진정으로 도구다운 도구를 만들어 집단 사냥을 했다. 호모에렉투스는 여러 빙하기에 살았던 인류로서 지구에 불어닥친 빙하시대라는 극한의 환경 변화를 이겨내기 위해 풍부한 습지에서 건조한 땅으로 크게 달라진 아프리카의 자연 조건을 벗어나기 시작했다. 이 시기부터 25만-20만 년 전까지 이들은 유럽과 아시아 대륙으로 퍼져나가 오늘날의 현생인류를 이루는 결정적 계기를 제공했다.

그 다음 80만 년 전에 지구상에는 유사 호모사피엔스라는 새로운 인류종이 출현했다. 그들 중 호모안테세소르는 약 80만 년 전에 나타난 인류종으로서 가장 이르고, 그 다음 호모 하이델베르겐시스는 70만 년 전, 호모네안데르탈렌시스*은 50만 년 전에 처음 출현한 것으로 알려졌는데 학자들마다 조금씩 다른 견해를 보이고 있다. 이들은 호모에렉투스에 비해 거의 현생인류에 가까운 얼굴과 외모를 가지고 있었다. 일부 학자들은 이들중 호모네안데르탈렌시스를 호모사피엔스의 범주에 넣기도 한다.

고인류학자들에 의하면 호모사피엔스**는 유전학적으로 약 30만 년 전 네안데르탈인으로 부터 갈라져 나온 것으로 보고 있다.

지금까지 발견된 호모사피엔스의 화석은 19만 5000년 전 것이 가장 오래된 것이기 때문에 학자들에 따라 등장 연대를 50만 년 전이나 20만 년 전 등으로 결론을 내리지 못하고 있었다. 최근 막스플랑크 진화인류학연구소의 장-자크 후블린 교수가 이끈 국제공동연구진이 지금까지 발견된 화석보다 무려 10만 5000년 더 오래된 약 30만 년 전의 호모사피엔스의 화석과 이들이 쪼아 만든 다량의 석기를 아프리카 모로코의 제벨 이르후드에서 발굴했다고 국제학술지 『네이처』에 발표했다(2017. 6. 8.). 그것이 확실하다면 최초로 호모사피엔스가 출현한 연대는 소급될 가능성이 커진다. 이들 호모사피엔스는 아프리카 서부에서 출발하여 아프리카 동부와 유럽을 비롯한 전 세계에 퍼져나간 것으로 추정된다. 그러나 호모사피엔스는 새로운 인류종인 호모사피엔스사피엔스의 등장으로 약 1만 5000년 전 지구상에서 완전히 사라졌다.

그러다가 약 5만 년 전 유전자적으로 현생인류와 거의 동일한 단계로 진화한 호모사피엔스사피엔스(해부학적 관점에서 완전히 현대인과 같은 신체적 특징을 가진 인류종)***가 등장했다.

호모사피엔스에서 호모사피엔스사피엔스로의 진화는 형질인류학에서 흔히 '대전이(大轉移)'라고 불리는 과정적 사건이다. 이 전환기적 특징이 잘 나타나는 호모사피엔스사피엔스의 유적은 프랑스의 호투스, 유고의 반디자, 레바논의 스콜 유적 등이 있다. 이들의 화석은 아시아 지역에도 많이 발견되었는데 중국의 산정동인(山頂洞人), 한국의 용곡인, 승리산인, 만달인 등이 대표적이다.

이상은 고인류학자들의 일반적 견해이다. 이러한 과학자들의 주장을 성서적 함의에 따라 소통하면 다음과 같다.

하나님께서는 어떤 호미니드의 유전자를 창조적으로 수직진화시켜 지구상 최초의 인류 종을 탄생시켰다. 그 후 이들에 대해 하나님은 여러 단계의 창조를 통해 수직진화시켰고, 그 단계마다 자연선택의 질서를 통해 지속적으로 수평진화시켰다. 그 과정에서 인류종은 점점 더 현생인류에 가까

*
호모네안데르탈렌시스(Homo Neanderthalensis)는 현생인류인 호모사피엔스와 가까운 종으로, 유럽을 중심으로 서아시아에서 중앙아시아, 북부 아프리카에 이르기까지 분포하였다. 석기 제작 기술을 가지고 있었고, 불을 사용했으며, 매장의 풍습을 가지고 있었다. 1856년 독일 프로이센의 뒤셀도르프 근교 네안데르(Neander) 계곡에서 인골이 발견되어 네안데르탈인이라고 이름 붙여졌다.

**
호모사피엔스(Homo Sapiens)는 분류학에서 유일하게 현존하는 인류이다. 호모사피엔스는 '현명한 남자', '슬기로운 남자'를 뜻하는 라틴어로 1758년 칼 폰 린네에 의해 소개되었다. 호모사피엔스의 기원에 대해서는 아프리카 단일기원설과 다지역기원설이 대립했는데, 현대에는 많은 연구 결과 아프리카 단일기원설이 지배적이다. 호모사피엔스는 네안데르탈인이나 데미소바인 등과의 혼혈이 제한적이나마 이루어졌던 것으로 밝혀졌다. 호모사피엔스는 대략 홍적세 중기인 20만 년 전에 아프리카에서 처음 등장한 이래 홍적세 후기인 1만 5,000년 전까지 존재했다.

***
호모사피엔스사피엔스는 슬기슬기 사람이라는 뜻이다. 이들은 5만 년 전 아프리카에서 처음 등장하여 전 지구로 퍼져나갔다. 이들은 그때까지 생존해 있는 다양한 호모사피엔스와 지구 곳곳에서 만나 이종교배를 이루었을 가능성이 크다. 대부분의 학자들은 이들을 선행 호모사피엔스에서 한 단계 더 진화한 현생인류의 직계 조상으로 본다. 현재 지구상에는 오직 호모사피엔스사피엔스만이 살아남아 번영을 구가하고 있다.

워졌으며, 다양한 유사 종으로 분화되기도 했다. 그리고 분화된 인류종은 자연환경과 다른 짐승들, 그리고 다른 아종 인류들과 생존 경쟁을 하면서 그중 일부는 도태되고 그중 일부는 살아남았다. 그렇게 되자 지구상에는 여러 종의 인류가 공생하는 상태가 되었다. 동남아시아에서 발견된 화석의 연구를 통하여 대략 190만 년 전에 처음 출현한 호모에렉투스는 20만 년 전까지도 인도네시아에 생존했다는 연구 결과가 나오고 있다. 그들 다양한 인류종들은 서로 아종교배를 하면서 유전자들이 서로 섞이게 되어 지구상에는 더욱 많은 인류종들이 분화되어 공생하게 되었다.

80만 년 전 지구상에 당시까지는 생물학적으로 가장 진화된 인류종인 유사 호모사피엔스가 출현하여 온 지구상에 퍼져나갔다. 그들이 바로 호모안테세소르, 호모하이델베르겐시스, 호모네안데르탈렌시스 들이다. 지구상의 다른 인류종들은 서서히 소멸되기 시작했다. 이 새로운 인류종이 번영할 수 있었던 것은 유사 호모사피엔스가 다른 인류종들에 비해 종합적 생존력이 월등했기 때문이다.

30만 년 전후에는 아프리카에서 슬기로운 사람, 즉 호모사피엔스가 출현하였다. 그들은 그 이전에 출현한 유사 호모사피엔스들과 공존하면서 결국 지구상 인류종 중 승자가 되었다. 그 결과 네안데르탈인 외에는 지구상에서 유사 호모사피엔스가 거의 멸종되었다.

5만 년 전 지구상에는 인류의 생물학적 완성체인 호모사피엔스사피엔스가 출현하였다. 이들은 하나님의 형상이라는 정신적 속성이 완전히 발현된 인류종이었기 때문에, 그때까지 생존했던 다른 인류종은 서서히 소멸되었다. 그리고 1만 5000년 전 무렵 지구상에는 오직 호모사피엔스사피엔스만 생존하여 거주하게 되었다.

다른 인류종의 멸종 원인에 대해 많은 학자들은 그들이 호모사피엔스사피엔스에 비해 사회성이 떨어졌기 때문에 적자생존을 하지 못하고 멸종되었다고 주장한다. 그러나 그동안 길게는 백만 년 이상 짧게는 20만 년 이상 생존해왔던 인류종들이 현생인류가 등장했다고 해서 급격히 소멸되었다는 것은 이해가 되지 않는 일이다. 그들의 멸종 현상은 반드시 생존 경쟁에서 그들이 호모사피엔스사피엔스에게 패배했기 때문이라고만 볼 수는 없다. 왜냐하면 그 당시 지구상에 인류의 개체수가 많았던 것도 아니었기에 다른 인류종들 간의 경쟁이 그들의 생존을 크게 위협하는 요인은 아니었다. 오히려 그들의 생존을 가장 크게 위협하는 것은 다른 인류종이 아니라 기후의 변화나 맹수들의 공격, 또는 질병이었다. 그러나 이 역시도 하나님의 자연을 통한 섭리라고 볼 수 있다. 하나님께서는 목표하던 인류의 생물학적 창조가 완성 시점에 이르자 호모사피엔스사피엔스를 제외한 모든 인류 종들을 여러 가지 방법으로 지구상에서 소멸시켜 버린 것이다. 이는 마치 명품 도자기를 만들기를 원하는 장인이 드디어 그 바라던 명품을 만들었을 때 미완의 자기들은 땅에 던져 부숴버리는 것과 같다.

최근 새로운 인류종이 출현할 때 선행했던 인류종이 서서히 소멸되었던 것이 하나님의 섭리라는 사실을 입증하는 설득력 있는 연구 결과가 나왔다. 일단의 미국 연구자들이 네안데르탈인의 화석에서 Y염색체 유전자에 아들을 낳을 수 없게 하는 치명적 돌연변이가 일어났다는 사실을 발견한 것

하나님께서는 목표하던 인류의 생물학적 창조가 완성 시점에 이르자 호모사피엔스사피엔스를 제외한 모든 인류 종들을 여러 가지 방법으로 지구상에서 소멸시켜 버린 것이다.

이다. 미국 스탠퍼드 대학 연구팀은 4만 6,000년 전 스페인에 살았던 네안데르탈인 남성의 남은 뼈에서 보존 상태가 좋은 Y염색체를 얻었는데, 이 유전자를 현재 남성의 Y염색체와 비교한 결과 네안데르탈인의 Y염색체에서 면역과 관련된 여러 유전자의 돌연변이기 나타난 것을 확인했다는 것이다. 이로 인해 네안데르탈인 여자가 임신하면 아들이 쉽게 유산되었고, 그로 인해 남성의 개체수가 줄어들어 결국은 네안데르탈인이 지구상에서 사라지게 되었다는 것이다. 이 내용은『미국인간유전학저널(Americian Journal of Human Genetics)』에 상세히 보도되었다. 이런 기사를 접하고 필자는 인류 창조에 대한 하나님의 놀라운 창조적 섭리를 느끼지 않을 수 없었다. 필자는 순간 이사야 선지자의 말씀이 생각났다. "풀은 마르고 꽃은 시듦은 여호와의 기운이 그 위에 붊이라(사40:8)." 결론적으로 하나님께서는 목표하던 인류의 생물학적 창조가 완성 시점에 이르자, 하나님은 호모사피엔스사피엔스를 제외한 모든 인류종들을 지구상에서 소멸시켜 버린 것이다. 결국 이 모든 것은 하나님의 섭리로 인해 일어난 일이었다. 그리하여 마지막까지 살아남았던 네안데르탈인 같은 유사 호모사피엔스와 선행 호모 사피엔스들은 후발주자인 호모 사피엔스사피엔스에게 유전자를 남기고 지구상에서 완전히 소멸되고 말았다. 이제 최후로 지구상에 살아남은 인류종은 호모사피엔스사피엔스가 되었다. 그들은 월등한 지적 능력과 창의성, 언어를 통한 소통 능력, 그리고 사회성 등으로 지구 생태계의 최후의 승자가 되어 오늘날까지 번영을 구가하고 있다. 그로 말미암아 하나님께서 인류를 만드신 목적인 "우리가 우리의 형상을 따라 우리의 모양대로 우리가 사람을 만들고 그들로 바다의 물고기와 하늘의 새와 가축과 온 땅과 땅에 기는 모든 것을 다스리게 하자(창세기 1:26)" "하나님이 그들에게 복을 주시며 하나님이 그들에게 이르시되 생육하고 번성하여 땅에 충만하라 땅을 정복하라 바다의 물고기와 하늘의 새와 땅에 움직이는 모든 생물을 다스리라 하시니라(창세기1:28)"는 말씀이 완벽하게 이루어진 것이다.

Part 5
The story of Eden

| 제 5 부 | 에덴동산 이야기

미켈란젤로의 천지창조

Overview

본서는 하나님이 주도한 인류 역사가 지나왔던 노정을 성서신학적으로 규명한 것이지만, 이 역사 과정에 대한 서술은 교리적으로도 조화를 이루어야 하므로 이와 관련 있는 교리 부분을 교의학적으로 다루지 않을 수 없었다. 그로 말미암아 수직적 교리와 수평적 역사가 만나는 탄젠트 포인트의 신학사상이 전개된 책이 될 수 있었다.

창세기 2:7절은 인간의 5단계 창조 중 1단계와 2단계 창조의 근거가 되는 구절이다. "여호와 하나님이 땅의 흙으로 사람을 지으시고"는 제1단계 창조인 생물학적 인간의 완성을 의미한다. 이 창조 작업은 지구의 시간으로 수백만 년이 걸렸다. 진흙을 주물러 사람을 만들어가는 과정은 인류가 점진적으로 진화했음을 시사한다. 수직적 창조와 자연선택적 수평적 창조는 하나님이 인간 창조를 위해 선택한 창조의 지혜이고 소중한 역학이다. 그리하여 지구상에는 생물학적 인류의 완성 종인 슬기슬기사람(호모사피엔스사피엔스)이라는 현생인류가 나타나게 된것이다. 하나님은 현생인류들 중 가장 우수한 사람을 택하여 영을 불어넣으셨다. 그리하여 생령의 사람 아담이 탄생하니 이것이 사람에 대한 제2단계 창조이다. 그러므로 아담은 인류의 생물학적 조상이 아니라 영이 있는 인류의 조상인 것이다. 영이 있는 사람은 영적 존재의 음성을 듣고 교제할 수 있으며, 육체가 죽어도 영혼이 소멸되지 않는다.

하나님은 동방의 에덴에 동산을 창설하시고 아담을 그 동산으로 인도하셨다. 에덴동산은 영적 공간인 동시에 질료적 공간이며, 천지 간 온 우주의 중심이다. 아담은 에덴동산을 지키고 다스리는 동산지기로 부름을 받았으니, 온 우주의 수도인 에덴 특별시 시장으로 임명받은 것이다. 이 동산에서 하나님은 인간에 대한 제3단계 창조, 즉 본성이 분열되어 죄를 짓지 않을 수 없는 인간을 허용적 섭리를 통하여 만드시었다. 죄와 악은 하나님이 꿈꾸시는 궁극적 우주를 만드시기 위해 하나님이 알면서도 무시한 가능성이다. 인류의 제3단계 창조는 하나님의 궁극적 비전을 이루기 위해 하나님이 주권적 결정으로 행하신 일이다(로마서 8:20). 하나님은 그럴 권리와 자유가 충분히 있다. 그로 인하여 궁극의 비전이 이루어지는 날까지 하나님은 사람과 더불어 고통을 받으며, 그 비전이 이루어지는 날 하나님과 사람은 영원한 즐거움과 안식을 누리므로 충분히 보상받을 것이다(로마서8:18). 역사는 궁극적 우주의 근간을 이루는 그리스도인, 즉 플레로마(로마서8:25)를 조성하기 위해 하나님이 섭리하신 잠정적 상황이다. 이들은 그리스도 안에서 그리스도의 형상을 본받은 자들(로마서 8:29), 성령으로 새로 난 자들(요한복음 3:5-7)이다. 갈등과 혼돈과 결핍과 절망의 역사는 사람으로 하여금 죄책감과 심판의 두려움과 하나님에 대한 갈망을 갖게 할 것이므로, 이런 역사의 상황은 하나님께서 만세 전에 예정한 수의 그리스도인을 조성하기 위해 최적의 조건이다. 논과 밭을 일구는 목적이 곡식을 수확하기 위한 것처럼 하나님이 역사를 조성한 목적은 천년왕국에서 하나님과 백성들 사이를 중보할 그리스도인을 수확하기 위해서이다(요한복음 4:35-38). 그래야 온 우주에 통일된 하나님의 나라가 세워질 수 있기 때문이다(에베소서 1:10). 하나님이 만세 전에 그들을 정하신 것(로마서8:29)은 바로 이 궁극의 우주에서 중심적 역할을 할 사람이 필요했기 때문이다. 성령 하나님은 역사 속에서 그들을 선택하고 부르시고 일으키신다(요한계시록14:1). 여기서 성령의 선교의 중요성이 있는 것이다. 우리는 정하신 수의 그리스도인이 온 세계에 충만해질 때 까지(로마서 11:25), 그리고 온 이스라엘이 주님께 돌아오기 까지(로마서 11:26) 선교를 멈추어서는 안 된다. 그러므로 필자의 창조적 플레로마 예정론은 절대이중예정론과 예지예정론과 바르트의 원리적 은총예정론의 약점을 보완한 최선의 성서적 예정론이라고 자부한다.

사탄은 에덴동산 선악과나무 아래에서 인류를 미혹함으로 처음 자기 정체를 들어냈다(창세기 3:1, 에스겔 28:14-15). 그 이전까지 사탄은 하나님나라의 거룩성을 수호하는 그룹천사장의 지위에 있었다(에스겔 28:13-

14). 그러므로 선악과 사건은 죄를 지을 수밖에 없는 인류와 죄를 조장하는 사탄이 탄생한 우주의 역사의 가장 중요한 터닝 포인트이다. 이제 갈등과 혼돈의 역사, 즉 예정한 그리스도인을 조성할 자궁 같은 역사가 출발하게 되었다.

죄를 지은 인간을 위해 준비된 공간인 지옥은 심판의 장소임과 동시에 구원의 은총이 비추는 장소이다. 지옥은 영원히 심판받는 장소가 아니라 인간이 지은 죄에 합당한 형벌을 받도록 하나님이 창설한 공간이다. 지옥의 주관자는 마귀 사탄이 아니라 형벌의 천사장과 형벌의 천사들이다. 죄 지은 인류가 받을 적절한 형벌의 정도는 하나님의 뜻 안에서 형벌의 천사장이 공정하게 판단한다. 지옥에도 복음이 선포되고 있으니, 믿는 자는 심판의 형벌로 죄의 정화가 끝난 후 특별한 장소에서 안식을 누리며 둘째 부활의 날을 기다리게 될 것이다. 인류의 현 역사와 천년왕국의 역사가 진행되는 과정에서 우여곡절은 있을 것이나 결국은 영원천국에서 만민이 구원받을 것이다. 한 사람의 영혼에게서라도 구원받지 못한 자의 탄식 소리가 들려온다면 그것은 완전한 천국이 아니다. 그러므로 천년왕국 시대를 지나 영원천국 시대에는 그리스도를 통한 하나님의 은혜와 사랑을 거부하고 반역한 자 외에는 모두가 구원받을 것이다. 그러나 과연 그리스도를 보고도 믿지 않을 사람이 얼마나 있을 것인가?

말세지 말에 지상에서는 그리스도를 따르는 선의 세력과 마귀의 추종 세력 간에 지구 최후의 전쟁인 아마겟돈 전쟁이 벌어진다. 그러나 이 전쟁의 진정한 역학은 영적 전쟁으로서 그리스도는 하늘에서 천군천사들을 지휘하여 마귀의 세력과 전쟁을 벌인다(요한계시록 19:11-14). 이 전쟁의 최후 승자는 물론 그리스도다(요한계시록 19:15-16). 전쟁이 끝나고 사탄과 그의 추종자들이 무저갱과 유황불에 던져진다. 그 다음 공중천에는 하늘에서 강림한 그리스도와 부활했거나 들림받은 성도들은(요한계시록 20:4-5, 데살로니가 전서 4:16-17) 어린양 혼인잔치에 참여한다(마태복음 25:1-13, 요한계시록 19:7-8), 그리스도와 구원받은 성도들은 지상강림을 할 것이고, 살아남은 자들은 통곡하며 그들을 영접할 것이다(마태복음 24:30). 그때 양과 염소를 가르는 심판이 있을 것이니 심판의 기준은 신앙의 여부가 아니라 휴머니즘이다(마태복음 25:31-46). 이때 염소의 반열에 있는 자들은 지옥에 들어가고, 양의 반열에 선 이들은 천년왕국의 기초 백성이 된다.

저 하늘의 뭇별은 보기 좋으라고 하나님이 관상용으로 만들어놓은 것이 아니다. 저 무수한 별들은 하나님의 나라가 확장될 장소이다. 첫째 부활에 참여한 자는 영체를 가진 자로서 죄를 짓지 않을 수 있고, 공간적 한계와 수명의 한계를 초월한다. 그들은 그리스도를 대신하여 한 별의 주관자가 되어 왕국의 백성들이 하나님을 잘 섬기고 서로 사랑하며 살도록 지도하는 영광스런 중보자의 역할을 할 것이다. 그래서 성서는 첫째 부활에 참여한 자들을 복되다 하였으며, 그들은 왕 같은 제사장이라고 칭한 것이다(계시록 20:6).

에덴동산을 나서는 아담과 하와에게 측은지심으로 짐승의 가죽으로 옷을 해 입히신 하나님은 분명히 크리스마스를 기다리라고 예고하셨을 것이다. 아담과 하와가 동산 밖으로 나가자 하나님은 즉시 동산을 인간세상으로부터 분리하고 완전히 폐쇄시켰다. 그리고 낙원을 품은 영적 우주 역시 그 사이에 흑암의 공간을 두어 질료적 공간으로부터 완전히 분리되었다. 이후에 어느 누구도 물과 성령으로 거듭난 그리스도인 외에는 낙원을 볼 수도 없고 들어갈 수도 없다(요한복음 3:5). 천년왕국 이후 흰 보좌 심판이 끝나면 온 우주에는 새 하늘과 새 땅이 펼쳐지고(요한계시록 21:1) 장엄한 새 예루살렘 성을 품은 낙원은 그동안 잠정적으로 분리되었던 지상으로 다시 강림하게 된다(요한계시록 21:2). 그리고 지구는 온 우주의 중심이요, 영화로운 수도, 확장된 에덴이 될 것이다.

Chapter 1 제 1 장

아담, 영, 하와

I 아담은 누구인가?

창세기 2:7절 "여호와 하나님이 땅의 흙으로 사람을 지으시고 생기를 그 코에 불어넣으시니 사람이 생령이 된지라."

1 아담은 현생인류 중 한 사람이다

아담은 하나님께서 생물학적으로 완성시킨 현생인류, 즉 호모사피엔스사피엔스 중 한 사람이다. 필자는 제4부 창조론 마지막 부분에서 "여호와 하나님이 땅의 흙으로 사람을 지으시고"에 대한 주석을 하면서, 이 구절은 하나님이 창조와 창조적 섭리를 통한 인간을 생물학적으로 진화시킨 근거 구절이라고 서술한 바 있다. 생물학적 인간의 창조는 토기장이가 인형이나 도자기를 만들 때, 먼저 고령토 진흙을 주물럭거려 점진적으로 형태를 만들고 불가마에 초벌구이를 한 다음 꺼내 조각이나 그림을 그려 넣고 유약을 칠해서 다시 불가마에 넣기를 반복하여 완성시키는 것과 유사하기 때문이다. 하나님은 사람을 생물학적으로 완성시키기 위해 다단계의 창조적 진화가 일어나도록 섭리했고, 그 결과 5만 년 전에 현생인류인 호모사피엔스사피엔스가 지구상에 나타나게 되었다. 사람은 처음부터 완전체로 지구상에 등장한 것이 아니다. 처음에는 유인원 계열의 호미니드에서 갈라져 나온 오스트랄로피테쿠스가 등장했고, 그다음은 호모 하빌리스, 호모에렉투스, 유사 호모사피엔스인 안테세소르나 하이델베르크인, 네안데르탈인이 등장했다. 그리고 호모사피엔스에 이어 마지막에 생물학적으로 완성된 호모사피엔스사피엔스가 등장하면서 인류의 제1단계 창조인 생물학적 창조가 완성된 것이다.

목표했던 생물학적 인간이 완성되자 하나님은 그때까지 살아남은 네안데르탈인이나 호모사피엔스를 지구상에서 모두 멸종시켜버렸다. 이는 예술가가 원하던 작품이 완성되면 작업장에 남아 있었던 미완의 작품들을 깨끗이 없애버리는 것과 같은 이유다. 어쩌면 완성된 호모사피엔스사피엔스가 미완의 아종들과 교배하게 되면 완성된 현생인류의 유전자에 부정적인 문제를 일으킬 가능성을 원천적으로 차단하기 위한 섭리인지도 모른다. 하나님은 이러한 인류 대청소를 위해 호모사피엔스가 아니면 도저히 이겨나갈 수 없는 자연환경을 만든다든지, 아니면 개체의 염색체에 변이를 일으켜 남자 생식이 잘 안 되게 만든다든지 하는 등의 창조적 섭리를 했다고 추정된다.

이제 지구상에는 오직 호모사피엔스사피엔스만 남게 되었다. 그들은 지구상에 번성하여 널리 퍼져나갔다. 그러나 생물학적 완성체인 호모사피엔스사피엔스가 출현했다고 해서 인류에 대한 하나님의 창조가 끝난 것은 아니다. 하나님은 이제 인류에 대한 제2단계 창조에 착수하셨다. 생물학적으로 인류를 완성시키기 위한 여러 단계 창조와 창조적 섭리가 있었지만, 막상 생물학적 인간의 완성은 인류 창조의 큰 틀에서 보면 첫 단계의 완성에 지나지 않는다. 아담은 바로 호모사피엔스사피엔스 중 한 사람이었다. 하나님은 이제 인류에 대한 2단계 창조에 착수했다. 그것이 바로 창세기 2:7절에 나오는 영이 있는 인류의 창조이다.

2 ◦ 아담은 영을 부여받은 최초의 사람이다

아담은 현생인류 중에서 영을 부여받은 최초의 사람으로 영이 있는 인류의 조상이다. 지구상에 호모사피엔스사피엔스가 출현한 후 수만 년이 지난 어느 날 하나님께서는 메소포타미아 북부 지역에 사는 현생인류 중에서 가장 슬기로운 사람 하나를 택하여 그에게 생기를 불어넣었다. 성서는 이에 대해 "여호와 하나님이 땅의 흙으로 사람을 지으시고 생기를 그 코에 불어 넣으시니 사람이 생령이 된지라(창세기 2:7)"라고 기록하고 있다. 이 구절 중 "여호와 하나님이 흙으로 사람을 지으시고"라는 대목은 하나님께서 수백만 년에 걸친 다단계적 창조와 자연선택적 섭리를 통해 현생인류, 즉 호모사피엔스사피엔스를 창조했다는 것을 의미한다. 그다음 "생기를 그 코에 불어넣으시니 사람이 생령이 된지라" 하는 부분이 바로 하나님께서 영이 있는 인간을 창조하시는 장면이다. 여기서 생기란 단어의 히브리 원어는 '네솨마(תוינויח)'인데, 바람, 호흡, 영, 신적 영감의 뜻을 가진 용어이다. 그리고 생령은 히브리 원어로 '네페쉬(םישׁנא)'로서 호흡하는 생물, 또는 동물, 생명력, 영혼, 혼령이라는 의미를 가진다.

이 구절에 대해 어떤 신학자는 단순히 흙으로 지은 인간의 몸속에 생명의 기운을 불어넣으니 비로소 사람이 살아 있는 생물이 되었다고 해석한다. 그러나 성서 어디에도 어떤 생물이나 동물을 창조할 때 하나님이 코에 생기를 불어 넣었다는 구절은 없다. 심지어 창세기 2:19절 "여호와 하나님이 흙으로 각종 들짐승과 공중의 각종 새를 지으시고"라는 구절에서도 생기를 불어넣어 짐승을 생령이 되게 했다는 문장이나 단어가 나오지 않는다. 그러므로 창세기 2:7절에 나온 생기와 생령이라는 단어는 인간의 창조에만 국한되는 용어라고 보아야 한다. 설령 성서기자의 생각 속에 이 단어를 생물학적 생명을 불어넣었다는 의미로 사용했다 하더라도, 계시를 계시되게 하시는 성령은 인간에 대한 모종의 영적 의미와 영적 사실을 알려주기 위해 이 단어를 사용케했다고 보아야 한다.

그러므로 "생기, 즉 네솨마를 불어넣으시니"는 "영을 불어넣으시니"라고 해석하고, "생령, 즉 네피쉬가 된지라"는 "영이 살아 있는 존재", 즉 "영혼이 있는 사람이 된지라"라고 해석하는 것이 옳다. 이는 하나님의 숨이 영을 의미하기 때문이다. 이로 말미암아 인간은 '영과 혼과 육'이라는 삼분법적 존재(데살로니가전서 5:23), 또는 '영혼과 육체(요한3서 1:2)' 라는 이분법적 존재로 완성된 것이다. 하나님은 생물학적 본능과 하나님의 형상대로 지음받은 마음, 즉 혼 밖에 없던 사람에게 영을 불어넣으심으로써 영이 있는 혼, 영의 영향 속에 있는 혼, 영과 결합된 혼, 영에 사로잡힌 혼, 즉 영혼을 지으신 것이다. 스가랴 선지자의 말대로 심령을 지으신 것이다(스가랴서 12:1). 이렇게 하나님은 생물학적 인간 창조의 다음 단계로 영이 있는 인간을 창조하신 것이다. 이 영이 있는 인류의 조상이 바로 아담이다.

3 ◦ 아담은 동산지기로 세워졌다

에덴동산에서 아담의 지위는 동산지기였다. 창세기 2:15절에는 "여호와 하나님이 그 사람을 이끌어 에덴동산에 두시고 그것을 경작하여(다스리며) 지키게 하시고"라고 기록되어 있다. 이 말씀은 언뜻 생각하면 아담이 동산에서 일하는 농부나 머슴이었다고 해석할 수 있으나, 에덴동산이 바로 우주의 중심인 여호와의 성산이었다는 점을 생각하면 동산지기로서 아담은 대단한 권세를 가진 영광스런 지위를 부여받은 사람이었다고 볼 수 있다. 이 지위는 곧 전 우주에 세워질 천년왕국에서 그의 후손들이 누릴 지위를 상징하는 것으로서, 그날 1차 부활에 참여한 아담의 후손들은 전 우주에 세워질 천년왕국에서 그리스도의 위임을 받아 한 별을 다스리는 왕 같은 제사장의 지위를 갖게 될 것이다.

II 영이란 무엇인가?

영이란 하나님의 형상을 따라 지음받은 사람의 마음에 추가적으로 부여된 신비로운 기질이다.

그렇다면 아담이 부여받은 영이란 무엇인가? 어떤 사람이 신앙 간증을 하면서 말하기를 자기가 처음 교회 문에 들어서니 이상하게 눈물이 나와 '아, 내 영이 기뻐서 눈물을 흘리는구나'라고 생각했다고 한다. 또 어떤 찬양 곡에는 "내 영이 주를 찬양합니다"라는 가사가 실려 있다. 얼핏 영이 또 하나의 독자적 자아를 의미하는 것처럼 들린다. 그렇다면 나라는 자아는 영과 혼과 육에 각각 독립적으로 존재한단 말인가? 그리고 내 마음속에는 독립적인 세 개의 자아가 존재하고 활동한다는 말인가? 어떻게 한 사람 안에 세 명의 자아가 존재 할 수 있는가? 귀신이 들리지 않고는 불가능한 일이다. 그런 의미에서 영은 또 다른 자아가 아니라, 인간의 자아, 인간의 마음속에 불어넣은 특별한 형질을 의미한다. 이제 필자는 영이 무엇인지 구체적으로 서술하도록 하겠다. 과연 영이란 무엇인가?

추가적으로 부여된 특수한 기질 첫째, 영이란 하나님의 형상을 따라 지음받은 사람의 마음에 추가적으로 부여된 신비로운 기질이다. 하나님의 형상은 인간의 마음에 부여된 특별한 정신적 속성인 반면, 영은 인간의 마음에 불어넣은 특수한 기질을 의미한다. 아담에게 부여된 영은 히브리어로 '루아흐(רוּחַ)', 헬라어로는 '프뉴마(πνεύμα)'라고 한다. 이는 모두 바람, 공기, 호흡, 영혼, 영 등의 의미를 가진다. 영이란 미세하게 흐르는 바람이나 호흡 같은 기질이라는 뜻이다.

도덕성을 활성화하는 기질 둘째, 영이란 생물학적 본능이나 이기심과 대칭되는 기질로서 하나님의 뜻과 도덕성을 적극적으로 지향하게 하는 특별한 기질이다. 창조론 파트에서 생물의 메커니즘을 그린 도형을 보면 모든 생물의 중심에는 자아가 있고, 이 자아는 지정의 기능과 5가지 기본 의지를 가진다고 했다. 각 생물들은 기본 의지 중에 자기 정체성을 유지하려는 구심력적 의지와 보다 나은 존재로 진화하려는 원심력적 의지의 역학 관계 속에서 진화와 분화의 걸음이 결정된다고 했다. 그런데 인간을 포함한 각 생물들은 생존하고 싶은 의지와 행복하고 싶은 의지, 그리고 종족 번성을 하고 싶은 기본(원형) 의지를 가지고 있다. 이 기본 의지에 구체적으로 연관된 것이 생물학적 욕망이다. 모든 동물들의 3대 욕망은 먹고 싶은 것, 자(쉬)고 싶은 것, 섹스하고 싶은 것 등이다. 3가지 욕망이 충족되어야만 동물들은 살 수 있고, 행복할 수 있고, 종족을 번성시킬 수 있다.

인간에게 있어 이 3가지 욕망은 누구의 간섭이나 위협을 받지 않고 완전히 안정되게 충족하려는 자아 중심적 에고이즘의 실제적 목표이며 본능이다. 또한 이 3가지 생물학적 본능은 사람의 마음, 즉 혼에 영향을 미쳐 인간으로 하여금 그 본능을 충족시키는 행위를 하도록 충동질한다. 설령 공동체 운영의 기술, 즉 사회학적 기술을 가진 호모사피엔스사피엔스라 할지라도 인간 자아(혼)는 전적으로 생물학적 본능의 영향을 받는다. 물론 사람의 마음은 하나님의 형상대로 지음받았기 때문에 양심, 즉 도덕성이라는 속성이나 의지도 함께 작용한다. 사람의 자아는 한쪽에서는 생물학적 본능을 충족하려는 이기적 본능의 영향을 받고, 다른 한쪽에서는 양심이라는 도덕적 의지의 영향을 받는다. 따라서 인간의 행동은 이 두 의지, 즉 생물학적 본능과 도덕적 의지의 역학 사이에서 결정된다. 이것이 하나님에 의해 창조된 사람의 운영 시스템이다.

문제는 사람의 도덕성이 전적으로 활성화되기 위해서는 영이 부여되어야 한다는 것이다. 영이 없는 인간은 도덕성이라는 속성이 부여되었어도 극히 제한적으로만 작동한다. 그러나 영이 부여된 사람은 영이 없는 사람에 비해 특별한 기질의 영향을 받기 때문에 부여된 도덕성이 100% 활성화될 수 있다. 그리하여 자신과 이웃의 관계에서 조화를 지향하는 삶을 적극적으로 살아갈 수 있게 된다. 하나님께서 인간에게 영을 불어넣으심으로써 인간 속에 잠재된 순수한 도덕성, 즉 하나님의 형상대로 지음받았기에 나타나는 특별한 성향 중 하나인 도덕성은 이 영으로 말미암아 완전히 활성화된다. 영이 부여된 인간의 도덕성은 심지어 이타적 도덕성의 극치인 아카페적 사랑까지 이해하고 지향하게 된다. 그러므로 인간은 그의 속에 영이 들어옴으로써 비로소 진정한 의미에서 도덕적 존재가 된다.

인간에게 부여된 영은 인간의 도덕성을 크게 활성화시킴으로써 생물학적 이기심과 본능을 온전히 통제하고, 너와 나의 관계 속에서 능히 이타적 삶을 살 수 있게 한다. 창세기 2:16-17절에 "여호와 하나님이 그 사람에게 명하여 이르시되 동산 각종 나무의 열매는 네가 임의로 먹되 선악을 알게 하는 나무의 열매는 먹지 말아 네가 먹는 날에는 반드시 죽으리라"라고 기록된 것은 영을 부여받은 아담이 이제 완전한 초월적 정언 명령을 들을 수 있는 진정한 도덕적 인간이 되었음을 시사한다. 또한 창세기 2:23절에 아담이 그에게 다가 온 하와를 보고 "이는 내 뼈 중의 뼈요 살 중에 살이라"고 말한 것은 비단 남녀 사이의 에로틱한 감정을 표현한 것일 뿐 아니라, 최초의 이웃에게 느끼는 순수한 사랑, 즉 아가페 사랑을 노래하는 것일 수도 있다. 이제 아담은 영을 부여받음으로써 일반 동물보다 조금 더 나은 도덕성을 가진 존재에서 완전한 도덕성, 이타적 양심의 소리를 듣고 행할 수 있는 도덕적 존재가 되었다. 그로 말미암아 아담은 하나님 앞에서 도덕적 선택에 대한 책임을 져야 하는 존재가 된 것이다.

영이란 다른 영적 존재들과 커뮤니케이션할 수 있는 통로이며 시스템이다.

다른 영적 존재들과 커뮤니케이션할 수 있는 기능 셋째, 영이란 다른 영적 존재들과 커뮤니케이션할 수 있는 통로이며 시스템이다. 인간은 하나님의 형상대로 지음받았기 때문에 종교성이라는 기능이 근원적으로 작동한다. 인간은 실존적 한계를 느끼는 상황에서 자신보다 힘이 세거나 우월하다고 느끼는 타자에 의지하고 싶은 종교성을 갖고 있다. 영이 없을 때 종교성의 대상은 신비로운 자연, 힘이 센 자연 등 자연에 속한 것들이었다. 토테미즘 같은 자연신교적 신앙에 머물러 있었던 것이다. 그러나 이제 인간은 영이 부여되어 하나님이나 여타 영적 존재들과 교제할 수 있게 되었다. 그 이전에 영이 없는 인류는 하나님의 음성을 들을 수 없었고, 또 영적 존재들을 느끼거나 볼 수 없었다. 다만 인간의 능력의 한계와 죽음 등을 생각하는 가운데 하늘과 땅의 다양한 자연을 의지하거나 경배하는 정도였다. 그런 종교성의 흔적은 1만 8,000년 전후 그려진 것으로 추정되는 알타미라 동굴의 벽화에서도 일부 나타나고 있다. 또 네안데르탈인들이 행했던 매장의 풍습도 역시 원시적 종교성의 반영일 수도 있다. 대지의 기운을 받아 다시 살 수도 있다는 희망을 반영한 행위라고 보여진다.

그러나 영을 부여받은 아담과 하와의 종교성은 이제 이전의 현생인류와 차원을 달리한다. 그들은 하나님을 비롯한 영적 존재들과 커뮤니케이션을 할 수 있는 존재가 되었다. 이러한 사실은 그들이 창세기 2-3장 에덴동산에서 일어난 여러 가지 일들로 입증되고 있다. 영이 들어옴으로써 인류는 비로소 잠재해 있던 종교성이 완전히 활성화되어 진정한 의미에서 종교적 존재가 될 수 있었다.

뇌신경이 하는 모든 기능을 할 수 있다 넷째, 영은 정보 저장 등 뇌신경이 하는 모든 기능을 할 수 있다. 인간은 생물학적 메커니즘인 뇌신경세포를 통해 들어온 모든 정보를 뇌에 저장한다. 그리고 모든 기억과 관계되는 시냅스가 서로 상호작용을 하여 들어온 정보를 연결하고 결합하여 뇌 중추신경이 인지된 새로운 상황 속에서 제3의 판단을 하고, 다시 그 판단을 저장하고 또 다른 판단을 하면서 계속 정보를 축적해나간다. 그러다 생물학적 죽음에 이르러 중추신경과 온몸의 신경세포가 죽으면 뇌파조차도 정지된다.

영이 있는 사람은 뇌에 저장된 정보가 마음을 둘러싼 영에도 고스란히 저장되기 때문에 육체의 기능이 정지된 상황에서도 자아, 즉 혼은 영에 저장된 정보로 인해 계속해서 사유 활동을 할 수 있다. 이는 마치 컴퓨터 메모리 반도체가 망가져서 모든 기록이 소멸되어도, 그 정보를 미리 클라우드 서비스에 저장해둔 사람은 즉시 컴퓨터를 연결하여 정상적인 작업을 할 수 있는 것과 같다. 사람이 얻은 정보는 생물학적 뇌에도 저장되고, 클라우드에 해당하는 영에도 저장되는 것이다. 이 정보를 떠올리는 현상을 기억이라고 한다. 그래서 생물학적 죽음에 이르러 뇌의 기능이 정지되어도 사람의 자아, 즉 사람의 혼은 즉각적으로 영에 저장된 정보를 바탕으로 지정의의 활동, 즉 마음의 활동을 할 수 있는 것이다. 그렇기 때문에 생물학적으로 죽은 인간이 육체를 벗어나 그 영혼이 하늘나라에 가면 먼저 가 있는 부모형제의 영혼을 만나 교제하기도 하고, 지옥에 간 영혼들은 지은 죄에 대하여 심판을 받을 수 있는 것이다. 만일 삶의 기억이 영에 저장되지 않았다면 어떻게 그런 교제와 심판이 가능할 수 있겠는가?

영적 세계에 들어갈 수 있게 한다 다섯째, 이 영은 사람의 혼, 즉 사람의 마음이 영적 세계에 들어가 살 수 있게 하는 기능을 한다. 어류들이 물속에서 호흡하며 살 수 있는 것은 아가미가 있기 때문이다. 사람의 혼이 영의 세계에 들어가 살 수 있는 것은 영의 세계와 유사한 질의 영이 우리의 혼을 둘러싸고 있기 때문이다. 이 영은 사람의 혼을 영계에 들어가 살 수 있게 하는 기능과 기질을 가지고 있는 것이다. 사람이 죽음에 이르러 삼차원 공간에 속하는 육체와 영에 둘러싸인 혼이 분리되면, 즉시 그 사람의 영혼은 영적 공간에 들어가게 된다. 바다에 기름이 유출되었을 때, 여기 저기 떠있는 기름 덩어리는 다른 기름띠와 쉽게 합쳐지지만, 물과 기름은 결코 섞이지 않는 것처럼 삼차원 공간인 이 세상과 영계는 그런 관계이다. 영이 없는 생물들은 삼차원 공간에서만 살 수 있으며, 생물학적 죽음이 다가와 3차원 공간을 떠나게 될 때, 그들의 혼은 영적 세계에 들어가지 못한다. 생물학적 몸은 바로 삼차원적이기 때문에 생물학적 죽음에 이르면 자아, 즉 혼은 공기 중에 흩어져 즉시 소멸된다.

사람의 혼이 영의 세계에 들어가 살 수 있는 것은 영의 세계와 유사한 질의 영이 우리의 혼을 둘러싸고 있기 때문이다.

일반 생물과는 달리 인간은 혼이 영이라는 특수 기질로 둘러싸여 있어서, 그 영은 사람이 삼차원 공간에서 살 때도 일정한 역할을 하다가 육체가 죽는 순간에는 그 사람의 자아, 즉 혼이 삼차원공간을 넘어 영적 공간으로 들어가 살 수 있게 하는 신비로운 기능을 한다. 그런 이유로 사람의 마음은 혼이라고 하지 않고 영혼이라고 하는 것이다. 그래서 특정한 사람이 가끔 탈혼 상태에 들어간다든지, 분명 죽었는데 다시 깨어나서 다른 세계를 다녀왔다고 하는 일이 생기는 것이다. 그때 그 사람의 영혼은 영적 세계를 체험하고 돌아온 것인데, 이 모든 것은 인간의 자아가 영에 둘러싸인 영혼이기 때문에 가능한 것이다. 기독교에서 입신은사라는 것은 어떤 사람의 영혼이 성령에 사로잡혀 하나님의 허락 속에 일시적으로 천국과 지옥을 다녀오는 것을 말한다. 실제로 이런 신비한 현상이 일어날 수 있는 것은 바로 인간이 혼, 즉 자아가 영이라는 기질 속에 싸여 있는 영혼이 되었기 때문이다. 그래서 사람이 죽으면 그의 영혼이 삼차원 공간인 생물학적 유기체와 분리되는 즉시 영적 세계로 들어가게 되는 것이다. 그러나 영이 없는 생물이나 영이 없는 선재인류는 살아서도 그 혼이 영적 세계에 들어갈 수 없고, 죽음에 이르면 삼차원 공간에서 즉시 안개처럼 소멸되고 만다. 그래서 천국이든 지옥이든 그 세계에는 개나 쥐나 고양이가 없는 것이다.

인간의 영은 하나님의 영이나 천사의 영과 차별화된다 여섯째, 하나님의 영과 천사의 영과 인간의 영은 공통된 기질과 요소가 있으나 각각 영의 성격과 정체성이 다르다. 특별히 하나님의 영과 피조물의 영은 그 본질과 차원이 다르다. 우선 하나님의 영은 영원무한 무소부재 전지전능한 영, 완전하기에 불변하는 영, 우주만물을 창조하고 섭리하는 영, 모든 것에서 자유롭고 모든 곳에 존재하며 모든 것을 만들 수 있는 영, 진선미성이 완전 충만한 인격적 영, 스스로 영원 전부터 존재하는 영이다. 필자는 하나님 이야기 파트에서 "하나님은 영이시니(요한복음 4:24)"라는 구절을 "하나님은 마음이시니"로 해석하여, 하나님은 마음만으로 존재하고, 마음만으로 일하시는 분이며 마음밖에 아무것도 없으신 분이라고 규정했다.

하나님의 영은 어떤 기질에도 연계되지 않는 오로지 영 자체로만 존재하고, 영 자체로만 일하신다. 그러나 피조물의 영은 그것이 천사의 영이든 사람의 영이든 하나님의 영과는 성격이 전혀 다르다. 피조물의 영은 각 개체의 마음에 들어가 그 마음에 영향을 끼지는 모종의 특수한 기질에 불과한 것이다. 하나님의 영은 마음과 영이 분리된 것이 아니라 마음이 영이고 영이 마음인 데 반해, 피조물의 영은 본질적으로 마음 자체는 아니고, 마음에 영향을 끼치는 신비한 기질일 뿐이다. 굳이 말하자면 피조물의 영은 피조물의 마음의 일부를 구성할 뿐이다. 피조물의 영은 하나님이 불어넣어 주신 특별한 기질로서 피조물의 마음속에 들어가 그의 마음이 하나님을 기뻐하고 하나님의 뜻을 향하도록 영향을 끼치는 기능을 한다. 그러나 피조물은 그들의 영이 그들의 자아에 미치는 영향력이 제한되기 때문에 더 강력한 유혹이 있을 때 천사든 인간이든 때때로 타락하기도 한다.

피조물의 능력은 이 영의 존재와는 아무 상관이 없다. 각 피조물에게는 하나님이 별도로 그들에게 특별히 부여한 위치와 권세와 능력이 있다. 천사장과 천사와 천군의 권세와 능력이 차이가 나는 것은 그 때문이다. 결코 천사들 사이에서도 각기 다른 기질의 영을 받아서 그런 차이가 나는 것이 아니다. 사람도 각자가 가진 능력은 그의 영에서 오는 것이 아니라, 유전적 요인이나 학습으로 인해 키워진 능력인 것이다. 사족이지만 성령을 받은 사람의 능력이 차이가 나는 것은 성령으로부터 부여받은 은사가 차이 나는 것이지, 사람의 영이 가진 능력이 차이 나는 것은 아니다. 무당들도 그들이 가진 능력의 차이는 그들에게 들어온 마귀 신의 능력이 강하고 약한 것이지 그들의 영의 능력에서 차이가 나는 것이 아니다.

영은 다른 영과 연합할 수 있게 한다 일곱째, 피조물의 영은 하나님의 영인 성령과 연합하고, 성령과 교통하는 기능이 있다. 영은 성령이 임하는 자리다. 영이 없는 일반 생물이나 아담 이전의 선재인류는 영이 없기 때문에 성령을 받을 수 없고 성령이 임재할 수도 없다. 사람이나 천사가 성령과 결합될 수 있는 것은 하나님으로부터 부여받은 영이 있기 때문이다. 세상 사람의 마음에도 영은 존재하기 때문에 회개하고 예수를 믿기 원하면 얼마든지 성령을 받고 성령과 연합하고 성령과 교통할 수 있다. 천사도 마찬가지다. 천사도 영이 있기에 성령과 연합할 수 있고 성령과 교통할 수 있고 성령의 능력에 힘입을 수 있다. 아마도 그것은 피조물에게 부여된 영 자체가 근본적으로 하나님으로부터 부여된 영으로 성령과 기질적으로 유사하기 때문일 것이다. 그러므로 그리스도인은 영이 산 사람이고 세상 사람은 영이 죽은 사람이라는 말은 틀린 이야기다. 다만 죄로 말미암아 영의 기능이 거의 죽어 있다거나, 성령으로 인해 영의 기능이 활성화되었다고 표현하는 것이 옳다.

영이 있는 사람, 아담의 정체성

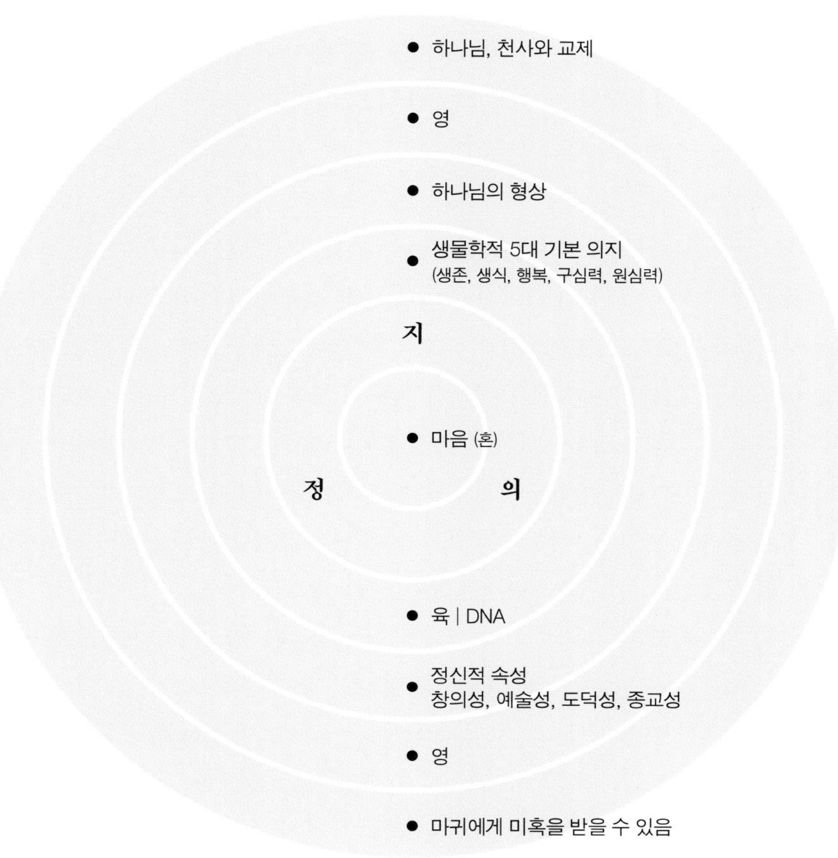

III 하와는 어떻게 창조되었나?

*창세기 2:20-21절 "아담이 돕는 배필이 없으므로 여호와 하나님이 아담을 깊이 잠들게 하시니 잠들매 그가 그 갈빗대 하나를 취하고 대신 살로 채우시고 여호와 하나님이 아담에게서 취하신 그 갈빗대로 여자를 만드시고 그를 아담에게로 이끌어 오시니 아담이 가로되 이는 내 뼈 중의 뼈요 살 중의 살이라 이것을 남자에게서 취하였은즉 여자라 칭하리라 하니라."

전통적 창조 신학에서는 하와 창조에 대한 과학적 역사적 설명을 포기하고 다만 하와 창조의 영적 의미만을 해석해 케리그마를 선포하고 있다. 필자는 과학적 창조론을 주장하면서 유신진화론을 수용하는 입장이기 때문에 보수적 신학자들과는 하와 창조에 대한 입장과 해석이 다를 수밖에 없다. 그러나 하와의 창조는 창세기 2:7절에 나타난 아담의 창조와 또 다른 창조의 형식을 보여주고 있기 때문에 명확한 설명을 하는 것은 쉽지 않다. 왜냐하면 아담의 창조와 달리 성서는 하나님께서 아담을 깊이 잠들게 하시고 그의 갈비뼈를 취하여 여자를 만들었다고 기록하고 있기 때문이다. 물론 이 기사를 가지고 영적 의미, 즉 그리스도와 교회의 의미라든가 결혼하는 부부의 의미를 도출해내는 것은 아주 쉬운 일이다. 그러나 과학과 소통하여 역사적 과학적 팩트를 도출해내는 것은 쉽지 않은 일이다. 그렇다고 해서 이를 해석하지 않고 피해 간다는 것은 필자의 신학적 비겁함이라고 여겨진다. 비록 정확한 서술은 아닐지라도 크리스천 지식인들에게 납득할 만한 설명을 해주어야 하는 것이다.

우리가 하와의 창조 문제를 이해하기 위해서는 하와를 창조하신 하나님이 인간이 상상할 수 없는 지혜와 능력을 가진 우주 최고의 과학자, 전지전능한 초이성적 과학자라는 사실을 전제해야 한다. 그리고 그분은 어떤 대상을 창조하기 위한 방법론을 결정할 주권적 자유가 있다는 점도 전제해야 한다. 성서에는 하나님께서 아담의 갈비뼈를 취하여 하와를 만들었다고 기록하고 있을 뿐 구체적인 방법이 기록되어 있지는 않다. 그렇기 때문에 하나님께서 아담의 갈비뼈로 여자를 만들었다는 기록은 문자 그대로 그것이 역사적 사실일 수도 있지만 실제로는 모종의 획기적인 창조 메커니즘을 내포한 상징일 수도 있는 것이다. 후자의 것이라면 과학적 가능성으로서 현대인이 납득할 만한 설명을 시도하는 것도 결코 나쁜 일은 아니라고 생각한다.

좀 전에도 말했듯이 하와는 성서의 기록 그대로 전지전능한 하나님이 그의 주권적 결정에 따라 아담의 갈비뼈를 뽑아 순식간에 여자를 만들어 아담에게 데려온 것일 수 있다. 그러나 과학 시대에 살고 있는 현대인들에게 그런 식의 창조 이야기를 하면 그것은 동화나 마술 같은 이야기라고 조롱받는다. 그렇기 때문에 필자는 이 지점에서 이 구절에 대해 21세기적 관점에서 과학적 해석을 시도하고자 한다.

우선 생각할 수 있는 것은 우주 최고의 과학자이신 하나님이 아담의 갈비뼈 부분에서 세포 하나를 떼어내 그 세포에 들어 있는 염색체에 창조의 빛을 투사하는 방식으로 여자를 만들 수 있다는 것을 상정하고 싶다. 그리고 여자 염색체로 치환된 세포를 특수한 용액, 즉 인체 형성에 필요한 양분을 가진 용액에 넣어 급속 배양시켜 하와를 만들었을 것이라는 가설을 제안할 수 있다. 실제로 오늘날 과학자들은 이와 유사한 방식으로 유전자를 조작하여 변종식물을 만들어내고 있다.

1997년 2월 27일자 『네이처』에는 영국의 이언 윌머트(Ian Wilmut)와 키스 캠벨(Keith Campbell)에 의해 복제양 돌리(Dolly)가 탄생했다는 기사가 실렸다. 이들은 여섯 살 된 암컷 양의 유방세포에서 핵을 꺼내 다른 양의 수정란의 핵을 제거하고 그곳에 집어넣었다. 그리고 바꿔치기한 수정란을 다시 대리모의 자궁에 넣어 복제양을 탄생시켰다. 이와 동일한 기술을 사용하여 한국에서도 1999년 서울대학교 수의과대학 황우석 박사 연구팀은 복제소 영롱이를 탄생시킨 바 있다. 오늘날 이 복제기술은 더욱 발전하여 할구복제*와 형질전환 같은 다양한 방법이 나왔고, 최근에는 줄기세포를 이용하여 특정 장기를 복제하는 기술도 연구되고 있다. 이제 남성이나 여성만으로 동일한 유전자를 가진 복제인간을 만드는 것은 전 세계적으로 보편화된 기술이다.

이러한 관점에서 하와의 창조에 대해 생각해보라. 일천한 수준의 현대 과학자들조차 이런 과학적 방법으로 복제 생명을 만들어내고 있는데, 하물며 전지전능하신 하나님께서 어떤 방법을 선택하든

* 할구복제란 수정란의 분열기 중 배반포에 이르는 시점에 각각의 할구를 분리하여 이식 및 활성화를 통해 복제 개체를 만드는 기술이고, 형질전환은 필요로 하는 유전형질을 투입하거나 제거해서 원하는 형질을 가지거나 그런 형질이 없는 변환된 핵을 이식하여 복제 개체를 만들어 내는 기술이다.

지 아담의 갈비뼈로 여자를 만들 수 없겠는가? 그러므로 하나님께서 아담의 갈비뼈로 여자를 만들었다는 성서의 기사를 비과학적 비역사적 신화에 불과하다고 치부해서는 안 될 것이다.

혹자는 또 이런 질문을 할 수도 있을 것이다. 하나님께서 하와를 창조하시고 성장시키는 긴 시간 동안 아담은 계속 누워 잠을 자고 있었느냐고 말이다. 필자는 그 질문에 대해 2가지 답변을 할 수 있다.

첫째, 에덴의 시간은 하루가 천년 같고 천년이 하루 같다. 천년도 순간처럼 지나가고 순간은 천년처럼 지나가는 곳이 하늘나라이기에 하나님이 계시는 에덴동산에 흐르는 시간을 인간의 시간 개념으로 계량하는 것은 근시안적 사고이다.

둘째, 설령 하와를 창조하는 시간이 가정해서 15년 걸렸다 하더라도 잠든 아담이 깨어났을 때 그는 잠시 잠깐 잠을 잔 것 같을 것이다. 교통사고로 식물인간이 된 사람이 20년 후에 기적처럼 깨어났는데, 그는 자기가 마치 사고가 난 다음 몇 시간 만에 깨어난 것 같다고 한다.

셋째, 하나님께서 아담의 갈비뼈로 만든 하와의 기본 세포를 배양액에 집어넣어 한두 시간 만에 급속하게 성장시키는 방법도 있을 것이다. 오늘날에도 수십 년근 산삼을 특수배양액에 넣어 기르면 수개월 정도면 성장시킬 수 있다고 한다. 일천한 수준의 인간 과학자들도 이렇게 할 수 있거늘 상상을 초월하는 초과학자신 하나님께서 단시간에 하와를 만들지 못하겠는가? 그러므로 하와 창조에 걸리는 시간의 문제는 어떤 경우이든 큰 문제가 될 수 없는 것이다.

Chapter 2 제 2 장

종교, 낙원, 계시

I 종교란 무엇인가?

어떤 학자는 종교를 초월자를 향한 의지로 보고, 어떤 학자는 초월자에 향한 신성한 감정이라 하고, 어떤 학자는 초월자에 대한 지식이라고도 한다.

종교가 무엇이냐에 대해서는 수많은 신학자들이 다양한 주장을 하고 있다. 물론 종교의 자리가 마음이라는 데는 모두의 의견이 일치한다. 그러나 지정의라는 마음의 기능 중 특히 어느 것이 종교의 자리냐에 대해서는 이견이 많다. 어떤 학자는 종교를 초월자를 향한 의지로 보고, 어떤 학자는 초월자에 향한 신성한 감정이라 하고, 어떤 학자는 초월자에 대한 지식이라고도 한다. 그러나 이러한 논의는 장님이 코끼리 만지는 식으로 부분적이거나 제한적일 수밖에 없다. 필자는 인간 창조론에 입각하여 인간의 종교성은 어떤 과정을 통해 성장하고 성숙하게 되었는가, 그 변화의 과정에 대해 진술하고자 한다.

1 영이 없는 선재인류의 종교성

아담 이전의 선재인류인 호모사피엔스사피엔스는 생물학적으로 완성된 인간에 지나지 않는다. 그들은 아직 영이 부여되지 않았다. 단지 그들은 하나님의 형상대로 지음받아 자아를 포함하여 모든 것을 객관화 할 수 있는 실존론적 사유의 능력, 즉 겹 사고의 능력이 있는 명철한 피조물일 뿐이다. 하나님의 형상대로 지음받은 존재인 사람은 처음부터 창의성, 도덕성, 예술성, 그리고 종교성을 가지고 있었다. 그러나 영이 없는 선재인류의 종교성은 대단히 기본적인 것, 즉 컴퓨터에 비유하면 문서 처리 능력 정도였다. 그들은 자신들이 직면한 삶의 도전적 상황에서 자신들의 능력의 한계를 인식하였을 때 자신보다 더 크고 위엄 있는 존재에 대한 외경심과 의존심을 갖게 되었다. 푸른 하늘, 높은 산, 파도치는 깊은 바다, 거대한 나무, 무서운 동물들에 대해 숭앙심과 외경심과 두려움을 느끼고 그것에 의존하는 마음을 갖게 된 것이다. 실존의 한계 상황에 대한 인식과 타자의 힘을 의존하여 해결하고자 하는 마음에서 일어난 종교의식, 즉 기초적 원시신앙이 그들의 중요성 이었다. 고대 원시인들이 그린 동굴벽화*는 바로 이런 원시인류의 종교성을 함축적으로 보여준다.

* 유럽 전 지역에는 3만 년 전에서 1만 4,000년 전의 것까지 구석기 시대 고대 원시인들이 그린 것으로 추정되는 동굴벽화가 수없이 발견되고 있다. 그중 프랑스 도르도뉴 지방에서 발견된 라스코(Lascaux) 동굴벽화와 스페인의 알타미라(Altamira) 동굴벽화가 가장 유명하다. 그 동굴벽화는 고대 인류의 미학적 충동뿐 아니라 성공적인 사냥을 통해 풍성한 먹거리르 기대하는 종교적, 주술적 의지와 연관하여 그려진 것으로 추정되고 있다. 특히 프랑스 쇼베(Chevet) 동굴에는 300개가 넘는 벽화가 있는데 현재는 멸종된 동굴사자의 그림이 무려 73점이나 그려져 있다. 동굴사자는 길이 4미터나 되는 맹수 중의 맹수로서 사냥감이라기보다는 토템적 숭배의 대상으로 그린 것으로 추정된다.

2 ◦ 영이 있는 아담과 하와의 종교성

영을 부여받은 아담과 하와의 종교성은 영이 없는 선재인류의 종교성과 본질적 차이가 있다. 앞서 영이란 무엇인가를 설명하면서 영의 기능 중 아주 중요한 것이 바로 다른 영적 타자를 인식하고 커뮤니케이션할 수 있는 것이라고 했다. 그러므로 영이 있는 아담의 종교성은 영이 없는 선재인류의 종교성과는 차원이 다를 수밖에 없다. 아담은 자신의 존재를 초월하는 어마어마한 존재로서 하나님을 인식하고 교제할 수 있었다. 뿐만 아니라 아담과 하와는 하나님 외에 천사들도 인식하고 교제할 수 있었다. 그리고 하나님으로부터 종교적 행위나 도덕적 행위에 대한 규범을 신적 명령으로 듣게 되었다(창세기 2:17).

3 ◦ 범죄한 이후 아담족의 종교성

범죄한 이후 아담과 하와의 실존적 고뇌와 고민은 이제 생존과 번영의 문제를 넘어 보다 내면적인 것으로 바뀌었다. 그것은 근원적 죄의 문제와 그로 인한 사망의 심판에 대한 문제였다. 따라서 영이 없는 선재인류들이 현실적 삶의 문제에 대한 불안감과 좌절감을 반영한 종교성만을 가졌다면, 영이 부여된 이후 범죄한 인류의 종교성은 죄와 사망이라는 존재론적 한계 상황 속에서 무한자를 바라보고 구원을 기원하는 종교성으로까지 심화되었다. 범죄한 아담족은 하나님 앞에서 키르케고르가 말한 종교성A*를 경험하는 단계에 이른 것이다.

온전한 종교성이 성립되려면 살아 계신 하나님의 존재와 계시를 인식하는 능력이 있어야 하고, 그 하나님의 은혜와 구원의 필요성을 실존적 상황에서 절실하게 소원할 수 있어야 한다. 이 2가지 전제가 만날 때 비로소 진정한 종교성이 완성된다. 이런 점에서 범죄한 이후 아담족의 종교성은 전반적으로 그 구성 요소를 거의 갖추었다고 볼 수 있다. 아담의 후손들은 속죄와 축복의 은혜를 기대하며 양을 죽여 그 기름과 고기로 제사를 올렸다고 성서는 기록하고 있다. 그러나 세월이 지나면서 하나님에 대한 기억이 흐려짐에 따라 아담의 후손들은 초월자에 대한 깊은 사유를 하게 되었고, 그 결과 다양한 궁극자론을 제시하게 되었으며, 죄와 사망에 대한 다양한 인본주의적 해결의 길을 모색하였다. 이러한 것이 세계에 다양한 종교가 나타나게 된 배경이다. 특히 고대 동양사회에서 초월자에 대한 다양한 사유가 많이 나타났다.

* 키르케고르는 기독교의 종교성을 종교성A와 종교성B로 구분하는데, 종교성A는 어마어마한 존재로서 실존하는 하나님을 인식하고 그 앞에서 갖게 되는 수동적 죄의식이며, 종교성B는 종교성A를 경험한 바탕에서 신인 관계에서 보다 심화된 복음적 진리, 즉 변증법적 진리를 깨닫고 아는 것이라고 그의 '후서(Postcript)'에서 주장하고 있다.

4 ◦ 그리스도인의 종교성

그러나 범죄한 인류는 죄와 사망이라는 근원적 불안감과 두려움을 갖게 되었고, 어둠의 영이 미혹함으로써 하나님의 존재에 대한 인식과 계시가 흐려지고 왜곡되어 종교성의 혼돈과 왜곡을 가져왔다. 그로 말미암아 인류사회는 온갖 잡다한 종교와 교설이 성행하게 되었다. 그 종교들은 하나님에 대한 올바른 지식을 가르쳐주지도 못하고 왜곡시켰으며, 따라서 구원의 빛은 희미해질 수밖에 없었다. 이에 하나님은 구약성서의 계시를 통해 그리스도를 보내실 것을 예시하시고, 드디어 때가 차매 구세주 예수그리스도를 이 땅에 보내셨다. 그가 십자가에서 대속의 죽음으로 구원의 복음을 완성하셨고, 그 구원의 복음을 조명하여 깨달을 수 있도록 진리의 성령을 보내셨다. 하나님의 성령은 복음의 진리를 깨닫고 역사적 예수를 구속을 성취하신 하나님의 아들이요 그리스도로 영접한 사람에게 임재하여 내주하시었다. 성령의 임재는 곧 영적 거듭남의 사건을 일으켜 영의 활성화를 가져왔고, 그로 말미암아 인류는 새로운 종, 새로운 존재, 신인류가 되었다. 이제 그리스도인은 성령 안에서 살며, 구원의 확신에 의거한 종말론적 소망을 가지고 예배 드리고 교제하고 봉사하고 선교하며 살고 있다. 이러한 그리스도인의 종교성을 키르케고르는 종교성 B라고 불렀다.

5 ◦ 부활인의 종교성

주의 재림과 더불어 첫 번째 부활이 일어난다. 그때 부활한 이들의 종교성은 완전한 종교성이 될 것이다. 하나님의 존재에 대한 완전한 사실적 인식, 그의 계시적 말씀에 대한 절대적 신뢰, 범죄한 그들을 사랑하고 구원하신 하나님의 은혜에 대한 감사와 감격, 그리고 죄를 초월하여 하나님의 뜻대로 살 수 있는 자유를 가진 존재로서 부활인*의 종교성은 절정에 이르게 된다.

* 고린도전서 15장에서 바울은 부활한 자의 몸은 썩지 아니하는 몸, 죄를 짓지 않을 수 있는 몸, 강한 몸, 신령한 몸, 죽지 아니하는 몸, 찬란한 영광의 빛이 빛나는 몸을 가진 존재로 묘사하고 있다. 부활인은 진정한 종교성이 충만한 자, 성령 안에서 영의 기능이 완전히 작동하는 자로서 위로는 하나님을 경외하고 이웃과는 완전한 사랑의 교제를 나누는 자, 이기심으로부터 스스로 자유하는 자이다.

II 낙원(에덴동산)은 어떤 곳인가?

*창세기 2:8 "여호와 하나님이 동방의 에덴에 동산을 창설하시고 그 지으신 사람을 거기에 두시고"

성서는 하나님께서 영이 있는 인간인 아담을 이끌어 에덴동산으로 인도하셨다고 기록하고 있다. 그러면 에덴동산**은 어떤 곳인가?

에덴동산에 대해 구체적으로 설명하기 전에 전제해야 하는 2가지가 있다. 첫째, 에덴동산을 창설하신 분이 전지전능한 창조주 하나님이라는 것, 다른 하나는 에덴동산론(낙원론)은 성서적 우주관인 영적 우주와 질료적 우주, 즉 천지공간론과 연계하여 설명되어야 한다는 것이다.

** 에덴은 기쁨이라는 뜻을 가진 땅으로서 성서에 하나님께서 이곳에 동산을 창설하셨다고 기록하고 있다. 성서의 다른 속에서는 여호와의 산, 하나님의 동산이라 하였고, 신약에서는 낙원이라고 기록되어 있다. 낙원이라고 한 이유는 에덴의 지명이 의미하는 즐거움과 기쁨이라는 뜻에 동산을 의미하는 원(園, 동산원)을 합하여 번역한 것으로 보인다. 그러므로 십자가의 예수께서 우편강도에게 "네가 오늘 나와 함께 낙원에 있으리라" 말씀하신 것은 우편강도가 주님과 함께 하늘의 에덴동산인 낙원에 들어갈 것이라고 약속한 것으로 해석된다.

하나님이 영적 우주와 질료적 우주를 결합시킨 곳 첫 번째 전제는 에덴동산이 창설되는 과정이 자연적인 것과 초자연적인 것의 결합, 역사적인 것과 초역사적인 것의 결합인데, 이것을 가능하게 한 것은 창조주 하나님의 전능하심이라는 것이다. 필자가 이런 전제를 하는 것은 이로 말미암아 그런 이상한 제3의 공간이 어떻게 존재할 수 있느냐는 식의 반론을 사전에 차단하고자 해서이다. 두 번째 전제는 이전에 창세기 1:1절 "태초에 하나님이 천지를 창조하시니라"에서 천(天)은 헤븐으로서 영적 우주를 의미하고, 지(地)는 질료적 우주 전체를 의미한다고 주장한 바 있는데, 이곳에서 다루고자 하는 낙원론, 즉 에덴동산론이 창세기 1:1절의 해석과 조화를 이루어야 하기 때문이다. 필자의 에덴동산론, 즉 낙원론은 상기의 2가지 전제에 일치하여 서술되고 있다. 그러면 에덴동산은 어떤 곳인가?

인류역사를 준비하기 위해 설치한 공간 첫째, 에덴동산은 하나님께서 아담과 아담의 후손들을 통해 전개시킬 인류 역사의 시작을 준비하기 위해 특별히 창설한 것이다. 이 동산에서 하나님은 아담에게 선악과 계명을 주시고, 또 하와를 지으셨으며, 가정의 질서를 세워주시고, 아담의 창의성을 훈련시키셨으며, 아담과 하와가 범죄하였을 때 그들에게 심판의 선고를 하시고, 그들 후손이 살아가게 될 역사의 본질과 성격을 선고하셨다. 그리고 마지막으로 짐승의 가죽으로 옷을 지어 입히시고, 속죄 제사법을 가르쳐주시며 어린양 예수그리스도가 인류를 구원하러 오시리라는 소망의 크리스마스마스를 예고해주셨다. 실로 에덴동산은 인류 역사를 탄생시키기 위해 특별히 준비한 시공간이고, 궁극의 하나님 나라 실현을 위한 거룩한 자궁이고 태반이었다.

온 우주의 중심지 둘째, 에덴동산은 하나님이 창조한 우주의 중심, 즉 영적 우주와 질료적 우주가 만나는 중심에 창설한 우주의 수도서울이라는 것이다. 필자는 일찍이 창세기 1:1절 "태초에 하나님이 천지를 창조하시니라"를 주석하면서 천지를 영적 우주와 질료적 우주로 정의한 바 있다. 하나님께서 창조하신 우주의 전체 범위는 영적 우주와 질료적 우주라는 의미다. 그러나 두 우주는 차원이 다른 공간이기 때문에 서로에 대해 완전히 분리된 공간이다. 두 공간은 삼차원적으로 거리가 멀리 떨어진 것이 아니라 차원적이 다른 공간이다. 그러므로 두 공간은 삼차원적으로는 전혀 거리가 떨어져 있지 않다. 질료적 공간과 영적 공간은 모든 곳에서 평행하여 서로 붙어 있다. 그래서 지하 1만 미터에서나 에베레스트 산봉우리나 영적 우주와의 거리는 동일하게 제로이다. 그래서 사람은 지하 1만 미터 지점에서 죽으나, 해발고도 8,800여 미터의 에베레스트 꼭대기에서 죽으나 죽음을 통해서 육체라는 삼차원 공간에서 분리되면 바로 천(天)이라는 영적 공간으로 들어가게 되는 것이다. 물이 들어 있는 그릇에 기름을 쏟아부으면 둘이 섞이지 않고 따로따로 노는 것처럼 두 공간은 평행하여 서로 통할 수 없는 차원이 다른 공간이다. 죽은 사람의 영혼이 육체, 즉 삼차원 공간을 빠져나와서 자기 시체를 붙들고 울고 있는 가족들을 보고 울지 말라고 하며 아무리 어루만지며 달래도 삼차원 공간에 있는 가족들은 죽은 사람의 영혼을 보지도 느끼지도 못하고, 말하는 소리를 듣지도 못하는 것이 바로 이 때문이다.

영적 우주에는 중심이 있다. 그곳이 바로 낙원, 파라다이스라고 부르는 장소이다.

그런데 영적 우주에는 중심이 있다. 그곳이 바로 낙원, 파라다이스라고 부르는 장소이다. 계시록 22장에는 그 낙원에 대해 기록하기를 그곳에는 하나님과 어린양의 보좌가 있고, 보좌 아래에서 생명수가 솟아나 생명 시내와 생명 강을 이루어 흐르며, 수많은 천군 천사들이 하나님을 보좌하여 사역하는 곳이라고 기록하고 있다. 그런데 바로 이 낙원이 하나님의 뜻을 따라 하나님에 의해 영적 공간으로부터 에덴이라는 질료적 공간으로 내려온 것이다. 성서는 이에 대해 "하나님이 동방의 에덴에 동산을 창설하시고"라고 말씀하고 있다. 여기서 '창설하다'라는 말의 히브리 원어는 '나타(םיקהל)' 인데, '박히다', '고정시키다', '심다' 라는 뜻을 가지고 있다. 하나님은 동방의 에덴 땅에 하늘의 낙원을 내려오게 하여 에덴 지역에 박고 심고 고정시켰다는 것이다. 그로 인하여 영적 우주의 중심과 질료적 우주가 최초로 도킹된 것이다. 이러한 역사는 우주에 대한 모든 주권을 갖고 있는 전능하신 하나님만이 가능한 일이었다. 이것이 바로 에덴동산을 창설하셨다는 성서기사의 본질이다.

필자는 2002년 6월경 한국 예수전도단에서 실시하는 목회자제자훈련의 일환으로 중국 쪽 아우리치에 참여하여, 중국과 러시아 접경 지역을 여행한 적이 있다. 그곳에는 두 나라가 서로 오가며 무역을 하는 국경 관문 지역이 있었다. 모든 여행객이나 상인들이 자유롭게 출입하며 상거래를 하고 있었는데, 에덴동안이 바로 그런 곳이다. 영적 우주와 질료적 우주가 서로 통하는 곳, 영적 우주와 질료적 우주가 함께 존재하는 곳, 영적 우주의 낙원과 질료적 공간인 에덴이 만나 성립된 특별한 공간, 즉 전 우주의 수도서울이 바로 에덴동산인 것이다.

에덴낙원은 아담과 하와의 범죄 이후 다시 에덴이라는 질료적 공간에서 분리되어 영적 공간, 즉 하늘의 중심이 되었다. 이 낙원을 천국이라 부른다. 그러나 요한계시록 21:1-2절*에서는 이 낙원이 천년왕국이 지나 전 우주에 영원천국이 시작될 때 다시 하늘에서 내려와 지구라는 질료적 공간에 결합할 것이며, 그때부터 영적 공간과 질료적 공간이 완전히 하나가 되는 제3의 우주, 즉 새 하늘과 새 땅의 새 우주가 시작될 것이라고 증거하고 있다.

* 요한 사도는 "새 하늘과 새 땅을 보니 처음 하늘과 처음 땅이 없어졌고 바다도 다시 있지 않더라 또 내가 보니 거룩한 성 새 예루살렘이 하나님께로부터 하늘에서 내려오니 그 준비한 것이 신부가 남편을 위하여 단장한 것 같더라(요한계시록 21:1-2)"고 기록하고 있다.

그러므로 창세기 2:8절에 "여호와 하나님이 동방의 에덴에 동산을 창설하시고 그 지으신 사람을 거기 두시니라"라고 기록한 것은 하나님이 동방의 에덴에 영적 우주, 즉 하늘나라의 중심인 낙원을 내려오게 하여 그 땅에 합체시켰다는 것을 의미한다. 혹자는 이런 동화 같은 일이 어떻게 일어날 수 있느냐고 질문할지 모르지만 필자가 앞서 전제한 대로 하나님은 텅 빈 무한공간에 말씀으로 우주만물을 창조해 놓으신 전지전능하신 분이시고, 우주만상에 대한 일체의 섭리는 하나님의 주권에 속하는 문제이기 때문에 이런 사실에 대해 신학자들이 왈가왈부할 문제가 아닌 것이다. 그리고 낙원의 이동에 관해 성서는 창세기 2:8절과 요한계시록 21:1-2절에 분명히 기록하고 있다는 점도 염두에 두어야 한다. 그러므로 성서가 그렇다고 하는 것을 자의로 해석하여 아니라고 하는 것은 성령의 조명을 받은 해석이 아니다.

에덴동산, 즉 낙원은 이처럼 원대한 하나님의 계획에 따라 그러한 방식으로 창설되었다. 따라서 이 에덴동산은 영적 우주의 중심도 되고, 질료적 우주의 중심도 되며, 영적 존재들과 지상의 생물들과 영이 있는 인간들이 서로 교제하고 소통할 수 있는 공간이다. 한마디로 천지로 표현된 전 우주의 중심지, 전 우주의 수도서울이라 할 수 있다.

계시록 22:1-5절에는 이 낙원을 가리켜 하나님과 어린양의 보좌가 있고, 생명 강이 흐르고 강 좌우에 생명나무가 있고 구원받은 영혼들이 천사들이 하나님의 얼굴을 보고 하나님을 경배하는 곳으로 묘사하고 있다. 에스겔 28:13을 보면 "네가 옛적에 하나님의 동산 에덴에 있어서"라고 하면서 그룹천사의 우두머리가 "하나님의 성산에 있는 불타는 돌들 사이를 왕래하였다"고 노래하고 있다. 이는 에덴동산이 영적 우주의 중심이라는 의미다. 또 "강이 에덴에서 흘러나와 동산을 적시고 거기서부터 갈라져 네 근원이 되었으니… 그 강이 바로 비손강, 기혼강, 힛데겔강, 유브라데강이라(창세기

2:10-14)"고 기록되었으니, 이는 에덴동산이 질료적 우주의 중심이기도 한다는 의미이다.

에덴동산은 영적 우주의 중심이요 질료적 우주의 중심이다. 이 에덴에 설치된 낙원은 아담과 하와가 범죄하고 동산 밖으로 추방된 다음 완전히 차단되었는데, 그 차단은 바로 이전 상태, 즉 영적 우주와 질료적 우주가 분리되었을 때처럼 도로 환원되었다는 것을 의미한다. 그래서 이 낙원은 지구상 어디에도 존재하지 않고, 우리가 죽어서 가는 하늘나라에 존재하게 된 것이다. 이 하늘나라, 즉 낙원에 죄인은 들어갈 수 없고, 오직 예수그리스도를 믿고 물과 성령으로 거듭난 사람만이 보고 들어갈 수 있는 곳이다(요한복음 3:3-5).

천국의 시간이 흐르는 공간 셋째, 에덴동산은 보통 인간 세상의 시간이 흐르는 것이 아니라 하늘나라의 시간이 흐르는 특수한 공간이다. 하늘나라의 시간은 하루가 천년 같고 천년이 하루 같은 시간이다(베드로후서 3:8). 따라서 아담과 하와가 에덴동산에서 살았던 시간이 에덴동산 밖의 시간으로 얼마의 시간인지는 헤아릴 수 없다. 추정컨대 길게는 수천 년에서 짧게는 1년 미만일 수도 있다. 그러나 그것은 아무도 모른다. 5만 년 전에 출현한 현생인류 중 한 사람인 아담이 과연 어느 때에 선택받아 영을 부여받고 에덴동산에 들어왔는지도 알 수 없다. 또 흐르는 시간성의 차이 때문에 아담이 에덴동산에 얼마 동안 살았는지도 우리는 알 수 없다.

기후가 온화한 곳 넷째, 에덴동산은 기후가 아주 온화하고 춥지 않았으며, 그래서 옷을 입지 않고 벌거벗고 다녔다. 그곳의 기후는 제4빙하기와 영거 드라이스기 사이의 열악한 에덴동산 밖의 기후 환경과는 아무 상관 없었다. 왜냐하면 그 공간은 영적 공간이기도 했고, 창조주 하나님의 특별한 가호가 있으므로 그런 일은 아무것도 아니기 때문이다. 그리고 에덴동산은 항상 온갖 먹을 것이 풍성했고, 수많은 동물들이 함께 사는 곳(창세기2:19; 3:21)이기도 했다.

우주 역사의 분기점이 된 곳 다섯째, 에덴동산에는 선악을 알게 하는 나무도 있고 생명나무도 있었다. 두 나무의 대조적 성격은 에덴동산에서 향후 우주의 분기점이 되는 사건이 일어날 것임을 예고한다. 두 나무의 존재는 하나님이 섭리하는 역사의 본질, 즉 역사의 궁극적 문제와 궁극적 구원과도 깊은 관계가 있다.

에덴동산과 반 호수 지역 여섯째, 에덴동산의 위치인 동방의 에덴이 오늘날 어느 지역을 의미하는지 확실히는 알 수는 없다. 영국의 역사학자 데이비드 롤*은 에덴동산의 위치를 아르메니아 지역, 즉 아라라트 지역을 중심으로 반 호수와 우루미아 호수가 있는 터키와 이란과 이라크의 접경 지역 쯤으로 보고 있다.

그러나 필자는 여러 가지 사항을 고려해볼 때 에덴동산이 있던 지역은 터키 동북부에 소재한 반 호수 지역이라고 추정한다. 데이비드 롤 박사는 에덴동산의 위치를 너무 광범위하게 잡아서 오히려 에덴동산의 위치 설정이 모호해졌다. 성서는 에덴동산 중앙에서 강이 발원하여 동산을 적시고, 거기서부터 갈라져 네 강의 근원이 되었다고 분명히 기록하고 있다. 문제는 네 개의 강 가운데 두 개, 즉 유프라테스강과 힛데겔강(티그리스강)은 오늘날에도 남아 있지만 구스 온 땅에 둘렀다는 기혼강

*
이집트와 고대 중동 역사의 대가인 데이비드 롤 박사는 한국교회100주년기념관에서 열린 제7차 한민족국제학술대회에서 '에덴동산의 위치 추적'이라는 연구 결과를 발표했다. 그는 에덴동산은 역사적으로 존재했으며, 그 위치는 대략 터키 동부 지역과 이란 서부 그리고 이라크 북부 지역을 아우르는 옛 아르메니아 지역에 존재했음이 틀림없다고 주장했다. 그 지역에는 아라라트 산과 반 호수, 우루미아 호수가 위치한다.

과 하윌라 온 땅을 둘렀다는 비손 강은 그 위치를 알 길이 없다는 것이다. 기혼강을 구스 온 땅에 둘렀다 했으니 청나일강의 근원지인 구스를 상정하여 나일강이라고 볼 수는 있다. 그러나 그렇게 되면 유프라테스강과 힛데겔강과는 발원지가 너무 멀리 떨어져 있다는 문제가 있다. 나일강은 아프리카 중부의 빅토리아 호수와 아프리카 중동부에 있는 타나 호수가 발원지인 반면 유프라테스강과 티그리스강은 터키 북동부의 반 호수 부근이 발원지이기 때문에 두 강 사이의 거리가 무려 직선으로 4,000킬로미터 이상 차이가 난다는 말이다. 일부 성서학자들에 의해 아라비아반도 북단쯤으로 추정되는 하윌라 온 땅을 둘렀다는 비손강은 현재 강의 흔적조차 찾을 길이 없다. 현재 지구의 지형상으로는 아무도 에덴동산이 있었던 자리를 정확하게 집어낼 수는 없다. 그런데 지구상에서 에덴동산의 위치가 이처럼 모호하게 된 이유는 2가지 정도라고 생각한다.

하나는 노아 대홍수 때와 그 이후에 여러 차례 지각변동과 홍수로 인해 지형 변화가 일어났을 가능성이다. 성서의 기록을 염두에 둔다면 당시 일어난 홍수는 하늘에서 쏟아져 내린 비와 지각층이 깨지면서 솟아난 지하수가 합하여 일어난 홍수였다. 그로 인해 지구의 지형이 많이 바뀌었을 가능성이 충분히 있다.

다른 하나는 그 이전에 아담과 하와가 죄를 짓고 에덴동산 밖으로 추방되었을 때 이미 에덴동산 지역에 큰 변동이 일어나지 않았는가 하는 것이다. 성서를 보면 하나님이 아담과 하와를 동산에서 내보내시고 죄인이 생명과를 따 먹고 영생할까 하노라 염려하시며 그룹천사들과 두루 도는 불칼을 두어 낙원에 이르는 길목을 차단했다고 되어 있다. 이 기록은 낙원이 질료적 세계로부터 분리되었다는 의미와 에덴동산으로 이르는 길을 차단했다는 2가지 의미로 해석할 수 있다. 필자는 두 번째 해석에 주목한다. 하나님은 아담과 하와를 에덴동산에서 내보내신 다음, 큰 지각변동을 일으켜 기혼강과 비손강 중 어느 한 강의 물길을 끊어버림으로써 에덴동산 지역을 수장시켜 버렸다는 것이다. 그런 이유로 에덴동산이 있었던 장소는 미루어 추정할 뿐 정확하게 알 수 없게 된 것이다. 그럼에도 불구하고 필자는 에덴동산이 있었던 자리를 지금의 반 호수로 추정하는데, 여기에는 3가지 이유가 있다.

반 호수 지역으로 추정하는 근거

첫째, 성서적 근거이다. 창세기 2:14절에 "에덴에서 흘러나온 물이 네 근원이 되어 흐르니… 셋째 강의 이름은 힛데겔(티그리스강)이라 앗수르 동쪽으로 흘렀으며 넷째 강은 또한 유브라데(유프라테스강)더라"라고 기록되어 있기 때문이다. 이렇게 성서적 근거가 분명한데도 에덴동산이 있던 자리를 다른 데서 찾는다는 것은 비성서적 처사라 아니할 수 없다.

둘째, 힛데겔 강(티그리스강)과 유브라테스강이 현재도 반 호수 부근에서 발원하여 흐르고 있기 때문이다. 터키 동북 지역의 지도를 보면 비록 기혼과 비손 두 강은 현재 찾을 길이 없지만, 아직도 티그리스강과 유프라테스강이 반 호수 부근에서 발원하여 흐르고 있음을 알 수 있다. 현재 반 호수와 두 강의 지류가 조금 떨어져 있는 이유는 이후 이 지역에 여러 차례 지각변동이 일어났기 때문일 거라고 추정한다. 성서적으로 볼 때나 고대 문명 유적상황으로 볼 때 이 지역에서 지각변동이 적어도 3차례 이상은 일어났을 것으로 필자는 보고 있다. 첫 번째 지각변동은 아담이 에덴동산에서 세상 밖으로 나온 직후 일어났을 것이고, 두 번째 지각변동은 대홍수 때 일어났고, 세 번째 지각변동은 3000년 전에 일어났다고 추정한다. 이런 추정의 이유는 다음 셋째 이유를 설명할 때 서술하도록 하겠다.

셋째, 에덴 땅은 물이 많은 지역이기 때문이다. 성서에 이 물이 동산 중앙에서 발원하여 4개의 강으로 흘러내려갔다고 기록된 것만 보아도 알 수 있다. 아담이 에덴동산에 살고 있을 때 에덴의 중앙에는 큰 호수가 있었을 것이고, 그 호수에서 4개의 강이 갈라져 물이 흘러 내려갔을 것이다. 이는 에덴동산이 물이 많은 지역이라는 증거이다. 그런데 아담의 추방 직후 지각변동으로 인해 기혼이나 비손 두 강 중 하나 정도는 에덴동산 지역에서 끊어졌을 것이다. 그렇다면 당연히 에덴동산 중앙의 호수는 이전에 비해 넓이가 크게 확장될 수밖에 없는 것이다. 4개의 강으로 흘려보내던 것이 갑자기 하나의 강이라도 에덴 밖으로 물을 흘려보낼 수 없게 되었으니 말이다. 그로 인해 적어도 아담이 주로 활동하던 지역은 모두 물에 잠기게 되었을 것이다. 필자의 추정으로 현재 백두산 천지의 3배 이상 넓이로 확대되었을 것이라고 본다. 두 번째 지각변동은 당연히 대홍수 때 일어났을 것이다. 당시 지각변동은 반 호수 북쪽 지역에 보다 강력하게 일어났을 것이다. 그로 인해 기혼강과 비손강 중 아직 끊어지지 않았던 강 하나도 반 호수로부터 물길이 끊어졌을 것이다. 그로 인해 반 호수는 면적이 좀 더 확대되었다고 추정할 수 있다. 그럼에도 불구하고 아직 유프라테스강과 티그리스강은 여전히 반 호수에 연결되어 있었기 때문에, 두 강으로 반 호수의 물이 흘러 내려갔을 것이다. 따라서 당시 반 호수의 면적은 지금(3,675평방km)의 4분의 1 정도 되지 않았을까 추정된다. 필자가 이렇게 추정하는 데는 고고학적 근거가 있다.

『조선일보』의 보도에 의하면 일단의 고고학자들이 반 호수의 밑바닥에서 3300여 년 전의 고대도시 유적이 발견되었다고 한다. 3300년 이전에는 적어도 반 호수가 지금처럼 넓지는 않았다는 증거인 것이다. 아마도 반 호수가 현재의 광대한 호수로 확대된 것은 적어도 지금으로부터 3000년 전 이후라고 추정된다. 3000년 전 이후 어느 시기에 반 호수 지역은 거대한 지각변동이 일어나 유프라테스강과 티그리스강이 반 호수로부터 끊어졌고, 그로 말미암아 반 호수 중앙에서 솟아나는 물과 유역에서 들어오는 물은 밖으로 흘러나가지 못하고 쌓이게 됨에 따라 현재의 광대한 반 호수가 되었을 것이다. 그리고 세월이 지나면서 담수호였던 반 호수는 거대한 염수호로 바뀌게 된 것이다. 이런 여러 가지 이유로 필자는 에덴동산이 자리했던 위치를 현재의 반 호수 지역이라고 추정한다.

III 계시란 무엇인가

창세기 2:17절에서 여호와 하나님이 아담에게 "동산 각종 나무의 실과는 네가 임의로 먹되 선악을 알게 하는 나무의 실과는 먹지 말라 네가 먹는 날에는 정녕 죽으리라"고 말씀하셨다. 이 기록은 아담이 하나님의 음성을 들을 수 있는 사람, 즉 계시를 인식할 수 있는 존재가 되었다는 말이다. 이 지점에서 필자는 교의학에서 중요한 주제인 계시론에 대해 간략하게나마 언급하고자 한다.

진리(aletheia, uncovering)를 의미하는 단어는 2가지가 있는데, 하나는 '발견(dis-covery)'이고 다른 하나는 '계시(re-velation)'이다. '계시' 라는 용어는 희랍어 '아포칼립스(Αποκάλυψη)'에서 유래한 것이고, 라틴어로는 '레블라치오(revelatio)'로서 '감추인 것'을 드러내는 것, 또는 '덮개를 연다'는 의미를 가진다. 그런데 '덮개를 연다'라는 뜻을 가진 계시는 공교롭게도 '발견(dis-covery)'이라는 용어와 공통점이 있다. 계시와 발견 모두 덮개가 제거됨으로서 그 배후에 있는 것이 드러난다는 점에서는 비슷한 개념이다. 가령 미 대륙을 발견한다든지, 상대성원리를 발견한다든지, 또는 범죄 사실을 밝혀냈다든지 하는 것은 모두 발견에 속한다. 또한 과학적 연구나 철학적 사유도 발견(discovery)을 목적으로 하는 것이다. 뿐만 아니라 힌두교나 불교 같은 동양 종교도 그들의 진리는 계시라기보다는 깨달음, 즉 발견의 종교*라고 볼 수 있다.

고대 헬라 문화권에서는 두 개념의 차이가 애매모호하여 경계선이 분명치 않았다. 그러나 그리스도교가 전래된 이후 이 개념은 큰 변화를 가져왔다. 그리스도교가 로마를 지배하게 되면서 이 개념은 드러내는 주체와 드러난 내용에서 모두 엄청난 차이를 갖게 되었다. 주체라는 면에서 발견의 주체는 사람이지만 계시의 주체도 하나님이라는 것이다. 부언 설명하자면 하나님의 계시가 사람에게 전달되는 과정은 사람이 이성적으로 깨닫는 것이 아니라 계시의 영이신 성령의 역사로서만 가능하다는 것이다. 계시는 하나님에게서 발현되어 사람에게 전달되고 이해되는 전 과정에서 하나님이 주체가 된다는 것이다. 물론 발견도 성서적으로 볼 때, 하나님의 섭리로 말미암아 사람이 발견하는 것이지만, 계시는 하나님께서 그의 영으로 직접 사람에게 말씀하시고 알려주시는 것이라는 점에서 다르다. 그러나 이런 개념의 변화는 계시의 내용에서도 크게 차이가 난다. 기본적으로 발견의 내용은 우주만물이나 인간 속에 이미 내재하는 원리에 국한되는 데 반해, 계시는 역사적 예수에게 나타난 그리스도를 중심으로 일어나는 하나님의 구원 역사에 초점이 맞춰져 있다.

그런데 성서는 인간이 죄로 말미암아 본성의 통찰력과 영적 감수성에 이상이 생기고, 또한 어둠의 영의 미혹으로 말미암아 우주만물에 적혀 있는 하나님과 창조의 질서와 창조의 목적에 대한 계시를 제대로 이해할 수 없다고 기록하고 있다. 그래서 하나님은 예수그리스도를 통한 구속과 구원의 필요성을 알려주기 위해 자연 계시의 분야까지 바르게 수정하여 특별히 성서에 기록한 것이다. 예수그리스도를 통한 하나님의 무한 사랑과 무한 속죄의 은혜를 인류에게 전달하기 위한 필요성 때문에 사탄의 미혹과 본성의 죄로 말미암아 잘못 인식되고 있는 우주만물의 기원과 운명, 작동 메커니즘을 성서를 통해 올바르게 알려준 것이다.

계시는 살아 계신 인격적 하나님의 존재와 그 하나님과 통할 수 있는 인간의 영적 감수성, 2가지

*
1961년 2월 25일자 『동아일보』에 불교신문 주간이었던 시인 고은 씨는 "불교에는 계시가 없다. 불교는 발견의 종교이다. 여래께서 섣달 8일 새벽에 견명성 하신 것도 진리의 발견으로 불교는 자아 완성의 자력교"라고 주장했다. 이 말은 불교가 인간이 주체가 되어 명상하고 깨닫는 '발견'의 종교일 뿐, 기독교가 주장하는바 창조와 화해의 주로서 초월적 인격의 역사적 계시 같은 개념은 전혀 없다는 것이다.

계시는 살아 계신 인격적 하나님의 존재와 그 하나님과 통할 수 있는 인간의 영적 감수성, 2가지가 반드시 전제된다.

가 반드시 전제된다. 둘 중 어느 하나라도 없다면 계시는 성립될 수 없다. 계시는 계시하는 하나님의 존재가 있어야 함과 동시에 하나님의 계시를 듣거나 보거나 이해할 수 있는 영적 감수성이 사람에게 부여됨으로써 가능하다. 그런 점에서 아담 이전에 영이 없는 선재인류는 하나님의 계시를 들을 수도 이해할 수도 없었다. 하나님이 아담에게 영을 부여하심으로써 비로소 하나님과 인간 사이에 계시라는 개념이 성립할 수 있게 된 것이다.

1 ◦ 자연계시와 초자연계시

계시는 전달하는 방식에 따라 자연계시와 초자연계시로 나눈다. 자연계시*란 하나님께서 창조한 자연 세계 자체를 보고 이성적 통찰을 통해 창조주 하나님의 본질과 창조의 질서 및 목적을 파악하는 것을 의미한다. 이로부터 인간은 하나님의 선하심과 의로우심, 곧 "그의 영원하신 능력과 신성(로마서 1:20)"을 어느 정도 이해할 수 있다. 사실상 자연은 하나님께서 쓰신 한 권의 방대한 서책이다. 그러나 인간의 본성에 죄가 들어오고 편재된 어둠의 영이 미혹함으로 인해 이 창조 세계를 통해 하나님의 신성과 능력을 통찰할 수 있는 능력이 흐려지거나 왜곡되고 말았다. 그래서 자연계시의 내용은 각 문화권, 각 사람마다 각기 다른 엄청난 혼란을 가져왔다. 반면 초자연계시는 하나님께서 자연이나 꿈, 환상, 음성 표적 같은 초자연적 방법을 사용하여 그의 뜻을 전달하는 방식을 의미한다. 그런 의미에서 사실상 하나님의 계시는 그 자체가 초자연계시다. 하나님이 초자연적으로 자기계시를 하신 사실은 성서에 무수하게 기록되어 있다.

2 ◦ 일반계시와 특별계시

계시는 다시 계시의 성격에 따라 일반계시와 특별계시로 나뉜다. 일반계시는 자연이나 인간의 본성에 이미 반영되어 있는 창조의 질서를 의미하고, 특별계시는 하나님께서 어떤 사안에 대해 특별히 계시하는 것을 의미한다. 물론 가장 중요한 특별계시는 계시의 본체이신 예수그리스도를 이 세상에 보내신 것이지만, 그뿐 아니라 수많은 선지자에게 말씀하신 것도 특별계시다. 지금도 하나님은 그의 계시를 특별히 사람에게 주시는데, 꿈, 환상, 음성, 표적, 역사, 자연의 질서를 통해 내리신다. 특별계시의 모든 상황은 성서에 상세하게 기록되어 있기 때문에 계시의 기준이라고 할 수 있는 성서의 검증을 받아야 한다. 성서에 어긋나는 계시는 거짓 계시이거나 가짜 계시이다.

그리고 기드온처럼 다양한 방법으로 기도하며 계시의 영을 분별해야 한다. 사람에게는 때때로 마귀의 미혹이 들어올 수 있고, 사람 자신의 정신 현상을 하나님의 계시로 착각할 수도 있기 때문이다. 성서의 계시는 자연계시, 일반계시와 대척점에 있다. 인간은 자연을 보고 하나님의 신성과 능력, 목적을 통찰할 수 있는 영적 감수성이 망가졌기 때문에 자연계시나 일반계시**는 실제로 거의 인식 불가능한 영역이 되어버렸다. 그래서 하나님은 성서를 통해 모든 자연계시와 일반계시의 영

*
칼 바르트(Karl Barth, 1886-1968)는 명저 『교회교의학(Kirchliche Dogmatic)』에서 자연계시를 인정한 에밀 브루너(Emil Brunner, 1899-1966)의 주장을 일축하고 자신은 성서가 증거하는 예수그리스도의 계시만을 진정한 계시로 인정하며, 자신의 신학에서는 하나님을 아는 데 있어 '존재의 유비(analogia entis)'가 아니라, 오직 말씀을 믿는 '신앙의 유비(analogia fidei)'만 존재할 뿐이라고 주장했다. 성서적 입장은 자연계시의 가능성을 부정하고 있다고 보았기 때문이다(로마서 1:20-25). 그러나 바르트도 자연계시의 가능성을 어느 정도는 인정했다.

**
성서에 나타난 대표적인 오류는 창세기 1:14-19절과 마태복음1:8절이다. 전자는 하나님이 넷째 날에 시간의 질서를 정착시켰다는 계시를 지구 중심적 사고를 한 고대인들이 넷째 날에 해와 달과 별을 창조한 것으로 오해한 것이다. 후자는 마태가 그리스도의 가계를 신성하게 금칠할 목적으로 예수님의 조상들 중 역대기 22-26장에 나오는 세 명의 왕(아하시야, 요시아, 아마샤)을 누락해 14대 14대 14대를 맞춘 것을 말한다. 오류의 원인과 성격이 다르지만 인간의 문화적 오해와 예수그리스도에 대한 과잉 충성에서 비롯된 것이다. 마태는 예수그리스도의 복음, 교회를 위하여 일종의 역사 조작을 한 것이고, 이것을 허용하신 하나님의 섭리는 신비한 것이다. 그러나 이러한 오류가 몇 군데 있음에도 불구하고 복음계시가 인류에게 전달되는 데는 하등 지장이 없었다.

역까지 바르게 이해할 수 있도록 하셨다. 그러므로 우리는 자연계시든 역사계시든 반드시 성서를 기준으로 판단해야 한다.

그뿐만 아니라 하나님은 성서를 통해 그리스도를 통한 구속의 진리를 인류에게 계시하셨다. 이런 점에서 성서는 다른 서책과는 비교할 수 없을 만큼 완벽에 가까운 계시의 책이다. 필자가 완벽이 아니라 완벽에 가까운 책이라고 한 이유는 하나님께서 성서를 형성시키기 위해 성령의 역학만 사용한 것이 아니라 그 시대의 문화 속에 사는 인간의 역학도 사용하셨기 때문이다. 이것은 성서에서 과학적 역사적 부분에 개인과 시대의 문화적 한계가 들어올 개연성을 부분적으로 인정하는 것이다. 그러나 하나님은 이런 가능성을 아시면서도 성서를 만드는 데 성령의 역학과 더불어 사람의 문화적 개인적 역학도 사용하셨다. 그러므로 하나님의 성령께서 계시를 전승, 보존, 기록, 편집, 정경화하는 일련의 과정에 적극적으로 관여했다 하더라도 불가피하게 과학적 역사적 부분에는 약간의 오류*가 생길 수밖에 없었다. 물론 성서가 증거하는 복음계시는 무오류의 완전한 진리의 계시이다.

그러나 성서가 비록 하나님의 역학, 즉 성령의 역학과 사람의 문화적 역학이 만나 형성됨으로 인해 자연계시의 분야에서 약간의 오류가 발견된다 하더라도, 하나님의 계시가 기록된 특별한 성문서임을 부인할 수 없다. 아담이 역사에 출현한 이래 엄청난 천재지변과 역사의 흥망성쇠가 있었지만, 성서의 기록은 21세기 현대의 과학과 역사학의 기준으로 평가할 때도 자연의 질서와 역사적 사실에서 몇 군데 외에는 거의 오류가 발견되지 않는다. 이는 성서야말로 하나님의 계시가 가득한 유일무이한 하나님의 말씀이라는 증거이다.

Chapter 3 제 3 장

죄란 무엇인가? / 죄론

창세기 2:16-17 " 여호와 하나님이 그 사람에게 명하여 가라사대 동산 각종 나무의 실과는 네가 임의로 먹되 선악을 알게 하는 나무의 실과는 먹지 말라 네가 먹는 날에는 정녕 죽으리라."

창세기3:1-10

I 아담과 하와가 범죄한 이야기

에덴동산에 들어와 살게 된 아담에게 하나님은 어느 날 "동산 각종 나무의 열매는 네가 임의로 먹되 선악을 알게 하는 나무의 열매는 먹지 말라 네가 먹는 날에는 반드시 죽으리라(창세기 2:16-17)"는 계명의 말씀을 주셨다.

하나님의 계명을 들은 아담과 하와는 그 후에도 하나님의 말씀을 따라 성실하게, 그리고 행복하게 살았다. 그들은 동산의 모든 것을 먹을 수 있는 권한과 자유를 부여받았으며, 또한 에덴동산은 모든 것이 풍성한 곳이었기에 그들은 전혀 부족함 없이 누리며 살 수 있었다. 그러나 하나님의 형상대로 지음받은 그들의 본성은 진리 추구의 속성을 가지고 있었기에 선악과 계명에 대해서만은 계속해서 의문점으로 남아 있었다. 그들은 그 나무 곁을 지날 때마다 많은 생각을 했다. 저 나무의 정체는 무엇인가? 왜 하나님은 저 나무의 실과는 먹지 말라고 했을까? 하나님은 왜 저 나무의 실과를 먹으면 죽는다고 말씀하셨을까? 죽는다는 것은 또 무엇을 의미하는 것일까? 혹시 하나님의 말씀에는 우리가 모르는 복선이 숨어 있는 것은 아닐까? 그렇다면 그 복선은 또 무엇일까? 하나님은 저 나무 열매를 가리켜 선악을 알게 하는 열매라 했고, 또한 어떤 천사는 저 실과를 먹으면 선악을 분별하는 지혜의 눈이 열려 하나님처럼 된다고 하는데 정말 그런 걸까? 그렇다면 저 나무 열매가 먹는다고 해서 꼭 나쁜 일이 일어나는 것은 아니지 않는가? 더욱이 저 실과를 먹으면 눈이 밝아져 하나님처럼 선악을 분별할 수 있다는데, 그것은 우리가 좀 더 똑똑해지고 지혜로워지고 더 많은 것을 알게 된다는 것인데, 그렇다면 그 지혜로움을 가지고 하나님의 영광을 위하여 이 동산을 더욱더 잘 가꾸고 잘 다스린다면 좋은 일이 아닐까? 그러면 우리는 더 의미 있는 존재가 될 것이고, 하나님의 칭찬도 들으며, 뭇 천사들의 존경도 받을 수 있지 않을까? 그래, 우리를 사랑하시는 하나님께서 나쁘고 위험한 과실이라면 이 동산에 나게 하실 이유가 없을 거야. 어쩌면 하나님이 우리의 용기를 시험하시는지도 몰라. 눈앞에 저렇게 보암직도 하고 먹음직도 하고, 또 지혜롭게 할 만큼 탐스러운 과일을 두고 따 먹지 않는다면 우리는 어쩌면 용기 없고 어리석은 사람일지도 몰라. 그런데 하나님은 이유 불문하고 동산 각종 나무의 실과는 우리가 임의로 먹어도 되지만 저 나무의 실과만은 먹지 말라고 하지 않았는가. 허락하시려면 다 허락하시지 왜 하나님은 저 나무의 실과만 먹지 말라고 하시어 우리 마음을 이렇게 힘들게 하시는가?

이상은 창세기 2장과 3장에 나온 선악과 계명과 관계된 기사를 근거로 하여 아담과 하와의 심리적 동요를 구체적으로 서술해본 것이다.

어떤 신학자는 아담과 하와의 범죄에 대하여 말하기를 그들이 하나님을 마음에 두기 싫어하고, 하나님처럼 되고자 하는 교만이 있었기 때문이라고 주장한다. 그러나 그런 교만한 생각을 한 것은 마귀사탄(이사야 14:13-14, 에스겔 28:17)이지 아담과 하와는 아니다. 당시 아담과 하와는 존재론적 한계를 가진 미성숙한 존재였다. 그런 그들이 전지전능한 하나님처럼 되어보겠다는 마음을 가지고 선악과를 따 먹었다고는 생각할 수 없다. 기껏해야 앞서 진술한 정도의 의문과 욕망을 가지고 있었다고 본다. 이런 정도의 의문은 진리 추구의 본성을 가진 아담과 하와에게서는 정상적으로 일어날 수 있는 것이었다.

아담과 하와는 항상 그런 의문과 유혹을 느끼면서도 하나님에 대한 외경심과 하나님 명령의 단호함 때문에 감히 선악과 실과를 따 먹을 생각을 하지 못했다. 수십수백 번 그 나무 곁을 그냥 지나갈 때마다 아니야! 그래서는 안 돼! 아무튼 하나님의 계명을 지키는 것이 옳은 거야! 하면서 말이다. 그러나 시간이 지나면 지날수록 선악과에 대한 의문은 더욱 깊어만 갔다. 결국 마음이 덜 성숙한 하와, 이성적이기보다 감성적인 하와가 먼저 그 유혹을 참지 못하고 선악과를 따 먹고 말았다. 그리고 혼자 독박을 쓰는 것이 두려웠던지 하와는 그 실과를 남편에게 주어 그도 함께 먹게 함으로써 아담도 공범자가 되고 말았다. 그것은 정도의 차이가 있었을망정 아담도 마음속에 하와와 동일한 의문을 가지고 있었고, 유혹도 느끼고 있었기에 아내의 권고에 따라 동조하게 된 것이다.

그런데 막상 선악과를 먹고 나자 그들은 예기치 않은 내면적 변화를 맞이하게 되었다. 그들의 본성으로 감당할 수 없는 변화, 그것은 처음 느껴보는 감정이었다. 그 감정의 정체는 두려움과 수치심이었다. 회전하는 어둠의 그림자처럼 어두운 불안과 수치심이 뒤섞인 감정이었다. 그리하여 그들은 그 수치심을 가리기 위해 무화과나무 잎으로 치마를 만들어 몸의 치부를 가렸다. 그리고 하나님이 그들을 부르시자 하나님의 낯을 피하여 동산 나무 사이에 숨었다.

그러면 눈이 밝아졌다는 것은 무슨 의미인가? 그것은 순수한 어린 아기가 자라서 세상의 욕심, 세상의 죄에 눈이 떠진 것과 비슷한 것이다. 특히 사춘기에 들어선 청소년들이 이성에 대해 눈이 떠지는 것과 같고, 현모양처의 삶만을 살았던 여자가 어느 날 멋진 남성을 만나 불륜이 주는 쾌락의 세계에 눈을 뜬 것과 같은 것이었다. 성서에서 그들이 벌거벗은 몸을 보고 수치심을 느꼈다고 한 것을 보면 일단은 성과 관계가 있는 것이 아니었을까 생각된다. 갑자기 서로의 몸을 보며 성적 충동이 일어나면서 부끄러움을 느꼈을 것이다. 그것은 사춘기에 접어든 청소년들이 갑자기 이성에게 성적 충동을 느끼는 것과 비슷한 감정에 더하여 하나님의 말씀을 어겼다는 두려움이 섞여 있는 심리 상태였을 것이다. 이 수치심은 성적 충동이 일어나서 느끼는 부끄러움을 넘어 죄를 지었다는 수치심도 포함된 것이었다. 우리도 성적 욕망이 들켰을 때뿐 아니라, 그것이 어떠한 죄라 할지라도 죄 지은 것이 드러날 때 수치심을 느끼지 않는가? 음란한 짓을 하다 들켰을 때, 도둑질하다가 들켰을 때, 거짓말한 것이 들켰을 때도 수치심을 느낀다.

문제는 한 번 죄를 짓고 나자 그다음부터는 이상하게 수시로 죄의 충동이 일어나고, 작은 유혹에도 마음이 흔들리는 것이었다. 그리하여 그들은 이후 작은 죄의 유혹에도 쉽게 무너지는 상황을 맞이하게 되었다. 이것은 그들의 본성에 죄성, 즉 죄의 경향성이 생기게 된 것을 의미한다. 그들의 본성은 이제 2가지 경향성을 띠게 되었다. 하나는 하나님의 뜻대로 살아야 한다는 영적 경향성과 내 뜻대로 살고 싶다는 이기적 탐욕적 경향성이다. 이러한 현상은 일종의 정신 시스템의 붕괴, 또는 정신분열 같은 것이었다. 최초의 범죄 이후 본성의 제방에 균열이 생겨 죄성의 바닷물이 무섭게 밀려들어오게 된 것이었다. 처음 하나님의 계명을 범하는 죄를 짓고 나자 그들의 본성에는 죄를 향한 다양한 충동이 일어나기 시작했고, 일단 도덕적 의지와 생물학적 의지의 균형이 무너진 본성은 무섭게 솟아오르는 이기적 욕망을 제어할 수 없게 되었다.

비록 그들이 처음 지은 죄는 배의 바닥에 작은 구멍이 난 것에 불과한 것으로 보일지 모르지만, 그 후 그 구멍으로 무서운 죄의 욕구가 솟아나기 시작한 것이다. 마치 후천성면역결핍증, 즉 에이즈에 걸린 사람처럼, 바이러스에 감염된 컴퓨터처럼, 그동안 도덕성과 생물학적 이기적 본능의 균형을 잘 유지하고 있던 본성에 큰 이상이 생긴 것이다. 이렇게 병들고 망가지고 분열된 그들의 본성은 후손들에게 유전되어 그들의 후손들도 죄를 짓지 않을 수 없는 사람들이 되고 말았다. 따라서 그들이 일궈가는 역사는 죄와 사망과 혼돈의 역사가 되고 말았다. 그들은 수치심을 가리거나 죄책감을 정서적으로 완화하기 위해, 그리고 합리화하기 위해 온갖 문화적 이데올로기를 만들었다. 그것이 바로 그들의 수치심을 가리려고 만들어 입은 무화과잎새 치마의 의미다.

그러나 그들이 입은 치마가 그러하듯이 사람이 만든 종교와 윤리는 본성의 죄성을 극복하고 죄의 충동을 이기는 데 큰 도움이 되지 못하고, 다만 도덕적 수치심을 합리화하거나 정서적으로 조금 완화하는 역할만 할 뿐이었다. 죄의 수치를 완전히 해소할 수 있는 것은 사람이 스스로 만들어 두른 무화과 잎 치마가 아니라 하나님께서 짐승(양)의 가죽으로 만들어 입혀준 옷이라는 사실을 성서는 가르치고 있다. 그 짐승의 가죽옷은 바로 어린양 예수그리스도를 믿음으로 말미암아 얻게 되는 영원한 의의 옷을 상징하는 것이다. 사람이 진정한 의를 얻는 길은 인위적으로 만들어 입은 문화적 옷이 아니라, 하나님이 만들어 은혜의 선물로 입혀준 어린양 예수그리스도라는 옷인 것이다.

죄 지은 그들에게 찾아온 것은 수치심과 더불어 두려움이었다. 수치심이 죄성에서 유래한다면 두려움은 자신들이 죄를 지었다는 사실을 인식함으로써 일어나는 존재의 어두운 떨림 같은 것이었다. 그래서 아담과 하와는 그들이 하나님의 계명을 어긴 죄인이 되었음을 알고 두려움에 떨며 동산 나무 사이에 숨었다. 창세기 3:8절에서 "아담과 그 아내가 여호와 하나님의 낯을 피하여 숨은지라"고 기록하고 있다. 하나님께서는 이 부부의 행위를 이미 알고 계셨고, 그래서 적절한 때에 그들을 찾아오셨다. 그리고 "아담아 네가 어디 있느냐" 하시며 부르셨다. 그러자 아담은 "내가 동산에서 하나님의 소리를 듣고 내가 벗었으므로 두려워하여 숨었나이다"라고 대답하며 나왔다. 그들이 과연 누구를 무엇 때문에 두려워하였을까? 그것은 두말할 것 없이 하나님을 두려워한 것이고, 하나님의 심판이 두려웠던 것이다. 이것을 가리켜 신학자 폴 틸리히*는 정죄의 불안이라고 불렀다. 그는 이 정죄의 불안을 인간 실존이 가진 근원적 감정으로 보았다. 그리고 인간이 다른 실존적 문제는 극복할 수 있을지 몰라도 이 정죄의 불안만은 결코 극복할 수 없다고 단언하였다.

이제 아담과 하와에게 그토록 사랑하고 외경하고 친밀했던 하나님이 계명을 어긴 후에는 두려워서 멀리하고 싶은 존재로 바뀌어져버렸다. 실로 죄는 하나님과 인간 사이를 분리시키고 말았다. 하나님은 그러한 인간을 창조와 섭리의 질서에 따라 정죄하지 않을 수 없었고, 인간은 그 하나님의 심판이 두려워 도피하거나 자기 죄를 변명하는 존재가 되고 만 것이다. 이것은 모든 아담의 후손들에게 보편적 상황이 되었으니 어쩌면 종교도 문화도 그들의 불신앙과 수치와 정죄의 두려움과 불안을 가리고 합리화하려는 의지의 반영일 수 있다. 그러나 이 범죄로 인한 수치심과 정죄의 두려움은 종교와 윤리 도덕, 또는 정치 사회적 이데올로기로는 완전히 극복할 수는 없는 것이었다.

* 폴 틸리히(Tillich, Paul Johannes, 1886-1965)는 독일계 미국 조직 신학자이다. 그는 1926년 독일 마부르크 대학과 베를린 대학, 프랑크푸르트 대학에서 철학교수를 역임했고, 1933년 히틀러 정권에게 추방되어 미국으로 망명, 1932-1855년까지 유니온 신학교에서 철학적 신학교수를, 1955년에는 하버드 대학의 초빙교수로, 1962년에는 시카고 대학 신학부에서 봉직했다. 라인홀드 니버는 그에 대해 "만일 바르트를 현대의 터툴리아누스라고 한다면 틸리히는 현대의 오리게네스이다"라고 말했다. 복음의 케리그마를 애매하게 할까 두려워 존재론적 사변을 포기했다는 점에서 바르트는 터툴리아누스와 같고, 복음의 내용을 시대와 문화에 관련시켜 설명하고자 했다는 점에서 틸리히는 오리게네스와 같다는 말이었다. 저서로는 『존재하려는 용기(The Courage to Be)』(1952), 『신앙의 동역학(Dynamics of Faith)』(1957), 『조직신학(Systematic Theology)』 1, 2, 3권(1951-1963) 등이 있다.

II 죄의 정의와 죄의 근원적 원인

죄의 정의 죄는 히브리 원어로 '하타아(חַטָּאָה)'인데, '빗나가다'라는 의미의 '하타(חטא)'라는 동사에서 유래한 명사형 단어이다. 헬라 원어로는 '하마르티아(αμαρτία)'로 번역된다. 히브리어든 헬라어든 죄는 모두 '표적을 벗어나다', '표적을 이탈하다'는 의미를 가지고 있다. 실제로 구약성서에서 죄는 거룩하시고 의로우신 하나님의 뜻을 벗어나는 것을 의미한다. 하나님의 뜻은 우선은 양심을 따라, 율법을 따라 인지하게 되는데, 여기에서 빗나가는 행위를 할 때 죄라고 부른다. 인류의 역사는 처음부터 죄 문제를 안고 시작되었고, 오늘날에도 죄 문제를 안고 흘러가고 있다. 이런 사실은 성서가 증언하고 있을 뿐 아니라, 인류 역사가 이를 증명하고 있고, 오늘날 우리 모두가 삶 속에서 경험하고 있는 엄연한 현실이고 사실이다. 그리하여 인간은 모두가 죄인이고 역사는 죄의 역사라는 것은 부인할 수 없다(로마서 3:9-10, 로마서 3:23).

죄의 근원적 원인 그렇다면 죄는 어디서 근원했고, 죄의 본질은 무엇인가? 죄는 하나님께서 독립적 인격을 가진 피조물을 창조하면서 필연적으로 발생할 수밖에 없는 문제였다. 하나님은 이 사실을 만세 전부터 알고 계셨다. 그래서 하나님께서 이에 대한 대책으로 미리 아신 자들, 즉 죄에서 구원받을 자들을 만세 전에 예정하신 것이다(로마서 8:29-30). 이것이 바로 죄가 발생할 수밖에 없는 가장 근원적 원인이다. 바울은 이에 대해 "피조물이 허무한데 굴복하는 것은 자기 뜻이 아니요, 오직 굴복하게 하시는 이로 말미암음이라(로마서 8:20)"고 말했던 것이다.

죄는 하나님께서 독립적 인격을 가진 피조물을 창조하면서 필연적으로 발생할 수밖에 없는 문제였다. 하나님은 이 사실을 만세 전부터 알고 계셨다.

죄의 기준은 하나님의 뜻이다. 그런데 피조물의 가장 우선시하는 의지는 자기를 가장 중요하게 여기는 의지다. 자기중심적 의지다. 모든 존재가 그러하듯이 인간도 기본적으로 자기 자신을 가장 중요하게 생각한다. 이는 생물학적 본능이면서 존재론적 기본 의지이기도 하다. 자아를 가진 모든 존재는 누구보다도 무엇보다도 자기 자신을 가장 소중하게 생각하게 되어 있다. 그렇기 때문에 텅 빈 무한 공간에 하나님만 홀로 계실 때는 죄라는 문제가 발생할 수 없고, 삼위일체 하나님으로 존재하실 때도 삼위는 근본과 본질이 동일한 인격이기 때문에 죄라는 문제가 발생할 수 없었지만, 비록 하나님의 형상을 따라 지었다고는 하지만 본질도 다르고 삶의 시스템도 다르고 삶의 정황도 다른, 그리고 무엇보다 그 피조물이 자유의지를 가진 인격체라 할 때, 죄의 문제는 필연적으로 일어날 수밖에 없는 문제였다. 어떻게 자아의 중심이 다르고, 본질도 다른 존재들의 의지와 행동이 100% 일치할 수 있단 말인가? 일란성쌍둥이라 할지라도 각자의 의지와 생각과 행동이 다른데 말이다. 하나님은 이 사실을 미리 아시면서도 인류를 창조하셨다. 이에 대해 바르트는 "죄는 창조 때에 하나님께서 알면서도 무시해버린 가능성"이라고 통찰한 바 있다. 하나님은 그가 창조한 세계에 죄가 발생할 가능성을 미리 아시면서도 장엄한 우주에 세워질 하나님 나라를 창조하기 위해 이를 무시해 버린 것이다.

III 하나님이 죄를 허용하신 이유

그러면 하나님은 왜 앞으로 온 세계에 죄의 문제가 심각하게 발생할 것을 아시면서 죄를 지을 수밖에 없는 인류를 창조하시었는가? 비록 허용적 섭리이기는 하지만 죄를 허용하시면서 까지 말이다. 그 이유는 무엇인가?

첫째, 하나님이 꿈꾸시는 나라는 인격을 가진 존재들이 주인공이 되는 세계이기 때문이다. 즉 하나님이 만들고자 하는 궁극의 나라는 아무런 생명이 없는 물체들로 이루어진 세계, 또는 생물학적 본능에 따라 살아가는 저차원의 생태계가 아니라, 자유의지를 가지고 살아가는 인격체들의 나라이기 때문이다. 그러나 자유의지를 가지고 의를 선택하며 살아가는 인격적 피조물들은 기본적으로 죄를 지을 수밖에 없다. 그래서 인류는 죄를 지을 수밖에 없는 존재에서 죄를 짓지 않을 수 있는 존재들로 변화되는 변증법적 격동의 시간을 통과할 수밖에 없었다. 그래야 인류는 불로 연단한 정금처럼 되어 하나님나라의 의로운 주인공이 될 수 있기 때문이다. 이것이 바로 역사의 본질이고 역사의 정체성이다.

둘째, 하나님이 창조하고자 하는 세계는 그리스도를 중심으로 통일된 세계이기 때문이다(에베소서 1;10, 빌립보서 2:10-11). 우주에 세워질 하나님 나라가 아무리 크고 광대하다할지라도 하나님을 중심으로 일치와 통일이 이루어지지 않는다면 그 나라는 춘추전국시대의 중국처럼 열국들이 세력다툼 하는 세계가 되고 말 것이다. 거기에 무슨 평화와 안식이 존재하겠으며 하나님의 영광이 나타나겠는가? 온 우주에 실현될 천년왕국 시대에는 각 별들마다 열국이 세워질 것이다. 이 때 온 우주가 통일성을 유지하려면 백성들을 하나님의 뜻대로 다스리는 중보자, 즉 요한계시록 20:6절에 기록된 왕 같은 제사장들이 있어야 한다. 이들은 그리스도 안에 있는 새로운 피조물들이며(고린도후서 5:17),

그리스도의 형상을 본받은(로마서 8:29) 흠 없는 자들이어야 한다(에베소서 1:4). 이들은 줄기와 잎 새 사이를 연결하는 나무의 가지처럼 우주적 하나님나라의 통일성을 유지하기 위해 반드시 필요한 존재들이다. 이들은 전혀 죄를 지어본 적이 없는 사람들이 아니라 하나님의 은혜 속에서 죄 문제를 극복한 사람들이며, 죄와 사망에서 하나님의 은혜로 말미암아 구원받고 감사하는 새로운 피조물들이다. 이들이 바로 그리스도인들이다. 이들은 모든 형제들 중 맏아들이 될 자들로서(로마서 8:29) 인류 역사는 이들을 조성하기 위해 하나님이 의도적으로 조성한 상황인 것이다.

셋째, 죄와 사망의 역사는 그리스도인을 조성하는 데 최적의 조건이 되기 때문이다. 죄가 없는 곳에서는 죄에서 구원받은 속죄의 감격이 있을 수 없으며, 죄로 말미암은 사망의 두려움이 없는 곳에서는 지옥의 심판에서 해방된 감격이 있을 수 없다. 죄와 사망의 절망적 한계 상황 속에서 그리스도를 만났을 때 인간은 구원의 감격을 경험할 수 있다. 하나님의 사랑과 은혜로 말미암아 구원받았다고 하는 진리의 깨달음 속에서의 감격은 성령 안에서 새 생명의 탄생을 가져올 것이고, 이렇게 탄생한 그리스도인들은 부활의 새 몸을 입은 왕 같은 제사장으로서 우주적 중보자의 역할을 성공적으로 수행할 것이다. 하나님은 인류의 역사에 죄를 허용하신 것이다.

넷째, 하나님께서 꿈꾸시고 창조하고자 하는 우주는 절대 가치가 있는 우주이기 때문이다. 오죽하면 그 성품에 진선미성의 이데아로 완전 충만한 하나님께서 지구 환경을 창조할 때 그 형태가 드러날 때마다 아, 좋구나, 너무나 좋구나! 하셨겠는가? 하나님 나라 창조의 한낱 작은 그릇에 해당하는 지구 환경이 만들어지는 것을 보시고도 그러하셨거늘 5단계 창조가 완성되어 하나님을 닮은 자녀들이 광대한 우주에 가득하여 서로 사랑하고 하나님을 찬양하는 광경을 보시면 얼마나 기뻐하시겠는가. 그러므로 하나님이 창조하고자 하는 우주는 설령 완성되는 과정에서 죄 문제로 인해 하나님과 사람이 함께 고통을 겪는다 할지라도 창조할 만한 가치가 충분한 우주인 것이다.

사람들은 자녀들로 인한 많은 수고와 고통이 따를 것을 알면서도 결혼하면 아이를 갖기를 원한다. 그것은 자녀의 웃음소리가 들리는 가정의 가치를 알기 때문이다. 조각가는 대리석을 다듬어 자신이 원하는 형상을 만들기 위해 피땀, 눈물을 흘리며 수고하는 것을 마다하지 않는다. 이는 그가 만들고자 하는 작품이 그와 같은 수고를 지불할 가치가 있기 때문이다. 마찬가지로 하나님은 그가 꿈꾸는 나라를 창조하고 섭리하는 과정에서 피조물의 죄로 말미암아 많은 비극적 고통이 따를 것을 알면서도 진선미성의 절대적 가치가 실현된 우주를 창조하는 것은 그만한 대가를 치룰만한 가치가 있다고 생각했기 때문에 죄가 관영할 수도 있는 세상을 지은 것이다. 이것이 하나님이 죄를 허용하신 이유 중 하나이다.

다섯째, 하나님께서는 궁극적으로 은총의 승리를 이룰 자신이 있었기 때문이다. 아담을 통해 세상에 죄가 들어오면 인류의 역사는 사망의 혼돈에 빠져들고 인류는 잠정적으로 고통을 겪게 되지만, 전지전능하신 하나님은 이 비극적 상황을 그의 은총, 그의 전지전능하심으로 극복할 자신이 있었다. 죄를 짓지 않을 수 없어 죄를 짓고 정죄의 불안 속에 떨고 있는 인류들을 독생자를 보내어 영단번의 십자가 제사의 공력으로 구원할 자신이 있었던 것이다. 그리하여 하나님의 사랑과 은총을 깨닫고 죄에서 구원받아 종말론적 소망을 갖게 된 일단의 인류가 감사와 감격의 눈물을 흘리게 할 자신이 있었다. 뿐만 아니라 심판의 질서 때문에 부득이하게 지옥에 들어갈 수밖에 없는 이들에 대해서까지 은총의 대책이 다 세워져 있기 때문이었다(베드로전서 3:18, 요한계시록 21:3-4).

여섯째, 하나님은 꿈꾸시는 우주가 완성되면 그러한 우주를 이루기 위해 그동안 고통 받았던 하나님과 인류가 손에 손을 잡고 기뻐하며, 그간에 받은 고통과 아픔을 영원히 보상받을 수 있기 때문이다. 그리하여 피조물이 그간 고통 중에 품었던 의문도 완전히 해명 받고, 모든 한(限)도 충분히 풀릴 것을 아시기 때문이었다(요한계시록 6:9-11, 21:3-4). 만인이 그리스도 안에서 구원받고 영원천국의 기쁨과 안식을 향유하게 될 때, 어두운 장막은 소멸되고 하나님은 기뻐하는 피조물로부터 완전한 영광의 찬양을 받으실 것이다.

Ⅳ 영과 죄의 관계

죄는 영이 있는 피조물에게만 사실상 해당되는 문제이다. 왜냐하면 어떤 행위를 죄라고 규정할 수 있는 것은 하나님이 제시한 절대적 기준에 의해서 이기 때문이다. 그리고 그 절대적 기준을 인식할 수 있는 기능이 바로 영이다. 하나님께서 사람의 몸속에 영이 불어넣었을 때, 죄는 사람들 사이의 상대적 개념이 아니라 하나님과 관계된 절대적 개념이 되었다(창세기 2:7). 이제 하나님께서 아담에게 영을 불어넣으심으로써 아담은 비로소 하나님의 음성을 듣고 하나님의 뜻에 따라 살아야 하는 존재가 된 것이다.

하나님께서 아담에게 영을 불어넣으심으로써 아담은 비로소 하나님의 음성을 듣고 하나님의 뜻에 따라 살아야 하는 존재가 된 것이다.

영을 부여받은 후부터 사람의 도덕성, 즉 양심의 영역에는 큰 변화가 일어났다. 도덕적 감수성이 더욱 섬세해지고 활성화되었으며, 그 도덕성의 범위가 크게 확장되는 결과를 가져왔다. 비유하자면 범인에게는 죄로 느끼지 않는 것들이 성자에게는 죄로 느껴지는 것과 같은 현상이 영을 부여받음으로써 일어난 것이다. 물론 영이 없는 선재인류의 경우에도 도덕성은 있었다. 그러나 그들의 도덕성에 따른 죄책감은 단순히 자기 마음에 약간 기분 나쁜 고통이 일어나거나, 자신보다 권위 있는 사람의 눈치가 보여 불안한 정도, 즉 상대적 죄책감으로 끝났다. 그러나 아담처럼 영이 들어오고 난 다음에 죄를 지었을 때 정죄의 두려움이 동반된 근원적 불안이 생기게 되었다. 사람을 두려워하는 상대적 죄의식, 죄책감이 아니라 하나님을 두려워하는 절대적 죄책감, 죄의식이 생기게 된 것이다.

영이 없는 선재인류는 자기와 무관한 종족이 어려움에 처했을 때 그를 돕지 않는다거나, 또 원수를 용서하지 않는다고 해서 양심에 가책이 일어나지는 않았다. 그러나 영이 부여된 인간은 그 모든 것조차 죄로 느껴지기 시작했고, 그렇지 못했을 경우 양심에 가책을 받게 되었다. 이웃을 도와주고 사랑하지 못한 것조차 죄로 느끼는 상태가 되었다는 말이다. 이처럼 영이 들어옴으로 인해 인간의 도덕성은 지극히 섬세해지고 활성화되었으며 선악의 범위가 크게 확대되었다. 영이 부여된 인간은 시인 윤동주가 "나는 잎새에 이는 바람에도 괴로워했다"라고 노래한 것과 같이 죄에 대해 한층 민감해지고 섬세해진 마음의 상태가 된 것이다. 이러한 사실은 선악과 계명을 받은 아담이 그 실과를 따 먹는 죄를 지었을 때, 즉각적으로 죄책감, 즉 두려움과 수치심이 일어났다고 하는 것으로 증명된다. 그러므로 영이 없는 선재인류들은 일반 동물들과 마찬가지로 죄로 말미암은 심판이 대상이 될 수 없다. 오직 영을 부여받아 양심을 통해 하나님의 음성을 들을 수 있는 아담족만이 죄로 말미암은 심판의 대상이 된다.

V 죄의 성립과 계명

죄는 심판자의 계명이 주어졌을 때 온전히 성립된다(창세기 2:16-17)

죄의 문제는 하나님의 계명이 주어졌을 때 비로소 성립된다. 영이 있는 사람에게 죄가 실존적 문제로 성립되기 위해서는 하나님의 계명이 사람의 마음에 부여되어야 한다. 로마서 5:13절을 보면 "죄가 율법이 있기 전에도 세상에 있었으나 율법이 없을 때에는 죄를 죄로 여기지 아니 하느니라" 라는 말씀이 기록되어 있다. 하나님의 형상대로 지음 받은 사람의 마음에 기본적 도덕성이 존재하나, 그 도덕성대로 살지 못한다고 해서 심판받을 죄가 성립되는 것은 아니다. 그리고 그 인간에게 영이 들어와 그의 도덕성이 활성화되었다는 것만으로 심판받는 죄가 성립되지 않는다. 죄는 심판자의 계명이 주어졌을 때 온전히 성립된다(창세기 2:16-17). 즉 계명이 주어질 때 비로소 징벌이 따르는 죄가 성립된다는 말이다(고린도전서 15:56). 이것은 마치 어느 나라에서는 특정한 죄에 대한 형벌규정이 없으면 죄를 지어도 죄가 아닌 것과 같은 이치이다.

필자가 알기에 우리나라 경부고속도로에는 최고속도 110km라는 규정이 있지만, 독일의 고속도로 아우토반에는 특정 구간을 제외하고는 제한속도가 없다고 한다. 그래서 같은 운전자라 할지라도 우리나라 경부고속도로에서는 운행속도가 110km를 넘게 되면 죄를 지었다는 생각에 불안해 하지만, 독일 고속도로에서는 속도가 200km을 넘어도 어떤 죄책감이나 불안감을 갖지 않는다. 죄는 이런 원리를 가지고 있다. 그런 면에서 영이 부여된 아담의 마음에는 영이 부여되지 않았을 때와 달리, 모종의 정언 명령(定言命令, Categorical Imperative)이라는 코드가 존재하게 된 것이다. 필자는 그것이 바로 선악과 계명의 존재론적 의미라고 생각한다. 영이 있는 인류의 양심에 심어진 정언명령이라는 코드는 바로 자연법이라고 부른다. 이 자연법이 인간의 마음속에 들어옴으로 인해 비로소 도덕성이라는 하나님의 형상은 기준을 가지고 제대로 작동하게 되었다.

처음에 죄를 지은 적이 없는 아담의 양심에 들려온 정언명령은 아주 단순한 것이었다. 그것은 선악을 알게 하는 나무의 실과는 먹지 말라는 것이었다. 그러나 아담이 범죄한 이후 아담족의 본성에는 삶의 문제와 연관되어 다양한 욕망이 거침없이 솟아나기 시작했다. 그에 따라 아담족의 마음에 들려오는 도덕적 정언명령도 다양하게 세분화 되었다. 이 정언명령을 이스라엘문화권에서는 10계명으로 구체화되어 규정되었고, 각 계명에 따른 수천가지의 장로의 유전도 생기게 되었다. 그러나 이스라엘처럼 율법을 받지 못한 족속들은 내면의 율법인 양심의 법, 즉 자연법이 그들의 마음속에 다양하게 작동한다. 그래서 율법을 부여받은 이스라엘 사람이나 그렇지 못한 이방인들이나 죄를 지으면 거의 동일하게 양심의 가책을 받으며 살게 되는 것이다. 그러므로 모든 인류는 죄를 핑

계할 수 없다.

이 자연법*이라는 인류 양심의 보편성은 각 나라의 상대적 법규를 넘어서는 차원이다. 인간 사회의 상대적 법규는 나라와 민족에 따라, 또는 지배자의 통치철학에 따라 달라져 수많은 나라의 상대적 법규는 자연법이라는 인류 공통의 보편적 양심에 크게 어긋나기도 한다. 자연법의 존재, 즉 양심의 존재란 이런 것이다. 거장 스티븐 스필버그가 감독한 영화 〈쉰들러 리스트〉의 주인공 오스카 쉰들러는 악덕 사업가임에도 불구하고 나치 독일의 명령에 따라 자행되는 유대인 소멸 작전을 보고 강한 양심의 가책을 느낀다. 그래서 그는 위험을 무릅쓰고 자기의 재산을 써가며 수용소에서 죽음만을 기다리는 유대인들 가운데 1,200명을 구해낸다. 그는 전쟁이 끝난 후 어느 날 지난 일을 회상하며 이렇게 혼자 중얼 거린다. "아, 왜 이 차를 팔지 않았을까? 그랬다면 그 돈으로 10명은 더 구할 수 있었을 텐데. 아, 이 금반지를 팔았다면 적어도 1명은 더 살릴 수 있었을 텐데, 내가 안 한 거야! 내가 안 한 거야!"라며 자책의 눈물을 흘린다. 바로 이것이 영이 부여된 인간의 마음에 작동하는 자연법, 즉 양심이다. 제2차세계대전이 끝난 후 나치 전범들에 대한 재판이 시행되었을 때 그들을 재판한 기준이 된 법이 바로 자연법이었다.

* 자연법(自然法, Natural Low)은 시간과 공간을 초월하여 보편 타당성을 가진 자연의 절대적 법리(法理)를 말한다. 기본적으로 프로테스탄트 교회에서는 이 자연법 이론에 대해 비판적이지만, 그럼에도 불구하고 인간의 양심을 통한 선험적 도덕적 의지는 창조의 질서로서 존중되어야 한다. 결국 인간 사후에 받는 심판 중 행위에 대한 심판의 기준은 전 인류에게 적용되는 보편타당한 양심의 법, 즉 자연법일 수밖에 없는 것이다.

VI 타락한 본성과 타락한 세상

아담으로 말마임아 죄가 들어오고 나서, 이제 아담족의 본성에는 강력한 두 가지 의지, 경향성이 생기에 되었다. 하나는 도덕적 삶을 살고자하는 의지이고 다른 하나는 생물학적 욕망을 성취하고자하는 이기적 의지이다. 이 두 의지는 분명히 인간 본성 곳에 살아 있는 의지로서, 그 충동의 경향이 강하게 일어나고 약하게 일어남에 따라, 인간은 천사처럼 살기도 하고 악마처럼 살기도 한다. 인간의 본성에 치유할 수 없는 양극화 현상이 일어난 것이다. 즉 선와 악의 의지가 공존하는 인간본성이 되고 만 것이다. 필자는 이러한 인간본성의 상황을 양의적 본성이라고 규정한다. 즉 인간의 마음에는 항상 선과 악의 양의적 태극운동이 일어나고 있다. 이 두 의지는 어느 때는 강력하게 대립하고, 어느 때는 적당히 타협한다. 강력하게 대립할 때, 그 사람은 성자이거나 악마이거나 둘 중 하나이고, 적당히 타협할 때는 평범한 도덕성을 가진 사람이 되는 것이다.

사람은 완전히 선하거나 완전히 악할 수 없다. 그것은 불가능하다. 다만 선의 의지가 강할 때는 성자처럼 살고, 악의 의지가 강할 때는 악마처럼 사는 것뿐이다. 그러나 그것은 다만 외연이 그런 것일 뿐이다. 성자의 마음에도 악의 의지를 내포하고 있고 악인의 마음에도 선의 의지를 내포하고 있다. 이처럼 타락한 인간 본성은 선의 의지와 악의 의지가 내포와 외연의 관계로 상존한다. 이런 사람들이 모여 이루는 인류의 역사 역시 마찬가지로 양의태극운동의 양상을 보이게 된다. 이것은 미국의 역사도 중국의 역사도 남한의 역사도 북한의 역사도 그 역사의 본질을 살펴보면 선과 악이 내포와 외연의 관계를 형성하며 계속 회전하고 있는 것이다. 그래서 주님이 오시기 전까지 인류역사는 그것이 개인이든 공동체든 선악의 총량이 변함이 없고, 다만 내포 외연의 관계로 때로는 대립하고 때로는 정당히 타협하며 나아가게 되는 것이다.

사람이 죄를 지을 수밖에 없는 요인은 본성적 요인도 있지만 사회적 요인도 있다. 사람은 사회적 동물이다. 사회를 떠나서는 결코 행복하게 살 수 없는 존재라는 것이다. 속세를 떠났다고 하는 승려들도 최소한의 사회생활은 한다. 그래서 착하게 살아보려고 노력하는 사람도 사회 속에 들어가면 불가피하게 악과 타협하며 살 수밖에 없는 경우가 많이 생긴다. 특별히 현대사회는 문명이 발달한 만큼 구조적 사회악도 비례하여 심각한 상태이다. 나무가 조용히 서 있고자 하나 바람이 가만두지 않는 형국이 현대사회 곳곳에서 벌어지고 있다. 가장으로서는 참 선한 사람인데, 직장에서는 악마 같은 사람으로 변신하는 경우도 종종 본다. 이것이 바로 인류 역사의 실상이다. 미국의 유명한 기독교 윤리학자인 라인홀드 니버*는 저서『도덕적 인간과 비도덕적 사회』에서 이러한 면을 지적하며 사회개혁의 필요성을 주장한 바 있다.

* 라인홀드 니버(Reinhold Niebuhr, 1894-1963)는 미국의 신학자, 특히 기독교 윤리학자이다. 흔히 신 신학(New Theology), 또는 신정통신학의 한 전위로 알려져 있다. 그는 유럽의 칼 바르트에 비길 만한 존재로서 신학계에서 각광받았을 뿐 아니라, 사회비평가로서도 널리 알려진 사회윤리학자이기도 하다.

하나님이 이런 세상을 용인하신 이유는 잠정적으로 천년왕국에서 하나님과 사람 사이의 중보자가 될 일단의 그리스도인을 조성할 필요가 있기 때문이었다. 이런 대립과 갈등의 역사는 천년왕국을 지나 영원천국에 이르러 완전히 종식되고, 완전하고 영원한 평화와 안식의 세계가 될 것이다.

그러므로 우리는 겸손해야 한다. 스스로는 선하고 다른 사람은 악하다 여기지 말아야 한다. 스스로 선하다고 자부하는 사람도 자기 마음속에 악마적 의지가 잠재해 있다는 사실을 알고 교만하지 말아야 하고, 타인을 구제 불능의 악마 같은 사람이라고 비하하거나 절망하지 말아야 한다. 우리 모두는 동일 본성을 가진 인류종임을 알고 서로 사랑하고 불쌍히 여겨야 한다. 필자는 한때 선한 삶을 산다고 자부하던 사람이 나중에 추악한 사람으로 전락하는 것을 많이 보았고, 반면에 악마라고 불리던 사람들, 즉 고재봉, 김대두 같은 살인마들도 죄를 회개하고 성자 같은 삶을 살다 죽은 경우도 많이 보았다. 인간은 선과 악의 양면성을 가진 존재이고, 선과 악의 이분법적 의지가 공존하는 존재, 그 마음 중심에 회전하는 양의적 태극 도형을 끌어안고 사는 존재이다. 아담의 후손인 우리 모두는 죄를 짓지 않을 수 없는 존재이고, 그래서 하나님의 무한 사랑과 그리스도의 구원이 필요한 존재들이다.

VII 죄의 분류

죄의 분류는 각론으로 들어가면 교단마다 조금씩 다르고, 신학자들마다 주장이 제각기 다르다. 죄론에서 특히 일치하지 않는 부분은 원죄론 부분이다. 자범죄 부분은 예수님께서 마태복음 5:22절, 5:27-28절에서 명확하게 규정하셨기 때문에 전혀 문제될 것이 없다. 그런데 원죄 부분으로 들어오면 신학자들마다 논란이 분분하다. 좀 더 구체적으로 원죄가 어떤 죄를 의미하는 것이냐에 대해 이론이 난무한다. 어떤 학자는 원죄 자체를 인정하지 않기도 하고, 어떤 학자는 원죄란 하나님을 마음에 두기 싫어하는 교만으로 보기도 하고, 어떤 학자는 조상이 죄가 자손들에게 전가되어 덮어 씌워진 일종의 연좌제적 성격의 죄로 이해하기도 하고, 어떤 학자는 본성에서 일어나는 죄의 경향성, 즉 죄성으로 보기도 한다. 그에 따라 어떤 학자들은 죄를 이분법적으로 원죄와 자범죄로 나누고, 어떤 학자들은 삼분법적으로 보아 원죄, 성품죄, 자범죄로 나누기도 한다.

필자는 죄*를 원죄와 자범죄 두 종류로 나누는 입장을 택하고 있다. 원죄는 성품죄 또는 죄성이라고도 하며, 자범죄의 원인이 되는 죄를 말한다.

자범죄는 생각과 말과 행동으로 짓는 죄를 의미한다. 유대교에서 죄는 말과 행동으로 율법을 어기는 것이라고 여겼으나, 예수님은 생각으로 짓는 죄도 심판받아야 하는 죄, 즉 자범죄의 범위에 포함시켰다(마태복음 6:27-30).

* 죄는 히브리어로 하타아라고 한다. 하타아는 '빗나가다'라는 의미를 가진 동사 '하타'에서 비롯된 단어인데 여기에는 또 다른 깊은 의미가 숨어 있다. '하'는 '헤트', 즉 '울타리'라는 의미를 가지며, '타'는 테트, 즉 '뱀'이라는 의미가 있고, '아'는 '알레프', 즉 '본성'이라는 뜻을 가지고 있다. 따라서 죄, 즉 '하타아'는 울타리 속에 있는 뱀의 본성, 마음속에 있는 마귀의 본성이라는 심층적 의미를 가진다. 그러므로 사람이 하타아, 즉 죄를 짓는 이유는 마음속에 뱀의 본성, 마귀의 본성, 즉 죄성이 있기 때문이라는 것이다.

1 원죄

원죄(Original Sin)는 자범죄의 근거요 근원이 되는 죄를 의미하며, 말 그대로 자범죄의 씨가 되는 죄는 의미한다. 초기 교회 때부터 거의 모든 교부들이 죄의 원인이 되는 원죄**의 실재를 인정하고 이에 대해 신학적 견해를 밝혀왔다.

원죄는 우리 각자가 지은 죄가 아니라, 조상 아담으로부터 물려받은 본성의 죄이며, 따라서 혈통적으로 아담 안에 있는 자는 모두 이 죄 아래 있는 것이다. 그래서 아담의 자손들은 예외 없이 죄를 짓지 않을 수 없는 존재가 되었다. 이 마음속의 죄성, 즉 원죄로 말미암아 아담의 자손들은 아담이 살던 에덴동산보다 비할 데 없이 열악한 환경 속에서 수많은 미혹의 영들의 직간접적 유혹(창세기 3:12)을 받으며 산다. 그리고 사람들끼리 치열한 생존 경쟁, 갈등, 결핍, 죽음, 정죄의 불안 속에서 무수한 죄를 지으며 살 수밖에 없게 되었다. 하나님은 가인에게 "죄의 소원은 네게 있으나 너는 죄를 다스릴지니라(창세기 4:7)"고 말씀하시었다. 아담의 후손들은 몸속에 독이 들어간 사람처럼, 원죄라는 죄성을 갖게 됨으로 말미암아 양심의 의지가 둔감해지고, 대신 죄를 향한 소원은 통제하지 못할 정도로 커지게 되었다. 그에 따라 인간에게 하나님은 거북한 존재가 되었으며, 정죄의 불안 속에서 하나님을 부정하고 하나님 뜻을 멀리하며 살게 되었다.

** 원죄(原罪, 라틴어 peccatum originale, 영어 original sin)는 최초의 인간인 아담과 하와가 하나님의 선악과 계명을 어기는 죄를 범하자, 인간의 본성에 죄의 경향성이 생겨 그들의 자손에게 이어진다는 것이다.

어거스틴은 이 원죄를 죄성, 또는 죄의 경향성으로 규정하고, 원죄는 남녀의 성교를 통해 태어난 후손들에게 유전되는 것으로 보았다. 아담 안에 있는 후손들은 모두 원죄라는 죄성으로 말미암아 자범죄를 지으며 살 수밖에 없고, 따라서 아담의 자손은 스스로의 노력으로는 사망의 심판을 벗어날 수 없다. 그에 반해 후 아담 예수 안에 있는 자들은 모두 새 생명을 얻어 영생을 얻게 되며, 원죄로부터 자유하는 종말론적 소망을 갖게 된다(로마서 8:21). 그러므로 아담은 죄인의 조상이고 그리스도는 의인의 조상이며, 아담은 죽은 자의 조상이고 그리스도는 산 자의 조상이다(로마서 5:17-19). 아담의 자손들은 죄성의 유전이라는 혈연적 메커니즘으로 인해 죄와 사망의 심판 아래 놓이게 되었지만, 그리스도의 후손들은 예수를 그리스도요 하나님의 아들로 믿는 신앙의 메커니즘으로 인해 영원한 의를 선고받고 영생을 얻은 자가 되며 궁극의 부활을 소망하게 된다.

어거스틴은 이 원죄를 죄성, 또는 죄의 경향성으로 규정하고, 원죄는 남녀의 성교를 통해 태어난 후손들에게 유전되는 것으로 보았다.

그래서 바울은 "모든 사람이 죄를 범하였으매 하나님의 영광에 이르지 못하더니 그리스도 예수 안에 있는 구속으로 말미암아 믿는 자에게 하나님의 은혜로 값 없이 의롭다 하심을 얻은 자 되었느니라(로마서 3:23-24)"고 말했고, "그 바라는 것은 피조물도 썩어짐의 종노릇을 한 데서 해방되어 하나님의 자녀들의 영광의 자유에 이르는 것이니라(로마서 8:21)", "우리가 소망으로 구원을 얻었으매 보이는 소망은 소망이 아니니 보는 것을 누가 바라리요(로마서 8:24)"라고 말한 것이다. 물론 이 말씀에서 구속은 원죄뿐 아니라 모든 죄에 대한 구속을 의미한다. 그러므로 죄의 문제는 믿는 순간 완전히 해결되는 것이 아니라 믿음으로 말미암은 종말론적 시간의 지평 속에 해결의 소망을 갖는다(고린도전서 15:52-57). 이제 크리스천들은 더 이상 죄인의 조상인 아담에게 속한 것이 아니라 의인의 조상인 그리스도에 속하는 자들로서 그때가 오면 더 이상 죄의 심판 아래 놓이지 않는다. 따라서 모든 그리스도인들은 그리스도에게 믿음으로 접붙임을 받는 순간 모든 죄의 권세로부터 해방되는 궁극적 소망, 종말론적 소망을 갖게 된 것이다(로마서 8:21).

2 ◦ 자범죄

자범죄는 표출되지 않은 죄와 표출된 죄로 나누는데, 표출되지 않은 죄란 마음의 생각으로 짓는 죄이고, 표출된 죄는 말과 행동으로 짓는 죄이다. 표출되지 않는 죄는 어떤 대상을 향하여 마음으로 짓는 죄로서, 음욕, 미움, 비도덕적 궤계 등 생각으로 짓는 죄를 의미한다. 주님은 그것조차 죄를 짓는 것이라고 규정했다. "또 간음하지 말라 하였다는 것을 너희가 들었으나 나는 너희에게 이르노니 여자를 보고 음욕을 품는 자마다 마음에 이미 간음하였느니라(마태복음 7:27)." 다시 말해 단순히 성욕을 가지고 있는 것은 죄가 아니지만, 어떤 부적절한 대상을 향하여 구체적인 음욕을 품거나 생각한다면 그것도 죄가 된다는 것이다.

표출되는 자범죄는 말과 행동으로 지은 죄를 의미한다. 그런 점에서 아담과 하와가 선악과를 따먹은 행위는 명백한 자범죄이다. 우리 모두는 매 순간마다 자범죄를 지으며 살고 있다. 이 자범죄에 대처하는 올바른 태도는 2가지이다.

하나는 죄를 짓는 즉시 하나님께 용서를 구하는 회개기도를 하는 것이다. 물론 그리스도인은 새로 난 중생자이기 때문에, "주여!"라고 부르는 순간 이미 믿음 속으로 회개한 것으로 보아야 한다. 그리스도인은 교통사고가 나서 즉사하는 순간에도 그 영혼이 하나님을 떠올리며 "주여!" 또는 "아버지여!" 하고 마음으로 부르게 되어 있다. 그리스도인의 그 모든 부름에는 회개하는 마음과 감사하는 마음이 실려 있다. 회개하는 마음을 가지고 "주여!"를 부르는 순간 그리스도인의 죄는 용서받는 것이다. 그러므로 그리스도인은 매 순간마다 주님을 부르며 주의 뜻을 사모하며 사는 것이 중요하다.

다른 하나는 경건의 연습을 통해 가능하면 죄를 덜 지으려고 노력하는 것이다. 이는 하나님께서 가인에게 "죄를 다스리라"고 하신 말씀에도 부합하는 것이다. 경건의 연습을 열심히 하는 사람은 마음이 깨끗해져서 죄의 소원보다 하나님을 사모하는 마음이 커지게 되고, 그것은 결국 죄를 덜 짓게 하는 효과를 낳는다. 그로 인해 세상은 그 사람을 보고 과연 하나님의 아들이라 하며 하늘 아버지께 영광을 돌리게 될 것이다(마태복음 5:16).

VIII 나무의 개념으로 이해한 죄

죄를 나무로 비유하자면, 원죄는 뿌리에 해당하고, 땅 위로 올라온 줄기는 마음과 생각으로 짓는 죄이고, 그 줄기에서 나온 가지와 잎사귀는 말과 행동으로 짓는 죄라고 볼 수 있다. 그러므로 인류의 죄 문제는 우선 뿌리에 해당하는 원죄인 죄성을 약화하는 것이 아주 중요하다. 죄성을 약화하는 길은 영을 활성화하는 것이다. 영의 활성화는 물(말씀)과 성령으로 이루어진다(요한복음 3:5). 이 영의 활성화를 위해 보혜사 성령이 오셔서 임재하신 것이다. 성령이 입재함으로 영의 기능은 놀라운 회복력을 보이게 된다. 그러나 그 회복 속도와 범위와 정도는 사람마다 각각 다르다. 이것을 구원의 질서(Ordus Salus)상으로 성화(Sanctification) *라고 부른다.

성화는 성령의 은혜로 말미암아 일어난 인격적 변화이다. 이 은혜를 가톨릭교회에서는 "성성의 성총(Gratia sanctificans)"이라고 부른다. 성화는 영의 활성화와 죄성의 약화로 인해 자범죄가 극복되는 현상이다. 성화의 정도는 죄에 대한 깨달음의 정도, 회개의 진정성과 깊이의 정도, 그리고 그리스도의 형상을 본받고자 하는(로마서 8:29) 소원의 정도, 그리고 가장 중요한 것은 그 사람에 대한 하나님의 계획에 따라 큰 편차를 보인다. 그러나 분명한 사실은 지상의 삶에서의 성화의 정도는 이후 부활의 때에 그 자신의 새 몸에 드리워지는 광채의 등급에 영향을 미치게 된다. 그날 부활의 날에 부활한 몸의 광채는 다 다를 것인데, 그 광채는 성화의 광채가 분명하다. 그래서 바울은 해의 영광, 달의 영광, 별의 영광, 또 별과 별의 영광이 다르듯이 죽은 자의 부활도 그러하다고 말씀했다(고린도전서 15:41-42).

* 성화(Sanctification)는 구원에 이르는 최후의 과정을 의미한다. 루터는 믿음으로 의롭게 된 자는 말씀을 적용하는 거룩한 삶을 통해 완전한 구원에 이르게 된다고 말했다. 그는 하나님의 말씀은 거룩하며, 그 말씀에 접촉하는 모든 것은 성화된다. 그것은 성령이 친히 말씀을 주관하시고 기름부음을 통해 성도를 성화시킨다고 말했다. 바로 이것이 성화의 거룩한 메커니즘이다.

IX 죄와 심판

죄는 반드시 심판을 동반한다. 심판받는 죄는 자범죄만이 그 대상이다. 만일 원죄, 즉 죄성이 심판을 받는다면 이 세상에서 구원받을 사람은 하나도 없을 것이다. 다만 원죄는 자범죄의 근원이요 뿌리가 되기 때문에 모든 사람은 자범죄를 범할 수밖에 없다. 이 원죄, 즉 죄성은 그리스도 십자가 구속 이후에도 소멸되지 않고 남아 모든 사람이 자범죄를 짓도록 만든다. 이 원죄의 영향력은 성령의 임재하심으로 영이 활성화되면서 많이 약화되지만, 원죄의 완전한 소멸은 부활하여 영체라는 새 몸을 가질 때 없어질 것이다. 그래서 바울은 부활의 몸에 대해 썩을 육의 몸이 아니라 썩지 아니하는 신령한 몸이라 말했다(고린도전서 15:44). 그날 우리 그리스도인이 입을 부활의 영체는 죄의 씨, 즉 원죄, 죄성이 없는 몸이고, 자범죄를 짓지 않을 수 있는 능력을 가진 몸이다.

모든 그리스도인들은 예수를 믿고 회개하는 마음으로 살아가기 때문에 사후에 죄에 대한 심판은 받지 아니하고 천국으로 직행한다(요한복음 3:17-18). 그러나 예수를 그리스도로 인정하지 않고 단지 유대교를 믿는 이스라엘 사람들은 제사를 드리며 회개한 죄만 용서받는다. 그리고 나머지 회개하지 않은 죄는 용서받지 못하고 지옥에서 죄에 대한 심판을 받지 않을 수 없다. 다만 이스라엘은 오시는 그리스도를 소망하며 율법을 지키고 제사를 드렸기 때문에, 그리스도를 전혀 믿지 아니한 다른 민족과는 다른 성격의 완화된 심판을 받을 것이라고 전망된다. 그래서 구약성서에는 사후에 이스라엘 조상들이 머무는 처소(사무엘상 28:6)가 특별히 존재함을 암시하고 있고, 여기서 로마 가톨릭 교회의 선조림보교리가 나오게 된 것이다.

X 자유의지냐 노예의지냐

범죄한 아담의 후손들의 본성적 의지가 자유의지 상태냐 노예의지 상태냐 하는 것은 아주 중요한 신학적 주제이다. 그러나 인간의 의지가 자유의지냐 노예의지냐에 대한 논의는 사람 마음의 3가지 기능인 지정의 중 의지적 기능이 있느냐 없느냐 하는 것에 대한 논의가 아니다. 이 논의는 영적, 도덕적인 면에서 사람이 스스로 선한 것을 선택할 수 있는 의지적 능력이 있느냐 없느냐에 대한 논의이다. 타락한 아담의 후손들의 의지는 자유의지인가 노예의지인가에 대한 논의는 초기 교회에서부터 있었다.

펠라기우스*에 의하면 인간은 범죄한 이후에도 선과 악을 선택할 수 있는 자유의지가 있었고, 모든 사람은 이 자유의지를 올바르게 사용함으로써 하나님과 조화된 삶을 살 수 있다고 주장했다. 그는 하나님이 인간에게 율법을 부여한 것도 그것을 지킬 수 있는 능력이 있기 때문이라고 한다. 그리고 하나님의 은혜는 인간의 의지가 바른 선택을 할 수 있도록 도와주는 역할을 한다고 주장했다.

한편 아우구스티누스에 의하면 본래의 인간은 의로운 존재로서, 그의 의지는 자신과 조화를 이루었고, 또한 하나님과도 조화되어 있었으며, 따라서 인간의 의지는 정욕의 충동을 이겨나갈 수 있었다고 한다. 그러나 자유의지의 오용으로 말미암아 인간은 범죄하였고, 사망의 심판에 이르게 되었으므로 인간 의지의 회복은 오직 은혜에 의해서만 가능하다고 주장했다. 어거스틴에 의하면 인간의 본성은 전적으로 타락했기 때문에 하나님의 특별한 은혜로서만 회복될 수 있다고 보았다.

중세 말에 들어서 에라스무스**는 결정론과 운명론을 배제하고 인간의 자유 의지는 하나님이 은혜로 주신 선물이라고 주장했다. 그리고 인간이 자유의지를 가지고 있다는 예로 탕자의 비유를 들어 설명했다. 탕자는 모종의 사적 이유와 충동으로 스스로 아버지를 떠났지만 극한의 굶주림이 찾아왔을 때 스스로 아버지의 은혜를 받아들이기로 결정하고 아버지를 향해 돌이켰으니, 여기서도 탕

* 펠라기우스(Pelagios, 360?-418?)는 영국 아일랜드 출신의 수도사요 법률가로서 로마에 머물며 활동하였다. 그는 인간의 선한 본성과 자유의지를 인정함으로써 구원을 위한 하나님 은총의 역할을 과소평가하는 펠라기우스주의의 주창자로서 교황 이노켄티우스 1세에 의해 이단으로 파문당했다. 그에 의하면 영아는 아담의 타락 이전의 상태로 출생한 것으로서 아담의 죄가 후손들에게 유전된다는 유전적 원죄론을 부인했다.

** 에라스무스(Erasmus, 1466-1536)는 네덜란든 로테르담에서 출생한 인문주의 학자이며 수사이고 신부이다. 그는 바젤에서 여생을 보냈다. 그는 스콜라 철학의 결점을 폭로하고 로마 가톨릭교회의 외형주의와 교의의 강요를 공격했다. 그로 인해 문하생들은 크게 자극받아 많은 종교개혁자들을 배출했다.

자에게 자유의지가 작동한 것이라는 주장했다.

반면 루터는 저서『노예의지(Bondage of The Will)』에서 사람의 의지에는 자유가 없고 오직 중성적 작용만 할 뿐으로서, 사람의 의지는 하나님과 사탄 사이에 놓인 짐승과 같다고 주장했다. 그 짐승에 하나님이 타면 하나님의 뜻대로 가고, 사탄이 타면 사탄의 뜻대로 가게 된다는 것이다. 이런 입장은 칼빈도 마찬가지였다.

칸트는 인간의 내면에 있는 자유의지를 인정했다. 인간의 마음속에는 죄를 향한 의지가 있는 반면 양심의 명령에 따라 살아야 한다는 의무 의식도 있다고 하면서, 실천이 불가능하다면 부모가 어떻게 자녀에게 바르게 사는 삶을 요구할 수 있으냐고 반문했다. 이는 그가 범죄한 이후 하나님을 알지 못하는 사람이라 할지라도 선험적 도덕성, 즉 양심이 남아 있어서 선을 택할 수 있는 가능성이 있다고 본 것이다.

본 주제에 대한 필자의 입장을 정리하면 다음과 같다.

1 ◦ 전적 타락론에 대하여

개혁주의 신학은 인간의 전적 타락 교리를 수용하고 있다. 그러나 전적 타락 교리는 성서적 근거가 탄탄하지 못하다. 성서를 어떤 선입견을 가지고 지나치게 치우쳐서 해석한 결과 태어난 교리다. 아마도 개혁주의자들은 로마 가톨릭교회의 공적사상 교리, 즉 선한 공적을 쌓으면 좋은 구원을 받는다는 교리에 대한 반감으로 인간의 전적 타락을 주장했다고 보여진다.

개혁주의자들은 인간의 본성이 전적으로 타락했고, 따라서 모든 생각과 말과 행위가 죄로 오염되어 있기 때문에 결코 행위를 통해서는 구원받을 수 없다고 주장한 것이다. 실제로 인간 본성의 타락에 대한 성서의 지적은 여러 군데 나온다. 특히 로마서 1:18절에서 인간이 얼마나 타락했는가에 대해 단호하게 서술한 바울은 로마서 3장에서 "의인은 없나니 하나도 없으며 깨닫는 자도 없고 하나님을 찾는 자도 없고 다 치우쳐 함께 무익하게 되고 선을 행하는 자는 없나니 하나도 없도다(로마서 3:10-12)", "모든 사람이 죄를 범하였으매 하나님의 영광에 이르지 못하더니(로마서 3:23)", "내가 원하는 바 선을 행하지 아니하고 도리어 원치 아니하는바 악을 행하는 도다(로마서 7:19)"라고 말했다. 이러한 바울 사도의 말씀은 개혁주의자들로 하여금 인간의 본성은 전적으로 타락했다는 교리를 채택하게 만들었다.

그러나 상기의 구절들은 결코 인간의 본성이 100% 타락하여 전혀 선을 택할 수도 행할 수도 없다는 뜻이 아니다. 이는 단순히 모든 인간의 본성이 타락했다는 사실을 지적하는 것이다. 모든 인간은 본성의 타락으로 인해 수많은 죄를 지으며 살고 있기 때문에 선한 행위를 통해서는 구원받을 수 없다는 것을 말한 것이지, 결코 인간이 선을 선택하고 선을 행하는 것이 불가능하다는 뜻이 아니다. 이 전적 타락 교리가 성서적 근거가 전반적으로 취약하다고 보는 이유는 다음과 같다.

첫째, 성서를 보면 선악과를 따 먹고 하나님 앞에 선 아담과 하와는 본성이 100% 타락하여 선을 행할 수 없는 존재로는 보이지 않는다는 것이다. 전적 타락이란 사람의 도덕적 의지가 100% 타락했다는 뜻인데, 이러한 존재는 선의지가 전혀 없는 악마 외에는 있을 수 없다. 창세기 3-4장을 볼 때 아담과 하와는 선의지가 전혀 없는 악마가 되었거나 선한 삶이 완전히 무력한 존재는 아니었다.

둘째, 성서적으로 볼 때 죄성이 있는 아담족에게도 죄를 다스릴 수 있는 가능성이 있었다는 것이다. 그렇기 때문에 하나님은 타락한 아담의 후손인 가인에게 "죄의 소원이 네게 있으나 너는 죄를 다스릴지니라(창세기 4:7)"라고 말씀하셨고, 모세를 통하여 이스라엘 민족에게 율법을 주시며 이를 지켜 행하라고 명령하신 것이다. 사람에게 죄를 다스리고 선의를 행할 능력이 전혀 없다면 이런 명령을 주실 리가 없지 않은가? 사람이 전적으로 타락하여 선을 조금도 행할 수 없고 악한 짓밖에 할 수 없는 존재라면, 율법을 주시며 선하게 살라고 하는 권고가 무슨 의미가 있으며, 죄의 경중을 가려내는 심판이 무슨 의미가 있느냐 하는 것이다. 죄에 대한 심판의 경고는 인간이 악보다 선을 택하도록 하기 위해 주어진 것이다. 전적으로 타락하여 선을 조금도 행할 수 없다면 그러한 심판의 경고도 아무 의미 없는 것이다. 그러므로 사람의 본성이 심하게 부패된 것은 맞지만, 일체의 선을 행할 수 없을 만큼 전적으로 타락한 것은 아니다.

셋째, 그러므로 전적 타락 교리는 인간 본성이 100% 타락하여 선을 행할 능력이 전혀 없다는 것이 아니라 모든 의지가 전체적으로 부패하고 타락되어 완전한 선을 행할 능력이 없다는 정도로 이해해야 할 것이다. 세균에 감염된 사람은 그의 몸에서 나오는 모든 분비물에서 세균이 검출되는 것처럼, 본성이 심하게 부패된 인간의 모든 생각과 말에는 죄성이 들어 있다고 보아야 한다. 효도해야겠다는 생각 속에 불효의 요소가 들어 있고, 선행을 생각하는 순간에도 이기적 계산을 하고 있는 것이 사람이다. 인간은 본성의 부패로 인해 100% 완전한 선을 생각하거나 선을 실천할 수 없는 존재가 된 것이다. 이를 역으로 말하면 사람은 100% 선을 행할 능력은 없지만 50-90% 선의 의지를 가지고 있기 때문에 불완전하기는 하지만 선을 선택하고 선을 행할 능력이 있다는 것이다. 그러므로 인간은 비록 본성이 타락했다 할지라도 선에 대한 지향성과 선을 선택하고자 하는 의지는 기본적으로 가지고 있다고 보아야 한다. 그로 인해 인간 세상에는 감동적인 선한 미담이 헤아릴 수 없이 존재하는 것이다.

2 ◦ 선행은총론에 대하여

요한 웨슬레의 선행은총론은 알미니안주의와는 상당한 차이를 보인다.

선행은총론은 교회사의 변천 과정에서 형성된 교리다. 원래 터툴리아누스, 저스틴, 알렉산드리아의 클레멘트, 암브로시우스, 크리토스톰 등은 신인협동설에 가까운 선행은총론을 주장했다. 그 후 어거스틴은 펠라기우스와의 논쟁 과정에서 시편 59:10절 "나의 하나님이 앞서 가서(prevenient) 그 인자하심으로 나를 영접하시며"와 시편 23:6절 "나의 평생에 선하심과 인자하심이 정녕 나를 따르리니"에 근거하여 선행적 은총론과 후행적 은총론을 정립했다. 그는 선행 은총을 구원으로 부르시는 성령의 은총으로 이해하여 이 은총은 불가항력적 은총이라고 주장했으며, 후행적 은총이란 구원받는 믿음을 가진 자들에게 임하는 일종의 성화의 은총을 의미하는데, 이 후행적 은총은 불가항력적인 은총은 아니라고 한다. 후행적 은총은 인간의 의지와 협동하여 선한 삶을 살도록 도우시는 은총을 의미하기 때문이다. 물론 어거스틴의 선행적 은총론은 전적 타락 교리와 연관되어 있다. 이러한 어거스틴의 입장은 루터나 칼빈 등 개혁주의자들도 동의했다. 그러나 이 선행은총론은 알미니우스에게 와서 상당한 변화가 일어나게 되었다.

알미니우스*의 선행은총론은 본성이 부분적으로 타락한 인류에게 성령이 역사함으로 주어지는 영적 도덕적 자유의지의 회복으로 보았다. 그들에게 있어 원죄는 전적 타락이라기 보다는 부분적 타락으로서 '포로된 자유의지'로 이해했으며, 타락한 인간에게도 선을 택할 수 있는 자유의지의 능력은 결정적으로 훼손되지는 않았다고 보았다. 그리고 인간에게 다가오신 성령의 은혜로 인해 자유의지의 포로성이 온전히 해소됨으로써 인간은 비로소 온전한 자유의지의 회복을 경험하게 되고, 따라서 인간은 비로소 그리스도의 복음을 자유의지에 따라 거부할 수도 받아들일 수도 있는 존재가 된 것이라고 주장했다. 이러한 성령의 은혜를 알미니우스는 선행 은총이라고 불렀다. 이런 알미니우스의 주장에 필자는 동의하고 있다.

그러나 요한 웨슬레의 선행은총론은 알미니안주의와는 상당한 차이를 보인다. 요한 웨슬레는 어거스틴이나 개혁자들의 전통을 따라 전적 타락론을 받아들였다. 그러나 이 전적으로 타락된 인간의 본성은 범죄한 후 즉각적으로 하나님께서 아담과 하와에게 선행적 은총을 주심으로 상당한 정도 회복되었다고 주장한다. 그로 인해 인간은 신자나 불신자 간을 막론하고 공통적으로 선을 지향할 수 있는 가능성을 갖게 되었으며, 따라서 인간은 적어도 도덕적인 면에서는 어느 정도 선을 지향하고 선택할 수 있는 가능성을 갖게 되었다고 한다. 그럼에도 불구하고 모든 인간은 선행과 더불어 악행도 함께 행하고 있다. 인간은 선행적 은총을 받았음에도 불구하고 온전하고 순수하게 선을 행할 수 없는 존재이다. 그러므로 인간 모두는 영원한 죄인일 수밖에 없으며, 따라서 그러한 불완전한 도덕적 행위로서는 구원에 이를 수 없다. 평생 수많은 죄를 지으며 살아가는 인간에게 하나님의 영광에 이르는 구원은 있을 수 없다(로마서 3:23). 이러한 인류에게 하나님은 일방적인 은총으로 구원의 길을 제시하셨다(요한복음 3:16). 그리스도를 통한 구원의 복음을 내리신 것이다. 그것은 행위의 의가 아니라 그리스도의 속죄의 십자가를 믿음으로 얻는 믿음의 의요 전가된 의를 의미한다(로마서 1:17).

그러나 이러한 영적 복음은 상당한 정도로 본성이 부패하고 어두운 인간이 도저히 이해할 수 없는 계시이다. 인간은 오랫동안 하나님으로부터 멀리 떠나 살고 있었고, 일생 동안 불신앙적 문화와 부도덕한 문화의 영향을 받고 살았으며, 또한 직접적으로는 어둠의 영의 미혹을 받고 사는 존재이기 때문에 이와 같은 그리스도의 복음을 도저히 이해할 수 없다. 하여 이 복음을 이해하기 위해서는 성령의 특별한 은혜, 조명의 은혜, 증거의 은혜, 감동 감화시키는 성령의 은혜를 힘입어야 한다. 인간은 복음을 증거하는 성령의 은혜를 받게 될 때 비로소 복음의 은혜를 받아들이거나 거부할 수 있는 가능성을 갖게 된다. 그러므로 웨슬레가 주장하는 선행적 은총은 먼저 아담이 범죄한 직후 임하여 인간의 선의지가 일차적으로, 또는 부분적으로 회복된 것을 의미하고, 그 인간으로 하여금 복음을 깨닫게 하고 믿을 수 있게 하는 것은 성령의 조명과 가르침, 감동감화를 일으키는 하나님의 은혜라고 본 것이다.

그러나 인간 본성이 100% 타락했다는 의미에서의 전적 타락 교리가 성서적 근거가 취약하듯이, 요한 웨슬레의 보편적 선행은총 교리 역시 성서적 근거가 빈약하기는 마찬가지다. 그의 보편적 선

*
제임스 알미니우스(James Arminius, 1560-1609)는 네덜란드의 신학자요 개혁파의 경건한 목사로서 예정, 자유의지, 은혜, 속죄, 성도의 견인에 대해 벨직 신앙고백서와 하이델베르크 교리문답에서 아우구스티누스와 칼빈의 입장을 계승한 베자의 견해에 대해 다른 입장을 피력하였다. 그는 예지예정론을 주장했고, 인간의 본성이 타락하기는 했지만 고유한 자유의지의 선용으로 구원에 동참할 수 있다는 펠라기우스주의를 답습했다. 1609년 알미니우스가 죽은 뒤 그의 제자들이 스승의 신학적 입장을 정리하여 벨직 신앙고백서와 하이델베르크 신조에 대한 5개조의 항의문을 내놓았다. 이것이 바로 알미니우스주의라고 하는 것이다. 그것은 자유의지의 능력, 조건적 선택, 보편적 구속, 저항할 수 있는 성령의 은혜, 은혜 속에서 타락의 가능성 등이다. 그러나 이들의 주장은 도르트 공회의에서 거부되었고, 이 알미니안주의는 자연스럽게 개혁파 교회에서 이탈하게 되었다.

행은총 교리는 성서적 근거가 있어서가 아니라, 그 나름대로 전적 타락 교리도 수용하면서, 자유의지의 가능성 또한 인정하려다 보니 이런 애매한 절충적 교리가 나타나게 된 것으로 보인다. 필자는 개혁교회의 전적 타락론도, 요한 웨슬레의 보편적 선행은총론도 인정하지 않는다. 다만 개혁주의자들이나 알미니안주의, 요한 웨슬레가 공히 인정하는 그리스도를 마음으로 믿고 선택하게 하는 성령의 은혜를 의미하는 성령의 은총론에는 동의하고 있다.

3 ◦ 도덕적인 면과 영적인 면

사람의 의지가 자유의지인가 노예의지인가에 대해 논할 때는 2가지 면에서 구분해야 한다. 하나는 도덕적인 부분이고 다른 하나는 영적인 부분이다. 도덕적인 면에서 인간은 불완전하지만 선한 사마리아 사람과 같이 모종의 선행을 행할 수 있다. 이런 종류의 선행은 성령의 특별한 은혜가 없어도 인간의 본성적 의지로서 기본적으로 가능한 영역이다. 하나님을 믿지 않는 사람도 이러한 도덕적 선의지와 선행은 실제적으로 가능한 것이다. 이 세상에는 기독교인들보다 수십 배나 더 인간에 대한 연민의 마음을 가지고 선행을 베푸는 사람들이 많이 있다. 대전에 사는 어느 여자 노인은 신앙은 없지만 행상을 하며 번 돈으로 어려운 이웃들을 수십 년째 돕고 있다고 한다. 음성 꽃동네*를 세운 오웅진 신부는 동냥질을 해서 얻은 음식을 가지고 몸의 거동이 불편한 거지 환자들을 돌본 거지 최규동 옹에게 들은 말, 즉 "동냥질을 할 힘만 있어도 남을 도울 수 있다"는 말을 듣고 부끄러움을 느껴 꽃동네를 세우기로 결심했다고 한다.

*
음성 꽃동네는 오웅진 신부가 사재를 털어 1979년 11월 15일 방 다섯, 부엌 다섯 칸 규모의 '사랑의 집'을 지어 최규동 할아버지와 동네 걸인들을 입주시킴으로써 시작된 국내 최대의 사회복지 시설이다. 오웅진 신부의 사역은 점차 교구장 주교와 동료 사제들의 공감을 얻어 1980년 9월 청주교구 사제총회는 꽃동네 설립을 공식 의결하였다. 현재 꽃동네 시설로는 정신요양원, 결핵요양원, 노인요양원, 심신장애자 요양원, 꽃동네 사회복지 대학교가 있으며, 매년 30만 명 이상의 사랑의 순례자들이 방문하여 사랑과 행복의 새로운 가치세계를 배우고 돌아간다.

또한 효에 대해서도 중국의 노래자는 90세 노모를 즐겁게 해드리려고 70세의 나이에 색동옷을 입고 춤을 추었다고 하고, 신라시대 손순은 늙은 노모에게 드릴 음식을 빼앗아 먹은 아들을 땅에 묻으려고 했으며, 조선조 때는 부모님이 돌아가시면 관직을 사임하고 3년 동안 베옷을 입고 산소를 지켰다고도 한다. 그러므로 도덕적으로 완전하지는 않지만 사람의 마음에는 분명히 선을 향한 의지가 작동하고 있다고 보아야 한다. 그럼 점에서 전적 타락 교리가 도덕적인 면에서도 적용되어 인간은 전적으로 도덕적일 수 없다고 주장하는 것이라면 잘못된 것이다.

문제는 영적인 면에 있다. 인간의 마음은 죄성으로 인해 심히 혼탁해져서 하나님을 볼 수도, 하나님의 음성을 들을 수도 없다. 뿐만 아니라 그들은 하나님을 마음에 두는 것을 싫어한다(로마서 1:28). 그렇기 때문에 사람은 스스로 가진 오성의 능력으로 하나님을 볼 수도, 깨달을 수도 없다. 특별히 복음에 나타난 하나님의 존재와 절대 무한의 사랑, 그 구원의 복음을 이해할 수도 없고 믿을 수도 없다. 한마디로 인간은 하나님을 볼 수도 알 수도 깨달을 수 없으니, 복음을 선택하는 면에서 인간의 의지는 노예의지라고 할 수 있다. 영적으로 캄캄하고 무지한 인간이 복음이 증거하는 하나님을 깨달을 수 있는 길은 오직 성령이 임하시어 복음 진리를 조명해주실 때뿐이다. 그래서 주님은 "내가 아버지께로부터 너희에게 보낼 보혜사 곧 아버지께로서 나오시는 진리의 성령이 오실 때에 그가 나를 증언하실 것이요(요한복음 15:26)", "진리의 성령이 오시면 그가 너희를 모든 진리 가운데로 인도하시리라(요한복음 16:13)"고 말씀하신 것이다. 성령이 오시어 복음을 증거하고 가르칠 때 비로소 인간은 그 진리의 조명 속에서 복음의 진리를 선택할 수 있는 영적 자유의지의 가능성이 생기는 것이다.

4 성령의 은혜는 불가항력적인가?

필자는 그리스도를 증거하는 성령의 은혜를 불가항력적 은혜로 보지 않는다. 개혁주의 신학에서는 인간의 의지를 전적으로 타락한 노예의지로 보고 있다. 심지어 인간은 전적으로 타락했기 때문에 도덕적 선택을 하는 데도 무기력한 노예의지 상태라고 주장한다. 그런 인간들이 스스로 하나님을 깨닫고, 하나님의 복음을 깨달아 믿음을 선택한다는 것은 더욱이 불가능하다. 그래서 하나님은 성령을 보내시어 그들의 영혼을 여러 가지 증거를 통해 깨닫게 하시며 부르신다. 성령이 임하여 부르시면 인간은 그 부름의 은혜를 거부할 수 없다. 이것이 바로 개혁교회의 불가항력적 은혜론이다. 그러나 알미니안주의자들이나 웨슬레주의자들은 성령의 은혜를 거부할 수 없는 불가항력적 은혜로 보지 않는다. 그들은 성령의 은혜를 영적 감동과 증거를 통해 인간이 복음을 선택하는 것을 도와주는 정도의 은혜로 보기 때문에 인간은 이 은혜의 부름을 거부할 수도 있고 선택할 수도 있다고 주장한다. 인간에게 있어 자유의지적 선택은 도덕적인 면에서나 영적인 면에서나 지켜져야 하는 우주적 가치다. 하나님은 이 우주적 가치에 근거하여 각 개인에게 선택의 책임을 물으신다. 이는 죄에 대한 책임에 있어서도, 복음을 거부한 책임에 있어서도 마찬가지다.

필자는 이런 점에서는 전통적인 알미니안주의자이나 요한 웨슬레의 입장을 따른다. 전적 타락 교리를 믿는 개혁교회는 구원으로 부르는 하나님의 은혜는 강조했지만, 복음을 믿을 때 인간의 자유의지적 선택의 우주적 가치와 의미를 간과한 오류를 범하고 있다. 인간은 하나님으로부터 선과 악을 선택할 수 있는 자유의지를 부여받았다. 그러나 인간은 그 자유의지를 잘못 사용하여 악을 택함으로써 범죄하고 본성이 타락되었다. 그리고 본성에는 죄성이 작동하여 영의 기능이 극히 약화되어 사람의 의지가 선을 사모하고 선택하고 행하는 데 엄청난 지장을 받게 되었다. 그러나 인간의 도덕적 의지는 근본적으로 살아 있기 때문에 도덕적 선행은 상당한 정도로 가능하다. 하지만 영적인 면, 즉 하나님을 믿고 사모하고, 그 가운데 그리스도를 선택하는 면에서는 자유의지적 기능이 전혀 작동할 수 없다. 인간은 영적인 면에서는 사실상 노예의지 상태에 있다. 그러나 성령이 오시어 진리의 말씀을 조명하고 가르쳐주심으로 인해 인간은 하나님이 살아 계시다는 것도 알게 되고, 하나님의 은혜와 사랑도 깨닫게 되었다.

그러나 동일한 은혜를 받았는데도 하나님의 살아 계심을 알고 하나님의 은혜를 알고 하나님의 구원을 이해하는 정도가 사람마다 각각 다른 것이 엄연한 현실이다. 성령의 동일한 은혜의 조명을 받고, 동일한 성령의 가르침을 받았는데도 불구하고, 어떤 사람은 하나님을 즐겁게 영접하고 믿는 반면, 자신에게 임한 은혜의 가르침을 계속해서 의심하거나 거부하면서 여전히 믿지 않는 사람도 있는 것이다. 동일한 부흥회에 참석하여 찬송 부르고 기도하며 똑같이 부흥사의 설교를 듣고, 현장에서 일어나는 기적을 똑같이 목격하면서도 어떤 사람은 믿고 어떤 사람은 믿지 않는 것이 현실이다. 그것은 하나님이 그를 선택하지 않아서도 아니고, 성령의 부름이 없어서도 아니다. 그것은 각 필자는 오직 성령의 가르침과 조명의 은혜가 없으면 복음을 깨닫지 못하고 예수 그리스도를 믿을 수 없다는 사실을 인정할 뿐이다.

사람이 가지고 있는 삶의 정황이 다 다르고, 종교적 선입견도 다 다르고, 그 집안을 지배하는 영적 세력의 정체도 다 다르고, 그들의 구원을 위해 기도로 중보받은 정도도 다 다르기 때문이다. 또 정서적 차이 때문에 어떤 사람은 깊은 인격적 설교에 은혜를 받는 사람이 있는 반면, 어떤 사람은 원색적 은사 집회 때 은혜를 받는 사람도 있다. 또 어떤 사람은 복음을 받아 들이기에 좋은 옥토같은 마음이 준비된 사람도 있고, 어떤 사람은 그 마음에 쓴 뿌리가 깊게 뻗어 있거나 많은 자갈이 들어 있거나 견고한 진이 있어 동일한 은혜가 임하고 있음에도 불구하고 말씀을 받아들이지 못하는 경우도 있다.

그러므로 동일한 집회 현장에서 예수 영접한 사람은 불가항력적 은혜가 임한 것이고, 영접하지 않은 사람은 성령의 은혜가 임하지 않았거나 성령의 부름이 없어서 그렇다고 하는 것은 무리한 궤변, 또는 교리적 합리화에 지나지 않는다. 성령의 은혜는 각 사람이 복음의 진리를 깨닫는 데 도움을 주고, 그 사람의 의지가 하나님의 사랑과 하나님의 구원을 선택하도록 도와주는 역할을 하는 것이지, 결코 반드시 믿지 않으면 안 되도록 강제하는 것은 아니다.

불가항력적 은혜 교리는 하나님 나라에서는 각 인격체들이 어떤 사안에 대해 자유의지로 선택하고 그에 따라 책임을 진다는 기본 질서가 가장 중요하다는 사실을 망각한 교리다. 하나님은 모든 것을 강제로 하는 것을 원하지 않으신다. 각자의 자유의지를 무시하고 하나님을 강제로 믿게 하고 강제로 사랑하게 하는 것을 하나님은 원하시지도 않고, 또한 그것은 하늘나라 질서도 아니다. 그러므로 필자는 불가항력적 은혜 교리를 지지하지 않는다. 필자는 오직 성령의 가르침과 조명의 은혜가 없으면 복음을 깨닫지 못하고 예수 그리스도를 믿을 수 없다는 사실을 인정할 뿐이다.

Chapter

4

제 4 장

마귀의 기원과 운명

창세기 3:1-5 "여호와 하나님이 지으신 들짐승 중에 뱀이 가장 간교하더라 뱀이 여자에게 물어 가로되 하나님이 참으로 너희더러 동산 모든 나무의 실과를 먹지 말라 하시더냐 여자가 뱀에게 말하되 동산 나무의 실과를 우리가 먹을 수 있으나 동산 중앙에 있는 나무의 실과는 하나님의 말씀에 너희는 먹지도 말고 만지지도 말라 너희가 죽을까 하노라 하셨느니라 뱀이 여자에게 이르되 너희가 결코 죽지 아니하리라 너희가 그것을 먹는 날에는 너희 눈이 밝아 하나님과 같이 되어 선악을 알 줄을 하나님이 아심이니라."

마귀가 언제 어디서 어떻게 시작되었는가에 대해서는 신학자들뿐 아니라 모든 크리스천들이 알고 싶어 하는 주제이다. 그러나 지금까지 이에 대해 명확한 설명을 한 신학자나 문서는 없었다. 수십 권으로 구성된 주석서를 보아도 핵심적 설명은 하지 않고 대부분 적당히 얼버무리고 말 뿐이다. 이에 필자는 성서의 많은 기록을 바탕으로 깊은 묵상을 한 끝에 본장에서 이에 대한 서술을 하게 되었다.

I 악의 기원

마귀의 기원을 서술하기 위해서는 먼저 악의 기원에 대해 알아야 한다. 왜냐하면 마귀란 악이 인격화된 실재이기 때문이다. 이 세상에 어떻게 악이란 것이 존재하게 되었느냐 하는 것에 대해 처음으로 가장 진지하게 탐구한 사람은 위대한 교부요 신학자였던 어거스틴이었다. 그는 17세 때 키케로의 호르텐시우스를 읽고 철학적 권면을 받아 철학적 사유에 빠져들었는데, 어느 때부터인가 그는 악의 정체와 기원에 대한 신학적 철학적 질문을 하게 되었다. "어찌하여 선하신 하나님이 창조한 이 세계에 악이 존재하는가?" 이 심각한 질문에 대해 그는 당시 믿고 있는 기독교 신앙으로는 대답을 들을 수 없었다. 결국 이를 계기로 그의 영혼은 깊은 어둠과 혼돈에 빠지게 되었고, 마침내 동방의 이원론교인 마니교에 입문하게 되었다.

마니교는 태초에 선신과 악신이 있어 처음부터 싸워왔다고 하는 선악이원론의 우주관을 가진 종교이다. 그러나 그들은 "왜 언제부터 선신과 악신이 싸우게 되었는가?" 하는 어거스틴의 질문에 속시원한 대답을 해주지 못했다. 그 후 어거스틴은 로마로 가서 회의주의(skepticism) 학파에 들어갔다. 그들은 인간이 진리에 도달할 수 있다는 데 회의하는 철학자들의 집단이었다. 그러나 어거스틴은 진리에 도달하는 것을 회의하고 포기하는 그 집단에 오래 머무를 수 없었다. 결국 그는 어머니 모니카의 눈물의 기도 속에 밀라노로 갔다. 그리고 그곳에 있는 교회를 다니며 암브로시우스* 주교의 설교에 큰 감화를 받았다. 그러던 어느 날 친구의 정원에서 기도의 충동을 느끼고 기도하는 중 "Take and Read!"라고 하는 하나님의 음성을 들었다. 그는 즉시 눈을 떠보았고, 눈앞에는 성서가 놓여 있었다. 성서를 펴는 순간 그의 눈에는 로마서 1:28-30절**이 들어왔다. 특히 "부모를 거역하는 자요"라는 구절이 눈에 들어왔을 때 그 자리에서 회개의 눈물을 흘리지 않을 수 없었다. 그는 그날 결정적으로 회심을 한 것이다.

그 후 그는 성령의 깊은 감동 속에서 악의 실재에 대한 큰 철학적 신학적 깨달음을 얻게 되었는데, 악은 실재가 아니라 비실재이며, 빛이 결여된 것이 어둠이 듯이 선이 결여된 것이 악이라는 철학적 신학적 결론에 도달하게 되었다. 어거스틴의 이러한 생각은 그 후 거의 모든 정통교회에서 지지하는 사상이 되었다.

II 마귀의 기원에 대한 여러 가지 설

그러나 정작 여기서 다루고자 하는 것은 마귀의 기원에 대한 논의다. 개념으로서의 악은 철학적으로는 선이 결여된 것이고, 신학적으로는 하나님이 무시한 가능성이라고 이해하면 되겠지만, 실재로서의 마귀, 악마의 존재는 그렇게 쉽게 넘어갈 문제가 아니다. 왜냐하면 선이니 악이니 하는 것은 관념의 영역이지만, 악마는 악이 인격화된 실재로서 우리의 삶에 직접적인 영향을 주는 존재이기 때문이다. 따라서 마귀가 무엇이고 마귀의 종류는 무엇 무엇이 있으며, 그들이 하는 역할은 무엇이고, 그들의 기원은 무엇인가 하는 것을 신학적으로 정립하는 것은 매우 중요한 과제이다. 그럼에도 불구하고 기존의 신학계에서는 어느 누구도 마귀의 기원에 대해 속시원하게 명확하고 구체적인 설명을 하는 사람이 없었다. 그들은 마귀는 천사가 타락하여 마귀가 되었다거나, 하나님께서 원하시는 우주를 완성시키기까지 잠정적으로 종말의 때까지 심판을 유예받고 인간을 미혹하는 역할을 하도록 했다는 정도를 이야기하고 있을 뿐이다. 또 어떤 신학자는 창세기 1장 1절과 2절***을 한 문장으로 보고 하나님이 창조하신 땅이 이처럼 혼돈하고 공허하고 흑암이 깊음 위에 있게 된 것은 하나님을 대적하는 마귀의 세력이 하나님께 도전하여 하나님이 선하게 창조한 우주를 망가트렸기 때문이라고 허무맹랑한 주장을 하고 있다.

그리고 창세기 1장의 창조는 이 악마의 도전으로 망가진 우주를 다시 창조한 것에 대한 기록이라고 주장한다. 창세기 1:1-2절을 그렇게 해석하면 악마가 우주에 실재하기 시작한 것은 적어도 수십억 년 전이 된다는 이야기다. 그러나 이는 실로 어처구니없는 상상력의 극치요 억지 주장이라 아니할 수 없다.

*
암부로시우스(Ambrosius, 340?-397)는 로마 교회의 4대 박사 중 한 사람으로서 밀라노의 대주교였다. 그는 관용적 인품이었으나 이단에 대해서는 확고한 태도를 견지하여 밀라노 지역에서 아리우스파를 추방했다. 정통파의 대제 데오도시우스 1세가 데살로니가 시민 7,000명을 살해하자, 이에 그는 "황제도 교회 안에서는 교회 위에 있지 않다"고 말하며 황제의 배찬을 금하고 회개하라고 엄숙히 선언했다. 가현설을 반대하고, 그리스도에 대해서는 신성과 인성을 구비한 완전한 인격체라고 주장했다.

**
로마서 1:28-31 "또한 저희가 마음에 하나님 두기를 싫어하매 하나님께서 저희를 상실한 마음대로 내어버려두사 합당치 못한 일을 하게 하셨으니 곧 모든 불의, 추악, 탐욕, 악의가 가득한 자요 시기, 살인, 분쟁, 사기, 악독이 가득한 자요 수군수군하는 자요 비방하는 자요 하나님이 미워하시는 자요 능욕하는 자요 교만한 자요 자랑하는 자요 악을 도모하는 자요 부모를 거역하는 자요 우매한 자요 배약하는 자요 무정한 자요 무자비한 자라."

***
그들은 성서에서 창세기 1:1절과 1:2절은 분명히 별도의 구절로 구분되어 있음에도 불구하고 두 구절을 연결하여 원래 성서에는 "태초에 하나님이 천지를 창조하시던 날에 땅이 혼돈하고 공허하며 흑암이 깊음 위에 있고 하나님의 신은 수면 위를 운행하시니라"라고 되어 있었다고 주장한다.

악마의 기원에 대한 보다 구체적인 상상은 밀턴*의『실락원』에서 찾아볼 수 있다. 그 소설에서 한 천사장이 교만하여 그를 추종하는 천사들과 더불어 하나님에게 도전했다는데, 하나님의 심판을 받고 지옥에 떨어져 마귀가 되었다는 것이다. 그리고 이 마귀가 지옥을 빠져나와 에덴동산에 들어와 아담과 하와를 유혹하여 죄에 빠뜨린 것으로 묘사하고 있다.

그러나 심판받아 지옥에 갇힌 마귀가 지옥을 탈출하여 에덴동산에 몰래 들어와 아담과 하와를 유혹했다는 것은 성서 어디에도 나와 있지 않을 뿐 아니라, 또 천사들의 감시가 느슨한 틈을 타서 지옥을 슬그머니 빠져나와 에덴동산에 은밀히 침투했다는 것은 한낱 픽션일 뿐 이치에 닿지 않는 비합리적인 해석이라 아니할 수 없다. 오늘날까지 마귀의 기원에 대해 성서적 근거를 제시하며 명확하게 진술한 신학자나 사상가는 거의 없다는 것이 필자의 생각이다.

물론 필자라고 해서 하나님께서 직접 알려주시는 것처럼 명확하게 악마의 기원에 대해 진술할 수는 없다. 그러나 하나님의 말씀인 성서에 단편적으로 또는 부분적으로 나와 있는 기록들을 바탕으로 묵상해보면 현 신학계의 연구 성과보다는 좀 더 분명하고 구체적인 서술을 할 수 있을 것이라고 생각한다.

* 존 밀턴(John Milton, 1608-1674)은 영국의 시인이다. 런던에서 출생, 케임브리지 대학의 크라이스트 칼리지에서 수학했다. 찰스 1세의 처형 후에 크롬웰의 공화정치를 옹호했다. 그의 저서로는『실락원(Paradise Lost)』,『복락원(Paradise Regained)』이 있다.

III 타락한 천사가 마귀다

마귀의 기원을 이야기하기 전에 먼저 천사에 대해 간단하게라도 서술하는 것이 합리적이라고 생각한다. 그 이유는 악마의 전신이 천사이기 때문이다. 천사는 하나님이 영계, 즉 영적 우주인 천(天, heaven)을 창조하고 나서(창세기 1:1), 하나님이 꿈꾸시는 우주를 창조하고 섭리하는 데 필요해서 만든 영적 존재들이다. 그들이 언제 창조되었느냐 하는 것은 성서를 모두 살펴보아도 확실히 알 수 없다. 다만 성서에는 그들이 태양계, 또는 지구를 만들 때 천사들이 모두 기뻐서 노래했다고 기록되어 있다(욥기 38:4-7).**

여기서 분명한 것은 그들이 인류가 창조되기 수억 년 전에 창조되었든, 수십억 년 전에 창조되었든 크게 중요한 문제가 아니라는 것이다. 그 이유는 하나님의 나라는 천년이 하루 같고 하루가 천년 같은 시간이기 때문이다.

그러면 천사의 정체는 무엇인가? 하나님은 자신이 만세전에 꿈꾸시고 구상하신 아름다운 우주를 창조하고 섭리하기 위한 목적으로 천사를 만드셨다. 특히 하나님께서 꿈꾸시는 궁극적 우주의 주인공은 인류이기 때문에 천사는 하나님께서 그 우주를 완성시킬 때까지 하나님과 인류를 위해 봉사하고 섬기는 존재들이었다.

천사들은 직분에 따라 다양한 천사군으로 나뉜다. 하나님을 찬양하는 스랍천사(욥기 38장, 이사야 6장), 하나님 나라의 거룩성을 수호하는 그룹천사(창세기 3장, 에스겔 28장), 하나님의 뜻을 세상에 전달하는 계시천사(출애굽기 3장, 마태복음 1장, 다니엘서, 요한계시록), 영적 전쟁을 주관하는 군대천사(여

** 욥기 38:4-7절 "내가 땅의 기초를 놓을 때 네가 어디 있었느냐 네가 깨달아 알았거든 말할지니라 누가 그것의 도량법을 정하였는지 누가 그 줄을 그것의 위에 띄웠는지 네가 아느냐 그것의 주추는 무엇 위에 세웠으며 그 모퉁이 돌을 누가 놓았느냐 그 때에 새벽별들이 기뻐 노래하며 하나님의 아들들이 다 기뻐 소리를 질렀느니라."

호수아 5:13-15, 열왕기하 7:6, 계시록 12:7)), 심판을 담당하는 형벌천사(사무엘하 24:15-16, 마 13:49-50, 계시록 16:1-3), 하나님의 백성을 보호하는 수호천사(열왕기하 6:15-17, 다니엘서 3:24-25, 6:22, 사도행전 5:18-19) 등, 그 외에도 수많은 직분의 천사들이 있을 것으로 추정된다. 지상의 나라를 유지하기 위해 많은 정부부서가 있고, 그곳에 근무하는 수많은 관리들이 있듯이 하늘나라에도 그러한 것이다.

또 이들 천사들은 계급이 있는데, 크게 대천사장*, 천사장, 천사, 천군으로 나뉜다. 하늘나라 천사들의 수도 셀 수 없이 많으며 아무도 그들의 수를 헤아릴 수 없다. 그래서 욥기 38:7절에서 그들을 새벽별들이라고 호칭했는지 모른다. 이는 하늘의 별들만큼 천사들이 많다는 것을 시사하는 말씀이다.

* 토마스 아퀴나스의 『신학대전』에는 천사의 종류에 대해 많은 진술을 하고 있는데, 천사는 하급천사, 중급천사, 상급천사로 나뉜다고 했다. 대천사장 미카엘, 천사장 가브리엘, 천사장 라파엘, 천사장 우리엘 등은 하나님의 어전에 설 수 있는 7천사에 속하는데, 이는 기독교와 유대교의 어떤 문헌에도 공통적으로 인정된다. 그 외에 페트론, 라미엘, 사리엘, 아나엘, 라구엘, 라지엘 등이 돌아가며 등장한다. 그러나 이런 천사들의 이름은 성서에 전혀 나타나지 않는다.

Ⅳ 하나님을 대적한 루시엘 천사장

그런데 그 천사들 중 반역하는 천사가 생겼다. 그는 하나님 나라의 거룩성을 수호하는 그룹천사들의 우두머리 루시엘 천사장이었다. 루시엘의 반역에 대한 기사는 창세기 3장, 이사야 14장, 에스겔 28장에 상당한 분량으로 나오는데, 이 구절들을 대조하여 해석해보면 루시엘의 반역에 대한 전반적인 그림이 나온다.

루시엘은 그룹천사의 우두머리다. 그를 천사장 루시엘이라고 하는 이유는 이사야 14:12절 "너 아침의 아들 계명성이여 어찌 그리 하늘에서 떨어졌으며"에서 유래한다. 계명성은 새벽별, 금성을 의미하는데, 히브리어로는 '헤렐(הנצמ)', 헬라어로는 '루시퍼(Εωσφόρος)'로서 '빛나는 자'라는 의미다. 보통 악마, 즉 사탄을 헬라어 표현을 채택하여 루시퍼라고 부른다. 킹 제임즈 성서는 계명성(day-star)이라 하지 않고 루시퍼(Lucifer)라고 기록하고 있다. 성서를 보면 천사장의 이름에는 반드시 '엘'이 붙어 있다. 가브리엘, 미카엘, 외경 에녹서에 나오는 라파엘 등이 그 예이다. 실낙원에도 라파엘이 등장한다. 이처럼 성서는 천사장에게 엘이라는 용어를 붙여 호칭했다. 그래서 반역한 그룹천사 우두머리의 호칭을 루시엘이라고 부르는 것은 큰 문제가 없다.

1 ◦ 루시엘의 위치와 직무

루시엘은 그룹(케루빔) 천사장이었다. 이에 대해 에스겔 28:14절은 "너는 기름부음을 받고 지키는 그룹임이여"라고 기록되어 있다. 그룹천사의 직무는 하나님 나라의 거룩성을 수호하는 일이었다. 그룹천사는 하늘나라의 질서를 수호하는 직분을 가진 존재들이었다. 오늘날로 말하면 법을 수호하는 법 집행기관으로 하늘나라의 검찰과 경찰이라고 보면 이해하기 쉬울 것이다. 에덴동산은 영적 우주와 질료적 우주의 중심지, 즉 에덴이라는 질료적 공간에 하늘나라의 낙원이 내려와 결합된 하나님 나라의 중심지다. 말하자면 하나님이 창조한 전체 우주의 수도서울이었다.

오늘날 수도서울에는 입법 사법 행정 모든 기관이 들어와 있어 대한민국을 움직이는 중심도시다. 낙원은 하나님과 어린양의 보좌가 있고 그곳으로부터 생명강이 흘러나와 강을 이루며 흐르고 강 좌우에는 생명나무가 있어 열두 가지 실과가 맺히는 곳(요한계시록 22:1-2)이라고 기록되어 있다. 이 에덴동산에서 그룹천사들의 임무는 하나님 나라의 법과 질서를 수호하는 일이었다. 그리고 루시엘은 이 그룹천사의 우두머리 천사, 즉 천사장이었으며, 따라서 그는 모든 그룹천사들을 지휘 감독하여 하나님 나라, 즉 에덴동산의 법과 질서를 수호하는 중차대한 임무를 맡은 존재였던 것이다.

밀턴은 타락하여 심판받은 악마가 에덴동산에 숨어 들어온 것으로 그렸지만, 그것은 비성서적 픽션에 불과하다. 왜냐하면 성서는 분명히 하나님께서 아름다운 루시엘 천사장을 하나님의 성산에 세웠으며 그가 화광석 사이를 왕래하였다고 기록하고 있기 때문이다. "네가 옛적에 하나님의 동산 에덴에 있어서 각종 보석 곧 홍보석과 황보석과 금강석과 황옥과 홍마노와 창옥과 청보석과 남보석과 홍옥과 황금으로 단장하였음이여 네가 지음받던 날에 너를 위하여 소고와 비파가 예비되었도다. 너는 덮은 그룹임이여 내가 너를 세우매 네가 하나님의 성산에 있어서 화광석 사이를 왕래하였도다(에스겔 28:14)." 성서의 기록대로라면 루시엘은 밀턴이 노래한 것처럼 지옥에 떨어졌던 마귀가 지옥을 탈출하여 에덴동산에 은밀히 숨어들어 온 존재가 아니라, 처음부터 에덴동산의 거룩성을 수호하는 임무를 부여받고 하나님의 성산인 에덴동산에 세워진 것이다.

그러므로 그가 에덴동산에서 특별한 임무를 맡아 세워졌을 때 그는 무시무시한 악마의 모습이 아니라 형언할 수 없이 아름답고 지혜로운 천사의 모습이었다고 생각할 수 있다. 아담과 하와 앞에 나타난 자가 낯설고 무섭고 소름끼치는 악마였다면 타락 전의 하와가 그와 그렇게 친근하고 진지한 대화를 나누었을 리 없다. 그러므로 아무리 천하의 밀턴이 노래했다고 해도 우리는 내용상 비성서적인 것까지 신학적으로 수용해서는 안 된다고 생각한다.

그런데 성서를 보면 그룹천사가 에덴동산의 법과 질서의 수호를 위해 수행해야 할 가장 중요한 임무는 선악을 알게 하는 나무, 즉 선악과나무를 지키는 일이었다. 특히 아담과 하와가 이 나무의 열매를 따 먹지 않도록 하는 것이었다. 왜냐하면 선악과 계명이 깨지는 날 하나님이 지으신 우주는 엄청난 격변에 휩쓸리기 때문이었다.

2 ◦ 루시엘의 교만과 역심

그는 지음받은 날로부터 완전하게 행하던 그였는데, 그즈음에 불의한 마음을 품게 되었다. "네가 지음받던 날로부터 모든 길이 완전하더니 마침내 불의가 드러났도다(에스겔 28:15)." 루시엘이 불의한 마음을 품게 된 원인은 성서(이사야 14장, 에스겔서 28장)에 기록된 그대로 그의 교만* 때문이었다. 그리고 그가 교만했던 것은 그가 너무나 지혜롭고 아름다웠고 뛰어난 능력을 가졌을 뿐 아니라 하늘나라의 사법 권력을 한 손에 쥐고 있었기 때문이다. 그리고 요한계시록 12:4절에 의하면 그를 따르는 자들이 하늘의 천사들 중 무려 3분의 1에 이를 정도로 천사들 중 최고의 인기 스타였기 때문

*
창세기의 외경 하가다에는 대천사장 루시엘이 루시퍼, 즉 사탄이 된 것은 아무리 보아도 자기보다 훨씬 못하다고 여겨지는 아담에게 경배하라고 했기 때문이라고 한다. 이에 루시엘은 "우리는 주님의 쉐키나의 광채에서 우리를 만들었는데, 아담에게 경배하라니요" 하며 불복했다. 이에 하나님은 불복하는 루시엘에게 자기가 지는 동물을 보여줄 테니 그 이름을 본질에 합당한 이름을 지어보라고 하였다. 이 시험에서 루시엘은 아담에게 패배했다. 그 자리에서 미카엘이나 가브리엘 모두 경배하였으나 미카엘의 권고에도 불구하고 루시엘은 불복하고 경배를 거절하였다고 한다. 비록 외경이기는 하지만 필자의 견해와 일맥상통한 점이 있다.

이기도 했다(요한계시록12:4). 그는 점점 더 이성을 잃고 모든 천사들을 다스리는 최고의 천사, 대천사장이 되고자 했고(이사야 14:13), 심지어 겁 없이 하나님과 동등한 자리까지 이르겠다는 꿈을 꿀 정도로 교만해졌다(이사야 14:14). 그러한 루시엘에게 하늘나라의 수도서울인 에덴낙원을 지키고 다스리는 일을 아담에게 맡기시고, 자신에게는 기껏 선악과나무를 지키는 일을 맡기신 하나님의 조치(창세기 2:15)를 그는 도저히 납득할 수 없었다. 자신이 보기에 아름다움도 지혜도 능력도 하찮은 인간에게 그런 엄청난 직위를 베푼 하나님의 조치에 대해 그는 불만을 갖게 되었다. 이에 대해 에스겔 28:17절에는 "네가 아름다우므로 마음이 교만해졌으며 네가 영화로우므로 네 지혜를 더럽혔음이여(에스겔28:17)"라고 기록하고 있다.

3 하와를 미혹한 루시엘

그리하여 그는 하나님께서 아담에게 따 먹지 말라고 명령하시고, 그에게는 잘 감시하라고 한 선악과 나무 열매를 오히려 아담과 하와가 따 먹도록 유혹하였다. 그는 아담과 하와가 선악과 계명에 대해 의문을 품고 있음을 알았다. 그래서 그는 먼저 아직 아담보다 어리고 이성보다는 감성이 앞서는 하와를 유혹하기로 작정했다. 성서는 이에 대해 "그런데 뱀은 여호와 하나님이 지으신 들짐승 중에 가장 간교하니라(창세기 3:1)"라고 기록하고 있다. 어느 날 루시엘은 선악과나무 주위를 빙빙 돌며 정신없이 바라보고 있는 하와를 보고 그녀에게 다가갔다. 그리고 유혹하기 시작했다. 그는 간교한 혀를 놀려 하와의 의문을 정서적으로 증폭시켰다. "뱀이 여자에게 물어 가로되 하나님이 참으로 너희에게 동산 모든 나무의 실과를 먹지 말라 하시더냐(창세기 3:1)." 이는 하와의 마음속에 있는 의문을 교묘하게 건드리면서 하나님의 명령의 내용을 수정한 것이었다. 그다음 성서는 다음과 같이 기록하고 있다. "여자가 뱀에게 말하되 동산 나무의 실과를 우리가 먹을 수 있으나 동산 중앙에 있는 나무의 실과는 먹지도 말고 만지지도 말라 너희가 죽을까 하노라 하셨느니라." 이 대목에서 우리는 하와의 마음이 흔들리고 있음을 발견할 수 있다. 하나님은 결코 선악을 알게 하는 과일을 먹지 말라고 했지 만지지도 말라고 한 적은 없었기 때문이다. 그러자 루시엘은 결정적인 말을 한다. "뱀이 여자에게 이르되 너희가 결코 죽지 아니하리라 너희가 그것을 먹는 날에는 너희 눈이 밝아 하나님과 같이 되어 선악을 알 줄을 하나님이 아심이라(창세기 3:2-5)." 그의 말은 하나님의 말씀 자체를 인정하는 듯하면서 그 의미를 왜곡해 해석함으로써 결과적으로 하와가 하나님의 말씀을 따르지 않도록 만들었다. 루시엘은 그 순간 이제 천사가 아니라 하나님과 인간 사이를 갈라놓기 위해 간교한 혀를 놀리는 뱀, 곧 마귀가 된 것이었다.

루시엘의 간교한 거짓말에 속아 넘어간 하와는 아담에게 루시엘로부터 들은 말과 자신의 생각을 말하면서 선악과를 따 먹자고 제안했다(창세기 3:12). 처음에 아담은 주저하며 그래서 되겠느냐고 하와를 말렸을 것이다. 그러나 그의 마음에도 역시 하와와 같은 생각이 잠재해 있었기 때문에, 그리고 사랑하는 하와가 그토록 원하기 때문에 하와의 말을 따라 하와의 손에 이끌려 동산 중앙에 있는 선악과나무를 찾아갔다. 선악과나무가 멀리서 보이자 하와는 아담의 손을 놓고 그 나무를 향해 달려

갔다. 그 나무에는 탐스런 실과가 열려 있었고 그 나무의 실과는 너무나 먹음직도 하고 보암직도 하고 지혜롭게 할 만큼 탐스럽기까지 했기 때문에 하와는 서슴없이 선악을 알게 하는 나무의 실과를 따서 먹었다. 그리고 뒤따라 온 그녀의 남편에게도 건네 먹게 했다(창세기 3:11-12).

그런데 실과의 즙이 목을 타고 넘어가는 순간 그들은 갑자기 자신들의 벌거벗은 몸이 수치스럽게 느껴졌다. 그것은 사춘기가 되자 성에 눈을 뜬 아이들이 그 욕망을 수치스럽게 여겨 방문을 걸어 잠그고, 부모나 형제들을 멀리하는 것과 비슷한 감정이었다. 그들은 자신들의 마음속에 일어난 더럽고 사악한 죄성, 즉 죄의 소원이 불 일듯 일어나자 자신들의 벗은 몸에 대해 수치를 느꼈다. 벗은 몸의 수치를 느꼈다고 하는 것은 그들의 수치감의 중심에 성욕이 자리하고 있었다는 것을 시사한다. 그래서 그들은 무화과나무 잎으로 치마를 만들어 입음으로써 그들의 수치를 가리고자 한 것이다. 결국 선악과 계명이 지켜지도록 질서를 수호하는 임무를 맡았던 루시엘은 오히려 마음과 생각이 성숙지 못한 여자를 유혹하여 아담까지 그 거룩한 법을 범하도록 만들었던 것이다.

그들은 자신들의 마음속에 일어난 더럽고 사악한 죄성, 즉 죄의 소원이 불 일듯 일어나자 자신들의 벗은 몸에 대해 수치를 느꼈다.

4 심판의 선고 받은 루시엘

그 결과 루시엘은 천사장으로서 지위를 박탈당했을 뿐 아니라, 여인의 후손인 그리스도와 원수가 되어 인류가 지은 죄를 양식을 삼고 인류 역사에 개입하게 되리라는 선고를 받았고(창세기 3:13-15), 그의 신분과 호칭도 루시엘에서 루시퍼로 바뀌게 된다(이사야14:12). 스스로의 잘남과 능력 때문에 교만해졌던 루시엘과 그의 추종자들, 아담과 하와에 대한 하나님의 총애를 질투하여 그들로 하여금 범죄를 저지르게 하여 여자의 후손들을 무서운 사망의 불행에 빠뜨린 루시퍼와 그의 추종세력은 여자의 후손으로 오실 하나님의 아들 그리스도에 의해 머리가 부수어지는 결정적 타격을 받고, 말세지 말에 일어날 최후의 전쟁에서 그리스도의 군대에게 패하여(요한계시록 19:19-20) 무저갱에 갇히는 운명을 맞게 된다(요한계시록 20:1-3).

이들은 지금도 흑암의 공간인 공중천의 권세를 잡고(에베소서 2:2) 웅거하여(유다서 1:6) 인류의 역사 위를 기어다니며(창세기 3:14) 인류의 죄를 먹고, 인류의 죄를 가지고 하나님을 비웃고 대적한다(욥기 1:6-12). 이 마귀의 세력은 여자의 후손 그리스도가 인류 속죄의 십자가 제사를 완성함으로써 그의 머리가 부서지는 결정적 타격을 입게 되었다(창세기 3:14).

5 악한 영의 분류

성서에 나타나는 악한 영의 종류는 3가지다. 제일 높은 존재는 악마, 즉 사탄(Satan, 창세기 3장, 이사야 14:12-17, 마태복음 16:23, 고린도후서 11:14, 계시록 20:2, 계시록 20:7-8)이고 루시퍼라 부른다. 둘째 지위의 악한 영은 흔히 마귀(Devil)라고 호칭된다(마태복음 4:1-5, 요한복음 8:44, 베드로전서 5:8). 그러나 어느 성서에는 마귀와 사탄가 동일한 존재로 기록되어 있기도 하다(계시록 20:1-3). 세 번째 지위의 악한 영은 통상 귀신(Demon, Evil spirit)으로 호칭되고 있다(마태복음 8:16, 마가복음 1:23, 5:8, 누가복음4:41). 이들 어둠의 영들은 모두 하나같이 타락한 천사들이다. 성서의 기록이나 토마스 아퀴나스의 천사 계급론에 의하면 천사들의 계급은 지위가 높은 순서로 대천사장, 천사장, 천사, 천군으로 나뉜다. 타락한 천사들 중 가장 높은 자는 천사장이었던 루시퍼이고, 두 번째 계급은 일반 천사들이었던 마귀이고, 세 번째 계급은 무수한 천군으로 호칭되는 수많은 귀신들이다. 이들이 바로 사탄, 마귀, 귀신의 정체인 것이다.

6 ◦ 선악과 사건은 우주역사의 분기점

결국 선악과 사건은 우주 역사의 분기점이자 인류 역사의 분기점이었다. 다시 말해 아담과 하와가 선악과 계명을 범함으로 인해 죄와 사망의 질서가 지배한 인류 역사가 시작된 것이고, 루시엘 천사장이 아담과 하와가 계명을 어기도록 미혹하고 심판받음으로써 천사장 루시엘은 악마 루시퍼로 변하였고, 영적 우주에는 낙원에 거하여 하나님의 명을 수행하는 빛의 천사들과 흑암의 공간에 갇혀 아담의 후손들에게 죄를 짓도록 미혹하는 마귀사탄의 세력이 존재하게 된 것이다.

Chapter 5 제 5 장

역사, 이스라엘

I 역사란 무엇인가

창세기 3:14-21 "여호와 하나님이 뱀에게 이르시되 네가 이렇게 하였으니 네가 모든 육축과 들의 모든 짐승보다 더욱 저주를 받아 배로 다니고 종신토록 흙을 먹을지라 내가 너로 하여금 여자와 원수가 되게 하고 너의 후손도 여자의 후손과 원수가 되게 하리니 여자의 후손은 네 머리를 상하게 할 것이요 너는 그의 발꿈치를 상하게 할 것이니라 하시고 또 여자에게 이르시되 내가 네게 잉태하는 고통을 크게 더하리니 네가 수고하고 자식을 낳을 것이며 너는 남편을 사모하고 남편은 너를 다스릴 것이니라 하시고 아담에게 이르시되 네가 네 아내의 말을 듣고 내가 너더러 먹지 말라 한 나무의 실과를 먹었은즉 땅은 너로 인하여 저주를 받고 너는 종신토록 수고하여야 그 소산을 먹으리라 땅이 네게 가시덤불과 엉겅퀴를 낼 것이라 너의 먹을 것은 밭의 채소인즉 네가 얼굴에 땀이 흘러야 식물을 먹고 필경은 흙으로 돌아가리니 그 속에서 네가 취함을 입었음이니라 너는 흙이니 흙으로 돌아갈 것이니라 하시니라."

E. H. 테드 카*가 쓴 『역사란 무엇인가(What is History)』는 대학생이라면 한 번쯤은 읽어보려고 시도했던 책 중의 하나이다.

이 책에 따르면 역사란 객관적 사실을 나열하는 것이 아니라 역사가에 의해 해석된 사실을 의미하며, 현재와의 끊임없는 대화를 의미한다는 것, 그리고 역사가의 사명은 어떠한 부정적 사건을 일어나게 한 근원적 메카니즘을 밝혀내는 것이라고 한다.

역사가 무엇인가라는 명제에 대해 글을 쓰라고 하면 역사를 이해하는 시각에 따라 사람마다, 학자들마다 각기 다른 논리를 전개할 것이다. 그러한 주장을 하는 것은 자유이지만 그것이 옳으냐 그르냐 하는 것은 결국 역사에 의해 증명된다. 예를 들어 역사를 유물사관의 관점에서 해석한 칼 마르크스의 역사관과 피의 혁명을 외친 레닌의 역사관은 일시적으로 좌파 지식들을 열광케 하고 국제공산주의 운동을 일으켜 전 세계 3분의 1을 세력권에 두기도 했다. 그러나 세계를 물질적 관점, 특히 경제적 관점으로만 협소하게 바라보고, 인간의 죄성, 즉 집요한 이기적 탐욕성에 대한 성찰이 부족한 역사관이었으므로 그러한 이념이 일으킨 나라는 빵도 자유도 없는 사회가 되어 결국 역사 속에서 거의 사라지고 말았다.

역사는 인류사나 세계사처럼 세계 역사 전체를 다루는 것도 있지만 한 나라, 한 민족, 또는 한 지방, 한 가문, 한 개인이 살아온 과정을 연구 기술하는 역사도 있다. 분야별 역사 연구도 있는데 정

* 에드워드 핼릿 테드 카(Edward Hallett Ted Car, 1892-1982)는 영국의 정치학자이자 역사학자이다. 케임브리지 대학을 졸업하고 20년 동안 외교관 생활을 했다. 1936년부터 웨일즈 대학에서 국제정치학을 강의하다가 1947년 물러났다. 『타임즈』 부편집인, 국제연합의 세계인권선언 기초위원회 위원장을 맡아 활약했고, 저서로는 『20년의 위기』, 『평화의 조건』, 『러시아 혁명사』, 『역사란 무엇인가』 등이 있다.

치사, 경제사, 철학사, 문화사, 노동운동사, 시민운동사 등이 그 예이다. 오늘날 수행되고 있는 역사 연구의 분야를 논하자면 수천수만 가지도 넘을 것이다.

필자가 오늘 '역사란 무엇인가'라는 제목으로 전개하고자 하는 이야기는 인류 역사의 근원과 본질에 대해 진술하는 것이다. 오늘날 인류 역사에 나타나는 모든 테마들, 즉 정치, 경제, 종교, 사회, 문화, 문명, 과학, 예술, 도덕, 법, 언어, 이데올로기, 전쟁, 성, 질병, 사고, 죽음이라는 메카니즘이 작동하게 된 근원적 이유와 근본적 질서를 설명하고자 하는 것이다. 필자는 이러한 역사가 존재하게 된 근본적 원인을 성서적 시각에서 설명할 것이다. 혹자는 필자의 진술에 대해 성서 속의 이야기에 지나지 않느냐고 폄훼할지는 모른다. 그러나 나의 성서적 역사관, 신학적 역사관은 세상의 일반 지식인을 위해 서술하는 것이 아니라, 진실로 기독교적 역사관, 성서적 역사관을 체계적으로 알고 싶어 하는 크리스천 지식인들을 대상으로 하는 것이기 때문에 그러한 비판은 오히려 영광으로 여길 것이다. 이제부터 필자는 인류 역사가 시작될 때부터 가지고 있었던 기본적 원리와 구도를 성서의 말씀에 의거하여 진술하도록 하겠다.

1 역사는 하나님이 주관하신다

역사란 하나님께서 계획하고 조율하고 섭리하는 인류사회의 정황을 의미한다. 역사란 본성이 타락한 인류가 하나님께서 깔아놓은 자연적, 사회적 환경 속에서 구체적으로 살아가는 모습을 의미한다. 따라서 역사는 인간의 죄성이라는 씨줄과 환경이라는 날줄이 만나 짜인 카페트에 비유할 수 있다. 또 역사는 인간이라는 자동차가 하나님이 깔아놓은 질서라는 도로 위를 달리는 상황을 기록한 블랙박스 같은 것이라고 할 수 있다. 역사의 주인공이 인류인 것은 사실이지만, 오늘의 인류 역사가 지금과 같은 모습으로 전개되어 나가는 것은 근본적으로 역사에 대한 하나님의 보편적 섭리가 있기 때문이다. 역사의 총설계자, 주관자, 섭리자는 하나님이다. 무신론자들의 눈에는 역사가 역사 속에 내재된 메커니즘을 따라 우발적으로 전개되는 것처럼 보이겠지만 그 역사의 동인과 작인을 일으켜 이끌어나가는 존재는 바로 하나님이시다. 헤겔은 이러한 역사의 본질과 역학을 통찰하고 역사란 하나님이 인간의 마음속에 심어놓은 자유정신이 사회적 상황 속에서 변증법적으로 발현되면서 전개되는 과정이라고 말했던 것이다.

그러므로 역사는 궁극적으로 악이 주도하거나 악이 승리할 수 없다. 마치 사람이 주사위를 던졌을 때 한두 번은 목표하는 숫자가 나오지 않을 수도 있으나, 사람이 의도를 가지고 계속 던지면 결국 목표하는 숫자가 나올 수밖에 없는 것같이 역사는 전지전능한 하나님의 손 안에서 하나님의 계획에 따라 움직이는 것이다. 사탄의 훼방과 인간의 이기적 욕심도 결국 하나님의 치밀한 계산과 섭리를 벗어나지 못한다. 하나님은 언뜻 보면 하나님의 성품이나 뜻과 대립하는 듯이 보이는 요소들조차 그가 의도하는 역사의 목표를 위해 허용적 섭리라는 방식으로 이용하신다(로마서 8:20, 로마서 11:33-35). 이는 창세기 3:12절에서 19절까지를 보면 잘 알 수 있는데, 역사는 하나님께서 자신이 꿈꾸고 구상하는 우주를 창조하기 위해 출발시키고 섭리하는 잠정적 질서이다. 따라서 인류 역사의 종말은 어떤 경우에도 궁극적으로는 희망적일 수밖에 없으며, 그 궁극적 미래는 부활한 그리스도인들이 그리스도를 대리하여 하나님의 뜻대로 통치하고 다스리는 전 우주적 천년왕국 시대의 도래인 것이다.

2 선의 세력과 악의 세력 간의 치열한 전쟁터이다

하나님께서 펼치시는 역사는 선의 세력과 악의 세력 간의 싸움이다. 이는 곧 사탄의 세력과 그리스도의 세력 간의 싸움을 의미한다. 창세기 3:15절에는 "내가 너로 여자와 원수가 되게 하고 너의 후손도 여자의 후손과 원수가 되게 하리니 여자의 후손은 네 머리를 상하게 할 것이요 너는 그의 발꿈치를 상하게 할 것이니라"라고 기록하고 있다. 위대한 교부요 신학자인 어거스틴은 그의 명저『신국(De cibitate Dei)』*에서 역사는 하나님의 나라와 세상 나라 사이의 싸움이라고 규정하고 있다.

아마도 기독교 신학자라면 이러한 역사 인식에 이의를 달지 않을 것이다. 필자 또한 그렇다. 이 영적 싸움은 역사의 현장에서 다양한 형태로 전개되는데 사실상 궁극적으로 죄의 문제를 놓고 벌이는 싸움이다. 하나님의 명령에 따라 역사에 합법적으로 개입할 수 있게 된 사탄의 세력은 인류의 마음을 미혹하여 그들이 가능한 많은 죄를 짓도록 유도 한다. 그러나 하나님은 인류가 일방적으로 악의 영역으로 경도되는 것을 막기 위해 수많은 천사를 동원하여 각 개인을 도울 뿐 아니라, 역사의 상황에 개입하여 인류 역사가 악마에게 일방적으로 넘어가는 것을 방지하신다. 이로 인해 그리스도를 중심으로 형성된 선의 세력과 사탄을 중심으로 형성된 악의 세력은 팽팽한 균형을 유지할 수 있게 되었다. 바로 이 두 세력 간의 힘의 균형을 이루는 것이 종말의 날까지 하나님께서 의도하신 역사의 상황이다.

필자는 이런 선과 악의 세력 균형이 역사의 본질에 속한다는 사실을 잘 표현한 것이 바로 태극도형이라고 생각하고 있다. 주지하다시피 태극사상**은 우주의 기원과 운행 원리를 설명하는 동양의 심오한 철학 사상이다.

태극도형에는 우주만물, 특히 역사에 대한 심오한 통찰이 담겨 있다. 특히 역사는 양과 음의 대립, 달리 말하면 선과 악의 대립인데, 두 세력은 대립하기도 하지만 타협하기도 한다. 어느 때는 두 세력 간 팽팽한 균형이 깨지고 선의 세력이 강해진 것같이 보일 때도 있다. 그러나 그것은 외연적 상황, 즉 표면적 상황일 뿐, 악의 세력은 절대로 약해진 것이 아니고 내포적 상황, 즉 역사의 내부로 들어가 잠복하고 있는 상황일 뿐이다. 그러다 때가 되면 내포 속에 잠복해 있던 악의 세력이 역사의 외연에 나타나 지배적이 되며 선의 세력은 반대로 내포적 상태가 된다. 이처럼 선의 세력과 악의 세력은 옥신각신하며 세력 사이의 역학을 결정한다. 선과 악의 세력은 태극도형이 서로 꼬리를 물고 회전하듯이 외연과 내포를 교대하며 대립하거나 타협한다. 그러므로 동양적 지혜인 태극사상은 성서적 역사관 우주관과 일치한다고 볼 수 있다.

필자가 이처럼 태극사상을 긍정적으로 해석하는 것은 성서적 근거가 있기 때문이다. 즉 로마서 1:20 "창세로부터 그의 보이지 아니하는 것들 곧 그의 영원하신 능력과 신성이 그 만드신 만물에 분명히 보여 알게 되나니"라는 말씀에 근거하여 동양철학에게도 하나님의 세계를 통찰한 지혜가 있

* 『신국(De cibitate Dei)』은 5세기 초에 쓰여진 교부 아우구스티누스 후기의 주요 저작이다. 세계가 창조된 이래 역사는 지상의 나라와 하나님의 나라라는 두 개의 역사가 대립하는 형국이다. 이 책은 모두 22권으로 이루어졌는데, 전반부 10권은 지상의 나라를, 후반부 12권은 하나님의 나라를 논하고 있다. 하나님의 나라라는 용어는 성서에 등장하는 용어일 뿐 아니라 모든 기독교 신학에서 사용하는 개념이다.

** 태극사상(太極思想)은 중국의 고대 사상 중 음양 사상과 결합하여 만물을 생성시키는 우주의 근원으로서 중시된 개념으로 주역에서 처음 언급했다. 태극은 우주의 모든 물질인 만물을 구성하고 있는 근원적 양태를 말한다. 우주만상의 근원이요 모체로서 거시적 우주로부터 미시적 미립자의 세계까지, 시간과 공간, 시작과 종말 등을 총집약한 우주 창조의 극단적 표현이 태극이다.

을 수 있다고 생각하는 것이다. 이 일치되는 영역을 기독교 신학에서는 일반계시, 자연계시라고 부른다.

선악의 대립 구조와 내포와 외연의 순환은 지난 역사의 상황을 통해 무수히 발견할 수 있다. 그러나 선의 세력과 악의 세력이 대립 균형을 유지하는 역사의 정황은 우선 하나님이 모종의 의도를 가지고 그렇게 정하셨기 때문이고, 또 적절한 섭리의 조율이 있었기 때문에 그렇게 유지될 수 있는 것이다. 하나님이 선이 언제나 일방적으로 승리하는 것을 원하셨다면 역사 속에서 악의 세력은 찾아볼 수 없었을 것이다. 그러므로 선과 악이 대립하는 역사, 그리스도권과 악마권이 팽팽히 대립하는 역사는 모두 하나님이 선택한 구도이고 하나님이 그렇게 결정하고 그렇게 섭리하신 것이다. 그래서 성서는 역사의 갈등 구조가 단순히 지배자와 피지배자, 가진 자(have)와 못 가진 자(have not), 이데올로기 블록과 다른 이데올로기 블록 간의 싸움으로 보지 않고, 근본적으로 그리스도의 세력과 사탄의 세력 의 싸움이라고 증거하고 있다. "우리의 씨름은 혈과 육에 대한 것이 아니요 정사와 권세와 이 어둠의 세상 주관자들과 하늘에 있는 악한 영들에게 대함이라(에베소서 6:12)." 이러한 역사의 본질을 정확하게 알고 통찰할 때 우리는 사탄의 세력에게 속아 넘어가지 않을 수 있다. 『손자병법』에도 지피지기 백전백승(知彼知己 百戰百勝)이라고 하지 않았는가?

그러므로 오늘날 하나님이나 하나님의 섭리를 부정하는 사상이나 세력들은 거의 모두 사탄의 세력이거나 사탄의 세력에 이용당하는 사상이라고 규정해도 좋을 것이다. 무신론, 의신론, 사신론, 유물론은 물론이거니와 그러한 세계관에서 파생된 우발적 우주발생론, 무한우주론, 중력창조론, 평행이론, 시간여행론, 유물론적 역사주의, 우연진화론, 과학만능주의, 포스트모더니즘, 무신론적 실존주의, 사이언톨로지, 교주를 신격화하는 각종 이단종파들, 사탄숭배주의, 교회까지 파고들어 온 물신주의, 우상숭배, 미신, 세속주의 등은 마귀 사탄이 인류를 미혹하려고 교묘하게 사용하는 함정이나 덫이나 늪과 같은 것이다. 우리가 그들의 주장을 신학적으로 분석하고 판단해보면 거의 모두 하나님의 진리에 반하는 것임을 알 수 있다.

이 영적 싸움에서 선의 중심 세력은 바로 교회라고 하는 영적 공동체이다. 이 영적 공동체는 기본적으로 성령의 부름 속에서 그리스도 안에서 구속받고 물과 성령으로 거듭난 이들로 구성되며, 이들을 에클레시아, 즉 부름받은 사람들의 모임(고린도전서 1:2), 즉 교회라고 부른다. 교회는 우주적 교회와 지상의 교회로 구분할 수 있는데, 우주적 교회는 불가시적 교회로서 온 우주에서 물과 성령으로 거듭난 그리스도인들의 총합을 의미하고, 지상의 교회는 가시적 교회를 의미하는데, 믿음이 있는 그리스도인들과 더불어 아직 믿음은 약하나 그리스도인 공동체에 참여하는 이들까지도 포함된다. 이 공동체에 참여하는 이들의 마음속에는 아직 죄성이 발호하고 있으므로 교회공동체 역시 도덕적으로 완전하지 않다. 그럼에도 불구하고 지상의 교회는 거룩한 것이니, 그것은 교회가 머리 되신 그리스도의 몸(골로새서 1:18, 2:19)이기 때문이고, 하나님의 뜻을 따라 성령의 부르심으로 세워진 영적 공동체이기 때문이다. 또한 선이 지배하는 하나님 나라의 중심이 되어 치열한 영적 싸움을 전개하는 진리공동체이기 때문이고, 이 땅에 하나님의 나라를 확장시키는 일을 하기 선교공동체이기 때문이다. 이를 위해 교회는 예배, 선교, 교육, 봉사에 힘을 쏟는다. 특히 교회는 예배와 기도에 힘을 써서 회중들의 영적 능력이 충만하도록 해야 하고, 다양한 방법으로 복음을 교육하고 가르침으로써 그리스도인들에게 악한 세력의 정체를 정확하게 인식시켜야 하고, 하나님의 전신갑주를 입고 복음 선교를 통해 악의 세력에 결정적 타격을 주면서 하나님의 나라를 확장하는 사명을 감당해야 한다.

3 ◦ 인간 본성의 역학을 반영한다

우리가 오늘날 경험하고 있는 제반 역사적 요소들은 인간의 본성적 의지와 그 지향성의 반영이다. 인간의 본성적 의지란 생존하고 싶고, 행복하고 싶고, 종족을 번영시키고 싶은 생물학적 기본 의지에 더하여, 창의성과 예술성과 도덕성, 그리고 종교성이라는 정신적 속성을 총합한 개념이다. 인간은 이 3가지 생물학적 기본 의지를 충족시키기 위해 노력할 뿐 아니라, 4가지 정신적 속성 또한 발현하고 싶어 한다. 인류는 생물학적 기본 의지인 생존, 행복, 생식을 안정되게 보장받기 위해 각종 문명적 기술을 발전시켰다.

오늘날 경험하고 있는 제반 역사적 요소들은 인간의 본성적 의지와 그 지향성의 반영이다

정신적 속성 중 창의성은 우주만물과 인간이 살아가는 이치를 알고 싶어 하는 진리 탐구의 의지로서, 인류 문명 발전의 동인이 된다. 예술성은 아름다움을 느끼고 표현하고 싶어 하는 의지로서 모든 문화예술의 동인이 되며, 도덕성은 이기적 본능을 제어하고 다스리는 의지로서 자연법인 양심의 법을 따라 윤리도덕과 각종 법률 체계를 만들어내어 인류가 함께 살아가는 사회적 범위를 극대화 시킨다. 종교성은 자신을 넘어서는 초월적 존재와 커뮤니케이션을 하고 싶은 의지로서 거의 모든 종교를 발생시킨 근원적 동기를 제공하고 있다. 이 4가지 정신적 속성은 다른 동물들에게는 나타나지 않는 것으로, 이로 인하여 인류의 삶의 영역은 생물학적 한계를 넘어서게 된다.

특히 이런 의지를 가진 인류에게 언어는 가장 중요한 기능이다. 이 언어적 기능을 가짐으로써 인류는 창의성, 도덕성, 예술성, 종교성을 발현하는 데 가속도를 얻게 되었다. 언어는 인간 본성의 의지를 마음껏 발현하는 결정적 작인이 되었으며, 다른 경쟁 상대들을 극복하는 최고의 강력한 능력이 되었다. 이 언어의 능력은 5,000-6,000년 전 사이 인류가 문자를 고안하여 사용함으로써 더욱 발전되었고, 언어의 활자화는 모든 계층의 정보 승계를 가능하게 하여 문명의 발전을 가속화했다. 20세기 후반에는 인터넷 시스템*의 등장으로 각종 정보와 지식이 대중화되었고, SNS를 통해 상호간에 정보를 교환하고 상호 소통하는 지식정보화 사회가 활짝 꽃피우게 되었다.

앞으로도 언어를 통해 인류의 생각을 전달하는 수단은 과학의 발전과 더불어 상상을 불허할 만큼 다양하게 실현될 것이다.

*
인터넷(Internet, 누리망)은 컴퓨터로 연결하여 TCP/IP(Transmission Control Protocol/Internet Protocol)라는 통신 프로토콜을 이용해 정보를 주고받는 컴퓨터 네트워크이다. 인터넷이라는 이름은 1973년 TCP/IP를 정립한 빈튼 서프와 밥 간이 '네트워크의 네트워크'를 구현하여 모든 컴퓨터를 하나의 통신망 안에 연결(International Network)하고자 하는 의도에서 이를 줄여 인터넷(Internet)이라고 처음 명명하였다. 오늘날 인터넷은 '정보의 바다'라 불린다.

4 ◦ 타락한 성적 질서를 반영한다

클레오파트라의 코가 조금만 낮았더라도 로마의 역사가 달라졌을 것이라는 블레즈 파스칼의 말은 많은 역사가들의 공감을 얻고 있다. 이러한 주장은 성적 리비도를 모든 인류의 문화적 문명적 행위의 근원적 동인으로 보는 저명한 심리학자 지그문트 프로이트**도 동의하는 생각이다.

**
지그문트 프로이트(Sigmund Freud, 1856-1939)는 오스트리아의 정신과의사이자 정신분석학의 창시자이다. 프로이트는 무의식과 억압의 방어기제에 대한 이론, 그리고 환자와 정신분석자의 대화를 통해 정신병리를 치료하는 정신분석학적 임상 치료 방식을 창안한 것으로 매우 유명하다.

인류 역사는 남녀가 결합하여 자녀를 낳고 기르는 가정이라는 세포의 집합체이다. 이러한 인류의 역사를 가능케 하는 중요한 역학은 남녀 사이의 성적 결합 의지이다. 인류의 본성은 타락 이후 무한한 성적 욕망을 가진 존재가 되었다. 남자는 자기 자신의 성적 욕망을 성취하기 위해 아름다운 여자들을 원하고, 이를 위해 다양한 힘을 얻고자 노력한다. 그리고 여자는 자신의 성적 매력을 극대화함으로써 자신의 정신적 육체적 물질적 욕구를 채워줄 능력 있는 남자를 만나기를 원했다.

이러한 인류에게 부여된 합리적인 성적 질서가 일부일처제이다. 물론 지역마다 부족마다 이 성적 질서가 반드시 일치하지는 않는다. 그러나 일부일처제라고 하는 성적 질서는 인류사회의 보편적 질서이다. 현대에 이르러 여성의 인권이 존중되는 사회가 되면서부터 이것은 더욱 보편적인 질서가 되었다. 다른 동물들은 일정 시기에만 성욕이 일어나 암수가 짝짓기를 해서 종족을 번식시킨다. 그리고 아주 특별한 종 외에는 일부일처라는 성적 질서가 존재하지 않는다. 그러므로 이 문제는 그들 사회를 붕괴시킬 만한 문제가 아니었다. 그러나 인류는 무한한 성적 욕망을 가지고 살면서, 일부일처라는 성적 질서에 제한을 받는다. 어떤 공동체에서 권력을 가진 존재는 기본적 성적 질서에 불만을 품고 이 질서가 자기에게는 해당되지 않는다고 선언한다. 그리고 그들은 무한한 성적 욕망을 성취하기 위해 다수의 여인을 처첩으로 거느렸다. 그 대표적인 사람들이 일국의 황제나 왕이고, 그들에게 충성하며 공생하는 귀족들이다. 어떤 독재적 군주는 자기 나라의 여자는 모두 당연히 자신 것이라고 생각한다. 그래서 폭군들은 남의 아내를, 남의 처자식을 자기 마음대로 폭력적으로 취한다. 여기서 역사의 한이 쌓이고 빼앗긴 자의 피눈물이 흐르게 된다. 빼앗긴 자의 피눈물은 다시 복수당한 자의 피눈물로 흐르게 된다. 그러나 이러한 상황은 특정 계급에게만 해당되는 일이 아니다. 이런것은 인류 모두의 보편적 사안이다.

오늘날에도 인류는 공동선에 관한 법적 윤리적 요구와 생물학적 본능인 무한한 성적 리비도 사이에서 갈등하며 다양한 역사적 상황, 문명적 상황을 연출하고 있다. 이러한 상황은 성서나 다양한 역사서, 문학작품에서도 무수히 나타난다. 타락한 인류의 무한한 성적 본능은 굴레 벗은 망아지처럼 끊임없이 요동치고 있다. 그로 인해 성과 관련된 공동선의 가치와 질서는 힘 있는 자들에 의해 쉽게 무너졌고, 오늘날 시민사회에 권력의 중심이 옮아가면서 이제는 일반 시민사회도 무제한적 성적 자유를 추구하는 경향이 만연하여 지구촌 전체가 소돔과 고모라처럼 되어가고 있다.

분명히 인류의 무한한 성적 본능과 일부일처라는 모순적 요소는 인류 역사에게 중요한 역학으로 작용하고 있다. 그 좋은 예가 3200년 전 스파르타의 왕비 헬레나와 트로이의 왕자 패리스의 불륜적 연애 사건이다. 이것이 그 유명한 트로이 전쟁의 도화선이 되어 에게 문명은 종말을 고하고 말았다. 또한 클레오파트라에 대한 안토니우스의 애정이 옥타비아누스와 안토니우스의 전쟁으로 이어져, 로마제국 역사의 분기점이 되었다. 중국역사에서도 당 현종 이융기가 며느리 양귀비에 미쳐 혼군이 되는 바람에 안록산의 난이 일어나 당나라의 쇠퇴와 멸망의 단초가 되었다.

5 ◦ 문제 해결을 위한 이성적 노력을 반영한다

필자는 앞에서 역사는 타락한 인간 본성을 반영하는 씨줄과 주어진 환경을 극복하려는 문화적 문명적 노력이라는 날줄로 직조되는 카페트와 같다고 말한 바 있다. 역사의 움직임은 타락한 인간 본성의 의지를 반영할 뿐 아니라, 그 이성적 의지와 능력으로 하나님이 깔아놓은 역사의 질서, 즉 고통스런 역사의 질서를 극복하기 위한 노력을 반영한다. 인류는 도전하는 악의 세력(창세기 3:15)을 극복하고 죄와 사망의 문제를 극복하기 위해 선한 이데올로기를 가진 고등 종교를 만들었다. 물론 기독교의 복음은 하나님이 직접 내려주신 것이지만, 다른 종교도 악과 죄를 극복하기 위한 인간의 진지한 도덕적 노력, 존재론적 노력을 반영하고 있다. 인류는 남녀 문제, 빈부 문제, 민족과 국가 간의 문제 등 제반 인간 사회의 갈등(창세기 3:16)을 조절함으로써 공동선을 달성하기 위해 각종 사회학과 정치학, 다양한 법과 윤리도덕적 체계를 정교하게 발전시켰다. 그리고 하나님으로부터 선고된 경제적 결핍을 극복하기 위해 경제학과 산업공학을 발전시켰고, 내연기관으로 움직이는 트랙터나 각종 운송수단을 발명하여 사용하였으며, 토지의 생산성을 극대화할 수 있는 농사법과 더불어 각종 육류와 어류를 많이 얻기 위해 축산업과 어업, 양식어업을 발전시켰다. 죽음을 극복하기 위해 질병의 예방과 치료, 노화 방지를 위해 각종 의료 기술을 발전시켰고, 교통사고를 줄이기 위해 도로교통법을 정비하고 자동차의 성능을 계속 발전시켰다. 뿐만 아니라 이러한 문명적 효과를 극대화할 수 있는 인공지능을 발전시켜 이미 행정, 의학, 금융, 산업, 예술 분야에까지 두루두루 사용하기 시작했다.

인류 역사에 나타난 이 모든 문명적 노력은 창세기 3:15-19절에 기록된 대로 인류에게 선고된 두렵고 고통스런 환경을 극복하기 위한 인류의 이성적 노력의 소산이다. 그러나 본성에 죄성을 가진 인류는 자신들이 가진 창의성을 가지고 삶의 환경을 개선하는 방향으로만 노력하는 것이 아니라, 자신이나 자신이 속한 공동체의 이익을 위해 타인이나 타 공동체의 것을 빼앗는 약탈적 행위를 불사했다. 인류는 역사라는 정글 속에서 생존 경쟁, 적자생존의 피나는 싸움을 해야 했기 때문에 고도의 군사 무기와 군사기술을 발전시켰다. 춘추전국시대를 지나며 전술 전략 등 전쟁의 기술과 전쟁을 수행하는 무기나 도구 체계의 발달을 가져온 고대 중국 사회가 그 좋은 예일 것이다. 뿐만 아니라 오늘날에는 세계의 정부와 기업들이 시장에서 승리하기 위해 온갖 합법적 비합법적 노력을 기울이고 있다. 이로 인해 인류사회는 생활의 풍요를 가져오기도 했지만, 이전투구의 비극적 사건이 끝없이 일어나고 있다. 수많은 전쟁 난민들, 아프리카에서 팔려온 흑인 노예들, 인디언족의 몰살, 선진국에 의한 제3세계의 식민지화 등 그 항목은 이루 헤아릴 수 없을 정도이다. 오늘날에도 강대국들은 이런 제국주의 마인드를 가지고 약한 나라들의 이익을 침해하고 있다.

그러므로 인류가 아무리 문명적 노력을 한다 할지라도 인류가 겪는 전체 고통의 총량과 불안의 총량은 결코 줄어들지 않는다. 물론 현명한 통치자나 문명의 발달 정도에 따라 어떤 특정한 시대와 특정한 지역에서 특정한 항목의 고통지수가 일부 줄어들기는 했으나, 다른 한쪽에서는 인류의 마음과 육체가 더욱 어둡고 불안하고 곤고해지고 있다. 그 좋은 예가 화약의 발명이다. 인류는 다양한 화약제품을 발명하고 활용함으로써 산지에 길을 내거나 광산에서 각종 광물을 다량으로 채취하는 일들이 가능해져 인류사회는 물질적 풍요를 얻을 수 있었다. 그러나 다른 쪽에서는 이 화약이 다양

*
한상진은 중민(中民)이론으로 널리 알려진 비판적 사회학자이다. 한국정신문화원장을 역임하였고, 현재 서울대학교 명예교수이자 베이징대학교 초빙교수로 활동하고 있다. 뉴욕 콜럼비아 대학, 파리 사회과학고등연구원, 부에노스아이레스 대학, 베를린 사회과학원, 교토 대학에서 강의 및 연구를 했다. 주요 관심 영역은 사회이론, 정치사회학, 인권 및 전환기정의, 동아시아위험사회와 제2근대의 길 등이다.

한 포탄으로 변하여 제1 • 2차세계대전 기간에만 6천만 명 이상의 생명이 죽어나가는 비극을 연출했다. 오늘날 핵에너지 사용법의 발견도 순기능보다 역기능을 극대화시켜, 한 순간의 핵전쟁으로 온 지구가 파괴되고 인류 종말의 참혹한 결과를 가져올 수 있는 가능성을 보여주고 있다.

인류는 창세기 3:14절 이하에 선고된 삶의 고통과 위협과 결핍과 죽음을 극복하기 위해 문화와 문명을 나름대로 발전시켜 왔다. 또한 자본주의와 공산주의 같은 이데올로기의 시험도 해보았다. 그러나 그러한 노력도 인간 본성이 가진 이기적 죄성 때문에 의도하지 않은 무서운 고통의 역사를 만들어냈다. 한국의 경우도 마찬가지다. 한때 민주화운동으로 국민의 신뢰를 얻었던 386세대 정치인들이 오늘날은 자신들의 기득권 수호와 확대를 위해 비이성성적 행태를 보이고 있다. 이제 대다수 국민들은 그들의 정치에 어떤 희망도 걸지 않고 있다. 서울대학교 명예교수 한상진 박사*는 2003년에 출간한 저서『386세대, 그 빛과 그늘』에서 한국의 386세대를 가리켜 "21세기를 이끌어갈 우리 사회의 핵심 에너지"라고 극찬한 바 있다. 그러나 한 박사는 최근 조국 사태를 둘러싼 386세대 정치인들의 행태를 보면서, "그들은 기득권, 집권층의 하수인"이 되었으며 "자신에게 부과했던 소임을 실현하지 못하고 과거의 괴물(군부독재)과 유사한 형태로 닮아가고 있다"고 일갈했다(『중앙일보』 2019년 9월 26일자). 정의와 민주를 외치던 386세대들도 그들이 권력을 갖게 되었을 때, 군부독재 시절의 우파 정치인들 이상으로 타락하는 현실을 보여주고 있다. 이는 역시 감상적 이데올로기로서는 인간 본성의 죄성을 극복하고 역사를 발전시킬 수 없다는 사실을 분명히 보여주는 것이다.

요즘 과학이 더욱 발달하면 이러한 역사의 굴레에서 벗어날 수 있을 것이라고 주장하며 과학이 만들 유토피아를 예단하는 학자들이 있다. 그러나 아무리 과학이 발달해도 그들이 기대하는 것처럼 되지는 않을 것이다. 설령 인류가 노화 방지 프로그램이나 인공장기 이식 등을 통해 인류의 수명을 천년만년 늘린다 하더라도, 자연사든 사고사든 자살이든 아니면 전쟁을 통해서든 결국 인간은 죽지 않을 수 없다. 그런 사회가 도달하면 인류는 더욱 교만해지고 타락할 것이다. 혹자는 인간의 DNA을 조작하고 뇌신경세포에 변화를 주어 선한 성품의 인간을 만들면 되지 않느냐고 하지만, 그러한 과학기술은 역으로 악한 성품의 사람을 만드는데도 사용될 수 있다는 사실을 간과해서는 안 된다.

과학기술을 연구하고 사용하는 사람의 본성에 선과 악의 의지를 함께 가지고 있는 한, 인류사회는 과학기술의 순기능과 역기능으로 인해 끝없이 행복과 불행의 악순환이 계속될 수밖에 없다. 따라서 인류가 현재 안고 있는 삶의 위기와 고통과 불안은 앞으로도 여러 가지 변형된 형태로 나타나 계속해서 인류를 괴롭힐 것이다. 결국 인류는 아무리 발버둥을 쳐도 하나님께서 창세기 3:14-19절에서 선고하신 역사의 근본적 틀이라는 한계 상황을 벗어날 수 없다. 인류가 아무리 문명적 노력을 해도 주님이 오시기 전까지는 인류가 받는 삶의 고통과 불안의 총량은 결코 줄어들 수 없는 것이다.

그러면 하나님은 왜 이러한 역사가 계속 유지되도록 섭리하는 것일까? 그것은 복음선교 때문이다. 인류가 겪는 삶의 불행과 불안, 그리고 절망적 상황이야말로 본성이 타락한 인류들을 보다 순수하고 겸손하게 만들고, 그리스도를 통해 영생을 주시는 하나님 앞에 죄를 회개하고 구원의 복음을 받아들이는 데 최적의 조건이 되기 때문이다. 한마디로 말해서 인류는 선과 악이 공존하는 가운데 치열하게 다투며, 수많은 삶의 문제로 인해 고통 받고, 또 정죄의 불안과 두려움 속에서 살게 될 때 오히려 겸손해져서 복음에 나타난 하나님의 은총을 구하는 마음이 간절할 수 있는 것이다.

6 역사의 목적은 정해진 수의 그리스도인을 조성하는 것이다

인류의 역사 가운데 탄생시킬 그리스도인의 수는 이미 만세전에 정해져 있다.(로마서 8:29*, 로마서 11:25)** 역사의 가장 궁극적인 의미와 목적은 예정된 그리스도인을 탄생시키는 것이다. 그것이 역사의 최종적 소망이고 궁극적 목적이다.(로마서 8:18-19)***

인류 역사의 실상은 결코 선하거나 아름답지 않다. 개인과 개인, 민족과 민족, 나라와 나라 사이에는 생존권의 확보, 기득권의 유지, 끝없는 지배욕 등으로 인해 이전투구의 양상을 보이고 있다. 〈태양의 눈물〉이라는 미국 영화를 본적이 있다. 1960대 후반 나이지이라 내전 당시 기독교를 주로 믿고 있는 비아프라 지역에서 북부 이슬람 세력의 지원을 받은 이슬람 반군이 마을마다 돌아다니며 인종 청소하는 장면이 참혹하게 그려졌다. 그들은 마을 주민을 학살하고, 젖 먹이는 여인의 유방을 도려내고, 어린아이들을 불태워 죽였다. 그 가운데서도 의료 선교를 하는 여의사, 그들을 구하러 온 미군들의 얼굴에 떠오른 인도주의라는 태양의 미소는 눈부시게 아름다웠다. 그러나 그 태양의 미소가 비극적 역사의 의미, 역사의 목적은 아니라는 생각이 들었다. 그 미소는 눈부시게 아름다웠지만 그 미소를 수확하기 위해 이 비극의 역사가 있어야 한다는 것은 설득력이 없기 때문이다.

도대체 이 참혹한 인류 역사가 지속되어야 하는 이유가 무엇인가? 나는 가슴으로 통곡하며 질문했다. 아무리 생각해봐도 그 의미를 역사 속에서는 찾을 수 없었다. 인간의 행복도 문화의 발전도 인류의 번성도 다 역사의 목적은 아니었다. 그 이유 때문에 이런 비극적 역사가 반드시 존재할 필요는 없는 것이다. 이런 역사가 존재해야 하는 이유, 이렇게 하나님과 피조물들이 고통받으며 탄식하는 역사가 존재해야 하는 이유는 바로 복음 선교 때문이었다. 저 광대하고 아름다운 우주에 세워질 거룩한 하나님의 나라, 하나님의 사랑과 아가페 사랑이 충만한 영원한 지복의 나라, 그 중심에서 왕 같은 제사장으로 세워져야 하는(요한계시록 20:6) 하나님의 아들들을 조성하는 것(로마서 8:19), 그리스도인을 탄생시키는 것, 이 복음 선교야말로 역사의 궁극적 의미요 목적이라는 확신이 들었다.

그런 의미에서 선교는 절대적으로 중요한 것이다. 갈보리 산 위에 떨어진 하나님의 피와 눈물을 헛되지 않게 하기 위해서라도, 죽어가는 나이지리아 난민들의 희생을 헛되지 않게 하기 위해서라도, 그 비극의 대가로 주어진 역사의 시간 속에서 복음 선교를 결코 멈춰서는 안 된다. 오늘날 선교에 소극적이거나 게으른 것만큼 큰 죄는 없다. 그럼에도 불구하고 선교를 기독교 패권주의라고 비난하는 자들은 이 세상에 태어나지 말았어야 할 자들이다. 진리의 변두리에도 접근하지 못한 자들이다.

그러므로 갈보리의 신음 소리가 들린다면 선교하라! 신의주 거리의 소년 꽃제비들의 가난한 눈망울이 떠오른다면 선교하라! 모잠비크와 나이지리아 난민들의 절규가 들린다면 선교하라! 오직 선교의 열매만이 고통의 대가가 될 수 있는 것이다. 고통의 시간이 헛되지 않기 위해서라도, 고통의 역사를 빨리 종식하기 위해서라도 우리는 전심을 다하여 선교해야 한다. 성서는 이 비극의 역사가 존재하게 된 이유가 천년왕국의 중심이 될 하나님의 아들들을 형성하는 것이라고 말씀한다. 성서에 의하면 하나님이 역사 속에서 형성하고자 목표하는 하나님의 아들들이 예정되어 있다. 따

*

*로마서 8:29절 "하나님이 미리 아신 자들을 또한 그 아들의 형상을 본받게 하기 위하여 미리 정하셨으니 이는 그로 많은 형제 중에서 맏아들이 되게 하려 하심이라."

**

로마서 11:25절 "형제들아, 너희가 스스로 지혜 있다 하면서 이 신비를 너희가 모르기를 내가 원하지 아니하노니 이 신비는 이방인의 충만한 수가 들어오기까지 이스라엘의 더러는 우둔하게 된 것이라."

***

*로마서 8:18-19절에서 바울은 "생각건대 현재의 고난은 장차 우리에게 나타날 영광과 족히 비교할 수 없도다 피조물이 고대하는 바는 하나님의 아들들이 나타나는 것이니"라고 말씀한다.

라서 그 수가 모두 차야만 비로소 역사의 종말이 온다고 기록하고 있다(로마서 11:25). 주님도 "천국 복음이 모든 민족에게 증언되기 위하여 온 세상에 전파되리니 그제야 끝이 오리라(마태복음 24:14)"고 말씀하셨다.

하나님이 역사를 섭리하는 것은 농부가 농사짓는 것과 비슷하다. 봄이 되면 농부가 밭에 씨를 뿌리는 이유는 가을에 추수하기 위해서이다. 마찬가지로 비극적 인류의 역사는 하나님을 믿는 영혼을 수확하기 위해 필요하기에 하나님이 섭리하여 전개시킨 상황이다. 역사는 영혼의 농사를 짓기 위한 토지이고, 익은 곡식은 믿음을 가진 영혼들이다. "눈을 들어 밭을 보라 희어져 추수하게 되었도다(요한복음 4:35)." 그러므로 만세 전에 예정하신 수대로 그리스도인의 추수가 끝나는 날 역사는 하나님에 의해 종말을 맞이하게 될 것이다.

7 역사는 종국적으로 파멸적 종말을 맞이한다

그러므로 겨자씨의 비유(마태복음 13:31-32)를 들어 현 역사 안에서 천국이 실현될 것을 기대하는 것은 성서적 종말론 신앙이 아니다.

우리가 경험하는 역사는 하나님께서 자신이 꿈꾸신 우주 창조의 비전을 성취하기 위한 중간 단계로서 한시적으로 설치된 상황이다. 그렇기 때문에 결국 역사는 하나님이 뜻하신 목적이 달성되면 당연히 종말을 맞이하게 된다. 종말이 오면 마귀는 자기 때가 얼마 남지 않은 것을 알고 우는 사자처럼(베드로전서 5:8) 삼킬 자를 찾아 돌아다닌다. 그들은 적극적으로 인류가 죄를 짓도록 사주하며 인류 역사를 혼돈과 암흑의 역사로 만든다. 역사는 결국 큰 환난과 시련이 극한에 이르는 가운데 끝마치게 된다. 그것이 바로 예수께서 예언하신 말세의 징조와 혼란이다. 그러므로 겨자씨의 비유(마태복음 13:31-32)를 들어 현 역사 안에서 천국이 실현될 것을 기대하는 것은 성서적 종말론 신앙이 아니다. 겨자나무의 성장 비유는 천국 복음의 씨가 어떤 사람의 영혼이나 어떤 민족에게 뿌려져 싹이 나면 신앙이 교회가 놀랍게 성장한다는 것을 말씀한 것이지, 역사적 방법이나 문명적 방법으로 역사 안에서 하나님 나라가 완성된다는 의미는 아니다.

그러므로 인류사회에 민주주의를 실현시킴으로써 하나님 나라를 완성해나갈 수 있다는 것은 비성서적 주장이다. 그것은 역사주의에 타협한 자유주의 신학 신봉자들의 거짓 주장일 뿐이다. 이 땅의 역사에 하나님 나라가 실현될 것을 희망하며 교회가 정치적 민주화와 사회적 평등, 경제적 풍요, 가난한 자들의 구제를 위해 노력해야 한다는 주장은 비성서적인 이야기다. 교회가 그런 방면에 노력을 한다면 그것은 이웃을 사랑하라는 순수한 인도주의적 당위성 때문이거나, 농부가 많은 수확을 얻기 위해 옥토를 일구듯 복음 선교를 위한 선제적 효과로서 가치가 있을 뿐이다.

그런 점에서 예수그리스도를 가난한 자들의 인권을 위해 싸우다 죽은 영웅으로 보고, 사회혁명을 꿈꾸는 민중신학 해방신학은 성서적 신학이라 볼 수 없다. 민중신학이나 해방신학은 성서의 말씀을 크게 이탈한 신학이다. 그것은 역사의 문제를 역사주의적으로 해결하여 이 땅에 하나님 나라를 건설해보자는 것으로 성서의 복음과는 아무 상관 없는 한낱 세상의 이데올로기일 뿐이다. 정치적 투쟁이나 인권운동을 하여 설령 경제적 불평등이 해소되고 민주주의라는 정치적 가치가 실현된다 하더라도 인류사회는 결코 성서가 계시하는 천국이 될 수 없다. 그것은 오늘 날 유럽과 미국 사회가 증명하고 있다. 오늘날 서구 사회는 정치적 자유와 물질적 풍요는 증가되었을지 몰라도, 하나님에 대한 신앙이 거의 소멸되었고, 도덕적 타락은 더욱 심각해지고 있으며, 빈부 격차는 전혀 줄어들지 않았고, 인류사회가 한순간에 멸망할지도 모른다는 위기감이 더욱 증대되고 있다.

그러므로 역사의 종말은 결국 인간의 이기심을 촉발하는 마귀사탄의 역사로 인해 파멸적 상황을 맞이하게 될 것이다. 급박하게 다가오는 인류 역사의 종말은 마태복음 25장의 예수님의 예언이나 요한계시록에 나타난 예언 그대로 이루어질 것이고, 실제로 그러한 시대적 징조를 보여주고 있다.

Ⅱ 이스라엘 민족의 의미는 무엇인가?

본서에서 서술하고자 하는 역사의 줄거리는 아벨에서 벨렉으로, 다시 아브라함으로 이어지는 히브리 민족의 계보가 아니라, 아벨에서 욕단으로 이어져 고대 동아시아의 문명을 일으킨 동이족과 한민족으로 전개되는 역사이다. 필자는 본서에서 에벨에 의해 니므롯 제국이 무너지고, 흩어진 자들에 의해 발흥된 세계 5대 문명의 형성 과정과 그중 하나인 고대 동아시아 문명의 주역인 동이족의 정통 맥으로서 한민족 고대사 이야기를 다루었다.

그러나 창세기 12장 이후 구약성서 전체를 채우고 있는 이스라엘 민족의 역사와 영적 의미를 다루는 것은 성서의 역사를 균형 있게 바라보는데 필수적이라고 생각한다. 그래서 길지는 않지만 간략하게나마 이스라엘 역사의 의미를 살펴보도록 하겠다.

1 ◦ 하나님이 특별히 조성한 민족이다

이사야 43:1-3절에서 하나님은 "야곱아 너를 창조하신 여호와께서 지금 말씀하시느니라 이스라엘아 너를 지으신 이가 말씀하시느니라 너는 두려워하지 말라 내가 너를 구속하였고 내가 너를 지명하여 불렀나니 너는 내 것이라 네가 물 가운데 지날 때에 내가 너와 함 할 것이라 강을 건널 때에 물이 너를 침몰하지 못할 것이며 네가 불 가운데로 지날 때에 타지도 아니할 것이요 불꽃이 너를 사르지 못하리니 대저 나는 여호와 네 하나님이요 이스라엘의 거룩한 이요 네 구원자임이라 내가 애굽을 너의 속량물로 구스와 스바를 너를 대신하여 주었노라"라고 말씀하셨다. 이 말씀은 다른 어떤 민족에게는 주신 적이 없는 오직 이스라엘 민족에게 주신 특별한 언약의 말씀이다. 이는 이스라엘 민족이 갖는 역사적 의미가 다른 민족의 존재 이유와는 비교할 수 없을 만큼 특별하다는 뜻이다.

성서적으로 볼 때 이스라엘은 영적으로뿐 아니라 인류사적으로도 어마어마한 의미를 지닌 민족이다. 의미의 비중만으로 따지자면 세계 최고의 인구를 자랑하는 중국이나 인도를 능가할 것이고, 금세기 유일 초강대국인 미국도 이스라엘 민족의 역사적 의미를 따르지 못할 것이다. 특히 기독교 신학적 관점에서 보면 그 의미는 더욱 막대해진다. 그러므로 이스라엘 민족의 의미에 대해 신학적 소견을 갖는 일은 모든 크리스천 지식인들에게 매우 중요한 일이라 여겨진다.

2 ◦ 이스라엘 민족의 영적 의미

구약성서를 보면 하나님께서는 이스라엘 민족을 다른 민족과 달리 모종의 깊은 의도를 가지고 조성하신 것을 알 수 있다. 그러면 다른 민족의 역사와는 비교할 수 없는 이스라엘 민족 역사의 특별한 의미란 무엇인가? 하나님은 왜 이스라엘 민족을 특별히 조성하였고 파란만장한 중동 역사에서 이 민족을 가호하고 섭리하신 것일까? 과연 이스라엘은 어떤 영적 의미를 가지고 있는 민족인가?

계시를 전달하기 위해 선택된 민족 첫째, 이스라엘은 우주만물의 창조에 대한 계시를 전승하고 보존하고 기록하기 위해 특별히 준비된 민족이다. 물론 다른 민족들도 나름의 우주관이 있고 세계관이 있다. 그러나 이방인들의 우주관은 일반계시, 자연계시라는 제한된 범주 안에서 이성적 사색을 통해 형성되었기에 각기 다르며 정확하지도 않고 조화롭지도 못하다. 그러나 이스라엘이 인지하고 있는 창조에 대한 이야기는 하나님께서 친히 성령으로, 또는 천사들을 통해 알려주신 특별계시이기 때문에 심원하면서도 정확하고 조화로운 우주관이다. 향후 어떤 개인이나 민족이 복음을 바르게 이해하기 위해서는 하나님께서 계시하신 창조의 질서가 전체적으로 반영된 우주관을 가지는 것이 반드시 필요하다. 특히 우리 크리스천들은 구약성서에 계시된 우주관과 세계관을 이해하기 위해 맨 먼저 필수적으로 그리스도의 복음을 이해해야 한다. 이스라엘 민족은 바로 하나님께서 내리신 우주 창조의 계시를 기록하고 보전하고 알리기 위해 선택된 유일한 민족이다.

또한 이스라엘은 역사와 인생의 본질에 대한 하나님의 계시를 수령하고, 그 계시를 기록하게 할 목적으로 선택된 민족이다. 많은 인류의 지성들이 역사와 인생의 본질에 대해 다양한 사상을 쏟아놓았다. 그러나 그것은 바르고 정확한 이야기가 아니고, 자신의 사유와 경험을 토대로 서술한 것이기 때문에 진정한 우주적 조화가 결여된 주장일 수밖에 없다. 그만큼 인간의 이성과 경험과 사고력은 불완전한 것이다. 오직 인류를 지으시고 역사를 조성하고 섭리하신 하나님만이 역사와 인생의 본질을 정확하게 알고 계신다. 우리가 역사와 인생의 본질을 정확히 인식하는 것은 복음을 이해하는 데 필수적 요건이다. 우리는 성서를 통해 하나님이 원하시는 인생이 어떠한 것인가를 배울 수 있다. 그러므로 이스라엘은 세계인들을 위해 중요한 의미를 가지는 민족이다.

언약을 세우기 위해 선택된 민족 둘째, 이스라엘은 하나님과 사람 사이의 언약을 세우기 위해 선택된 민족이다. 언약이란 하나님께서 인간에게 은혜를 베풀기 위해 내리신 기준이며 약속이다. 하나님은 이스라엘의 축복을 위해 모세를 통해 시내산에서 언약을 세우셨다. 시내산 언약은 조건부 언약이었다. 언약의 내용은 누구든지 내 말을 듣고 계명을 지키면 나가도 복을 받고 들어가도 복을 받으리라는 것이었다(신명기 28장). 그리고 때가 차매 그리스도를 이 세상에 보내시어 인류를 구원하기 위한 십자가 언약을 세우셨다. 십자가 언약은 하나님의 사랑에 근거한 무조건적 언약이었다. 이것은 믿고 받들이기만 하면 구원을 받는 언약이며, 취소될 수 없는 영원한 언약이다. 십자가 언약은 누구든지 예수를 그리스도요 하나님의 아들로 믿는 자에게는 천국의 열쇠를 주겠다고 하는 언약이고 약속이다(마태복음 16:15-19).

일찍이 하나님이 이스라엘과 맺은 시내산 언약은 영원한 십자가 언약을 예비하는 언약이었다. 시내산 언약의 실제적 의미는 율법을 지켜 복을 받으라고 내리신 언약이 아니었다. 오히려 인간은 영원히 죄를 벗어날 수 없다는 사실을 깨닫게 하기 위한 언약이었다. "그러므로 율법의 행위로 그의 앞에 의롭다 하심을 얻을 육체가 없나니 율법으로는 죄를 깨달음이니라(로마서 3:20)." 그러므로 하나님과 이스라엘 민족 사이에 맺어진 시내산 언약은 갈보리 십자가 언약의 그림자요 예표로서만 실질적 의미를 가진다.

영적 질서를 가르치기 위해 선택된 민족 셋째, 이스라엘은 인류에게 죄 심판 은혜라는 삼박자 진리를 가르치기 위해 선택한 민족이다. 하나님은 인간은 죄인이라는 사실을 가르치기 위해 이스라엘에게 율법을 주셨다. 그리고 하나님은 죄에는 징벌이 따른다는 사실, 즉 심판에 대해 가르쳐주셨다. 이스라엘은 개인적 삶이나 민족의 역사를 통해 이 사실을 배웠다. 그리고 하나님은 그의 백성을 사랑하시기 때문에 은혜를 베풀기를 원하신다는 사실을 가르쳐주셨다. 그리고 하나님은 은혜의 가슴을 벌려 이스라엘이 회개하고 돌아오기를 촉구하셨다(호세아 6:1).

이처럼 이스라엘은 죄, 심판, 은혜라는 영적 질서를 인류에게 알려주기 위해 선택된 민족이다.

십자가 복음을 완성시키기 위해 선택된 민족 넷째, 이스라엘은 그리스도의 복음을 완성하기 위해 선택된 민족이다. 그리스도라는 영원한 구원의 생명나무를 키우기 위해 선택된 민족이다. 하나님께서 그리스도를 보내시고 십자가의 복음을 완성하기 위해서는 구약성서를 믿고 신앙하는 이스라엘이라는 민족이 반드시 필요했다. 하나님은 이스라엘 땅에 하나님의 독생자를 보내시어, 그가 하나님의 뜻대로 성장하여, 하나님의 뜻을 가르치시다가, 인류의 죄를 대속하기 위해 십자가에 오르도록 섭리하셨다. 그리고 그분이 갈보리 언덕 십자가에서 죽음을 맞이하는 순간 인류 구원의 복음이 완성되었다. 그로 말미암아 "누구든지 주의 이름을 부르는 자는 구원을 받으리라(로마서 10:13)"는 놀라운 복음이 완성되어 전 인류에게 선포되었다. 이로 말미암아 이스라엘 민족을 통하여 인류 구원의 복음을 완성하고자 하신 하나님의 의도는 성취되었다. 이것이 바로 이스라엘 민족이 갖는 우주적 의미다.

복음 전파를 위해 선택된 민족 다섯째, 이스라엘은 구원의 복음을 온 천하에 전파하기 위해 선택된 민족이다. 주님은 이 복음 선교의 사명을 먼저 이스라엘에게 위임하셨다. "하늘과 땅의 권세를 내게 주셨으니 그러므로 너희는 가서 모든 민족을 제자 삼아 아버지와 아들과 성령의 이름으로 세례를 주고 내가 너희에게 분부한 모든 것을 지켜 행하게 하라(마태복음 28:18-19)."

우리가 아는 대로 초대 예루살렘 교회는 오순절 날에 성령이 강림하심으로써 예루살렘 마가의

이스라엘은 구원의 복음을 온 천하에 전하기 위해 선택된 민족이다

다락방에서 시작되었다. 그 신도 수가 5,000명을 넘을 정도로 부흥되었다. 그러나 이후 심각한 박해를 받아 온 성도들이 온 유대와 사마리아 땅으로 흩어졌다. 그리고 그들은 그곳에서 복음을 전했다. 나중에는 수리아 안디옥 교회에서 성령의 지시에 따라 바울과 바나바를 이방의 선교사로 파송함으로써 아시아와 유럽 선교가 본격적으로 시작되었다. 그리고 유대인들은 1-2세기 북아프리카 선교의 주역이 되기도 했다. 실로 이스라엘 민족은 복음의 불을 온 세계에 점화하기 위해 선택된 민족이었다.

그러나 정작 이스라엘은 아이러니하게도 2000년 동안 그리스도의 복음을 거절한 채 온 세상에 흩어져 살고 있었다. 그러다 1948년에 이르러서 잃어버린 땅에 다시 나라를 세웠으나, 아직도 여전히 예수그리스도에 대한 신앙을 거부하며 살고 있다. 로마서 11:1에서 바울사도는 "그러므로 내가 말하노니 하나님이 자기 백성을 버리셨느냐 그럴 수 없느니라"고 말씀하고 있다. 이에 비춰보면 완악한 이스라엘 백성들이 어느 땐가는 예수를 그리스도로 믿고 사랑할 날이 오고야 말 것이다. 왜냐하면 이스라엘 민족은 하나님께서 인류 구원의 복음을 위해 선택한 민족이고, 하나님 나라의 원가지이기 때문이다(로마서 11:24). 그들은 주님 오시기 전에 반드시 주님께 돌아오고야 말 것이다. 어쩌면 이스라엘 민족은 말세지 말에 하나님께로 돌아와 온 세계에 주님의 복음을 마지막으로 선교하는 민족이 될지 모른다.

천국과 지옥

I 천국은 어떤 곳인가?

천국은 실재하는 공간이다. 혹자는 누가복음 17:20-21절*의 예수님의 말씀을 근거로 공간적 천국을 부정하는 사람들이 있으나 그것은 예수님의 말씀이 갖는 깊은 뜻을 알지 못하기 때문이다. 예수님은 결코 공간적 천국이나 낙원을 부정하지 않았다(누가복음 16:22절).

천국은 마치 서울에서 KTX를 타고 두세 시간쯤 달리면 부산이라는 도시에 도착하는 것처럼 실제로 존재하는 공간이다. 천국은 하나님이 창조한 영적 우주(天)에 세워진 영원한 생명과 지복의 장소이다. 다만 천국은 우리가 사는 3차원 공간과 다른 차원의 공간일 뿐이다. 성서에서는 천국을 낙원이라고도 부르고 있으며(누가복음 23:43), 이것은 사후에 성도들의 영혼이 거하는 처소로서(누가복음 16:22, 요한복음 14:2-3), 성도들은 그곳에서 부활의 날을 기다린다. 천국은 다양한 세계로 이루어져 있는데, 단테는 그의 저서『신곡』에서 제7천국을 노래하고 있다. 그러나 필자는 천국은 그보다 훨씬 더 다양한 공간이라고 생각한다. 천국이 넓고 다양한 세계일 수밖에 없는 것은 수십수백억 성도들의 영적 삶의 결과에 따라 그곳에서 받는 상급의 차이가 있기 때문이다.

천국이 어떤 곳인가를 알려면 요한계시록 22장 1-5절을 읽어보면 잘 알 수 있다. 이 낙원천국에는 현재 장엄하고 아름다운 성, 즉 새 예루살렘 성이 준비되고 있으며, 이것은 천년왕국 이후 지상에 강림함으로써(요한계시록 21:2, 10) 온 우주에 실현될 영원한 하늘나라의 센터가 될 것이다. 그리고 이 성이 강림한 지구는 온 우주에 실현된 하나님의 나라, 하늘왕국의 중심지가 되고, 부활한 그리스도인의 영원한 낙원이 될 것이다. 이 성에는 열두 문이 있는데, 첫째 부활에 참여한 성도들은 초과학적 이동의 방식으로 그들이 다스리는 별로 나갔다가 다시 그 문을 통하여 들어올 것이다. 그때 온 우주는 질료적 공간과 영적 공간이 통합된 새 하늘과 새 땅의 시대가 열리고, 영원천국의 시대에 지구는 전 우주의 수도서울이 될 것이다.

* 누가복음 7:20-21절에서 예수님은 "하나님 나라가 어느 때에 임하나이까"라고 묻는 바리새인들의 질문에 "하나님나라는 볼 수 있게 임하는 것이 아니요 또 여기 있다 저기 있다고도 못 하리니 하나님 나라는 너희 안에 있느니라"고 대답하셨다. 이 말씀은 그 때에 대해서는 알려고 하지 말고, 하나님 나라는 믿음을 가진 성도의 마음속에서 시작되어 현재하는 것이니 회개하여 복음을 믿는 것이 중요하다고 가르치신 것이다. 그러나 이는 결코 하늘 공간에 존재하는 천국이나, 파로우시아 이후 실현될 우주적 천년왕국이 없다는 의미가 아니다. 그렇지 않다면 누가복음 16장에서 하늘낙원과 음부에서 살고 있는 거지 나사로와 부자의 이야기를 할 이유가 없다.

Ⅱ 지옥은 어떤 곳인가?

지옥은 구원받지 못한 사람이 죽어서 지은 죄에 합당한 벌을 받는 형벌의 장소이다. 지옥이나 음부는 히브리어 '스올(sheol)'을 번역한 것인데, 구약성서에서는 죽은 자들이 부활의 날을 대기하는 장소로 되어 있다. 유대교에서는 하나님께서 죽은 영혼을 스올에 그대로 내버려두지 않고 마지막 날에 부활시킬 것이라고 생각했다. 사도행전 2:27-31절과 에베소서 4:8-9절, 베드로전서 3:18-20절 등을 함께 연결하여 해석해보면 그리스도께서 사후에 지옥에 들어가서 복음을 선포하였고, 그곳에 있는 이스라엘의 신실한 조상들을 데리고 부활하시어 하늘에 오르셨다. 그러므로 성서적 지옥론은 지옥을 단순히 죽은 자가 영원한 형벌을 받는 장소로 이해하는 것을 넘어, 하나님의 궁극적 이상을 이루기 위한 목적으로 설치된 장소로서 하나님의 사랑, 그리고 하나님의 공의라는 큰 틀에서 균형 있게 서술하는 것이 옳다고 생각한다.

1 심판과 형벌을 있는 장소

창세기 2:17절에서 하나님은 아담에게 말씀하셨다. "동산 각종 나무 열매는 네가 임의로 먹되 선악을 알게 하는 나무의 열매는 먹지 말라 네가 먹는 날에는 반드시 죽으리라." 그런데 이 "반드시 죽으리라"는 말씀은 그의 영에 죄성이라는 독이 생겨 도덕성의 의지가 약화되고, 그로 말미암아 생물학적 본능과 영적 균형이 상실되는 것, 또는 죄로 말미암아 결핍과 고통과 질병과 죽음이 있는 삶을 살아야 한다는 것만을 의미하는 것이 아니다. 이 구절에서 "죽으리라"가 의미하는 가장 무섭고 두려운 것은 사후의 심판이다. 히브리서 9:27절을 보면 "한 번 죽는 것은 사람에게 정해진 것이요 그 후는 심판이 있으리니"라고 기록되어 있는데, 바로 이 심판이 지옥의 심판을 의미하는 것이다.

성서에는 사후 세계로서 음부, 지옥이 있다는 사실이 무수히 기록되어 있다(에스겔 32:27, 마태복음 5:29-30, 25:41, 누가복음 16:22-24, 베드로전서 3:19, 요한계시록 19:20). 그러므로 성서를 믿는 사람은 심판의 장소, 즉 범죄하여 심판받은 영혼들이 거하는 지옥이나 음부의 실재를 의심해서는 안 된다. 그러나 지옥이 어떤 곳이고, 지옥이 있는 곳은 어디이며, 누가 관장하고 있으며, 지옥의 형벌은 어떤 기준으로 적용되는가 하는 것은 성서의 기록상으로도 모호하거나 확실하지 않기 때문에 많은 이론이 존재하고 있는 것이 현실이다.

그래서 대부분의 목회자들은 지옥에 대해 감히 구체적 설명을 하지 못하고 다만 사후에 불신자들이 죄로 말미암아 영원히 무서운 징벌을 받는 곳이라는 정도에서 머물고 있다. 그러나 지옥에 대한 서술은 반드시 구체적으로 전개할 필요가 있다. 다만 성서 전체와 전통적 교리와의 조화를 이루면서 설명되어야 할 것이다.

2 ◦ 지옥의 위치

그러면 지옥의 위치는 어디인가? 성서는 지옥이 '아래'에 있다고 말한다(이사야 14:9). 또 에스겔 32:27절에서는 "스올에 내려가서"라고 기록되어 있다. 또한 입신 세계에 들어갔다가 깨어난 이들의 간증을 들어보면 자신이 지옥을 보고 싶다고 하니 그들 인도하던 천사가 "저 아래를 보라" 해서 보니 아래에 한 세계가 보이는 데, 크고 작은 불못이 있어 수많은 사람들이 고통당하고 있었다고 했다. 이는 누가복음 16장에서 예수께서 말씀하신 음부의 위치와 일치되는 것이고, 사무엘상 28:15절에서 사울의 요청에 따라 접신녀에게 불려 나온 사무엘의 영혼이 "네가 어찌하여 나를 불러 올려서 나를 분요케 하느냐"라고 한 말과도 일치된다. 또한 에베소서 4:8-9절에도 "그러므로 이르기를 그가 위로 올라가실 때에 사로잡혔던 자들을 사로잡으시고 사람들에게 선물을 주셨다 하였도다 올라가셨다 하였은즉 땅 아래 낮은 곳으로 내리셨던 것이 아니면 무엇이냐"라고 기록되어 있다. 그런데 여기서 위니 아래니 하는 것은 삼차원 공간에 살고 있는 우리의 위치에서 위나 아래라고 하는 뜻이 아니다. 성서에서 '아래'라고 한 것은 전적으로 영적 세계의 공간을 구분하는 의미다. 물론 이때 아래라고 하는 공간은 지옥이고 위라고 하는 공간은 천국이다.

우주 공간에 대해 설명하자면 다음과 같다. 선악과 사건으로 범죄한 천사들이 징계를 받고 아담이 세상으로 추방되던 날, 낙원은 질료의 세계인 에덴으로부터 분리되어 하늘로 올라갔고, 천국이 있는 영적 세계와 질료 세계 사이에는 흑암의 영적 공간이 생기게 되었다. 그 흑암의 공간은 어둠의 영들을 가두기 위해 설치된 곳이다(유다서 1:6). 이 흑암의 공간 어느 곳에 죄가 있는 영혼들을 심판하고 가두기 위한 지옥이 있는 것이다.

유다서 1:6절에 나오는 흑암의 공간은 공히 범죄한 천사들, 즉 마귀를 가두기 위해 설치된 공간이기 때문에 엄밀한 의미에서는 지옥이라고 볼 수 없다. 누가복음 16장에 나오는 음부나 마태복음 5:29-30절에 나오는 지옥, 베드로전서 3:19절에 나오는 '옥'이 바로 지옥이다. 아담의 타락 이후 우주 공간에 설치된 흑암의 공간은 마귀들이 천국을 침범하지 못하도록 그들을 제한하기 위해 설치된 영적 공간이다. 그들은 순간순간 흑암의 공간과 인류가 사는 세계를 자유롭게 왕래하며 인류들을 미혹하는 데(베드로전서 5:8), 하나님은 그들에게 그렇게 할 수 있도록 허락하신 것이다(창세기 3:14-15).

반면 범죄한 사람의 영혼들이 죽어서 가는 지옥, 또는 음부라는 흑암의 공간은 죄에 대한 심판의 결과에 따라 형벌을 치루는 장소이다. 성서에서 이곳을 아래라고 표현한 것은 지상에 사는 사람이 탈혼되어 흑암의 공간에 들어섰을 때, 지옥이라는 특별한 공간이 별도로 더욱 깊은 곳에 존재하는 것을 영혼이 보았기 때문이다. 성서의 말씀을 종합해보면 사람의 영혼이 죽어서 삼차원 공간을 빠져나왔을 때 맨 먼저 만나는 곳이 흑암의 공간이고, 이 공간은 바로 마귀들을 가두는 장소라고 볼 수 있다. 이 공간은 낙원천국에서 볼 때 아래에 속하므로 "구덩이에 던졌다"는 표현이 나오는 것이고, 낙원천국에 비하면 아주 캄캄하고 열악한 곳이기 때문에 베드로가 지옥이라고 불렀을 것이다(베드로후서 2:4). 그러나 이곳은 흑암의 공간이지 우리가 생각하는 지옥을 의미하는 것은 아니다. 마귀는 최후의 영적 전쟁 이후 패배한 다음 비로소 형벌의 천사에게 잡혀 무저갱에 던져지게 되어 있다(요한계시록 20:1-3).

결론적으로 지옥은 범죄한 사람의 죄를 심판하고 형벌을 치르도록, 또 형벌을 마친 다음 대기하여 2차 부활을 기다리게 하는 장소로서 공중천 아래, 또는 공중천 어느 곳에 별도로 구분하여 설치된 공간이다(누가복음 16:26). 이 지옥 역시 천국과 마찬가지로 흑암의 공간으로 처소가 제한된 마귀 사탄이 들어와 간섭할 수 없는 공간이다.

3 ◦ 연옥은 있는가?

로마 가톨릭교회에서는 지옥과 별도로 연옥이 존재한다고 한다. 그러나 필자는 지옥과 연옥이 별도의 장소가 아니라 같은 공간을 의미한다고 본다. 필자가 성서를 연구해본 결과 연옥은 없다는 것이다. 성서에 나타난 사후 세계는 오직 천국과 지옥만이 존재할 뿐이다.

가톨릭교회의 연옥교리*는 비성서적 비복음적 교리다. 도대체 성서적 근거도 없는 이런 교리가 가톨릭교회에 자리 잡게 된 이유가 무엇인가? 그것은 전적으로 교권의 강화, 신도들에 대한 교회의 지배력 강화 때문이다. 본래 가톨릭교회에서 이 교리가 성립될 수 있었던 것은 가톨릭교회의 공적사상 때문이다. 구원을 받기 위해서는 예수를 믿어야 하지만, 그것만으로는 부족하고 완전 구원에 이르려면 공적을 그만큼 쌓아야 한다는 공적교리에서 연옥교리가 파생된 것이다. 문제는 대부분의 신자들이 스스로가 구원의 커트라인을 통과할 만큼 공적을 쌓았는지 확신할 수 없다는 데 있다. 그들은 자신들이 죽으면 연옥의 불속에 들어가 죄를 정화받아야 할지 모른다는 영적 강박관념을 가지고 살고 있다. 연옥의 불 심판이라는 것이 얼마나 두려운 것인가? 알기 쉽게 말하면 연옥의 형벌은 파란 가스 불에 머리를 1-2년 동안 대고 바싹 굽는 것이라고 보면 된다. 얼마나 무섭고 두려운 불인가? 그렇게 형벌을 치루고 나면 죄가 정화되어 천국에 오를 수 있다고 한다.

그러므로 가톨릭교회에서 성인이나 복자품위를 받은 소수의 사람들 외에는 누구도 연옥불의 위협에서 완전히 자유로울 수 있는 사람은 없다. 그런 가운데 교회는 공적을 많이 쌓고 죽은 성인들이 자기 구원을 하고도 남는 은총이 풍부하게 쌓여 있는 은총의 창고라고 하며, 완전한 구원에 이르기 위해 신도들은 교회에서 은총을 사야 한다고 가르친다. 그리고 은총을 사는 방법은 영성체를 열심히 받으며, 교회의 지도에 순명하고 헌신하고 충성하는 것이라고 한다. 그렇지 않으면 죽어서 연옥에 갈 각오를 하라고 한다. 그러니 가톨릭교회 신자들, 특히 죽음을 눈앞에 둔 신도들은 하나같이 두려움과 우울함 속에 눌려 지낼 수밖에 없는 것이다. 필자는 많은 천주교 신자들을 알고 있는데, 그들은 거의 대부분 자신은 죽어서 천국에 가지 못할 것 같다고 말한다. 사후에 천국으로 직행하기에는 죄도 많이 지었고, 그 죄를 보속할 만큼의 공적도 충분히 쌓지 못했기 때문이라는 것이다. 결국 이러한 신도들이 가톨릭교회의 교권에 저항할 수 없는 것은 명확관화한 일이다.

심지어 가톨릭교회는 이들을 향해 죽은 영혼의 죄를 보속하기 위해 교회에 가득한 은총을 사야 한다고 가르친다. 이런 교리로 인해 일어난 대표적 사건이 바로 중세 교회의 면죄부 사건이다. 면죄부 사건이란 성베드로대성당을 지을 때 건축 자금이 크게 부족하자, 로마 교회에서 면죄부라는 것을 팔아 건축비를 조달하려고 한 사건이다. 결과적으로 이런 미신적 교리를 부당하다고 생각한 독

* 연옥설(Purgatory Theory)은 로마 가톨릭교회의 독특한 사후 세계에 대한 교리로서, 가톨릭교회 안에서 신앙생활을 하는 사람들 중 완전하지 못하여, 그들이 지은 죄의 보속을 받지 못한 이들이 사후에 그들의 죄를 다 씻을 때까지 머무는 장소이다. 연옥은 천국도 아니고 지옥도 아닌 제3의 공간으로서 그곳에 있는 영혼들은 지복직관을 상실하고 불에 태워져 고통받게 된다. 이들이 그곳에서 벗어나 천국에 이르는 길은 오로지 성인들의 공로를 힘입어야 하는데 이를 위해서는 산 자들이 미사 성체를 열심히 드리고 교회 안에 대리공덕을 열심히 쌓아야 한다.

일의 수도사 마틴 루터가 종교개혁을 일으키고 개신교회가 출발하게 되었다.

성서는 예수그리스도를 믿는 자는 누구나 구원받고 천국에 가게 된다고 단순 명료하게 말씀하고 있다. "누구든지 주의 이름을 부르는 자는 구원을 받으리라(로마서 10:13)." 바울사도는 갈라디아 교회의 일부 교사들이 사람이 구원받으려면 예수도 믿어야 하지만 할례도 함께 받아야 한다고 가르쳐 교회가 크게 어지러워지자 그 거짓 가르침을 바로 잡기 위하여 갈라디아서를 썼다. 바울은 그 서신에서 강한 어조로 이렇게 꾸짖었다. "너희가 이같이 어리석으냐 성령으로 시작하였다가 이제는 육체로 마치겠는가(갈라디아서 3:3)." "사람이 의롭게 되는 것은 율법의 행위로 말미암음이 아니요 오직 예수그리스도를 믿음으로 말미암는 줄 알므로 우리도 그리스도 예수를 믿나니 이는 우리가 율법의 행위로써가 아니고 그리스도를 믿음으로 의롭다 함을 얻으려 함이라(갈라디아서 2:16)." "그리스도께서 우리를 자유롭게 하려고 자유를 주셨으니 그러므로 굳건하게 서서 다시는 종의 멍에를 메지 말라(갈라디아서 5:1)." 그러므로 천국과 지옥교리 외에 신도들을 대상으로 이런 연옥교리를 가르치는 것은 비성서적 비복음적인 것으로 옳지 않다고 생각한다.

4 ◦ 지옥과 림보

지옥에서의 형벌은 각자에게 공정하게 부여된다. 그렇기 때문에 유아들의 영혼에 대한 형벌은 아주 가벼울 것이다. 그 이유는 죄에 대한 형벌의 기준과 대상은 죄성의 존재 여부가 아니라, 악의를 가지고 하는 생각과 말과 행위로 지은 죄들이기 때문이다. 그렇기 때문에 유아들은 거의 벌을 받지 않고, 받더라도 아주 경미한 벌만 받게 될 것이다. 그러므로 그들은 경미한 형벌을 마친 다음 유아림보에서 영적 성장을 위해 말씀을 공부하며 둘째 부활의 날을 기다리게 된다.

이스라엘의 조상들도 사후에 심판을 받는다. 그러나 그들은 절기마다, 또는 시시때때로 그리스도를 상징하는 성전제사를 드리며 하나님이 주신 율법을 지키려고 노력했기 때문에 형벌의 기준이 다르고, 그만큼 죄에 대한 징벌이 상대적으로 약할 것이다. 적어도 불신앙의 이방인들에 비해서는 감소된 형벌을 받게 될 것이다. 그리고 그들도 형벌을 마친 후에 주어진 안식의 처소에서(사무엘상 28:15) 부활의 날을 기다릴 것이다.

그런 점에서 가톨릭교회의 유아림보설과 선조림보설은 결코 무시할 수 없는 교리라고 생각한다. 지은 죄에 대해 모든 형벌을 마친 영혼들이 안식을 누리며 둘째 부활을 기다리는 곳도 림보이다. 필자의 구원론과 부활론에 비춰 지옥에서 림보는 반드시 있어야 하는 공간이라고 생각한다.

5 ◦ 지옥은 누가 설치했고 누가 다스리는가?

베드로 후서 2장 4절을 보면 지옥은 하나님께서 설치하신 것이 명백하다. 범죄한 자들을 위해 심판하여 형벌을 받게 하는 특정한 공간이 있어야 하기 때문에 하나님께서 창설하신 것이다. 베드로

지옥의 최고 주재자는 형벌의 천사들 중 우두머리인 형벌의 천사장일 것이다

사도는 "하나님이 범죄한 천사들을 용서하지 아니하시고 지옥에 던져 어두운 구덩이에 두어 심판 때까지 지키게 하셨으며(베드로후서 2:4)"라고 말했는데, 이런 말씀의 원리에 입각하여 생각해보면 지옥은 범죄한 영혼들을 심판하고 징벌하기 위해 하나님이 창설하신 것이라고 볼 수 있다. 그러나 베드로후서 2:4절에 나오는 지옥은 유다서에 나오는 흑암의 공간을 의미하는 것이고, 여기서 논의하는 지옥은 범죄한 인간을 징벌하기 위해 하나님이 설치한 공간이다.

그러면 이 지옥은 누가 다스리는가? 필자는 이전에 이 지옥은 형벌의 천사들이 관리하고 다스리는 곳이라고 말한 바 있다. 비록 범죄한 자들의 눈에는 마귀처럼 무섭게 보일 수 있겠지만 그들은 엄연히 하늘나라의 사법공무원으로서 하나님께서 임명한 천사들이다. 그 지옥의 최고 주재자는 형벌의 천사들 중 우두머리인 형벌의 천사장일 것이다. 동양에서는 이 형벌의 천사장을 염라대왕이라고 부르고 있다. 어떤 사람들은 지옥의 주재자는 마귀사탄이고 거기에서 형벌을 가하는 무리도 마귀들이라 하고, 그곳으로 영혼을 끌고 가는 자들도 마귀라고 하는데, 이는 상식적으로도 맞지 않는 생각이다. 자신들도 구덩이에 던져져 활동의 제약을 받고 있는데, 어떻게 그들이 지옥을 설치하여 관장할 수 있겠는가? 또한 그들이 어떻게 하나님의 뜻에 따라 공정한 심판을 하여 사람들에게 적절한 벌을 내리겠는가? 또한 형벌을 모두 치룬 영혼들이 특정한 장소에서 안식하며 부활을 기다리도록 놔두겠는가? 그리고 무엇보다도 살아생전에 믿고 구원받은 사람들보다 수십수백 배 더 많은 영혼들이 지옥에 가 있을 터인데, 그 귀중한 영혼들에 대한 관리를 하나님께서 악독하고 잔인한 거짓말쟁이인 마귀에게 맡긴다는 것은 말이 안 되는 일이 아닌가? 결코 그럴 수 없는 것이다.

그렇기 때문에 지옥을 창설한 것도 하나님이시고, 또 관리하는 것도 모두 하나님이 그의 천사들을 통해 하시는 것이다. 그래서 입신 상태에 들어간 사람들이나 죽었다 살아난 사람들이 지옥에 들어가 천사들의 인도를 받아 죽은 영혼들을 만나보는 것이 가능한 것이다. 누가복음 16장의 전체 상황을 봐도 음부, 또는 지옥은 하나님이 형벌의 천사들을 통해 관리하는 것이 틀림없다.

요한계시록 20:1절을 보면 "또 내가 보매 천사가 무저갱의 열쇠와 큰 쇠사슬을 그의 손에 가지고 하늘로부터 내려와서 용을 잡으니 곧 옛 뱀이요 마귀요 사탄이라 잡아서 천년 동안 결박하여 무저갱에 던져 넣어 잠그고 그 위에 인봉하여 천년이 차도록 다시는 만국을 미혹하지 못하게 하였는데, 그 후에는 잠깐 놓이리라"라고 기록되어 있다. 이 말씀에서 무저갱이라는 옥을 설치한 것도 하나님이요, 그 무저갱을 열고 닫고 관리하고 다스리는 것도 하나님이신데, 하나님은 무저갱을 관리하는 직임을 형벌의 천사에게 맡겼다고 해석할 수 있다. 우리가 성서의 말씀을 유추하여 해석해보면, 무저갱이나 불못(계시록 20:14-15)과 마찬가지로 지옥도 하나님 나라를 완성하기 위해 필요하기 때문에 하나님이 설치하셨고, 하나님께서 천사들을 통하여 관리하고 있다는 결론을 내릴 수 있다. 그러므로 사람이 죽으면 믿는 자의 영혼은 이미 죄 용서함을 받았기 때문에 심판을 받을 필요가 없어(요한복음 3:18) 천사의 인도를 받아 바로 천국으로 직행하게 되고, 믿지 않는 영혼들은 지은 죄에 대한 심판을 받아야 하기 때문에 지옥으로 가서 죄의 경중에 따라 형벌을 담당하는 천사장의 판단을 받아 지은 죄에 합당한 형벌을 받게 되는 것이다. 지옥에는 죽은 영혼들의 형벌과 그들의 사후 삶을 관리하기 위해 어마어마한 수의 천사들과 천군들이 파송되어 근무하고 있을 것이다. 만일 마귀사탄이 지옥을 관장하고 있다면, 그곳에서의 심판은 하나님의 뜻과 달리 아주 불공정할 것이고, 사탄

은 지옥의 모든 영혼들을 자기 세력으로 만들어 하나님께 대적하려 들 것이다. 지금까지 우리는 지옥에서의 심판과 형벌이 공정하고 정확하게 이루어진다는 사실을 당연하게 받아들이고 있다. 그러나 그런 공정성을 마귀에게는 기대할 수 없다. 지옥은 하나님이 파송한 천사들에 의해 하나님의 뜻을 따라 공정하게 관리되고 있는 것이다.

그러한 상황은 누가복음 16장에 기록된 부자와 나사로 이야기를 참고하면 잘 알 수 있다. 어떤 사건이나 말로 사람을 미혹하여 죄를 짓게 만드는 마귀(욥기 2장, 마태복음 4장)와 하나님의 뜻을 따라 지옥을 공정하게 주재하고 관리하는 천사들은 구별해야 된다고 생각한다. 유다서 9절에 "천사장 미가엘이 모세의 시체에 관하여 마귀와 다투어 변론할 때 감히 비방하는 판결을 내리지 못하고 다만 말하되 주께서 너를 꾸짖으시기를 원하노라"고 기록한 것도 미가엘과 마귀가 모세의 영혼을 서로 데려가려고 다툰 것이 아니라 하나님의 일을 시샘하는 마귀가 모세의 행위를 미워하여 그의 죄를 문제 삼아 다툼의 변론을 한 것이라고 해석할 수 있다. 그러나 오늘날 지옥과 지옥의 관리자에 대해 성서에는 자세히 기록되어 있지 않기 때문에 많은 신학자들이나 목회자들이 대개는 지옥에 대해 애매하게 얼버무리고 마는 실정이다. 방대한 규모의 주석 책에서도 지옥에 대해서는 애매하게 간단히 언급할 뿐 자세한 내용은 나와 있지 않다. 모르면 몰라도 필자가 본서에서 서술한 내용이 어떤 방대한 주석 책보다 훨씬 지옥에 대해 많은 분량을 서술했을 것이다.

오늘날 지옥과 지옥의 관리자에 대해 성서에는 자세히 기록되어 있지 않기 때문에 많은 신학자들이나 목회자들이 대개는 지옥에 대해 애매하게 얼버무리고 마는 실정이다.

6 ◦ 지옥의 심판은 일시적이다

성서를 보면 "저희는 영벌에 의인들은 영생에 들어가리라 하시니라(마태복음 25:46)", "저주받은 자들아, 나를 떠나 마귀와 그 사자들을 위하여 예비된 영영한 불에 들어가리라(마태복음 25:41)." "이런 자들이 주의 얼굴과 그의 힘의 영광을 떠나 영원한 멸망의 형벌을 받으리로다(데살로니가후서 1:9)"라고 기록되어 있다. 많은 사람들은 이런 성서의 구절을 근거로 마음이 죄성으로 부패되어 헤아릴 수 없이 많은 죄를 지으며 산 불신자들은 모두 사후에 뜨거운 지옥불에서 영원히 고통받게 된다고 주장한다. 사실 모든 개신교회 전통적 지옥관은 이와 유사하다고 볼 수 있다.

그러나 이러한 주장은 성서적 함의에 어긋난 생각이다. 지옥에서의 영벌은 시간적 개념이 아니라 질적 개념이다. 그것은 영생(요한복음 3:16)이 시간적으로 영원히 오래라는 의미가 아니라, 천국에서의 삶, 하나님과 연합한 삶, 지극하게 복되고 즐겁고 평화로운 삶, 즉 삶의 질적 성격을 의미하는 것과 같은 것이다. 그러므로 지옥의 영벌은 지옥에서 영원히 오랜 시간 벌을 받는다는 뜻이 아니라, 지옥 형벌의 질적 성격을 의미하는 것이다. 만일 지옥의 형벌을 끝없이 영원히 받는 것을 의미한다면, 요한계시록 20장에는 왜 천년왕국 후에 모든 자던 자들에게 둘째 부활이 일어난다고 했으며, 그다음 흰 보좌 대 심판이 있을 것이라고 기록했겠는가? 지옥불에서 영원히 형벌을 받아야 할 만큼 죄를 지은 사람은 없다고 생각한다. 또 지옥에서의 형벌은 영원히 받는 것이 아니라 죄에 합당한 형벌을 받으면 끝나는 것으로 이해되어야 한다. 형벌을 마친 그들은 림보에서 안식하며 둘째 부활을 기다리게 되는 것이다. 이것이 성서적 판단이다.

7 ◦ 지옥을 창설한 목적

지옥은 하나님께서 꿈꾸시는 우주를 창조하기 위한 필요에서 창설한 영적 시스템이다. 하나님은 자신이 꿈꾸시는 궁극의 우주를 창조하기 위해 필요한 일정수의 그리스도인을 예정했고, 이 그리스도인을 형성하기 위해서는 죄의식과 그에 따른 사후 심판의 질서를 세우셨다(히브리서 9:27). 그로 말미암아 인류는 죄책감과 더불어 정죄의 두려움을 갖게 되었다. 그리고 이 실존적 상황은 인류로 하여금 은총의 복음, 십자가의 복음을 받아드리는 데 최적의 상황이 되었다. 이로 인해 하나님 앞에서 은총의 십자가를 붙들고 눈물로 회개하는 그리스도인 탄생할 수 있었다는 것은 주지의 사실이다. 이처럼 죄에 대한 심판은 우주의 균형을 위해서도, 천년왕국에서 왕 같은 제사장으로서 역할을 할 그리스도인을 형성하기 위해서도 필수적 사항이다. 그리고 지옥은 땅위에서 구원받지 못한 이들을 수용하여 죄에 대한 대가를 치루게 하는 공간으로서 뿐 아니라, 그리스도 안에서 형벌을 다 치룬 영혼들이 둘째 부활을 기다리는 장소로서도 반드시 요구되는 공간이다. 이것이 하나님께서 지옥을 창설한 목적이다.

8 ◦ 지옥의 심판과 하나님의 사랑

지옥의 심판은 하나님의 본질적 속성인 사랑(요한1서 4:8)이라는 측면에서 이해되어야 한다. 하나님의 사랑은 지옥문 앞에서 막히지 않고 그 문을 뚫고 들어간다. 그러므로 하나님은 지옥의 질서, 지옥심판의 질서를 세우는 데 있어 결코 자신의 제일 속성인 사랑에 반하여 세우지 않았다. 비록 죄를 짓고 지옥의 심판대 앞에 서 있는 사람이라 할지라도 하나님은 그들을 완전히 버리지 아니하고, 그들에 대한 사랑과 자비를 멈추지 않으신다. 우리는 지옥의 심판과 형벌을 그런 시각에서 바라보아야 한다. 지옥에 있는 영혼에게도 하나님의 자비와 사랑, 은총이 흐르고 있다는 것이 필자의 생각이다. 지옥을 설치하여 죄에 대해 심판하게 하신 것은 범죄한 피조물을 미워해서가 아니라 죄와 심판의 질서가 세워져야 인류가 십자가의 복음을 듣고 하나님께 돌아올 수 있기 때문이다. 그만큼 하나님의 사랑은 완전하여 지옥의 문이라 할지라도 가로막을 수 없는 것이다. 우리는 누가복음 16장에서 음부에서 고통당하는 부자를 바라보는 아브라함에게서 부자의 영혼에 대한 자비를 느낀다. 이 아브라함의 마음이 바로 하나님의 마음이다.

지옥의 심판은 하나님의 본질적 속성인 사랑(요한1서 4:8)이라는 측면에서 이해되어야 한다. 하나님의 사랑은 지옥문 앞에서 막히지 않고 그 문을 뚫고 들어간다.

9 ◦ 지옥의 심판과 하나님의 공의

지옥의 심판은 하나님의 공의라는 측면에서도 이해되어야 한다. 하나님의 성품의 본질은 사랑이면서 동시에 공의이기 때문에 죄 지은 자가 벌을 받는 심판의 질서를 세운 것은 당연한 일이다. 그러나 하나님의 공의는 지옥의 심판이 적절하고 공정해야 할 것을 요구한다. 지옥은 죄의 경중에 따라 거기에 합당한 심판을 하는 곳이지 모든 죄인이 동일한 형벌을 받는 곳이 아니다. 어린아이의 영혼과 히틀러의 영혼이 동일한 비중의 형벌을 받는다면 누가 그런 심판을 납득할 수 있겠는가? 그러므로 예수를 믿지 않고 죽은 영혼은 모두 영원토록 지옥의 형벌을 받을 것이라고 하는 말은 하나님의 사랑에도 공의에도 어긋나는 주장이다.

지옥은 지은 죄에 따라 공정하게 심판하고 공정하게 형벌을 받는 곳이다. 공정한 심판은 하나님 나라의 기준이다. 이 세상 법정에서도 같은 살인죄라도 그 살인이 의도적으로 일어난 것이냐 아니면 우발적으로, 또는 순간의 충동적으로 일어난 것이냐를 구별하여 죄의 경중을 판단한다. 또 의도적 살인이라 할지라도 그의 가족을 살해한 사람을 죽인 것이라면 그 동기를 참작하여 형벌의 정도를 낮춘다. 지옥은 이 세상의 법정보다 비교할 수 없이 완전하고 공정한 판단이 내려지는 곳이고, 그에 따라 형벌이 집행되는 곳이다. 그러므로 히틀러 같은 죄인의 영혼과 두세 살 때 죽은 어린이의 영혼이 받는 형벌은 그 경중이 달라야 하고 다를 수밖에 없다.

만일 지옥에 떨어진 어린아이의 영혼도 천년만년 동안 지옥불의 형벌을 받아야 한다면 그것은 우주적 공의가 아니다. 서너 살 때 죽어 지옥에 간 어린아이의 영혼이 무슨 죄를 그렇게 많이 지었기에, 십 년도 아니고 백 년도 아니고 천 년도 아닌 더 오랜 세월을 대장간의 숯불이나 용광로의 불보다 몇천 배 더 뜨거운 지옥불 속에서 고통의 형벌을 받아야 한단 말인가? 만일 그 아이가 그대의 자식이라면 그대는 자신의 자식이 그러한 형벌을 영원토록 받는 것을 납득할 수 있겠는가? 이러한 형벌을 공정한 형벌이고 적절한 공의의 심판이라고 받아들일 수 있겠는가?

10 ◦ 지옥의 시간

지옥의 시간도 천년이 하루 같고 하루가 천년 같은 시간이다. 지옥에도 하늘나라의 시간과 같은 성격의 시간이 흐른다. 필자는 과거에 어떤 목회자가 지옥의 형벌이 얼마나 무서운 것인가를 알고 싶으면 가스 불을 켜놓고 자기 머리를 한 시간만 대고 있어보라고 하며, 한 시간도 그렇게 고통스러운데, 십 년도 아니고 백 년도 아니고 천 년도 아닌, 그보다 더 긴 시간을 고통으로 보내는 것이 얼마나 무서운 일이겠느냐고 설교하는 것을 들은 적이 있다. 그러나 생각해보라. 어떤 사람이 아무리 악한 삶을 살았다 하더라도 가스 불에 머리를 대는 백 년 동안, 천 년 동안 형벌을 받아야 할 만큼 지었겠는가? 또 하나님이 무슨 억하심정이 있어 지옥에 떨어진 영혼들 모두에게 그렇게 오랜 시간 동안 그와 같은 무서운 형벌을 내리시겠는가?

지옥의 시간도 천년이 하루 같고 하루가 천년 같은 시간이다. 지옥에도 하늘나라의 시간과 같은 성격의 시간이 흐른다.

그런 의미에서 지옥의 형벌은 모든 죄인이 끝없이 긴 시간을 무서운 불 속에서 고통받는 것은 아니라고 단언한다. 더욱이 영적 세계의 시간성을 생각하면 지옥의 형벌은 절대 무한한 시간으로 느껴질 만큼 과도하지 않을 것이다. 이 세상에서도 교통사고로 식물인간이 되었다가 20년 만에 깨어난 사람은, 얼마 전에 교통사고간 난 것으로 느낀다고 하지 않는가? 천국을 방문하고 온 분의 간증을 들어보면 아브라함도 마치 엊그제 천국에 온 것처럼 느낀다는 것이다. 분명히 지옥에서의 형벌은 그가 죄를 지은 만큼 받는 형벌일 것이고, 형벌의 고통을 느끼는 시간은 사람마다 차이가 있겠지만 천년만년처럼 길게 느껴지지는 않을 것이다.

11 ◦ 지옥의 다양한 장소들

지옥은 다양한 곳이다. 지옥은 천국에 있는 영혼들보다 적어도 수십 배 이상 많은 영혼들이 수용되어 있고, 그곳에 거하는 영혼들이 죄를 지은 정황도 다 다르기 때문에 지옥이라는 공간은 성격상 대단히 다양하고 규모가 방대할 수밖에 없다. 탈혼 상태에서 지옥에 갔다가 깨어난 사람들의 간증을 들어보면 지옥은 사람들이 지은 죄의 성격에 따라 불의 옥, 칼의 옥, 흑암의 옥, 벌레의 옥, 사막의 옥, 굶주림의 옥, 구더기의 옥, 얼음의 옥, 오물의 옥 등 다양한 옥에서 형벌을 받는다고 한다. 나아가 지옥에는 선조림보, 유아림보와 같이 특수한 성격의 장소도 있으며, 또 형벌을 마치고 백 보좌 심판의 날을 기다리는 영혼들이 안식하는 수많은 림보도 있을 것이라고 필자는 생각한다. 이들 림보는 형벌의 장소가 아니라 안식의 장소이며 결코 고통스러운 장소가 아니다. 오히려 그곳은 조용한 평화가 있는 장소일 것이다.

실제로 사무엘하 28:15절에서 사무엘은 사울이 무당을 통해 그를 음부에서 불러낸 것을 가지고 "왜 나를 불러 올려 분요케(disquieted) 하느냐"라고 함으로써 그의 영혼이 거하고 있는 장소에서의 삶이 그렇게까지 고통스럽지는 않다는 뉘앙스를 풍기고 있다. 이스라엘에게 수많은 언약을 하시고 수많은 계시를 내리시고 수많은 제사를 받으신 하나님이 사무엘 같은 사람에게 아직 오지도 않은 예수를 믿지 않았다고 이방인과 똑같은 지옥의 형벌을 받게 하셨다면 그것도 문제가 있는 것이 아닌가? 그래서 가톨릭에서는 선조림보 교리가 있는 것이다. 에베소서 4:8-9절 "그가 올라가실 때에 사로잡힌 자들을 사로잡으시고 사람들에게 선물을 주셨다 하였도다 올라가셨다 하였은즉 땅 아래 낮은 곳으로 내리셨던 것이 아니면 무엇이냐"는 구절도 어떤 신학자들은 예수님이 죽으시고 음부에 내려가셔서 그곳 림보에 살고 있던 이스라엘 조상들을 구원하셨는데, 그때 그들이 주님과 함께 부활하여 하늘에 오른 것을 의미한다고 해석하고 있다(마태복음 27:52-53). 그래서 필자도 림보의 존재를 인정하고 있다. 지옥은 이처럼 다양한 장소이고, 다양한 성격이 있는 공간이다.

12 ◦ 지옥과 복음

성서의 기록에 의하면 지옥에도 복음이 전해지고 있다(베드로전서 3:19-20)고 한다. 지옥에는 복음을 믿고 회개하는 영혼들이 많이 있을 것이다(누가복음 16:23-31). 우리는 보지 않고 믿는 사람들이고 그들은 도마처럼 보고 믿는 사람들이다(요한복음20:29). 지옥에서도 믿는 자들이 생길 수 있다는 사실은 성서적 근거가 있다. 바울은 빌립보서 2:9-11절 "이러므로 하나님이 그를 지극히 높여 모든 이름 위에 뛰어난 이름을 주사 하늘에 있는 자들과 땅에 있는 자들과 땅 아래 있는 자들로 모든 무릎을 예수의 이름에 꿇게 하시고 모든 입으로 예수그리스도를 주라 시인하여 하나님께 영광을 돌리게 하셨느니라"고 말했다. 바울은 땅 아래에 있는 자들, 즉 지옥에 있는 자들도 예수의 이름에 무릎을 꿇고 모든 입으로 시인하여 예수그리스도를 주라 시인하게 될 것이라고 주장한 것이다.

또 성서를 보면 천년왕국 이후 둘째 부활이 일어나고 그 모든 영혼들이 흰 보좌에 앉으신 이에게 마지막 심판을 받는다는 구절(계시록 21:11-15)이 있는데, 이는 지옥에서 복음을 믿는 자들이 일어날 것이라는 사실을 시사하고 있다. 그렇지 않다면 왜 흰 보좌 앞에 새삼스럽게 생명책과 다른 책들이 펼쳐져 있겠는가? 실제로 영성과 도덕성과 인간성을 가진 영혼들이 지옥에서 모든 영적 사실들을 알고 나서 어찌 믿지 않을 수 있겠는가(누가복음 16:27-28)? 필자의 생각에 생전에 예수 믿지 않고 지옥 심판을 받는 이들 중, 그곳에서조차 예수를 거부할 자는 거의 없을 것이라고 생각한다. 따라서 이 세상에서 보지 않고 믿은 이들보다 지옥에서 보고 믿게 된 이들이 10배, 아니 20배 이상 많을 것이다. 다만 그들은 먼저 믿고 종말의 때에 부활한 이들이 천년왕국에서 누리게 될 영광, 즉 그리스도의 대리자요 왕 같은 제사장으로서 영광의 삶은 누리지 못하며, 또 영원천국의 시대에도 존재의 영광스러움에서 분명 차이가 있을 것이다. 천국의 천사들도 계급이 있는 것처럼 부활의 몸도 등급이 있다는 것(고린도전서 15:41-42)을 보면 알 수 있다.

지옥에서도 복음을 믿고 구원받을 기회가 있다는 것은 세상에서 복음을 접할 수 없었던 이들과, 복음을 접했다 하더라도 어떤 이유로 복음을 믿지 못한 이들에게 다시 한 번 복음을 믿고 구원받을 기회가 주어진다는 면에서 참으로 바람직한 교설이라 생각된다. 실제로 많은 사람들이 복음 이전 시대에 태어났거나, 복음 이후에 태어났다 하더라도 복음을 접할 기회가 없어서 지옥에 떨어졌는데, 이들에게 영원히 구원의 길이 주어지지 않는다면 불공평한 일이 아니겠는가? 그럼에도 불구하고 지옥에 간 영혼들은 무서운 지옥의 형벌을 영원히 받아야 한다고 주장하는 사람들은 하나님의 마음도 잘 읽지 못하고, 성서도 잘 모르며, 얼음처럼 차가운 심장을 가진 사람들이라고밖에 생각할 수 없다.

그러나 그들은 또 이렇게 말할 것이다. 지옥에서도 믿고 구원받을 가능성이 있다고 하면 이 세상에서 꼭 복음을 믿어야 할 필요가 있느냐, 그로 인해 선교의 긴장성과 긴박성이 떨어지지 않겠느냐고 말이다. 그러나 필자는 그렇게 생각하지 않는다. 지옥에서 죄에 대한 심판과 무서운 형벌이 주어진다고 하는데, 무슨 복음 선교의 긴장성이 떨어진단 말인가? 오히려 하나님이 다스리는 우주 전체가 하나님의 사랑과 공의, 하나님의 책임성이 조화롭게 적용되고 있다는 사실로 인해 복음 선교의 지평이 더 넓어질 것이라고 생각한다. 특히 이런 교리는 믿지 않는 자녀를 먼저 보내고, 그 자녀의 영혼을 생각하며 슬퍼하고 탄식하는 무수한 이 땅의 부모들에게 큰 위로가 될 것이라고 생각한다.

지옥에서 죄에 대한 심판과 무서운 형벌이 주어진다고 해서 복음 선교의 긴장성이 떨어지지는 않는다

13 ◦ 둘째 부활과 지옥의 운명

지옥에서 형벌을 마친 영혼들은 안식의 림보에서 둘째 부활의 날을 기다리게 된다. 지옥에서도 끝내 복음을 거부한 이들이 있다면 그들도 둘째 부활의 날을 맞이하게 될 것이다. 그래서 요한복음 5:29절에 "선한 일을 행한 자는 생명의 부활로, 악한 일을 행한 자는 심판의 부활로 나오리라"고 기

록된 것이고, 바울도 사도행전 24:15절에서 그날 의인의 부활과 악인의 부활이 있을 것이라고 언급한 것이다. 그날 지옥의 영혼들은 모두 부활하여 흰 보좌 심판대 앞에 설 것이며, 믿음으로 의롭다 하심을 받은 의인은 생명책에 기록되어 영원천국의 지복을 향유할 것이고, 복음을 끝내 거부한 영혼들은 음부, 곧 지옥과 함께 불못에 던져져 영원히 소멸될 것이다. 성서는 흰 보좌 심판 이후에는 지옥, 즉 음부는 그 필요를 다했기 때문에 더 이상 존재할 필요가 없어 영원한 불못에 던져져 소멸되고 말 것이라고 증언하고 있다(요한계시록 20:14). 그러나 마귀가 아닌 인간이, 아직 선한 본성을 품고 있는 인간이 지옥에서 이 모든 사실을 알고서 그리스도 안에 나타난 하나님의 사랑과 구원을 거부할 자가 있겠는가? 이런 논리에서 만인구원설의 신학적 지평이 열리게 된 것이다.

Chapter 7 제 7 장

만인구원론의 우주적 타당성

만인구원론은 신학자들 간에 많은 논란을 일으키고 있는 신학적 주제이다. 절대예정론을 믿고 있는 칼빈주의자들에게 만인구원론은 결코 인정할 수 없는 교설일 것이다. 그러나 알미니안주의자들은 이 만인구원론을 수용하고 있다. 알미니안주의의 만인구원론은 칼빈주의자들이 주장하듯이 구원이 하나님의 이중적 절대 예정 속에서 구원받을 자로 예정된 자들에게만 열려져 있는 것이 아니라, 그들의 예지예정론에 입각하여 믿음을 가지고 주의 이름을 부르는 자는 누구든지 구원을 받을 수 있다(로마서 10:130)는 것이다. 성령의 선행적 은총을 받은 사람들, 즉 복음에 대하여 성령의 조명을 받은 사람들은 이제 자유의지가 회복되었기 때문에 복음을 믿을 수 있는 가능성이 열려 있다고 한다. 그래서 바울은 누구든 주의 이름을 부르는 자는 구원을 받으리라고 말했다. 이제 구원의 문은 만인에게 활짝 열려 있다는 것이다. 알미니안주의자들의 예지예정론은 만세 전에 믿는 사람들에 대한 하나님의 예지가 분명 있었을 것이고 하나님은 이를 근거로 구원받을 자를 예정했다고 말한다. 그래서 성령의 은총의 도움을 받아 복음에 대한 자유의지적 결정의 가능성이 열린 모든 사람들은 누구든지 믿기만 하면 구원받을 수 있다고 주장한다. 이것이 바로 알미니안주의자들의 만인구원론이다.

그러나 알미니안주의자들의 만인구원론은 모든 사람이 구원을 받는다는 뜻이 아니라, 누구에게나 차별 없이 구원의 기회는 주어진 것이고, 이제 성령의 도우심으로 복음을 믿을 수 있는 자유의지의 가능성이 열리게 되었다는 의미에 불과하다. 그렇기 때문에 진정한 의미에서 만인구원론이라 볼 수 없다. 그들의 주장에 의하면 복음을 믿고 안 믿고는 최종적으로 인간의 자유의지적 선택에 달려 있는 것이고, 그렇다면 당연히 복음을 거부한 사람들은 구원을 받지 못하는 것이다. 그들의 구원론은 만인구원론이라고 할 것이 아니라 모든 사람에게 구원의 기회가 열려 있다는 뜻에서 보편구원론이라 하는 것이 옳다.

칼 바르트는 그의 저서『교회 교의학』에서 십자가 사건은 은총의 완전한 승리라고 말하면서 그로 말미암아 불신앙의 가능성조차 없어졌다고 주장했다. 그래서 많은 보수적 신학자들은 바르트가 모든 사람이 구원을 받는다는 의미에서의 만인구원론자라고 비판한다. 그리고 불신앙의 가능성조차 없어져 만인이 구원받을 것 같으면 선교가 무슨 필요가 있느냐고 하며, 바르트 신학은 선교의 긴급성과 긴장성을 떨어뜨리는 지푸라기 같은 교설이라고 비난했다. 이 바르트의 만인구원론 문제는 그가 종말론을 집필하지 못하고 세상을 떠남으로써 수많은 논란만 야기시킨 채 미완에 그치고 말았다. 필자의 추측이지만 바르트가 종말론을 집필하지 못한 것은 만인구원론을 담을 종말론을 완벽하게 구상하지 못했기 때문이 아닌가 생각한다. 그러나 그가 불신앙의 가능성조차 없는 은총의 완전한 승리를 말했을 때 하나님 나라에서는 만인구원이 옳다고 생각한 것이 틀림없다.

필자의 만인구원론은 바르트보다 분명하고 과감하고 확실하다. 필자의 만인구원론은 알미니안 주의자들이 말하는 만인에게 구원의 문이 열려 있다는 의미의 만인구원론과도 다르다. 또한 십자가 사건을 완전한 은총의 완전한 승리라고 이야기하면서도 그 이상 구체적 전개가 없어 숱하게 비판만 받은 바르트의 만인구원론과도 차별화된다. 바르트의 만인구원론은 세계 교회의 반발이 두려웠거나, 아니면 완벽한 신학적 구상이 떠오르지 않아 종말론을 집필하지 못하므로 완성되지 못한 것이다. 필자의 만인구원론은 그런 점에서 바르트의 미완의 만인구원론보다 몇 걸음 더 나아간 것이다. 필자의 만인구원론은 지옥론과 천년왕국론과 영원천국론을 과감하게 전개하면서 완성될 수 있었다.

필자의 만인구원론은 불신자들에 대한 지옥의 심판이 없다는 뜻이 아니다. 분명히 불신자들은 그들이 지은 죄의 경중에 따라 지옥에서 무서운 심판을 받는다. 다만 그 지옥에서도 복음이 통용되고 있기 때문에 복음을 믿고 구원받을 수 있는 가능성이 열려 있다는 것이다. 지옥에서 복음을 믿고 구원받는 자들은 한마디로 "보고 믿는 자들"이다. 사후에 지옥에 들어간 자들은 고통스런 형벌을 받게 된 것이 은총으로 주신 십자가 복음을 믿지 않았기 때문이라는 사실을 분명히 알게 된다(누가복음 16:27-30, 베드로전서 3:19-20). 그곳에서도 예수를 그리스도로 믿고 고백하는 자는 죄에 대한 형벌을 치룬 다음 구원을 받게 된다는 사실을 알게 된다. 그런 상황에서 고통받는 자들 중에 그 누가 하나님의 은총의 복음을 거부할 자가 있겠는가? 과연 그곳에 있는 영혼들 중에 누가 복음 속에 나타난 하나님의 무한한 사랑과 무한한 속죄의 공효를 감사하게 받아들이지 않겠는가? 그래서 필자는 궁극적으로 모든 인류가 구원을 받을 것이라고 주장하는 것이다. 물론 그곳에서도 굳이 복음을 거부하는 사람이 있다면 그는 구원을 받지 못할 것이다. 그것이 복음의 원칙이기 때문이다. 그러나 그럴 사람은 사실상 없을 것이라고 생각한다.

필자의 만인구원론은 불신자들에 대한 지옥의 심판이 없다는 뜻이 아니다. 분명히 불신자들은 그들이 지은 죄의 경중에 따라 지옥에서 무서운 심판을 받는다. 다만 그 지옥에서도 복음이 통용되고 있기 때문에 복음을 믿고 구원받을 수 있는 가능성이 열려 있다는 것이다.

바울사도는 디모데전서 2: 4절에서 "하나님은 모든 사람이 구원을 받으며 진리를 아는 데 이르기를 원하시느니라"라고 말씀한 바 있다. 그러므로 모든 인류가 구원받는 것은 하나님의 소원이고 하나님의 뜻임이 분명하다. 이제부터 필자가 주장하는 만인구원론이 왜 성서적으로나 성서적 함의로서 타당한지를 살펴보겠다. 그러면 만인구원론은 왜 타당한 교설인가?

I 하나님의 책임성 때문이다

인류가 죄와 사망의 선고를 받게 된 것은 근원적으로 하나님의 창조 의지와 창조 행위 때문에 생겨난 일이다. 그러므로 하나님께서 가능한 모든 사람이 구원받을 수 있는 길을 열어주는 것은 당연한 일이다. 혹자는 사람이 자유의지를 잘못 사용하여 범죄했기 때문이 일어난 것이니 하나님이 인류의 죄와 사망에 대해 책임질 이유가 없다고 주장할지 모른다. 그러나 인간의 범죄는 직접적 원인이지 근원적 원인은 아니다. 이 문제는 근원적으로 하나님께서 만세 전부터 가진 꿈과 비전을 이루려는 목적 때문에 행하신 창조와 섭리 때문에 일어난 일이다. 그래서 이 모든 일의 궁극적 책임은 하나님에게 있는 것이다. 부모는 자식이 말을 듣지 않고 속을 썩여도 다 자기가 그런 자식을 낳아서 그런 것이고, 자식 교육을 잘 못시켜서 그런 것이라고 하며 모두 자기 탓이라고 한다. 그리고 자식에 대한 부모의 책임을 다하려고 음으로 양으로 노력한다. 어떤 부모도 속을 썩이는 자식을 미워하고, 불행 속에 빠진 자식을 나 몰라라 하지 않는다. 인격도 불완전하고 사랑도 많이 부족한 인간 부모도 이러하거늘, 하물며 사람보다 수만 배나 사랑이 많으시고, 자신이 행한 일에 대해 무한 책임을 지시는 전지전능한 하나님께서 인류 모두가 구원받을 수 있는 길을 마련해놓는 것은 당연한 일이 아니겠는가?

II 하나님은 사랑이기 때문이다

하나님 성품의 본질은 사랑이다(요한1서 4:8). 따라서 하나님은 지옥의 심판 속에서 고통받는 인류를 구원하는 문제에 대한 대책을 만세 전에 이미 세워놓았을 것이다. 인간의 부모들도 미래에 큰 화재가 나서 자신은 자녀들이 화를 당할 것이라는 사실을 안다면 미리 그러한 상황에서 자녀들이 구원받을 수 있는 길을 미리 마련하려 하지 않겠는가? 부모는 화재가 난 건물 속에 자식이 갇혀 있다면, 스스로 그 불타는 건물 속에 뛰어들 수 있는 존재들이다. 하물며 사랑이 무한하신 하나님이 지옥의 심판으로 고통받고 있는 그의 자녀들을 구원할 대책을 세워놓았을 것이라고 기대하는 것은 당연한 일이다. 바울은 이런 하나님의 마음을 알았기 때문에 "하나님은 모든 사람이 구원을 받으며 진리를 아는 데 이르기를 원하시느니라(디모데전서 2:4)"고 말씀한 것이다. 그러므로 우리는 만인이 구원받게 해달라고 주님께 기도해야 하고, 그렇게 기도했다고 해서 사랑의 주님이 꾸지람하지는 않을 것이다.

III 인도주의적 생각이기 때문이다

지옥에 떨어진 영혼들은 우리와 같은 형제자매들이다. 그들도 구원받았으면 좋겠다고 하는 것은 인도주의적 마음을 가진 사람들이라면 당연한 것이다. 필자는 그러한 태도가 하나님의 자녀다운 것이라고 생각한다. 만일 어떤 사람이 지옥에 간 영혼들은 제철소 용광로보다 1,000배 이상 뜨거운 불속에서 1만 년, 10만 년보다 더 긴 시간동안 고통받아야 하고, 그 영혼들은 더 이상 구원의 길이 없어야 한다고 주장한다면, 그 사람은 인도주의적 정서를 가진 사람이 아니다. 과연 그 영혼들이 자기의 자식이라도 그런 주장을 할 수 있겠는가? 한 사람의 생명과 영혼이 얼마나 귀한가? 한 생명이 천하보다 귀하다고 하지 않는가? 그러므로 우리 모두는 소돔성 백성들의 구원을 위해 안타깝게 기도하는 아브라함의 마음을 가져야 한다. 결코 성서의 말씀을 무시하자는 것이 아니다. 성서의 말씀은 인도주의적인 마음, 사랑의 마음, 하나님의 마음으로 읽고 해석해야지 냉정하고 무자비한 마음으로 단순무식하게 해석해서는 안 된다.

세종대왕도 이순신 장군도 구원받을 기회가 주어지면 얼마나 좋겠는가? 방금 죽은 저 천사 같은 어린 생명도 비록 어쩔 수 없이 지옥에 갔다 할지라도 구원받을 기회가 주어진다면 얼마나 좋겠는가? 그러므로 지옥에서도 구원의 길이 있다고 말하는 것을 가지고 너무 분해하거나 억울하지 말라. 그런 마음은 성서의 계시에도 어긋나고 인도주의적으로 맞지 않는 마음이다. 성서에는 지옥에도 구원이 있다는 것을 시사하는 구절이 여러 군데 있다. 잊지 말자. 예수님은 지금도 우리에게 선한 사마리아 사람과 같은 마음을 가지고 살아야 한다고 가르치고 계신다. 그러므로 우리는 만인이 구원받도록 진심으로 기도해야 할 것이다.

Ⅳ 영원한 형벌을 받을 만큼 죄지은 사람은 없기 때문이다

우리가 가정해서 일생동안 하루도 빠짐없이 크고 작은 죄를 짓고 산 사람이 있다 하자. 그 사람에게 적절한 형벌은 무엇일까? 그가 산 날 만큼 뜨거운 가스 불에 머리를 대고 있게 하면 되겠는가? 그가 산 날 만큼 펄펄 끓는 용광로의 쇳물 속에 풍덩 집어넣으면 적당할까? 그것이 적당한 형벌이라 하더라도 우리의 법 감정으로 그렇게까지 형벌을 내리는 것은 용납할 수 없을 것이다. 우리 인간의 법 감정으로도 그러한데, 그의 부모보다 그 사람의 영혼을 더 사랑하는 하나님께서 그 사람에게 천년만년 용광로의 불 속에서 고통받으라고 하겠는가? 누가 얼마나 어떤 죄를 지었기에 그런 형벌을 받아야 하는가?

하늘나라의 질서는 공정한 것이다. 이는 지옥의 질서도 마찬가지다. 그러므로 지옥에서 형벌도 공정해야 한다. 세상에는 불공정한 재판을 받고 억울해하는 사람이 많으나, 영적 우주는 하나님이 직접 다스리는 곳이기 때문에 공정한 심판이 이루어질 수밖에 없다. 아무리 죄를 많이 지은 사람이라도 100년 동안 용광로의 쇳물 속에 던져지는 형벌을 받아 마땅한 사람은 없을 것이다. 그런데도 왜 많은 목회자들은 불신자들이 지옥불에서 영원히 고통받아야 하고, 구원의 길은 전혀 없다고 주장하는 것인가? 성서 어디에 천국과 지옥은 불공정한 곳이고, 지옥에서는 회개하고 구원을 받을 길이 전혀 없다고 기록되어 있는가? 그런 목회자들이 오히려 성서적 근거 없이 자의적으로 주장하는 것이다. 그러므로 종국적으로 만인이 구원받는다는 교설은 타당한 것이다.

아무리 죄를 많이 지은 사람이라도 100년 동안 용광로의 쇳물 속에 던져지는 형벌을 받아 마땅한 사람은 없을 것이다.

V 성서적 근거가 있기 때문이다

모든 인류가 구원받을 것이라는 만인구원론은 성서적 근거가 있다. 디모데전서 2:2절을 보면 "하나님은 모든 사람이 구원을 받으며 진리를 아는데 이르기를 원하시느니라"라고 말씀하고 있다. 이는 하나님도 만인의 구원을 원하고 있다는 의미이다. 또 베드로전서 3:18-19절을 보면 "육체로는 죽임을 당하시고 영으로는 살리심을 받으셨으니 그가 또한 영으로 가서 옥에 있는 영들에게 선포하시니라"고 되어 있고, 빌립보서 2:9-11절에는 "이러므로 하나님이 그(그리스도)를 지극히 높여 모든 이름 위에 뛰어난 이름을 주사 하늘에 있는 자들과 땅에 있는 자들과 땅 아래 있는 자들로 모든 무릎을 예수의 이름에 꿇게 하시고 모든 입으로 예수그리스도를 주라 시인하여 하나님 아버지께 영광을 돌리게 하셨느니라"고 되어 있다. 땅 아래 세계, 즉 지옥에도 복음이 선포되었기 때문에 그곳에서도 복음을 믿고 그리스도에게 영광을 돌리는 자가 있다는 말씀이다. 또 누가복음 16:19-31절에 나오는 부자와 나사로의 이야기는 지옥에도 복음이 통용되고 있고, 복음을 믿고 회개하는 영혼들이 있다는 사실을 시사하고 있다. 다만 부자는 아직 받을 형벌이 남아 있어서 불 가운데 고통당하고 있는 것일 뿐이다. 그러므로 로마서 10:13절 "누구든지 주의 이름을 부르는 자는 구원을 받으리라'는 말씀은 지옥에도 적용되는 대원칙이다.

또한 요한계시록 20:12-13절도 지옥에도 구원의 가능성이 있다는 것을 증거하는 말씀이다. 요한계시록에 보면 천년이 지나면 두 번째 부활이 일어날 것인데(요한계시록 20:5), 그 때 바다도 사망도 음부도 그 가운데 죽은 자들을 내어주는데(21:13), 이들 중 생명책에 그 이름이 기록된 자는 영원천국에서 안식을 누리고, 생명책에 기록되지 않은 사람은 소멸하는 불못에 던져질 것이다(요한계시록 20:15)라고 기록되어 있다. 둘째 부활 후에 펼쳐질 흰 보좌 심판대 앞에 생명록이 펼쳐져 있다는 것은 지옥에서도 복음을 믿고 구원받는 사람이 있다는 것을 시사한다. 물론 요한계시록 20:12-15절에는 생명록에 그 이름이 없어 흰 보좌 심판을 통과하지 못한 자들은 영원한 불못에 던져질 것이라고 기록하고 있다. 그러나 이는 원칙을 말하는 것일 뿐, 결코 그 불못에 몇 명이 들어갈 것인지 그 숫자를 구체적으로 이야기한 것은 아니다. 만일 지옥에 있는 영혼들이 모두 복음을 받아들인다면 이 말씀은 원칙으로 끝날 뿐 현실로 실현되지 않을 수도 있다. 그러나 생각해보라. 지옥에서 전함받은 그리스도의 복음을 통해 하나님의 무한한 사랑과 구원을 알게 되었을 때 회개하지 않고 복음을 믿지 않을 영혼이 있겠는가?

인간은 선한 본성을 가지고 있기 때문이다

사람의 본성에는 선한 의지가 있다. 그래서 죄를 지으면 양심의 가책을 받는다. 그리고 잘못을 깨닫고 마음을 돌이키는 순간 홀연 천사처럼 순결한 영혼이 된다. 이것이 바로 선한 본성을 가진 인간의 모습이다. 살인마 고재봉이나 김대두를 보라. 그들은 희대의 살인마였으나 감옥에서 예수 믿고 회개했을 때, 그들의 마지막 삶은 천사 같았다. 그러므로 마음은 원이로되 육신이 약하여 죄를 짓고 살다가 죽은 사람들에게 구원의 기회가 주어지는 것이 마땅하다고 생각한다. 그리고 이처럼 본성에 선한 의지를 가진 이들이 지옥에서 영적 세계의 실상을 확실히 알고 나서 과연 하나님의 은혜와 사랑을 거부하고 믿지 않을 자가 있겠는가? 지옥은 죽은 자들이 영적 세계의 실상을 보고 체험하며 그리스도를 믿을 수 있는 장소이다. 선한 본성을 가진 인간은 지옥에서 하나님의 사랑과 구원에 대해 들었을 때 모두 그리스도에게 돌이키고 회개할 것이다.

VII 천국의 완성을 위해 필요한 조건이기 때문이다

한 번 생각해보자. 마음으로 사랑하는 이가 지옥에서 영원히 고통당하고 있는데, 당신은 천국에서 희희낙락할 수 있는가? 그럴 수 없을 것이다. 천국에서의 완전한 안식과 즐거움은 모든 사람들이 구원을 받고 천국에서 함께 살 때만이 비로소 온전히 누릴 수 있는 것이다. 그러므로 영원한 천국의 완성을 위해서도 만인은 구원을 받아야 한다. 단 한 명의 구원받지 못한 영혼이 있다 하더라도 천국에서의 즐거움은 완전할 수 없는 것이다. 사람은 그럴 수 있을지 몰라도 하나님은 결코 그럴 수 없다. 왜냐하면 하나님의 성품은 티끌만큼도 회전하는 그림자가 없으며, 하나님의 마음은 완전한 사랑으로 충만하기 때문이다. 하나님은 양 아홉 마리를 두고 잃은 양 한 마리를 찾기 위해 안타까워하시는 분이시다(누가복음 15:4-7). 하나님은 지옥에서 단 한 명이라도 구원받지 못한 사람이 있을 때 괴로워하고 탄식하실 것이다. 그런 상태의 천국은 완성된 천국이 아니다. 하나님은 완전한 천국을 원하시는 것이지 불완전한 천국을 원하시는 것이 아니다. 그러므로 만인 구원은 완전한 천국을 위해 절대 필요조건이다.

예수 믿지 않고 죽은 사람들은 100% 가는 곳이 지옥이지만, 예수 믿고 죽은 그리스도인은 가고 싶어도 갈 수 없는 곳이 지옥이라는 것이다

● 자살한 그리스도인의 구원 문제

여기서 자살한 그리스도인의 구원 문제를 잠시 생각해보자. 혹자는 예수 믿는 사람이라 할지라도 자살한 사람은 지옥에 가서 심판받는다고 주장한다. 대다수 목회자들이 강단에서 그렇게 이야기하고 있다. 간혹 어떤 이들은 불가지론적 입장을 취하면서 이에 대해 확실한 이야기를 하지 않으려고 한다. "그저 하나님의 뜻이 계시겠지요", "하나님은 사랑이시니까요"라고 말하면서 말이다. 필자는 지금 이 민감한 문제에 대해서도 분명한 신학적 입장을 제시해야 할 필요성을 느낀다. 왜냐하면 이것은 복음과 구원에 관한 본질적 문제이고, 또 이 문제는 예수 믿다 자살해 죽은 자들의 가족들이 현실적으로 직면하고 있는 심각한 문제이기 때문이다.

지옥은 죄를 짓고도 복음을 믿지 않아 죄 문제를 해결 못한 사람들이 가는 곳이다. 즉 지옥은 예수를 믿지 않았기 때문에 가는 곳이지 죄를 지었기 때문에 가는 곳이 아니다. 예수 믿지 않고 죽은 사람들은 100% 가는 곳이 지옥이지만, 예수 믿고 죽은 그리스도인은 가고 싶어도 갈 수 없는 곳이 지옥인 것이다. 왜냐하면 그것이 복음의 본질이고 복음의 원칙이고 복음의 정신이기 때문이다. 2,000년 전 주님이 십자가에서 죽으심으로써 완성된 복음이 온 세상에 선포된 이후 예수를 그리스도로 믿지 않아서 지옥에 간 사람은 있어도, 예수를 그리스도로 믿는데도 지옥에 간 사람은 한 명도 없다. 구원은 율법적 행위로 얻는 것이 아니라 구속의 주이신 그리스도를 믿음으로 말미암아 받는 것이다. 아무리 선하게 살려고 노력했어도 예수를 믿지 않고 죽은 사람은 모두 지옥에 갈 수밖에 없다. 그러나 예수 믿고 죽은 사람은 어떤 죄를 지었더라도 지옥에 가지 않는다. 왜냐하면 예수 믿는 사람들이 짓는 죄는 마음은 원이로되 육신이 약하여 짓는 죄가 대부분이기 때문이다.

대다수 신학자들이나 목회자들은 이 구원의 대원칙에는 동의한다. 그런데도 유독 자살한 그리스도인에 대해서는 지나치게 부정적으로 말하는 사람들이 많다. 그들은 사람이 죽기 전에 100명을 죽였더라도 예수 믿고 회개하면 구원받는다고 자신 있게 말한다. 남의 목숨을 100명이나 빼앗고 그들의 가정을 파괴시킨 사람은 예수를 믿기 때문에 구원받는데, 불가피하여 자기 목숨을 스스로 포기한 사람은 예수를 믿어도 구원받지 못한다는 것은 어불성설이다. 그들은 복음을 무엇이라고 생각하고 있는가? 예수 믿는 자는 어떤 죄를 지었더라도 구원받는다는 것이 성서가 선포한 복음의 대원칙이다. 여기에는 예외가 없다. 그런데도 말도 안 되는 이야기를 늘어놓는 것은 복음 대원칙을 제대로 이해하지 못했거나, 막연한 자기감정에 현혹되었거나, 아니면 그렇게 알고 있는 다수로부터 비판의 소리를 듣는 것이 두려워서일 것이다. 생각해보라. 성서 말씀 어디에 이신득의의 복음에 예외 조항이 있다고 기록되어 있는가? 성서 어디에 남의 목숨을 100명이나 빼앗고 가정을 파괴한 죄인은 용서받을 수 있어도, 너무도 괴로운 나머지 자기 목숨을 부득이 포기한 그리스도인은 용서받을 수 없다고 적혀 있는가?

그들은 또 예수 믿는 사람 중에서 자살한 사람이 구원 받지 못하는 이유는 자살한 자는 회개할 기회가 없이 죽었기 때문이라고 말한다. 그러나 이 또한 옹색한 변명이요 자기합리화다. 그렇다면 우리 그리스도인들은, 아니 목회자들은 얼마나 조목조목 회개를 하고 있는가? 평소에 자신이 지은 죄를 모두 하나하나 조목조목 회개하고 기도하는가? 목회자들 뿐만 아니라 대부분 그리스도인들은 큰 죄에 대해서는 회개하지만, 알게 모르게 지은 작은 죄는 도매금으로 묶어 회개 하고 만다. 주님! 아시지요? 하고 말이다. 하기야 하루 동안 지은 죄를 일일이 회개 하자면 24시간도 모자를 것이다. 우리는 숨 쉴 때마다 죄를 짓고, 한 걸음 걸을 때 마다 죄를 지으며, 선행을 하면서도 순수한 마음으로 하지 못하는 죄를 짓고 산다. 그러니까 대부분 그리스도인들은 생각나는 큰 죄 말고는 지은 죄의 1/10도 회개하지 못하고 살고 있는 것이다. 그런데도 자신은 예수 믿는 사람이니까 지금 당장 죽어도 천국갈 수 있다고 말하며 산다. 그러면 왜 자기 스스로에 대해서는 그렇게 너그러우면서 남에 대해서는 그렇게 무정한가? 예수 믿는 사람이, 그것도 성도를 목양하는 사람이 그래서는 안 된다.

예수 믿는 사람은 믿는 순간부터 항상 하나님 앞에 회개하는 마음으로 산다. 부득이한 사정으로 어린 자식을 버린 부모는 자식만 떠 올리면 죄책감 때문에 "아가야! 아가야!" 하면서 눈물 흘린다.

정상적인 부모라면 잠자는 순간에도 이런 마음은 놓지 못한다. 마찬가지로 주님을 믿는 사람은 잠을 잘 때도 다른 사람과 담소를 나눌 때도 어떤 일에 몰입해 있을 때도 항상 주님을 부르며 회개하는 마음으로 살아간다. 그리스도인은 물과 성령으로 새로 난 사람들이기 때문에 항상 회개하는 마음을 가지고 있고, 따라서 회개하지 않을 수 없는 사람이다. 숨 쉴 때도 길을 걸으면서도 항상 회개하는 마음으로 "주여!"를 부른다. 그러므로 그리스도인은 시간이 있을 때는 구체적으로 회개하고, 시간이 없을 때나 길을 갈 때나 급한 일이 있을 때는 "주여! 용서하소서!" 하고 마는 것이다. 그래도 하나님은 우리 마음을 읽고 알아들으신다.

전자가 원자핵 주위를 도는 속도보다 더 빠른 것이 사람의 마음의 속도이고 생각의 속도이다. 어떤 그리스도인이 자살을 선택했을 때 그는 분명 눈물 흘리며 "주여! 나를 용서하소서!" 하는 믿음으로 자살했을 것이다. 그렇지 않더라도 믿는 사람이라면 죽는 순간, 아니 죽어가면서 마음속으로 탄식하며 "주여!"를 불렀을 것이다. "주여!"라는 그 한 마디에, 아니 그 한순간에 그의 모든 마음과 믿음, 그리고 회개가 담겨 있는 것이다.

그들은 또 이렇게 말한다. 믿음을 가진 그리스도인이라면 자살을 선택할 리 없다고. 그러나 이것은 참으로 억지스러운 주장이다. 필자도 과거 교회 건축이 사면초과에 빠졌을 때 자살을 생각한 적이 있다. 그리스도인이라 할지라도 너무 괴롭고 절망적이면 이성적 판단을 넘어서 자살을 생각하게 된다. 지금 이 순간에도 사업이나 인간관계에서 극한의 상황에 몰리면 자살의 유혹을 느끼는 그리스도인이 많이 있을 것이다. 물론 자살을 가볍게 여겨서는 안 된다. 우리는 이웃이 그런 생각을 하지 않도록 설득하거나 말려야 한다. 그렇다고 해서 네가 그동안 아무리 예수를 잘 믿었어도 자살하는 순간 너는 지옥에 떨어진다는 식의 말을 해서는 안 된다. 자살하려고 하는 사람에게는 생명의 소중함에 대한 하나님의 뜻, 가족들에 대한 사랑, 그리고 이 또한 지나가리라 하는 위로와 희망을 이야기해주면서 설득해야 한다. 이미 자살한 그리스도인에 대해서는 그들의 남은 가족들을 생각해서라도 자살한 자는 믿음이 있어도 지옥에 간다는 식의 잔인한 말을 하지 말아야 한다.

바울은 갈라디아서 6:17절에서 "이후로는 누구든지 나를 괴롭게 하지 말라 내가 내 몸에 예수의 흔적을 가지노라"라고 말했다. 그 당시 갈라디아 교회에서는 믿음으로 구원받는다는 복음의 대원칙을 훼손하고, 구원의 조건으로 할례 같은 율법적 조건을 준수해야 된다고 가르치는 사람들이 많았다. 필자 역시 다시 한 번 말하겠다. 더 이상 자살자의 가족을 힘들게 하지 말라. 어떤 죽은 자의 영혼에 예수의 흔적이 있다면, 즉 믿음을 가진 영혼이라면 죽어서 지옥에 가는 것이 아니라 천국으로 들어간다고 말이다. 이것이 바로 복음이고, 최고의 복음적 선언이다.

예정, 선택, 구원의 질서

I 예정론(豫定論 Predestination Theory)

예정론(豫定論 Predetermination Theory)은 성서적 근거를 가지고 있는 기독교의 중요한 교리다. 특히 로마서 8:29 "하나님이 미리 아신 자들로 또한 그 아들의 형상을 본받게 하기 위하여 미리 정하셨으니 이는 그로 많은 형제 중에 맏아들이 되게 하려 하심이라 또 미리 정하신 그들을 또한 부르시고 부르신 그들을 도한 의롭다 하시고 의롭다 하신 그들을 또한 영화롭게 하셨느니라"라는 성서의 말씀은 예정론을 뒷받침하는 주요 구절로 인정되고 있다. 뿐만 아니라 복음서에 기록된 예수님의 말씀 중에는 이런 예정론이나 선택론과 관계있다고 여겨지는 많은 말씀들이 있다(요한복음 6:44, 6:65, 17:2).

지금까지의 예정론은 크게 3가지로 나눌 수 있다. 하나는 칼빈 등 개혁신학자들이 주장하는 절대이중예정론이고, 다른 하나는 알미니우스주의 계통 신학자들이 주장하는 예지예정론, 그리고 신정통신학자 칼 바르트가 주장하는 그리스도 중심의 원리적 은총예정론*이다.

* 바르트의 은총예정론은 칼빈주의자들의 절대적 이중예정론과는 완전히 다른 예정론이다. 그는 칼빈주의자들의 이중예정론을 거부했다. 그는 저서 『교회 교의학』1에서 "나에게 이중예정론이 있다면 하나님께서 만세 전에 인류 구원의 은총을 베풀기 위해 그리스도를 인류의 죄를 대신 안고 저주를 받고, 그 대신 인류는 구원의 은혜를 받는 것이라고 주장한 바 있다. 이는 절대 이중예정론을 정면으로 거부한 것이다

1 절대적 이중예정론(絶對的 二重豫定論)

아우구스티누스의 신학적 전통을 이어받은 존 칼빈 등 개혁신학자들이 주장하는 절대적 이중예정론은 하나님께서 만세 전에 구원받을 자와 구원받지 못할 자를 그의 절대 주권적 자유로 예정했다는 것이다. 그리고 예정한 자들을 성령으로 부르시어 예수 믿고 구원받게 하신다는 것이다. 그러나 구원의 예정을 받지 못한 사람들은 성령의 부름을 받지 못하여 복음을 깨닫지 못하고 결국 멸망될 수밖에 없다는 것이다. 이 주장은 해석하기에 따라서는 일견 성서적 근거도 있고 하나님의 절대적 주권적 자유에 대한 대단한 신앙을 고백하는 듯이 보이나 성서의 말씀을 편향되게 해석하여 만든 교리이다. 따라서 이 교리는 장점 못지않게 치명적인 단점도 가지고 있다.

절대이중예정론의 문제점은 무서운 하나님, 냉정한 하나님, 불공평한 하나님의 문제이다. 구원받기로 예정된 이들에게는 이런 하나님의 예정이 감사할 수 있겠지만, 예정받지 못하여 믿지도 못하고 지옥의 심판을 받는 사람들에게 이런 예정은 대단히 불공평할 뿐 아니라, 왜 이러한 예정을 한 것인지 도저히 이해할 수 없는 것이다. 더욱이 하나님께서 만세 전에 지옥 불에 던져질 무리를

예정했다고 하는 것은 사랑이 최고의 본질인 하나님 성품에도 맞지 않고, 누구에게나 하나님 앞에서 공평해야 한다는 하나님의 공의에도 맞지 않는 것이다. 만약 지옥불에 떨어진 자녀의 어미가 자기 자식이 지옥에 떨어진 것은 하나님께서 만세 전에 자기 아들을 영원히 유기했기 때문이라는 사실을 알았다면, 하나님의 그러한 처사를 분노하고 원망하지 않을 어미가 어디 있겠는가? 이에 대해 칼빈주의자들은 "너희는 그 입을 다물라!"고 한다. 그것은 하나님의 절대 자유이며 하나님의 고유 권한이니 사람은 그것을 억울해하지도 말고 왈가왈부하지도 말라고 말이다. 그리고 하나님이 그런 예정을 한 이유는 아무도 알 수 없는 신비라고 하면서 사람은 알려고도 하지 말고 의심하지도 말고, 무조건 하나님의 하신 일을 받아들이라고 한다. 이것이 바로 절대이중예정론의 문제점이다.

2 ◦ 예지예정론(豫知豫定論)

절대이중예정론에는 상기와 같은 문제점이 있기 때문에 알미니안주의자들은 이런 무서운 하나님의 문제, 불공평과 불공정이란 문제를 해소하기 위하여 예지예정론을 주장하게 되었다. 그들의 주장에 의하면 하나님께서 전지전능하시기 때문에 만세전에 누가 믿을 사람인지 믿지 않을 사람인지를 미리 아시고, 그 아신 자들을 예정했다는 것이다(로마서8:29). 그들은 이런 예정론을 뒷받침하기 위해 인간을 자유의지를 가진 존재로 규정한다. 하나님은 만세 전에 누가 믿을 것인지 믿지 않을 것인지를 미리 알았기 때문에, 그에 따라 구원받을 자를 예정했다는 것이다. 이 예지예정론은 불신앙으로 인해 구원받지 못하는 책임이 자유의지를 가진 인간에게 있다고 보기 때문에, 무서운 하나님의 문제도, 하나님의 불공평과 불공정의 문제도 해소할 수 있었다. 하나님은 진리를 이해할 수 없는 사람들을 위하여 성령의 역사로 복음을 조명해주셔서 자유의지적 선택을 할 수 있게 해주었음에도 불구하고 복음을 믿지 않은 것은 전적으로 사람에게 책임이 있다는 것이다.

절대이중예정론에는 상기와 같은 문제점이 있기 때문에 알미니안주의자들은 이런 무서운 하나님의 문제, 불공평과 불공정이란 문제를 해소하기 위하여 예지예정론을 주장하게 되었다.

그러나 필자가 보기에 예지예정론에는 분명히 논리적 모순이 있다. 로마서 8:29절에서 "하나님이 미리 아신 자들을 미리 정하시고"라고 했는데, 도대체 하나님은 아직 창조하지도 않아 존재하지 않은 사람들을 어떻게 미리 아시고 정하셨다는 말인가? 그들은 하나님은 미래를 투시하실 수 있어 누가 믿을 자인지 믿지 않을 자인지 알 수 있기 때문에 그러한 예정을 할 수 있다고 주장한다. 그러나 하나님의 마음에서조차 아무것도 정하지 않았는데, 하나님이 어떤 미래의 누구누구를 투시할 수 있단 말인가? 아무리 전지하신 하나님이라 할지라도 존재하지도 않고, 하나님의 마음에서조차 정해지지도 않은 것을 미리 아실 수는 없는 것이다. 바로 이것이 예지예정론의 첫 번째 문제점이다.

두 번째 문제는 구원을 결정하는 것이 하나님의 주권적 결정이나 주권적 섭리에 있지 아니하고 사람의 자유의지적 결정에 달린 것이 되고 말았다는 것이다. 즉 구원의 결정권이 하나님에게 있는 것이 아니라 사람에게 있게 되는 결과를 가져왔다는 말이다. 이것은 사람의 믿음이 결정적으로 구원의 공로가 되어 버린 것이다. 그렇게 되니 하나님에 대한 주권적 결정과 섭리에 대한 두려운 경외심과 의존심이 엷어지는 결과를 가져오고 말았다. 이로 말미암아 믿는 자의 영혼이 하나님에게 둘러싸인 것이 아니라(욥기 3:23), 하나님과 사람이 일대 일로 마주하는 신앙의 구도가 되어 버렸다. 결과적으로 이 교리는 그리스도인의 은혜로운 신앙을 약화시키는 결과를 초래했다.

3 원리적 은총예정론(原理的 恩寵豫定論)

이러한 양 진영의 공방 속에서 20세기 초 변증신학, 위기신학, 신정통주의 신학의 효시가 된 바젤 대학의 칼 바르트 교수는 새로운 예정론을 제시했다. 그것이 바로 원리적 은총예정론이다. 그의 원리적 은총예정론에는 구원할 자와 영원히 버릴 자를 만세 전에 예정했다는 이중적 예정교리가 완전히 배제되었다. 또한 만세 전에 누가 믿을 자인지 아닌지를 미리 알아서 그에 따라 구원받을 사람을 예정했다는 알미니안주의자들의 주장도 배제되었다. 그의 주장에 의하면 하나님은 만세 전에 인류를 구원하기 위해 그리스도만을 예정했다고 한다. 이를 그는 만세 전의 '원 결정(Ur Decision)'이라고 불렀다.

이 원 결정의 내용은 그리스도가 성부로부터 유기되어 인류의 죄를 짊어지고 있다. 십자가에서 심판을 받는 것이고, 그 대신 인류는 구원의 백성으로 선택된다는 뜻을 함축하고 있다. 그래서 그는 자기는 이중예정이라는 말을 좋아하지 않지만, 만일 자기에게 이중예정이라는 용어를 사용하라 한다면 바로 만세 전에 그리스도가 하나님으로부터 버림받아 인류가 구원받았다는 것과 그리스도가 하나님으로부터 버림받음으로 말미암아 인류가 대신 구원받게 되었다는 것이라고 말했다. 이것이야말로 자기에게 존재하는 유일한 이중예정론이라고 주장했다.

결국 바르트는 그때까지 칼빈주의자나 알미니안주의가 공히 금과옥조처럼 받아들였던 이중적 선택교리의 개인에 대한 예정교리를 철저히 거부한 것이다. 하나님은 사랑이신데, 그런 이중적 선택이 어떻게 있을 수 있느냐는 것이다. 그리고 그리스도의 유기적 죽음으로 인해 주어진 구원의 은총은 일부 선택된 사람들에게만 주어지는 것이 아니라 모든 인류에게 주어지는 보편적 절대적 은총이라고 주장한다. 그는 은총의 절대적 승리라는 관점에서 종국적으로는 온 우주에 불신앙의 가능성조차 없어질 것이라고 주장했다. 그래서 바르트는 많은 비판자들로부터 그는 실제적으로 만인 구원론의 길을 열어놓은 신학자라는 비판을 받았다. 그러나 바르트의 신학은 믿음이 있어야 의롭다 함을 받고 영생을 얻는다는 이신득의교설을 분명히 지켜나갔다. 필자가 생각하기에 바르트의 예정론은 그의 종말론을 통해 완전히 드러나게 되어 있었다. 그러나 아쉽게도 그는 종말론을 집필하지 못한 채 하늘나라로 떠나고 말았다.

4 창조적 플레로마 예정론

필자의 예정론인 창조적 플레로마 예정론은 구도상으로는 칼 바르트의 예정론과 유사하다. 다른 점이 있다면 칼 바르트의 원리적 예정론이 가지는 근원성과 구체성의 결여 문제를 해소한 장점을 가지고 있고, 바르트가 미완의 과제로 남기고 떠난 만인구원론의 신학적 근거를 분명히 했다는 장점이 있다. 필자는 이를 위하여 예정론을 지옥론이나 천년왕국론, 영원천국론과 연계하여 구체적으로 확장시켰다. 필자의 예정론은 창조적 플레로마 예정론*이라고 규정할 수 하는데, 그 이유는 창조적 예정론이라는 의미와 정해진 수(플레로마)의 예정론이라는 2가지 의미가 중첩된 예정론이기 때문이다. 특히 필자의 창조적 예정론은 예정의 근본적 이유를 하나님의 꿈을 이루기 위한 창조 의지에서 찾는 것이어서, 전통적 예정론의 문제점 중 하나인 예정의 이유를 설명하지 못하는 문제를 해결한 예정론이다. 필자의 창조적 플레로마 예정론을 서술하면 다음과 같다.

미리 아신 자들 로마서 8:29절 "미리 아신 자들로 또한 그 아들의 형상을 본받게 하기 위하여 미리 정하셨으니"에서 "미리 아신 자들"은 알미니안주의자들의 주장처럼 창조 이후 세상에서 그리스도를 믿을 사람으로 예지된 자들을 의미하는 것이 아니라 하나님이 꿈과 이상 속에서 보신 이들을 의미한다. 창조주 하나님은 만세 전에 하나의 장엄한 이상을 보셨는데, 그것은 광대한 우주에 세워진 하나님의 나라에 하나님을 닮은 사람들이 충만하여 하나님을 경배하고 찬양하며 서로가 사랑하고 있는 광경이었다. 이것은 하나님조차 감탄할 수밖에 없는 장엄한 비전이었다. 로마서 8:29에서 미리 아신 자들은 바로 하나님이 만세 전의 환상 속에서 본 사람들이었다. 그래서 하나님은 이 미리 아신 자과 그들이 사는 우주를 창조하기 위하여 스스로를 삼위일체 양식으로 변화시키시고, 아들의 형상을 본받을 일정한 수의 사람들, 즉 부활하여 그의 장엄한 나라의 근간을 이루어 통일된 하나님 나라를 이루어나갈 일정 수의 그리스도인들을 미리 정하신 것이다. 그러므로 "미리 아신 자들"은 영원한 하나님 나라의 백성이 될 사람들의 총합이라고 해석해야 한다.

미리 정하신 자들 로마서 8:29절 하반 절에 나오는 "미리 아신 자들로 또한 그 아들의 형상을 본받게 하기 위하여 미리 정하셨으니"는 만세 전에 미리 보고 아신 자들 중에 특별히 하나님의 아들을 본받게 하기 위해 일단의 무리를 예정했다는 의미다. 미리 정했다는 것은 이제 하나님이 꿈꾸시는 우주의 핵심 요소인 하나님 나라에 대한 가장 중요한 계획의 확정을 의미한다. 그러므로 필자는 로마서 8:29에는 다음 몇 가지 의미가 함축되어 있다고 생각한다.

첫째, 미리 정하신 자들은 모두 아들의 형상을 본받게 하기 위해 정해진 사람들이다(로마서 8:29). 그들은 물론 그리스도 안에 있는 자들이다. 그리스도 안에서 그리스도의 형상을 본받아 그리스도와 일치된 의지를 가진 이들이며, 이들이 광대한 우주에 세워질 천년왕국의 각 행성을 다스릴 때, 온 우주는 그리스도 중심의 통일된 나라가 될 수 있다(에베소서 1:10). 또한 "이는 그로 많은 형제 중에서 맏아들이 되게 하려 하심이라(로마서 8:29)"라고 기록되었으니, 이는 그리스도가 '미리 정하신 자들' 중에 맏아들이 된다고 하는 것이다. 이는 우리 그리스도인들이 하나님 나라의 백성이기도 하지만 동시에 하나님의 자녀도 된다는 말이다.

둘째, '미리 정하신 사람들'은 모두 현 역사에서 그리스도를 믿고 구원받은 사람들이 하는 것이다. 그러므로 미리 정해진 수의 이들, 즉 예정된 그리스도인을 형성하는 것이 역사의 목적이다. 따라서 이들의 수가 찰 때 역사는 종말이 온다. 그러므로 '미리 정한 사람들'은 역사 속에서 선택되어 그리스도인으로 부름받은 사람이라고 보아야 한다.

*
플레로마(Pleroma)라는 단어는 로마서 11:25절 "이 비밀을 너희가 모르기를 원치 아니하노니 이 비밀은 이방인의 충만한 수가 들어오기까지 이스라엘의 더러는 완악하게 된 것이라"에서 '충만한'의 헬라어 원어이다. 플레로마의 원뜻은 '충만', '완전'이라는 의미를 가지고 있다. 필자는 '이방인의 충만한 수'가 막연한 개념이 아니라고 생각한다. 바울의 말에 의하면 구원받을 자는 '이방인의 충만한 수+온 이스라엘'이다. 필자는 하나님께서 만세 전에 구원받을 수를 정확하게 정해놓고 인류 역사를 섭리하고 계시다고 생각한다. 그 수가 정해지지 않았는데, 그 수가 기득 차면이라는 말이 성립되지 않기 때문이다. 이 혼돈의 역사가 존재하는 이유는 바로 하나님이 만세 전에 정해놓으신 그 수의 그리스도인을 형성하기 위해서이다. 그러므로 그 수가 차면 이 세상의 역사가 더 이상 존재할 이유가 없어지는 것이고, 그러면 역사는 당연히 종말을 맞이하게 되는 것이다. 그렇다고 어떤 이들이 해석하듯이 그 수가 14만 4,000인이라는 뜻은 아니다.

셋째, 미리 정하신 자들의 수는 분명히 정해져 있다는 것이다. 요한계시록 14:1절을 보면 "또 내가 보니 보라 어린양이 시온산에 섰고 그와 함께 십사만 사천이 섰는데 그 이마에 어린양의 이름과 그 아버지의 이름을 쓴 것이 있도다", 또 3절에는 "저희가 보좌와 네 생물과 장로들 앞에서 새 노래를 부르니 땅에서 구속함을 입은 십사만 사천인밖에는 능히 이 노래를 배울 자가 없더라"라고 기록되어 있다. 이 구절들은 땅, 즉 현 역사에서 구원받을 사람의 수가 정해져 있다는 것을 시사하고 있다.

한낱 불완전한 사람들도 남녀가 결혼할 때는 자녀에 대한 구체적 계획을 세우는데, 하물며 전지전능하신 하나님께서 우주 창조를 구상하고 계획할 때, 그것도 가장 중요한 핵심적인 부분을 막연하게 그때 그때 상황에 따라 적당히 하겠다고 하시겠는가? 하나님은 물리학적 우주를 상수를 보더라도 면도날보다 예리하고 정확한 계획을 가지고 우주만물을 창조하고 섭리하는 분이시다. 그러므로 '미리 정하신 자'들의 수는 분명히 정해진 것으로 보는 것이 옳다.

그러나 그 수(數)가 정확하게 얼마인지 우리는 알 수 없다. 오직 하나님만이 아신다. 바울은 로마서 11:25에서 "형제들아 너희가 스스로 지혜 있다 하면서 이 신비를 너희가 모르기를 내가 원치 아니하노니 이 신비는 이방인의 충만한 수가 들어오기까지 이스라엘의 더러는 우둔하게 된 것이라" 말하였다. 여기서 '충만한 수(The fullness)'는 헬라어 원어로 '플레로마(Pleroma)'라고 한다. 이 말씀을 본 주제와 연관시켜 해석한다면 하나님은 구원할 이방인의 수를 미리 정해 놓으셨는데, 그 수가 가득 차기까지는 이스라엘 민족 중 다수가 예수그리스도의 복음을 받아들이지 않을 것이라고 말씀한 것이다. 그렇다면 구원받을 이방인의 수를 정해놓으신 하나님이 땅에서 구원받을 이스라엘 백성의 수는 정해놓지 않으셨겠는가?

이 말씀을 근거로 하여 생각하면, 하나님은 인류의 구원 역사를 막연하게 진행시키는 분이 아니라 구할 백성의 수를 분명히 정하시고 그 수를 형성하기 위해 역사를 섭리하는 분이심이 확실하다. 그래서 필자는 본인의 예정론을 '창조적 플레로마 예정론'이라고 명명한 것이다. 그러므로 필자의 예정론은 예정의 근원성과 구체성이라는 부분에서 바르트의 원리적 예정론과 크게 차별화되는 것이다.

넷째, 필자의 예정론에서는 개인개인에 대한 예정, 즉 누구누구는 구원시키고, 나머지 누구누구는 버린다는 식의 예정 교리는 배제되었다. 다시 말해 만세 전에는 전체적으로 몇 명이라는 수를 예정한 것이지 구체적으로 누구누구를 예정하지는 않았다는 말이다. 그러나 혹자는 다음과 같은 성서의 구절을 들어 필자의 예정론을 반대할지도 모른다. 예를 들면 요한복음 6:37절에 나오는 "아버지께서 내게 주시는 자는 다 내게로 올 것이요"와 요한복음 6:39절에 나오는 "나를 보내신 이의 뜻은 내게 주신 자들 중에 내가 하나도 잃어버리지 아니하고 마지막 날에 다시 살리는 이것이니라", 그리고 요한복음 10:29절에 나오는 "그들을 주신 내 아버지는 만물보다 크시매 아무도 아버지의 손에서 빼앗을 수 없느니라"와 요한복음 17:2절에 나오는 "아버지께서 아들에게 주신 모든 사람에게 영생을 주게 하시려고"와 요한복음 17:6절에 나오는 "세상 중에 내게 주신 사람들에게 내가 아버지의 이름을 나타내었느니라" 등은 만세 전에 개인에 대해 예정했다는 것을 지지하는 구절이라고 오해할 수도 있을 것이다. 그러나 이 말씀을 해석할 때는 이 말씀을 하신 주님은 이중적 신분을 가지고 있다는 사실을 전제하고 해석해야 한다. 하나의 신분은 하나님의 아들로서 그리스도라는 신분이고, 다른 하나는 목회자, 또는 전도자나 교사로서의 신분이다. 하여 필자는 이 구절들을 다음 2가지 의미로 해석하고 있다.

첫째, 이 말씀들은 성령의 현재적 선택으로 하나님의 아들 예수께로 보내신 이들이라는 뜻으로 해석해야 한다는 것이다. 왜냐하면 아버지는 항상 성령을 통하여 현재적으로 일하시기 때문이다. 그러므로 아버지가 성령을 통해 보내신 이들을 성자이신 예수께서 거부해서도 안 되고 또 거부할 이유도 없는 것이다. 그리고 이들에 대한 주님의 뜻은 이들이 말씀을 믿고 영생을 얻는 것이다. 이 말씀은 삼위 하나님의 의지적 일치성과 아들의 소원과 의지를 나타내는 말씀이다.

둘째, 이 말씀은 목회자나 가르치는 교사로서 예수님이 하신 말씀이라는 것이다. 이 땅에서 복음에 봉사하는 모든 일꾼들, 즉 모든 목회자나 교사, 전도자는 예수님처럼 복음을 듣기 위해 자신들에게 나아오는 사람들을 아버지께서 성령을 통해 보내시는 자들로 믿어야 한다는 것이다. 성령의 부름이 아니었다면 그들은 예수님이나 목회자, 전도자, 교사에게 나아올 수 없기 때문이다. 물론 성령이 감동으로 소명한 이들 중에서도 아직 육신적으로 나아오지 않은 이들도 있을 것이다. 그럼에도 불구하고 많은 사람들이 예수께로 나올 수 있는 것은 하늘 아버지께서 성령의 감동으로 부르셨기 때문이다. 물론 그들이 주님의 말씀을 듣고 믿음이 생겨 영생을 얻는 것은 또 다른 문제이다. 그러나 메시아로서나 목회자로서 예수님의 의지는 그들을 반드시 구원하는 것이다. 이런 이유로 필자는 이 구절들이 결코 만세 전에 개개인에 대한 선택과 예정을 의미하는 말씀은 아니라고 보는 것이다.

5 필자의 예정론과 바르트의 예정론과의 차이

그러면 필자의 예정론과 바르트의 예정론의 차이는 무엇인가?

첫째, 예정의 이유가 다르다. 바르트는 하나님이 그리스도를 예정하신 이유는 그의 백성들에게 하나님이 은총을 베풀고 싶은 마음에서라고 한다. 그래서 하나님의 예정은 하나님의 마음속에 충만한 은총의 승리라는 것이다. 그러나 필자는 바르트와는 달리 하나님께서 그렇게 예정하신 이유는 하나님의 창조의 꿈을 실현하기 위해서라고 생각한다. 다시 말해 그리스도 안에서 통일된 전 우주적 하나님 나라의 꿈을 실현하기 위해서 하나님은 그 나라의 중심이요 근간이 될 그리스도인을 예정하시었다는 것이다.

둘째, 예정의 구체성이 다르다. 바르트의 예정론은 원리적이다. 하나님의 예정은 오직 만세 전에 그리스도를 원-결정(Ur-Decision)하신 것이다. 그리스도는 인류 죄를 짊어지고 인류 대신 십자가에서 심판받음으로 유기된다는 것이 원-결정의 내용이다. 한마디로 바르트의 예정론은 구원을 위한 기본적 원리만 제시되었을 뿐 구체성이 없다. 그러나 필자의 예정론은 구원받을 자의 수가 분명히 예정되었고, 그 예정된 사람들을 역사 속에서 형성하는 것이 성령의 구원 사역이라고 보고 있다. 정해진 수의 그들은 바로 첫째 부활에 참여할 자의 수(數)이며 천년왕국에서 그리스도와 더불어 왕 노릇할 사람들이다.

첫째 부활에 참여하는 이들에 대한 성경적 근거는 계시록 20:4절 "예수의 증언과 하나님의 말씀 때문에 목 베임을 당한 자들의 영혼들과 또 짐승과 그의 우상에게 경배하지 아니하고 그들의 이마와 손에 그의 표를 받지 아니한 자들"이라고 한 구절이다. 그런데 이 구절에는 그리스도의 복음이 전파된 이후 수천 년 동안 예수 믿고 구원받아 천국에 사는 영혼들에 대한 언급은 없다. 이것은 요한사도가 생략한 것이다. 그러므로 첫째 부활에 참여하는 자는 이들뿐 아니라 전 세대에 걸쳐 그리스도를 믿은 모든 사람들이라고 해석하는 것이 옳다. 다만 첫째 부활 때 그들의 영성에 따라 부활의 광채는 차이가 날 것이다. 이와 관련해서 바울은 "해의 영광이 다르고 달의 영광이 다르며 별의 영광도 다른데 별과 별의 영광이 다르도다 죽은 자의 부활도 이와 같으니(고린도전서15:41-42)"라고 증언했다.

6 ◦ 창조적 플레로마 예정론의 우월성

필자의 예정론은 칼빈주의 예정론의 장점인 하나님의 절대 주권적 자유가 존중되면서도 칼빈주의 예정론의 단점인 무서운 하나님, 불공정한 하나님의 문제를 해소했다. 그러면서 복음 선교의 긴장성도 그대로 유지했다는 장점이 있다. 또한 알미니안주의자들의 예지예정론의 단점인 아직 존재하지도 않고 하나님의 마음에 정하지도 않은 사람들을 하나님이 예지했다는 주장의 모순점과 구원의 최종적 결정이 하나님이 아니라 전적으로 사람의 자유의지에 달려 있다는 주장의 문제점도 극복한 예정론이다. 그러면서도 필자의 예정론은 성령의 은총으로 복음을 조명하더라도 사람은 그의 자유의지로 거부할 수도 있다는 점을 그대로 보전했다. 그럼에도 불구하고 필자의 예정론은 성령의 복음을 사람이 그의 자유의지로 거부할 수 있다는 사실을 인정하지만, 인류의 구원사 전체는 하나님께서 그의 꿈을 이루기 위해 주권적으로 섭리하여 나가신다는 사실을 전제하기 때문에, 하나님의 절대 주권이라는 신학적 교의가 분명히 보전되어 있다.

그리고 성령께서 하시는 복음에 대한 조명과 감동은 바다의 파도처럼 사람이 죽을 때까지, 그가 복음을 받아들일 때까지 다양하게 역사하기 때문에, 대부분의 사람들은 복음을 믿고 구원의 반열에 들어서게 된다. 오죽하면 칼빈주의자들이 성령의 부름의 은혜는 불가항력적 은혜라고 하겠는가? 이는 마치 어떤 사람이 마음먹고 원하는 숫자가 나올 때까지 주사위를 던지면 결국 원하는 숫자가 나오게 할 수 있는 것과 마찬가지로 성령도 자신이 선택한 사람의 구원을 위해 지속적으로 다양하게 역사하여 그의 뜻을 이루신다. 결국 하나님은 전지전능하시기에 사람의 자유의지적 결정을 존중하면서도 역사 속에서 원하는 수의 그리스도인을 정한 때까지 형성해낼 수 있는 것이다.

또한 필자의 예정론은 칼 바르트의 은총예정론, 원리적 예정론이 가지는 단점과 한계성도 돌파한 예정론이다. 바르트 신학이 필자의 예정론을 형성하는 데 있어 지대한 영향을 끼친 것을 부인할 수 없지만, 필자는 바르트와는 달리 만세 전에 그리스도 안에서 구원받을 사람의 수를 예정했다고 함으로써 바르트 예정론의 구체성 결여 문제를 해소했다. 그리고 바르트가 사실상 만인구원론의 문을 열어놓고서도, 그 교설을 뒷받침할 수 있는 후속적 작업을 하지 못해 부정적 비판만 받은 것과는 달리 필자는 만인구원론과 조화를 이루는 예정론, 그리고 만인구원론을 구체적으로 보완하고 뒷받침할 수 있는 지옥론, 1 • 2차 부활론, 천년왕국론, 흰보좌심판론, 영원천국론 등을 통일적으로 연계하여 전개함으로써 만인구원론에 영광의 면류관을 씌울 수 있었다.

II 선택론(Selection Theory)

1 ◦ 선택교리의 역사와 종류

선택이라는 단어가 신학적 용어로 사용될 때 이 말은 하나님의 의지가 피조물에게 행사되는 것으로서, 특히 다른 것과 구별하여 택한다는 것을 의미한다.

선택이라는 단어가 신학적 용어로 사용될 때 이 말은 하나님의 의지가 피조물에게 행사되는 것으로서, 특히 다른 것과 구별하여 택한다는 것을 의미한다. 교리사적으로 보면 선택론은 역대 신학자들마다 많은 차이가 있다. 초기 교부들은 이 선택을 예정과 결부시켜 이해하여 선택과 예정을 거의 동일 개념으로 보았다. 특히 어거스틴은 예정에 대해 선택이 전제된 개념이라고 주장했다. 반면 토마스 아퀴나스는 논리적으로 선택은 예정에 앞선 개념이라고 말했다. 칼빈은 선택이 특별한 사람들에게만 해당되는데 사람의 신앙과 행위와는 무관하게 하나님의 일방적 의지가 작용한다고 보았다. 알미니우스주의자들은 구원의 은총을 믿고 보존하는 자들을 하나님이 예지하시고 선택하셨다고 주장한다.

이 선택을 전 인류적으로 보편화한 사람은 슐라이에르마허이다. 그는 하나님의 선택을 예정교리와 결부시키는 것을 거부하고, 선택은 온 지구상 모든 사람들에게 해당되며, 다만 특수한 역사적 상황에서 얼마의 사람들이 특별히 선택받는 것이라고 주장했다. 이처럼 역대 신학자들의 선택교리에 대한 주장은 스펙트럼이 대단히 넓다. 선택을 예정과 동일하다고 보는 입장부터, 선택을 만세전의 예정이 아니라 현재의 역사에서 인류 모두에 대한 보편적 선택으로 규정하는 것까지 말이다.

2 ◦ 필자의 선택론

필자는 영원한 선택과 성령의 현재적 선택이라는 2가지 선택론을 제시한다.

1) 영원한 선택

우선 영원한 선택이란 에베소서 1;4절 "곧 창세전에 그리스도 안에서 우리를 택하사"라는 구절에 근거한 선택론을 의미한다. 성서에 이처럼 분명히 기록되어 있으므로 필자도 이러한 영원한 선택을 부인할 수는 없다. 그러나 성서에 단 한 번 나와 있는 이 창세전의 선택이라는 말은 예정이라는 말과 동일한 의미로 사용되었다. 더욱이 이 구절은 개개인에 대한 선택이 아니라 '창세전에 그리스도 안에 있는 무리들'을 선택했다는 것으로 해석되어야 한다. 그러므로 필자의 선택론은 사실상 성령의 현재적 선택에 집중되고 있다.

2] 성령의 현재적 선택

마태복음 22:1-14절에 보면 예수께서 천국 잔치 이야기를 하면서 "청함을 받은 자는 많되 택함을 입은 자는 적으니라(마 22:14)"라고 말씀하셨다. 이것은 분명 성령의 현재적 선택에 대한 말씀이다. 밭의 주인은 곡식을 수확하고 열매를 거두어 들이기 위해 다음과 같은 선택적 행위를 한다.

먼저 어느 밭에다가 어떤 곡식을 심을까를 선택한다. 이것은 성령께서 어떤 지역, 어떤 민족, 어떤 국가에 복음의 씨를 뿌릴까를 선택하는 것이다. 그 다음 주인은 밭에서 일할 일꾼을 선택하고 부르신다. 이것이 직분의 소명이다. 바울은 다메섹 도상에서 이런 소명을 받았다. 이제 부름 받은 일꾼은 주인이 선택한 밭에 나가 씨를 뿌리고 가꾼다. 그리고 때가 되면 익은 곡식을 수확한다. 그리고 이 곡식들 중 알곡과 쭉정이를 가려서 그 중 알곡만을 선택하여 곳간에 들인다. 여기서 일꾼이 곡식을 수확하는 것을 1차적 구원의 선택이며 1차적 구원의 소명이다. 성서는 이들을 청함을 받은 자들이라고 했다.

그 다음에 알곡으로 선택된 자들이 바로 구원을 위한 2차적 선택, 최종적 선택을 받은 자들이다. 그래서 성서는 마태복음 22:14절에서 "청함을 받은 자는 많으나 택함 받은 자는 적으니라"고 말씀한 것이다. 구원받는 자들에 대한성령의 현재적 선택을 정리하면 다음과 같다.

1차적 선택 / 포괄적, 잠정적 선택 1차적 선택은 포괄적 선택이다. 포괄적 선택이란 잔치에 청하는 선택이다. 예수께서 말씀을 가르치는 자리에는 수많은 사람들이 나왔다. 그들은 일종의 1차적 선택인 청함을 받은 사람들이다.

2차적 선택 / 개인적, 최종적 선택 그러나 청함받은 사람이 모두 구원받을 자로 선택되는 것은 아니다. 그중에 예복을 입은 자들만이 선택된다. 농사지은 곡식에 대한 최종적 선택, 즉 2차적 선택은 탈곡한 다음 창고에 드릴 알곡과 내어버릴 쭉정이를 선택하는 것이다. 이 최종적 선택이 성령의 현재적 선택 중에 2차적 선택인 것이다. 여기서 성령의 감동과 부름에도 불구하고 쭉정이가 나올 수 있는 이유는 바로 말씀을 듣거나 읽는 사람마다 그 마음의 자세와 상태와 성격이 다르기 때문이다.

물론 성령은 사람이 구원받을 만한 믿음을 가질 수 있도록, 즉 곡식이 잘 영글도록 최선을 다하신다. 햇빛과 바람과 비를 내리시고 일군을 통해 거름도 주고 잡초도 뽑고 병충해도 방지하신다. 그럼에도 불구하고 구원받을 만한 믿음을 갖지 못하는 이들이 생긴다. 믿음의 형체는 있으나 믿음의 내용이 없는 쭉정이 같은 영혼들을 의미한다. 이들은 물론 구원받을 자로 선택될 수 없다. 성령은 사람의 구원을 위해 최선을 다하시지만 강제로 믿게 하지는 않는다. 그러므로 필자의 선택론의 특징은 그리스도인을 만드는 일에 있어 하나님의 주권적 결정과 섭리도 유지되고, 사람의 자유의지도 존중되는 선택론이다.

그리고 2차적 선택의 반열에도 오르지 못한 사람들은 어쩔 수 없이 사후에 지옥에 떨어져 형벌을 받고, 그곳에서라도 복음을 믿고 구원받는 길밖에 없다.

III 구원의 질서(Ordus Salus)

구원의 질서, 또는 구원의 순서(Ordus Salus)는 성령이 사람을 구원하는 순서를 의미하는데, 이는 성령이 사람을 구원하기 위해 현재적으로 역사하는 순서이다. 그러므로 구원의 순서에서 성령의 선택(Selection)이 먼저이고, 그다음이 성령의 부르심, 즉 소명(Calling)이고, 다음이 성령의 조명으로 복음을 깨닫게 되어 생기는 믿음(Faith)이고, 다음은 성령의 감동 속에서 일어나는 회개(Repentance)이고, 그다음은 성령으로 새롭게 거듭나는 신생(New Birth) 또는 중생(Rebirth)이고, 그다음은 임재하신 성령의 은총 속에서 지속적 회개를 통해 일어나는 성화(Sanctification)이고, 마지막은 성령이 다시 살리시는 영화(Glorification), 즉 부활이다.

믿음에 대하여 여기서 가장 중요한 구원의 질서는 믿음이다. 그 이유는 기독교만이 유일하게 보유한 진리가 바로 이신득의, 즉 믿음으로 의롭다 함을 얻는다는 진리이기 때문이다. 여기서 믿음의 정체에 대한 신학적 논란은 믿음이 의인(義認)의 조건인가 의인의 통로인가 하는 것이다. 이 부분은 대단히 미묘하고 민감한 문제인데, 필자는 후자, 즉 믿음은 의인의 통로라고 보는 입장이다. 왜냐하면 만일 믿음이 의인의 조건이 된다면 사람의 믿음이 그 자체로 의롭다 함을 얻는 데 있어 하나의 공로가 되기 때문이다. 필자가 알미니안주의의 예지예정론을 경계하는 것은 바로 이런 이유 때문이다. 믿음이 구원의 조건이라면, 그리고 그 믿음이 사람의 자유의지적 결정으로 형성되는 것이라면 구원에 있어 주권은 하나님이 아니라 사람에게 있는 셈이다.

* 파울 틸리히는 저서 『조직신학(Systematic Theology)』에서 "의인하는 능력은 하나님의 은총이며, 사람이 이 은총을 받아들이는 통로가 믿음이다. 믿음은 결코 의인의 원인이 아니고 그 통로일 뿐이다. 믿음이 의인의 원인으로 이해되는 순간 믿음은 로마가톨릭시즘 안에 있는 그 어느 것보다 더 나쁜 악업이 된다. 믿음이 의인의 원인이 아니라 통로라고 하는 것은 믿음이 하나님의 은혜로 말미암아(BY) 일어나는 현상이기 때문이다"라고 말했다.

믿음이 없이는 의롭다 함을 얻지 못한다. 그리고 이 믿음은 사람이 믿는 것이지만, 사람의 불완전한 자유의지적 능력으로 믿는 것이 아니라 성령의 부르심과 성령의 조명으로 사람이 진리를 깨달음으로 인해 믿게 되는 것이기 때문에 이 믿음에 대해 사람이 공로 의식을 가져서는 안 된다. 믿음을 의인의 조건으로 보기보다는 의인의 통로로 이해하는 것이 보다 정확한 통찰이라고 생각한다.

중생 / 신생에 대하여 그러면 중생(신생)이란 무엇인가? 성령의 은혜로 말미암아 복음(물), 즉 예수가 그리스도이며 하나님의 아들이 자신의 죄를 대속하기 위해 십자가에서 죽으셨고 이를 믿는 자는 죄 사함 받고 영생을 얻는다는 진리를 깨닫게 된다. 그렇게 되면 즉각적으로 그동안 인생을 잘못 살아온 죄를 회개하게 된다. 그리고 회개하는 마음속으로 성령이 임재하면서 그는 중생(신생)의 순간을 맞이한다. 중생은 육체적으로 새로 나는 것이 아니라 정신적으로 새로 나는 것이다. 새로 남에 대해 키르케고르는 "완전히 다른 종으로의 전입"이라고 말했다. 이는 죄로 말미암아 죽은 자처럼 살았던 존재가 진리를 깨달아 다시 산 존재가 된다는 것이다. 이제부터 그의 영은 성령의 임재 속에서 활성화되어 하나님의 사람으로서 영생의 삶을 살 수 있게 한다. 물론 중생한 그리스도인이라 할지라도 여전히 원죄, 즉 죄성이 존재하기 때문에 때때로 죄의 유혹을 받기도 하지만, 다시 산 영혼은 죄를 이기는 삶을 소원하게 된다. 이런 이유로 중생한 자, 즉 거듭난 자만이 하늘나라를 보고 하늘나라에 들어갈 수 있다.

그런데 여기서 유념해야 할 것은 중생했다는 것과 중생의 체험을 했다는 것은 구별해야 한다는 점이다. 누군가 복음을 믿고 그리스도인이 되었다면 중생의 경험이 약하다 할지라도 중생한 것이다. 그러나 중생의 체험은 중생의 순간을 강하고 극적으로 통과하는 사람이 경험한다. 중생의 체험을 강하게 하는 사람은 복음을 보다 확실히 깨닫고, 회개가 보다 선명하게 일어나고, 하나님에 대한 인격적 만남이 확실하게 이루어진다. 요한 웨슬레는 복음에 대한 깨달음이 철저하지 못했기 때문에 비록 그가 중생한 사람이었다 할지라도 그의 믿음은 확실하지 못했고, 경건의 연습은 했지만 진심에서 우러나는 회개도 철저히 하지 못했고, 따라서 하나님과의 인격적 만남도 확실하지 못했던 것이다. 이런 사람은 죽어서 구원받을 수 있을지 모르나, 살아 있는 동안에는 세상의 유혹과 권세로부터 자유롭지 못하고 중생한 자의 평화와 기쁨을 누리지 못한다. 그러므로 바람직하고도 중요한 것은 복음의 진리를 확실히 깨닫는 것이다. 그러면 선명한 믿음과 선명한 회개가 차례로 일어나 성령의 임재와 더불어 확실한 중생의 체험을 하게 된다.

성화에 대하여 성화는 신생(중생)의 다음 단계로서 그리스도를 닮고자 하는 영적 소원과 말씀을 통해 주어지는 성성의 성총(Gratia Sanctificans)으로 말미암아 일어나는 회개와 경건의 연습과 노력을 통해 그리스도인의 인격이 지속적으로 변화되는 것을 의미한다. 이 성화의 경지가 높아지면 높아질수록 순수한 마음의 평화는 비례하여 커진다. 그리고 성화의 정도가 높이 올라간 사람은 사소한 죄 문제로 괴로워하기보다는 남을 더욱 사랑하지 못한 것 때문에 죄책감을 갖는다. 그럼에도 불구하고 그는 많은 사람을 더 순수하게 사랑하기 때문에 그 괴로움보다 더 큰 기쁨과 평화가 넘치게 된다.

성화는 신생(중생)의 다음 단계로서 그리스도를 닮고자 하는 영적 소원과 말씀을 통해 주어지는 성성의 성총(Gratia Sanctificans)으로 말미암아 일어나는 회개와 경건의 연습과 노력을 통해 그리스도인의 인격이 지속적으로 변화되는 것을 의미한다.

예를 들어 영화 <쉰들러리스트>에서 재산을 다 기울여 수천 명의 유대인을 구한 주인공이 "아, 이 차를 팔았더라면, 이 반지를 팔았더라면 몇 사람이라도 더 구했을 텐데" 하며 흐느끼는 장면이 나온다. 성화된 자의 죄책감은 바로 그런 종류이다. 또 성 프란시스는 아시시 외곽 동굴에서 수도 생활을 할 때 거리에서 구걸을 하는 나병 환자를 포옹해주지 못한 것에 가책을 느끼고 회개의 눈물을 흘렸다. 이런 사람들의 마음에는 보통 사람은 이해할 수 없고 경험할 수 없는 감사와 기쁨과 평화가 흐른다. 다만 성화의 경지가 높이 올라간 사람도 겟세마네 동산의 예수님처럼 엄청난 무게의 십자가를 짊어져야 하는 상황에서는 괴로움을 느낄 수밖에 없다. 자기 목숨과 가족을 포기해야 다른 사람을 살릴 수 있는 상황에서는 성화의 정도가 높은 사람도 어쩔 수 없이 괴로움을 겪는다. 또 사랑하는 많은 사람들이 죄를 짓고 사망의 길로 들어서는 것을 보아도 괴로움을 느낀다. 바울은 로마서 9:1-2절에서 그리스도를 믿지 아니하는 이스라엘 민족으로 인해 큰 근심과 고통이 있는 것을 자기 양심이 성령 안에서 증거한다고 했고, 갈라디아 교회 교인들이 잘못된 교설에 속아 복음의 길을 저버리는 것을 보고 "이후로는 나를 괴롭게 말라 내 몸에 예수의 흔적을 가졌노라(갈라디아서 6:17)"라고 말했다.

그런데 이 성화는 믿음으로 말미암은 의인 못지않게 구원과 관계된 의미가 막중하다고 볼 수 있다. 이 말은 성화가 구원의 질서, 구원의 단계와 중요한 관계가 있다는 말이다. 우리는 흔히 믿음으로 의롭다 함을 받은 자는(로마서 1:17, 갈라디아서 3:11) 하나님의 자녀가 되고(요한복음 1:12), 심판받지 않고(요한복음 3:18), 사후에는 즉시 천국으로 직행하여 구원받는다(요한복음 3:16-17)는 사실을 믿고 있다. 물론 이것은 분명히 옳은 말이다. 더욱이 이런 입장은 구원 문제에 믿음 이외에 어떤 부가적 조건을 제시하거나 강요하지 말라고 갈라디아 교인들에게 가르친 바울의 입장이기도 하다(갈라디아서 2:16). 그러나 또한 성화도 구원과 관계가 있다는 것도 맞는 말이다. 그렇지 않다면 바울이 왜 동일한 갈라디아서에서 성령의 아홉 가지 열매를 언급하였으며, 자신은 이를 위해 해산하는 수고를 한다고(갈라디아서 4:19) 하였겠는가? 한마디로 의인은 구원의 결정에 관계되지만 성화는 이생에서는 구원의 경험에 관계되다가 부활 시에는 구원의 등급에 관계되기 때문이다. 이생에서 구원의 경험이란 똑같이 교회 다니고 예수 믿는 사람인데도 그리스도인들마다 성령의 열매가 맺히는 상황이 다르고 구원의 기쁨의 성격과 정도가 다르다는 것을 의미한다. 구원받은 삶의 경지가 다르다는 말이다. 똑같이 예수를 믿어 구원을 받은 사람인데, 어떤 신자는 여전히 물질 축복에 주로 관심을 가지며 세속적 즐거움을 놓지 못하고 사는 반면, 어떤 사람들은 순수한 사랑의 은혜와 성령의 은혜에 사로잡힌 삶을 사는 사람이 있다. 같은 그리스도인이라 할지라도 이생에서 구원받은 삶의 경험이 차이가 난다는 말이다. 다시 말해 성 프란시스와 보통의 그리스도인의 영적 삶의 경지가 차이가 난다는 것이다.

한마디로 의인은 구원의 결정에 관계되지만 성화는 이생에서는 구원의 경험에 관계되다가 부활 시에는 구원의 등급에 관계되기 때문이다.

또한 성화는 부활 시 영체의 등급과 관계가 있다. 고린도전서 15장에서 바울은 "해의 영광과 달의 영광과 별의 영광이 다른데 별과 별의 영광이 다르도다 죽은 자의 부활도 이와 같으니"(고린도전서 15:41-42)라고 가르쳤다. 이는 성도가 살아생전에 얼마나 그리스도를 닮기 위해 최선의 노력을 했느냐에 따라, 즉 성화의 정도와 경지에 따라 부활영체의 영광과 광채의 차이가 난다는 의미를 함축하고 있는 말씀이다. 의인은 구원의 커트라인을 넘었느냐와 관계되지만, 성화는 몇 점으로 통과했느냐와 관계되는 것이다. 성화는 구원을 받되 어떤 등급의 구원을 받느냐와 관계된다는 말이다. 어떤 사람은 천국에서의 구원과 부활에 무슨 등급이 있느냐고 말할지도 모른다. 그러나 우리는 천사들의 세계에도 계급이 있다는 사실을 알아야 한다. 다만 이 세상에서는 계급이 불공정하게 나눠지기도 하지만 하늘나라에서는 공정하게 주어진다는 것이다.

그런 면에서 개신교회는 구원 문제를 믿음으로 말미암은 의인에 중점을 두지만 동방교회나 로마 가톨릭교회는 성화에 중점을 두고 있다고 할 수 있다. 그래서 누군가 신자들에게 "당신은 구원을 받았습니까" 하고 질문하면 개신교회 신자는 "예! 저는 구원받았습니다!"라고 대답할 것이고, 동방교회 신자나 로마 가톨릭 신자는 "예! 저는 구원받고 있는 중입니다!"라고 대답할 것이다. 그러나 어느 쪽의 대답이 정답인지는 확정할 수 없다. 왜냐하면 이들의 대답 모두에 복음적 신앙이기 때문이다. 안타까운 것은 개신교회는 복음의 근본인 이신득의 신앙에 철저하고, 더욱이 한국 개신교회는 성령의 은혜 체험까지 강력하면서도 신자들의 신앙이 구원받았다는 데서 끝나고 성화에 대한 진척이 지지부진하다는 점이다. 물론 동방교회나 가톨릭교회는 이신득의 신앙에 철저하지 못하여 구원의 확신을 주지 못한 채, 사랑의 삶만을 강조하거나 수도적 삶을 강조한다는 문제점이 있다.

그러므로 가장 이상적인 교회는 신자들이 이신득의 신앙으로 구원의 확신을 갖게 한 가운데, 더 좋은 등급의 구원을 위해 사랑의 삶과 성화의 삶을 지향하도록 구체적인 프로그램을 통하여 적극적으로 지도하는 교회라고 생각한다. 물론 여기서 높은 등급이라는 것은 결코 유치한 의미가 아니라, 그리스도를 더 순수하게 사랑하는 영혼의 경지라는 의미라고 이해해야 한다. 주님을 더 가까이 더 깊고 순수하게 사랑하는 영혼에 따라 부활의 등급이 다르고 하늘나라에서 계급이 다르다는 것은 어쩌면 당연한 일이다. 첫째 부활에 참여한 자들이 천년왕국에서 왕 같은 제사장이 되는 것은 맞지만, 성화의 정도에 따라 광채도 능력도 계급도 위치도 다르다는 사실도 우리는 분명히 알아야 한다. 그동안 개신교회가 성화의 가르침에 소홀했던 이유는 구원의 질서상 영화의 단계인 부활과 천년왕국에서 삶에 대한 교리가 구체적이지 못하고 모호했기 때문이라고 생각한다. 그런 의미에서 필자의 책이 한국 교회에 의미 있는 기여를 할 수 있기를 바란다.

사람마다 다른 구원의 질서 구원이 전개되는 과정, 즉 구원의 순서는 사람들마다 양상이 각각 다르다. 큰 구조에서는 동일하더라도 각 단계의 각론에서는 사람마다 다르다. 그것은 각 개인마다 성격, 인격, 자라온 환경, 마음의 쓴 뿌리의 여부, 견고한 진의 여부, 주위 환경, 모태신앙인과 그렇지 않은 사람, 주위에 중보기도를 해주는 사람이 많은 사람과 안티 크리스천이 많은 사람, 그리고 남의 말을 믿지 않고 따지기를 좋아하는 사람과 남의 말을 쉽게 믿는 성향의 사람, 자기가 도덕적인 사람이라고 자부하는 사람과 죄 많은 사람이라고 여기는 사람, 교회에 대한 선이해가 좋은 사람과 부정적인 사람, 그리고 그가 다니는 교회의 신앙의 차이, 즉 신앙심이 냉랭한 교회와 뜨거운 교회 등에 따라 다르다.

따라서 구원의 순서를 통과하는 사람들의 양상도 각기 다를 수밖에 없다. 어떤 사람은 모든 순서를 다 원만하게 통과한 듯 보이나, 깊고 확실하게 통과하지 못했기 때문에 구원의 기쁨도, 선한 삶의 의지도, 마음의 평화도 미미한 채 살아가다가 죽어서 하늘나라로 가는 사람이 있다. 한편 요한 웨슬레처럼 이지적 신앙을 하다가 성령의 은혜로 뒤늦게 복음의 본질을 깨닫고 회심하여 분명한 신생의 체험과 성화의 전진을 새롭게 경험하는 사람도 있다. 어떤 사람은 수십 년 동안 지인들에게 전도를 받고 성령의 부름을 받았지만 믿지 않다가 불치병에 들거나, 큰 죄를 짓고 사형 판결을 받아 절박한 가운데 뒤늦게 예수 믿고 중생의 기쁨과 평화를 맛보며 성자처럼 살다 죽는 사람도 있다.

베네딕투스 수도원 운동의 창시자 성 베네딕투스는 일찍이 믿음, 회개, 중생을 다 거쳤으나 더 높은 성화에의 목마름으로 수도원에 들어갔다. 그러나 남달리 강한 성욕 때문에 마음의 평화를 갖지 못했다. 그래서 그는 기도하다가 성욕이 일어나 음녀의 환상이 떠오르면 가시덤불에 몸을 굴렸다. 성화를 향한 절치부심한 소원과 피 흘리는 노력으로 결국 그는 사탄의 견고한 진을 파하고 마음의 평화를 누리는 위대한 수도사가 되었다.

이와 같이 크리스천마다 구원의 순서를 통과하는 모습은 가지각색이다. 우리는 하나님이 아니기에 사람의 진정한 내면의 상황을 알 수 없다. 죄인이라 여겼던 사람이 알고 보니 진실한 성자였고, 성자인 줄 알았던 사람이 알고 보니 사이비 위선자인 경우도 많다. 신앙이 좋은 사람인 줄 알았는데 구원받을 믿음이 없는 사람이었고, 엉터리 신자인 줄 알았는데 오히려 하나님을 진정으로 사랑하는 사람인 경우도 많다. 그러므로 우리는 사람의 드러난 모습만을 보고 신앙을 함부로 판단하지 말아야 한다. 열 길 물 속은 알아도 한 길 사람 속은 모른다고 하지 않는가? 그러므로 사람을 함부로 판단하는 것은 하나님의 영역을 침범하는 것이다.

Chapter 9 제 9 장

교회, 성례전

I 교회는 무엇인가?

필자의 교회론은 복음주의 신학의 교회론에 입각하고 있다. 즉, 교회는 온 우주에 하나님의 나라를 세우기 위해 하나님께서 잠정적으로 세우신 거룩한 조직이며 질서이며 공동체이다. 교회의 머리는 그리스도시고, 모든 그리스도인들은 교회의 몸을 구성하는 지체이다. 교회의 이념은 사도적 전승에 의거하며, 교회는 보이는 교회와 보이지 않는 교회, 즉 가시적 교회와 불가시적 교회로 나눈다. 교회는 완전하지 않고, 많은 문제가 있음에도 불구하고 거룩하고 존귀하며, 교회는 음부의 권세를 이기는 천국의 열쇠를 가지고 있다. 교회가 천국의 열쇠를 가졌다고 하는 것은 교회가 구원의 결정권을 가졌다는 뜻이 아니라, 교회는 복음으로 세상 사람을 구원할 수 있는 능력을 가진 유일한 공동체라는 의미다. 교회는 이미 실현된 하나님 나라이며, 아직 실현되지 않은 하나님 나라의 징조라는 양면성을 가진다. 교회는 역사 너머에서 다가오는 완전한 하나님의 나라를 지향하며, 이의 실현을 목적하여 노력하는 하나님 나라의 거점이요 중심이다. 그러므로 교회는 비둘기 같은 순결함과 더불어 뱀 같은 지혜가 요구된다.

교회가 천국의 열쇠를 가졌다고 하는 것은 교회가 구원의 결정권을 가졌다는 뜻이 아니라, 교회는 복음으로 세상 사람을 구원할 수 있는 능력을 가진 유일한 공동체라는 의미다.

교회는 성도들의 신앙적 충만함과 성장을 위해 성령 안에서 다양한 프로그램을 시행해야 하며, 교회를 향해 역사하는 어둠의 세력의 전략 전술을 통찰하고 그들을 이기기 위한 영적 사회적 전략 전술을 세워 대처해야 한다. 교회는 역사의 지평 너머에서 이루어질 하나님 나라를 소망하며 전진하는 종말론적 공동체이다. 그러므로 교회의 확장은 역사의 목적이고 의미이며, 교회는 종말의 날에 하나님에 의해 일어날 주의 재림과 부활을 준비하는 선교 공동체이다. 연필의 심처럼 일반 역사의 중심에는 구속사가 있고, 그 구속사의 목적과 의미는 예정된 수의 그리스도인을 조성하는 선교에 있다. 예수그리스도의 복음을 전파하는 선교 사역은 마귀사탄을 대적하는 교회의 가장 신성하고 중요한 결정적 행위다. 하나님의 성령은 만세 전에 예정한 수의 영혼들이 다 들어올 때까지(로마서 11:25) 교회와 함께하며(마태복음 28:20), 성령은 오늘도 교회를 통해 역사하신다. 교회는 하나님이 교회를 세운 목적을 달성하기 위해 예배, 봉사, 교제, 교육, 선교 등 여러 가지 활동에 힘써야 한다.

II 성례전(Sacrament)이란 무엇인가?

*
로마 가톨릭교회의 성례전은 성세성사(세례, Baptism), 성체성사(성찬, Eucharist), 견진성사(Comfirmation), 고백성사(Penance), 병자성사(Extreme Unction), 혼인성사(Matrimony), 신품성사(Ordination) 등 7가지다.

성공회 기도서에 나오는 고전적 정의에 의하면 성례전이란 "내적이고도 정신적인 은혜의 외적이고도 가시적인 표시"이다. 아마도 이런 정의는 초기 교부들, 즉 아우구스티누스와 중세 스콜라주의 신학자들의 가르침을 적절하게 요약한 표현일 것이다. 성례전은 그리스도 자신에 의해 명백하게 제정되었고, 그러므로 다른 거룩한 표시와는 구별된다. 이 성례전은 교역자를 통하여, 또는 교회를 대표하는 자에 의해 집행될 때만 효력을 갖는다. 개신교의 성례전(Sacrament)은 세례(Baptism)와 성찬(Eucharist)만 인정된다. 이는 로마 가톨릭교회가 7가지 성사*를 주장하는 것과 대비된다.

개신교가 세례와 성찬만을 성례전으로 인정하는 이유는, 이 2가지 의식만이 주님께서 행하라고 명령하셨기 때문이다. 세례에 대해서는 마태복음 28:19절에서 "모든 민족으로 제자를 삼아 아버지와 아들과 성령의 이름으로 세례를 베풀라"고 명령하셨고, 성찬에 대해서는 누가복음 22:19절에서 "이것은 너희를 위하여 주는 내 몸이라 너희가 이를 행하여 나를 기념하라"고 명령하셨다.

성례전의 의미를 피부에 와 닿게 설명하는 것은 어려운 일이다. 그러나 바울은 성례전의 의미를 이해하기 위해 존재의 유비라는 형식을 통해 가르쳤다. 그는 에베소서 5:22-33절에서 남편과 아내의 관계를 통해 그리스도와 교회의 관계를 설명했다. 그러므로 우리는 교회의 성례전을 남편과 아내의 유비로서 이해하는 것이 마땅하다. 성례전은 신비롭고 신성한 교회의 의식이며, 성례전은 남편과 아내의 관계가 그러하듯이 교회와 그리스도가 하나 되는 신비적 연합(Unio Mistica)을 위한 핵심적 의미를 가진다.

1 세례(Baptism)

세례는 남자와 여자가 결혼식을 통하여 하나가 되듯이 그리스도와 성도가 올리는 일종의 영적 결혼식이다. 남녀 간의 결혼식은 주례자와 하객들 앞에서 부부가 되었음을 공인받고 확증하는 의식이기 때문에 대단히 중요하다. 마찬가지로 세례식은 예비 성도가 세례식을 통하여 그리스도와 부부가 되었음을 하나님과 성도들 앞에서 인증받는 매우 중요한 의식이다. 물론 세례는 성도의 신앙 여부가 그 실효성을 보증한다. 거짓으로 받는 세례는 의미가 없다. 세례자의 마음에 십자가 복음에 대한 믿음과 하나님에 대한 사랑과 감사가 있어야 한다는 것이다. 비록 완전하지는 않아도 그런 믿음이 존재해야 세례가 유효성을 가진다. 남녀 상호간의 마음에 믿음, 사랑, 소망의 진심이 존재할 때만이 진정한 결혼식이 될 수 있는 것과 같다. 진정성 없이 사기 결혼을 한 사람의 마음에 변화가 없는 한 부부관계는 성립되지 못하고, 설령 성립된다 하더라도 결국은 파탄에 이르고 말 것이다.

결혼식이 원래 일생에 단 한 번 하는 것이 원칙이듯이 세례도 평생 단 한 번 받는 것이 원칙이다. 이단으로 규정된 교단에서 세례를 받았더라도, 성삼위 하나님의 이름으로 받은 세례라면 유효하다. 단, 구원은 그들이 이단 교회를 떠나 정상적 신앙 고백이 있는 교회로 돌아온 경우에 한해서 유효하다. 세례의 효과에 대해서는 다음 4가지 입장이 있다.

첫째, 인효론(人效論)*으로서 세례를 베푸는 자의 신앙에 따라 세례의 효과가 결정된다는 입장이다. 이것은 가톨릭교회나 개신교회가 모두 부정하는 입장이다.

둘째, 신효론(信效論)이다. 이는 세례받는 자의 신앙에 따라 세례의 효과가 영향을 받는다는 입장이다. 이는 개신교회가 보편적으로 지지하는 입장이다. 이 입장을 철저히 극단적으로 따르는 교회가 재세례파**이다.

셋째, 사효론(事效論)으로서 성부, 성자, 성령의 이름으로 정상적인 절차에 의해 베풀어진 세례라면 유효하다는 입장이다. 이 입장도 가톨릭교회와 개신교회가 동일하게 지지하고 있다. 특히 어거스틴과 루터, 칼빈이 여기에 속한다.

넷째, 은효론(恩效論)으로서 세례의 효과는 전적으로 하나님의 은총에 의존한다는 입장이다. 이 입장도 어거스틴의 신학적 전통을 이은 루터나 칼빈, 그리고 그들이 이끈 개혁교회가 지지하는 입장이다. 이 중 개신교회의 정통적 입장은 은효론과 신효론, 그리고 사효론이다. 구원의 의미를 갖는 세례가 성삼위 하나님의 이름으로 정상적 절차를 따라 베풀어진 것이라면(사효론), 그 세례를 이단 교회에서 받았더라도 유효하다는 입장이다. 그 이유는 세례의 효과가 전적으로 하나님의 은총에 의존하는 것이기 때문이다(은효론). 그리고 정통 개신교회는 신효론 역시 인정한다. 세례의 효과는 그 사람에게 구원받을 만한 믿음이 있다는 것을 확증하는 것이기 때문이다(신효론).

* 인효론(人效論)은 개신교회뿐 아니라 가톨릭교회에서도 부정적인 입장이다. 그래서 가톨릭교회는 이단으로 정죄된 도나투스파에서 받은 세례도 정당하다고 인정하였다. 다만 구원은 보편교회와의 일치 안에서만 유효하므로 그들이 다시 보편교회로 돌아왔을 때 비로소 유효하게 된다고 보았다.

** 재세례파(再洗禮波, Anabaptist)는 16세기 종교개혁 당시 급진적 개혁을 추구한 개신교의 한 종파이다. 이들은 세례의 효과를 철저하게 신효론에 의거하여 판단하고, 타 종파나 교파에서 세례받은 자도 다시 세례를 받아야 한다고 주장했기 때문에 재세례파라고 부른다. 그들은 신효론에 입각하여 신앙이 없는 유아의 세례를 부정한다. 또한 그들이 재세례를 주장하는 이유 중 하나는 세례의 형식은 반드시 침수세례여야 한다는 입장과도 관계가 있다. 그래서 그들을 재침례파라고 부르기도 한다. 그러나 오늘날의 침례교회와 이들을 동일시할 수는 없다. 오늘날의 침례교회가 신효론에 입각하여 유아 세례를 인정하지는 않지만 재침례만이 구원을 위해 유효하다고 주장하지는 않기 때문이다.

2 ◦ 성찬(Eucarist)

성찬식은 교회와 그리스도 사이에 반복적으로 행해지는 영적 결합 의식이다. 이 성찬에 참여함으로써 성도들은 자신이 운명적으로 그리스도와 존재론적 결합이 이루어진 거룩한 신부라는 사실을 계속적으로 확증하는 것이다. 초대 교회부터 교회는 이 성찬을 가장 신비로운 밀의 의식으로 여겼다. 이 성찬은 그리스도와 성도 간의 신비한 연합(Unio Mistica)의 극치이며, 성도가 그리스도의 피와 살을 나누는 의식이다. 이를 통하여 모든 그리스도인들은 그리스도가 그들의 구원을 위해 죽으신 구세주이고 영적 남편이며, 자신들은 그리스도의 영적 아내요 신부라는 사실을 감격적으로 경험한다.

앞서 세례를 그리스도와 결혼하는 것이라고 했고, 세례식은 그런 점에서 영적 결혼식이라고 했다. 그런 관점에서 성찬은 무엇이라고 이해해야 하는가? 남편과 아내가 서로의 사랑을 확인하고, 그들이 한 몸이라는 것을 경험하는 신성한 의식이 무엇일까? 그것은 바로 남편과 아내 사이에 반복적으로 이루어지는 섹스, 즉 신비로운 몸의 결합이다. 이 섹스를 통해 부부는 그들의 운명성을 확인하고 사랑의 절정을 경험하고 사랑의 증진을 가져온다. 그러므로 성찬은 그리스도와 함께 나누는 영적 섹스라고 이해하는 것이 가장 적절할 것이다. 부부간의 섹스는 추한 것이나 부정한 것이나 불결한 것이 아니다. 부부 사이의 섹스는 사랑을 심화시키고, 종족을 번식하는 가장 거룩한 행위다. 그런데도 많은 사람들이 정상적 부부의 섹스를 불결하고 수치스러운 행위로 보는 경향이 있다. 이것은 하나님께서 인류에게 부여하신 신성한 창조의 질서를 모독하는 것이다. 그러므로 필자는 분명히 말할 수 있다. 성찬은 그리스도와 성도가 나누는 거룩하고 아름답고 신비로운 영적 섹스라고 말이다. 그러므로 성찬에 참여하는 성도는 그리스도께 항상 송구한 마음을 가져야 하고, 그리스도의 아내로서 항상 자기 몸을 정결하게 유지해야 한다. 부득이 연약하여 죄를 지었다면 그 즉시 회개함으로써 보혈의 공로로 용서받고 죄 씻음을 받을 뿐 아니라 그리스도의 신부로서 마음의 정결을 유지해야 한다.

성서적 종말론(Biblical Eschatology)

성서가 증거하는 인류 역사는 하나님이 계획하신 목적이나 목표를 달성하기 위해서 하나님이 섭리하는 것이다. 그리고 하나님이 역사를 통해 이루고자 하는 일이 성취되면 역사는 종말을 맞이하게 된다. 하나님 나라의 역사는 현 역사의 종말, 주의 재림, 첫 번째 부활, 심판, 천년왕국, 둘째 부활, 흰 보좌심판, 영원천국으로 완수된다. 이와 같은 역사의 종말이 있다는 것은 성서적으로 명백하다. 그러나 역사의 종말에 대해서는 신학계에서 여러 가지 주장이 혼재하고 있다. 대표적인 것으로서 무천년설, 전천년설, 후천년설이 있다.

무천년설은 천년왕국의 존재 자체를 부정하는 입장으로 성서에 기록된 천년왕국을 실제로 존재하는 나라로 보지 않고 종말에 대한 부가적 상징이거나 정치적 탄압을 받은 초기 교회의 막연한 희망 사항 정도로 이해하는 입장이다. 무 천년설을 지지하는 대표적인 학자는 존 칼빈이다. 이에 반해 전 천년설은 예수님의 재림이 천년왕국 이전에 일어난다는 주장이다. 그러나 이 주장도 재림이 대환난 후에 있다는 설과 그 전에 있다는 설로 나뉜다. 필자는 전자의 입장에 동의한다. 어떤 이들은 예수의 재림이 천년왕국 전에 한 번, 천년왕국 후에 한 번, 두 번에 걸쳐 있을 것이라는 이중재림설을 주장하기도 한다. 천년왕국 전에 두 번 재림이 있다는 주장의 근거는 요한계시록 19:11-18절이다. 인류 최후의 영적 전쟁을 수행하기 위해 그리스도가 재림하여 이 전쟁을 승리로 이끈 다음 승천하여 다시 어린양 혼인잔치를 주재하고 나서 두 번째로 부활한 성도들과 함께 지상 재림을 한다는 주장이다. 그러나 필자는 재림의 1회성을 믿고 있다. 후 천년설은 예수님의 재림이 천년왕국 이후에 있게 된다는 주장이다. 그들은 천년왕국을 지금의 교회시대로 보고, 교회시대가 끝나면 주의 재림과 부활이 있을 것이라고 주장한다.

종말론은 성서적 근거가 분명하고 인류 역사의 의미와 미래의 비전을 규정하는 중요한 신학사상이기 때문에 종말론 없는 신학체계의 완성이란 있을 수 없다.

종말론은 성서적 근거가 분명하고 인류 역사의 의미와 미래의 비전을 규정하는 중요한 신학사상이기 때문에 종말론 없는 신학체계의 완성이란 있을 수 없다. 이는 기승전결 중에 결, 즉 결론이 없는 논문과 다름없는 것이다.

I 성서적 종말론의 7가지 전제

첫째, 성서적 종말론은 반드시 성서적 근거를 가지고 전개되어야 한다. 성서의 기사를 무시하고 요한계시록은 종말적 사건이 일어나는 순서대로 기록한 것으로 보고 가능한 그런 관점에서 해석해야 한다.

자의적 선입견과 과도한 상상력으로 조합한 종말론이나 역사주의와 문화주의적 관점에서 애매한 사변을 늘어놓은 것을 기독교 종말론이라고 주장해서는 안 된다. 그런 종말론은 교회를 큰 시험에 빠뜨리거나, 아니면 종말론 신앙 자체를 상징화시켜 사실적 종말, 즉 역사적 종말에 대한 신앙을 무력하게 만들 우려가 있다.

둘째, 종말론의 근거가 되는 성서의 기록은 다양하다. 구약성서 전체가 종말론에 관계되지만 특히 예언서들은 중요한 근거 자료가 된다. 그리고 신약성서에서는 예수님의 말씀, 사도의 서신이 그러한데, 특히 요한계시록은 가장 중요한 자료로 취급되어야 한다.

셋째, 성서적 종말론은 신구약성서에 나타난 종말에 대한 기사가 조화와 통일성을 갖는 종말론이어야 한다. 그러나 부득이 어느 쪽을 보다 더 중요한 근거 자료로 선택해야 할 경우, 권위의 순서는 첫째가 예수님의 말씀, 그다음이 요한계시록을 중심으로 한 사도들의 가르침, 그다음이 구약의 예언서들이다. 또한 상징적 기록, 은유적 기록, 비유적 기록보다는 사실적 기록이나 분명한 기록이 보다 더 중요한 자료로 취급되어야 한다. 왜냐하면 상징과 은유, 비유적으로 기록된 성서 구절은 해석의 스펙트럼이 너무 넓을 수 있기 때문이다. 예를 들면 예수님의 말씀이라도 종말에 대해 상징이나 비유로 말씀한 것 보다는 구약의 선지자들이 사실적 구체적으로 예언한 것이 종말론 전개에서 더 큰 비중을 가진 것으로 여기고 참고해야 한다.

넷째, 요한계시록은 종말적 사건이 일어나는 순서대로 기록한 것으로 보고 가능한 그런 관점에서 해석해야 한다. 실제로 요한계시록은 요한 사도가 밧모 섬에 유배되었을 때 파노라마처럼 펼쳐지는 종말의 환상을 보고 기록한 것이기 때문에 해석자는 요한계시록에 나타난 사건의 순서를 자의적으로 앞과 뒤를 이리저리 이동시켜서는 안 된다. 또한 요한계시록에 기록된 내용은 그것이 상징적 표현이든 사실적 표현이든 1세기 후반 이후 인류 역사에서 실제로 일어날 사건을 기록한 것으로 보아야 한다. 따라서 어떤 기록도 자신의 신학적 입장에 따라 무시되거나 생략되어서는 안 된다.

다섯째, 요한계시록 14:1절에 나오는 십사만 사천 인은 여호와의 증인이나 안식일 교회에서 주장하는 것처럼 구원받을 자의 정확한 수이거나 첫째 부활에 참여할 자의 정확한 수를 의미하는 것이 아니라, 땅 위에서 구원받을 자의 수를 상징하는 것으로 보아야 한다. 따라서 구원받을 자의 수가 실제로 몇 명인지는 하나님 외에는 누구도 정확하게 알 수 없다.

여섯째, 역사의 목적은 하나님의 궁극적 비전인 우주적 천년왕국에서 중심이요 근간이 될 사람들, 즉 정해진 수의 그리스도인을 형성하는 것이다. 따라서 역사의 종말은 그 수가 다 찼을 때 반드시 오게 되어 있다.

일곱째, 그러나 종말의 그날과 그 시는 성부 하나님 이외는 아무도 모른다. 마태복음 24:36절에서 예수님은 "그러나 그날과 그 때는 아무도 모르나니 하늘의 천사들도, 아들도 모르고 오직 아버지만 아시느니라"고 말씀하셨다. 여기서 아들도 모른다는 말씀의 의미는 당시 역사적 예수가 계시의 한계성 속에 있었다는 것을 상정한다. 주님이 육신으로 있을 때 계시의 한계성 속에 있었다는 것은 주님이 겟세마네 동산에서 기도하실 때 "아버지여 만일 할 만하시거든 이 잔을 내게서 지나가게 하옵소서 그러나 나의 원대로 마시옵고 아버지의 원대로 하옵소서(마태복음 26:39)"라고 세 번이나 기도하신 것(마태복음 26:44)을 보아도 알 수 있다. 그러나 부활 승천하시어 하나님 우편에 앉아 계시는 현재는 그 날과 때를 모른다고 할 수 없다. 아무튼 그만큼 주의 재림과 부활의 때는 우주적 비밀 사항인 것이 틀림없다.

그럼에도 불구하고 다니엘서의 말씀을 근거로 날짜 계산을 하고 있는 일부 말세론자들은 주님의 말씀을 무시하고 믿지 않는 자들이다. 그들은 자신들이 하늘의 비밀을 푼 성서의 권위자라는 허명에 취해 있다. 기독교 2,000년 사에 종말의 날을 예언해서 맞춘 사람은 단 한 사람도 없다. 이후에도 그러할 것이니, 앞으로 그런 사람들의 말에 현혹되어서는 안 된다. 우리의 최선은 예언된 종말의 때와 징조를 파악하고 그와 같은 일이 일어나거든 그 날이 가까워온 줄 알고 영적으로 대비하는 정도일 것이다(마태복음 24:3-33). 주님은 그날이 언제인지는 아무도 정확하게 알 수 없으니, 그날이 올 것을 대비하여 항상 영적으로 깨어 있으라(마태복음24:42-43)고 가르치셨다.

II 종말의 징조

성서는 역사의 종말이 오면 시대적 징조가 다양하게 나타난다고 기록하고 있다. 종말의 징조에 대해 집중적으로 기록된 곳은 마태복음 24장과 요한계시록 6:1-8절이다.

1 ◦ 마태복음 24장

마태복음 24장은 예수님이 말세에 대해 예언하신 것으로서 소묵시록이라고도 한다. 주님은 말세가 되면 이런저런 상황이 될 것이라는 식으로 여러 징조에 대해 언급하고 있다. 그중에는 거짓 메시아가 나타나 많은 사람을 미혹할 것(마24:4), 나라와 나라, 민족과 민족이 대적하여 무수한 난리가 일어날 것(마 24:6-7), 그리스도인들이 미움받고 많은 핍박을 받게 될 것(마 24:9-10), 거짓 선지자들이 많이 일어날 것(마 24:11), 불법이 성하고 사랑이 식어질 것(마 24:12), 멸망의 가증한 것이 거룩한 곳에 설 것(마 24:15), 복음이 온 세상에 전파될 것(마 24:14), 그리고 매우 암시적인 말씀인 무화과나무의 가지가 연해지고 잎사귀를 내게 될 것(마 24:32-33) 등 말세의 징조에 대한 많은 이야기가 기록되어 있다.

이 모든 예언은 지난 세기 이래 과거 어느 때보다 더욱 현실화되었다. 특히 멸망의 가증한 것이 거룩한 곳에 설 것이다(마 24:15)라고 하신 말씀은 말세지 말에 세상 권세를 잡은 짐승에게 사로잡혀 타락한 성직자들이 교회의 강단에 서서 예배나 미사를 집례하는 것으로도 해석할 수 있다. 그러나 다른 한편은 BC 175년 안티오커스 에피파네스 왕에 의해 제2예루살렘 성전에 제우스 신상이 섰듯이, 미래에 예루살렘에 세워질 제3의 성전에 모종의 반기독교적 신상이 서게 될 것을 예언한 것일 수도 있다. 그런데 공교롭게도 이스라엘은 1948년 독립하여 고토에 나라를 세웠고, 미국 트럼프 대통령의 지원 속에서 예루살렘이 이스라엘의 수도로 확정되었고, 이제는 정통 유대교 지도자들에 의해 예루살렘 모처에 제3성전 건립이 추진되고 있다고 한다.

주님은 말세의 비극적 상황에 대해서도 말씀하셨는데, "그날 환난 후에 즉시 해가 어두워지며 달이 빛을 내지 아니하며 별들이 하늘에서 떨어지며 하늘의 권능들이 흔들리리라(마 24:29)"고 말씀하셨다. 종말이 되면 온 세상의 질서가 요동을 칠 뿐 아니라 온 우주의 질서에도 이상이 생기는 등 극도의 혼란한 상황이 도래할 것이라고 예언하신 것이다.

2 ◦ 요한계시록 6:1-8절

요한계시록 6:1-8절 역시 종말의 시대적 징조를 예시한 것으로 해석할 수 있다. 요한계시록 6:1-8절을 보면 네 종류의 말을 탄자들이 나오는데, 이 기사는 종말 시대에 일어날 인류의 역사적 상황을 예시한 것으로 볼 수 있다.

흰 말을 탄자 첫째 인을 뗄 때 흰 말을 탄자가 나오는데 "그가 활을 가졌고 면류관을 받고 나아가서 이기고 또 이기려고 하더라"고 되어 있다. 흰 말을 타고 면류관을 쓰고 활을 쥔 자가 의미하는 것은 서구에서 봉건사회를 무너뜨린 시민사회의 투쟁을 의미한다. 이는 17세기 이래 민주주의를 지향하는 시민혁명 운동을 의미한다. 이 운동은 영국에서는 크롬웰의 청교도혁명*으로, 프랑스에서는 프랑스혁명**으로 전개되었는데, 이 자유정신과 민주주의의 정신을 가진 사람들이 아메리카로 건너가 진정한 시민사회 중심의 미합중국을 건설하였다.

시민사회의 민주주의적 정신은 오늘 에도 지구촌 전 세계로 계속해서 그 영향력을 확대해가고 있다.

붉은 말을 탄 자 둘째, 인을 뗄 때 붉은 말이 나오는데, "그 탄 자가 허락을 받아 땅에서 화평을 제하여 버리며 서로 죽이게 하고 또 큰 칼을 받았더라"고 되어 있다. 이 붉을 말을 탄 자의 등장은 1847년 마르크스와 엥겔스가 저술한 공산당 선언에 기초하여 1848년 공산주의자 동맹이 탄생한 이래 전 세계에 붉은 공산주의 운동이 일어난 것을 의미한다. 공산주의는 세상을 가진 자와 갖지 못한 자(have and have not), 빼앗은 자와 빼앗긴 자로 나누고, 프롤레타리아 독재를 목표로 피의 혁명을 추구했다. 그로 말미암아 공산주의 세력이 한 때는 세계의 3분의 1을 점할 정도로 막강하게 뻗어나갔다. 그러나 이 공산주의의 이념은 빵도 자유도 줄 수 없는 거짓된 이데올로기로 역사적 결론이 난 상황이고, 지금은 중국과 북한, 쿠바, 베트남 이외에는 신봉하는 나라가 거의 없다. 이들 중 중국과 베트남은 경제적으로 자본주의 시장경제를 지향하고 있다.

그들은 봉건적 정치체제에 대한 반동으로 가난한 노동자 농민들을 위한다는 명분으로 일어났으나, 그들의 이념과 세계관과 방법론은 흰 말을 탄 자, 즉 민주주의 운동과는 전혀 다른 길을 추구했다. 이들은 대내적으로는 소수의 권력자들의 부귀영화를 유지하기 위해 눈에 거슬리는 세력이나

*
올리버 크롬웰(Oliver Cromwell, 1599-1658)은 잉글랜드 동부 헌팅턴 출신으로 1628년 하원의원이 된 영국의 정치인이다. 1642년 찰스 1세와 의회가 충돌하면서 청교도혁명이 일어나자 그는 철기군을 조직하여 마스틴 무어 전투에서 승리하여 왕당파에 밀리던 전세를 일거에 역전시켰고, 네이즈비 전투에서 왕당파에 맞서 결정적 승리를 거두었다. 찰스 1세를 처형한 그는 잔여 왕당파의 거점이었던 스코틀랜드군 마저 격파하여 영국 역사상 유일의 공화정부인 잉글랜드 연방, 혹은 잉글랜드 공화국을 세우고 국가원수인 호국경(Lord Protector)에 취임했다. 그는 영국 역사 유일의 성문법인 '통치장전(Instrument of Government)'을 선포했다.

**
프랑스혁명(French Revolution)
1789년에서 1794년까지 프랑스 왕국에서 발발하여 테르미도르 반동 이전까지 지속되었던 시민혁명이다. 이 혁명은 왕권신수설을 주장하는 전제왕권과 루소의 사회계약설을 지지하는 시민들 사이에 일어난 혁명이다. 나폴레옹 이후 프랑스의 영향력은 전 유럽에 확산되어 이 혁명은 이후 다른 유럽국가의 시민혁명이 지대한 영향을 끼쳤다.

인물들은 반혁명 분자로 몰아 숙청했고, 대외적으로는 국제 공산주의 세력을 확장하기 위해 무력 전쟁을 미친 듯이 증강했다. 그들은 결과적으로 인류에게 자유도 빵도 제공하지 못하고, 오직 증오와 투쟁만을 조장하는 거짓된 이념으로 판명 나고 말았다. 이 운동의 직접적 희생물이 된 것이 바로 우리 한민족이다. 우리 민족은 간악한 국제 공산주의 운동에 휘말려 동족상잔이라는 비극적 6 • 25 전쟁을 겪었고, 지금도 한민족은 분단의 아픔을 겪고 있다.

검은 말을 탄자 셋째, 인을 뗄 때 검은 말을 탄 자가 나오는데, 그의 손에 저울을 들고 있다. 그 때 음성이 들리는데, "한 데나리온에 밀 한 되요, 한 데나리온에 보리 석 되로다"라고 하였다. 이는 세계적 대기근이 도래함을 의미한다. 선진국들의 경제적 호황과는 정반대로 아프리카나 중앙아시아, 서남아시아, 그리고 북한 같은 동아시아의 나라들은 지금도 내전과 가난에 시달리며 수많은 사람들이 굶어 죽어가고 있다. 그들 나라에서는 1년에 많게는 수천만 명이 적게는 수백만 명씩 굶어 죽어가고 있다. 이러한 기근은 지구온난화로 인한 환경 변화에도 기인한 바 크다. 20여 년 전만 해도 우리는 아프리카의 나이지리아, 모잠비크, 이디오피아, 르완다, 나미비아 등지에서 기근과 내전으로 매년 수천만 명씩 굶어 죽어가고 있다는 소식을 듣기도 했다.

청황색 말을 탄자 넷째, 인을 뗄 때 네 생물의 음성이 들리는데, 보니 "청황색 말을 탄 자가 나오는데, 그 탄 자의 이름은 사망이고 음부가 그의 뒤를 따르더라 그들이 땅의 사분의 일의 권세를 얻어 검과 흉년과 사망과 땅의 짐승들로써 죽이더라"라고 되어 있다. 지난 20세기 이래 제1 • 2차 세계대전과 한국전쟁, 베트남전쟁, 중동전쟁, 아프가니스탄 전쟁, 캄보디아 내전, 시리아 내전, 크메르 내전 등이 일어나 땅의 짐승인 전차와 장갑차로 무장한 군대에 의해 대량의 살상이 일어났다. 그뿐인가. 9 • 11테러 사건처럼 지구촌 곳곳에는 수많은 테러 사건이 일어나 무수한 사람이 죽어가고 있다. 거기에 더하여 기근으로 인한 사망, 암이나 에이즈 등 불치병에 의한 사망 등 지구촌에서 일어나는 비극적 상황을 총체적으로 예언한 것이다. 특히 청황색 말을 탄 자가 사망으로 죽였다는 것은 각종 유행병으로 죽였다는 뜻도 포함되는데, 이것은 단순 질병이 아니라 전 지구적으로 번진 전염병을 의미하기도 한다. 수십 년 전부터 전 세계를 공포에 몰아넣고 있는 홍콩독감이나, 2020년 초부터 시작된 코로나19 같은 신종 바이러스성 폐질환이 좋은 예이다. 이 질병으로 인해 지구촌에서 이미 수백만 명이 죽어나갔다.

네 명의 말 탄 자의 기록에 의해 제기된 종말의 징조에 대한 예언은 지난 18세기 이래 오늘날 21세기까지의 종말적 상황을 예언한 것으로 볼 수 있다. 그러나 필자의 이런 해석은 성서의 상징적 기록을 근현대사와 연관 지어 해석한 것으로서 반드시 정확하다는 것은 아니다. 그럼에도 불구하고 역사적으로 큰 무리가 없는 한 한 번쯤은 주의해볼 만한 해석이라고 생각한다.

III 종말시대의 환란

역사의 종말이 오면 극심한 환란이 일어난다. 이것은 하나님께서 여러 가지 방식으로 천사들을 통해 내리는 징벌(계시록 6:12-17, 계시록 8:7-9:21)의 성격을 가진다. 여기에는 사람이 스스로 자초한 환란도 포함된다. 사람이 자초한 환란이란 핵전쟁, 생물학 전쟁, 인공지능 로봇의 도전으로 인한 전쟁, 유전공학적으로 탄생한 변종 인류와의 전쟁 등을 상정할 수 있다. 하나님은 이런 환란 가운데 성도들, 즉 인 맞은 자들을 보호하신다(계시록 9:4). 그러나 종국에는 하늘에서 용, 즉 사탄이 쫓겨 내려와 여인의 후손인 교회를 핍박하고 대적하게 된다(계시록 12장). 뿐만 아니라 짐승으로 표현된 자, 즉 사탄(용)으로부터 권세를 받은 자가 세상 권력을 움켜쥐고 온 세계를 폭력적으로 지배하여 사람을 함부로 죽이고 표를 받지 못한 자들은 매매조차 하지 못하게 한다. 종말시대의 교회는 이들 악의 권세에 의해 탄압을 받으며 성도들 가운데서 많은 순교자들이 생기게 된다(계시록 13:15). 그러나 하나님은 이 환난의 시기에 성령으로 교회와 성도를 격려하여 인내하게 하시고, 신앙의 지조를 지켜나가게 하실 것이다(계시록 13:8-10). 특히 하나님은 택하신 자들을 위하여 이 환란의 기간을 감하실 것이다. 그 이유는 그날을 감하지 아니하면 모든 육체가 구원을 얻지 못할 것이기 때문이다(마태복음 24:21-22).

역사의 종말이 오면 극심한 환란이 일어난다. 이것은 하나님께서 여러 가지 방식으로 천사들을 통해 내리는 징벌(계시록 6:12-17, 계시록 8:7-9:21)의 성격을 가진다. 여기에는 사람이 스스로 자초한 환란도 포함된다.

그리고 하나님은 진노의 일곱 대접을 쏟아 짐승의 표를 받은 자들에 대해 형벌은 내리시고 바벨론 성과 만국의 성을 무너뜨리신다(계시록 16장). 그때 뒤이어 물을 타고 앉은 음녀로 상징되는 세계 종교가 나타나 사탄의 권세를 받은 짐승의 하수인이 되어 세상 사람들로 하여금 가증스런 영적 간음을 하게 한다. 이는 교회의 영적 타락을 의미한다. 이 음녀가 처음에는 짐승의 권세를 힘입어 크게 발호하나, 나중에는 오히려 지상의 권세 잡은 짐승의 미움을 받아 땅 위에서 제거된다(계시록 17장). 아마도 열 뿔의 권세를 가진 짐승은 세상을 지배하기 위해서 그 중간 단계로 종교를 이용하지만, 나중에는 그 종교조차 소멸시켜 버린다는 것이다. 이것은 지난 세기 공산주의 세력들이 일어나 일시적으로는 종교인들을 이용하였으나, 결국은 종교를 탄압하여 소멸시켜 버린 것과 유사한 것이다.

이후 인류 역사와 문명의 상황은 더욱 무질서해지고 혼란에 빠진다(계시록18:2-3). 죄지은 나라와 권세 잡은 자들에 대한 하나님의 심판은 더욱 가중되어 그들의 시련과 고통은 증가되고(계시록 18:5-10), 세계 경제는 완전히 멈춰 모든 나라들이 심각한 경제위기를 겪게 된다(계시록 18:11-20). 결국 세계를 지배하던 짐승의 제국 바벨론은 하나님의 심판으로 무너지고 만다(계시록 18:21-24). 그리고 연이어 역사는 최후의 종말을 맞이하는데, 백마를 탄 그리스도가 하늘 군대를 이끌고 지상의 선한 세력을 지원하여 사탄의 영의 지지를 받는 짐승과 땅의 임금들과 그 군대들과 싸워 그들을 모두를 진멸하고 짐승과 거짓 선지자들을 유황불못에 던지고, 마귀사탄(용)을 잡아 무저갱에 처넣어 버린다.

IV 주의 재림(Parousia)

드디어 그날이 오면 천사장의 나팔 소리와 더불어 주의 공중 강림이 일어나고(데살로니가전서 4:16-17) 그리스도를 위하여 살다 죽은 자들이 먼저 부활하고(요한계시록 20:4), 그다음에 땅에서 배교하지 않고 살아남은 성도들이 변화되어 공중으로 들림받아 주님을 영접하게 된다(마태복음 24:40-41). 이 공중은 마귀들을 가두었던 흑암의 공간을 의미하는데, 그곳에 진을 치고 있던 마귀들의 대장인 사탄(용)은 이미 미카엘 천사장의 군대에 패해 땅으로 내쫓겨(요한계시록 12:7-9) 교회를 핍박하고(요한계시록 12:13), 짐승에게 권세를 주어(요한계시록 13;1-2) 세상을 일시적으로 지배하나 최후의 영적 전쟁인 아마겟돈 전쟁에서 패배한다(요한계시록 19:19-20). 사로잡힌 짐승과 거짓선지자들은 유황불못에 던져지고(요한계시록 19:20), 용은 잡혀 무저갱에 던져지고 만다(요한계시록 19:19-20:3).

이처럼 아마겟돈 전쟁 이후 모든 일이 정리되고 난 다음 천사장의 나팔 소리와 더불어 그리스도가 공중으로 재림하고 첫째 부활과 지상 성도들의 들림 사건이 일어나 공중에서 즐거운 어린양 혼인잔치가 열리는 것이다(계시록 19:7-9). 이 과정을 구체적으로 서술하면 다음과 같다.

1 최후의 영적 전쟁

종말론 전개의 원칙 중 하나가 요한계시록은 하나님께서 밧모 섬의 요한 사도에게 미래에 일어날 일들을 차례로 보여주신 것이라는 해석학적 인식이다. 그에 따라 이제 요한계시록 19장에 기록된 사건으로 넘어가 보자. 이제 인류 역사의 모든 것을 종결지을 아마겟돈 전쟁이 일어난다. 이 전쟁의 총지휘자는 예수그리스도이시다(요한계시록 19:11-13). 우리가 이 전쟁에 대해 알아야 할 것은 예수님은 공중에 내려오시어 마귀사탄의 모든 세력을 지상으로 내쫓고, 공중천에서 하늘 군대를 지휘하여 전체 전쟁의 국면을 주장하신다는 점이다. 예수님이 이 세상에 직접 내려오셔서 전쟁을 벌이시는 것이 아니라, 공중천에서 영적으로 하나님 나라 편에 선 지상의 군대와 무리들을 지원하는 것이다. 그러므로 전쟁의 승패는 지상의 군대의 강약에 따라 결정되는 것이 아니라 영적 전쟁의 결과에 따라 결정된다.

> 예수님이 이 세상에 직접 내려오셔서 전쟁을 벌이시는 것이 아니라, 공중천에서 영적으로 하나님 나라 편에 선 지상의 군대와 무리들을 지원하는 것이다.

바울은 이 전쟁에 대해 "우리의 씨름은 혈과 육을 상대하는 것이 아니요 통치자들과 권세들과 이 어둠의 세상 주관자들과 하늘에 있는 악한 영들을 상대함이라(에베소서 5:12)"고 말씀한 바 있다. 또한 선지자 엘리사는 수만 명의 아람 군대를 보고 두려하는 사환에게 이르기를 "두려워 말라 우리와 함께한 자가 그들과 함께한 자들보다 많으니라(열왕기하 5:16)"고 말했다. 이처럼 전쟁의 승패는 영적 세계의 역학에 달려 있는 것이다. 인류 최후의 전쟁이라는 아마겟돈 전쟁도 마찬가지다. 결국 하늘에서 하늘 군대를 지휘하신 예수그리스도는 최후의 영적 전쟁인 아마겟돈 전쟁을 승리로 이끄신다(요한계시록 19:11-16). 전쟁에서 패한 세상 권세 잡은 짐승과 그를 추종했던 거짓 선지자들을 유황불못에 던져지고(요한계시록 19:20), 마귀의 대장인 붉은 용, 즉 사탄은 무저갱의 열쇠와 큰 사슬을 가지고 하늘에서 내려온 형벌의 천사에 잡혀 결박된 채 무저갱에 던져서 가두어져버린다(요한계시록 20:1-2).

2 주님의 공중 재림, 첫째 부활, 들림 사건

천사들의 나팔소리와 더불어 주의 강림이 시작되면 첫째 부활이 일어난다. 첫째 부활에 참여하는 자는 땅 위에서 예수를 믿었던 그리스도인들이다. 요한계시록 20:4-5절을 보면 "내가 보니 예수의 증거와 하나님의 말씀을 인하여 목 베임을 당한 자의 영혼들과 또 짐승과 그의 우상에게 경배하지도 아니하고 이마와 손에 그의 표를 받지도 아니한 자들이 살아서"라고 되어 있다. 그러나 이 말씀은 로마시대에 큰 환난과 핍박을 받고 있는 성도들을 격려하기 위해 그들을 지목하여 그렇게 표현한 것이라고 해석해야 한다. 사실 하나님 나라에서 큰 자는 엄밀하게 말해서 순교자가 기준이 아니다. 평화의 시대에 살아서 순교당하지 않았을 뿐, 순교자 이상으로 마음 기울여 헌신하고 충성한 사람들이 얼마나 많은지 모른다. 로마 가톨릭교회에서도 성인 품위에 오르는 사람은 순교자만이 아니다. 또 순교자라고 해서 다 오르는 것도 아니다. 하나님 나라에서 큰 자의 기준은 그렇게 남의 손에 의해 죽었느냐 아니냐로 구분하는 것이 아니다.

그러므로 첫째 부활에 참여하는 자는 예수 믿고 죽어 낙원에 거하는 자들 모두라고 보아야 한다. 그러나 부활영체에는 성화의 정도에 따라 광채의 차이가 날 것이다(고린도전서 15: 41-42).

그러므로 첫째 부활에 참여하는 자는 예수 믿고 죽어 낙원에 거하는 자들 모두라고 보아야 한다. 그러나 부활영체에는 성화의 정도에 따라 광채의 차이가 날 것이다

말세지 말에 배교하지 않고 살아남은 자들은 역시 부활영체로 몸이 변하여 공중으로 들림받아, 이미 부활한 성도들과 더불어 공중 재림하는 예수그리스도를 영접하게 된다(데살로니가 전서 4:16-17). 이 들림 사건에 대해 주님은 "저희가 큰 나팔 소리와 함께 천사를 보내리니 저희가 그 택하신 자들을 하늘 이 끝에서 저 끝까지 사방에서 모으리라(마태복음 24:31)"고 말씀하셨다. 여기서 들림받은 자들도 역시 부활영체를 입게 되므로 그리스도에 대한 사랑, 즉 성화의 등급에 따라 영체의 광채가 차이 날 것이다. 이 광채의 차이라는 것은 그리스도의 보좌와의 거리 차이를 의미한다. 광채가 약한 자들은 그리스도의 얼굴의 광채를 감당하지 못하여 멀리 위치할 수밖에 없기 때문이다. 그러므로 이 광채의 차이는 성화의 차이를 의미하며, 따라서 생전에 그리스도의 신부로서 그 영혼 관리를 잘해야 한다.

신부된 자는 마태복음 25장에도 나오지만 성령의 기름이 충만한 가운데 그리스도를 본받는 삶을 열심히 살아야 한다. 이것은 대단히 중요한 것이다. 로마서 8:29절에 보면 "그 아들의 형상을 본받게 하기 위해 미리 정하셨으니"라고 되어 있다. 이는 지상에서 구원받을 자의 수는 만세 전에 미리 정해졌는데, 그들의 정체성의 본질은 그리스도의 형상을 본받은 자들이라는 것이다. 첫째 부활에 참여한 자들은 그리스도의 형상을 본받은 정도에 따라 계급과 등급이 정해지는 것이다. 아마도 마태복음 25장의 심판에 대한 말씀을 종합해보면, 하늘나라에서 성도들의 신분은 성화의 정도와 주의 일에 대한 헌신의 정도에 따라 종합적으로 좌우된다는 것을 알 수 있다. 어쩌면 성황의 정도는 그리스도와 영적 거리를 좌우할 것이고, 주의 일에 힘쓴 정도는 부활 이후 그들이 맡게 될 사명의 크기와 능력과 관계가 있을 것이다.

3 ◦ 어린양 혼인잔치와 상급 심판

이제 마귀와의 최후의 전쟁에서 승리한 주님은 신부된 교회와 더불어 공중천에서 베풀어진 어린양 혼인잔치에 참여하게 된다. 모든 우주적 문제가 해결된 상황이기 때문에 모두는 아주 홍겹고 즐거운 마음으로 혼인잔치에 참여할 수 있게 되었다. 그리고 어린양 혼인잔치는 오랜 고통의 시간을 이겨내고 믿음을 지켜낸 자들에 대한 논공행상의 의미가 있는 잔치이기도 하다. 그러므로 어린양 혼인잔치에서는 들림받은 자들에 대한 상급 심판이 벌어진다(마태복음 25:14-30). 그 심판에서 사명의 달란트를 잘 수행한 자는 큰 상급을 받게 되고, 어떤 이유에서든지 나태한 사명자로 판단받은 자는 상급도 거의 없이 꾸지람만 받고 하늘나라의 주변 백성이 될 것이다. 오늘날에도 수도사처럼 경건하게 사는 신자들 중 하나님의 일에는 성의를 보이지 않는 사람들이 많다. 그들도 이 즐거운 혼인잔치에서 주님으로부터 칭찬과 상급을 받기 위해서라도 주의 일에 힘쓰는 자들이 되어야 할 것이다.

4 ◦ 지상강림과 양과 염소의 심판

그리스도와 부활한 몸을 가진 성도들이 어린양 혼인잔치를 마친 다음 지상으로 강림한다. 이 지상 강림은 온 지구상에 사는 모든 이들이 동시에 볼 수 있다. 주님은 이렇게 말씀하셨다. "그때에 사람들이 그리스도가 여기 있다 저기 있다 하여도 나가지 말고 보라 골방에 있다 하여도 믿지 말라 번개가 동편에서 나서 서편까지 번쩍임같이 인자의 임함도 그러하리라(마태복음 24:26-27)." 인자가 구름을 타고 부활한 성도들의 옹위 속에 지상으로 강림하는 장엄한 광경을 동시에 보게 된 땅 위에서 살아남은 모든 족속들은 후회하며 통곡한다(마태복음 24:30, 26:64). 그리고 지상에 강림한 그리스도는 부활한 성도들의 보좌를 받으며 지상에 남은 자들을 모으고 그들을 심판하게 된다(마태복음 25:31-33). 이것이 양과 염소의 심판이다.

마태복음 25장은 지상의 인류가 주님으로부터 받게 되는 3가지 종류의 심판에 대해 기록하고 있다.

그 심판의 기준은 신앙심의 여부가 아니라 휴머니즘이다

첫 번째 심판은 그가 얼마나 성령의 기름으로 밝힌 신앙의 등불을 주님 오실 때까지 유지하고 있었느냐 하는 것이다. 이 기름은 신부가 소유한 신랑에 대한 사랑의 기름이기도 하다. 이 판단은 마태복음 25:1-13에 기록된 슬기로운 다섯 처녀와 미련한 다섯 처녀의 비유를 통해 잘 나타나 있다. 아마도 이 심판은 사람이 죽을 때나 휴거 때에 순간적으로 일어날 것이다. 휴거 때 들림받는 사람들은 성령의 기름이 충만하여 영혼에 신앙의 등불을 그날까지 잘 유지한 사람들, 즉 현명한 다섯 처녀가 되는 것이다. 이들 휴거된 사람들은 부활한 성도들과 함께 어린양 혼인잔치에 참여하게 된다.

두 번째 심판은 어린양 혼인잔치가 열리기 직전 공중에서 열린다(마태복음 25:14-30). 그 심판은 얼마나 주의 일을 열심히 했느냐 하는 것에 대한 심판이다. 부활한 성도들은 이미 하늘낙원에서 판단을 받아 상급이 결정된 바 있기 때문에, 이 심판은 살아서 새 몸을 입고 들림받은 성도들을 대상으로 이루어진다. 이때 주의 나라를 위해 열심히 일한 성도는 칭찬과 더불어 큰 상을 받을 것이고, 악하고 게으른 종, 즉 어떤 이유로든 주의 일을 소홀히 했던 사람들은 이후 천국의 변두리에서 슬피

울며 후회하게 될 것이다.

세 번째 심판이 바로 마태복음 25:31-46에 나타난 양과 염소를 가르는 심판이다. 이 심판은 그리스도와 부활한 성도들이 지상강림하고 나서 이루어지는 것이다. 그 심판의 기준은 신앙심의 여부가 아니라 휴머니즘이 기준이 된다. 즉 그들이 얼마나 어려운 처지에 빠진 이웃을 측은지심을 가지고 도와주었느냐, 얼마나 많은 휴머니즘을 품고 산 사람이냐, 얼마나 인정을 베푸는 삶을 살았느냐 여부를 가지고 양과 염소를 가르게 되는 것이다. 이 심판대에서는 그 때까지 지상에 살아있는 모든 사람이 대상인데 교회를 다녔거나 다니지 않았거나를 불문하고 구원받을 만한 믿음이 없는 모든 사람들이 서게 된다. 이들은 주님과 부활의 영체로 변한 성도들이 장엄하게 지상으로 강림하는 것을 목격하고 예수 제대로 믿지 않은 것을 후회하며 통곡한 사람들이다. 양의 반열에 서게 된 사람들은 이후 천년왕국의 기초백성이 된다. 그들은 얼마나 휴머니즘을 품고 살아 온 정도에 따라 천년왕국에서 그 지위가 정해질 것이다. 그러나 염소의 반열에 선 사람은 지옥 불에 던져져 그들이 그동안 지은 죄 값을 받게 된다 (마태복음25:41). 그들은 지옥에서 형벌을 마친 후 특별한 공간에서 안식하면서 흰 보좌 심판대에 서기 위해 둘째 부활의 날을 기다리게 될 것이다.

V 천년왕국 시대의 개막

양과 염소의 심판이 있은 후 본격적으로 천년왕국 시대가 시작된다. 이제부터 천년왕국에 대해 서술하도록 하겠다.

오늘날까지 천년왕국의 성격에 대해 구체적으로 서술한 책은 한 권도 없다. 또 지금까지 천년왕국의 성격에 대해 본격적으로 연구한 신학자도 거의 없다. 그저 대부분 현 역사가 종말을 고하고 새로운 하나님의 나라가 시작되는데, 그것이 천년왕국 시대라고 원론적 서술을 할 뿐이다. 대규모 주석서를 보아도 이런 상황은 마찬가지다. 아마도 그 이유는 역사 너머에서 이런 나라가 존재한다는 사실을 상상하기 어렵기 때문일 것이다. 그래서 칼빈 같은 신학자는 차라리 무 천년설을 주장해버리고 말았다. 그러나 성서의 기록으로 볼 때 천년왕국은 분명히 실제로 도래할 나라이고, 우리 그리스도인들이 언젠가는 살게 될 나라인 것이 분명하다. 그러므로 이 나라의 성격에 대해 구체적으로 서술하는 것은 의미 있는 일이라고 생각한다.

1 왕국이 세워지는 장소

첫째, 천년왕국은 영적 우주인 하늘에 세워지는 나라가 아니라 질료적 우주에 세워지는 나라이다. 혹자는 천년왕국이 역사의 종말과 재림 및 부활과 더불어 시작되는 나라이기 때문에 영적 우주에 세워지는 나라라고 생각할지 모른다. 그러나 필자는 그렇게 생각하지 않는다. 물론 천년왕국은 부활한 이들이 주인공이 되어 다스리는 나라인 것은 사실이다. 그럼에도 불구하고 육체를 가진 양의 심판을 받은 이들이 기초 백성이 되는 나라라는 점에서, 그리고 저 하늘의 무수한 별들을 만드신 하나님께서 그 별들을 단지 관상용으로 보기 좋으라고 만든 것이 아니라는 점에서, 그리고 그 별들 중에는 지구와 유사한 환경을 가진 별들이 수없이 많다는 점에서, 그리고 요한계시록 20:7-9절에 "천년이 차매 사단이 그 옥에서 놓여나와 땅의 사방 백성 곧 곡과 마곡을 미혹하고 모아 싸움을 붙이리니", "저희가 지면에 널리 퍼져 성도들의 진과 사랑하시는 성을 두르매"라고 기록함으로써 천년왕국은 땅, 곧 질료의 공간에 세워지는 나라라는 점을 분명히 하고 있다.

그러므로 천년왕국은 수천억 개의 별이 있는 은하계와 수천억 개의 은하계로 이루어진 질료적 우주 공간에 세워지는 나라라고 보는 것이 마땅할 것이다.

2 ◦ 천년이라는 시간

둘째, 천년왕국은 꼭 천년 동안 지속되는 나라를 의미하는 것은 아니다. 천년이라는 단어는 때때로 아주 긴 시간을 표현할 때 사용하는 표현법이기도 하다. 세대주의자들은 인류 역사는 6,000년이고, 다음은 천년 동안 천년 왕국 시대가 시작한다고 주장한다. 그렇게 되면 완전 수 7,000년이 꽉 차는 것이고, 그다음에 영원한 안식의 영원천국이 시작된다고 보고 있다. 그러나 이것은 성서의 숫자를 그대로 받아들이는 문자주의적 해석에서 나온 그릇된 생각이다. 필자는 천년왕국의 천년이 정말 인간의 시간으로 천년일 수도 있겠지만, 우리가 추정할 수 없을 만큼 긴 시간을 의미할 수도 있다고 생각한다.

3 ◦ 기초 백성은 양의 반열에 선 사람들

셋째, 천년왕국의 기초가 되는 일반 백성은 육체를 가진 사람들로서 양과 염소의 심판에서 양의 반열에 선 사람들이다. 그들은 신령한 몸을 입고 부활한 사람들이 아니기 때문에 지금의 우리처럼 본성에 아직 죄성을 가지고 있는 사람들이다. 다만 그들은 하나님의 뜻을 명철하게 분별할 수 있고, 성령의 은혜가 충만한 상태에 있으며, 부활한 그리스도인의 영적 지도를 받으며 살게 되는 사람들이다. 그러나 아무리 부활한 그리스도인의 지도를 받고 성령 충만한 사람들이라 할지라도 죄성을 가진 본성을 가지고 있는 한 천년왕국에 죄가 전혀 없다고는 할 수 없다. 하늘나라에서 살던 천사들도 마귀가 되었고, 부족함이 없는 에덴동산에 살던 아담은 죄성조차 없는 가운데서도 죄를 지었다. 그러므로 그들은 마음으로 생각으로 또는 말과 행동으로 죄를 지을 수 있을 것이다. 물론 그들은 바로 주님 앞에서 회개함으로써 속죄함을 받을 수 있을 것이다.

그러나 천년왕국은 마귀사탄의 미혹이 없는 곳이고, 부활한 그리스도인을 통해 항상 격려와 지도를 받는 나라이기 때문에, 그리고 하나님 나라의 가치인 아가페 사랑이 사회 전반에 강력하게 흐르는 사회이기 때문에, 그리고 의식주 면에서 전혀 결핍이 없는 사회이기 때문에 그들이 짓는 죄는 최소화될 것이고, 오히려 그 나라는 사랑과 은혜가 넘치는 사회일 것이다. 한마디로 영적으로나 정신적으로나 물질적으로나 젖과 꿀이 흐르는 사회가 될 것이다.

4 ◦ 최장수의 시대

넷째, 천년왕국은 초과학의 시대로서 장수하는 사회가 될 것이다. 오늘날에도 많은 과학자들은 인류의 수명이 수백 년, 심지어 수천 년이 될 수도 있을 것이라고 추정하고 있다. 그런 현상은 100년 안에 일어날지도 모른다고 한다. 그러니 천년왕국이 초과학의 시대라고 상정할 때 그 시대 그 나라의 백성들의 수명은 추정하기 힘들 것이다. 그럼에도 불구하고 육체를 가진 사람들이 사는 사회이기에 사람은 어떤 이유로든 죽을 수밖에 없을 것이다. 어쩌면 하나님께서 인간의 수명에 제한을 가할지도 모른다. 아무튼 천년왕국도 육체의 죽음이 존재하는 사회라는 뜻이다. 그러나 천년왕국의 백성들은 모두 그리스도를 주로 믿고 섬기는 사람들이기 때문에 죽음에 대한 두려움이 없으며, 죽은 후에는 모두 하늘 천국으로 가서 안식을 누리며 둘째 부활의 날을 기다리게 될 것이다.

5 ◦ 각 행성에 파송되는 부활인들

다섯째, 천년왕국이 시작되면 그 나라의 영역이 우주로 확장됨에 따라 부활한 그리스도인들은 주님으로부터 각 행성에 파송 명령을 받아 한 단위의 백성을 지도하게 된다. 천년왕국에서 그리스도인의 지위는 왕 같은 제사장으로서 하나님과 일반 백성 사이를 중보하는 역할을 한다. 따라서 천년왕국 전체는 그리스도 안에서 일치와 통일이 이루어진 나라가 될 것이다. 부활한 그리스도인은 절대 권위를 가지고 있으나 그들은 백성들을 권위로 다스리지 않고 예수님처럼 사랑으로 품은 가운데 다스릴 것이다. 그리스도인은 부활한 예수님처럼 영체를 가지고 있기에 공간의 제한을 받지 않으며 하늘 천국과 질료의 나라를 왕래하며 살아간다. 그리스도인의 거처는 하늘낙원이지만 공간의 제한을 받지 않기 때문에 그가 파송받은 질료의 행성에서 일하여 살 수 있다. 그리스도인은 영체를 가지고 있어서 천사와도 항상 대화하지만 일반 백성들과 같이 식사도 나누고 차도 마시며 항상 교제할 수 있다(누가복음 24:30, 요한복음 21:12-13). 영체를 가진 그리스도인이 그의 백성들을 만나는 방법은 직접적으로 만날 수도 있지만, 꿈속에서도 만날 수 있고, 그들이 기도할 때 환상 속에서도 만날 수도 있다. 따라서 일반 백성의 지도자로서 부활한 그리스도인은 성령 안에서 얼마든지 만나고 싶은 이들을 동시에 천 명이든 만 명이든 천만 명이든 만나 그들 모두를 지도할 수 있을 것이다.

6 ◦ 초과학으로 부족함이 없는 행복의 나라

여섯째, 천년왕국은 과학이 극도로 발달한 사회로서 물질적 풍요가 보장되고, 모든 병을 고칠 수 있고, 온몸의 세포를 끝없이 재생시킴으로 젊음이 계속 유지될 것이며, 과학의 힘으로 모두가 원하는 가장 아름다운 외모를 가질 수도 있을 것이다. 그래서 외모의 열등감이 없는 사회가 될 것이다. 또한 가고 싶은 곳은 어디든지 가서 여행을 즐길 수 있고, 모두가 열린 마음을 가지고 있어서 모든 사람들이 활발한 교제를 나누기 때문에, 우리 모두가 꿈꾸는 지복의 사회, 구성원의 평균 행복지수가 절정에 이른 사회가 될 것이다.

7 ◦ 아름다운 인간관계와 남녀 문제

천년왕국은 아가페 사랑이 충만함하므로 인간관계에서 우월감을 갖거나 열등감을 갖거나 소외감을 느끼는 사회가 아니다

일곱째, 천년왕국에서도 남녀 간의 문제는 있을 것이다. 그것은 육체의 본성을 가진 사람들의 필연적 욕구이기 때문이다. 그럼에도 불구하고 남녀가 만나 사귀다 헤어지는 과정에서 일어나는 고통의 감정은 최소화될 것이다. 왜냐하면 그 사회는 성령 충만한 사회이고 부활한 그리스도인이 각 개인의 삶을 수시로 지도해주는 사회이기 때문이다. 야비하게 속이는 마음으로 상대를 대하다가 헤어지는 것이 아니라, 모두가 진실하게 사랑하다 이유가 있어 헤어지는 것이기 때문에 분노나 원한이 최소화되고, 흔히 말하는 서로 축복해주며 쿨하게 헤어질 것이다. 그 후에는 애인 사이가 아니라 좋은 친구 사이로 지낼 것이다.

천년왕국에서 다른 인간관계도 비슷할 것이다. 모두가 물질 걱정 없이 사는 풍요한 사회이기 때문에, 그리고 가치관 자체가 출세욕이나 명예욕을 중요하지 않게 생각하는 사회이기 때문에, 사업 문제나 직장 문제로 크게 다투는 일도 없을 것이고, 사소한 의견 차이는 있을 수 있겠지만 큰 감정싸움으로 비화되지는 않을 것이다. 천년왕국은 아가페 사랑이 충만함하므로 인간관계에서 우월감을 갖거나 열등감을 갖거나 소외감을 느끼는 사회가 아니다. 그렇기에 천년왕국은 인간관계에서 모두가 행복감을 느끼며 사는 사회가 될 것이다.

8 ◦ 천년왕국 시대의 가정

여덟째, 천년왕국은 육체를 가진 사람들이 살아가는 나라이기 때문에 그들 사이에서 구성되는 가정의 사랑은 행복의 원천이 될 것이다. 이 나라에서 부부간의 사랑은 조건을 보지 않고, 오직 사랑하는 사람들의 결합인 만큼 행복이 보장될 것이다. 그리고 부부간에 성적 부조화 문제나 매너리즘의 문제는 과학의 힘으로 얼마든지 해결될 수 있을 것이다. 천년왕국은 불임 문제가 완전히 해결된 사회가 될 것이다. 아이는 직접 여자의 몸에서 임신하여 출산하지 않고, 수정란을 인공자궁 같은 곳에서 자라게 하는 방식으로 생산할 것이다. 그러나 수정란은 법적으로 반드시 부부의 정자와 난자

의 결합으로 생기게 할 것이다. 그래야 탄생한 아이에 대한 부모의 사랑이 크게 일어나고, 아이 또한 부모의 사랑을 느끼며 자랄 것이기 때문이다. 이러한 가정들이 천년왕국 사회의 기초가 될 것이다.

9 ◦ 전 우주로 확장되는 왕국

아홉째, 천년왕국은 처음에는 지구에서 시작하겠지만 과학의 발달과 더불어 태양계 전체로 확장될 것이고, 나중에는 우리 은하계 전체로 번져나갈 것이다. 여기서 문제되는 것은 이동을 위한 교통수단이다. 인류사회가 지난 1세기 전에 어떠했는가를 생각하면서 천년왕국에 대한 과학적 상상력을 극대화시킬 필요가 있다. 확신하건대 앞으로 100년 후에 현재 우리 인류의 과학 수준을 뒤돌아보면 마치 유치원 아이나 미개인 수준처럼 느낄 것이다. 300년쯤 뒤에 뒤돌아보면 태어난 지 100일도 안 된 아이의 수준으로 여겨질 것이다. 100여 년 전 시속 10킬로미터의 속도로 달리는 마차를 타고 다니던 인류는 현재 우주 공간에 우주선을 띄워놓고 초속 30킬로미터 속도로 움직이고 있다.

우리가 어린 시절 고향에는 검은색 증기기관차가 천천히 달리고 있었다. 그러나 우리나라에도 진공튜브 속을 시속 1,200킬로미터로 달리는 초고속열차가 10년 안에 현실화된다고 한다. 서울에서 부산까지 20분이면 갈 수 있다고 한다. 현재 서구 선진국에서는 마하 10의 속도로 비행하는 여객기까지 구상하고 있다. 이제 핵융합발전소에서 생산한 전기가 상용화고, 그 에너지를 마이크로웨이브로 송달할 수 있다면, 우주선의 이동 속도는 지금보다 100배 이상 빨라질 수도 있다. 그때는 초속 1만 킬로미터로 달리는 우주선도 가능할 것이다. 달까지는 30초, 화성까지도 3시간, 목성까지는 20시간, 토성까지는 38시간이면 갈 수 있을 것이다. 이 시간은 오늘날 인천공항에서 출발한 비행기가 브라질 각 도시에 도착할 수 있는 정도의 시간이다. 그때는 천년왕국의 영역이 태양계 전체로 확대될 수 있을 것이다.

각 행성들의 환경을 바꾸는 문제도 초과학의 힘으로 거의 해결될 것이다. 예를 들면 행성을 뒤덮고 있는 질소에서 산소를 무진장 추출하여 그 행성 전체를 뒤덮을 수 있고 대기에서 물을 생성해 온 행성을 식물로 뒤덮을 수 있을 것이다. 초고열의 행성에서도 초저온의 행성에서도 과학의 힘으로 얼마든지 살아갈 수 있을 것이다. 뜨거운 여름철에도 현대인들은 에어컨을 틀어놓고 시원하게 살고 있고, 추운 겨울에는 온풍기나 보일러를 틀어 놓고 따뜻하게 지내고 있지 않은가? 혹자는 인류가 아무리 빠른 속도로 달린다고 해도 이 광대한 우주에 하나님 나라가 얼마나 확장되겠느냐고 할지도 모른다. 필자는 양자 통신을 이용하여 행성과 행성 사이를 이동하는 방식을 생각해보았다.

지구에 있는 사람이 수 광년 이상 떨어진 행성에 가고자 할 때 이동하고 싶은 사람의 모든 정보를 가고자 하는 행성에 송신하면, 그 기지국에서는 해당 정보를 받아 그 별의 대기 중에 있는 각종 원소를 뽑아 순간적으로 육체를 만들어버리는 것이다. 그러면 지구에 있는 그 사람과 동일한 사람이 몇 광년 이상 떨어진 별에 출현하는 것이다. 그리고 그 사람의 영혼은 지구에 있는 그 사람의 몸에서 빠져나와 순간적으로 다른 행성에 있는 그 사람의 육체 속에 들어가는 것이다. 영혼은 공간의 제한을 받지 않기 때문에 그러한 이동이 가능할 수 있다. 이런 방식으로 초속 1만 킬로미터로 달리는 우주선으로 1억 년은 가야하는 거리를 순식간에 이동할 수 있는 것이다. 물론 여기서는 각 사람의 영혼이 육체에서 자유롭게 들락거리게 할 수 있는 초과학적 기술이 필요할 것이다.

하나님께서 이런 방식을 허용하시고, 그런 초과학이 가능하다면 필자의 생각이 반드시 허무맹랑한 것만은 아닐 거라고 생각한다. 그런 것이 과연 가능하겠느냐고 부정적으로만 생각하지 말라. 120년 전만 해도 이 땅에 살고 있는 누가 지구촌 하늘에 수만 대의 거대한 비행기가 날아다니고 지구 상공에 수십만 개의 우주선이 날아다닐 거라고 상상이나 했는가? 인터넷은? 핵융합발전소는? 우주선은? 현재 과학의 수준과 발달 속도로 볼 때 앞으로 500년 후에는 우리가 상상할 수조차 없는 경지에 이를 것이다. 그때는 아마 21세기는 원시인이나 미개인들이 살았던 시대였다고 이야기할지 모른다.

저 광대한 우주는 그저 보기 좋으라고 관상용으로 하나님이 만들어놓으신 것이 아니다. 과학자들에 의하면 우리 우주는 대략 138억 년 전에 빅뱅으로 탄생하여, 현재 크기는 대략 460억 광년의 지름을 가지고 있다고 한다. 지금도 우주는 계속 빛의 속도로 팽창하고 있다고 한다. 또한 우리 우주에는 수천억 개의 항성을 가진 은하계가 수천억 개 있다고 한다. 과학자들에 의하면 이들 중 지구와 같은 환경을 가진 별만 해도 수천억 개 이상 될 것이라고 한다. 지구에서 가장 가깝고 지구와 비슷한 환경을 가진 행성은 글리스(Gliese)인데, 지구로부터 약 20.4광년 떨어진 것으로 추정되고 있다. 이를 기준으로 산술적으로 계산하면 지름 20만 광년인 우리 은하계에는 지구와 비슷한 환경을 가진 행성이 약 100억 개는 될 것이라는 계산이 나온다. 최근 천체물리학계에서 나온 보고서에 의하면 지구로부터 8-10광년 떨어진 곳에서 지구와 비슷한 환경을 가진 행성을 발견했다고 한다. 그것이 사실이라면 우리 은하계 안에 있는 행성들 중 최소 400억 개의 행성이 지구와 비슷한 환경을 가진 별이라고 보아야 한다.

저 광대한 우주는 그저 보기 좋으라고 관상용으로 하나님이 만들어 놓으신 것이 아니다.

필자는 하나님께서 이 엄청난 수의 별들을 단지 하나님과 사람이 보기 좋으라고 만들어 놓은 것은 아니라고 생각한다. 분명히 이들 별들은 하나님의 백성들이 진출하여 장엄한 천년왕국을 세워나갈 행성들이다. 이사야 선지자는 이에 대해 다음과 같이 말씀했다. "하늘을 창조하신 이 그는 하나님이시니 그가 땅을 지으시고 그것을 만드셨으며 그것을 견고케 하시되 혼돈하게 창조하지 아니하시고 사람이 거주하게 그것을 지으셨나니 나는 여호와라 나 외에 다른 신은 없느니라(이사야 45:18)."

수백 년 전 오늘날처럼 과학이 발달하지 못했던 시대에는 어떤 위대한 신학자도 필자와 같은 발상을 할 수 없었다. 그러나 오늘날 크게 발달한 천체물리학과 이론물리학으로 인해 우주는 그 놀라운 정체를 속속 드러내고 있다. 그로 말미암아 필자처럼 과학적 지식이 부족한 사람도 우주적 천년왕국론을 전개할 수 있게 된 것이다. 이런 점에서 필자는 본인이 우주적 천년왕국론을 최초로 구체적으로 서술한 사람이라고 자부한다.

10 ◦ 그리스도와 부활한 그리스도인의 관계

열 번째, 천년왕국 전체를 통치하는 분은 그리스도이고, 부활한 그리스도인들은 그리스도를 보좌하는 부왕들로서 각 행성에서 왕 같은 제사장의 역할을 하게 될 것이다. 옛 소련에는 전체 소비에트연방공화국을 통치하는 고르바초프 대통령이 있었고, 그 산하 공화국들에도 각각 대통령이 있었다. 보리스 옐친은 러시아 공화국의 대통령이었다. 요한계시록 20:4-5절을 보면 첫째 부활에 참여한 자들이 "살아서 그리스도와 더불어 천년 동안 왕 노릇하니"라고 되어 있다. 물론 우주 전체에 실현된 천년왕국 전체를 다스리는 최고의 왕은 그리스도이시고, 부활한 성도들은 적어도 각 별들을 하나님의 영광을 위해 그리스도의 이름으로 통치하는 왕이요 제사장이 될 것이라는 뜻이다. 그리스도의 이름으로 전 우주에 걸쳐 세워지는 천년왕국이 얼마나 많은 별들 위에 세워질 것인가 하는 것은 아무도 모른다. 분명한 것은 상상을 초월할 정도로 어마어마하게 많을 것이고 그 영역은 참으로 상상할 수 없을 만큼 광대할 것이다. 그리고 그 별들을 다스리는 부활한 그리스도인의 수도 그 만큼 많을 것이다.

11 기한이 있는 나라

열한 번째, 그러나 성서의 기록에 따르면 천년왕국도 영원한 나라는 아니다. 요한계시록 20:7절에는 "천년이 차매 사탄이 그 옥에서 놓여나서 땅의 사방백성 곧 곡과 마곡을 미혹하고 모아 싸움을 붙이리니 그 수가 바다의 모래 같으니라"고 기록되어 있다. 원래 곡과 마곡은 흑해 북쪽에 거주하는 잔인무도한 야만족 스구디아인을 가리키는데, 여기서 곡과 마곡은 천년왕국에서 불만을 품은 전투적 무리들이 장악한 영역을 상징하는 것이다. 천년이 차매 하나님의 심원한 계획하에 무저갱에서 풀려나온 마귀사탄은 천년왕국의 백성들 사이에 들어가 그들 사이를 이간질하여 싸움을 붙이게 된다. 그리하여 천년 동안 조용하던 왕국은 일대 혼란에 빠지게 되고, 많은 백성들이 반역의 무리에 가담한다. 이런 과정을 통해 하나님은 왕국의 백성들 전체를 영적으로 테스트한다. 그리하여 이 반역에 가담한 백성들은 하늘에서 불이 내려와 모두 불태워 버리고, 그들을 미혹하여 죄를 짓게 만들었던 마귀사탄은 다시 불과 유황 못에 던져져 밤낮 괴로움을 받게 된다.

12 둘째 부활과 흰 보좌 심판

열두 번째, 천년왕국의 큰 소요가 진압되고 나면 비로소 둘째 부활이 일어난다(요한계시록 20:13). 이때 죽어서 낙원에서 안식하고 있었던 천년왕국 백성들의 영혼과 지옥에서 죄의 대가를 치루고 예수그리스도를 믿은 사람들과 지옥에서 끝까지 믿지 않은 이들의 영혼이 부활하여 흰 보좌 심판대 앞에 서게 된다(요한복음 5:29). 그런데 이때 천년왕국에서 살고 있는 사람들도 몸이 변하여 흰 보좌 심판대 위에 서게 된다.

그리고 생명록에 기록된 사람은 생명의 심판을 받아 영원천국에 들어가고, 악인의 이름이 적혀 있는 다른 책에 기록된 사람은 그리스도를 믿지 않은 사람들이기 때문에 불못에 던져진다. 심판대에 또 다른 책이 있고 심판대에 선 그들이 자기 행위대로 심판을 받는다고 하는 것을 보면, 흰 보좌 심판에서는 생명과 구원의 심판뿐 아니라, 구원의 심판을 받은 이들에 대한 행위의 심판도 받게 되는 것으로 볼 수 있다. 특히 천년왕국의 백성으로 몸이 변하여 심판대에 선 이들에 대해서는 일종의 논공행상의 심판, 즉 공의 기록에 따른 계급심판도 함께 진행되는 것이 분명하다. 천국은 평등해야지 무슨 계급이 있느냐고 할지 모르지만, 천국은 계급이 없는 곳이 아니라 공정한 계급이 주어지는 곳이다. 천사들도 계급이 있고, 부활한 이들의 몸도 성화의 상태에 따라 광채의 등급이 있다. 다만 천국은 계급이 높다고 갑질하는 세상이 아니고 완전한 겸손과 사랑이 흐르는 것이 이 세상과 다른 점이다.

이때 사망과 음부도 함께 불못에 던져진다는 것을 보면 영원천국은 죄도 사망의 심판도 없는 나라임에 틀림없다

그런데 그날 생명록에 기록되지 않아 불못에 던져지는 사람의 수가 얼마인지는 아무도 모른다. 1명일지 100억 명일지, 아니면 아무도 없을지는 오직 하나님만이 아신다. 성서의 기록은 생명책에 기록되지 않은 사람은 불못에 던져질 것이라는 원론적인 말씀이지 반드시 불못에 던져질 사람이 있을 것이라는 이야기는 아니다. 이때 사망과 음부도 함께 불못에 던져진다는 것을 보면 영원천국은 죄도 사망의 심판도 없는 나라임에 틀림없다. 이로써 바울이 말한 의인과 악인의 부활이(사도행전 24:15) 이루어진 것이다. 우리는 이날 구원받자 못한 사람이 없게 해달라고 하나님께 기도해야 할 것이다. 그것이 우리가 믿음의 조상 아브라함의 마음을 갖게 되는 길이다. 아브라함은 소돔 성 백성이 한 사람이라도 멸망당하는 것이 안타까워 그 성이 유황불로 심판받지 않게 해달라고 간절히 중보기도를 드린 바 있다.

Ⅵ 영원천국 시대의 개막

1 ◦ 새 하늘과 새 땅

흰 보좌 심판이 끝나고 나면 우주는 새로운 시대, 즉 영원천국의 시대를 맞이하게 된다. 이에 대해 성서는 "또 내가 새 하늘과 새 땅을 보니 처음 하늘과 처음 땅이 없어졌고 바다도 다시 있지 않더라(요한계시록 21:1)"고 증거하고 있다. 영원천국의 시대가 되면 온 우주는 처음 하나님이 창조할 때의 천지(창세기 1:1)가 아니라 완전히 새로운 다른 차원의 아름다운 우주로 변화된다는 것이다. 그 세계는 천과 지, 영적 우주와 질료적 우주가 합해진 제3의 우주이다. 그렇기 때문에 영원천국에는 공간의 제한이 없다. 그날 온 우주에는 완전한 하나님의 나라가 세워지는 것이다.

영원천국의 시대가 되면 온 우주는 처음 하나님이 창조할 때의 천지(창세기 1:1)가 아니라 완전히 새로운 다른 차원의 아름다운 우주로 변화된다.

2 ◦ 새 예루살렘 성의 지구 강림

영원천국이 시작되면 하늘 낙원에 지어진 아름답고 화려한 새 예루살렘 성이 지상으로 내려오게 된다. 아담의 범죄로 인하여 에덴으로부터 분리되었던 하늘 낙원이 이제 새 예루살렘 성을 품고 땅 위에 내려와 합체되는 것이다. 이로써 하늘낙원이 내려온 지구는 영원천국 전체의 수도서울이 된다. 새 예루살렘 성의 규모*는 장과 광과 고가 각 1만 2,000스다디온, 즉 장과 광과 고가 각각 2,200 킬리미터인 어마어마한 규모의 성으로서, 황금 길이 깔리고 성벽은 각종 보석으로 되어 있고, 하나님과 및 어린양의 보좌로부터 생명 강이 흘러나오고 강 좌우에는 생명나무 숲이 무성한 곳이다(계시록 21:10-22:5).

그러나 이 성의 규모를 정확하게 단정할 수는 없다. 장과 광과 고가 각각 1만 2,000스다디온이라는 성의 규모는 거의 무한한 크기를 의미하는 것일 수 있다. 그 영원한 낙원에는 층층마다, 또는 이곳저곳에 성격이 다른 다양한 천국이 존재할 수도 있다. 그래야 부활의 몸을 가진 다양한 그리스도인들이 모두 행복하게 살 수 있을 것이다. 이 성은 해와 달의 비침이 쓸데없으니 이는 하나님의 영광이 비취고 어린양이 그 등불이 되기 때문이다(계시록22:5). 이 성에는 만국백성들이 출입하는 12개의 문이 있으며 만국백성들은 그 문을 통과하며 빛 가운데로 다닌다(요한계시록 21:25-26). 그 성문은 스타게이트 같은 문으로서 아무리 수억 광년 떨어진 별이라도 순식간에 새 예루살렘 성으로 쉽게 들어오고 나갈 수 있게 하는 문이다.

* 새 예루살렘 성의 규모는 장과 광과 고가 각각 1만 2,000스다디온, 즉 2,200킬로미터이다. 이 성의 각 층을 5킬로미터 높이로 나누면 440층이 된다. 한 층당 440제곱킬로미터이므로 각 층의 면적을 합하면 지구 총면적의 4.4배 정도 된다. 그렇다면 새 예루살렘 성은 적어도 현재 지구 인구의 10배인 750억 명에서 1,000억 명이 여유 있게 살 수 있는 공간이 된다. 적어도 첫째 부활에 참여하여 천년왕국의 지도자로 수고했던 모든 그리스도인들이 살기에 부족하지 않은 공간이다.

3 ◦ 영원천국에서의 영원한 복락의 삶

특별히 첫째 부활에 참여했던 성도들은 새 예루살렘 성의 자기 처소에서 사랑과 안식을 누리다가 순간적으로 자신이 다스리는 별, 즉 일터로 돌아갈 수 있다. 그리고 그곳에서 열심히 왕 노릇을 하다가 다시 영원천국의 수도서울인 새 예루살렘 성으로 돌아와 그동안 일의 경과를 하나님과 그리스도에게 보고하고 자기 처소로 들어가 안식을 누린다. 이 성은 죄도 없고 사망의 저주도 없고(요한계시록 20:14) 애통하는 것이나 곡하는 것과 아픈 것도 없는 곳이다(요한계시록 21:4). 하나님과 어린양의 보좌로부터 흘러나온 은혜와 생명의 강이 길 가운데로 흘러가는 곳이며, 강 좌우에는 각종 생명나무가 있어 12가지 열매를 맺는 곳이고, 사람들과 천사들이 소요하며 하나님을 찬양하는 곳이며, 사람들이 서로 믿고 사랑하며 살아가는 안식의 곳이다. 이 성뿐 아니라 온 우주에 걸쳐 펼쳐진 하늘나라 전체에도 동일한 은혜와 사랑과 기쁨이 넘치는 곳이 바로 영원천국이다. 이 완성된 영원천국이야말로 하나님이 만세 전에 꿈꾸셨던 바로 그 우주인 것이다.

크리스마스 예고와 동산의 폐쇄

I 크리스마스를 예고하는 말씀

일반적으로 성서신학에서는 아담이 에덴동산에서 나간 것을 추방(exile)이라는 용어로 표현하여 범죄한 아담과 하와를 내쫓은 것처럼 해석한다. 그러나 창세기 3장 전체를 살펴보면 하나님이 깊은 뜻이 있어 아담과 하와를 에덴동산 밖으로 내보냈다고 이해하는 것이 맞다고 생각한다. 특히 창세기 3:12절 이하에서 앞으로 그들이 살아갈 세상에 대한 두려운 상황을 선고하고 나서, 창세기 3:21절에서 그들에게 가죽 옷을 지어 입히시는 모습을 보면, 이때 하나님께서 그들에게 그리스도가 탄생하는 크리스마스를 예고하면서 소망적 메시지를 주지 않았는가 하는 생각이 든다. 그 근거로서 창세기 2-3장에는 십자가의 구속을 예고하는 구절이 세 군데 나온다.

창세기 2:17절 첫 번째 구절은 창세기 2:17절 "네가 먹는 날에는 정녕 죽으리라"이다. 우선 생각할 수 있는 해석은 "네가 그 열매를 먹으면, 즉 죄를 짓게 되면 너와 너의 자손이 죽으리라"라는 것이다. 선악과를 따 먹으면 아담과 하와, 그리고 그들의 자손이 죽으리라는 것이다. 그리고 '죽으리라'는 구절이 내포하고 있는 것은 육체의 죽음을 넘어서 사람의 본성에 무서운 죄성이라는 독이 생길 것이라는 것과, 역사 속에서의 고난을 받고 사후에는 지옥의 심판을 받을 것이라는 뜻을 함축하고 있다고 해석해야 한다. 그런데 "네가 먹는 날에는 정녕 죽으리라"는 구절에는 또 하나의 숨은 의미가 내포되어 있다고 본다. 그것은 네가 그 열매를 먹으면 여자의 후손(창세기 3:15), 즉 그리스도가 죽으리라는 뜻이 내포되어 있다는 것이다. 네가 선악과를 따 먹는 날에는 너와 너희 자손을 살리기 위해 하나님의 아들 그리스도가 죽게 될 것이라는 의미도 함축되어 있다는 것이다. 사실상 이러한 해석이 오류라고 볼 수도 없는 것이, 위대한 성서신학자들이나 설교자들이 성서를 흔히 영적 해석이라고 하는 알레고리칼하게 해석했고, 이런 영적 비사적 해석은 예수님과 바울도 즐겨 사용한 해석법이었다. 또한 '죽으리라'를 여자의 후손인 그리스도가 죽으리라는 의미로 해석하는 것은 기독교의 교리와도 정확하게 부합한다. 아무튼 첫 번째 구절은 네가 선악을 알게 하는 나무의 실과를 따 먹으면 너희도 죽고, 너의 후손도 죽고, 거룩한 하나님의 아들도 죽게 되리라는 의미를 함축하고 있는 것이다.

창세기 3:15절 두 번째 구절은 창세기 3:15절 "여자의 후손은 네 머리를 상하게 할 것이요 너는 그의 발꿈치를 상하게 할 것이니라"는 구절이다. 여기서 '여자의 후손'이라는 용어를 '여자의 후손들'이라고 복수로 썼다면 당연히 모든 아담의 후손들을 의미하는 것으로 해석될 것이다. 그러나 여기서는 단수 대명사를 사용하여 "여자의 후손은 네 머리를 상하게 할 것이요 너는 그의 발꿈치를 상하게 할 것이니라"고 되어 있다. 그러므로 여기서 '여자의 후손과 그의'는 바로 한 사람 예수그리스도를 의미하는 것이고, 따라서 "네 머리를 상하게 할 것이라"는 말씀은 그리스도께서 십자가를 지심으로 죄를 가지고 인류의 운명을 농락하던 마귀의 권세를 일거에 무력화하게 될 것이라는 사실을 예고하는 것이다. 즉 그리스도께서 속죄의 십자가를 지심으로 죄로서 인류를 미혹하고 상소하는 마귀사탄의 권세를 결정적으로 무력화할 것이라는 의미를 함축하고 있다. 그리고 "그의 발꿈치를 상하게 할 것이라"는 구절은 마귀사탄의 역사로 그리스도가 십자가에서 죽는 수난을 겪게 될 것이라는 사실을 예고하는 것이다.

사실 하나님께서 아담과 하와를 에덴동산에서 내보내시는 것은 단순히 죄에 대한 징벌 때문이 아니라, 하나님의 중요한 계획을 성취하기 위해 아담과 하와를 역사 속으로 내보내는 것이다

창세기 3:21절 세 번째 구절은 창세기 3:21절 "여호와 하나님이 아담과 그 아내를 위하여 가죽옷을 지어 입히시니라"이다. 이 구절은 창세기 3:7절 "이에 그들이 벗은 줄을 알고 무화과나무 잎을 엮어 치마를 하였더라"의 구절과 대칭되는 말씀이다. 즉 하나님께서는 아담과 하와에게서 무화과나무 잎을 엮어 만든 치마를 벗기고, 대신 짐승의 가죽으로 만든 가죽옷을 지어 입혔다는 것이다. 여기서 아담과 하와가 스스로 무화과 나뭇잎으로 치마를 만들어 입은 것은 인류가 죄의 수치를 가리고자 인위적으로 고안해낸 문화적 방법과 율법적 행위를 상징한다. 무화과 잎사귀로 치마를 해 입은 것은 적극적인 도덕적 행위라기보다 자신들의 영적 도덕적 수치심을 가리고자 하는 죄의식에서 비롯된 행위이다. 또한 아담과 하와가 이 치마를 해 입은 행위는 죄에서 구원을 받아보려는 노력, 죄를 극복해보려는 인류의 노력, 즉 문화적, 도덕적, 종교적, 과학적 노력까지 포함하는 모든 노력을 의미한다. 그리고 이러한 인위적 노력으로는 죄 문제를 근본적으로 해결할 수 없고(로마서3:23), 오히려 문화적 종교적 도덕적 방법의 불완전성으로 인해 오히려 자신들이 죄인이라는 사실만을 자각하게 할 뿐이다(로마서 3:20). 이러한 인위적인 노력으로는 죄와 사망이라는 두려운 심판의 운명으로부터 구원받을 수 없다는 사실을 깨닫게 해줄 뿐이다(고린도전서 15:55-56).

하나님께서 그들에게 가죽옷을 지어 입히셨다는 구절은 크게 2가지 영적 의미를 함축하고 있다. 첫째는 죄인에게 베푸시는 하나님의 무한한 사랑이고, 둘째는 그리스도를 통한 구속, 즉 그리스도의 십자가 제사를 통하여 무한한 속죄의 공효가 주어진다는 것이다. 그러므로 창세기 2-3장 전체에는 죄와 심판과 구원이라는 3박자 복음의 리듬이 흐르고 있는 것이다. 특히 창세기 3장의 마지막 부분에는 크리스마스를 예고하는 영적 메시지가 숨어 있다.

창세기 3:21절에 나타난 하나님의 모습은 결코 진노한 가운데 아담과 하와를 추방(exile)하시는 모습이 아니다. 오히려 불가피하게 먼 길을 떠나는 자식에게 공들여 지은 옷을 입혀주시고 떠나보내는 자애로운 어버이의 모습이 보인다. 하나님의 모습은 마치 국방의 의무를 다하기 위해 군에 입대하는 외아들을 안타깝게 떠나보내는 이 나라 부모들의 모습이 보인다는 것이다. 사실 하나님께서

아담과 하와를 에덴동산에서 내보내시는 것은 단순히 죄에 대한 징벌 때문이 아니라, 하나님의 중요한 계획을 성취하기 위해 아담과 하와를 역사 속으로 내보내는 것이다. 그것은 이미 누누이 말한 바 있지만 전 우주에 걸쳐 세워질 광대한 하나님의 나라, 즉 천년왕국과 영원천국을 다스릴 왕 같은 제사장들을 형성하기 위한 목적으로 아담과 하와를 시련의 역사 속으로 내보내는 것이다. 그렇기 때문에 원죄로 말미암아 무수한 죄를 지으며 정죄의 불안과 삶의 고통 속에서 살게 될 아담과 하와, 그리고 그들의 후손들을 생각하면 하나님의 마음이 결코 편할 수 없었다. 그래서 필자는 하나님께서 아담과 하와에게 가죽옷을 지어 입히시는 은혜의 행위를 통해 하나님의 변함없는 사랑을 표시하면서, 가죽옷이 함축하고 있는바 그리스도를 통한 구원에 대해 가르쳐주셨을 것이라고 생각한다.

하나님이 실제로 그리스도의 구원에 대해 상세히 말씀해주셨는지, 아니면 그리스도의 속죄 제사를 상징하는 제사법만을 가르쳐 주셨는지는 확실치는 않다. 그러나 하나님께서는 어떤 형식으로든 죄를 지은 인류가 구원받을 수 있는 길은 오직 하나님이 보내실 그리스도를 믿고 영접하는 길뿐이라고 가르쳐주셨을 것이라고 생각한다. 그래서 절기 때마다, 또는 큰 죄를 지을 때마다 그리스도를 상징하는 어린양을 잡아 속죄 제사를 드리라고 아담과 하와에게 가르쳐주었을 것이다. 그 증거로 창세기 4:4절에 아벨이 양의 첫 새끼와 기름으로 제물을 삼아 제사를 드렸다고 기록된 것을 보아도 알 수 있다. 물론 아담은 하나님으로부터 배운 제사의 의미와 방법을 그의 아들 아벨에게 가르쳐주었을 것이다. 성서는 그 모든 일의 대략만을 기록한 것이기 때문에 성서를 해석할 때 각 구절의 행간에 숨어있는 이야기를 읽을 수 있어야 한다. 이것이 바로 성서 해석의 기술이다.

II 하나님이 들려주시는 음성

그날 하나님은 아담과 하와에게 가죽옷을 지어 입혀주시고 나서 그들에게 다음과 같은 말씀을 조용히 들려주셨을 것이다.

"내가 사랑하는 아담과 하와야, 너희는 이제부터 내가 하는 말을 잘 들어라. 이제 너희가 이 동산을 나서는 순간부터 내가 이미 너희에게 선고한 시련과 고통의 삶이 시작될 것이다. 그리고 너희는 마귀의 미혹과 피 말리는 삶의 경쟁 속에서 죄를 짓지 않을 수 없을 것이다. 기본적으로 가지고 있는 이기심에 죄성까지 더해진 너희들은 내가 아무리 천사들을 통하여 의로운 삶을 격려한다 할지라도 어쩔 수 없이 죄를 지으며 살게 될 것이다. 그리고 그러한 범죄는 너희로 하여금 죄책감과 죄의식을 갖게 하고, 그 죄의 결과로 말미암아 너희는 이생과 저생에서 정죄의 불안과 고통에 시달리게 될 것이다. 그런 너희들은 너희들이 가진 창의성을 가지고 시련을 극복해보려 할 것이고, 죄 문제를 해결할 수 있는 길을 모색할 것이다.

그러나 너희들이 고안해낸 모든 노력은 너희들의 죄 문제를 해결해주지도 못하고, 근본적으로 고통과 불안도 해소시키지 못하고, 오히려 그로 인해 또 다른 시련과 또 다른 불안을 가중시키게 될 것이다. 이것이 바로 내가 너희에게 선고한바 너희들이 꾸려나갈 역사와 인생의 한계 상황인 것이다.

사랑하는 자들아, 그러나 나는 결코 너희를 잊지도 아니하고 버리지도 아니할 것이다. 때가 되면 내가 너희 후손들의 구원을 위하여 나의 아들 그리스도를 보낼 것이다. 그는 종의 형체를 가지고 너희가 사는 세상에 임하여, 너의 자손들을 섬기다가 너희들의 죄를 대속하기 위해 너희 자손들에 의해 십자가에서 죽게 될 것이다. 그러나 그의 죽음으로 인해 너희는 오히려 살게 될 것이니, 그를 믿고 영접한 너희 자손은 성령의 임재와 더불어 죄성이 서서히 약화될 것이다. 그리고 너희들의 모든 죄는 회개하는 순간 모두 깨끗이 용서받게 될 것이다.

그리고 때가 되면 역사의 지평에 진정한 소망이 떠오를 것이니 이는 너희와 너희 자손들의 부활이라. 그날 이후 비로소 너희가 사는 땅에는 나의 은총이 찬란하게 비추고 나의 은혜가 파도칠 것이다. 너 아담은 한 번의 범죄로 인해 수많은 후손들을 죄인이 되게 하였지만, 나의 아들 그리스도는 한 번 의로운 행위로 너희 후손들에게 죄를 이기는 의의 조상이 될 것이다.

그러므로 아담과 하와야, 너희는 그가 올 때까지는 너희 후손들에게 죄의 무서움을 경계하여 죄를 짓지 않도록 훈계하고, 미구에 임할 구원의 그리스도를 소망하며 매 절기 때마다 어린양과 염소로 속죄 제사를 드리도록 하라. 이는 그 제물들이 그리스도를 상징하고, 그 제사가 십자가의 속죄제를 상징하기 때문이다.

그러므로 나의 자녀들아! 너희는 어떤 경우에도 낙심하거나 절망하지 말라. 마귀사탄의 권세도 지나치게 두려워하지 말라. 왜냐하면 내가 너희와 영원히 함께할 것이기 때문이다. 그리고 또한 나의 천사들도 너희 곁에 있어 너희를 보호하고 너희의 의로운 삶을 격려할 것이다.

사랑하는 자들아, 이제 이 동산을 나가거라. 그리고 나가서는 어려운 환경 속에서 최선을 다해 살도록 하라. 다시 한 번 내 이름을 걸고 약속하리니, 너와 너희 자손의 구원을 위해 내가 반드시 그리스도를 보내줄 것이니라.

III 에덴동산의 폐쇄와 우주의 구조적 변화

아담과 하와를 에덴동산에서 내보내신 하나님은 바로 에덴동산 동편에 그룹들과 두루 도는 불칼을 두어 생명나무의 길을 지키게 하셨다(창세기 3:24). 그 이유는 선악을 알게 된 아담과 하와가 동산에 들어와 그 손을 들어 생명나무 실과를 따 먹고 영생하는 것을 막기 위해서였다(창세기 3:22). 그러나 우리는 이 기사를 좀 더 심도 있게 이해할 필요가 있다. 이 기사의 핵심은 이제 죄인들은 어느 누구도 낙원에 들어올 수 없게 하셨다는 것이다. 이 조치는 아담의 후손들뿐 아니라 사탄의 세력에 대한 조치이기도 했다. 그것은 유다서에 나오는 마귀의 세력에 대한 하나님의 조치를 보면 알 수 있다(유다서 1:6) 그들은 심판의 선고를 받은 이후, 흑암의 공간인 공중천에 갇혀 웅거하면서(에베소서 2:2), 하나님의 허용하심 속에서 인류 역사에 합법적으로 개입하고, 인류의 운명을 죄와 사망으로 몰고

가려고 획책한다(창세 기3:14). 그리고 그들은 하나님의 큰 계획, 즉 역사의 지평에서 하나님이 만세 전에 예정한 충만한 수(로마서 11:25)의 그리스도인이 일어나는 것을 훼방한다.

그들은 영원한 그리스도의 원수들이다.

그러므로 창세기 3:24의 조치는 단지 에덴동산의 입구인 동편 지역을 막아버렸다는 단순한 의미를 넘어, 아담과 하와가 에덴동산을 나간 후 우주 공간에 일대 변화가 일어났다는 의미로 해석할 수 있다. 이 기사는 에덴동산으로 올라가는 길목을 차단하는 것을 넘어 잠시 결합되었던 하늘낙원 자체가 질료적 공간으로부터 분리되어 영적 하늘로 올라가게 된 것을 의미한다. 그로 인해 질료적 우주와 영적 우주는 에덴에 낙원을 창설하기 이전과 같은 상태로 완전히 분리되어 버렸다. 그뿐 아니라 그 영적 우주를 다시 빛의 공간과 흑암의 공간으로 분리함으로써로 흑암의 공간인 공중천이 질료적 공간을 일차적으로 둘러싸게 하고, 빛의 하늘 공간은 흑암의 공간을 그 위에서 둘러싸게 만든 것이다. 그로 인해 사람이 죽어서 그 영혼이 질료의 세계, 즉 3차원 공간을 벗어나게 되면 곧바로 마귀들이 웅거하는 흑암의 공간을 만나게 된다. 그리고 구원받은 영혼은 즉시 하늘 낙원에서 내려온 천사들의 인도를 받아 흑암의 공간을 넘어서 빛의 천국으로 올라가고, 구원받지 못한 영혼은 형벌의 천사에게 이끌려 흑암의 공간 어느 깊은 곳에 특별히 설치된 지옥으로 떨어지게 된다.

이 기사는 에덴동산으로 올라가는 길목을 차단하는 것을 넘어 잠시 결합되었던 하늘낙원 자체가 질료적 공간으로부터 분리되어 영적 하늘로 올라가게 된 것을 의미한다.

그러므로 살아 있는 사람들은 그리스도를 믿고 물과 성령으로 거듭나기 전에는 이 낙원천국을 볼 수도 없고(요한복음 3:3), 또 들어갈 수도 없게 되었다(요한복음 3:5). 이제 어느 누구도 하나님의 허락 없이는 낙원의 문을 절대 들어설 수 없다. 오직 천사의 인도를 받는 구원받은 영혼들만이 이 단절의 문을 통과할 수 있다. 이러한 우주 변화에 대한 필자의 시나리오는 성서적 근거를 가지고 있을 뿐 아니라, 실제로 일시적 죽음이나 입신 상태에 들어 있다가 다시 깨어나 돌아온 사람들의 간증과도 일치하고, 신령한 은사를 가진 이들이 체험한 영적 우주의 구도와도 일치된다. 이러한 영적 우주의 구도는 단순히 신학적 이론이나 교리가 아니라 실제로 우리가 직면하고 있는 영적 우주의 질서이고 상황이다.

한편 낙원을 품은 영적 하늘이 에덴 땅으로부터 분리된 다음 이제 평범한 땅이 되어버린 에덴 지역은 어떻게 되었을까? 성서의 기록을 유추해보면 원래부터 에덴은 물이 많이 솟아나는 지역이었다. 그래서 에덴의 중앙에 있는 호수에는 아름다운 4개의 강이 발원하여 동산을 적시다가 에덴동산 밖 사방으로 흘러 내려갔다고 기록하고 있다(창세기 2:10-14). 그러나 하나님은 에덴에서 하늘의 낙원이 떠나간 다음 이 에덴 지역조차 환경적으로 폐쇄하기를 원하셨다. 그래서 하나님은 에덴 지역에 지각변동을 일으켜 한 개 정도의 강(비손이나 기혼)으로 흘러나가는 물길을 끊어버렸다. 그러자 에덴 중앙에 있는 호수는 크게 확장될 수밖에 없었다. 그리하여 아담과 하와가 살던 지역은 물에 완전히 잠겨 버리고 말았다.

하나님은 에덴 지역에 지각변동을 일으켜 한 개 정도의 강(비손이나 기혼)으로 흘러나가는 물길을 끊어버렸다. 그러자 에덴 중앙에 있는 호수는 크게 확장될 수밖에 없었다. 그리하여 아담과 하와가 살던 지역은 물에 완전히 잠겨 버리고 말았다.

Bibliography

참고문헌

Bibliography | English

Recomnened Book

Vol, I

Part 1. The story of Bibie

제 1부 성서이야기

Adam, Karl. The Spirit of Catholicism. trans., Justin McCann, N.Y, A Division of Doubleday & Co., 1954.

Allison, Gregg R. "The Doctrine of the Word of God," In Historical Theology: An Introduction to Christian Doctrine. Grand Rapids, MI: Zondervan, 2011.

Aulen, G. "Revelation," The Faith of the Christian Church. Philadelphia, The Muhlenberg Press,1948.

Bannermann, J. Inspiration of the Holy Scriptures. Edinburgh, T & T Clark, 1865.

Bartsch, H.W. (tr. by R.H. Fuller). Kerygma and Myth. S.P.C.K., 1954: I, II.

Barth, K. The Doctrine of the Word of God, Vol. 1, part 1 of Kirchliche Dogmatik. trans. G. T. Thomson, Edinburgh, T & T Clark, 1949. . Church Dogmatics Vol. 1, part 2 of Kirchliche Dogmatik. trans. G. W. Bromiley and T. F. Torrance, N.Y., Charles Scribner's,1956. . "The Authority and Significance of the Bible," Interpreters BIble. Vol. I, 1957

Berdyaev. Thruth and Revelation. N.Y., Harper & Brothers, 1953.

Boettner, Loraine. Studies in Theology. Grand Rapids, Wm.B. Eerdmans Publishing Co., 1951.

Bultmann, R. Essays. N.Y., The Macmillan Co., 1955.

Brunner, E. Revelation and Reason. Philadelphia, The West erminster, 1956. , E. "Historical Revelation," The Scandal of Christianity. Philladelphia, The Westerminster, 1956.

Butler, B. The Church and Infallibility. N.Y, Sheed and Ward, 1954.

Calvin, John. Commentary on the Gospel According to John. trans., William Pringle, Edinburgh, Calvin Translation Society, 1847.

. Commentaries on the Epistles to Timothy, Titus, and Philemen. trans., William Pringle, Edinburgh, Calvin Translation Society, 1859.

Davis, Rupert E. Reformers. London, Epworth Press, 1946.

Dodd, C.H. The Authority of the Bible. London, Nisbet & Co., 1928

Funk, Robert. Lange, Hermeneutics and Word of God. Harper & Row, 1966.

Gilson, E. Reason and Revelation in the Middle Ages. N.Y., Charles Scribners, 1954.

Grant, Robert M. A Short History of The Interpretation of the Bible. N.Y., The Macmillan Co., 1948.

Harris, R. Laird. Inspiration and Canonicity of the Scripture. Rev. ed. Greenville, SC: Attic, 1995.

Harnack, Adolf. History of Dogma. trans., Neil

Buchnan, 7 vols., London., Williams & Norgate, 1896.

Heppe, Heinrich. The Reformed Dogmatics. trans. G. T. Thomson, London, Allen & Unwin, 1950

Hodge, Charles. Systematic Theology. Grand Rapid, Michigan, Wm. B. Erdmans, Vol. I, 1871.

Lee, W. The Inspiration of Scripture. New York, Robert Carter & Brothers, 1866.

Kerr, H. Thomson. A Compendium of Luther's Theology. Philadelphia, Westerminster Press, 1943.

Lightner, Robert P. A biblical Case for Total Inerrancy: How Jesus Viewed the Old Testament. Grand Rapid, MI: Kregel, 1998.

Luther, Martin. "Introduction to the Old Testament", in vol. IV of Works of Martin Luther. Philadelphia, Muhlenberg Press, 1932.

, Martin. "On the Councils and the Churches", in vol V of Works of Martin Luther. Philadelphia, Muhlenberg Press, 1932.

, Martin. "Preface to the New Testament", in vol. IV of Works of Martin Luther. Philadelphia, Muhlenberg Press, 1932.

MacArthur, John. ed. The Scripture Cannot Be Broken: Twentieth Century Writings on the Doctrine of Inerrancy. IL: Crossway, 2015.

Mackintosh, H. R. Types of Modern Theology. London, Nisbet & Co., 1954.

Niebuhr, H.R. The Meaning of Reveration. N. Y., The MacMillan Co., 1955.

Otto, Rudolf, The Idea of Holy. tr. by J. W. Harvey, Oxford Univ., 1923.

Preus, Robert. The Inspiration of the Scripture. Mennesota, Lutheran Synod Book Co., 1955.

Richardson, A. and W. Schweitzer. (ed.), Biblical Authority for Today. Westerminster, Philadelphia, 1951.

Schleiermacher, F. The Christian Faith. Edinburgh, trans. H. R. Mackintosh and J. S. Stewart, Edinburgh, T & T Clark, 1948.

Schmidt, Heinrich. The Doctrinal Theology of Evangelical Lutheran Church. trans. Charles A. Hay and Henry E. Jacobs, Philadelphia, Lutheran Publishing Society, 1876.

Tennant, F.R. "Theism," Philosophical Thelogy. Cambridge Univ. Press., vol. II, 1966.

Tillich, P. Systemmatic Theology. vol I, Univ. Chicago, 1955.

Warfield, Benjamin B. Inspiration and Authority for the Bible. Edited by Samuel G. Craig, Philadelphia: Presbyterian and Reformed, 1948.

Part 2. The syory of God

제 2부 하나님이야기

Allison, Gregg R. Historical Theology: An Introduction to Christian Doctrion. Grand Rapids, MI: Zondervan, 2011.

Andrae, Tor. Mohammed, the Man and his Faith. trans Theophil Menzel, London, 1936.

Anwarul K. The Bauls of Bangladesh, A Study of an Obscure Religious Cult. Kushtia, 1980.

Baillie, John. The Sence of The Presence of God. London, 1962.

Bancroft, Emery H. Christian Theology: Systematic and Biblical. 2nd ed. Grand Rapids, MI:

Zodervan, 1976.

Bavinck, Herman. The Doctrine of God. Translated by William Hendriksen, 1951.

Berhof. Louis. Systematic Theology. 4th ed, Grand Rapid, MI: Eerdmans, 1939. , The History of Christian Doctrines. Grand Rapids, MI: Baker, 1975.

Carson, D. A. The Gagging of God: Christianity Confronts Pluralism. Grand Rapids, MI: Zondervan, 1996.

Charnock, Stephen. Discourses upon the Existence and Attributes of God. 2 vols, 1853, Reprint, Grand Rapids, MI: Baker, 1979.

Culver, Robert Ducan. Systematic Theology: Biblical and Historical. Fearn, Ross-shire, Scotland: Mentor, 2005.

Dabney, Robert Lewis. Systematic Theology. 1871, Reprint, Edinnburgh: Banner of Turth, 1985.

Duckworth J. Muhammad and THE Arab Empire. Greenhaven Press, London, 1981.

Erickson, Millard J. Christian Theology. Grand Rapids, MI: Baker, 1986.

Feinberg, John S. The Many Face of Evil: Theological System and the Problems of Evil. Rev. ed, Wheaton, IL: Crossway, 2004.

Fram, John M. Apologetics to the Glory of God: An Itroduction. Phillipsburg, NJ: P&R, 1994. The Doctrine of God. A Theology of Lordship, Phillipsburg, NJ: P&R, 2002. Systematic Theology: An Introduction to Christian Belife. Phillipsburg, NJ: P&R, 2013.

Frazer J.G. Folklore in the Old Testament. Macmillian & Co., Limited, London, 1919.

Fruye R. The Heritage of Persia. Weindenfeld and Nicolson, London, 1962.

Geisler, Norman L. Creating God in the Image of Man?. Mineapolis: Bethany House, 1997.

Grudem, Wayne. Systematic Theology: An Introduction to Biblical Doctrine. Grand Rapid, MI: Zondervan, 1994.

Hannah, John D. Our Legacy: The History of Christian Doctrine. Colorado Springs: NavPress, Rapids, MI: Baker, 1992.

Hariss, Murry J. Jesus as God: The New Testament Use of Theos in Reference to Jesus. Grand Rapids, MI: Baker, 1992.

Jafri, H., Origin and Early Development of Shia Islam. London, 1974.

Kung, Hans. Does God Exist? An Answer for Today. trans, Edward Quinn, London, 1978.

Lewis, Gordon R., and A. Bruce. Demarest. Integrative Theology. 3 vols, Grand Rapids, MI: Zondervan, 1987-1994.

Mackay E. Early Indus Civilizations. Luzac & Company Ltd., London, 1948.

Nehru J. Discovery of India. Meriadian, Londo, 1951. 1987.

Raymond, Robert L. A New Systematic Theology of the Christian Faith. Nashville: Thomas Nelson, 1998.

Samuel Noah Kramer. Mythologies of the Ancient World. Quardrangle Boohs, Chicago, 1961.

Strong, August Hopkins. Systematic Theology: A Compendium Designed for the Use of Theological Students. Rev. ed, Philosophy, University of Calcutta, 1954.

Swindoll, Charles R., and B. Roy, Zuck, eds, Understanding Christian Theology. Nashville: Thomas Nelson, New York: Revell, 1907.

Thiessen, Henry Clarence. Introductory Lecture in Systematic Theology. Grand Rapids, MI: Eerdmans, 1949.

Toon, Peter. Our Triune God: A Biblical Portrayal of the Trinity. Wheaton, IL: Victor, 1996.

Tozer, A.w. The Knowledge of The Holy: The Attributes of God: Their Meaning in the Christian Life. New York: Harper & Brothers, 1961.

Ware, Bruce A. Father, Son, and Holy Spirit: Relationships, Roles, and Relevanc. Wheaton, IL: Crossway, 2005. , God's Less Glory: The Diminishid God of Open Theism. Wheaton, IL: Crossway, 2000.

Warfield, Benjamin Breckinridge. Biblical and Theological Studies. Edited by Samuel G. Craig, 1952, Reprint, Philadelphia: Presbyterian and Reformed, 1968.

Yong J. Confucianism and Christianity, The First Encunter. Hong Kong University Press, Hong-kong, 1983.

Part 3,4. The story of The creation

제 3,4부 창조이야기

Aiolle, L., and P. Wheeler. "The Expensive-tissue Hypothesis: The brain and the Digestive System in Human and Primate Evolution", Current Anthropology., 1995.

Anfinsen, C. B. The Molecular Basis of Evolution. Waley,1975.

Blazek, V., j. Head. and M. Casanova. "Plusible Mechanism for Brain Structual and Size changes in Human Evolution", Collegium Antropologicum., 2011.

Broda, E. The Evolution of the Bioenergetic Processes. Pergamon, 1969.

Brownliw A. H. Geochemistry. Prentice Hall, 1996.

Calvin, M. Chemical Evolution. Oxford University Press, 1969.

Conroy G. C. Reconstructing Human Origins. W. W. Norton, 1997.

Coppedge J. F. Evolution, Possible or Impossible?. Grand Rapids, MI: Zondervan, 1973.

Cracraft J. and M. J. Donoghue. Assembling the Three of Life. Oxford University Press, 2004.

Carney B. W. and W. E. Harris. Star Clusters. Springer, 2000.

Carroll S. Spacetime and Geometry: An Introduction to General Relativity. Addison-Wesley, 2003.

Custance A. C. Evolution or Creation?. Grand Rapids, MI: Zondervan, 1976.

Dodelson S. Modern Cosmology. John Wiley, 2003.

Driver, G. R. Myths and Legends, T.&T. Clark, 1956.

Dougls J. D. The New Bible Dictionary. London, 1974.

Elango, Navin et al. "Variable molecular clocks in the Hominids", Proceedings of National Academy of Since 103. 2006.

Feynman B. P. QED: The Strange Theory of Light and Matter. Prenceton University Press, 1988.

Frair W. A & P. W. Davis. The Case for Creation. Mood, 1972.

Freedman R. A. and W. J. Kaufmann. Universe

6th ed. Freeman and Co, 2001.

Freedman W. L. and M. S. Turner. "Cosmology in the New Millenium", Sky and Telescope. October 2003. , "Four Kyes to Cosmology", Scientific American. February 2004.

Gonik L. and M. Wheeler. The Cartoon Guide to Genetics. Perennial Press, 1991.

Gribbin, Jhon. Schrödinger's Kittens and the Search for Reality. Back Bay Books, 1996.

Griffiths D. P. Introduction to Quantum Mechanics. Prentice Hall, 1995.

Halacy, D. S. Jr. The Genetic Revolution. New York, 1974.

Hansen B. et al. "White Dwarf Cooling Sequence of Globular Cluster Messir 4", Astrophysical Jounal 574., 2002.

Heinze T. F. Creation vs Evolution. Grand Rapids, MI: Baker, 1973.

Herskowitz, I. H. Genetics. Boston, 1965.

Kasting, J., and D. Catling. "Evolution of a Habitable Planet", Annual Review of Antronomy and Astrophysics., 2003.

Krot A. N. et al. "Chronology of the Early Solar System from Chrondrule-Bearing Calcicm-Aluminum-Rich Inclusions", Nature 434., 2005.

Lammerts W. E. Why Not Creation?. Grand Rapids, MI: Baker, 1973.

Laskar, J., F. Joutel, and P. Robutel. Stabilization of the Earth's obliquity by the Moon. Nature, 1993.

Lugmair G. W. and S. J. Galer. "Age and Isotopic Relationship among the Angrites", Geochimica et Cosmochimica Acta 56., 1992.

Macpherson G. J. et. al. "The Distribution of 26-Aluminum in the early solar system-a reappraisal", Meteortics 30., 1995.

Morris H. M. The Remarkable Birth of Planet Earth. Bethany, 1972.

Nei M. and S. Kumar. Molecular Evolution and Phylogenetics. Oxford University Press, 2000.

Ohno, S. Evolution by Gene Duplication. Springer-Verlag, 1970.

Orr J. The International Standard Bible Encyclopaedia. Vol. III, Grand Rapids, 1976.

Ponnamperuma, C. The Origins of Life. Thames and Hudson, 1972.

Pritchard J. B. Anet relating to the Old Testament. Princeton University Press, 1974.

Schutz B. A First Course in General Relativity. Cambridge University Press, 1994.

Sibley, C. G. and J. E. Ahlquist. The Phylogeny of Hominoid primates, as indicated by DNA-DNA Hybridzation, Jounal of Molecular Evolution., 1984.

Smil, V. The Earth's Biosphere: Evolution, Dynamics, and Change. MIT Press, 2003.

Smith F. S. and F. Spencer. eds. The Origin of Modern Humans. New York: Liss, 1984.

Thomas D, W. Archaeology and Old Testament Study. Oxpord University Press, 1969.

Taylor R. E. Chronometric Dating in Archaeology. Plenum Press, 1997.

Taylor R. J. Star: Structure and Evolution. Cambridge University Press, 1994.

Tonry J. L. et al. "Cosmological Results from High-z⊠1 from the Hubble Space Telescope: Evidence for Past Deceleration and Constraints on Dary Energy Evolution", Astrophysical Jounal 607., 2004.

Whitcomb J. C, Jr. The Origin of the Solar System. Grand Rapids, MI: Baker, 1971.

Yong E. J. Studies in Genesis One. Grand Rapids, MI: Baker, 1973.

Zimmer C. Smithsonian Intimate Guide to Human Origins. Smithsonian Books, 2005.

Part 5. The Story of Eden

제 5부 에덴동산이야기

Bancroft, Emery H. Christian Theology: Systematic and Biblical. 2nd ed. Grand Rapids, MI: Zodervan, 1976.

Benware, Paul N. Understanding End Times Prophecy: A Comprehensive

Approach. Rev, ed. Chicago: Moody Press, 2006.

Berkouwer, G. C. Man: The Image of God. Grand Rapids, MI: Eerdmans, 1962. . Sin. Studies in Dogmatics 11, Grand Rapids, MI: Eerdmans, 1971.

Boettner, Lorraine. The Reformed Doctrine of Predestination., 1932, Phillipsburg, NJ: Prebyterian and Reformed, 1981.

Borland, James A. Christ in the Old Testament Appearance of Christ in Human From. Rev. ed. Fearn, Ross-shire, Scotland: Mentor, 1999.

Brooks, Thomas. Precious Remedies against Satan's Devieces. 1652., Reprint, Carlisle, PA: Banner of Truth, 1984.

Buswell, James Oliver, Jr. A. Sytematic Theology of the Christian Religion. 2 vols. Grand Rapids, MI: Zondervan, 1962- 1963.

Calvin, John. Institutes of the Christian Religion. Edirted by John T. McNeill. Translated by Ford Lewis Battles. 2 vols. Library of Christian Classics, 1559. Reprint, Louisville, KY: Westminster John Knox, 1960.

Clouse, Robert G., ed. War: Four Christian Views. Rev. ed. Downers Grove, IL: Inter-Varsity Press, 1991.

Culver, Robert Ducan. Systematic Theology: Biblical and Historical. Fearn, Ross-shire, Scotland: Mentor, 2005.

Dabney, Robert Lewis. Systematic Theology., 1871, Reprint, Edinnburgh: Banner of Turth, 1985.

DeYong, Kebin. What Does the Bible Realty Teach about Homosexuality?. Wheaton, IL: Crossway, 2015.

Dickason, C. Fred. Angles, Elect and Evil. Chicago: Moody Press, 1975.

Erickson, Millard J. Christian Theology. Grand Rapids, MI: Baker, 1986. , The Concise Dictionary of Bible and Theology. Rev. ed. Wheaton, IL: Crossway, 2001.

Feinberg, Charles L. Millennialism: The Two Major Views: The Premillennialsm and Amillennial Systems of Biblical Interpretation Analyzed and Compared. 3rd ed, 1980. Reprint, Winona Lake, IN: BHM, 2006.

Feinberg, Jhon S., and Paul D. Feinberg. Ethics for a Brave New World. 2nd ed. Weaton, IL: Crossway, 2010.

Gibson, David, and Jonathan Gibson, eds. From Heaven He Came and Sought Her: Definite Atonement in Historical Biblical Theological, and Pastoral Perspective. Wheaton, IL:

Crossway, 2013.

Grudem, Wayne. Sytematic Theology: An Interduction to Biblical Doctrine. Grand Rapids, MI: Zondervan, 1974.

Hodge, Charles. Systematic Theology. 3 vols. Grand Rapids, MI: Eerdmans, 1975.

Hoekema, Anthony A. Created in God's Image. Grand Rapids, MI: Eerdmans, 1994.

Ice, Thomas, and J. Timothy. Demy, eds. When the Trumpet Sounds. Eugene, OR: Havest House, 2004.

Jefferson, Charles. The Minister as Shepherd: The Privileges and Responsibilities of Pastral Leadership., 1912. Reprint, Charleston, SC: BiblioLife, 2006.

Jeffery, Steve, Michael Ovey, and Andrew Sach. Pierced for Our Transgressions: Rediscovering the Glory of Penal Substitution. Wheaton, IL: Crossway, 2007.

Joppi, A. S. The Ministry of Angles. Grand Rapids, MI: Baker, c 1953.

Leathy, Frederick S. Satan Cast Out: A Study in Biblical Demonology. Carlisle, PA: Banner of Truth, 1975.

MacArthur, John. Defferent by Design, Colorado Springs: Victor, 1994. . The Divorce Dilemma: God's Lasting Commitment. Leominster, England: Day One, 2009. . How to Meet Enemy, Wheaton, IL: Victor, 1992. . The Glory of Heaven: The Truth about Heaven, Angels, and Eternal Life. 2nd ed, Wheaton, IL: Crossway, 2013. . The Battle for Beginning: Creation, Evolution, and the Bible. Rev. ed. Nashville: Thomas Nelson, 2005.

MacArthur, John, and Richard Mayhue. Christ's Prophetic Plans: A Futhuristic Premillenial Primer. Chico: Moody Publishers, 2012.

Mayhue Richard. Unmasking Satan: Understanding Satan's Battle Plan and Biblical Strategies for Fighting Back., 1998. Reprint, Grand Rapids, MI: Kregel, 2001.

McClain, Alva J. The Greatness of the Kingdom: An Inductive Study of the Kingdom of God., 1959. Reprint, Winona Lake, IN: BMH, 2007.

Mortenson, Terry, and H. Thane. Ury, eds. Coming to Grips with Genesis: Biblical Authority and the Age of the Earth. Green Forest, AR: Master Books, 2008.

Murray, John. Principles of Conduct: Aspects of Biblical Ethics. Grand Rapids, MI: Eerdmans, 1957. , Redemption Accomplished and Applied. 1955. Reprint, Grand Rapids, MI: Eerdmans, 2015.

Own, John. Salus Electorum, Sanguis Jesu: Or, The Death of Death in the Death of Christ. In the Work of John Owen. edited by William H. Goold, 1648. Reprint, Edinburgh: Banner of Truth, 1967.

Page, Sydney H. T. Power of Evil: A Biblical Study of Satan and Demons. Grand Rapids, MI: Baker, 1995.

Pentecost, J. Dwight. Things to come: A Study in Biblical Eschatology. Grand Rapids, MI: Zondervan, 1964.

Peterson, Robert A. Hell on Trial: The Case for Eternal Punishiment, Phillipsburg, NJ: P&R, 1995.

Pink, Arthur W. Gleaning from the Scripture: Man's Total Depravity. Chicago: Mood Press,

1969.

Piper, John, and Wayne Grudem, eds. Recovering Biblical Manhood and Womanhood: A Reponse to Evangelical Feminism. Wheaton, IL: Crossway, 1991. . Counted Righteous in Christ: Should We Abandon the Imputation of Christ's Righteousness?. Wheaton, IL: Crossway, 2002.

. The Future of Justification: A Response to N. T. Wright. Wheaton, IL: Crossway, 2007.

Ramm, Bernard. Offense to Reason: A Theology of Sin. San Fransisco: Harper & Row, 1985.

Raymond, Robert L. A New Systematic Theology of the Christian Faith. Nashville: Thomas Nelson, 1998.

Saucy, Robert L. The Case for Progressive Dispensationalism: Ihe Interface between Dispensational and Non-Dispensational Theology. Grand Rapids, MI: Zondervan, 1993.

Shedd, William G. T. Dogmatic Theology. 3 vols. 1889. Reprint, Minneapolis: Klock & Klock, 1979.

Showers, Renald E. There Really Is a Difference: A Comparison of Covenant and Dispensational Theology. Bellmawr, NJ: Frinds of Israel Gospel Ministry, 1990.

Sproul, R. C. Chosen by God. Rev. ed. Carol Stream, IL: Tyndale House, 2010.

Strauch, Alexander. Man and Women, Equal yet Different: A Brief Study of the Biblical Passage on Gender. Littleton, Co: Lewis and Roth, 1999.

Strong, August Hopkins. Systematic Theology: A Compendium Designed for the Use of Theologival Students. Re. ed. New York: Revell, 1907.

Thiessen, Henry Clarence. Introductory Lecture in Systematic Theology. Grand Rapids, MI: Eerdmans, 1949.

Turretin, Francis. Institutes of Elenctic Theology. 3 vols, Edited by James T. Dennison Jr, Translated by George Musgrove Giger, 1679-1685. Reprint, Phillipsburg, NJ: P&R, 1992-1997.

Unger, Merrill F. Biblical Demonology: A Study of Spiritual Forces at Work Today., 1952. Reprint, Grand Rapids, MI: Kregel, 2012.

White, James R. The God Who Justifies: A Comprehensive Study of The Doctrine of Justification. Bloomington, MN: Bethany House, 2001.

Wirght, David F. Baptism: Three Views. Downers Grove, IL: IVP Academic, 2009.

Yong, Curt. The Least of These: What Everyone Should Know about Abortion. Chicago: Moody Press, 1983.

Vol, II

Agenbroad, L. D. and L, Nelson. Mammoths: Ice Age giants. Lener Publications Company, Mineapolis, MN, 2002.

Aharoni, Yohanon. The Land of the Bible. Translated and edited by Anson F. Rainey. Rev. ed. Philadelphia: Westminster Press, 1979.

Albright, W. F. From the Ston Age to Christianity.

Baltimore, 1946.

Aldred, Cyril. Rev. ed. Thames and Hudson. London, 1984.

Avi-Yonah, Michael. The Holy Land: From the Prsian to the Arab Conquest: A Historical Geography(536 B. C-A.D. 640). Rev. ed. Grand Rapids: Baker. 1977.

Barrick, William D. "A Historical Adam: Yong-Earth Creation View." in Four Views on the Historical Adam. edited by Matthew Barrett and Ardel B. Caneday, 1970. Grand Rapids, MI: Zondervan, 2013.

Bassham, Rodger C. Mission Theology: 1948-1975 Year of Worldwide Creative Tension Ecumenical, Evangelical, and Roman Chatholic. Eugene: Wipf and Stock Publishers, 1979.

Beek, Martinus A. Atlas of Mesopotamia. Tranlated by D. R. Welsh. Edited by H. H. Rowley. New York: Nelson, 1962.

Bennett, E. L. The Pylos Tablets: Texts of the inscriptions Found. Princeton University Press, 1939-1954.

Beyerlin, Walter, ed. Near Eastern Religious Text Relating to the Old Testament. Philadelpiha: Westminster, 1978.

Boyd, R., and P. Richerson. "Culture and the Evolution of Human Cooperation", Philosophical Transactions of the Royal Society B., 2009.

Breasted, James H. Ancient Records of Egypt I-V Reprint, New York: Russell & Russell, 1992.

Brinkman, J. A. A Political History of Post-Kassite Babylonia. Rome: Pontificium Institutum Biblicum, 1968.

Chadwick, J. The Decipherment of Linear B. Cambridge, 1958.

Court, John M. Myth and History in the Book of Revelation. Atlanta: John Knox Press, 1979.

Dalley, Stenphanie. Myths from Mesopotamia: Creation the Flood, Gilgamesh, and Others. Oxford: Oxford University Press, 1989.

Dever, Mark, and Paul Alexander. The Deliberate Church: Building Your Ministry on the Goespel. Wheaton, IL: Crossway, 2005.

Dever, William G. Recent Archaeological Discoveries and Biblical Research. Seattle: University of Washington Press, 1990.

Dussel, Enrique. Ethics and the Theology of Liberation. Maryknoll: Oribis Books, 1974.

Ehler J. Quaternary and Glacial Geology. John Wiley and Sons, 1996.

Enquist, M., and S. Ghirlanda. "Evolution of Social Learning does not explain the Origin of Human Culture", Journal of Theorectical Biology., 2007.

Finegan, Jack. Myth & Mystery: An Introduction to the Pagan Religions of the Biblical World. Grand Rapids, MI: Baker Book House, 1989.

Flint R. F. Glacial and Quaternary Geology. John Wiley and Sons, 1971.

Gardiner, Alan. Egypt of the Pharaohs: An Introduction. Oxford: Oxford University Press, 1961.

Garstang, J. Jericho: City and Necropolis, Annals of Archaeology and Anthropology. Liverpool, 1932

Grant, Michael. Ancient History Atlas. 4th ed. London:

Weidenfeld and Nicolson, 1990.

Grayson, Albert K. Assyrian and Babylonian Chronicles. Locust Vally, NY: JJ. Augustin, 1975.

Hallo, William W. and W. K. Simpson. The Ancient Near East: A History. New York: Harcourt Brace Jovanovich, 1971.

International Missionary Council. Missions Under the Cross. London: Edinburgh House Press, 1953. , "Witness of a Revolutionary Church: Whitby, Ontario, Canada, July 1947" in International Missionary Council 1947. New York: London, 1947.

Knapp, A. Bernard. The History of Culture of Ancient Western Asia and Egypt. Chicago: Dorsey Press, 1988.

Kramer, Samuel Noah. The Sumerians. Chicago: University of Chicago Press, 1963.

Laessoe, Jorgen. People of Ancient Assyria. London: Routledge & Kegan Paul, 1963.

Lamberg,-Karlovsky, C. C. and Jeremy A Sabloff. Ancient Civilizations: The Near East and Mesoamerica. 2d ed. Prospect Heights, IL: Waveland Press, Inc., 1995.

Leeman, Jonathan. Church Membership: How the World Knows Who Represents Jesus. 9Marks: Building Healthy Church, Wheaton, IL: Crossway, 2012.

Leick, Gwendolyn. A Dictionary of Ancient Near Eastern Architecture. New York: Routledge: 1989.

Lemche, Neils Peter. The Canaanites and their Land. Sheffield: JSOT Press, 1991.

Lenton, T., and A. Watson. Revolution That Made the Earth. Oxford University Press, 2011.

Lloyd, Soten. The Art of the Ancient Near East. London: Thames and Hudson, 1961. , The Archaeology of Mesopotamia: From the Old Stone Age to the Persian Conquest. Rev. ed. London: Thames and Hudson, 1984.

Luckebill, Daniel David. Ancient Records of Assiria and Babylonia. Chicago: University of Chicago Press, 1926-27.

MacDonald, Burton. Amon, Moab, and Edom. Jordan: Al Kurba, 1994.

Maier, Harry O. "Coming out of Babylon: A First-World Reading of Revelation among Immigrants." in: David Rhoads, ed. From Every People and Nation: The Books of Revelation in Intercultural Perspective. Minneapolis: Fortress Press, 2005.

Marsden, George M. Fundamentalism and American Culture: The Shaping of Twentieth-Century Evangelism., 1870-1925, New York/ Oxford: Oxford University Press, 1980.

Negev, Avraham, ed. The Archaeological Encyclopedia of the Holy Land. Rev. ed. 4 vols. New York: Thomas Nelson, 1986.

Oates, John. Babylon. Rev. ed. London: Thames and Hudson, 1986.

Oppenheim, A. L. Ancient Mesopotamia: Portrat of Dead Cicilization. Chicago: University of Chicago Press, 1964.

Orad, M. and B, Oard. Life in the Great Ice Age. Master Books, Green Forest, AR, 1993.

Piet, John H. The Road Abead: Theology for the Church in Mission. MI: Eerdmans, 1970.

Postgate, John Nicolas. The First Empires. Oxford; Elsevier and Phaidon, 1992.

Pritchard, James B., ed. Ancient Near Eastern Texts Relating to the Old Testament. 3d ed.

Princeton, NJ: Princeton University Press, 1969.

Roaf, Michael. Cultural Atlas of Mesopotamia & the Ancient Near East. New York: Facts on File, 1990.

Saucy, Robert L. The Church in God's Program. Chicago: Moody Press, 1972.

Stein, M. A. A Journey of Geographical an Archeological Exploration in Chinese Turkestan. The Geographical Journal, December 1902.

Stern, Ephrain, Ayelet Giboa, and Joseph Aviram, eds. The New Encyclopedia of Archaeological Excava- tions in the Holy Land. 4 vols. New York: Simon & Schuster, 1993.

WCC. Signs of Spirit: Official Report, Seventh Assembly of the World Council of Churches. Geneba: WCC Publication, 1994. , Mission and Evangelism in Unity Today. Geneva, WCC, 1998.

Whitcomb, John Clement. The Early Earth: An Introduction to Biblical Creationism. 3rd ed, Winona Lake, IN: BMH, 2010.

Wilson, Frederick R. ed. Tho San Antonio Report: Your Will be Done: Mission in Christ's Way. Geneva: WCC, 1990.

Winton, Thomas D., ed. Documents from Old Testament Time. New York: Harper & Row, 1961.

Bibliography | 한국어

Recomnened Book

강병도. 〈신구약강해설교연구대계- 모세오경개론 1,2권〉. 기독지혜사, 1984.

강병도. 〈호크마 종합주석 1, 창세기〉. 기독지혜사, 1989.

계연수. 고동영 역. 〈환단고기〉. 한뿌리 북캠프, 2010.

고범서. "개신교 신학자들의 자연법 이해-Tillich와 Niebuhr의 제한적 자연법 사상을 중심하여", 〈신학사상 18〉., 1977, 7.

곽치중, "상고시대 제사문화의 전형-우하량 홍산문화 유적지", 〈국학운동시민연합 편, 동북아 평화정착을 위한 한.중 국제 학술회의 자료집〉., 2006, 12.

권희영 외 5인. 〈고등학교한국사〉. 교학사, 2014.

그리스도교 대사전 편찬위원회. 〈그리스도교대사전〉. 대한기독교서회, 2000.

김균진. 〈헤겔과 바르트〉. 대한기독교출판사, 1991.

김경수. 〈제왕운기〉. 역락출판사, 1999.

김동춘. 〈천부경과 단군사화〉. 기린원, 1989.

김부식. 정희철 주해. 〈삼국사기〉 명진출판사, 2017.

김상. 〈삼한사 재조명-전기진왕시대연구〉. 도서출판 북스힐, 2004.

김상태. 〈엉터리 사학자 가짜 고대사〉. 책보세, 2012.

김상태. 〈한국고대사와 그 역적들〉. 책보세, 2013.

김상훈. 〈통 세계사〉. 다산에듀, 2009.

김영진. 〈신의 유산 고조선〉. 도서출판 웅비, 2008.

김영한. 〈바르트에서 몰트만까지〉. 대한기독교출판사, 1982.

김운하. 〈대쥬신을 찾아서 上, 下〉. 해냄출판사, 2006.

김정환. 〈한국사 오딧세이〉. 바다출판사, 2008.

김종권. 〈래알 한국사〉. 세경북스, 2014.

김훈기. 〈합성생명〉. 이음, 2010.

노자. 이민수 역해. 〈도덕경〉. 혜원출판사, 1995.

노르만 L. 가이슬러. 권성수 역. 〈성경무오 도전과 응전〉. 도서출판 엠마오, 1988.

N. K. 샌다스. 이현주 역. 〈길가메시 서사시〉. 범우사, 1992.

내셔널 지오그래픽, 이창우, 강병철, 이은경, 정옥희 역. 〈더 사이언스 북(과학의 책)〉. 지식갤러리, 2012.

단테 알리기에리. 박상진 역. 〈신곡-연옥편〉. 민음사, 2010.

단테 알리기에리 . 박상진 역. 〈신곡-지옥편〉. 민음사, 2010.

단테 알리기에리 . 박상진 역. 〈신곡- 천국편〉. 민음사, 2010.

달라스 윌라드. 윤종석 역. 〈하나님의 모략〉. 복 있는 사람, 2002.

대야발. 고동역 역. 〈단기고사.. 한뿌리, 1986.

D. C. 서머벨. 박광순 역. 〈아놀드 토인비의 역사의 연구 I〉. 도서출판 범우, 2006.

라이언 왓슨. 박문세 역. 〈초자연-제1편 우주와 물질〉. 도서출판 인간사, 1991.

라인홀드 니버. 김재준 역. 〈그리스도와 문화〉. 대한기독교서회, 1982.

라인홀드 니버. 이병섭 역. 〈도덕적 인간과 비도덕적 사회〉. 현대사상사, 1973.

랜드플램 아스. 민윤기 역. 〈문명의 종말〉. 넥서스, 1987.

R. 불트만. 서남동 역. 〈역사와 종말론〉. 대한기독교서회, 1979.

R. 불트만. 유동식 역. 〈예수 그리스도와 신화론〉. 신앙사, 1969.

R. 불트만 . 허역 역. 〈요한복음서 연구〉. 성광출판사, 1981.

루스 디프리스. 정서진 역 〈문명과 식량〉. 눌와출판사, 2018.

류형기 편저. 〈성서사전〉. 한국기독교문화원, 1974.

마르틴 보요발트. 곽영직 역. 〈빅뱅이전〉. 김영사, 2011.

마이클 샌델. 이창신 역. 〈정의란 무엇인가〉. 김영사, 2010.

매튜 헤드만. 박병철 옮김. 〈모든 것의 나이〉. 살림출판사, 2010.

맹용길. 〈기독교윤리사상〉. 대한기독교출판사, 1980.

무하마드 깐수. 〈고대문명교류사〉. 사계절, 2002.

민병학. 〈실종된 한민족의 상고사를 밝혀야 한다〉. 대경, 2012.

박민주. 〈민주국사강의노트〉. 도서출판 지금, 2014.

박봉랑. 〈신학의 해방〉. 대한기독교출판사, 1991.

박봉랑 . 〈교의학방법론〉. 대한기독교출판사, 1987.

박봉랑 . "불트만의 케류그마 신학", 〈현대신학의 근본형태〉. 현신강 10, 1961.

박봉랑 . 〈기독교의 비종교화〉. 범문사, 1975.

박성관. 〈종의 기원/생명의 다양성과 인간 소멸의 자연학〉. 그린비출판사, 2010.

박순경. 〈삼위일체 하나님과 시간〉. 신앙과 지성사, 2014.

박순경 . 〈칼 바르트의 신론연구〉. 이대출판부, 1973.

박순경 . "칼 바르트의 신론/신의 존재", 〈신학사상 8〉., 1975.

박시인. 〈알타이 문화기행〉. 청노루, 1994.

박아론. "불트만, 판넨베르크, 몰트만의 소망의 개념비교연구", 〈신학지남 37〉., 1970.

박아론. "니버연구", 〈신학지남〉., 1981, 가을, 겨울호.

박은규. 〈예배의 재발견〉. 대한기독교출판사, 2003.

변선환 아키브. 동서종교연구소 편. 〈동서종교의 만남〉. 도서출판 모시는 사람들, 2010.

서거정. 〈동국통감〉. 세종대왕기념사업회, 1986.

서거정. 〈삼국사 절요〉. 세종대왕기념사업회, 1986.

서량지. 〈중국사전사화〉. 화정서국, 1968.

서재생. 〈기독교와 불교의 비교론〉. 예영커뮤니케이션, 2002.

성서백과대사전편찬위원회. 〈성서대백과사전〉. 성서교재발행사, 1979.

세르게이 토카레프. 한국종교연구회 역. 〈세계의 종교〉. 사상사, 1991.

송호수. 〈한민족의 뿌리사상〉. 기린원, 1989.

슐라이어 마허. 최신한 역. 〈종교론〉. 대한기독교서회, 2006.

스펜서 웰스. 채은진 역. 〈인류의 조상을 찾아서〉. 도서출판 말글빛냄, 2007.

승일연, 이민우 역. 〈삼국유사〉. 범우사, 2002.

신성종. 〈내가 본 지옥과 천국〉. 크리스챤서적, 2012.

신성종. "불트만의 사상과 그 비판/ 그 사상적 계보와 비신화화를 중심으로", 〈신학지남 42〉., 1975.

신채호, 박기봉 역. 〈조선상고사〉. 비봉출판사, 2013.

신채호. 〈조선사 연구〉. 범우사, 2004.

신현광. 〈그리스도인이 보는 세계종교〉. 민영사, 2011.

안승오. 〈현대선교신학〉. 기독교문서선교회, 2021.

안호상. 〈배달, 동이는 동아문화의 발상지〉. 한 뿌리, 1992.

알란 스트링펠로우. 두란노서원편집. 〈교리별성경연구〉. 도서출판 두란노, 1995.

알렉산더 고르보프스키. 김현철 역. 〈잃어버린 고대문명〉. 도서출판 자작나무, 1996.

알반 더글러스. 이희숙 역. 〈100가지 주제에 관한 성경의 해답〉. 종로서적, 1995.

양태진. 〈영토사로 다시 찾은 환단고기〉. 예나루,2009.

E. H. 카. 〈역사란 무엇인가〉. 범우사, 1977.

에릭 사우어. 권혁봉 역. 〈세계구속의 여명〉. 생명의 말씀사, 1982.

M. A. 차플리카. 이필영 역. ,시베리아의 샤머니즘〉. 탐구당, 1994.

S. N. 크레이머. 박성식 역. 〈역사는 수메르에서 시작되었다〉. 가람기획, 2018.

S. G. 그라아프. 박권섭 역. 〈약속 그리고 구원 제1권/ 천지창조에서 가나안정복까지〉. 크리스챤 서적, 1991.

O. 베버. 김광식 역. 〈칼 바르트의 교회 교의학〉. 대한기독교출판사, 1976.

왕현종 외 6인. 〈고등학교한국사〉. 두산동아, 2014.

요하난 아하로니 & 미카엘 아비요나. 문창수 역. 〈아가페성서지도〉. 아가페출판사, 1982.

요한네스 힐쉬베르거. 강성위 역. 〈서양철학사〉. 이문출판사, 1984.

우실하. 〈동북공정 너머 요하문명론〉. 소나무, 2010.

우실하. 〈동북공정의 선행작업들과 중국의 국가전략〉. 울력, 2004.

우실하. "삼태극문양의 기원에 대하여", 〈정신문화연구 제 29권 제 2호〉, 2006, 여름호.

우실하. 〈전통문화의 구성원리〉. 소나무, 1998.

우실하, "동북아시아의 모태문화와 3수분화의 세계관", 〈문화와 사람〉. 한국문화심리학회, 2000, 창간호.

윌리엄 G. 부스마. 이양호 & 박종숙 역. 〈칼빈〉. 도서출판 나단, 1991.

윈가. 〈중국고대신화〉. 대만 상무인서관, 1996.

유석근. 〈알이랑민족〉. 도서출판 예루살렘, 2013.

유안. 임석호 역. 〈회남자〉. 세계사, 1992.

U. M. 부찜. 이항재 & 이병두 역. 〈고조선〉. 소나무, 1990.

윤내현. 〈고조선 연구〉. 일지사, 1994.

윤이흠 외. 〈단군, 그 이해와 자료〉. 서울대학교출판부, 1994.

이바르 리스너., 최영인 & 이승구 역. 〈고고학의 즐거움〉. 살림출판사, 2008.

이덕일 & 이희근. 〈우리역사의 수수께끼〉. 김영사, 2000.

이병학. 〈요한계시록- 약자를 위한 저항의 책〉. 새물결플러스, 2016.

이인호. 〈사마천 사기본기〉. 현암사, 2004.

이일봉. 〈실증 한단고기〉. 정신세계사, 2013.

이정재. ,동북아의 곰문화와 곰신화〉. 민속원, 1997.

이정배. 〈없이 계신 하느님, 덜 없는 인간〉. 모시는 사람들, 2009.

이종찬. 〈이 땅에서 만나는 이웃종교들〉. 도서출판 모시는 사람들, 2008.

이중재. 〈상고사의 새 발견〉. 동신출판사, 1993.

이찬, "한국의 선사문화: 자연환경," 〈한국사 1권〉. 국사편찬위원회, 1973.

이형구 & 이기환. 〈코리안루트를 찾아서〉. 성안당, 2009.

임번삼. 〈창조과학 원론 上, 下〉. 창조과학회, 2007.

임승국. 〈한단고기〉. 정신세계사, 2007.

임택규. 〈아론의 송아지〉. 새 물결플러스, 2017.

장기근. 〈중국의 신화-천지개벽과 삼황오제〉, 범우문고 155. 범우사, 1997.

장명하. 알타이, 〈우랄문화의 뿌리를 찾아서〉. 대륙연구소, 1995.

장진근. 〈흠정만주원류고〉. 파워북, 2008.

전지화. 〈천부경이야기〉. MJ미디어, 2010.

정용석. 〈참과 거짓의 역사〉. 청노루, 1996.

정재정 외 7인. 〈고등학교한국사〉. 지학사, 2014.

정출헌. 〈김부식과 일연은 왜〉. 한겨레출판사, 2012.

정형진. 〈천년왕국 수시아나에서 온 환웅〉. 일빛, 2006.

J. 갓세이. 윤성범 역. 〈칼 바르트와의 대화〉. 대한기독교 출판사, 1977.

제임스 가비. 안민경 역. 〈위대한 철학책〉. 지식나이테, 2009.

제카리아 시친. 이근영 역. 〈수메르, 혹은 신들의 고향〉. AK(이른아침), 2009.

재래드 다이아몬드. 김정흠 옮김. 〈제 3의 침팬지〉. 문학사상사, 1996.

재래드 다이아몬드 . 김진준 역. 〈총. 균. 쇠〉. 문학사상사, 2005.

조덕영. 〈기독교와 과학〉. 도서출판 두루마리, 1997.

조원여 외. 〈중국고대지도집〉. 문물출판사, 1990.

조종남. 〈요한 웨슬레의 신학〉. 대한기독교출판사, 1986.

조준상. 〈한민족 뿌리사〉. 도서출판 한민족, 2002.

존 웨슬리. 나원용 역. 〈존 웨슬리의 일기〉. 기독교 대한 감리회 본부 교육국, 1994.

존 웨슬리. 송흥국, 이계준, 김광식 공역. 〈존 웨슬리총서 9/ 웨슬리 논문집〉. 유니온출판사, 1983.

존 칼빈. 김종흡, 신복윤, 이종성, 한철하 공역. 〈기독교강요 上, 中, 下 권〉. 생명의 말씀사, 1991.

주동주. 〈수메르문명과 역사〉. 도서출판 범우, 2018.

쥬영흠. 〈천지창조 上〉. 성경읽기사, 1991.

지승. 〈부도와 한단의 이야기〉. 대원출판사, 1996.

천사무엘. 〈구약외경의 이해〉. 도서출판 동연, 2011.

첸카이 통, 오진탁, 윤아름 역. 〈고대 중국 속의 하나님〉. 순출판사, 2009.

최종철. 〈환웅, 단군 9천년비사〉. 미래문화사, 1995.

테니슨 피터슨. 김용준 역. 〈밝혀진 고대 인간과 첨단문명〉. 나침반사, 1992.

토마스 주남. 조용기 역. 〈천국은 확실히 있다〉. 서울말씀사, 2004.

토마스 V. 브리스코. 강사문외 7인 역. 〈두란노성서지도〉. 두란노서원, 2019.

카렌 암스트롱. 배국원 & 유지황 역. 〈신의 역사 II〉. 도서출판 동연, 2000.

카렌 암스트롱 . 배국원 & 유지황 옮김. 〈신의 역사 I〉. 도서출판 동연, 2000.

칼 바르트. 황정욱 역. 〈죽은 자의 부활〉, 복음주의 신학총서 22. 한신대출판부, 1979.

칼 바르트. 이형기 역. 〈복음주의 신학입문〉. 크리스천다이제스트, 1989.

칼 바르트. 〈성서안의 새로운 세계〉, 복음주의 신학총서 1. 향린사, 1973.

칼 바르트. 〈그리스도와 아담〉, 복음주의 신학총서 15. 향린사, 1974.

칼 바르트. 〈휴머니즘과 문화〉, 복음주의 신학총서 3. 향린사, 1973.

칼 쿠퍼쉬. 박종화 역. 〈칼 바르트〉. 한국신학연구소 편집부, 1979.

팔장복. 〈중국인종북래설〉. 신문풍출판공사, 민국 75.

팽구송. 김재선 편저. 〈동이전〉. 서문문화사, 1996.

폴 틸리히. 이계준 역. 〈존재에의 용기〉. 전망사, 1894.

폴 틸리히. 김경수 역. 〈조직신학〉, 제 1권(상, 하). 성문사, 1978; 제 II권, 제 III권(상, 하), 1986.

폴 틸리히. 황필호 역. 〈종교란 무엇인가?〉. 전망사, 1984.

프랭클린 M. 지글러. 정진황 역. 〈예배학 개론〉. 요단출판사, 1999.

하비 콕스. 김천배 역. 〈바보제〉. 현대사상사, 1977.

한국 바르트 학회. 〈바르트 신학연구〉. 대한기독교서회, 1977.

한국베델성서연구원 발행. 〈베델성서연구/신구약〉. 컨콜디아사, 2000.

한국 우리민족사 연구회. 〈잃어버린 단제〉. 청림출판사, 1995.

한스 큉. 이홍근 역. 〈교회란 무엇인가〉. 분도출판사, 1987.

한종섭. 〈인류문명의 발상지 한국〉. 집문당, 2013.

허종호 외. 사회과학출판사 역음. 〈고조선 력사개관〉. 도서출판 중심, 2001.

헬무트 헬리케. 이진희 역. 〈세상은 어떻게 시작되었나〉. 컨콜디아서, 1988.

헷세드종합자료씨리즈편찬위원회. 〈헷세드종합자료씨리즈 제1권 창세기〉. 임마누엘출판사, 1986.

홍순만. 〈옆으로 본 우리 고대사 이야기〉. 파워북, 2011.

대장정-에덴에서 백두까지 1

지은이 김용주
초판 발행 2021. 11. 10
등록번호 제 2021-000096 호
주소 경기도 성남시 분당구 판교로 430
발행처 백천문화사
인 쇄 보현토탈프린팅
영업부 070-7414-0203
교정교열 추지영
디자인 th8ight
지도 배민경
이미지 강희진

책값은 뒤표지에 있습니다.
ISBN 979-11-975381-1-7 04230
979-11-975381-0-0 04230(세트)
저자이메일 agapete@hanmail.net
인스타그램 @baekchun_publishing

—

백천문화사는 민족의 문화를 창달하고 역사를 바로 세우며, 지구촌에 '하나님의 선교'를 지원할 목적으로 세워진 출판사입니다. 앞으로 백천문화사는 군선교 및 세계선교 지원/번역작업/신학 및 민족사 연구/ 세미나 교재 출판 및 세미나 등 다양한 사업을 주님 오실 때까지 수행할 것입니다.

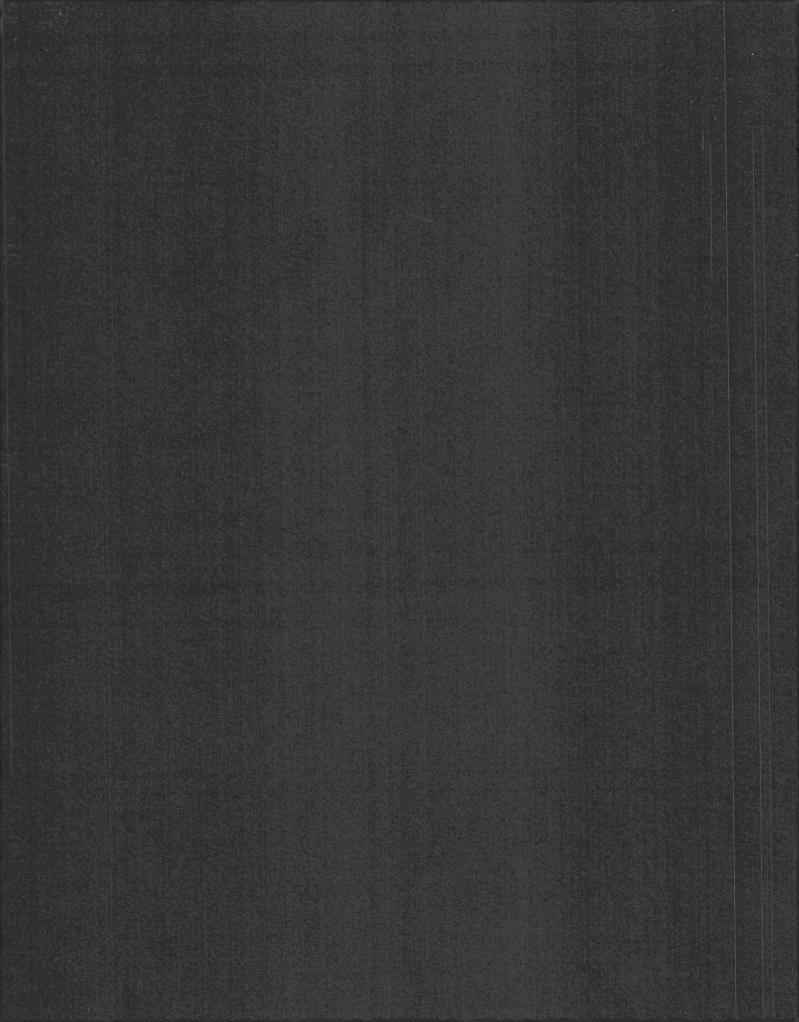